DAS GROSSE BUCH

FENG SHUI

風水

4 9 2
3 5 7
8 1 6

DAS GROSSE BUCH

FENG SHUI

風水

LILLIAN TOO

KÖNEMANN

WIDMUNG
*Dieses besondere Buch habe ich in
Liebe meiner Familie gewidmet.*

Originaltitel: The Illustrated Encyclopedia of Feng Shui

Übersetzung:
Manuela Schomann, Beatrice LeCoutre-Bick,
Gudrun Wolfrath und Christine Wiesmeier
für content publishing, München

Satz und Redaktion der deutschen Ausgabe:
content publishing, München

Projektkoordination:
Dr. Birgit Wüller

Herstellung:
Ursula Schümer

Druck und Bindung: *Partenaires-Livres®*
Printed in France

ISBN 3-8290-4874-2

10 9 8 7 6 5 4 3 2 1

INHALT

Einführung: Was ist Feng Shui? 8

TEIL EINS
HINTERGRÜNDE DES FENG SHUI 13

KAPITEL EINS **DIE URSPRÜNGE DES FENG SHUI 15**
- Geschichte und Hintergrund 16
- Feng Shui in China 18
- Feng Shui in Taiwan, Hongkong und an anderen Orten 20
- Die Philosophie des Tien Ti Ren 23
- Anwendungsmöglichkeiten für Feng Shui 24
- Feng Shui in unserer Zeit 26
- Yin- und Yang-Feng-Shui 28

KAPITEL ZWEI **FENG-SHUI-KONZEPTE 31**
- Das Konzept des Chi: Der kosmische Atem des Drachen 32
- Das I-Ging 34
- Die Trigramme 38
- Das Konzept der Harmonie: Die Fünf Elemente 40
- Das Konzept des Gleichgewichts: Yin und Yang 46
- Das Konzept der Landschaft: Die Symbolik der vier himmlischen Tiere 48

TEIL ZWEI
GRUNDLAGEN DES FENG SHUI 53

KAPITEL DREI **LANDSCHAFTS-FENG-SHUI 55**
- Formschule des Feng Shui 56
- Die Wirkung von Konturen und Ebenen 58
- Grüner Drache, Weißer Tiger 59
- Verschiedene Bergformen 60
- Kombinationen aus mehreren Bergen 61
- Bergformationen 62
- Berge und ihre Richtung 63
- Landschafts-Feng-Shui in einem modernen Umfeld 64

KAPITEL VIER **KOMPASS-FENG-SHUI 67**
- Die Entwicklung der Feng-Shui-Formeln 68
- Die Bedeutung der Himmelsrichtungen und Standorte 70
- Die Acht-Häuser-Formel: Bagua-Lo-Shu-Formel 72
- Feng Shui des Fliegenden Sterns: Die Zeitdimension 76
- Interpretation und Bedeutung der Zahlen 78

KAPITEL FÜNF **SYMBOLISCHES FENG SHUI 81**
- Ursprünge der Symbole 82
- Symbole als Feng-Shui-Verstärker 83
- Funktionsweise des symbolischen Feng Shui 84
- Die Symbolik des Hauses 86
- Alle Glückssymbole 88
- Die momentane Zeitperiode der Sieben: (1984 bis 2003) 90
- Die Bedeutung der Zahlen 91
- Die Energetisierung von Glückssymbolen 92
- Symbole des Wohlstands, des Erfolgs und des Reichtums 94
- Symbole der Langlebigkeit und der Gesundheit 96
- Symbole der Liebe und der Ehe 98
- Weitere Glückssymbole 99

KAPITEL SECHS **WASSER-FENG-SHUI FÜR WOHLSTAND 101**
- Günstiges und ungünstiges Wasser 102
- Empfehlungen und Warnungen 103
- Großes und Kleines Wasser 104
- Aktivierung des Großen Wassers 105
- Aktivierung des Kleinen Wassers 106
- Aktivierung der Regenrinnen eines Hauses 108
- Wasser-Feng-Shui 109

KAPITEL SIEBEN **FENG-SHUI-WERKZEUGE 111**
- Der Luo Pan (Kompaß der Feng-Shui-Meister) 112
- Yin- und Yang-Bagua 114
- Anwendung der Trigramme 116
- Das Feng-Shui-Lineal: Hinweise auf wohlstandsfördernde Maße 118

KAPITEL ACHT **RICHTLINIEN ZUR PRAKTISCHEN ANWENDUNG 123**
- Einen Kompaß richtig lesen 124
- Bestimmung der Himmelsrichtungen 126
- Bestimmung der Feng-Shui-Grenzen 128
- Anwendung des Lo-Shu-Quadrats 130
- Anwendung der Formeln im eigenen Haus 131
- Richtige Plazierung von Glückssymbolen 132

TEIL DREI

FENG SHUI FÜR DAS HAUS 135

KAPITEL NEUN **FENG SHUI FÜR JEDE HAUSART 137**

Herrenhäuser und Landsitze 138
Bungalows and Cottages 140
Doppel-, Reihen- und Stadthäuser 141
Wohnungen und Appartementhäuser 142
Studios und Singlewohnungen 144
Drei- und Vierzimmerwohnungen 145

KAPITEL ZEHN **FENG SHUI UND INNENARCHITEKTUR 147**

Feng Shui und Häuserrenovierung 148
Der Chi-Fluß im Inneren des Hauses 150
Die Anordnung der Räume 151
Das Feng Shui der Haustür 152
Weitere Türen: Aufeinanderfolge, Anordnung und Gestaltung 156
Fenster: Gute und schlechte Varianten 159

KAPITEL ELF **FENG SHUI FÜR DAS SCHLAFZIMMER 161**

Das Elternschlafzimmer 162
Was im Schlafzimmer zu vermeiden ist 164
Die übrigen Schlafzimmer 166
Kinderzimmer 168
Das Schlafzimmer von Schülern/Studenten 169

KAPITEL ZWÖLF **FENG SHUI FÜR DAS WOHNZIMMER 173**

Die Anordnung der Möbel 174
Günstige Anordnung der Möbel im Wohnzimmer 176
Ungünstige Anordnung der Möbel im Wohnzimmer 177
Der Einsatz von Spiegeln bei der Wohnungseinrichtung 178
Dekorationen zur Unterstützung des positiven Feng Shui 179
Das Entschärfen von Giftpfeilen 180
Das Eßzimmer 181

KAPITEL DREIZEHN **KÜCHE, BADEZIMMER UND ABSTELLRÄUME 183**

Gestaltung und Einrichtung der Küche 184
Feng Shui für die Küche 185
Das Badezimmer 187
Abstellraum, Treppenhaus und Garage 188

TEIL VIER

PERSÖNLICHES FENG SHUI UND FENG SHUI FÜR DIE FAMILIE 191

KAPITEL VIERZEHN **FENG SHUI FÜR DIE FAMILIE 193**

Die dem Vater zugeordnete Himmelsrichtung: Nordwesten 194
Die der Mutter zugeordnete Himmelsrichtung: Südwesten 196
Die den Söhnen zugeordnete Himmelsrichtung: Osten 197
Die den Töchtern zugeordneten Himmelsrichtungen: Süden, Südosten und Westen 198

KAPITEL FÜNFZEHN **FENG SHUI FÜR LIEBE UND HEIRAT 201**

Feng Shui und die Liebe 202
Die Stärkung der Energien des Südwestens 204
Die Kua-Formel 206
Der Einfluß der Toilette 207

KAPITEL SECHZEHN **FENG SHUI FÜR DIE GESUNDHEIT 209**

Ein langes Leben in Gesundheit 210
Yin- und Yang-Energien bei Krankheiten 211
Symbole für Langlebigkeit 214
Körperübungen »Himmlische Tiere« 215
Himmlische Richtungen der Gesundheit 216

KAPITEL SIEBZEHN **FENG SHUI FÜR DEN BERUFLICHEN ERFOLG 219**

Das Drachentor durchqueren 220
Das innere Chi im Einklang mit dem Chi der Umgebung 222

KAPITEL ACHTZEHN **FENG SHUI AUF REISEN UND IM AUSLAND 225**

Günstige und ungünstige Richtungen beim Reisen 226
Überwinden von negativem Feng Shui auf der Reise 228
Das Tibetanische Feng Shui 230
Energetisierungen für erfolgreiche Geschäftsreisen 232

TEIL FÜNF
FENG SHUI IM GARTEN 235

KAPITEL NEUNZEHN **FENG SHUI IM GARTEN UMSETZEN 237**
Feng Shui im Garten 238
Gartentypen und Elemente 240

KAPITEL ZWANZIG **PFLANZEN 243**
Gute Feng-Shui-Pflanzen 244
Gute Feng-Shui-Bäume 246
Die Farben der Blumen 248
Yin, Yang und Chi 249

KAPITEL EINUNDZWANZIG **WASSER 251**
Die zwei Wasserformeln 252
Die Wasserstandort-Formel 254
Andere Wasserelemente 256

KAPITEL ZWEIUNDZWANZIG **GARTENSTRUKTUREN 259**
Feng Shui von Gartenstrukturen 260

KAPITEL DREIUNDZWANZIG **BELEUCHTUNG 267**
Schädliche Formen und Strukturen korrigieren 268
Glück vermehren und Unglück vermindern 269
Die Elemente nutzen und Ruhm erlangen 270
Beleuchtung im Garten 272

TEIL SECHS
FENG SHUI IN DER GESCHÄFTSWELT 275

KAPITEL VIERUNDZWANZIG **FENG-SHUI-TIPS FÜR GESCHÄFTSLEUTE 277**
Energetisierung des Reichtums 278

KAPITEL FÜNFUNDZWANZIG **FENG SHUI FÜR DEN EINZELHANDEL 285**
Tips für Einzelhandelsunternehmen 286

KAPITEL SECHSUNDZWANZIG **FENG SHUI FÜR UNTERNEHMEN 293**
Gebäude-Feng-Shui 294
Die Auswirkung benachbarter Gebäude 295
Ein einziger Haupteingang zum Firmengebäude 296
Straßen, die an ein Gebäude grenzen 297
Hauptstraßen, Überführungen, Eisenbahngleise 298
Vorteilhafte Firmenlogos 299
Günstige Farbkombinationen 300
Das Büro der obersten Führungskraft 301

TEIL SIEBEN
FENG-SHUI-TIPS FÜR JEDE UMGEBUNG 303

KAPITEL SIEBENUNDZWANZIG **FENG-SHUI-HEIL- UND -GEGENMITTEL 305**
Der Bedarf an Feng-Shui-Heil- und -Gegenmitteln 306
Lichter regen das Chi zum Aufsteigen an 307
Erzeugen Sie Yan-Energie mit Klängen 308
Blockieren, Zerstreuen und Abwenden mit Wänden, Mauern und Bäumen 309
Lenken Sie schlechte Energie mit Spiegeln ab 310
Kristalle und Sonnenlicht 311
Regen Sie das Chi mit Objekten zum Zirkulieren an 312
Die Verwendung von Schutzsymbolen 313

KAPITEL ACHTUNDZWANZIG **GIFTPFEILE IN DER UMGEBUNG 317**
Machen Sie versteckte, geheime Giftpfeile ausfindig 318
Der Umgang mit Giftpfeilen 322
Bäume, Leitungsmasten und Strukturen 324
Yin-Gebäude 326

TEIL ACHT
FENG-SHUI-GLOSSAR 329

Weiterführende Literatur und nützliche Adressen 355

Register 356

Bildnachweis 360

EINFÜHRUNG

WAS IST FENG SHUI?

OBEN *Die Wissenschaft des Feng Shui wird in China seit mindestens 3500 Jahren praktiziert.*

Feng Shui ist eine über 3500 Jahre alte Wissenschaft. Die Feng-Shui-Praxis hat ihre Wurzeln in der chinesischen Sicht des Universums, wonach alle Dinge dieser Welt fünf Grundelementen zugeordnet werden können (Feuer, Metall, Erde, Holz und Wasser) und mit positiver oder negativer Energie aufgeladen sind. Diese Energie nennt man Chi. Etwas blumiger wird sie auch als der kosmische Atem des Drachen bezeichnet, der den Menschen, die von ihm umgeben sind, Glück bringt. Die Fünf Elemente bilden eine der tragenden Säulen der Feng-Shui-Analyse und -Praxis. Dabei kann jedes dieser Fünf Elemente entweder Yin- oder Yang-Attribute in sich tragen.

Wörtlich übersetzt bedeutet Feng Shui »Wind und Wasser« und bezieht sich damit auf die Erde, auf ihre Berge, Täler und Wasserläufe, deren Form und Größe, Ausrichtung und Höhe von der Wechselwirkung mächtiger Naturkräfte bestimmt werden. Feng Shui ist ein Verfahren zur Lebensgestaltung. Am besten läßt es sich beschreiben als die Wissenschaft der Auswahl und der Gestaltung des Umfelds, die nach einem völlig harmonischen Gleichgewicht der Fünf Elemente sowie der Yin- und Yang-Energien strebt. Wer in einer derartigen Umwelt wohnt, wird ein angenehmes Leben führen.

Feng Shui versteht sich auch als eine Kunstform, die auf Erfahrung und gesundem Menschenverstand basiert. Auf kunstvolle Weise beseitigt sie die Disharmonie in der Umwelt und verbessert die unmittelbare Wohn- und Arbeitsumgebung, um das lebensnotwendige Gleichgewicht und die Harmonie weiter zu stärken.

Nach wie vor prägt ein gewisser Mystizismus die Feng-Shui-Praxis. Wer die vielen verbindlichen Regeln und Richtlinien verstehen möchte, muß die grundlegenden Theorien über das Universum anerkennen, die im Lichte unserer täglichen Wahrnehmung und der heutigen Weltsicht bisweilen eigenartig scheinen mögen. Die Beschreibung von Aussichten, Landschaften und Umgebungen wird meist symbolisch ausgedrückt. Die metaphorischen Bezeichnungen sowie die klassischen und mythischen Anspielungen auf Tiere, Elemente und auf die unbestimmbaren Kräfte der Yin- und Yang-Energien greifen damit auf die alten Wurzeln dieser Wissenschaft zurück.

In alten Quellentexten lassen sich die Philosophie und die klassischen Techniken des Feng Shui studieren, die die Zeiten überdauert haben. Der praktische Einsatz des Feng Shui wurde dagegen über Jahrhunderte hinweg vorwiegend

TEIL EINS
HINTERGRÜNDE DES FENG SHUI

Geschichte und Konzepte des Feng Shui.

TEIL ZWEI
GRUNDLAGEN DES FENG SHUI

Landschafts- und Kompaß-Feng-Shui. Symbole, Werkzeuge und praktische Richtlinien.

LINKS *Die große Stele auf dem Gipfel des Taishan in China: Dort brachten die Kaiser die wichtigen »feng«- und »shan«-Opfer für Wind und Erde dar. Das Zusammenspiel der Elemente war für die Feng-Shui-Praxis immer von grundlegender Bedeutung.*

TEIL DREI

FENG SHUI FÜR DAS HAUS

Feng Shui für alle Arten von Wohnungen, Zimmern und Innenräumen.

TEIL VIER

PERSÖNLICHES FENG SHUI UND FENG SHUI FÜR DIE FAMILIE

Feng Shui für die Familie, für Liebe und Heirat, für Gesundheit, Reisen und berufliche Erfolge.

mündlich überliefert und von einer Generation an die nächste weitergegeben, wobei er mit abergläubischen Elementen verwoben wurde. Während also die Theorie des Feng Shui nicht schwer zu begreifen ist, verlangt die korrekte Anwendung in einem modernen Umfeld jedoch zumindest eine grundlegende Kenntnis der zentralen Regeln.

Die wachsende Beliebtheit von Feng Shui zu Beginn des neuen Jahrtausends ist vielleicht darauf zurückzuführen, daß dieses Verfahren wirklich funktioniert. Feng Shui ist tatsächlich eine Lebensweise, die unserem Dasein mehr Glück und Zufriedenheit verleiht. Zudem ist es einfach, Feng Shui anzuwenden. Hat man erst einmal das Studium des Feng Shui begonnen, wird man schnell merken, daß vieles allein auf gesundem Menschenverstand beruht. Viele Grundkonzepte erschließen sich leicht: Alles, was man braucht, ist der Wille zu lernen und der Mut, das Gelernte auch anzuwenden.

Dieses Lexikon ist für den Feng-Shui-Anwender gedacht, der als Amateur ein übersichtliches Nachschlagewerk zur Hand haben möchte, das alle Aspekte dieser Wissenschaft behandelt. Feng Shui verspricht viel – nämlich Reichtum, Wohlstand und Glück. Wer Feng Shui in unserer heutigen modernen Umwelt einsetzen möchte – der Großteil der Menschen lebt in überfüllten Städten und kleinen Wohnungen statt auf dem weiten, offenen Land –, muß Geduld und geistige Stärke aufbringen, um die Grundlagen zu erlernen und die verschiedenen Formeln zu beherrschen.

RECHTS *Feng Shui bietet Heil- und Gegenmittel für alle Arten von feindlichen Strukturen.*

TEIL FÜNF
FENG SHUI IM GARTEN

Feng Shui für alle Gartentypen, Wasserobjekte, Gartengestaltungselemente und für die Außenbeleuchtung.

TEIL SECHS
FENG SHUI IN DER GESCHÄFTSWELT

Tips für Unternehmer, Einzelhändler und Firmen.

Mit etwas Übung wird die Anwendung des Feng Shui immer besser gelingen. Je überlegter man an das Ziel herangeht, desto größer ist die Wirksamkeit. Sie müssen die Grundlagen begreifen und gleichzeitig die Theorie an Ihre spezielle Umgebung anpassen.

Es ist praktisch unmöglich, im Feng Shui alles völlig richtig zu machen. Ein Ort mit idealem oder perfektem Feng Shui ist ausgesprochen selten. Sogar wenn Sie beinahe alles auf meisterhafte Weise eingerichtet haben, müssen Sie trotzdem noch die »Zeitdimension« berücksichtigen. Trotz hervorragendem räumlichen Feng Shui durchleben Sie bisweilen unglückliche Zwischenperioden, die aufgrund der sogenannten schlechten »Fliegenden Sterne« zustande kommen. Sie benötigen also viel Erfahrung, bevor Sie alle Bedeutungen richtig interpretieren. Aber wenn Sie Ausdauer an den Tag legen und Ihren Lebensraum gemäß den Feng-Shui-Richtlinien dieses Lexikons einrichten und ausstatten, wird sich Ihre Feng-Shui-Praxis deutlich verbessern. Mit der Zeit werden Sie merken, wie Ihr Leben, Ihre Arbeit und Ihre Familie allmählich immer mehr davon profitieren – jedes Familienmitglied wird Erfolg haben. Wenn Sie ein eigenes Unternehmen leiten, kann Ihnen Feng Shui dabei helfen, Ihren Firmenstandort maximal auszunutzen und das Arbeitsklima unter den Angestellten zu verbessern. Es gibt Feng-Shui-Tips, mit deren Hilfe Sie Ihren Gewinn merklich erhöhen werden, indem Sie aufregende, neue Geschäftsfelder erschließen und neue Kunden gewinnen.

Ehen verbessern sich, Familien kommen einander näher, das Einkommen steigt. Sie werden gesundheitlich widerstandsfähiger, und Ihre menschlichen Beziehungen vertiefen sich. Feng Shui hat bei geringem Aufwand sehr viel zu bieten.

Wenn Sie Feng Shui erst einmal verstanden haben, werden Sie eine höhere Sensibilität und auch mehr Respekt für Ihre Umwelt verspüren. Dann sind Sie schon auf dem besten Weg, ein »Auge« für Feng Shui zu entwickeln. Beim Lesen dieses Buches werden Sie wohl immer wieder skeptisch sein. Aber bedenken Sie, daß Sie nicht an die Methoden von Feng Shui glauben müssen, um deren Wirkungen zu erleben. Es handelt sich weder um eine religiöse noch um eine spirituelle Praktik. Man verlangt von Ihnen weder moralische Zugeständnisse noch einen Kompromiß in Glaubensfragen.

Wenn Sie die Analysen, gestützt auf Theorie und Praxis, richtig erstellen, werden Sie die positive Wirkung des Feng Shui selbst erfahren. Sie werden unter Garantie von Feng Shui profitieren, vorausgesetzt Sie führen Feng-Shui-Maßnahmen sorgfältig durch und achten auf Genauigkeit und Richtigkeit der Maße und Richtungen. Lesen Sie dieses Lexikon unvoreingenommen und nehmen Sie sich die nötige Zeit, um die Wirkungsweise des Feng Shui zu verstehen.

LINKS *Folgen Sie den Feng-Shui-Richtlinien, um Gesundheit, Reichtum, Erfolg und Glück für sich und Ihre Familie zu erlangen.*

TEIL SIEBEN

FENG-SHUI-TIPS FÜR JEDE UMGEBUNG

Feng-Shui-Heil- und Gegenmittel. Der Umgang mit Giftpfeilen.

TEIL ACHT

FENG-SHUI-GLOSSAR

Ein Glossar von A–Z mit Feng-Shui-Fachbegriffen.

木火土金水

TEIL EINS

HINTERGRÜNDE DES FENG SHUI

KAPITEL EINS

DIE URSPRÜNGE DES FENG SHUI

Die Ursprünge des Feng Shui reichen zurück in uralte Zeiten. Die ersten Zeugnisse stammen aus der Tang-Dynastie. Über Jahrhunderte war der Zugang zum wahren Feng-Shui-Wissen und zu den klassischen Texten, die vielfältige Geheimnisse enthielten, der Kaiserfamilie und Chinas Oberschicht vorbehalten. In diesem Jahrhundert wurde Feng Shui jedoch für jeden zugänglich und gewann zunehmend an Beliebtheit. Es hat den Weg übers Meer in andere Gebiete gefunden, und in den letzten Jahren wurde es in Ländern mit einem hohen Anteil an chinesischer Bevölkerung – wie Taiwan, Hongkong und Singapur – ein grundlegender Teil des Lebens. Und nun hat Feng Shui auch in vielen westlichen Staaten eine wachsende Zahl von Anhängern.

Das heutige Feng Shui befaßt sich mit dem Einfangen des kosmischen Atems des Drachen im Kontext von Tien, Ti und Ren: der Trinität aus Himmels-, Erden- und Menschenglück. Dieses Buch gewährt einen Einblick in Feng Shui und bietet alle nötigen Informationen, die Feng Shui auf verlockende Weise für jeden in greifbare Nähe rücken lassen. So werden alle entscheidenden Konzepte inklusive der Yin- und Yang-Kosmologie, des Wechselspiels der Fünf Elemente, der Grundlagen der Kompaßschule und der Symbolik in faszinierenden und praktischen Details behandelt. Seien Sie also willkommen in der Welt der Drachen und Tiger.

LINKS *Feng Shui entstand ursprünglich im alten China vor 3500 Jahren. Jahrhundertelang war es allein der Kaiserfamilie vorbehalten.*

KAPITEL EINS: DIE URSPRÜNGE DES FENG SHUI

GESCHICHTE UND HINTERGRUND

OBEN *Frühe Feng-Shui-Anwender beschäftigten sich mit der Symbolik der Landschaft. Später entwickelte sich ein wissenschaftlicherer Zugang (Kompaßschule), der spezielle Ausrichtungen untersuchte, die auf der Lage der acht Trigramme um das Bagua sowie auf den Nummern des Lo-Shu-Quadrats basierten.*

UNTEN *Diese sanft gewellte Landschaft gilt als eines der typischen Anzeichen für die Anwesenheit des günstigen Grünen Drachen.*

Feng Shui wurde in China als formalisierte Technik zur Auswahl günstiger Orte seit der Tang-Dynastie praktiziert. Der wohl berühmteste Feng-Shui-Meister seiner Zeit war Yang Yun Sang, der in den alten Texten als Begründer des Landschafts-Feng-Shui, wie wir es heute kennen, allgemein anerkannt war. Meister Yang hinterließ Klassiker, die die Jahrhunderte überdauerten. Da er eine führende Persönlichkeit am Hof des Kaisers Hi Tsang (888 v. Chr.) war, galten seine Bücher über das Einfangen und Verwenden des Drachenatems als Pflichtlektüre in der Kaiserlichen Prüfung. So war sein Einfluß bei Hofe immens.

Meister Yangs Bücher zum heute als Feng Shui bekannten Fachgebiet bildeten die Grundlage für die Kenntnisse nachfolgender Generationen von Anwendern. Sein Hauptaugenmerk galt der Form der Berge, der Richtung der Wasserläufe und vor allem der Suche nach der Höhle des Grünen Drachen, die verborgen in den sanft gewellten Hügelketten und Tälern der Berglandschaft lag.

Meister Yangs Theorien konzentrierten sich auf die Methode, den günstigen Drachen dort zu finden, wo er nicht leicht zu entdecken war. Er betonte die Bedeutung des Drachenatems für das Wohl eines Haushalts und beschrieb ausführlich Orte und Landschaftsformationen, die von diesem Atem profitierten. Der Drachenatem war für ihn kosmisch und zentral für die Feng-Shui-Praxis.

Meister Yang formulierte einige wichtige Theorien, die später die Grundlage der gesamten Form- und Landschafts-Schule des Feng Shui bildeten und in späteren Jahrhunderten als fundamentale Texte des Feng Shui anerkannt wurden. Er verwendete die Drachenmetapher sehr häufig: Landschaftselemente, Formen und Wettereinflüsse umschrieb er mit Bezeichnungen, die Körperteilen des Drachen entsprachen oder auch seinen Gefühlen und Stimmungen – wie Zorn oder Ausgelassenheit.

Meister Yangs Theorien wurden auch in drei berühmten Klassikern ausführlich behandelt: Alle beschreiben Feng-Shui-Formationen in blumigen Drachenallegorien. Das erste seiner großartigen Bücher war *Han Lung Ching*, was die »Kunst, den Drachen zu wecken« bedeutet. Das zweite Buch war das *Ching Nang Ao Chih*, das erklärt, wie man die Höhle des Drachen ausfindig macht. Das dritte Buch, *I Lung Ching* (Regeln für die Annäherung an Drachen) gibt detaillierte Anweisungen für das Aufspüren von Drachen an versteckten Orten.

Viele Auszüge aus den alten Feng-Shui-Texten und Kommentaren sowie unzählige Abhandlungen zum Landschafts-Feng-Shui sind in Taiwan zu finden, wo die Feng-Shui-Praxis weit verbreitet ist. Meister Yangs Grundsätze wurden schließlich zur Formschule des Feng Shui, die gutes und schlechtes Feng Shui nach dem visuellen Erscheinungsbild der Landschaft, besonders der Hügel- und Bergketten, beschreibt.

Hügel wurden als Grüne Drachen und Weiße Tiger bezeichnet. Orte mit gutem Feng Shui waren an die Anwesenheit des Drachen gebunden. Eine logische Folge der Theorie war, daß Drachen und Tiger immer gleichzeitig in Erscheinung traten. Anwender der Formschule des Feng Shui begannen folglich ihre Suche nach geeigneten Orten, indem sie sich nach dem Grünen Drachen umsahen. Das Hauptgewicht lag auf Landschaftselementen, Wasserläufen, Hügel- und Bergformen sowie auf deren Lage und Richtung. Die Frage, wie ein Drachen und seine Höhle ausfindig zu machen seien, bestimmte tatsächlich einen Großteil der Theorie des Landschafts-Feng-Shui.

Mit der Zeit jedoch wurde die Drachensymbolik abgelöst von der wissenschaftlicheren Betonung der Kompaßrichtungen. Die Formschule des Feng Shui machte dem Kompaßschul-Feng-Shui Platz, das auf den acht Trigrammen des *I-Ging* aufbaute sowie auf der Anordnung ebendieser

LINKS *Landschafts-Feng-Shui beschreibt günstige Berg- oder Hügelformationen anhand der Symbolik des Grünen Drachen und des Weißen Tigers.*

Trigramme um ein achtseitiges Symbol, dem Bagua. Das Kompaß-Feng-Shui verwendete auch das Symbolgitter mit neun Feldern, das als magisches Quadrat Lo Shu bekannt ist. Diese Symbole sowie das *Ghanzi*-System des chinesischen Kalenders, die Theorie der Fünf Elemente und das Gleichgewicht von Yin und Yang nährten die metaphysischen Spekulationen, die sich um das Feng Shui der Kompaßschule zu ranken begannen.

Die Kompaßschule betonte den Einfluß der Himmelsrichtungen. Gutes oder schlechtes Feng Shui definierte man nach der Eignung der Richtungen, die auf Geburtsdatum und Geschlecht einer Person basierten sowie auf den Elementen, die am Tag der Geburt »herrschten«. Diese Formeln führten zu verschiedenen Methoden, mit denen sich gutes Feng Shui erzeugen ließ.

Das Kompaß-Feng-Shui brachte auch das Konzept der zeitlichen Dimension ins Spiel. Da man das magische Quadrat Lo Shu als Grundlage für die auf Numerologie basierenden Berechnungen verwendet, orientiert sich die Kompaßmethode folglich sowohl an zeitlichen als auch an räumlichen Konzepten des Feng Shui. Zu Beginn der Entwicklung der Kompaßschule maßen die Anwender den Formen und Gestalten in der Umgebung wenig Bedeutung bei. Der vom alten Meister Yang geltend gemachte Einfluß des Drachen wurde geleugnet.

Schließlich wurde den Anwendern klar, daß eine wirksame Kompaßschule den Einfluß der umliegenden Hügel und Gewässer auf das Wohl des Haushalts nicht gänzlich ignorieren konnte. Im späten 19. und frühen 20. Jahrhundert verschmolzen die beiden Schulen des Feng Shui. Die Drachensymbolik tauchte wieder auf und erlangte beträchtliche Anziehungskraft, aber auch die Anwendungen der Kompaßformel gewannen kontinuierlich an Bedeutung.

Anwender des modernen Feng Shui in Hongkong und Taiwan praktizieren heute eine Kombination beider Schulen. Auch dieses Buch befaßt sich mit beiden Feng-Shui-Schulen und würdigt die Bedeutung von Gestalt und Form der Topographie und der Oberflächenformen. Aber ich praktiziere auch häufig Feng Shui der Kompaßschule, da ich seine beeindruckende Wirksamkeit oft miterlebt habe. Meine Herangehensweise bestand darin, bei einem Ort auf harmonische Landschaft und Umgebung zu achten. Der Ort sollte vom Drachen und seinem kosmischen Atem profitieren, anstatt vom Todeshauch feindlicher Strukturen getroffen zu werden.

Ich betrachte die Praxis des Landschafts-Feng-Shui als die beste Form von defensivem Feng Shui. Erst wenn feststeht, daß der Drache bei meinem Haus seinen günstigen Atem (gutes *Sheng Chi*) verströmt, fahre ich damit fort, meine verschiedenen Kompaßformeln zu energetisieren, die in diesem Buch zusammengefaßt werden. Viele der Kompaßformeln sind äußerst machtvoll, und ihre Anwendung führt schnell zu positiven Ergebnissen.

Auf den beschriebenen zwei Feng-Shui-Schulen baut die entsprechende Praxis des symbolischen Feng Shui auf: Sie besteht darin, günstige Glückssymbole im Haus und in den Palästen der Kaiser aufzustellen, und reicht zurück in die Vorzeit. Belegt wird dies durch die vielen Artefakte, die Jahr für Jahr in Ausgrabungen zum Vorschein kommen. In China sind Glückssymbole und Glücksgötter äußerst zahlreich. Häuser sollen großen Wohlstand und Überfluß, Gesundheit und ein langes Leben anziehen, wenn gewisse bedeutsame Symbole an deutlich sichtbarer Stelle aufgestellt werden. Auch die Praxis des symbolischen Feng Shui wird in diesem Buch vorgestellt.

OBEN *Chinesische Münzen, die die Einheit von Himmel und Erde symbolisieren, sind günstig für geschäftliche und finanzielle Erfolge.*

SIEHE AUCH
Landschafts-Feng-Shui *S. 54–65*
❖ Kompaß-Feng-Shui *S. 66–79*

KAPITEL EINS: DIE URSPRÜNGE DES FENG SHUI

FENG SHUI IN CHINA

OBEN *Geschäftsleute in China richten sich immer noch nach Feng Shui, auch wenn sie nicht stets von seiner Bedeutung in der heutigen Zeit überzeugt sind.*

UNTEN *Die Anordnung der Gebäude und Wasserläufe in der Verbotenen Stadt in Peking zeugt vom Einfluß der Feng-Shui-Richtlinien.*

Die Chinesen haben immer an Feng Shui geglaubt. Wer sein Wissen durch gründliches Studium erlangt hat, wendet es ehrfürchtig an: besonders die Kaufleute, Händler und Geschäftsleute, die in hohem Maße davon profitiert haben. Diejenigen, die Feng Shui von ihren Eltern gelernt haben, betrachten es als Aberglauben. Trotzdem folgen sie noch seinen Grundlehren.

Im alten China hatten nur die Angehörigen der privilegierten Klasse Zugang zu Feng Shui. Jahrhundertelang war Feng Shui der Kaiserfamilie und den Mandarins vorbehalten, die die Kaiserhöfe verwalteten. Viele Familienwohnsitze der alten Manchu-Höflinge sowie die Kaiserpaläste innerhalb der Verbotenen Stadt zeugen von der Anwendung des Feng Shui. In alter Zeit stand Feng Shui unter dem Schutz des Herrschers. Die Kaiser legten besonderes Augenmerk auf die Ausrichtung der kaiserlichen Grabstätten. Man glaubte fest daran, daß das Glück der Lebenden in hohem Maße von der Qualität des Feng Shui der Ahnen abhinge. China ist voller Legenden und Lokalsagen, die in lyrischer Sprache die Gräber der Väter von Kaisern wie Chu Yuan Chuan beschreiben, der die Ming-Dynastie begründete, oder von Sun Yat Sen, der um die Jahrhundertwende Chinas Präsident wurde. Pekingbesucher können auf Wunsch am nördlichen Stadtrand die historischen Ming-Gräber besichtigen, die gemäß den strengen Feng-Shui-Richtlinien angelegt wurden.

Es ist noch nicht allzu lange her, da gab es Spekulationen, daß zwei der Führer des Landes, Mao Tse Tung und Deng Xiao Ping, ihren Aufstieg zur Macht der speziellen Ausrichtung der Grabstätten ihrer jeweiligen Ahnen verdankten.

Die Gestaltung von Ahnengräbern nach Feng-Shui-Prinzipien ist in Taiwan immer noch eine praktizierte Tradition: Wohlhabende Familien nehmen große Mühen auf sich, um ihre Toten nicht nur in einer günstigen Richtung zu begraben, sondern sie achten auch darauf, daß die Grabstätten ordentlich gepflegt und bewacht werden. Besonders wichtig ist ihnen die günstige Fließrichtung der Abwasserkanäle und Wasserläufe. Die Patriarchen angesehener Familien suchen sich ihre Grabstätte auch schon zu Lebzeiten aus, um dafür zu sorgen, daß das Familienglück und der Familienreichtum erhalten bleiben und die Nachkommen dem Familiennamen weiterhin Ehre machen.

In früheren Zeiten spielte Feng Shui auch eine große Rolle bei der Stadtplanung. Kanton verdankte seinen Wohlstand und sein gutes Gedeihen der günstigen Lage am Perlenflußdelta, während Shanghais berühmter Bund als großer Reichtumsbringer dieser Metropole angesehen wurde. Zu Beginn des 20. Jahrhunderts war Hongkong nicht mehr als ein kahler Felsen. Doch die ansässige Bevölkerung hielt die Feng-Shui-Regeln genau ein, was in Kombination mit der hervorragenden Ausrichtung des Ha-

OBEN *Das gute Feng Shui des Hongkonger Hafens begünstigte den steten finanziellen Erfolg der ehemaligen Kolonie.*

fens der Kolonie zu stetigem Wachstum verholfen hat.

Früher haben die Kaiser die Feng-Shui-Praxis oft verboten. Geschichtstexte sprechen davon, daß bestimmte Kaiser außerordentliche Maßnahmen ergriffen hätten, um die alten Texte im Geheimen zu halten. Dadurch verhinderten sie, daß potentielle Feinde der Dynastie Feng Shui praktizierten und damit eine gewisse Macht erlangen konnten. Chinesische Sagenbücher beschreiben, wie der erste Ming-Kaiser, Chu Yua Chuan, das ganze Land mit falschen Feng-Shui-Büchern überschwemmte: Diese enthielten zweideutige Richtlinien des Landschafts-Feng-Shui, die auf falschen und widersprüchlichen Theorien beruhten.

Jahrhunderte später, als Mao Tse Tung der neue »Kaiser« von China wurde, war er auch ein schlauer Feng-Shui-Anwender. Mao studierte sein Leben lang die »Vierundzwanzig Annalen der Dynastien«. Besessen von der Angst, vom Thron gestoßen zu werden, soll der »große Steuermann« Bücher zur Strategie und zum politischen Ränkespiel an den Höfen der alten Kaiser studiert haben. Wie Chu Yuan Chuan wollte Mao den Einsatz von Feng Shui verhindern, um den Klammergriff, in dem er China hielt, nicht lockern zu müssen. Während Mao an der Macht war, verbannte er die Feng-Shui-Praxis aus China.

LINKS *Tai-Chi-Übungen auf Shanghais Bund: Man glaubt, seine Lage bedingte das frühere Gedeihen der Stadt. Heute ist der Wohlstand dort wieder im Wachstum begriffen.*

KAPITEL EINS: DIE URSPRÜNGE DES FENG SHUI

FENG SHUI IN TAIWAN, HONGKONG UND AN ANDEREN ORTEN

OBEN *Meister Yap Cheng Hai, der Feng-Shui-Meister, der großzügig einige spezielle Feng-Shui-Formeln enthüllt hat.*

OBEN *Die taiwanesische Architektur profitierte von alten Feng-Shui-Praktiken, die nach Tschiang Kai-Scheks Niederlage 1949 auf die Insel kamen.*

Während Feng Shui in China immer weniger praktiziert wurde, hielten Chinesen, die aus ihrer Heimat geflohen waren und sich in anderen Ländern niedergelassen hatten, die Feng-Shui-Praxis lebendig. Feng Shui genoß besonders in Taiwan eine Blütezeit. Nachdem Tschiang Kai-Shek von den Kommunisten besiegt worden und vom Festland nach Taiwan geflohen war, folgten ihm viele Feng-Shui-Meister und Anwender dorthin. Der General nahm Tausende alter Feng-Shui-Texte mit sich, und die Meister, die mit ihm gingen, übten auch weiterhin ihre Kunst aus – und trugen so zum Wohlergehen von Tschiangs Regime und der Geschäftswelt der Insel bei. Das heute in Taiwan praktizierte Feng Shui enthält einige kostbare Formeln der Kompaßschule. Zwei dieser Formeln verdanken ihr Bekanntwerden der Großzügigkeit von Meister Yap Cheng Hai, der in jungen Jahren nach Taiwan reiste, um Feng Shui für Fortgeschrittene bei einem alten und verehrten Feng-Shui-Meister zu studieren. Yap Cheng Hais Feng-Shui-Meister war der Nestor der Feng-Shui-Praxis in Taiwan und wurde von vielen der führenden Wirtschaftsbosse des Landes um Rat gebeten.

Obwohl Yap Cheng Hai einer anderen Ära angehörte, praktizieren viele seiner Schüler heute noch. Es ist sicher kein Zufall, daß Taiwan heute so wohlhabend ist!

Feng Shui gedieh auch in Hongkong, wo sich viele chinesische Flüchtlinge niederließen. Heute ist Hongkong die inoffizielle Hauptstadt des Feng Shui, und ihre chinesischen Einwohner betrachten Feng Shui als Lebensstil.

Der erste chinesische Gouverneur nach 1997, C. H. Tung, sorgte weltweit für Schlagzeilen, als er bekannt gab, daß er weder in den kolonialen Gouverneurssitz noch in das alte Kolonialbüro des Gouverneurs einziehen würde, weil seiner Ansicht nach beide Gebäude unter ungünstigem Feng Shui litten!

Die wahrscheinlich aufregendste Entwicklung der vergangenen Jahre ist das erneute Wiederaufleben des Interesses an Feng Shui in China. Die Praxis wurde durch ehemals emigrierte Chinesen zurückgebracht, die jetzt in Unternehmen im neuen China investieren. Ganze Verwaltungsbezirke und Grundstücksprojekte, die beispielsweise unter der Leitung von Hongkong-Chinesen geplant wurden, weisen nun eindeutige Feng-Shui-Spuren auf.

Eine andere spannende Entwicklung ist die wachsende Akzeptanz und Beliebtheit von Feng Shui bei westlich erzogenen Chinesen, die nun in den Chinatowns der Vereinigten Staaten, Kanadas, Australiens, Großbritanniens, Europas und Südostasiens leben. An Orten, an denen der Anteil der chinesischen Bevölkerung sehr hoch ist, wie in Singapur oder Malaysia, gewinnt Feng Shui zunehmend an Bedeutung. Viele Chinesen entdecken voller Eifer die wunderbaren Versprechungen einer Praxis wieder für sich, die Teil ihres kulturellen Erbes ist.

Mit dieser wachsenden Akzeptanz des Feng Shui unter den emigrierten Chinesen erhöhte sich auch das Bewußtsein für und die Akzeptanz von Feng Shui in anderen Gemeinschaften. Feng Shui begann im Westen als Teil der New-Age-Bewegung, die sich auf die Ganzheitlichkeit von Geist, Körper und Seele des Menschen konzentrierte. New Age erforschte die esoterischen Lehren des Ostens und entdeckte dabei sowohl die Versprechungen als auch das Potential des Feng Shui. In den letzten Jahren wurde Feng Shui auch zunehmend für das breite Publikum interessant – es hat sich nun in alle Ecken der Erde ausgebreitet.

UNTEN *Der Gouverneur von Hongkong, C. H. Tung, lehnte es angeblich ab, in den ehemaligen Gouverneurssitz einzuziehen, dessen Feng Shui als schlecht gilt.*

FENG-SHUI-KLATSCH AUS HONGKONG

Viele Einwohner von Hongkong glauben, der Tod des berühmten Kampfsportstars Bruce Lee sei auf schlechtes Feng Shui zurückzuführen. Man sagt, Bruce Lee habe die Neun Drachen von Kowloon beleidigt, als er den Namen Hsiao Loong (oder Kleiner Drache) annahm. Die Drachen warteten auf den richtigen Moment, um dem dahergelaufenen kleinen Drachen eine Lektion zu erteilen. Dieser Moment kam während eines Taifuns, als Lees schützender Bagua-Spiegel von der Wand fiel. Ohne dessen Schutz hatten die Neun Drachen leichtes Spiel, und Bruce Lee starb vor seiner Zeit …

Der letzte Gouverneur, Chris Patten, soll angeblich unter dem schlechten Feng Shui des Gouverneurssitzes gelitten haben. Manche glauben, daß der Hongkonger Gouverneurssitz stets exzellentes Feng Shui gehabt habe, da er durch den Victoriagipfel gestützt wird und auf das Meer hinausblickt – die klassische Ausrichtung Grüner Drache/Weißer Tiger. Dieses hervorragende Feng Shui wurde durch das Gebäude der Bank of China mit seinen scharfen Kanten und riesigen Fassadenkreuzen zerstört. Eine der Kanten des Gebäudes schien den Gouverneurssitz zu durchschneiden und damit Chris Pattens Feng Shui zu beeinträchtigen. Die Einwohner Hongkongs waren folglich nicht überrascht, als sein chinesischer Nachfolger, C. H. Tung, es höflich ablehnte, in den Gouverneurssitz zu ziehen.

Die Hongkong-Bank ist mit ihren zwei Wächterlöwen eines der berühmtesten Wahrzeichen der Stadt. Sie wurde Mitte der 1980er Jahre fertiggestellt, wobei mehrere Feng-Shui-Meister zusammen mit den Architekten daran arbeiteten, einen perfekten Chi-Fluß ins Innere des Gebäudes zu gewährleisten. Das günstigste Feng-Shui-Element ist der »Helle Saal« vor dem Gebäude. In Hongkong geht das Gerücht, daß einer der Taipane der Bank im letzten Jahrhundert in einer Art Feng-Shui-Erleuchtung das Land vor dem Gebäude gekauft und es der Regierung unter der Bedingung vermacht habe, daß das Grundstück nicht bebaut werde. Der Bankeingang hat so ungestörten Ausblick auf das Meer, und der Helle Saal erlaubt dem günstigen Chi, sich einen Moment zu sammeln, bevor es sanft in die Bank geleitet wird.

UNTEN *Das Feng Shui des Hongkonger Gouverneurssitzes soll durch die tödliche Energie der Bank of China verdorben worden sein.*

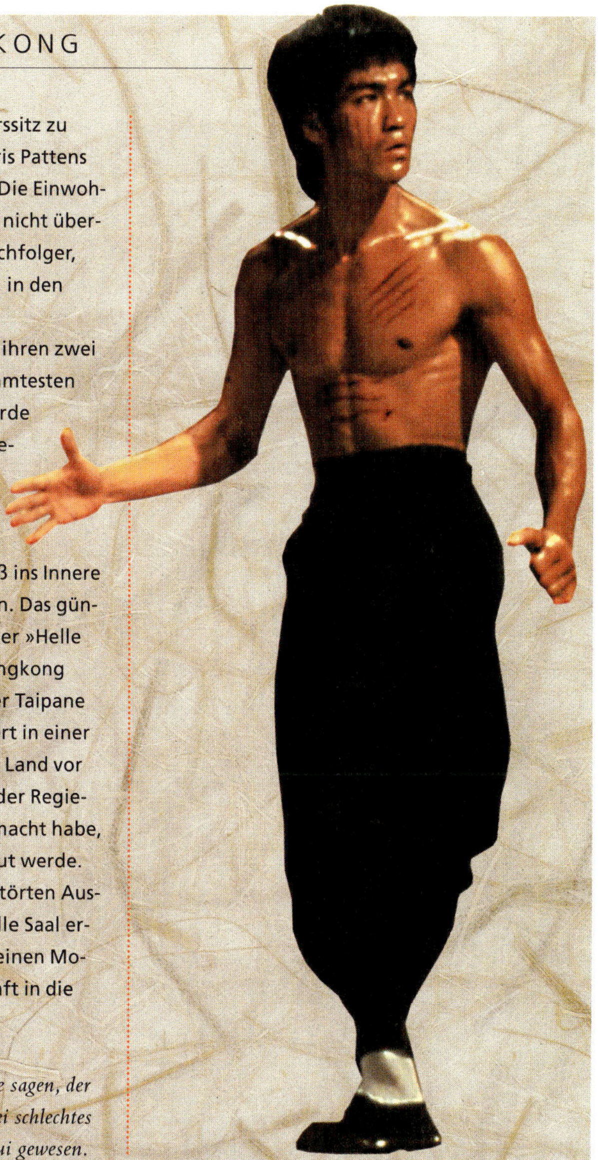

RECHTS *Bruce Lee, der Star vieler Kampfsportfilme, starb jung – manche sagen, der Grund sei schlechtes Feng Shui gewesen.*

FENG-SHUI-GEREDE AUS SINGAPUR

OBEN *Von Singapurs Premierminister, Lee Kuan Yew, nimmt man an, er habe Feng Shui eingesetzt, um zum phänomenalen Wirtschaftswachstum der Republik beizutragen.*

Viele Menschen bewundern Singapurs unglaubliches Wachstum sowie den Mann, der diesen kleinen Stadtstaat zum Wohlstand führte – den in Cambridge ausgebildeten Lee Kuan Yew. Unter Feng-Shui-Anhängern in Südostasien erzählt man sich, daß Singapurs Glück und der Erfolg von Lee K. Y. Feng Shui ebensoviel verdankten wie seinem genialen Geist.

Lee hatte offenbar eine enge Beziehung zu einem der besten Feng-Shui-Meister der Welt, einem einfachen Mönch, dessen Feng-Shui-Kenntnisse als legendär gelten. Es heißt, daß in den frühen und mittleren 1980er Jahren, als Singapur sein hervorragendes Eisenbahnnetz baute, die Grabungsarbeiten einen Niedergang in der Wirtschaft Singapurs verursachten. Offenbar bat der besorgte Lee seinen Feng-Shui-Experten um Rat. Der Mönch sagte ihm, daß jeder ein Bagua (achtseitiges Feng-Shui-Symbol) aufhängen solle, um dem Wohl Singapurs wieder auf die Sprünge zu helfen. Sein Kabinett äußerte Zweifel, daß in einer gemischtrassigen Gesellschaft wie in Singapur die Regierung in der Lage sei, die Bevölkerung zu einem eindeutig chinesischen Symbol zu überreden.

Lee hatte offensichtlich eine eigene Lösung parat. Er führte die Bagua-förmige Ein-Dollar-Münze ein, die heute noch in Umlauf ist. Trotz dieser Maßnahme erholte sich jedoch Singapurs Wirtschaft nicht.

Bei einer weiteren Konsultation des Mönchs schlug dieser vor, die Bagua-Form sichtbarer anzubringen, was zu einem neuen Lösungsversuch führte. Die Straßensteuermarken auf Autos wurden daraufhin in Bagua-Form angefertigt. Diese Methode funktionierte offensichtlich, da sich die Wirtschaft unverzüglich erholte. Jedes Auto in Singapur hatte jetzt eine Bagua-Form auf der Windschutzscheibe. Diese Praxis wird bis heute beibehalten.

Einige Jahre später wurde der Mönch krank, und man munkelt, daß er den Ratschlag gegeben habe, einen Drachen anzubringen, der über die Mündung des Singapurflusses blickte, da dies für alle Zeiten Singapurs Symbol, den Merlion, beschützen würde.

Und wieder hatte man eine neue Methode gefunden, um Singapurs anhaltenden Wohlstand zu bewahren. Ein Drache sollte die obere linke Ecke der Fünfzig-Dollar-Note des Landes zieren. Da auf dem Geldschein eine Szene mit dem Singapurfluß und dem Hafen abgebildet war, würde der Drache in symbolischer Weise über dem Merlion stehen und so seinen Reichtum für alle Zeiten sichern. Wenn Sie einmal nach Singapur kommen, schauen Sie sich doch die Fünfzig-Dollar-Note an ...

UNTEN *Um Singapurs Wohlstand zu bewahren, entwarf Lee K. Y. sogar eine neue Banknote. Sie zeigt einen Drachen, der Singapurs Fluß und Hafen beschützt.*

DIE PHILOSOPHIE DES TIEN TI REN

LINKS *Feng Shui basiert auf der Philosophie der drei Glücksaspekte, die unser Leben beeinflussen: Tien Chai, das Himmelsglück, mit dem wir geboren werden; Ti Chai, das Erdenglück, das von unserer Umgebung erzeugt wird, sowie Ren Chai, das Menschenglück, für das wir selbst verantwortlich sind.*

Feng Shui ist keine spirituelle Praxis, die Wunder wirken kann. Es bringt den Erfolg nicht über Nacht und ändert nicht sofort die Lebensumstände eines Menschen. Feng Shui wirkt entsprechend der Qualität der Energieströme, die jeden häuslichen Bereich und jeden Arbeitsraum umgeben. Wer sofortigen Reichtum verspricht, einen Lottogewinn und schnelle Befriedigung, hat Feng Shui nicht wirklich verstanden.

Feng Shui kann nicht selbst das Glück herbeizaubern, aber es kann positive Energie in Ihrem Heim oder Büro erzeugen, so daß diese Energie bei einem Unglücksfall das Pech mildert, den Verlust verringert und die Dinge so erträglicher gestaltet. Und wenn man, dem eigenen Schicksal oder der eigenen Bestimmung folgend, eine glückliche Zeit durchlebt, fördert wohltuendes Feng Shui dieses Glück. So wird das Glück intensiver als bei schlechtem Feng Shui. Dies basiert auf der Philosophie von *tien*, *ti* und *ren*, den chinesischen Bezeichnungen für Himmel, Erde und Menschheit, und wird als Trinität des Glücks bezeichnet. An erster Stelle steht das Himmelsglück, mit dem jeder geboren wird. Das Himmelsglück oder *Tien Chai* ist nicht vom Menschen beeinflußbar. Niemand besitzt Macht über die Umstände seiner oder ihrer Geburt oder der guten und schlechten Zeiträume im eigenen Leben. Aus diesem Grund kennen alle großen Kulturen dieser Erde Divinationsmethoden, die versuchen, das Schicksal und die Bestimmung eines Menschen mit Hilfe von Geburtentafeln und anderen Wahrsagetechniken vorherzusagen. Deshalb haben Gebete solche Macht und spielt die Religion im Leben eine so wichtige Rolle. Göttliche Hilfe aus dem Himmel unterliegt nicht der menschlichen Kontrolle, man darf sie nicht mit Feng Shui verwechseln.

Das Erdenglück, *Ti Chai*, können wir kontrollieren. Es ist das Glück, das von unserer Umgebung ausgeht, und wird gestärkt, wenn das Feng Shui des eigenen Umfeldes günstig ist.

In diesem Kontext betrachtet, bietet Feng Shui eine neue Perspektive: Wenn das Erdenglück im Bereich unserer Macht liegt – und wenn wir aktiv gutes Feng Shui in unserem Heim und Büro erzeugen können, dann muß eine Verbesserung der persönlichen Umgebung unserem Lebensglück neuen Glanz verleihen. Feng Shui ist eine sehr wichtige Komponente der Lebensumstände, denn es betrifft den Bereich unseres Schicksals, über den wir Kontrolle ausüben können.

Feng-Shui-Glück eröffnet neue Möglichkeiten, erhöht die Erfolgschancen, verbessert unsere Lebensbedingungen und erfüllt unsere zwischenmenschlichen Beziehungen mit Harmonie und gegenseitigem Wohlwollen. Feng-Shui-Glück erreicht sein maximales Potential nur, wenn es von ebenso starkem und hervorragendem *Ren Chai* (Menschenglück) begleitet wird. Wie der Name schon sagt, kann das Menschenglück ebenfalls von uns beeinflußt werden.

Gutes Feng Shui verspricht zwar Aufstiegsmöglichkeiten und ein höheres Einkommen. Aber Ihr gutes Feng Shui ist vergeudet, solange Sie sich nicht bemühen, Ihr günstiges Glück mit ehrlicher Arbeit, positiver Einstellung und starker Haltung (Bestandteile des Menschenglücks) zu vervollständigen. Menschenglück ist das Glück, das Sie für sich selbst erschaffen.

SIEHE AUCH
❖ Yin- und Yang-Feng-Shui *S. 28–29*
❖ Das Konzept der Harmonie: Die Fünf Elemente *S. 40–45*

KAPITEL EINS: DIE URSPRÜNGE DES FENG SHUI

ANWENDUNGSMÖGLICHKEITEN FÜR FENG SHUI

OBEN *Gutes Feng Shui sorgt für glückliche und erfolgreiche Beziehungen.*

Feng-Shui-Praxis ist auf fast jeden Lebensbereich und in jeder Arbeitsumgebung anwendbar. Es geht darum, die Energien des weiteren Umfelds und der unmittelbaren Lebens- und Arbeitswelt zu verbessern. Feng Shui geht von folgender Prämisse aus: Wer von gesunder, lebendiger Energie umgeben ist und in dieser Atmosphäre atmet, schläft, sitzt, ißt und arbeitet, wird in eine Aura guter Schwingungen eingehüllt, die außerordentliches Glück anziehen. Auf der anderen Seite wird die Umwelt für einen Menschen, der von schlechter, toter oder tödlicher Energie umgeben ist, ernsthaftes Unglück bedeuten.

Glück zeigt sich auf recht unterschiedliche Weise und setzt sich aus all Ihren materiellen und geistigen Zielen zusammen. Auch Unglück tritt in unterschiedlicher Gestalt auf: Für den einen bedeutet es eine Krankheit, den Verlust von Geld oder häufige Unfälle. Für den anderen besteht es in ständigem Scheitern oder in dem Gefühl, ein völlig verpfuschtes Leben zu führen. Gutes Feng Shui gibt Ihnen in Wirklichkeit einen kleinen Vorsprung vor Ihren Konkurrenten. Leiden Sie unter schlechtem Feng Shui, stellt das für Sie einen bedeutenden Nachteil dar.

Feng-Shui-Prinzipien sollten beim Entwurf und der Gestaltung von Wohnhäusern und Büros berücksichtigt werden. Für einen Firmeninhaber kann Feng Shui eine Umsatzsteigerung und eine Erhöhung des Profits bedeuten. Wenn Sie gerade Karriere machen, wird Ihnen Feng Shui Möglichkeiten eröffnen, die Ihnen nützliche Anerkennung einbringen werden. Sind Sie auf der Suche nach Liebe und Glück, ist es gut möglich, daß Feng Shui Ihnen eine Familie beschert.

Sie wohnen vielleicht in einem Bungalow oder einem Stadthaus, einem Appartement oder einem Zimmer, das Sie sich mit jemandem teilen, oder in einem Studentenwohnheim. Egal, ob Sie Ihr Haus gemietet haben oder ob es Ihr Eigentum ist, ob Sie dort vorübergehend oder länger wohnen. Jeder Raum, in den Sie sich am Ende des Tages zur Erholung, Entspannung und zum Auftanken zurückziehen, sollte von günstiger und harmonischer Energie erfüllt sein. Wenn Ihr Heim von gutem Feng Shui geprägt ist, werden Sie von einer vitalen und belebenden Energie umhüllt.

Jeder Raum des Hauses kann von Feng Shui profitieren, sowohl die eher öffentlichen Bereiche, wie Wohn- und Eßzimmer, als auch rein private Räume, wie etwa das Schlafzimmer. Gestaltung und Ausrichtung, Form- und Farbgebung sowie die Anordnung der Möbel, Dekogegenstände und Gemälde tragen zum Gesamtbild bei. Feng Shui als Praxisverfahren beschäftigt sich mit der richtigen Zusammenstellung der Einzelteile, damit die Bewohner direkten Nutzen daraus ziehen können.

Sie profitieren am meisten von diesem Buch, wenn Sie es systematisch lesen. Verinnerlichen Sie die Grundlagen und Konzepte, bevor Sie festzustellen versuchen, was an Ihrem Feng Shui falsch oder richtig ist. Entwickeln Sie ein Gespür für Gebäude, Straßen und Strukturen in Ihrem Umfeld und für die Sie umfließenden Energien. Eignen Sie sich eine lösungsorientierte Haltung an. Gehen Sie bei allen Dingen, die Ihrer Ansicht nach nicht den Feng-Shui-Prinzipien entsprechen, wie folgt vor: Finden Sie erst eine befriedigende Antwort darauf, was in Ihren Augen nicht stimmt. Prüfen Sie dann Ihr Verständnis der Konzepte, indem Sie Lösungen entwickeln, die den Richtlinien folgen.

OBEN *Schlechtes Feng Shui kann zu Problemen im Beruf führen, die Streß und Krankheit verursachen können.*

Bedenken Sie, daß es praktische und preiswerte Heilmittel für die meisten Probleme gibt; teure Maßnahmen sind selten notwendig. Erforschen Sie den Rest des Buches, wenn Sie an einem Problem nichts ändern können. Vielleicht finden Sie im Glossar eine Lösung oder in den Themenkästen.

Sie können auch eine Kombination verschiedener Feng-Shui-Schulen anwenden. Seien Sie nicht überrascht von der Vielzahl der Richtlinien, die den Markt heute scheinbar überschwemmen. Verschiedene Meister geben unterschiedliche Ratschläge je nachdem, wo und wann sie ihr Wissen erlangt haben. Vergessen Sie nicht, daß von den alten Meistern, die im Osten leben, nur wenige freiwillig ihre zu Recht gehüteten Geschäftsgeheimnisse preisgeben würden. Sogar bei den Chinesen selbst haben verschiedene Sprachgemeinschaften eine voneinander abweichende Herangehensweise.

Wenn Sie im Zweifel sind, sollten Sie sich auf Ihren gesunden Menschenverstand verlassen. Verwechseln Sie nicht die Richtlinien der Formschule mit denen der Kompaßschule. Die Schulen unterscheiden sich stark, greifen aber beide für Interpretation und korrekte Ausübung auf bestimmte Basiskonzepte zurück. Konzentrieren Sie sich darauf, Grundkenntnisse der wichtigsten Theorien und Richtlinien zu erlernen. Mit etwas Übung können Sie anhand des Lexikons Ihr eigenes Feng Shui praktizieren.

RECHTS *Die Feng-Shui-Praxis kann erfolgreich in Ihrem Heim, am Arbeitsplatz und im weiteren Umfeld angewandt werden.*

KAPITEL EINS: DIE URSPRÜNGE DES FENG SHUI

FENG SHUI IN UNSERER ZEIT

Die heutige Feng-Shui-Praxis unterscheidet sich grundlegend von ihren historischen Ursprüngen. Heutzutage ist Feng Shui für jeden problemlos zugänglich: Es wird von Arm und Reich eingesetzt, so daß die Praktik auf unterschiedliche Wohnformen und Arbeitsplätze und von Einzelpersonen angewandt wird.

Zudem wird Feng Shui heute in einer Welt praktiziert, die sich dramatisch gewandelt hat. Da die Topographie der Landschaft so sehr verändert wurde, hat Feng Shui alte Grundsätze in großem Umfang an die neuen Gegebenheiten angepaßt. Das Wachsen der Städte und die Beliebtheit von Wohnungen in urbanem Umfeld erforderten eine Neuinterpretation der alten Texte. Alte Metaphern wurden mit neuen Bedeutungen belegt. So wurden die Ideen von Drache und Tiger, Schildkröte und Phönix an eine Stadtlandschaft angeglichen, um Landschafts-Feng-Shui und die Formschule des Feng Shui auch in modernen Metropolen ausüben zu können. In einer modernen Stadt mit Hochhäusern

LINKS *Die weisen Lehren der Feng-Shui-Meister, die während der Tang-Dynastie praktiziert wurden, hat man adaptiert und auf das moderne Leben angewandt – Wolkenkratzer stehen heute für Berge, und Autobahnen deutet man als Flüsse.*

UNTEN *Moderne Städte wie Chicago scheinen weit entfernt von den alten Gesetzen des Feng Shui. Diese werden jedoch angesichts der veränderten Umstände neu interpretiert.*

werden die vom Menschen errichteten Gebäude jetzt als Berge gedeutet. Je nach Form, Lage und Struktur vergleicht man sie mit den himmlischen Tieren des Landschafts-Feng-Shui.

Autobahnen beschreibt man als Flüsse, während die Straßen in der Stadt zu Lieferanten für Chi-Ströme werden. Wolkenkratzer und hohe Gebäude gelten nun als Berge und Landschaftserhebungen und haben sich so in die Symbole der himmlischen Tiere verwandelt, wobei ihre Form bestimmt, welchem Element sie zugeordnet werden. Diese gewaltige Deutungsverschiebung verlangt einen sorgfältigen Einsatz der Theorien, die die Basis und den historischen Kontext der Feng-Shui-Anwendungen ausmachen. Deswegen muß man sich immer wieder auf die grundlegenden und zentralen Konzepte beziehen, auf denen alle Feng-Shui-Schulen und alle Kompaßformeln basieren. Denken Sie immer daran.

LINKS *Modernes Innenraumdesign kann selbst heute noch von den zentralen Feng-Shui-Konzepten profitieren, die vor Hunderten von Jahren aufgestellt wurden.*

KAPITEL EINS: DIE URSPRÜNGE DES FENG SHUI

YIN- UND YANG-FENG-SHUI

OBEN *Yin-Feng-Shui betrifft Stille und Tod. In Taiwan und Malaysia wird dieser Zweig des Feng Shui heute noch praktiziert. Hat das Grab freien Ausblick und wird es rückseitig von einem Berg gestützt, so gilt es als günstiger Begräbnisplatz. Dadurch ist das Glück der Familie des Verstorbenen gesichert.*

In früheren Zeiten wurde Feng Shui in großem Ausmaß auf Yin-Orte, also hauptsächlich Grabstätten von Ahnen, angewandt. Die Lehrbücher behandeln Yin-Feng-Shui als eigenständiges Thema, das vom Yang-Feng-Shui unabhängig ist. Die Symbole und die Bezugspunkte für Berechnungszwecke unterscheiden sich bei diesen zwei Arten von Wohnsitzen.

In diesem und all meinen anderen Büchern kommt ausschließlich Yang-Feng-Shui zur Sprache, das nur auf Yang-Wohnorte oder auf die Häuser der Lebenden angewandt werden kann.

Das bedeutet nicht, daß Yin-Feng-Shui heutzutage nicht mehr praktiziert wird. In Taiwan ist es nach wie vor ein wichtiger Teil der Feng-Shui-Praxis, der von vielen der angesehensten Familien ausgeübt wird. Ahnen-Begräbnisplätze für die ältere Generation der Familie werden meist lange vor ihrem Ableben erstanden. Dabei achtet man besonders auf das Grab des Familienpatriarchen oder des Vaters. Der Grund dafür ist der Glaube, daß das Glück der Nachkommen grundlegend vom Feng Shui des Grabes des direkten Vorfahren beeinflußt wird. In Malaysia wird Yin-Feng-Shui immer noch von einer kleinen Gruppe begeisterter Anwender studiert. Einige bekannte Patriarchen wohlhabender Unternehmerfamilien haben ihre Gräber bereits ausgewählt. Sie ließen die Gräber gemäß dem Grundkonzept des Landschafts-Feng-Shui anlegen, wonach das Grab von einem Berg gestützt sein sollte und ungehinderten Ausblick aufweisen muß.

Man sagt, daß Yin-Feng-Shui besonders die männlichen Nachkommen einer Familie beeinflusse. Weibliche Nachkommen unterliegen in geringerem Maße dem Einfluß von Ahnengräbern. Da man die tatsächliche Ausrichtung des Grabes auf einem modernen Friedhof jedoch selten selbst festlegen kann, habe ich immer zu folgendem geraten: Um sicherzugehen, sollte man besser gar kein Ahnengrab haben. Die Einäscherung stellt eine geachtete und akzeptable Alternative dar. Nach Meinung von Feng-Shui-Experten ist die Wirkung einer Einäscherung des Patriarchen auf das Glück der Nachkommen neutral, weder gut noch schlecht. Diese Vorgehensweise erhält uns unseren Seelenfrieden, wenn wir die Entscheidung treffen, wie wir unsere Toten bestatten sollen. Das verschiebt das Gewicht auch auf Yang-Wohnorte, was wesentlich bedeutsamer ist und zudem leichter in der Ausführung.

Dieses Buch behandelt ausschließlich Yang-Feng-Shui. Diese Unterscheidung ist wichtig, da die Haupthilfsmittel, die in allen Empfehlungen genannt werden, auf der nach-himmlischen Reihenfolge der Trigramme im Bagua basieren, die sich grundlegend von der vor-himmlischen Reihenfolge der Trigramme unterscheidet. Das Kapitel zu den Feng-Shui-Hilfsmitteln *(siehe S. 111–121)* gibt eine detaillierte Erklärung der Bedeutung der Trigramm-Anordnung im Bagua.

Ein zweiter Grund für diese Trennung liegt darin, die Aufmerksamkeit des Lesers auf den wesentlichen Unterschied zwischen Yin- und Yang-Energien zu lenken. Die Häuser der

OBEN *Wenn Ihr Haus neben einem Friedhof liegt, hilft eine Trennmauer dabei, die Yin-Energie abzulenken.*

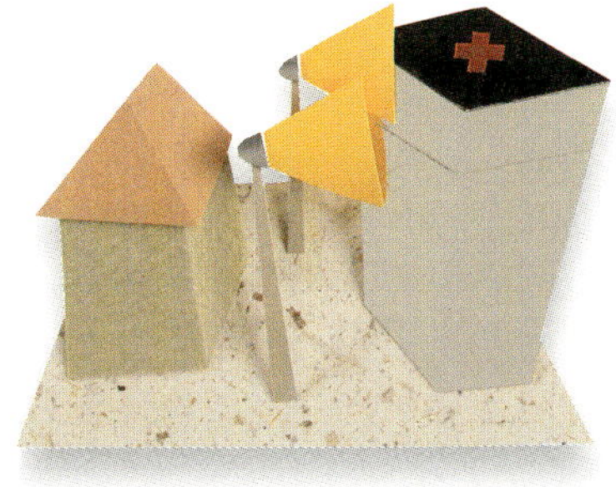

OBEN *Zu viel Yin-Energie durch Gefängnisse, Krankenhäuser oder Polizeistationen gleichen zwei Strahler aus.*

OBEN *In Wohnungen sollten Sie an einem Fenster ein helles Licht anbringen, das das Yin-Gebäude anstrahlt.*

Lebenden sind Yang, weil Yang Leben, Aktivität, Bewegung und Wachstum bedeutet. Die Yin-Energie dagegen steht für Ruhe, Stille und Tod. Wenden Sie Feng Shui auf Yang-Wohnorte an, muß Ihnen bewußt sein, daß Yang-Einflüsse dominieren sollten, jedoch nie in dem Ausmaß, daß keine Yin-Energie mehr vorhanden ist. Das Kapitel zu Feng-Shui-Konzepten liefert dazu eine ausführlichere Erläuterung *(siehe S. 31–51).*

Hat man als Amateur erst den Unterschied zwischen Yin- und Yang-Feng-Shui begriffen, so versteht man, warum Experten davon abraten, ein Wohnhaus nahe Yin-dominierter Gebäude zu errichten. Orte wie Krankenhäuser, Gefängnisse, Friedhöfe, Schlachthöfe usw. erzeugen zu viel Yin-Energie, die für Yang-Orte völlig ungeeignete Schwingungen hervorbringt. Man muß sie also meiden.

Experten warnen auch vor Wohnhäusern auf Grundstücken, auf denen sich zuvor derartige Gebäude befanden, da die ehemals vorhandenen Yin-Energien noch weiterwirken. Wenn Sie also nach einem neuen Haus Ausschau halten, sollten Sie immer die Vorgeschichte des Grundstücks erforschen, auf dem Ihr neues Haus errichtet werden soll. Vermeiden Sie Orte, an denen in der nahen Vergangenheit der Tod eine Rolle gespielt hat oder Tötungen durchgeführt wurden (z. B. in einem Schlachthof).

LINKS *Lebendige Atmosphäre im Haus, intensiviert durch Kinder oder Haustiere, ist ideal, um die lebensnotwendige Yang-Energie zu begünstigen.*

Wenn Sie bereits in der Nähe eines Yin-dominierten Ortes wohnen und nicht wegziehen können, sollten Sie Objekte aufstellen oder -hängen, die Yang-Energien erzeugen und so ein wirksames Gegengewicht zu den Yin-Energien bilden. Leben Sie zu nahe an einem Friedhof, sollten Sie die Mauer, die zum Friedhof weist, hellrot streichen. Dies absorbiert die vom Friedhof ausströmende Yin-Energie.

Wohnen Sie neben einem Krankenhaus, einem Altersheim, einer Polizeistation oder sogar einem Gefängnis, können Sie durch das Anbringen von zwei hohen, hellen Strahlern zwischen Ihrem Haus und diesen Gebäuden der Yin-Energie wirksam entgegenwirken. Leben Sie in einer Wohnung neben einem Krankenhaus, sollten Sie ein helles Licht in einem der Fenster installieren, die in Richtung des Krankenhauses oder ähnlicher Gebäude weisen.

Falls Ihr Haus auf einem ehemaligen Friedhof errichtet wurde oder auf einem Gelände, auf dem sich einst ein Krankenhaus oder eine andere Yin-dominierte Struktur befand, streichen Sie die Mauern hell, lassen Sie tagsüber das Radio laufen und sorgen Sie für Aktivität im Haus. Steht das Haus die längste Zeit des Tages leer, sollten Sie sich ein Haustier zulegen, einen Hund oder eine Katze, da so das kostbare Yang am besten aktiviert wird.

Selbst wenn keines der genannten Probleme auf Ihr Haus zutrifft, ist die Umsetzung meiner Vorschläge günstig, da das Erzeugen von Yang-Energien immer gutes Feng Shui ergibt.

SIEHE AUCH
❖ Konzept des Gleichgewichts: Yin und Yang *S. 46–47*
❖ Yin- und Yang-Energien bei Krankheiten *S. 211–213*

KAPITEL ZWEI

FENG-SHUI-KONZEPTE

Der kosmische Atem des Drachen (Chi) ist für das Verständnis und die Ausübung von Feng Shui von zentraler Bedeutung. Chi ist unsichtbar, eine mächtige Kraft, die in der Umwelt zirkuliert. Gutes Feng Shui besteht, wenn sich günstiges Chi ansammelt – solche Chi-Energie bringt Glück. Schlechtes Feng Shui kommt zustande, wenn Chi bösartig und tödlich wird. Feng Shui besteht darin zu erlernen, wie man zwischen gutem und schlechtem Chi unterscheidet, wie man schlechtes Chi zerstreut und überwindet, wie man gutes Chi erzeugt und vergrößert.

Um diese Fähigkeiten zu erwerben, muß man die grundlegenden Konzepte des Feng Shui achten. Der Schlüssel dazu liegt in den acht Trigrammen und in ihrer Anordnung rund um das achtseitige Bagua-Symbol. Man muß ein tiefes Verständnis der Fünf Elemente (Feuer, Wasser, Erde, Metall und Holz) und des mannigfaltigen Wechselspiels zwischen ihnen entwickeln. Feng Shui behandelt auch das Konzept von Gleichgewicht und Harmonie zwischen den Elementen und achtet besonders darauf, wie sich diese Balance in der umliegenden Landschaft manifestiert. Dieses Bewußtsein führt zur Symbolik der vier himmlischen Tiere, die im Landschafts-Feng-Shui eine große Rolle spielen. Feng Shui zeigt Ihnen, wie Sie den Wesenskern dieser Tiere aktivieren, um großes Glück in Ihr Leben zu bringen.

LINKS *Für moderne Anwender ist es wichtig, Verständnis und Achtung für die uralten Konzepte zu entwikkeln, die hinter der Kunst des Feng Shui stehen.*

KAPITEL ZWEI: FENG-SHUI-KONZEPTE

DAS KONZEPT DES CHI: Der kosmische Atem des Drachen

Feng Shui findet wunderbaren Ausdruck im Energiefluß, der sachte über Erde und Himmel strömt, auf den Gewässern treibt, von sanften Winden herbeigetragen wird und einen Überfluß an Glück und Reichtum mit sich bringt, wo auch immer er zirkuliert und sich niederläßt. Die Chinesen nennen diese universelle Energie Chi.

Chi ist die unsichtbare, zarte Kraft, die unmerklich und doch machtvoll den menschlichen Körper und seine Umwelt durchströmt – vergleichbar mit Radiowellen, Telefonsignalen, Radarwellen und magnetischen Schwingungen. Yoga-Anhänger sprechen von »Prana«, dem inneren Atem, der den menschlichen Körper auf unerklärliche Weise mit Energie erfüllt und ihm eine besondere Stärke verleiht, eine außerordentliche Art von Kraft. Die Chinesen betrachten Chi als diese mysteriöse, innere Energie, die dem Menschen Macht und eine Seele verleiht.

UNTEN *Chi-Energie kann auf subtile Art in Erscheinung treten oder auch in dramatischer Form, wie bei diesem Kick eines Kung-Fu-Meisters.*

OBEN *Wörtlich übersetzt bedeutet Feng Shui »Wind und Wasser«. Wind steht für Richtung, Wasser für Wohlstand.*

Chi wird beispielsweise erzeugt, wenn ein Mönch tief in Meditation versunken ist und dabei seinen Atem kontrolliert. Oder jedes Mal, wenn ein Kung-Fu-Meister einen gut gezielten Schlag setzt. Und auch, wenn ein Kalligraphie-Künstler einen hervorragenden Pinselstrich vollbringt. Bei jeder dieser Aktivitäten begleitet eine spezielle Art von innerer Lebenskraft die Bewegung, um eine einzigartige Macht, eine Vitalität zu erzeugen, die das Atmen, den Schlag und den Pinselstrich begleitet und so diese Aktivitäten in eine besondere, erhabene Handlung verwandelt. Dies sind die Manifestationen des menschlichen Chi.

Feng Shui versteht Chi als die stets anwesende Kraft, die in der Umwelt zirkuliert und fließt. Chi ist überall – im Hausinneren und außerhalb, an Land und im Wasser, auf den Bergen und an anderen Orten. Chi ist die unsichtbare Energie, die über der ganzen Erde vibriert, sich bewegt, herumwirbelt, sich ausbreitet, zirkuliert, sich niederläßt. Wo auch immer sich Chi sammelt, bringt es eine spezielle Art von Energie, die das Glück anzieht.

Feng Shui wird oft als die Kunst beschrieben, »Wind und Wasser« nutzbar zu machen, um Chi einzufangen und zu erzeugen. Die Ahnen nannten Chi den kosmischen Atem des Drachen und schrieben ihm in lyrischen Worten magische Kräfte zu. Die chinesische Literatur ist reich an außergewöhnlichen Erklärungen für die Entstehung reichen Chi-Flusses durch Gleichgewicht und Harmonie in der Umwelt. Die Launen von Himmel und Erde und deren Auswirkungen auf das Schicksal des Menschen werden den unsichtbaren Strömungen zugeschrieben. Die Chinesen betrachten ihr Schicksal als untrennbar verbunden mit den schöpferischen und zerstörerischen Kräften der Natur. Die Elemente Wind und Wasser formen und verändern die Landschaft, sie zerstören sie, lassen aber auch Neues entstehen. Der Mensch mußte schon immer mit von Wind und Wasser verursachten Veränderungen der Landschaft leben.

Dabei suchte die Menschheit zwangsläufig nach Erklärungen für die Gestalt der Landschaft, die Fließrichtung der Gewässer und Anordnung der Bergketten. Sie verglich viele der natürlichen Landschaftsformen mit den Merkmalen und Formen der vier himmlischen Tiere. So nahmen Drache, Tiger, Phönix und Schildkröte eine wichtige Rolle in den grundlegenden Beschreibungen des Feng Shui ein. Besonders der himmlische Drachen verkörpert heute die bildhaften Seiten der Feng-Shui-Regeln. Zudem wurde gutes oder schlechtes Feng Shui häufig als eingeatmetes und ausgeatmetes Chi ausgedrückt, als die lebensnotwendige und Leben fördernde Energie.

Man sah in Chi die wahre Macht, die die Landschaften der Erde erschaffen hat, ihre Berge und Flüsse, Hügel und Täler. Die Chinesen glaubten auch, Chi bestimme die Formen, Gestalten und Farben der Umwelt ebenso wie die Gesundheit der Pflanzen und Bäume und aller Lebewesen der Erde, besonders des Menschen.

Chi ist der Geist, der Verhalten und Handeln des Menschen bestimmt. Das

Strahlen (bzw. das Fehlen) von Chi im menschlichen Körper bestimmt Gesundheit und Vitalität einer Person. Die chinesischen Ahnen versuchten, Perfektion zu erlangen, indem sie ihr inneres Chi so ins Gleichgewicht brachten, daß es sanft und ohne Hindernis durch den Körper fließen konnte und dabei eine von Dynamik und Energie erfüllte, positive Aura erschuf.

Menge und Qualität des menschlichen Chi variieren je nach Person. Chi-Ströme werden oft blockiert und verursachen so Beschwerden mit negativen Folgen. Folglich entwickelte man Techniken, um das menschliche Chi zu verbessern, durch Meditation, Kung-Fu-Kampfsport oder durch kontrolliertes Atmen.

Die alleinige Verbesserung des menschlichen Chi erachtete man als unzureichend. Man mußte auch in Harmonie mit seiner Umgebung leben. Deshalb mußte das Chi des menschlichen Körpers in einem harmonischen Zusammenhang mit dem Chi des direkten Umfeldes stehen. Das Chi des Haushalts und das menschliche Chi sollten im gleichen Rhythmus ungehindert strömen. Feng Shui bedeutet also, im Gleichklang mit der Umgebung zu leben, sich im eigenen Heim wohlzufühlen und allgemein entspannt, glücklich und voll vitaler Lebenskraft zu sein. Alle Wissensbereiche, Techniken und grundlegenden Philosophien des Feng Shui behandeln das Einfangen, Erzeugen und Anhäufen von gutem Sheng Chi, was man in etwa mit Wachstums-Chi übersetzen könnte. Feng Shui beschäftigt sich auch mit der Abwehr, der Auflösung und der Zerstörung des sogenannten Sha Chi oder des tödlichen Chi, das Unglück mit sich bringt.

Die Techniken zur Erreichung dieser beiden Ziele basieren auf der Interpretation und der Anwendung der fundamentalen Konzepte der Feng-Shui-Praxis. Wenn man diese Konzepte versteht, ist es einfacher, die Nuancen des Feng Shui zu würdigen. Diese Konzepte erklären nicht, wie Feng Shui funktioniert. Aber sie bilden die Grundlage, auf der die Feng-Shui-Praxis basiert. Sie bieten Erklärungen für die chinesische Weltsicht, für eine Vorstellung vom Universum, die sich von der westlichen Wissenschaftstradition stark unterscheidet.

LINKS *Meditation ist nur eine der Methoden, die den Chi-Fluß im menschlichen Körper verbessern können.*

UNTEN *Chi, die unsichtbare, universelle, mächtige Kraft, zirkuliert in der Umwelt – der kosmische Atem des Drachen formt die Landschaft.*

SIEHE AUCH
❖ Der Chi-Fluß im Haus *S. 150*
❖ Yin, Yang und Chi *S. 248–249*
❖ Einsatz von Lichtern zur Erhöhung des Chi *S. 307*

KAPITEL ZWEI: FENG-SHUI-KONZEPTE

DAS I-GING

OBEN *Taoistische Robe aus dem 18. Jahrhundert, verziert mit Yin- und Yang-Symbolen und den acht Trigrammen.*

Die Hauptquelle des Feng Shui ist das *I-Ging*, ein Text, der die Weisheit der Ahnen bewahrt hat. Die darin enthaltenen, offenen und versteckten Bedeutungen stammen alle von den acht mysteriösen und überraschend einfachen, dreizeiligen Trigrammen, die in Kombination die 64 Hexagramme des *Buches der Wandlungen* ergeben.

Beide Zweige der chinesischen Philosophie – Konfuzianismus und Taoismus – haben ihre gemeinsamen Wurzeln im *I-Ging*, dessen Ursprünge in mythische Zeiten zurückreichen. Als ein Buch der Wahrsagekunst und der Weisheit hat das *I-Ging* über Jahrhunderte hinweg die Aufmerksamkeit Chinas berühmtester Gelehrter auf sich gelenkt. Alles, was in den vielen Jahrhunderten der chinesischen Kulturgeschichte Größe und Bedeutung erlangt hat, wurde vom *I-Ging* inspiriert: Die Philosophie der Chinesen, ihre Wissenschaft und Staatskunst machten Anleihen bei der herausragenden Weisheit des *I-Ging*. Die üblichen Praktiken im chinesischen Alltagsleben sind stark von seinem Einfluß geprägt. Von diesem einzigartigen Buch wurden viele der kryptischen Geheimnisse des Feng Shui inspiriert.

Deshalb richten sich zahlreiche Aspekte der Feng-Shui-Prinzipien zur Symbolik und der Grundsätze, die mit der Trinität von Himmel, Erde und Menschheit verbunden sind, nach den um das achtseitige Bagua angeordneten Trigrammen. Die Bedeutung der Zahlen auf dem Bagua stammt von der Abfolge und der Anordnung der Zahlen auf dem magischen Lo-Shu-Gitter. Die Qualitätsanalyse des Chi-Flusses basiert auf dem Bagua und setzt sich aus den Zahlen des Lo Shu zusammen.

Die praktische Anwendung der Feng-Shui-Methoden achtet auf Gleichgewicht und Harmonie. An diesem Punkt verleihen die Wechselwirkungen zwischen Yin und Yang, positiven und negativen Kräften und den Fünf Elementen der Anwendung des Feng Shui neue Bedeutung.

Der Einfluß des *I-Ging* auf die Feng-Shui-Philosophie wird besonders durch die wichtige Rolle deutlich, die das achtseitige Bagua-Symbol mit seinen acht Trigrammen spielt. In der Tat sind viele der sogenannten »Wahrsage-Formeln« von der speziellen Position und den symbolischen Konnotationen dieser Trigramme abgeleitet, die selbst wiederum den Ursprung der 64 Hexagramme des *I-Ging* bilden. Es besteht also eine enge Verbindung zwischen den Feng-Shui-Formeln und den Teilen des *I-Ging*, die sich mit Wahrsagerei beschäftigen.

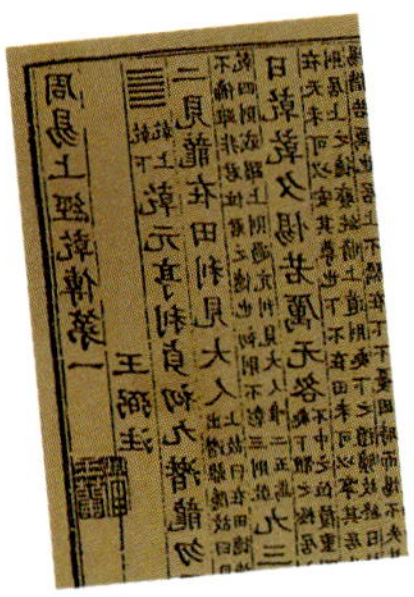

OBEN *Ausschnitt aus einer Ausgabe des* I-Ging *(Buch der Wandlungen) aus dem 10. Jahrhundert: Er zeigt die ersten Zeilen des Chien-Hexagramms.*

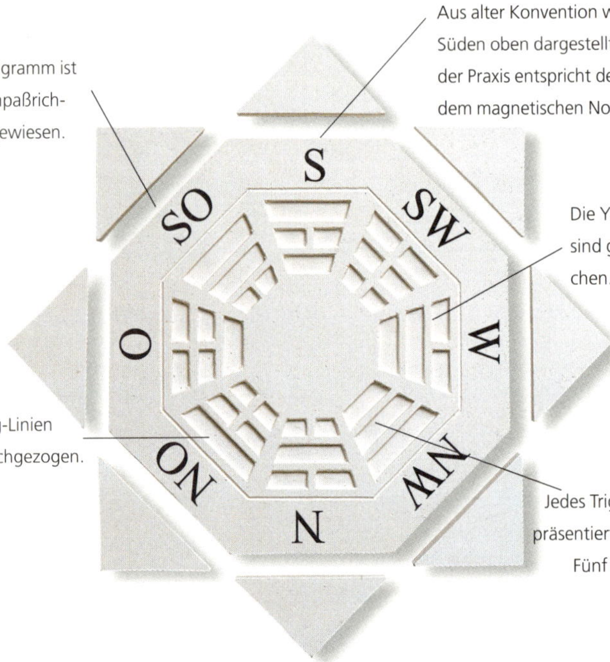

RECHTS *Die um das achtseitige Bagua angeordneten Trigramme stehen für die Trinität des Universums: Himmel, Erde und Mensch – ein Grundprinzip der Feng-Shui-Praxis.*

OBEN *Die Zahlen auf dem Lo-Shu-Quadrat enthüllen – so glaubt man – die Geheimnisse des achtseitigen Bagua.*

Dies kommt auch in den sich gleichenden, philosophischen Konzepten von Harmonie und Gleichgewicht zum Ausdruck. Diese Ähnlichkeit macht es schwierig, zwischen überlagernden Bildern und Symbolen einerseits und Konzepten, die die Gesamtheit des Feng-Shui-Wissens ausmachen, andererseits zu unterscheiden. Dazu benötigt man eine profunde Kenntnis des klassischen *I-Ging* und muß seine Ursprünge und seine Geschichte studieren, die Hexagramme, die acht Trigramme sowie alle Ableitungen.

Die Trigramme spielen eine wichtige Rolle, da sie für den Anwender die Grundlage der Empfehlungen eines Feng-Shui-Meisters verständlich machen. Die Kenntnis der Trigramme erweitert die theoretische Basis der Feng-Shui-Richtlinien in hohem Maße.

Das Verständnis der Trigramme verleiht der Feng-Shui-Praxis Glaubwürdigkeit. Zudem kann damit der Empfänger eines derartigen Ratschlags beurteilen, ob es sich um einen vernünftigen oder zumindest einen annehmbaren Rat handelt.

Es gibt nicht viele authentische oder verläßliche Übersetzungen des *I-Ging*. Die frühesten Übersetzungen wurden im späten 19. Jahrhundert veröffentlicht (von den westlichen Wissenschaftlern Wilhelm und James Legge). Die wahrscheinlich umfassendste und sicher beste Übersetzung des *I-Ging* stammt von Richard Wilhelm, der über zehn Jahre an den Texten und den Kommentaren des *I-Ging* gearbeitet hat. Sein langer Aufenthalt in China, die Kenntnis der Sprache in Wort und Schrift sowie enge Kontakte zu kulturellen Führungspersönlichkeiten seiner Zeit ermöglichten es ihm, die chinesischen Klassiker zu begreifen und ihre verschwenderische Fülle an Symbolen aus chinesischer Perspektive zu verstehen.

Wilhelm begann die Arbeit an dem Projekt im Jahre 1911, nach der chinesischen Revolution, als Tsingtao die Heimat einiger sehr bedeutender, klassischer Gelehrter wurde. Unter ihnen war Lao Nai-Tsuan, der, wie Wilhelm

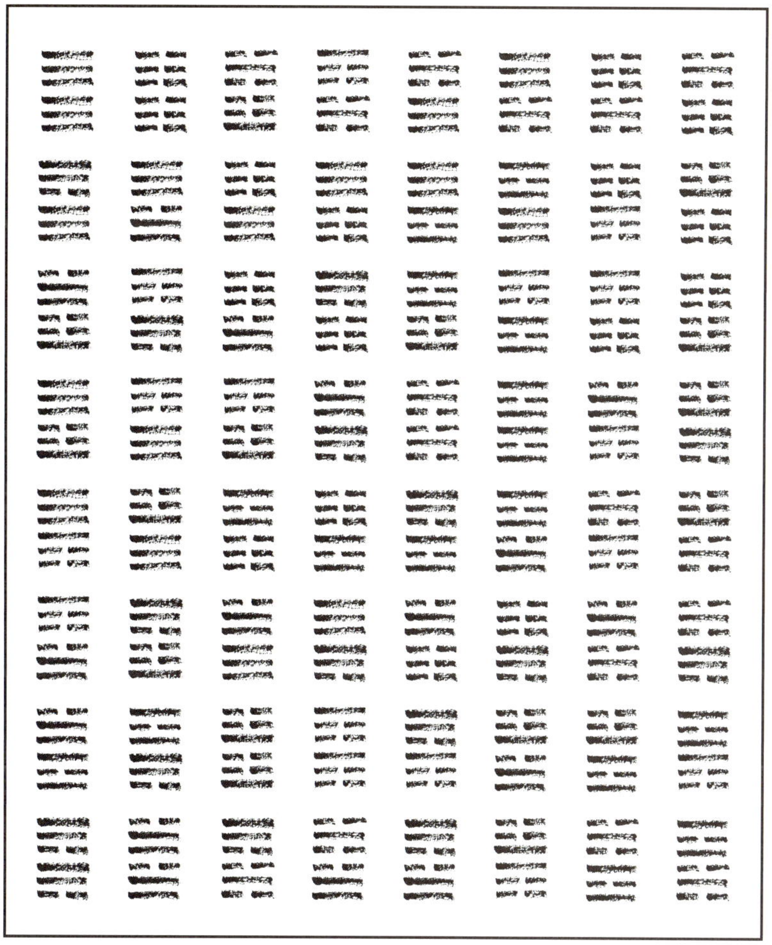

LINKS *Die 64 Hexagramme des I-Ging. Die im Feng Shui so bedeutsamen acht Trigramme bilden die Grundlage dieser Hexagramme. Jedes bezeichnet eine bestimmte Kombination von Yin, Yang und den Elementen, um einen speziellen Daseinszustand zu beschreiben.*

im Vorwort seiner Übersetzung sagt, »... meinen Geist für die Wunder des Buches der Wandlungen öffnete«. Lao war ein Gelehrter der alten Schule, einer der letzten seiner Art, der bestens vertraut war mit dem weiten Feld der kommentierenden Literatur, die im Laufe der Jahrhunderte zum *I-Ging* entstanden war. Unter Laos erfahrener Führung und nach intensiven Diskussionen nahm die Übersetzung des Textes Gestalt an. Das Projekt wurde vom Ersten Weltkrieg unterbrochen, danach aber wieder aufgenommen und vollendet. »Es waren seltene Stunden der Inspiration, die ich mit meinen betagten Meistern verbrachte«, sagte Wilhelm.

Wilhelms *I-Ging* war eine Übersetzung ins Deutsche. Ein weiterer Gelehrter, Cary F. Baynes, übersetzte es schließlich ins Englische und machte so die große Weisheit des *I-Ging* einem größeren Publikum zugänglich. Wissen und Praxis der sogenannten »echten chinesischen Kultur« bedeutete für viele emigrierte Chinesen (wie die Autorin und viele ihrer Zeitgenossen) bestenfalls eine adaptierte Version, die von einem Durcheinander aus Sekundärliteratur und Aberglaube ergänzt und von den geraunten Erzählungen der Großeltern abgerundet wurden. Deshalb schulden wir Wilhelm und Baynes, die dieses große Werk dem Studium zugänglich gemacht haben, Dankbarkeit.

Denn diese spezielle Übersetzung des *I-Ging* richtet sich nicht nur an die akademische Welt, sondern vielleicht sogar noch mehr an alle Menschen. Sie war besonders denen von uns nützlich, die den Schleier lüften wollten, der einen Großteil der chinesischen metaphysischen Wissenschaften verhüllt.

Als Autoren und Urheber des *I-Ging* oder des *Buches der Wandlungen* gelten vier legendäre, beinahe mythische Persönlichkeiten. Diese vier sind

SIEHE AUCH
❖ Die Trigramme *S. 38–39*
❖ Die Acht-Häuser-Formel: Bagua-Lo-Shu-Formel *S. 72–75*

Fu Hsi, König Wen, der Herzog von Chou sowie Konfuzius, der berühmteste der großen chinesischen Denker.

Fu Hsi soll die linearen Symbole erfunden haben, die sich in den acht dreizeiligen Trigrammen zeigen. Sie tauchten als erstes in zwei großen Sammlungen auf, dem *I-Ging* der mythischen Hsia-Dynastie (um 2205 v. Chr.), genannt *Lien Shan*, und dem *I-Ging* der Shang-Dynastie, das als *Kuei Tsang* bezeichnet wird. Diese Trigramme bilden die Wurzeln der Hexagramme und spielen als wichtige Teile des Bagua-Symbols eine bedeutende Rolle.

König Wen, der Ahne aus der Chou-Dynastie (1150–249 v. Chr.), entwickelte die Trigramme weiter und formulierte die 64 Hexagramme. Sie entstanden durch die Verdoppelung der Trigramme von dreizeiligen zu sechszeiligen Symbolen, die durch vielfache Kombination der Trigramme selbst zustande kamen. König Wen soll auch kurze Beurteilungen zu jedem Hexagramm angefügt haben und damit den Grundstein für einen bedeutenden Teil der anerkannten Weisheiten der *I-Ging*-Philosophie gelegt haben.

Der Herzog von Chou, der dynamische Sohn von König Wen, ist der Urheber der Texte, die zu jeder der einzelnen Linien der Hexagramme gehören. Er ordnete ihnen je nach Veränderung eine neue Bedeutung zu. Seine Beiträge wurden als »Änderungen des Chou« bekannt und in der Folgezeit als Orakel verwendet. Sie veränderten das Gesamtbild des *I-Ging* auf dramatische Weise, indem sie seine Philosophie durch Elemente der Wahrsagerei erweiterten.

UNTEN *Der Philosoph Konfuzius widmete einen Großteil seines Lebens dem Studium des* I-Ging, *obwohl es vom Kaiser Chin Shi Huang Ti als blasphemisch verurteilt worden war.*

Konfuzius stieß auf das *I-Ging*, als es den oben beschriebenen Zustand erreicht hatte. Er widmete einen bedeutenden Teil seines Lebens dem Studium der Texte, der Beurteilungen und der Bilder des *I-Ging*. Konfuzius erweiterte auch den Umfang des Buches durch eine Reihe von Kommentaren, die meist als »Flügel« bezeichnet werden. Während dieser Zeit entstand eine beachtliche Menge an Literatur zu dem Buch, wobei Bruchstücke davon heute noch Teil der Kommentare des modernen *I-Ging* sind. Diese Kommentare unterscheiden sich teilweise sehr in ihrer Interpretation und ihrem Inhalt, so daß Konfuzius' Rolle in der Entwicklung der *I-Ging*-Philosophie gar nicht zu hoch eingeschätzt werden kann. Seine Schüler führten sein Werk fort.

Das Buch der Wandlungen entging dem Schicksal anderer Klassiker in der berühmten Bücherverbrennung unter dem Tyrannenkaiser Chin Shih Huan Ti. Zu jenem Zeitpunkt war es bereits ein hoch angesehenes Werk der Weissagekunst und der Magie.

Etwa zu dieser Zeit (3 v. Chr.) gedieh die Yin-Yang-Doktrin in Verbindung mit den populären Deutungen des *I-Ging*, die von den Han-Gelehrten stammten, ganz prächtig. Die Haltung der Han-Gelehrten tendierte eher zu einer Verstärkung der mysteriösen und magischen Aspekte des Inhalts des *I-Ging*. Erst um 226 n. Chr. wurde das *Buch der Wandlungen* auch als ein Buch der Weisheit betrachtet, und zur Zeit der Sung-Periode (960–1279 n. Chr.) hatte es sich zu einem Lehrbuch weiterentwickelt, das die Staatskunst und die Philosophie des Lebens behandelte.

Im 13. Jahrhundert waren die Versuche, das *I-Ging* als ein Orakelbuch wiederzubeleben, erfolgreich. Diese metaphysische Sicht des Buches dauert bis heute an. In der letzten chinesischen Dynastie waren die Interpretationen und Kommentare des Buches wieder einmal stärker von magischen Theorien beeinflußt. Diese Einschätzung des *I-Ging* ist von bleibender Dauer – heute gilt es als einer der bedeutendsten Weissagungstexte Chinas.

Während der Kang-Hsi-Periode tauchte eine ausführliche Ausgabe des Buches auf. Sie trennte Texte und Kommentare, wobei die letzteren gesammelte Auszüge enthielten, die die Jahrhunderte überdauert hatten. Die Wilhelm-Übersetzung basiert auf dieser Kang-Hsi-Ausgabe.

Die Entwicklung der Feng-Shui-Theorie und -Praxis geschah parallel zu der des *Buches der Wandlungen*, zumindest von der Tang-Periode an. Als sich die Sichtweise des *I-Ging* im Laufe der Jahrhunderte veränderte, fand demnach eine parallele Entwicklung in der Praxis und der konzeptionellen Herangehensweise des Feng Shui statt. Die Bedeutung dieser Entwicklung wird offensichtlich, wenn wir nach der tatsächlichen Wirksamkeit des Feng Shui fragen und danach, ob das *I-Ging* wirklich zukünftige Ereignisse vorhersagen kann. Beide stecken voller magischer Anspielungen, beide basieren auf sich ähnelnden Symbolwelten, besonders den linearen Trigramm-Symbolen. Die Verbindungen zu den Naturgewalten und zu den Himmelsrichtungen scheinen auf einzigartige Weise das Übernatürliche oder zumindest die metaphysischen Kräfte auszudrücken. Es ist offensichtlich, daß eine derart komplexe Praxis wie Feng Shui und eine so tiefe Weisheit wie die des *I-Ging* die Wechselfälle der Zeit nur aufgrund ihrer augenscheinlichen Wirksamkeit überdauert haben. Generation um Generation wurde davon gefangengenommen. Dies zeigt, daß wir tatsächlich eine Sache in Händen halten, die wir einem genauen Studium unterziehen und der wir ganz besondere Aufmerksamkeit schenken sollten.

LINKS *Fu Hsi und die acht Trigramme, deren Erfindung ihm zugeschrieben wird und die die Basis des I-Ging bilden.*

OBEN *Der berühmte und legendäre Philosoph Konfuzius, der das I-Ging intensiv studierte und eine Reihe von Kommentaren dazu schrieb.*

UNTEN *König Wen war der Urheber der 64 Hexagramme des I-Ging.*

RECHTS *Der Herzog von Chou führte das Werk seines Vaters (König Wen) fort und wies den Linien der Hexagramme Bedeutungen zu.*

Kapitel zwei: Feng-Shui-Konzepte

DIE TRIGRAMME

OBEN *Jedes Hexagramm besteht aus einem oberen und einem unteren Trigramm. So steht die Kombination aus oberem Trigramm »Wind« und unterem Trigramm »Berg« für anhaltende Entwicklung. Man kann diese wunderschöne chinesische Landschaft als visuelle Interpretation dieses Hexagramms betrachten.*

Jedes Trigramm setzt sich aus einer Kombination von drei geraden Linien zusammen, die entweder gebrochen (– –) oder durchgezogen (–) sind. Diese Trigramme symbolisieren gemeinsam die Trinität des Universums, das sich aus dem Subjekt (Mensch), dem geformten Objekt (Erde) und dem Inhalt (Himmel) zusammensetzt. Den untersten Platz im Trigramm nimmt die Erde ein, die mittlere Position hat der Mensch inne und die oberste der Himmel.

Die Gesamtbedeutung der acht Trigramme drückt ein globales Konzept des Universums aus. Ein weiteres bedeutsames Merkmal liegt darin, daß sie sich vermischen, wenn sie zu Hexagrammen werden. Dadurch erzeugen sie neue Aspekte in ihren Beziehungen, die neue Bedeutungsdimensionen erschließen. Einige Beispiele dafür kann man in folgenden Kombinationen sehen: Himmel und Erde bestimmen die Richtungen/ Berg und See vereinen sich/Donner grollt und Wind kommt auf. Man kann sie auch als »Wasser und Feuer kämpfen nicht« ausdrücken.

Jedem Trigramm können mehrere Reihen von Bedeutungen, Untertönen und zugehörigen Symbolen zugeordnet werden. An den acht Seiten des Bagua hat jedes Trigramm zwei mögliche Positionen inne, je nach der gewählten Anordnung – der vor-himmlischen oder der nach-himmlischen Reihenfolge. Feng-Shui-Anwender der Kompaßschule verweisen häufig auf diese Trigramme und die zwei Reihenfolgen, da die Bedeutungen, die mit jedem Trigramm verbunden sind, hilfreiche Hinweise zur korrekten Feng-Shui-Praxis liefern.

OBEN *Trigramme bestehen aus drei Linien: Die oberste symbolisiert den Himmel, die mittlere die Menschheit und die untere die Erde.*

Neben den entsprechenden Hauptpunkten und -himmelsrichtungen vertritt jedes Trigramm auch ein Element. Zudem existiert ein weicher und ein harter Aspekt, eine dunkle und eine helle Seite – dies faßt man als den innewohnenden Yin- oder Yang-Wesenskern zusammen. Jedes Trigramm repräsentiert auch ein bestimmtes Mitglied der Familie. An dieser Stelle sind die Interpretationsprobleme für Feng-Shui-Zwecke zu suchen. Permutationen der verschiedenen Attribute der Trigramme führen nicht nur in der Theorie zu vielfachen Interpretationen, die für den ungeübten Feng-Shui-Anwender eine Herausforderung darstellen.

Nichtsdestotrotz sind diese Bedeutungen und Interpretationen im Feng Shui von grundlegender Bedeutung. Sie erweitern den Umfang der Praxis, indem sie Hinweise darauf geben, was »energetisiert« werden kann. Auch bieten sie Vorschläge dafür, auf welche Weise (einzeln oder alle gemeinsam) die Symbolkräfte aktiviert werden können, um Wohlstand und Glück im Reich des Irdischen anzuziehen. Die Wertschätzung der Nuancen der acht Trigramme ist also eine wichtige Vorbereitung für die Ausübung des Feng Shui.

Im *I-Ging* gibt es zusätzliche Symbole, die mit jedem der Trigramme verbunden sind. Darüber hinaus existieren ausführliche Kommentare, die eine Beurteilung der Eigenheiten der Linien selbst bieten. Für unsere Zwecke jedoch reichen die obenstehenden Beschreibungen aus, um die grundlegenden Ableitungen vieler Feng-Shui-Anwendungen verstehen zu können. Diese beziehen sich hauptsächlich (wenn auch nicht ausschließlich) auf ihre Elemente, das angezeigte Familienmitglied und die Grundbedeutungen, die in jedem Trigramm enthalten sind.

SUN: das SANFTE. Dieses Trigramm besteht aus zwei durchgezogenen Yang-Linien über einer gebrochenen Yin-Linie. Das entsprechende Familienmitglied ist die älteste Tochter. Das zugehörige Element ist der Wind – unentschieden, aber durchdringend. Das symbolisierte Tier ist der junge Hahn, dessen Stimme die Morgenluft durchschneidet. Für die Yang-Feng-Shui-Analyse liegt Sun im Südosten und steht für Reichtum.

KAN: das ABGRÜNDIGE. Dieses Trigramm besteht aus einer durchgehenden Yang-Linie zwischen zwei gebrochenen Yin-Linien. Kan entspricht dem mittleren Sohn, das Element ist das Wasser. Die zugehörige Jahreszeit ist der Winter, wenn es naß und kalt ist. Kan ist kein Glücks-Trigramm. Es steht oft für nahende, gefährliche Situationen.

KUN: das EMPFANGENDE. Dieses Trigramm aus drei gebrochenen Linien deutet auf die dunkle, nachgiebige und ursprüngliche Macht des Yin hin. Kun steht für das Matriarchat, die mütterliche Frau. Sein unabhängiges Bild ist die ganze Erde, sein Tier die Kuh, die für Fruchtbarkeit steht. Kun ergänzt Chien perfekt: Die gemeinsame Energetisierung der beiden erzeugt enorme Macht. Kuns Position ist der Südwesten, sein Element Erde.

CHEN: das ERREGENDE. Das Trigramm aus zwei gebrochenen Yin-Linien über einer durchgezogenen Yang-Linie steht für den ältesten Sohn. Seine Bedeutungen umfassen die Symbolik des Donners und des aus der Tiefe emporschießenden Drachen, der majestätisch in den stürmischen Himmel aufsteigt. Dies symbolisiert die einzelne starke Yang-Linie, die durch die zwei gebrochenen Yin-Linien hindurchstößt. Das Element ist das Holz.

TUI: das HEITERE. Dieses Trigramm kombiniert eine gebrochene Yin-Linie mit zwei darunterliegenden, durchgezogenen Yang-Linien. Tui steht für die jüngste Tochter, sein Element ist das kleine Metall. Es symbolisiert auch den See, der in allen Dingen heiter ist. Bei diesem im Westen positionierten Trigramm handelt es sich um ein Glückssymbol, das für das Glück der Kinder steht.

KEN: der BERG, der sich nicht bewegt. Die Hauptattribute dieses Trigramms sind sein Versprechen verborgenen Goldes und seine stille Stärke. Ken repräsentiert den jüngsten Sohn, das zugehörige Element ist die Erde. Ken liegt im Nordosten und steht für zukünftige Weisheit.

LI: das HAFTENDE. Das Trigramm aus einer gebrochenen Yin-Linie zwischen Yang-Linien ist das Feuer-Trigramm. Es steht für die mittlere Tochter. Sein Charakter verspricht Stärke, ist aber in Wahrheit schwach: Die äußeren Yang-Linien deuten auf Lebenskraft hin. Die Innenseite ist aber schwach und hohl. Li steht für das Feuer. Seine Jahreszeit ist der Sommer, und es besitzt das Potential großer Leuchtkraft, die sogar die Welt erhellen kann.

CHIEN: das SCHÖPFERISCHE. Dieses Trigramm besteht aus drei durchgehenden Linien. Seine Natur ist erfüllt von Yang, und es wird oft mit dem Vater, dem Haushaltsvorstand, in Verbindung gebracht. Chien ist der väterliche Mann. Es bedeutet auch Himmel: unendliche Helligkeit, Energie, Ausdauer. Das entsprechende Element ist das große Metall, das symbolische Tier das Pferd. Mit Chien ist der Nordwesten verknüpft.

KAPITEL ZWEI: FENG-SHUI-KONZEPTE

DAS KONZEPT DER HARMONIE: Die Fünf Elemente

Im Zentrum der zahlreichen Feng-Shui-Regeln und -Empfehlungen steht der Glaube, daß alle physischen Dinge, all die greifbare und nicht-greifbare Energie, alle Richtungen und Jahreszeiten elementhafte Eigenschaften besitzen, die miteinander in Verbindung stehen. Dazu gehört auch der Glaube, daß alles im Universum einem der Fünf Elemente zuzuordnen ist. Ihre Beziehung zueinander läßt die Energie in ihrer Nähe entweder günstig oder ungünstig werden.

Ist die Verbindung harmonisch, so läuft alles ohne Probleme und ist von Glück erfüllt. Ist sie unharmonisch und feindselig, erzeugt die Energie Ärger, Traurigkeit und Frustration. Kurz, die Harmonie der Elemente äußert sich in gutem oder schlechtem Feng Shui. Die Natur des Wechselspiels der Elemente erzeugt Harmonie oder Disharmonie auf jedem Gebiet. Dieses Konzept gibt dem Anwender die Erklärung, die hinter vielen korrigierenden und verbessernden Feng-Shui-Techniken liegt. Das Grundgitter auf der rechten Seite faßt die Beziehungen zwischen den Kompaßrichtungen und den Fünf Elementen zusammen.

Das Gitter ist ein einfaches Mittel, um die richtige Element-Energie in den acht Himmelsrichtungssektoren eines Hauses oder Zimmers anhand des Konzeptes der Fünf Elemente zu aktivieren. Legen Sie das Gitter auf den Grundriß des Hauses. Dieselbe Analyse kann auf jedem Stockwerk durchführt werden. Teilen Sie die Grundfläche in gleich große Felder auf. Diese Felder müssen nicht quadratisch sein, sollten aber die gleiche Größe haben. Bestimmen Sie die Richtungen mit einem guten Kompaß. Legen Sie dann die Kompaßrichtungen eines jeden Feldes fest. Prüfen Sie nun auf dem unteren Gitter, was Sie in die jeweiligen Ecken stellen sollten.

Die Harmonie der Elemente geht noch über die Aktivierung derjenigen Elemente hinaus, die jede Kompaßrichtung beherrschen. Noch bedeutsamer ist oft die Wechselwirkung zwischen den Fünf Elementen. Es gibt ein

SO Holz	S Feuer	SW Erde
O Holz	Mitte Erde	W Metall
NO Erde	N Wasser	NW Metall

OBEN *Das Grundgitter zeigt die Verbindung zwischen den Himmelsrichtungen und den Fünf Elementen.*

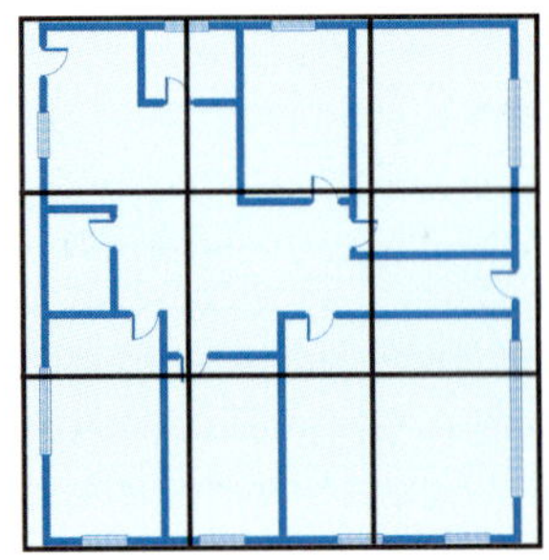

OBEN *Wenn Sie das Gitter über den Grundriß Ihrer Wohnung legen, können Sie den verschiedenen Objekten den passenden Ort zuweisen.*

RECHTS *Für die Feng-Shui-Praxis sind die Fünf Elemente (Erde, Feuer, Wasser, Holz und Metall) sowie ihre Wechselwirkungen von entscheidender Bedeutung für die Erzeugung günstiger und ungünstiger Kräfte.*

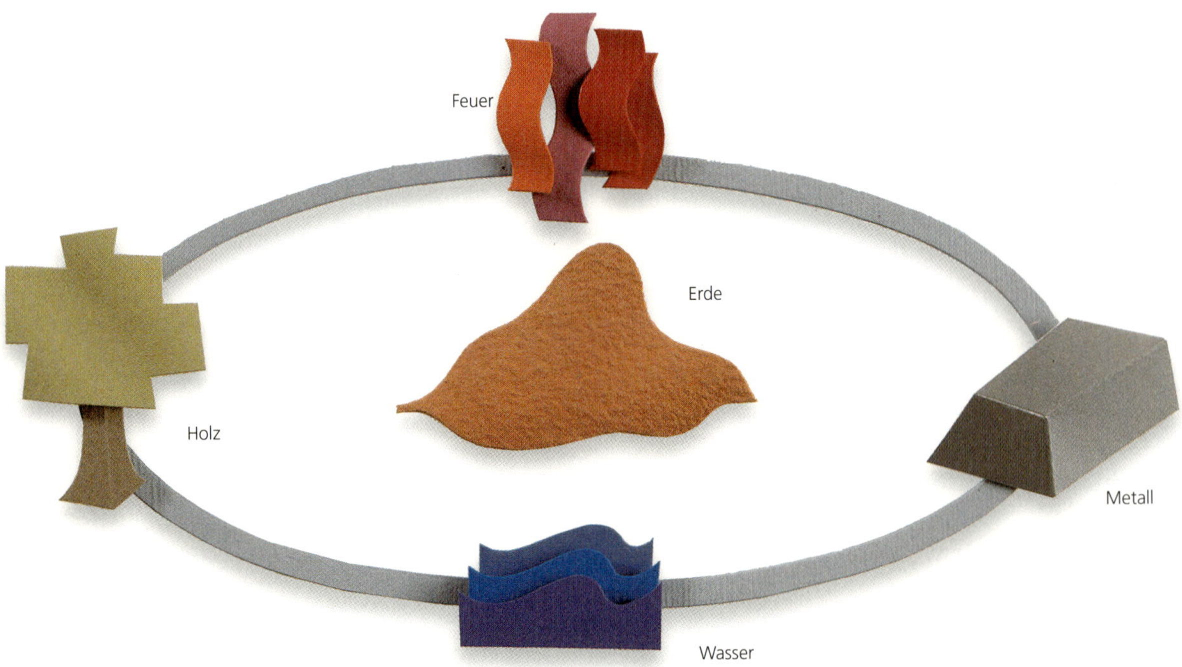

produktives und ein destruktives Wechselspiel, was man als Entstehungs- bzw. Zerstörungszyklus bezeichnet. Die Energieflüsse verlaufen kreisförmig; das detaillierte Verständnis der Ströme bietet einen größeren Spielraum für die wirksame Verbesserung des Feng Shui.

Im Entstehungszyklus entsteht aus Wasser Holz, aus Holz Feuer, aus Feuer Erde, aus Erde Metall und schließlich aus Metall wieder Wasser ...

Im Zerstörungszyklus zerstört Wasser das Feuer, Feuer das Metall, Metall das Holz, Holz die Erde und Erde wiederum das Wasser ... Um die Feinheiten der Kreisläufe von produktiven und destruktiven Energien zu verstehen, ist es hilfreich, die Eigenschaften der einzelnen Elemente zu kennen.

Feuer

Feuer ist das einzige Element, das erzeugt werden muß. Es existiert nicht in der Natur und man kann es nicht aufbewahren. Feuer verbrennt und vernichtet viele Dinge; es ist das einzige Element im Kreislauf, das stark genug ist, um Metall zu zerstören. Feuer wird durch Holz »erzeugt«: Deshalb sagt man auch, daß das Feuer das Holz erschöpfe. Gleichzeitig aber stellt das Feuer auch die Wärme zur Verfügung, die das Holz zum Wachsen und Gedeihen anregt, bis es reif für die Ernte ist. Feuer wird durch Wasser zerstört. Dadurch werden diese zwei Elemente aber nicht zu natürlichen Feinden, da Feuer das Wasser auch in Dampf verwandeln kann und ihm damit eine mächtige und starke Form gibt.

Feuer steht in Verbindung mit dem Süden. Wenn man es in den südlichen Ecken des Raumes oder des Hauses plaziert, erzeugt es aufsteigende Energie. Lichter im Südteil des Gartens und in einem Vorraum des Hauses, der nach Süden ausgerichtet ist, führen aufsteigende Chi-Ströme herbei, die Erfolg, Ruhm und Anerkennung für die Bewohner zur Folge haben. Feuer-Energie steht immer für Erfolg in Verbindung mit öffentlicher Anerkennung. Als Ergänzung zu Feuer ist auch Holz im Süden bestens geeignet, da Holz das Feuer nährt. Ein wenig Wasser erzeugt Stärke für den Süden, da das Wasser in Dampf verwandelt wird. Der Schlüssel zum Verständnis von Gut und Schlecht liegt im Kräfteverhältnis der Elemente.

Das Element Feuer ist von Natur aus kraftvoll. Die Chinesen energetisieren gern die Feuer-Energie, weil sie voll kostbarer Yang-Wirkstoffe steckt, die das Glück schnell und effektiv erhöht. Das Feuer muß man immer respektvoll behandeln. Übertreiben Sie nie im Umgang mit der Feuer-Energie und energetisieren Sie sie nicht an jedem beliebigen Ort. Wenn Sie im Zweifel sind, ist es besser, nicht zu viele Feuer-Element-Objekte einzusetzen. Vergessen Sie nicht die Bedeutung des Gleichgewichts. Es sollte nie eine Überbetonung eines einzelnen Elements zustande kommen. Kontrollieren Sie also besser das Feuer.

Bei Vollmond wird das Feuer-Element äußerst stark, ebenso in den Sommermonaten. Sobald das Feuer in den kalten Monaten schließlich sein höchstes Potential erreicht hat, beginnt es schwächer zu werden. Dann sollte künstlich erzeugtes Feuer in Form von hellen Lampen und brennenden Kerzen die schwindende Feuer-Energie kompensieren. Wenn Sie das Feuer einsetzen, denken Sie daran, daß das Element Holz Feuer entfacht, während das Element Wasser es löscht.

In einem Feuer-Jahr geborene Menschen haben eine besondere Beziehung zum Feuer, da es ihr natürliches Element ist. Auch die in einem Schlangen- oder Pferde-Jahr-Geborenen sind mit dem Feuer verbunden, da Feuer das Element dieser Tiere ist.

OBEN *Feuer ist ein sehr starkes Element, und man muß sorgfältig darauf achten, daß es nicht auf Kosten der anderen Elemente überbetont wird.*

STANDORTE FÜR DEN OFFENEN KAMIN

OBEN *Ein Kaminfeuer im Süden gleicht Yin- und Yang-Energien aus. Den gleichen Effekt erzielt im Sommer eine helle Lampe.*

Wenn der Kamin an der Südwand Ihres Wohnzimmers liegt, werden perfekte Yang-Energien erzeugt. Sie wirken den überschüssigen Yin-Energien entgegen, die sich über die Wintermonate aufgestaut haben. Ein Kamin an der Südseite aktiviert auch auf hervorragende Weise das Erfolgsglück für die ganze Familie.

In den Sommermonaten, wenn der Kamin nicht in Gebrauch ist, sollten Sie eine helle Lampe auf den Kaminsims stellen. Dadurch wird die lebendige Yang-Energie weiterhin stimuliert.

SIEHE AUCH
❖ Feng Shui für die Küche *S. 185–186*

RECHTS *Die Kraft des Wassers kann sehr trügerisch sein. Richtig eingesetzt, kann sie aber Glück im Privat- und Geschäftsleben bringen.*

Wasser

Wasser gilt als Yin-Element. Wie das Feuer ist es äußerst mächtig, und wenn es seine größte Kraft entfaltet, kann es sogar noch zerstörerischer sein als Feuer. Im *I-Ging* wird Wasser tatsächlich als Gefahrenzeichen betrachtet. Wasser über einem Berg, also Wasser an einem hochgelegenen Ort, ist eines der vier Unglückszeichen des Feng Shui. Diese Symbolik steht für Wasser, das über die Ufer tritt. Im Kreislauf gilt Metall als das Element, das Wasser hervorbringt, da Metall in einen flüssigen Zustand verwandelt werden kann. Praktisch gesagt bedeutet dies, daß Wasser die Metallecke schwächen kann.

Wasser wird mit dem Norden assoziiert. Deshalb aktiviert alles, was auf Wasser hindeutet, in einer Nordecke die Wasser-Energie und erzeugt so Harmonie und günstige Energie im Nordsektor Ihres Hauses. Wasser-Energie fließt nach unten: Deshalb ist ein kleiner Wasserfall im Norden günstig.

Wasser erinnert auch an den Neumond, den Beginn eines neuen Kreislaufs. Dunkle Farben wie Schwarz oder Blau repräsentieren dieses Element. Daraus folgt, daß die Verwendung von dunklen Farben diejenigen Ecken energetisiert, die vom Element Wasser profitieren. Blaue Teppiche und Vorhänge ebenso wie Polster, Überzüge und Kissen in kräftigem Blau sind für diesen Zweck sehr gut geeignet. Einrichtungsgegenstände können hervorragend als Mittel zur Aktivierung der Elemente eingesetzt werden. Spielen Sie mit den Farben und profitieren Sie von der durch Feng Shui erschaffenen und inspirierten Harmonie, indem Sie die passenden Farben den richtigen Ecken eines jeden Raumes zuordnen.

Wer all dies berücksichtigt hat, darf jedoch keine sofortigen und deutlichen Änderungen erwarten. Bedenken Sie, daß das Feng Shui der Innenraumgestaltung nur eine kleine Rolle im gesamten Feng Shui des Hauses spielt. Sie sollten nicht hoffen, daß die Energetisierung Ihrer Einrichtung über Nacht große Verbesserungen bewirkt.

Ein Wasserobjekt im Norden kann für Sie großartige Erfolge im Beruf bringen. Um die Wirkung dieses Elements im Haus anzuregen, ist ein Aquarium mit sprudelndem, sauerstoffreichem Wasser am besten geeignet. Halten Sie darin Glücksfische wie Karpfen, Goldfische und Guppys.

Falls Sie zu den glücklichen Gartenbesitzern zählen, ist es noch besser, das Wasserelement dort zu aktivieren. Errichten Sie einen kleinen Springbrunnen, bei dem das Wasser zurück in den Mittelpunkt plätschert und nicht nach außen. Falls Sie über eine große Villa und entsprechendes Budget verfügen, können Sie einen künstlichen Wasserfall anlegen. Der günstigste Platz ist der Nordteil des Gartens oder ein Ort, den Sie vom Haupteingang deutlich sehen können. Achten Sie darauf, daß er im linken Teil des Gartens liegt.

Die in einem Wasser-Jahr Geborenen fühlen sich mit diesem Element wohl, ebenso wie diejenigen, die in einem Jahr der Ratte oder des Ebers auf die Welt kamen. Beachten Sie, daß die Veränderung der Energieströme in der Umgebung sehr vorsichtig geschehen sollte – weniger ist oft mehr.

VORTEILHAFTE WASSEROBJEKTE

LINKS *Ein kleiner Wasserfall im Garten hilft, günstiges Chi zu erzeugen, um Reichtum für die Familie anzuziehen.*

Legen Sie im Norden einen Wasserfall an, um Glück zu haben. Ein hervorragender Energetisierer, um anhaltenden Reichtum und Wohlstand anzulocken, ist ein kleiner, abwärts fließender Wasserfall, der von der Haustür nur wenige Schritte entfernt ist. Lassen Sie das Wasser sanft fließen und verwenden Sie eine Pumpe, um es wiederzuverwerten. Die Pumpe sollte nicht zu stark sein: erwünscht ist der sanfte, weiche Klang von Wasser, nicht ein lautes Brandungsrauschen. Sanft plätscherndes Wasser steht für günstigen Atem, laut rauschendes dagegen für den tödlichen Hauch. Sie können Fische in einem kleinen Teich am Fuß des Wasserfalls halten. Als Symbol für einen Wasserfall, der Gold einbringt, kann man auch goldbemalte Felsen ins Wasser stellen. Besonders wichtig ist die Fließrichtung: Das Wasser muß nach innen fließen, nicht nach außen.

Holz

Holz symbolisiert die Entwicklung, die Glück und Wachstum des Frühlings verkörpert, wenn die Pflanzen austreiben und gedeihen. Unter den Fünf Elementen ist Holz das einzige, das ein Eigenleben besitzt. Holz steht für den zunehmenden Mond, der mit jedem Tag an Stärke und Leuchtkraft gewinnt. Seine Energien strahlen nach außen in jede Richtung wie die Äste eines Baumes. Holz ist deswegen ein hervorragendes Element, da all seine Nebenbedeutungen mit positiver Entwicklung in Verbindung stehen.

Holz erzeugt Feuer und wird folglich vom Feuer verzehrt. Im Winter ist es schwach und benötigt die Wärme des Feuers. Im Sommer befindet sich Holz auf seinem Höhepunkt. Die größte Gefahr stellt Metall dar, da es Holz zerstört. In kleinen Mengen verwandelt Metall das Holz in Werkzeuge und wertvolle Objekte. Möbel werden mit Hilfe von metallenen Werkzeugen hergestellt. Kleine Metallmengen müssen also dieses lebendige Wachstumselement nicht zwangsläufig schädigen.

Das Element Holz liegt in der Himmelsrichtung Osten, dem Reich des Grünen Drachen, wo es die Form eines großen, mächtigen Baumes annimmt. Es ist auch Element des Südostens, dem Ort des kleinen Holzes, der gleichzeitig materiellen Wohlstand repräsentiert. Die Aktivierung der Holzecken wirkt sich äußerst günstig aus, besonders für diejenigen, die in einem Holz-Jahr geboren sind oder in einem Jahr des Tigers oder des Kaninchens, denn diese astrologischen Zeichen gehören auch dem Holz-Element an. Sie können jede Pflanzenart verwenden, sogar künstliche Pflanzen zeigen Wirkung. Vermeiden sollten Sie allerdings getrocknete Pflanzen oder Blumen sowie alle Pflanzen mit spitzen Blättern oder Dornen. Im Haus sollten Sie auf stachelige Kakteen verzichten. Bonsaibäume, die künstlich verkümmert sind, sind auch nicht empfehlenswert, da sie das natürliche Wachstum des Holzes hemmen.

Wasser fördert die Energie von Holz, da in dem Entstehungszyklus der Elemente das Wasser Holz produziert.

OBEN *Holz ist ein lebendiges Element. Es verkörpert persönliches Wachstum und Entwicklung und kann Glück in Leben und Beruf günstig beeinflussen.*

Stellen Sie Ihre Pflanzen im Haus entlang der Ostwand auf, um das Element des großen Holzes zu simulieren. Im Garten ist auch ein großer Baum mit weit ausladenden Ästen und dichtem Blattwerk ein probates Mittel. Auch Kiefer und Bambus sind wirksam; sie verkörpern Langlebigkeit.

Pflanzen eignen sich hervorragend, um unschöne Ausblicke oder Strukturen, die sich im Osten oder Südosten von Haus oder Garten finden, abzudecken. Kletterpflanzen schwächen die feindliche Energie scharfer Kanten und vorstehender Ecken ab. Wenn an den Schlinggewächsen Bohnen wachsen, legen Sie sie in den Südosten, um eine gute Ernte zu symbolisieren.

Pflanzen sind auch äußert gute Energetisierer für den südöstlichen Sektor. Wenn Pflanzen blühen, erzeugen sie wunderbar lebendige Energie, die mit Erfolg assoziiert wird. Die Chinesen beschreiben ein erfolgreiches Leben immer als eines, das zu blühen begonnen hat. Da der Südosten für Reichtum steht, ist dort auch der passendste Standort für Blumen.

SIEHE AUCH
❖ Yin- und Yang-Energien bei Krankheiten
S. 211–213

UNTEN *Als Symbol der Langlebigkeit ist der Bambus eine äußerst günstige Pflanze und als Gartenpflanze und Baumaterial für Möbel geeignet.*

Erde

Das Element Erde verkörpert den Kern von Feng Shui. Mächtige Erd-Energie bewegt sich seitwärts und horizontal, verströmt ihr Wesen bei jedem Jahreszeitenwechsel. Sie begünstigt den Übergang vom Sommer zum Herbst, dann zum Winter und zum Frühling und schließlich wieder zum Sommer. Erde wird vom Feuer hervorgebracht: Deshalb werden die Orte, denen diese vitale Energie fehlt, durch helle Lichter verbessert. Aber Erde wird durch Holz zerstört, dem sie als Nahrung dient. Reduzieren Sie deshalb in Erdecken den Einfluß des Holzes. Es ist auch empfehlenswert, Metallobjekte in Erdecken zu vermeiden, da die Erde Metall erzeugt. Deswegen sagt man, Metall erschöpfe die Erde.

Das Element Erde wird mit dem Südwesten assoziiert, der die große Erde repräsentiert, und auch mit dem Nordosten, dessen Element die kleine Erde ist. Der Mittelpunkt eines Heims gilt auch als dem Erd-Element zugehörig. In all diesen Sektoren des Hauses oder im Südwesten und Nordosten des Gartens sorgt die Stärkung des Erd-Elements für eine umfassende Harmonie der Elemente. Konzentrieren Sie sich besonders auf das Zentrum, da die Erzeugung von harmonischer Energie in der Mitte Glück für die ganze Familie bedeutet. Es hilft auch dabei, gute Beziehungen zwischen Geschwistern zu fördern.

Kristalle sind ausgezeichnete Symbole des Elements Erde. Natürliche und vom Menschen produzierte Kristalle haben die gleiche Wirkung. Stellen Sie sie in der südwestlichen Ecke Ihres Wohnzimmers auf, um Ihr Liebesglück zu fördern. Im Nordosten helfen sie Ihnen beim Erreichen von Bildungsglück.

Teekannen und Vasen aus Porzellan gelten auch als hervorragende Energetisierer für das Erd-Element. Wählen Sie solche aus, die mit Glückssymbolen verziert sind: Die Mou-Tan-Blume oder Päonie, die bestens für den Südwesten geeignet ist, oder andere Langlebigkeitssymbole wie der Kranich, die Kiefer oder der Bambus verbessern die Energien, die für Gesundheitsglück in Ihrem Haus sorgen. In den vergangenen Jahren ist Chinas Porzellanindustrie stark expandiert. Es dürfte nicht schwierig sein, schöne Objekte ausfindig zu machen. Man stellt sie am besten im Südwesten oder Nordwesten des Wohnzimmers auf. Lassen Sie sie jedoch nicht leer, sonst fangen Sie von Giftpfeilen verursachte, tödliche Energie darin ein. Wenn diese Vasen die Erdecke energetisieren sollen, füllen Sie sie mit dekorativen, gefärbten Steinen. Sogar Wasser oder ungekochter Reis eignen sich.

OBEN *Kristalle können die Wohltaten des Erd-Elements herbeiführen. Wenn sie am richtigen Platz im Südwesten des Hauses aufgestellt werden, können sie Beziehungen günstig beeinflussen.*

ENERGETISIERUNG DER ERDECKE

Große, dekorative Urnen und Wasserschalen gelten als hervorragende Energetisierer für die Erdecke Ihres Hauses. Wenn Sie diese dekorativen Gefäße mit Halbedelsteinen füllen können und sie auf Ihren Couchtisch stellen, werden sie in Ihrem Haus günstige Energie erzeugen. Sie sehen auch sehr hübsch aus. Falls Sie einen Hausaltar haben, versuchen Sie doch einmal, eine große Porzellanschüssel mit Halbedelsteinen dort zu plazieren: Sie wird wunderbare Erd-Energie als Opfergabe für Ihre Gottheiten hervorbringen.

OBEN *Das Element Erde nutzt man zur Energetisierung des Hauses, indem man eine Porzellanschale mit Halbedelsteinen an einem strategisch günstigen Ort plaziert.*

UNTEN *Sedimentgesteinsformationen, wie diese im Bryce Canyon in Utah (USA), zeigen, wie mächtig die Wirkung des Wasser auf die Erde ist.*

Metall

Die Energien des Elementes Metall sind dicht und fließen nach innen. Metall steht als Synonym für Gold und Silber. Diese kostbaren Metalle waren immer die Symbole des Reichtums und Wohlstands, aber das Element gilt auch als kalt und leblos. Im Gegensatz zu den anderen Elementen ist Metall unnachgiebig. Es ist eine Manifestation des Reichtums: Wenn Sie die Wirkung von Metall in den richtigen Ecken des Hauses energetisieren, wird das dem gesamten Haushalt zugute kommen.

Ein Topf voll Gold symbolisiert Metall am besten. Im Feng Shui sind alle Dinge symbolisch, doch wenn Sie Ihr Münzgeld in einen Metallbehälter geben und ihn in die Metallrichtungen Nordwesten oder Westen stellen, vergrößert das die Energien dieser Sektoren und erhöht die Harmonie und den Energiefluß, der durch das Haus strömt.

Jegliche Metallobjekte wie Münzen und Goldbarren sind für die Metallecken geeignet. Wer in einem Metall-Jahr oder in einem Jahr des jungen Hahns oder des Affen geboren wurde, hat eine spezielle Verbindung zu Metall. Die Energien der Elemente sind nicht statisch. Sie stehen untereinander in ständigem Austausch im Entstehungs- oder im Zerstörungszyklus. Wenn man versteht, wie die Energien der Fünf Elemente aufeinander einwirken, begreift man als Anwender auch leichter, wie man in einem Wohnraum Feng-Shui-Harmonie erreicht. Studieren Sie die Elementzyklen sorgfältig, da dies Ihren Erfolg bei der Ausübung von Feng Shui beträchtlich steigern wird.

OBEN *Ein falscher Goldbarren – ein Symbol für das Metall-Element.*

METALL-ENERGIE VERSTÄRKEN

Zur Verstärkung von Metall-Energie sind am besten alte, chinesische Münzen geeignet, deren Form (quadratisches Loch in einer runden Münze) die Verschmelzung von Himmel und Erde symbolisiert. Binden Sie drei Münzen mit einem roten Faden zusammen und legen Sie sie in die Metallecke Ihres Wohnzimmers. Dies ist sehr wirksam zur Einkommenssteigerung. Es gibt darüber hinaus viele andere Einsatzmöglichkeiten für diese Münzen. Diese Verfahren werden in einem späteren Abschnitt behandelt. Denken Sie daran, daß der rote Faden von großer Bedeutung ist, da er dafür sorgt, daß die Energien der Münzen freigesetzt werden.

OBEN *Nachprägungen chinesischer Münzen aus der Kaiserzeit symbolisieren das Element Metall und können den Wohlstand erhöhen.*

GEBÄUDE UND DIE FÜNF ELEMENTE

Gebäude können nach ihrer Elementzugehörigkeit klassifiziert werden. Diese Kategorisierung beruht auf der Gesamtform der Gebäude. Um Ihre persönliche Verbindung mit einem Gebäudetyp herauszufinden, sollten Sie Ihr eigenes Element feststellen, indem Sie den himmlischen Stamm Ihres Geburtsjahres ermitteln. Dies bezieht sich auf das Element des jeweiligen Jahres (und unterscheidet sich vom Element des irdischen Astes). Wenn Sie also in einem Holz-Jahr geboren wurden, wären rechtwinklige Gebäude ideal für Sie.

Nach Feng-Shui-Regeln sind die »sichersten« Gebäude die Erd- und Holz-Gebäude, da sie im allgemeinen günstig sind und wenig Feng-Shui-Probleme aufweisen. Feuer-Gebäude sind sehr aggressiv und fordern die Nachbarn oft zu Vergeltungsmaßnahmen heraus. Metall-Gebäude eignen sich bestens für öffentliche Bauten, nicht jedoch als Wohnhäuser. Wasser-Gebäude sorgen für die meisten Probleme.

ein WASSER-Gebäude

ein FEUER-Gebäude

ein HOLZ-Gebäude

ein ERD-Gebäude

ein METALL-Gebäude

KAPITEL ZWEI: FENG-SHUI-KONZEPTE

DAS KONZEPT DES GLEICHGEWICHTS: Yin und Yang

OBEN *Feng Shui betrifft das Gleichgewicht von Yin- und Yang-Energien. Aus diesen Kräften setzen sich die Energien der Erde zusammen. Jedes Ungleichgewicht kann schädlich sein.*

UNTEN *Der große Kamin und der Deckenventilator könnten übermächtige Yang-Energie erzeugen – etwas Yin-Energie ist nötig, um eine harmonische Wirkung zu erzielen.*

Alle Energien der Erde – die gleichbedeutend sind mit Sheng Chi, dem Atem des Drachen – werden entweder der Yin- oder der Yang-Seite zugeordnet.

Auch allen Elementen der Erde wird ein Yin- oder Yang-Kern zugeschrieben. Die Chinesen begreifen das Universum im Konzept der Kosmologie dieser zwei einander entgegengesetzten und sich gleichzeitig ergänzenden Kräfte. Yin und Yang haben ihre eigenen Attribute und ihre eigenen energetischen Magnetfelder. Sie stehen sich diametral gegenüber, aber sind trotzdem aufeinander angewiesen. Beide Kräfte bedingen einander in ihrem Dasein, die eine kann nicht ohne die andere existieren.

Wenn man im Feng Shui also von Gleichgewicht spricht, bezieht man sich auf das ständige Vorhandensein beider Arten von Energie in optimaler Ausgewogenheit. Es existiert keine Formel für die optimale Menge. Feng Shui rät zu mehr Yang-Energie in den Wohnungen der Lebenden und zu mehr Yin-Energie in den Behausungen der Toten. Das bedeutet, daß in unseren Wohn- und Arbeitsräumen wesentlich mehr Yang-Energie zu finden sein sollte als Yin-Energie. Jedoch sollte nie so viel Yang vorhanden sein, daß es keinen Raum mehr für Yin läßt. Ohne Yin gibt es auch kein Yang.

OBEN *Yang ist lebhaft und laut – wie diese Achterbahnfahrt in einem Themenpark. Aber es könnte ohne die ruhige und stille Yin-Energie nicht existieren.*

Die Energien in unserem Umfeld befinden sich dann in wohltuender Ausgewogenheit, wenn sowohl Yin- als auch Yang-Energie vorhanden ist. Ihre relative Stärke ist je nach Situation und Umständen fein abzustimmen. Nie sollte ein Zuviel an Yin das Yang

OBEN *Yin steht durch Ruhe und Sanftheit in starkem Gegensatz zur Yang-Energie. Doch selbst auf einem Friedhof ist immer ein Hauch von Yang spürbar.*

vernichten und umgekehrt. Im Yang-Feng-Shui sind die Yang-Energien selbstverständlich von großer Bedeutung, aber das geht nie so weit, daß das Yin völlig ausgelöscht würde, obwohl ein Überschuß an Yin-Energien verheerenden Schaden anrichten kann und manchmal sogar zu Krankheiten und schließlich zum Tod führt. Ebenso gibt es Situationen, in denen das Gleichgewicht umgekehrt werden muß. Setzt man sich oder ein Objekt zu stark dem Sonnenlicht einer Westseite aus, entsteht dadurch überschüssige Yang-Energie. Zu viel Lärm, Aktivität und Helligkeit sind Symptome für ein Übermaß an Yang.

Gibt es zu viel Schatten und Stille und sind die Nächte und Tage kalt und ohne Leben, dann wird die Energie als

zu Yin-haltig angesehen. In solchen Gegenden mangelt es an Leben, Wachstum und Entwicklung. Yin-Orte eignen sich für die Behausungen der Toten, nicht für die der Lebenden.

Yin und Yang stehen in einem ständigen Wechselspiel und erzeugen den Wandel der Dinge. Das Sommer-Yang erreicht seinen Höhepunkt, wird dann schwächer, verwandelt sich in den Winter (Yin), bevor es erneut zum Sommer wird. Der Tag folgt auf die Nacht, der Mond macht der Sonne Platz, und die Dunkelheit weicht dem Licht. In der natürlichen Landschaft drücken sich Yin und Yang in der Gestalt von Oberflächenformen sowie durch die Verteilung von Licht und Schatten aus.

Völlig ebene Landschaften sind zu Yin-haltig und benötigen Felsen und Pflanzen als Ausgleich. Orte, die zu stark dem Sonnenlicht ausgesetzt sind, können zu sehr von Yang beeinflußt sein – Pflanzen können hier Schatten spenden. Auch ein Wasserobjekt sorgt für Yin-Energie und erzeugt ein gutes Gleichgewicht. Japanische und chinesische Gärten bewahren immer eine Ausgewogenheit von Yin- und Yang-Linien. Denken Sie hingegen an die schneebedeckten Polarregionen – viel zu viel Yin. Oder an die heißen Wüsten – entschieden zu viel Yang. Solche Orte sind unbewohnbar, an gutes Feng Shui ist dabei gar nicht zu denken.

OBEN *Diese Landschaft enthält sowohl Yin- als auch Yang-Elemente. Flache Felder und der See sind Yin, nehmen aber viel Yang-Sonnenlicht für das Wachsen der Weinreben auf. Sie sind auch von den Yang-Energien der schneebedeckten Berge im Hintergrund umgeben.*

LINKS *Dieser Garten im japanischen Stil wurde durch günstiges Gleichgewicht aus Wasserobjekten, Felsen, Kieselsteinen und Sträuchern energetisiert.*

KAPITEL ZWEI: FENG-SHUI-KONZEPTE

DAS KONZEPT DER LANDSCHAFT:
Die Symbolik der vier himmlischen Tiere

Die Ausübung von Feng Shui beginnt immer mit dem Standort. Ist die Umgebung Ihres Hauses entsprechend der Feng-Shui-Lehrsätze günstig, wird allein das schon ein gutes Leben für Sie und Ihre Familie garantieren. Außerordentliches Glück wird Sie begleiten, solange Sie in einem solchen Haus wohnen, und alles, was Sie in Angriff nehmen, wird von Erfolg gekrönt sein. Die natürliche Umgebung ist äußerst mächtig: Selbst wenn das Innere Ihres Hauses durch einige negative Feng-Shui-Objekte leidet, wird deren Wirkung ausgeglichen, wenn die Lage des Hauses hervorragendes, klassisches Feng Shui nach der Formschule genießt.

Landschafts-Feng-Shui betrifft die physische Umgebung des Hauses. Falls Sie in einer Wohnung leben, sollten Sie das gesamte Gebäude berücksichtigen, wenn Sie beurteilen, ob Ihr Standort nach landschaftlich guten Feng-Shui-Kriterien ausgerichtet ist.

Der ideale Ort nach dem klassischen Feng Shui wird hier dargestellt. Er wird mit poetischen Tiermetaphern umschrieben, die sich auf Erhebungen in der Landschaft beziehen – dies sind die vier himmlischen Tiere.

Die Hügel der Schwarzen Schildkröte sind die Berge im Rücken, die am besten im Norden liegen sollten.

Die Hügel des Grünen Drachen befinden sich auf der linken Seite, idealerweise im Osten.

Die Hügel des Weißen Tigers liegen auf der rechten Seite, am besten im Westen. Sie müssen niedriger sein als die Drachen-Hügel auf der linken Seite und die Schildkröten-Hügel dahinter.

Schließlich gibt es noch die Anhöhe des Roten Phönix, die im Süden sein sollte, mit einem Fluß, der den Ort wie ein Jadegürtel umfließt. Die Gesamtform erinnert an einen Sessel und steht für ein komfortables Leben.

Die im Bild dargestellten Orte sind so günstig, daß einige reiche, chinesische Firmenbosse tatsächlich diese Konturen und Landschaftsformen künstlich um ihre Familiensitze angelegt haben, um exzellentes Feng Shui sicherzustellen. Obwohl sich in früheren Zeiten die Feng-Shui-Experten größte Mühe bei der Suche nach natürlichen Gegebenheiten machten, wird heute, da man günstige Landschaften simulieren und konstruieren kann, diese künstliche Landschaftsarchitektur mit großem Erfolg betrieben.

Die Hauptregel besteht darin, den Berg im Rücken und das Wasser vor sich zu haben. Landschaftskonturen sind im Feng Shui sehr bedeutsam, wobei geschwungenen Formen stets der Vorzug vor flachem Gelände gegeben wird. Aber die wichtigste Regel lautet, nie den Berg vor sich zu haben, da er dort die Eingangstür blockiert. Das Gelände vor dem Haus und der Vordertür sollte frei bleiben. Die Aussicht darf nicht eingeschränkt sein. Wenn Sie von Ihrem Haus aus ungehinderte Sicht auf ein fließendes Gewässer haben, ist dies äußerst günstig.

In der heutigen Landschaft bedeutet diese Hauptregel folgendes: Wenn es ein großes oder hohes Gebäude in der Nähe Ihres Hauses gibt, sollten Sie darauf achten, daß es hinter und nicht vor Ihrem Haus steht. Ein hohes Gebäude hinter Ihrem Haus ist für Sie sehr günstig, da es die Hügel der Schwarzen Schildkröte symbolisiert.

Land zur Linken des Hauses (von innen gesehen) sollte etwas höher als das Gelände zur Rechten sein. Diese Formen stehen für die Hügel des Grünen Drachen und des Weißen

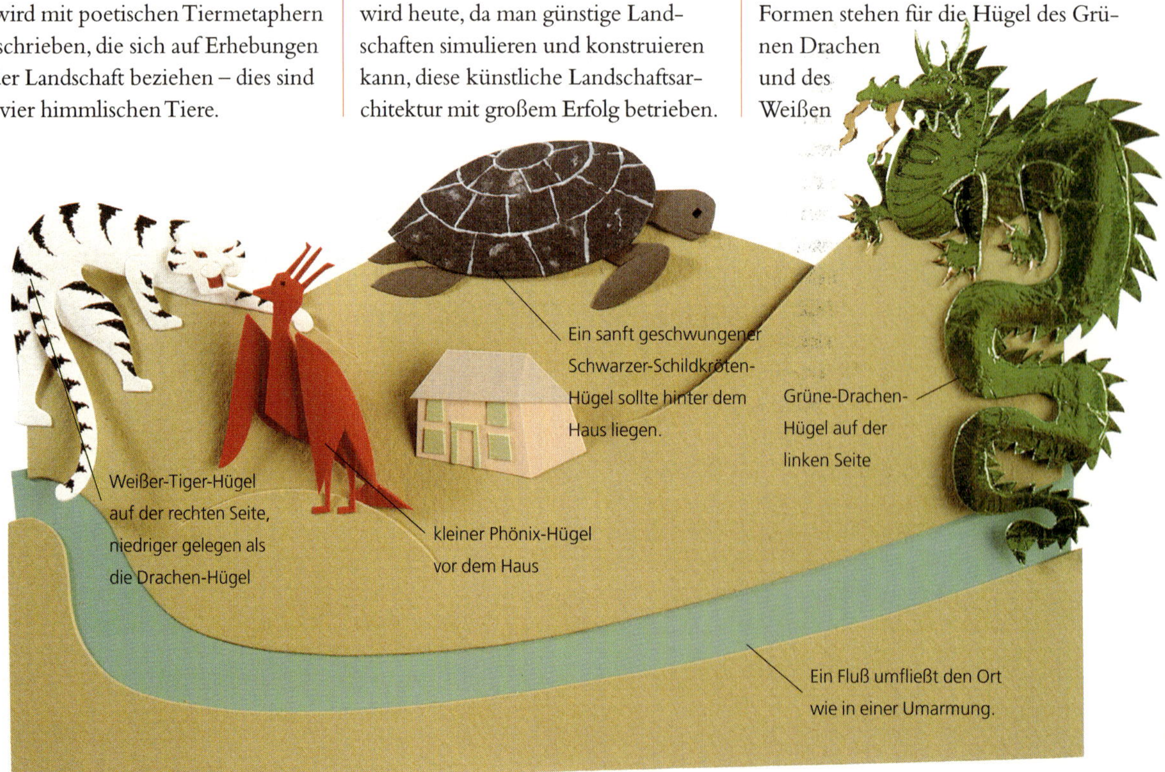

RECHTS *Der günstigste Ort für Ihr Haus wird von der Anordnung der vier himmlischen Tiere bestimmt. Bei diesem Haus liegen die vier himmlischen Tiere an der richtigen Stelle.*

Tigers. Umgekehrt wäre die Wirkung ungünstig, da dann der Tiger den Drachen beherrschen würde, was sich gegen die Hausbewohner richten kann.

Die himmlischen Tiere – Schildkröte, Drachen, Tiger und Phönix – sind mächtige Symbole des Landschafts-Feng-Shui. Wer ihre Bedeutung zu schätzen weiß, wird auch als Amateur den Standort seines Hauses korrigieren und verbessern können.

Die Sesselformation ist in der Natur nicht leicht zu finden, noch ist sie für jeden Geldbeutel erschwinglich. Aber sie kann auf geniale Weise nachgeahmt werden, wie im folgenden beschrieben wird. Die himmlischen Tiere können auch aktiviert werden, um Glück in Ihr Haus zu bringen.

Kümmern Sie sich zuerst um Ihren »Rücken«. Das Gelände der Rückseite sollte höher als das der Vorderseite sein. Errichten Sie, falls möglich, einen kleinen Hügel, der an den Panzer einer Schildkröte erinnert. Idealerweise sollte der Ort der Schildkröte den Nordteil Ihres Hauses repräsentieren.

Wenn Sie unter keinen Umständen auf der Rückseite ein höheres Gelände anlegen können, hängen Sie ein Gemälde oder das Bild einer Schildkröte in den hinteren Teil Ihres Hauses oder, noch besser, halten Sie sich eine Wasserschildkröte oder eine verwandte Art. Sumpfschildkröten sind eine gute Alternative. Übertreiben Sie es nicht: Halten Sie nur eine Schildkröte, nicht eine ganze Familie! Die mit der Schildkröte verknüpfte Zahl ist die Eins.

Die Schildkröte steht für Unterstützung durch wichtige Personen, für ein langes Leben und fortwährenden Schutz. Die Aktivierung der Schildkröte ist eine der besten Methoden, um Ihr Haus unter Feng-Shui-Schutz zu stellen. Können Sie keine echte Schildkröte halten, erfüllt eine aus Porzellan oder Bronze denselben Zweck.

Der Drachen ist das höchste Glückssymbol. Dieses mythische Geschöpf nimmt im Herzen und im Geist des chinesischen Volkes einen ganz besonderen Platz ein. Im Landschafts-Feng-Shui sind physische Landschaftsformen, die dem Grünen Drachen Unterschlupf

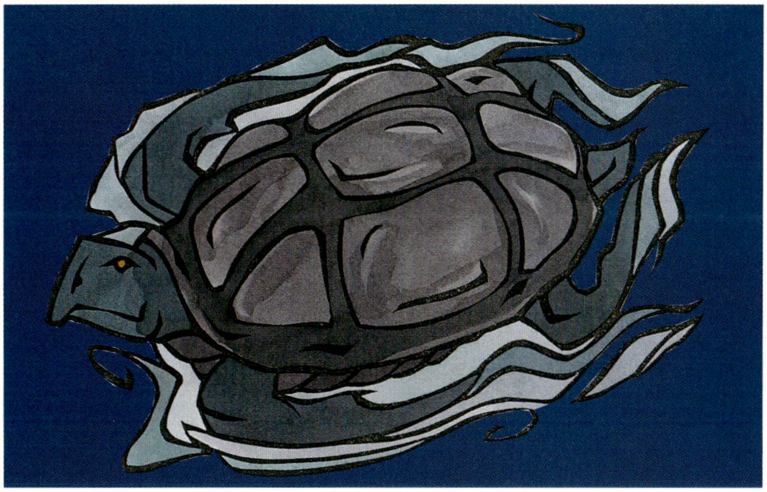

OBEN *Haben Sie hinter dem Haus kein höheres Gelände, kann das Bild einer Wasser- oder Landschildkröte den Nordsektor des Hauses energetisieren.*

bieten, das beste Anzeichen dafür, daß ein Ort günstig ist: Die echte Feng-Shui-Praxis umfaßt die Suche nach Hügeln und Bergen, in denen dieses himmlische Tier lebt. Drachen wohnen nur in hügeligen Landschaften. Halten Sie daher statt nach flachen eher nach geschwungenen Landschaftsformen Ausschau, wo saftiges, grünes Gras wächst, wo die Erde fruchtbar ist, wo die Luft angenehm duftet und die Lage relativ geschützt ist. Vermeiden Sie Bergkuppen, die Wind und Wetter ausgesetzt sind, sowie Land, auf dem nicht einmal Gras wächst. Achten Sie darauf, daß Sonne und Schatten vorhanden sind, so daß sich Yin harmonisch mit Yang vermischt.

Der Nachbar links sollte höher gelegen sein als der zur Rechten. Die gleichen Prinzipien gelten für Gebäude auf der linken und rechten Seite, wenn Sie in einer Wohnung leben.

Wenn Sie einen Ort mit gutem Feng Shui suchen, sollten Sie den Konturen der Umgebung besondere Aufmerksamkeit schenken. Hat die Straße ein Gefälle, ist eine Position auf halber Höhe besser als eine am oberen oder unteren Ende.

Der Berggipfel gilt als ungünstig, weil man dort vor den Naturgewalten kaum geschützt ist.

Täler sind weniger problematisch. Sie sollten im allgemeinen jedoch eher nach Orten auf halber Höhe Ausschau halten als nach extremen Lagen.

Richten Sie Ihr Haus so aus, daß die linke Seite höher ist als die rechte. Sie sollten auch nicht im Souterrain wohnen. Falls sich das nicht vermeiden läßt, sollten die Schlafzimmer im oberen Stockwerk liegen. Wenn möglich, richten Sie das Haus so aus, daß der Teil links von der Eingangstür höher liegt als der Teil rechts davon.

Bauen Sie das Haus nicht auf Stützpfeilern, da dadurch unter dem Haus ein Freiraum entsteht, der ein mangelhaftes Fundament symbolisiert. Schließen Sie die unteren Stockwerke immer nach außen hin ab und richten Sie dort richtige Räume ein. Das Haus soll sich förmlich an den Hang schmiegen, so wie ein Drachennest. So wird ein möglicherweise ungünstiges Haus in ein äußerst günstiges verwandelt.

Man sagt, der Drache wohne im Osten. Wenn Sie in einer Wohnung leben und wenig Einfluß auf das Erscheinungsbild der Landschaft haben, ist es sehr empfehlenswert, den Drachen in Ihrem Haus zu aktivieren, indem Sie ein Drachengemälde an der Ostwand des Hauses aufhängen.

OBEN *Die Schwarze Schildkröte – das Symbol des Berges hinter Ihrem Haus*

OBEN *Die hügelige Landschaft des Grünen Drachen liegt links von Ihrem Haus.*

OBEN *Die Hügel des Weißen Tigers sind rechts, am besten im Westen des Hauses.*

OBEN *Die Anhöhe des Roten Phönix sollte sich vor Ihrem Haus befinden.*

UNTEN *Können Sie keine echte Schildkröte kaufen, ist auch ein Ziergegenstand sinnvoll und oft ebenso wirksam.*

LINKS *Der Drache ist ein beliebtes Glückssymbol. Ein Drache mit vier Klauen bringt Ihnen Glück, wenn Sie ihn an der Ostseite des Wohnzimmers aufstellen.*

OBEN *Das Logo der Hong-Leong-Gruppe in Malaysia – der dicke, glückliche Drache deutet auf großen Reichtum und Erfolg für das Unternehmen hin.*

Sie können einen Porzellandrachen an der Ostseite des Wohnzimmers aufstellen. Der Drache ist das beliebteste Glückssymbol der Chinesen, besonders in der Geschäftswelt. Wenn Sie einen Drachen verwenden möchten, sollten Sie keinen mit fünf Klauen wählen: Dies ist der kaiserliche Drachen und seine Yang-Energie kann möglicherweise zu mächtig für Sie sein. Nehmen Sie den normalen, vierklauigen Drachen. Aus dem gleichen Grund sollten Sie auch darauf achten, daß Ihr Porzellandrachen nicht zu groß ist.

Wenn Sie den Drachen als Firmenlogo einsetzen, sollten Sie ihn nicht in einem Kreis oder Quadrat einsperren. Auch sollte er dickbauchig, glücklich und wie das blühende Leben aussehen. Eines der besten Beispiele für ein Firmenlogo stammt von der Hong-Leong-Gruppe in Malaysia. Ihr Drache ist nicht nur dick, sondern wirkt fast schwanger; er läßt an reichlich Nachwuchs denken bzw. an erfolgreiche Neuerwerbungen der Gruppe.

Stellen Sie im Schlafzimmer keine Drachensymbole auf. Der Drachen ist das höchste Yang-Symbol und ungeeignet für einen Ruheraum, in dem Yin wesentlich wichtiger ist. Es ist auch hilfreich zu wissen, daß eine Drachenabbildung im Haus manche Menschen zu aggressiv macht. Wenn Sie das Gefühl haben, zu energiegeladen zu sein, nachdem Sie das Symbol im Haus angebracht haben, sollten Sie diese Energetisierungsmethode besser nicht verwenden. Wenn Sie andererseits mehr Glück empfinden, haben Sie offensichtlich eine Verbundenheit mit diesem Tier und sollten diese Praxis beibehalten.

Der Weiße Tiger ist ebenso wichtig wie der Grüne Drache und ist immer dort zu finden, wo sich auch der echte Drache befindet. Die Tiger-Hügel müssen stets niedriger sein als die Drachen-Hügel. Bedenken Sie, daß sich Verweise auf diese himmlischen Tiere immer auf Hügel und Landschaftsformen beziehen. Wenn Drachen-Hügel vorhanden sind, kann man davon ausgehen, daß es auch Tiger-Hügel gibt.

Die Kunst des Landschafts-Feng-Shui zeigt sich in der Bestimmung der Drachen- und der Tiger-Hügel. Das ist nicht so schwierig, wie es klingt. Wenn Sie nach draußen sehen, sind die Hügel links von Ihrer Vordertür normalerweise die Drachen-Hügel und die zur Rechten die Tiger-Hügel. Die höheren Hügel müssen immer den Drachen symbolisieren.

Wenn die höheren Hügel auf der rechten Seite liegen, gilt die Ausrichtung als ungünstig. Der Tiger hat die Oberhand gewonnen und ist mächtiger als der Drache. Dies ist eine äußerst bedenkliche Konfiguration, denn es besteht die Gefahr, daß der Tiger die Hausbewohner angreift.

Obwohl hier immer von Hügeln die Rede ist, sollten Sie nicht vergessen, daß dieses Prinzip auf jede Art von Gelände links und rechts des Hauses anwendbar ist. Der Rote Phönix symbolisiert den Süden oder das Gebiet vor dem Haus. Dieser Teil sollte flach sein oder zumindest niedriger als die hintere, die linke oder die rechte Seite des Hauses. Auch sollte eine freie, ungehinderte Aussicht bestehen. Der Rote Phönix steht nach dem Glauben der Chinesen für Gelegenheiten, die materiellen Komfort mit sich bringen.

Blockiert eine Struktur, ein Berg oder Hügel die Vorderseite, kann das all Ihre Unternehmungen behindern. Erfolg kann unter diesen Umständen schwierig werden, schlimmer noch, schwere Verluste drohen. Haben Sie aber eine kleine Anhöhe, die niedriger ist als die Vorderseite, repräsentiert diese Bodenerhebung den Phönix.

Man sagt, der Rote Phönix stehe für den Fußschemel, auf dem Sie Ihre müden Füße ausruhen können. Besonders im Haus wirkt diese Anhöhe äußerst günstig, da sie den Bewohnern eine Ruhepause ermöglicht und sie neue Energien sammeln läßt, um der Welt wieder entgegenzutreten. Deshalb darf das nicht mit einem »Berg« vor dem Haus verwechselt werden. Der Phönix kann symbolisch aktiviert werden, indem man einen dekorativen Vogel im Süden plaziert. Stellen Sie einen Flamingo aus rosa Marmor in der südlichen Ecke des Gartens auf, um günstige Gelegenheiten für Ihr Leben herbeizuzaubern. Oder plazieren Sie als Alternative ein Gemälde oder eine hübsche Skulptur eines jungen Hahns auf der Südseite Ihres Wohnzimmers.

OBEN *Eine Alternative zum Phönix ist das Bild eines jungen Hahns, um die gleiche glückverheißende Energie zu bringen.*

FRAGEN UND ANTWORTEN

Frage: Es gibt so viele verschiedene Bücher über Feng Shui und eine Unzahl an Beratern. Woher weiß ich, welche davon seriös und echt sind?

Antwort: Feng Shui ist eine uralte Praxis, die bis heute überdauert hat. Im Laufe ihrer langen Entwicklung hat sie viele verschiedene Formen und Gestalten angenommen. Sogar in China gibt es unterschiedliche Feng-Shui-Theorien und -Schulen.
Unter der Herrschaft der frühen Ming-Kaiser ging man sogar soweit, gefälschte Feng-Shui-Bücher zu veröffentlichen und im Land zu verteilen, um den Zugriff auf die echten Formeln und Methoden auf ausgewählte Personen beschränken zu können. Es überrascht deshalb nicht, daß so viele Texte und Abhandlungen über Feng Shui existieren. Heute, da die Beliebtheit von Feng Shui ständig wächst, ist es nicht verwunderlich, daß die Zahl der Feng-Shui-Bücher und -Anwender geradezu explodiert. Mein Rat ist einfach: Wählen Sie Bücher, die von anerkannten Autoren geschrieben wurden, und nehmen Sie sich einen Feng-Shui-Berater, der bereits eine Reihe zufriedener Kunden vorweisen kann. Verlassen Sie sich auf Ihren gesunden Menschenverstand und seien Sie ruhig etwas skeptisch bei der Erkundung von Feng Shui. Ich selbst habe mit einer gehörigen Portion Skepsis angefangen.

Frage: Ich bin so verwirrt durch all die unterschiedlichen »Schulen« und Formeln. Wo fange ich an, wenn ich Feng Shui in meinem Heim anwenden möchte?

Antwort: Wenn man Schritt für Schritt vorgeht, gibt es keinen Grund zur Verwirrung. Auf jedem Gebiet erhält man widersprüchliche Ratschläge. Gehen Sie es langsam an und werfen Sie auf alles einen genauen Blick. Beginnen Sie die Anwendung von Feng Shui mit der defensiven Methode. Sehen Sie sich nach Dingen um, die Sie und Ihr Haus verletzen können. Fangen Sie dann allmählich damit an, die Giftpfeile in Ihrer Umgebung abzubauen. Anschließend können Sie für alle Glücksarten Energie erzeugen: Vom einführenden Feng-Shui-Teil gehen Sie weiter zu den Formeln für Fortgeschrittene. Verwenden Sie dieses Buch als Einführung und als Nachschlagewerk.

Frage: Wie lange wird es dauern, bis Feng Shui seine Wirkung entfaltet?

Antwort: Feng Shui kann beinahe sofort wirken. Wenn Sie nach dem Lesen dieses Buches beispielsweise merken, daß Ihr Haus von einem Giftpfeil bedroht wird, und Sie Gegenmaßnahmen ergreifen, können Sie die Auswirkungen sofort spüren. Es fühlt sich an, als ob eine Last von Ihren Schultern genommen würde. Den Effekt, der sich beim Entzug schlechter Energie bemerkbar macht, kann man sehr schnell wahrnehmen.

Frage: Brauche ich einen Feng-Shui-Berater?

Antwort: Wenn Sie Feng Shui nur für Ihr Haus anwenden wollen, brauchen Sie keinen Berater. Meiner Meinung nach sollten Sie Feng Shui selbst anwenden – aus dem einfachen Grund, daß Sie achtsamer vorgehen, wenn Sie Feng Shui in Ihrem eigenen Heim einsetzen. Feng-Shui-Berater sollten Sie nur zu Rate ziehen, wenn Sie so viele Wohnungen oder Büros besitzen, daß Ihnen nicht genügend Zeit für eine Analyse bleibt. Der andere Vorteil einer eigenen Feng-Shui-Analyse liegt darin, daß Sie wissen, was Sie erreichen möchten. Außerdem müssen Sie nicht einen völlig unbekannten Menschen in Ihr Haus lassen, der Ihre Intimsphäre verletzt. Betrachten Sie Feng Shui wie ein Hobby. Es wird Ihnen eine ganz neue Welt eröffnen, eine die einen ganz eigenen Zauber in Ihr Leben bringt.

Frage: Woran merke ich, ob ein Berater Sachkenntnis besitzt?

Antwort: Momentan gibt es keine offizielle Institution, die gewisse Standards festlegen könnte, was tatsächlich auch schwierig ist. Ich bin in meinem Leben schon auf einige gute Feng-Shui-Meister gestoßen, die über große Erfahrung verfügen. Echte Meister sind normalerweise sehr bescheiden und freundlich. Aber leider muß ich sagen, daß ich auf meinen weltweiten Reisen auch einige Scharlatane getroffen habe, denen es egal ist, wessen Leben sie mit ihren unsinnigen Feng-Shui-Ratschlägen ruinieren. Ich gebe Ihnen den Tip, vorsichtig zu sein und nicht vorschnell jemanden in Ihr Haus zu lassen, der sich als Feng-Shui-Berater ausgibt. Vertrauen Sie statt dessen darauf, daß Sie selbst Feng Shui anwenden können. Sie können ebenso wie der Berater Fehler machen, aber auch ins Schwarze treffen. Haben Sie Selbstvertrauen und genießen Sie Ihr eigenes Feng Shui.

Frage: Was mache ich, wenn alles schiefläuft, und ich nicht weiß, was ich ändern soll?

Antwort: Niemand kann Feng Shui zu 100 Prozent richtig machen. Jeder hat ein oder zwei Feng-Shui-Probleme. Wenn Sie dieses Buch sorgfältig lesen, werden Sie die meisten Antworten hier finden. Falls Sie in richtigen Schwierigkeiten stecken, schicken Sie mir eine e-mail. Ich beantworte alle e-mails, die nicht mehr als 50 Wörter umfassen. Meine e-mail-Adresse lautet: fengshui@lillian-too.com. Der Service kostet keine Gebühr!

木火土金水

TEIL ZWEI

2

GRUNDLAGEN DES FENG SHUI

KAPITEL DREI

LANDSCHAFTS-FENG-SHUI

Das Feng Shui der Landschaft gilt als klassisches Feng Shui. Hier gewinnt die wörtliche Übersetzung von »Wind« und »Wasser« eine größere Bedeutung – denn Landschafts-Feng-Shui beschäftigt sich mit der Umwelt. Es untersucht die Gestalt all der Dinge, die von Wind und Wasser geformt worden sind. Die Formen nehmen dabei eine bestimmte Bedeutung an. Konturen und Bodenerhebungen erschaffen die geschwungenen Linien der himmlischen Geschöpfe – die Berge (Shan), Hügel und Landschaftsformen, die das Chi zum günstigen Mäandern oder zum bösartigen Vorbeiströmen veranlassen. Das Wasser kann sich in ähnlicher Weise verhalten – es kann günstig und freundlich dahinfließen oder sprudelnd und zerstörerisch sein.

Der Feng-Shui-Meister saugt den Geruch der Erde ein und prüft den Duft der Luft, um die Qualität der Winde festzustellen. Er folgt der Form der umliegenden Hügel und studiert die Qualität der Vegetation. Er beurteilt die Anwesenheit von gutem Chi und achtet bei den umgebenden Elementen auf Harmonie. Wenn er auf Giftpfeile stößt, folgt er der Flugrichtung des erzeugten feindlichen Chi und ergreift Gegenmaßnahmen. Günstige Erhebungen verstärkt er noch. Die »Magie« des Feng Shui liegt darin, daß sich Unglück in Glück verwandelt und bereits vorhandenes Glück noch verstärkt wird.

LINKS *Feng Shui kann bei der Beseitigung von stadtplanerischen Problemen helfen, wie z. B. bei dieser amerikanischen Kleinstadt.*

KAPITEL DREI: LANDSCHAFTS-FENG-SHUI

FORMSCHULE DES FENG SHUI

UNTEN *Die Merkmale der landschaftlichen Umgebung wirken sich auf die Gebäude aus und sollten nie ignoriert werden.*

Die Feng-Shui-Praxis beginnt mit der gründlichen Kenntnis der Formschule oder Landschaftsschule. Hier geht es um die Eigenschaften des Landes, auf dem die Yang-Bauten oder die Häuser der Menschen errichtet wurden. Wie schon der Name sagt, beschäftigt sich die Formschule mit der Lage des Landes, seinen Konturen und seiner Topographie sowie mit der Beziehung zwischen den Bodenflächen der unmittelbaren Umgebung und den Wohnstätten.

Darüber hinaus wird die Qualität der Winde untersucht, die an diesem Ort wehen. Es sollte sich immer um leichte Brisen handeln und nicht um heftige Böen. Die Luft sollte nach üppiger, gesunder Vegetation duften und angenehm frisch und lebendig sein, nicht übelriechend und muffig. Die Pflanzen sollten kräftig sein und nicht schwächlich und dürr. Man sagt, ein Gewässer verbessere das Feng Shui in erstaunlicher Weise, aber es sollte wie der Wind sanft fließen; schnellfließende Energie gilt als zu Yang-haltig. Feng Shui betrachtet alles, was sich zu schnell bewegt, als Lieferant tödlicher Energie. Obwohl das Wasser also langsam fließen sollte, darf es auch wieder nicht so träge sein, daß es sich kaum bewegt. Ruhende Gewässer erinnern an den Tod, sie sind viel zu Yin-haltig. Schnellfließende Gewässer enthalten tödliche Energie und stehen deshalb der Yang-Energie zu nahe.

Wie nun deutlich geworden ist, versteht sich Feng Shui als die Wissenschaft, die imstande ist, in der unmittelbaren Umgebung Yin und Yang zu identifizieren. Man untersucht all die Landschaftsformen und -erhebungen, die das Umfeld eines Hauses bilden.

Die Formschule des Feng Shui betrachtet auch die Breite und die Strömung der Flüsse, den Verkehr auf der Straße, die Höhe und den Charakter der Berge, die Form der Hügel, Nachbargebäude und -häuser sowie die verschiedensten Strukturen menschlichen oder natürlichen Ursprungs. All diese physischen Strukturen enthalten wechselnde Anteile von Yin- und Yang-Energie. Einige sind gänzlich Yang, andere dagegen viel zu Yin. Um günstiges Chi zu erzeugen, das das Feng Shui wiederum beeinflußt, müssen Yin und Yang in einem optimalen Gleichgewicht sein. Diese Balance hängt allerdings von der Nutzung des Ortes ab: Gebiete, in denen Menschen leben und arbeiten, sollten über mehr Yang- als Yin-Energie verfügen. Die Balance von Yin- und Yang-Energien wird auf den Seiten 46–47 behandelt.

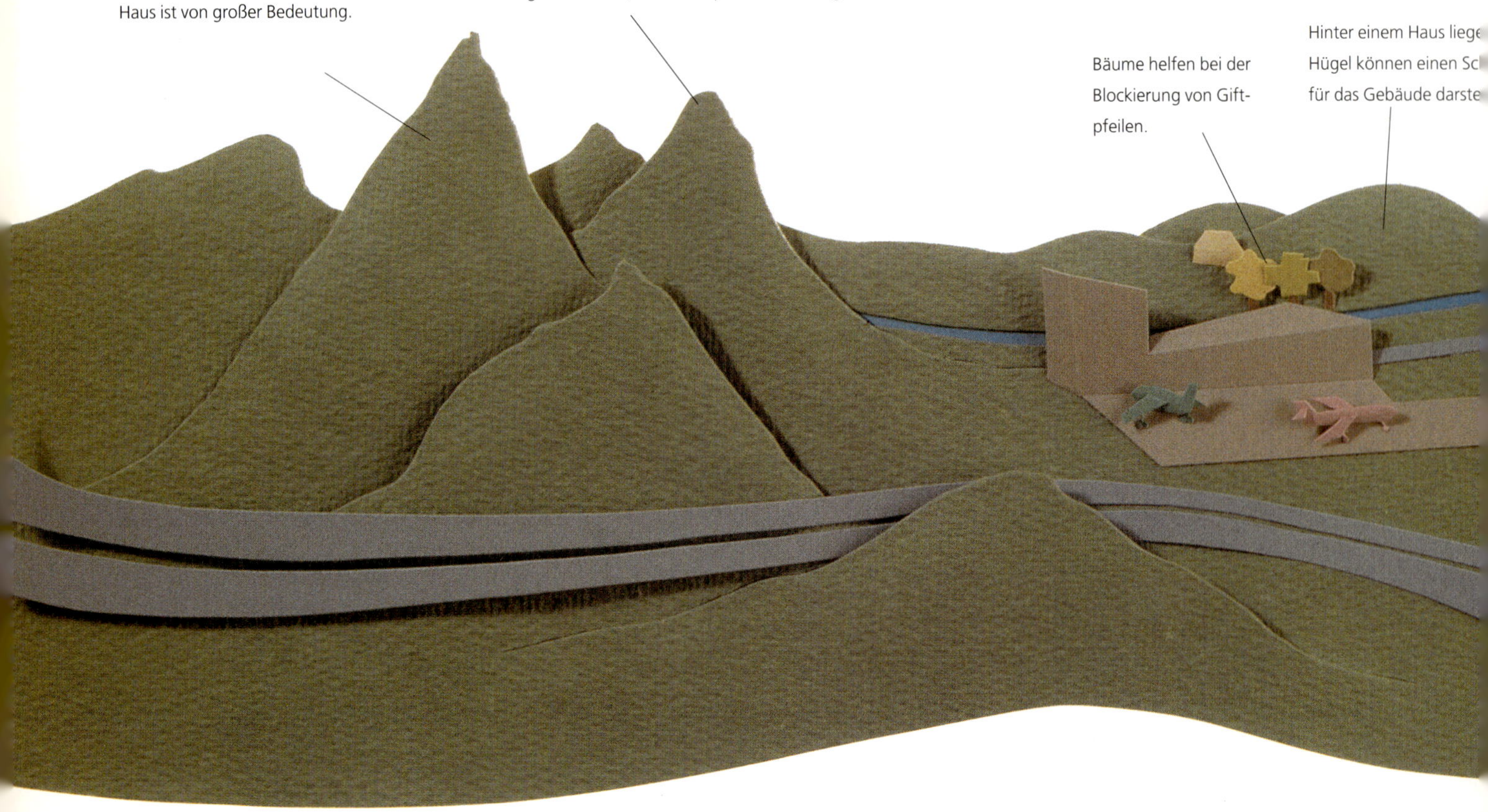

Sind die Yin- und Yang-Symbole ausgeglichen, ist das erzeugte Chi in der Regel günstig: Es bringt Wohlstand und Überfluß mit sich. Geraten die beiden Kräfte aus dem Gleichgewicht, d. h. es ist zuviel Yin oder Yang vorhanden, leidet die gesamte Umgebung.

Die Qualität der Feng-Shui-Energie kann durch scharfe und bedrohliche Strukturen extrem schlecht beeinflußt werden. Das führt dazu, daß das Chi des Gebietes schädlich und giftig wird. Feindliche, furchterregende Formen – etwa die eigenartige Gestalt mancher Berge – erzeugen ebenso wie die Kanten großer Gebäude geheime, schädliche Pfeile, die einen so verderblichen Hauch verbreiten, daß sie das Glück der gesamten Umgebung vergiften *(siehe S. 317–327: Auffinden versteckter Giftpfeile, Gegenmittel)*.

Ein Großteil der Landschafts- und Formmerkmale des Feng Shui beruht auf subjektiven Eindrücken. Man braucht dafür einen erfahrenen Blick. Es existieren aber Richtwerte, die es auch dem Amateur ermöglichen, das Feng Shui einer bestimmten Landschaft zu deuten und zu entscheiden, ob es eher gut oder schlecht ist. Man kann leicht erkennen, ob ein Haus oder ein Arbeitsplatz, ja sogar Gräber und Stätten für die verstorbenen Ahnen eine angemessene Lage haben.

Diese Richtlinien beziehen sich auf die Ausrichtung von Gebäuden und schlagen verschiedene Methoden zur Erzeugung von günstigem Chi vor. Allein die passende Ausrichtung reicht oft schon aus, um die Bewohner und ihre Kinder mit wohltuendem Feng Shui zu versorgen. Aber das ist nicht alles: Feng Shui hält auch Vorschläge bereit, wie man das lebendige und kostbare Chi zum Zirkulieren und Ansiedeln anregen kann. Dadurch verlängert man für die Familie die glückliche Zeit, manchmal sogar für fünf Generationen. Laut den Verfechtern der Formschule ist es so mächtig, daß es sogar ein Unglück ausgleichen und beheben kann, das aufgrund einer falschen Ausrichtung nach der Kompaßschule zustande kam.

Feng Shui folgt der Vorstellung, daß die Umwelt von verborgenen Kräften beseelt ist, die auf die Form, Größe und Farbe der physischen Strukturen zurückzuführen sind, aus denen sich die Landschaft zusammensetzt. Analysiert man die Gestalt seines Hauses oder Büros, muß man diese Faktoren im Auge behalten. Dem Amateur sollte auch klar sein, daß die Feng-Shui-Richtlinien der alten Texte jeweils von einer idealen Situation ausgehen.

In der heutigen Realität des modernen Stadtlebens ist es praktisch unmöglich, an einem Ort mit perfektem Feng Shui zu wohnen. Der erfahrene Feng-Shui-Meister akzeptiert diese Tatsache und gibt sein Bestes, um die Lage so weit wie möglich zu verbessern. Unveränderbare schlechte Eigenschaften und falsch ausgerichtete Gebäude, die man nicht abreißen und neu aufbauen kann, werden auf unterschiedliche Weise einfach neutralisiert. Die verschiedenen Methoden werden unter der Rubrik Heil- und Gegenmittel behandelt *(siehe S. 305–315)*. Obwohl diese Mittel also häufig nicht die ideale Lösung darstellen, reichen sie doch für diesen Zweck völlig aus.

SIEHE AUCH
❖ Geschichte und Hintergrund *S. 16–17*
❖ Das Konzept der Landschaft: Die Symbolik der vier himmlischen Tiere *S. 48–50*

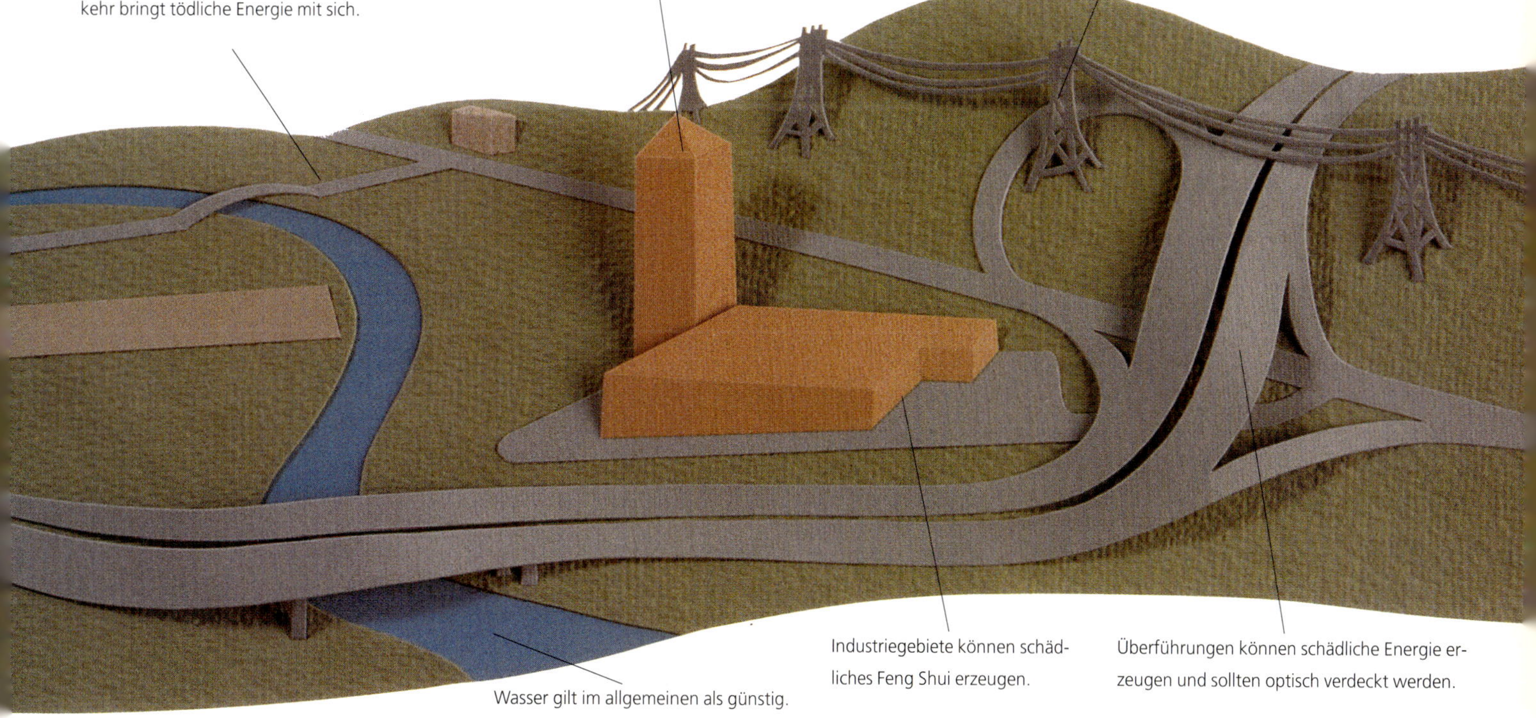

Straßen in Hausnähe können das Feng Shui beeinflussen: Schnellfließender Verkehr bringt tödliche Energie mit sich.

Giftpfeil-Strukturen sollten blockiert werden.

Giftpfeil: Strommasten

Wasser gilt im allgemeinen als günstig. Die Fließrichtung entscheidet darüber, ob es Ihnen Glück bringt.

Industriegebiete können schädliches Feng Shui erzeugen.

Überführungen können schädliche Energie erzeugen und sollten optisch verdeckt werden.

Kapitel Drei: Landschafts-Feng-Shui

DIE WIRKUNG VON KONTUREN UND EBENEN

Als Amateur sollten Sie die günstigen und ungünstigen Formen, Merkmale und Ausrichtungen sowie die Topographie und Ebenen der Umwelt unterscheiden lernen. Wenden Sie sich den Hügeln und der Topographie des Geländes hinter dem Haus zu. Darunter versteht man in der Regel den Bereich des Hauses, der dem Haupteingang gegenüberliegt.

Manche Texte bezeichnen die Rückseite des Hauses als den Teil, der am weitesten von der Hauptstraße vor dem Haus entfernt ist, also unabhängig von der Lage der Hintertür. Andere betrachten die Seite der Hintertür als Rückseite des Hauses. Wenn Sie unsicher sind, nehmen Sie einfach den Teil mit der Hintertür als Rückseite.

Ist das Gelände hinter dem Haus oder Gebäude erhöht, liegt also der Boden der Vorderseite etwas niedriger, dann hat das Haus eine brauchbare Stütze – und verfügt über gutes Feng Shui. Entsprechend gilt das Feng Shui des Hauses als unzulänglich, wenn dieser Hügel fehlt. Das ist insbesondere dann der Fall, wenn ein Haus oder ein Gebäude auf einem Grat errichtet wurde, so daß das Gelände hinter dem Haus steil abfällt und keinerlei Stütze vorhanden ist. Das Haus ist dann völlig schutzlos Wind und Wetter ausgesetzt und das Feng Shui behütet es nicht vor Unglücksfällen jeglicher Art. Eine derartige Situation korrigiert man durch sehr hohe Bäume hinter dem Haus, um auf symbolische Weise »die Energie des Rückens zu stärken«. Die schützende Energie kann auch durch die Anbringung hoher Lampen erzeugt werden. Sie können auch eine große Mauer bauen, um einen Berg zu simulieren. Wenn Sie diese Mittel einsetzen, sollten Sie nur eines auswählen, das in Ihrem speziellen Fall einfach anzuwenden ist. Man muß nicht alle drei Methoden ausprobieren.

Werfen Sie als nächstes ein Auge auf den Boden vor dem Haus oder Gebäude. Zuallererst achten Sie darauf, daß sich kein ansteigendes Gelände oder gar ein Berg vor Ihrem Haus befindet, schon gar nicht vor der Haupteingangstür. Meist sagt man, eine in die umliegende Landschaft eingebettete Vordertür genieße gutes Feng Shui. Das bedeutet schützende Hügel im Rücken und an den beiden Seiten sowie eine beinahe hügelfreie Zone vor dem Haus: Diese darf nur eine kleine Bodenerhebung aufweisen, die als Ruhepolster für müde Glieder dient. Es sollte dort auch kein Objekt existieren, das die Tür oder das Haus selbst bedroht, weder von innen noch von außen. So viel zur idealen Feng-Shui-Landschaft. In der Realität ist die beschriebene Anordnung schwer zu finden oder herzustellen. Worauf man aber in jedem Fall achten sollte, sind folgende Punkte: Das Land hinter Ihnen sollte höher und massiv sein – so haben Sie etwas zum Anlehnen. Das Land vor Ihnen sollte auf gleicher Höhe oder niedriger sein, niemals höher. Erzeugen Sie einen hellen Saal: Achten Sie darauf, daß das Land links und rechts von Ihnen höher liegt und Ihr Haus scheinbar umarmt. Dabei sollte das Gelände zur Linken (vom Inneren aus gesehen) höher sein als das zu Ihrer Rechten.

Es gilt auch noch die Frage des Ausblicks zu bedenken. Wenn die umliegenden Formen – Hügel oder Gebäude – Sie zu überwältigen drohen, weil sie zu groß sind oder zu nahe stehen, wird die Energie des Hauses unterdrückt. Wird der Haupteingang direkt von Giftpfeilen getroffen, die von scharfen Bergkämmen oder Gebäudekanten oder anderen direkt auf ihn weisenden Strukturen erzeugt werden, dann leidet das Haus ebenfalls unter Sha Chi, dem tödlichen Hauch. Sha Chi ist das Gegenteil des günstigen Sheng Chi, es sollte unter allen Umständen vermieden werden. Falls das nicht möglich ist, sollte der Blick auf Sha Chi erzeugende, störende Strukturen mit Hilfe von Feng-Shui-Gegenmitteln blockiert oder neutralisiert werden *(siehe S. 305–315)*.

UNTEN *Berge und Hügel im Rücken eines Hauses sind günstig – allerdings nur, wenn sie nicht so groß sind, daß sie das Haus förmlich überwältigen.*

GRÜNER DRACHE, WEISSER TIGER

Feng-Shui-Texte wurden meist auf Altchinesisch verfaßt und bestehen aus farbigen Beschreibungen idealer Orte und Gegenden. Man verwendete Bilder, deren Symbolgehalt noch leichter zugänglich war.

Nicht nur die Feng-Shui-Meister Hongkongs erklären gutes Feng Shui mit Hilfe der vier himmlischen Geschöpfe. Daher sind Ausdrücke wie »hervorragender Grüner Drache« oder »Weißer-Tiger-Formation« (auch als Cheng Lung Pak Fu bezeichnet) in der Feng-Shui-Praxis häufig anzutreffen. Die Umwelt wurde mit Begriffen umschrieben, die dem himmlischen Drachen entsprachen: Orte, an denen es keine Drachen gab oder an denen die Drachen verletzt worden waren, sah man als schlechte Gegend an.

Meister der Formschule des Feng Shui zogen ihre Schlüsse zur Bedeutung bestimmter Strukturen und Objekte, indem sie deren Eigenschaften untersuchten. Um ein »Auge« dafür sowie eine solide Urteilskraft zu entwickeln, muß man neben den Yin- und Yang-Kräften auch die Lehre der Fünf Elemente sowie den Entstehungs- und Zerstörungszyklus kennen.

Viele alte Meister können das achtseitige Bagua-Symbol so gut deuten, daß sie nur einen Blick auf die Hügel werfen und die Luft einatmen, um Feinheiten in den Trigrammen wahrzunehmen, die für das Feng Shui der Gegend bestimmend sind. Sie können die unsichtbaren Kräfte einschätzen, die die Wechselwirkungen der symbolischen Hügelformen bestimmen und das Gleichgewicht oder Ungleichgewicht der Atmosphäre erzeugen. Wer mit diesen Grundlagen des chinesischen Wissens noch nicht vertraut ist, auf den mögen die Deutungsmuster des Feng Shui zunächst fremd wirken. Hat man sie jedoch erst einmal verstanden, wird die Logik, auf der die Praxis aufbaut, schnell deutlich.

Landschafts-Feng-Shui zu erlernen und zu verstehen ist nicht schwierig, Aber bis zum Meister der Formschule vergehen viele Jahre des Studiums, in denen man unzählige Erfahrungen sammeln muß. Für unsere Zwecke reichen die Grundlagen aus, da wir damit bereits in der Lage sein sollten, genaue Ausrichtungen vorzunehmen.

Um Feng Shui wirklich zu begreifen, muß man die wahre Natur des Drachen und des Tigers verstehen: Sie sind die zwei wichtigsten symbolischen Himmelsgeschöpfe des Feng Shui, sie stellen den Wesenskern des physischen Feng Shui dar. Der Grüne Drache steht für die Erzeugung von Glück. Der Weiße Tiger ist der Beschützer des Glücks. Erschaffen ist ebenso wichtig wie Bewahren. Vergessen Sie nicht, daß Reichtum, Liebe, Erfolg und Gesundheit, kaum daß man sie gewonnen hat, auch wieder zerrinnen können. Die folgende Idee steht im Zentrum des I-Ging: Glück kann sich in Unglück verwandeln. Daher muß man stets wachsam bleiben.

So verhilft Ihnen der Grüne Drache zu einem günstigen Leben und der Tiger unterstützt Sie dabei, es auch zu bewahren. Der Drache auf der einen Seite, der Tiger auf der anderen – diese Konstellation verkörpert das wahre Wesen des Feng Shui. Eines wäre ohne das andere nicht vollständig.

OBEN *Man sollte im Osten einen Teller mit der Abbildung eines Grünen Drachen aufstellen, um das Glück anzulocken.*

LINKS *Der Grüne Drache ist im Feng Shui ein sehr bedeutsames Tier, das die Voraussetzungen für Glück im Leben und in der Arbeit schafft. Der Weiße Tiger auf der anderen Seite unterstützt den Drachen.*

KAPITEL DREI: LANDSCHAFTS-FENG-SHUI

VERSCHIEDENE BERGFORMEN

OBEN *Berglandschaften können eine hervorragende Wohnumgebung darstellen. Sie sollten dabei jedoch die Bedeutung ihrer individuellen Formen im Auge behalten.*

Landschafts-Feng-Shui beschäftigt sich mit den Konturen des Geländes. Form und Ausrichtung von Bergen üben einen großen Einfluß auf Häuser aus, die in Bergnähe errichtet wurden. Die Chinesen haben die Berge *(shan)* immer als günstige Siedlungsplätze betrachtet. Sie waren und sind davon überzeugt, daß der himmlische Drache in höhergelegenen Gebieten haust. Aus diesem Grund mieden sie flache Ebenen, die für den Kot des Drachen stehen, der von den Bergen heruntergespült wurde. Hügellandschaften verkörpern den wahren Kern eines guten Feng Shui.

Behält man die zentrale Regel im Kopf, wonach eine Vordertür nie auf einen Berg zeigen sollte, gibt es weitere Methoden, mit denen sich das günstige Wesen der umliegenden Berge analysieren läßt. Eine Methode besteht in der Unterscheidung der Bergtypen, die nach den Fünf Elementen unterteilt werden, wobei die Form des Gipfels die Art des Elements festlegt.

Die den Fünf Elementen zugeordneten Formen sind kegelförmig (konisch), quadratisch, rund, rechteckig und zerfurcht. Sie entsprechen Feuer, Erde, Holz, Metall und Wasser .

Feuer

Feuer-Berge haben die Form eines Kegels. Die Berge steigen steil und gerade an, der Gipfel trägt eine scharfe Spitze. Sie symbolisieren Dreiecke, und man bringt sie mit dem Planeten Mars in Verbindung. Wer in einem Metall-Jahr geboren wurde, sollte möglichst nicht in der Nähe von Feuer-Bergen leben. Erd-Jahr-Geborene dagegen profitieren sehr stark davon, wobei die Berge jedoch nie vor dem Haus stehen sollten. Sie müssen unbedingt dahinter liegen und Ihnen eine Stütze bieten.

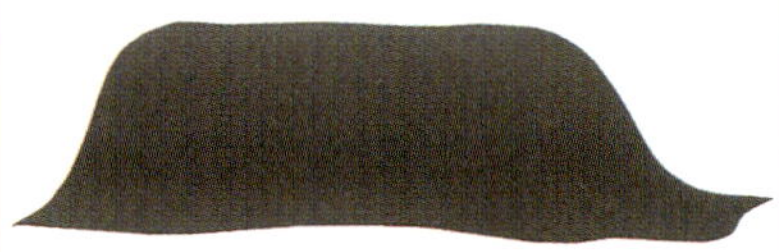

Erde

Erd-Berge wirken ziemlich gedrungen. Ihre Gipfelform ist quadratisch, sie gleichen also einem Plateau mit einem flachen, weiträumigen Gipfel. Der zugehörige Planet ist der Saturn. Solche Berge sind im allgemeinen für jedermann günstig, wenn sie hinter dem Haus stehen. Besonders gut sind sie für Metall-Jahr-Geborene geeignet. Mit Menschen, die in einem Wasser-Jahr geboren wurden, könnten sie in Konflikt geraten.

Holz

Holz-Berge steigen steil an, haben aber abgerundete Gipfel. Derartige Berge wirken schmal und hoch. Sie stehen mit dem Planeten Jupiter in Verbindung. Feuer-Menschen werden von einem Wohnort in der Nähe dieser Berge profitieren, während Erd-Jahr-Geborene bald erschöpft sein werden, wenn sie zu nahe an einem Holz-Berg wohnen.

Metall

Gold- bzw. Metall-Berge sind kuppelförmig oder haben einen leicht abgerundeten Gipfel und eine breitere Basis mit sanften Hängen. Solche Berge gelten als äußerst günstig, da sie einen »Goldberg« in der Nähe symbolisieren. Manche Texte beschreiben derartige Berge als rechteckig. Sie sind für alle Menschen geeignet, außer für die in einem Holz-Jahr-Geborenen.

Wasser

Als Wasser-Berge bezeichnet man Bergketten, die aus einer Reihe von zerfurchten Gipfeln bestehen. Der Berg scheint mehrere Gipfel zu haben, die sich wie ein lebendiges Wesen bewegen und an den Körper eines Drachens erinnern. Der entsprechende Planet für diese Berge ist der Merkur. Zerfurchte Berge sind hervorragend für Geschäftsleute geeignet, da das Element Wasser besonders bekannt dafür ist, daß es den Reichtum anlockt.

KOMBINATIONEN AUS MEHREREN BERGEN

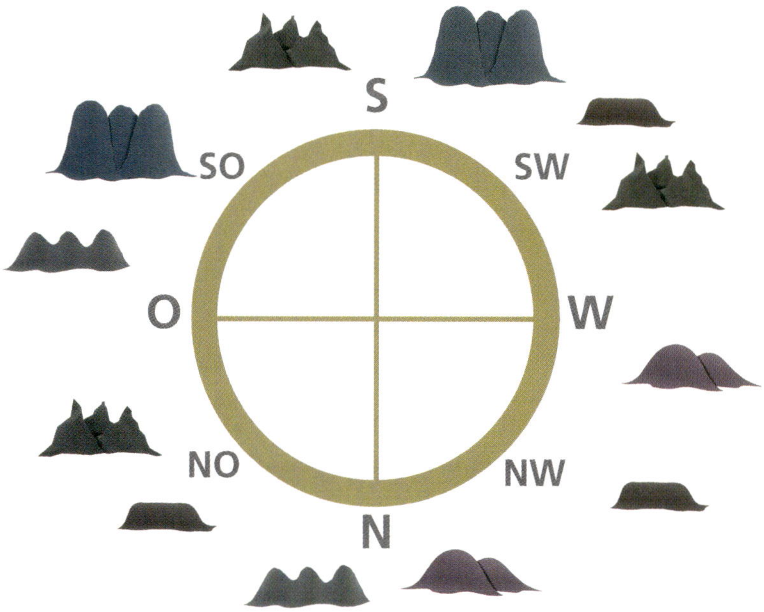

Wenn Sie in einer hügeligen Gegend leben, sollten Sie damit beginnen, die Form der Sie umgebenden Gipfel und Bergspitzen zu analysieren. Untersuchen Sie auch die Gestalt der nebeneinanderliegenden Hügel. Verwenden Sie den Entstehungszyklus, um sicherzustellen, daß die Gipfel eine harmonische Einheit bilden.

Hohe Gipfel (Holz) sind demzufolge kompatibel mit konischen Gipfeln (Feuer); kegelförmige Gipfel (Feuer) harmonieren mit quadratischen Anhöhen (Erde); quadratische Gipfel passen gut zu runden, rechteckigen Spitzen (Gold), und runde Gipfel (Metall) vertragen sich gut mit zerfurchten Hügelformen (Wasser).

Um die Gipfel zu identifizieren, die nicht miteinander harmonieren, können Sie in entsprechender Weise den Zerstörungszyklus der Fünf Elemente zur Analyse verwenden.

Bei dieser stark wertenden Analyse der Formschule des Feng Shui für Landschaftserhebungen in der Umgebung Ihres Hauses, sollten Sie daran denken, die »Form« danach einzuteilen, wie Sie Ihnen von Ihrem Haus aus erscheint. Vergessen Sie nicht, daß die Form von Hügeln und Bergen sich je nach Beobachtungsstandort verändern kann.

Wenn Sie also das Element eines Hügels beurteilen wollen, so ist es die zentrale Regel dabei, den Gipfel auf jeden Fall von Ihrem Haus aus zu betrachten.

Um bestes Feng Shui zu erzeugen, sollte das Element des Berges sowohl mit dem persönlichen Geburtsjahr des Familienvaters als auch mit der dem Haus gegenüberliegenden Himmelsrichtung oder dem entsprechenden Berg harmonieren:

- Berge im Süden Ihres Hauses sollten Feuer- oder Holz-Berge sein, damit sie aus dem Süden kommendes Glück für Ihr Heim erzeugen. Es sollte sich dabei niemals um Wasser-Berge handeln, da Wasser das Feuer-Chi aus dem Süden zerstört.
- Berge im Norden sollten Wasser-Berge sein oder Gold-/Metall-Berge, da sie günstige Energie aus nördlicher Richtung hervorbringen. Wenn die Berge dort wie Erd-Berge geformt sind, wird das gute Wasser-Chi beeinträchtigt und zerstört.
- Berge, die im Osten oder Südosten ihres Hauses liegen, sollten vorzugsweise Holz- oder Wasser-Berge sein. Eine derartige Anordnung verspricht großen Wohlstand, da das Holz-Chi aus dem Osten und Südosten in diesem Fall als gestärkt angesehen wird. Wenn die Berge jedoch die Form von Gold- oder Metall-Bergen haben, gilt die Holz-Energie allerdings als verdorben oder vernichtet.
- Bei Bergen im Südwesten oder Nordosten Ihres Heims sollte es sich um Erd- oder Feuer-Berge handeln, damit das Chi aus diesen Richtungen gestärkt wird und günstig ist. Wenn die Berge eine Holz-Form haben, wird das Chi dagegen erschöpft und geschwächt.
- Berge im Westen und Nordwesten bringen Ihrer Familie und Ihren Nachkommen schier unglaubliches Glück, solange es sich um die Form von Gold-/Metall-Bergen oder von Erd-Bergen handelt. Viele mächtige und einflußreiche Leute werden Sie in Ihrem Leben unterstützen und Ihnen helfen. Sind die Berge dagegen Feuer-Berge, dann zerstören sie all das gute Gold-Chi, das aus diesen Richtungen kommt.

LINKS *Für jeden Typ von Berg gibt es bestimmte Himmelsrichtungen, die am besten zu ihm passen.*

UNTEN *Wenn Sie in einer bergigen oder hügeligen Gegend leben, sollten Sie die Form der umliegenden Gipfel betrachten, um festzustellen, ob sie zueinander passen. Hier überragt ein hoher kegelförmiger Berg (Feuer) zwei quadratische Gipfel (Erde).*

Kapitel drei: Landschafts-Feng-Shui

BERGFORMATIONEN

Die Berge, die von Ihrem Haus aus zu sehen sind, haben je nach Anzahl der Gipfel eine günstige oder ungünstige Bedeutung. Bestimmte Gipfelzahlen haben einen speziellen Sinn (Zahlen, die hier nicht aufgeführt wurden, sind neutal, sie bringen also weder Glück noch Unglück).

Berge hinter Ihrem Haus oder links von Ihrem Haus

- Wenn sechs einzelne Gipfel sichtbar sind, wird Ihre Familie immer vom Anführer des Landes und von mächtigen Leuten unterstützt. Dies ist sehr günstig.
- Bei acht sichtbaren Gipfeln wird Ihre Familie in der Zeitperiode der Acht (also in den Jahren von 2004 bis 2023) großen Wohlstand genießen. Das Glück kommt jedem Familienmitglied zugute.
- Neun einzelne Gipfel bedeuten, daß Ihre Familie immer reich und wohlhabend sein wird. Das Glück erreicht in den Jahren 2023 bis 2043 seinen Höhepunkt. Dabei wird sich jedoch die allgemeine Glückssträhne über neun Generationen erstrecken. Liegt Ihr Familienwohnsitz an einem derartigen Ort, so sollten Sie die Gegend nicht verlassen, außer größere Baumaßnahmen ebnen die günstigen Bergspitzen ein und verderben Ihr Feng Shui.
- Bei fünf Gipfeln wird Ihre Familie ständig unter schlechter Gesundheit leiden, und der Familienvater könnte vor seiner Zeit sterben. Diese Anordnung ist folglich äußerst ungünstig. Man kann sie jedoch korrigieren, indem man auf symbolische Weise einen sechsten Gipfel erschafft, also ein Bergbild mit einem Gipfel aufhängt, der die fünf anderen ergänzt. Dies verwandelt ein ungünstiges Merkmal in ein glückbringendes.
- Wenn zwei Gipfel zu sehen sind, wird die Familie oft zerstritten sein. Die Kinder werden das Haus früh verlassen, und die Zurückbleibenden werden sich ständig streiten und zanken. Schwiegermütter werden ihre Schwiegertöchter bekämpfen. In einem solchen Haus kann es keinen Frieden geben.
- Erhebt sich hinter dem Haus nur ein einziger Berg, so repräsentiert er das Zeichen der Schildkröte, was äußerst günstig ist. Die Familie wird unter hervorragendem Schutz stehen, solange sie in diesem Haus lebt. Eins ist auch die Zahl der großartigen Berufskarriere. Das Glück wird außerordentlich sein, wenn der Berg dem Gold-/Metall-Element angehört, da dies großen Reichtum bedeutet.

UNTEN *Wenn sich hinter Ihrem Haus sechs Berge erheben, können Sie sich glücklich schätzen und darauf zählen, daß Ihre Familie immer eine gute Stütze haben wird.*

Berge vor Ihrem Haus

Wenn direkt vor Ihrem Haus Berge stehen oder gar die Haupteingangstür blockieren, heißt das, daß nahezu jeder Ihrer Pläne scheitern wird und Sie bei keiner Unternehmung Glück haben werden. Falls Sie doch einmal ein kleines bißchen Erfolg haben sollten, wird dies nur von kurzer Dauer sein. Sind die Berge vor Ihrem Haus jedoch weiter entfernt, so werden sie kein derartiges Unglück verursachen. Die Faustregel ist eine Entfernung von einem Li, was etwa einem Kilometer entspricht. Laut den Feng-Shui-Texten sind also Berge, die von Ihrer Vordertür aus sichtbar und über ein Li entfernt sind, entweder glück- oder unglückbringend, je nach der Anzahl der klar erkennbaren Bergspitzen.

- Bei drei Gipfeln werden die Söhne der Familie eine sehr hohe, mit viel Macht ausgestattete Position in ihrer Karriere erreichen. Das wird noch verstärkt, wenn der Berg die Richtung Osten symbolisiert. Falls die Söhne in die Politik gehen, werden sie höchste Ämter einnehmen. Äußerst günstig!
- Zwei Gipfel bedeuten, daß die Frauen das Glück der Familie beherrschen werden. Zwei Bergspitzen im Südwesten bringen durch Wohltaten, die aus dem Beharren der Matriarchin resultieren, sehr viel Glück. Sehr günstig!
- Wenn fünf Gipfel vor Ihrem Haus sichtbar sind, wird die Familie unter Pech, Unfällen und einem frühem Verlust des Patriarchen leiden (wie es auch bei fünf Gipfeln hinter dem Haus der Fall ist).

BERGE UND IHRE RICHTUNG

Wenn Ihr Haus von Hügelland umgeben ist, sollten Sie unbedingt darauf achten, daß die Ausrichtung Ihres Hauses das Glück und den Schutz des Berges ausnützen kann. Mit Ausrichtung ist gemeint, in welche Richtung die Haupteingangstür weist. Dies legt die Richtung des ganzen Hauses fest. Sie ist unabhängig von Ihrer persönlichen günstigen Richtung nach der Acht-Häuser-Bagua-Lo-Shu-Kompaßformel. Sie genießen ideales Feng Shui, wenn Sie gleichzeitig das Glück des Berges und das Ihrer persönlichen Richtung nutzen können. Der Feng-Shui-Anwender sieht sich der Herausforderung gegenüber, ein Haus zu entwerfen, das auf geschickte Weise beiden gerecht wird.

Auch Feng-Shui-Berater stellen sich dieser Herausforderung. Wie Sie selbst müssen auch Feng-Shui-Berater ihre Kreativität und ihre Erfindungsgabe einsetzen, um auf geschickte Weise Feng-Shui-Richtlinien zu interpretieren, die anfangs oder oberflächlich betrachtet vielleicht widersprüchlich erscheinen.

Die Regeln zur Ausrichtung von Häusern und Gebäuden, die Bergen gegenüberliegen (oder in einer Stadt hohen Strukturen, die als Berge gelten), werden im folgenden zusammengefaßt:

- Bauen Sie ein Haus niemals so, daß es direkt auf einen Berg weist. Ihre Vordertür sollte sich nie zu einer Bergwand hin öffnen. Je näher der Berg ist, desto gefährlicher ist das Feng Shui.
- Der Berg zur Linken des Hauses darf nie niedriger als der Berg zur Rechten sein. Links und rechts werden aus dem Haus herausblickend festgelegt. Andersherum gesagt: Das Gelände um Ihr Haus herum sollte links höher sein und rechts niedriger.
- Achten Sie genau darauf, daß das Gelände hinter dem Haus höher ist als davor. Wenn es also in der Nähe Ihres Hauses Berge gibt, sollte der höchste Berg in jedem Fall hinter dem Gebäude stehen. So nutzen Sie auf effektive Weise die Kraft des stützenden Berges. Für dieses Feng-Shui-Merkmal eignet sich ein Berg mit Schildkrötenform am besten, da dieses Tier im Feng Shui das höchste Symbol für Schutz und Unterstützung ist.

UNTEN *Berge hinter dem Haus stehen für gutes Feng Shui. Aber man muß einige Dinge berücksichtigen, damit sie auch wirklich Glück bringen.*

GUTE UND SCHLECHTE FORMEN FÜR GRUNDSTÜCKE, HÄUSER UND GEBÄUDE

Regelmäßige, meist quadratische oder rechteckige Formen sind am günstigsten. Zudem kann man sie am leichtesten mit Feng-Shui-Energetisierern verbessern. Das Quadrat steht für »Gold« und bedeutet »Himmelsglück«. Das Rechteck symbolisiert Wachstum und eine Aufwärtsbewegung. Die abgebildeten grünen Formen eignen sich als Grundriß, wobei die beiden letzten nicht ganz so günstig sind.

Die fehlende Ecke bei M ist zwar nicht empfehlenswert, aber sie schädigt nicht das Gesamtglück des Gebäudes. Die schmale Vorder- und breite Rückseite bei N weisen darauf hin, daß die Bewohner ihren Reichtum bewahren können. Auch die Vorderfront sollte regelmäßig sein.

Die pinkfarbenen Formen sind ungünstig. A und B haben eine breite Vorder- und eine schmale Rückseite, was für einen guten Anfang mit schlechtem Ende steht und für eine geringe Aufnahmekapazität. Die vordere, scharfe Ecke bei C stößt alles gute Chi, das ins Gebäude strömt, zurück. Die fehlenden Ecken bei D, E und F schränken ebenfalls den Chi-Fluß ein. Die T-Form bei G bedeutet einen ernsten Mangel an Glück–symbolisiert durch die zwei fehlenden Teile der Vorderseite. H ist die schädlichste Form und steht für einen völligen Verlust.

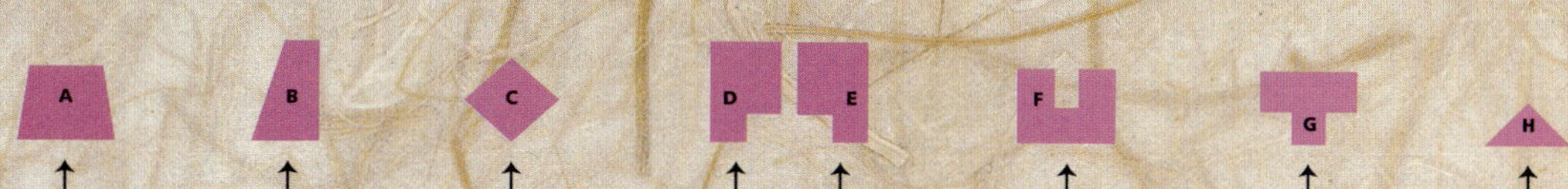

KAPITEL DREI: LANDSCHAFTS-FENG-SHUI

LANDSCHAFTS-FENG-SHUI IN EINEM MODERNEN UMFELD

OBEN *Obwohl die Landschaft und die Gebäude sich seit den Anfängen der Feng-Shui-Praxis dramatisch verändert haben, können die Grundregeln des Feng Shui adaptiert und auf das heutige moderne Umfeld angewendet werden.*

Die alten Texte umfassen auch Variationen der perfekten Anordnungen: Sie erklären die Bergformen, Flußläufe und Geländelinien mit den Begriffen der Fünf Elemente und mit deren Zusammenwirken zur Erzeugung von gutem oder schlechtem Feng Shui.

Viele Vorschläge der alten Bücher wurden im Lauf der letzten 100 Jahre der modernen Feng-Shui-Praxis angeglichen. Mit ihrem Wissen um die grundlegenden Erklärungen von Gleichgewicht und Harmonie und ihrer Kenntnis der Quellen des chinesischen Denkens ist es den Anwendern gelungen, die Sprache der alten Texte zu verstehen und die darin enthaltene Symbolik zu entschlüsseln.

Heute werden die Gebäude als Berge gedeutet und die Straßen als Flüsse. Viele Strukturen des technischen Fortschritts wie Überlandleitungen oder Hochspannungsmasten, wie die scharfen Kanten von riesigen Wolkenkratzern, ihre Höhe und Farbe, Form und Ausrichtung werden in die Feng-Shui-Analyse und -Praxis miteinbezogen und als unterschiedliche Hügel- und Bergtypen gedeutet.

Die besiedelten und kultivierten Landschaften vieler Länder gleichen heute in nur sehr geringem Umfang denen vergangener Zeiten, als Feng-Shui-Richtlinien erstmals aufgestellt wurden. Heutzutage leben so viele Menschen in Städten und städtischen Regionen, in denen Landschaftsmerkmale eingeebnet wurden und Straßen als Transportwege die Stelle von Flüssen eingenommen haben.

In unserer Zeit leben auch wesentlich mehr Menschen in Hochhausapartments als in Einfamilienhäusern. Feng Shui wird heute in einer Welt praktiziert, die sich sehr stark von dem Umfeld unterscheidet, aus dem Feng Shui ursprünglich stammt. Deshalb verlangt die Anwendung der Feng-Shui-Theorie in einem modernen Umfeld neue Interpretationen alter Grundsätze. Das gilt besonders auf dem Gebiet der Formschule des Feng Shui. Folglich erleben wir, wie Drachen und Tiger, Schildkröten und Phönixe – die himmlischen Geschöpfe, die die Topographie der Landschaft symbolisieren – einer Stadtlandschaft künstlich auferlegt werden, um die Formschule des Feng Shui in einer modernen Metropole einsetzen zu können. In einer Stadt mit Hochhäusern wurden die vom Menschen erbauten Gebäude mit der Zeit als Berge gedeutet (oder als Drachen und Tiger), je nach ihrer Form, Lage und Struktur ordnet man ihnen Yin- und Yang-Eigenschaften sowie Element-Merkmale zu. Autobahnen bezeichnet man als flußähnlich und Stadtstraßen gelten als Lieferanten der Chi-Flüsse.

Wolkenkratzer und hohe Gebäude interpretiert man als Bodenerhebungen, und Berge werden zu Symbolen der himmlischen Geschöpfe.

Besonders wichtig ist dabei, daß heute alle zur Ausübung von Feng Shui nötigen Mittel leichter verfügbar sind. Es gibt immer mehr und immer bessere Feng-Shui-Bücher und -Experten. Während in der Vergangenheit Feng Shui nur den Reichen und Mächtigen zur Verfügung stand, können heute Arm und Reich Feng Shui mit genau den gleichen Erfolgschancen einsetzen. Es gibt auch keine Gesetze mehr, die verbieten würden, Feng-Shui-Konzepte in der eigenen Wohnung zu probieren.

RECHTS *Die moderne Stadtlandschaft mit ihren hohen Gebäuden wird nach Feng-Shui-Kriterien als Berglandschaft (inklusive der Symbolik der vier himmlischen Geschöpfe) interpretiert.*

DIE BEDEUTUNG VON STRASSEN

OBEN *Ist Ihr Haus von Straßen umgeben, achten Sie darauf, daß die Rückseite frei bleibt und nicht verwundbar ist.*

OBEN *Eine Abzweigung oder T-Kreuzung direkt gegenüber ihres Hauses erweist sich als äußerst ungünstig.*

OBEN *Y-Kreuzungen sind ebenso problematisch: Ihre Energie sollte mit Bäumen oder Spiegeln blockiert werden.*

Im Feng Shui wurde die Wirkung von Straßen mit der von Flüssen in früheren Zeiten verglichen. Man sagt, daß Straßen Lieferanten für gute und schlechte Chi-Energie seien. Wenn Ihr Haus also in einer lebhaften Geschäftsgegend liegt, ist die Energie stark Yang-haltig und wird von einer bedeutenden Menge an günstiger Energie erfüllt. Wenn jedoch zu viel Yang vorhanden ist und die Straße zu laut, überfüllt und geschäftig ist, kippt die Energie. Es ist wie bei einem Fluß, der durch Überbeanspruchung verschmutzt wurde.

Hier sind einige Richtlinien, die Sie beachten sollten, falls Sie auf der Suche nach einem neuen Wohnort sind:

- Eine Wohnung in einer Nebenstraße ist besser als in einer Hauptstraße, in der die Energie oft zu schnell fließt.
- Die Straße sollte auf gleicher Höhe mit dem Haus liegen bzw. noch niedriger.
- Wenn Sie in einer Souterrainwohnung leben, ist das Chi in Ihrem Haus mangelhaft. Sie sollten dann in die Höhe bauen und vor allem über Straßenniveau.
- Ihr Haus sollte nicht zwischen zwei Straßen eingeklemmt sein. Besonders ungünstig ist es, wenn die zwei Straßen auf unterschiedlicher Höhe verlaufen.
- Achten Sie darauf, daß die Straße vor der Tür niedriger liegt als das Gelände hinter dem Haus.
- Saubere Straßen sind als Wohnort besser geeignet als schmutzige Straßen.

Nachfolgend einige negative Beispiele für das Verhältnis von Straße und Haus:

- Falls Sie auf drei Seiten von Straßen eingeschlossen sind, sollte die Seite ohne Straße Ihre Rückseite sein. Sonst bleiben Sie schutzlos.
- Das Haus sollte nicht direkt gegenüber einer geraden Straße stehen: Beispiel Nr. 2 zeigt eine klassische T-Kreuzung, die tödlich sein kann. Blockieren Sie sie mit Bäumen oder hängen Sie einen Bagua-Spiegel über der Tür auf, um die gerade Straße abzuwehren.
- Wohnen Sie nicht direkt an einer Y-Kreuzung. Dies kann ebenfalls tödlich sein. Man sollte der Kreuzung entgegenwirken, indem man sie entweder durch eine Baumgruppe verdeckt oder einen Bagua-Spiegel verwendet.
- Bei Haus Nr. 4 wirkt die Straße wie ein Pfeil, der mitten ins Haus trifft. Das ist ungünstig und die Ausrichtung sollte, wenn möglich, geändert werden.
- Ist das Bild dreieckig (siehe Skizze Haus 5), erleiden die Bewohner leicht Verluste.
- Ein Haus an einer Straßenecke, die in das Gebäude hineinschneidet, ist keine empfehlenswerte Konstellation. Besser ist eine Straße, die Ihr Haus umarmt.

UNTEN *Pfeilförmige Straßen, die tief in das Herz des Hauses zu treffen scheinen, sollte man völlig meiden.*

UNTEN *Häuser auf dreieckigen Grundstücken neigen dazu, den Bewohnern häufige Verluste einzubringen.*

UNTEN *Ecklagen sind nicht empfehlenswert. Die Straße sollte eher in einer Kurve um Ihr Haus herum verlaufen.*

KAPITEL VIER

KOMPASS-FENG-SHUI

Im Kompaß-Feng-Shui verwendet man spezielle Formeln, um je nach Geschlecht und Geburtsdatum die persönlichen günstigen und ungünstigen Richtungen (und Sektoren in Wohnung oder Büro) festzustellen. Kompaß-Feng-Shui ist eine exakte Wissenschaft, die außerordentliche Detailgenauigkeit erfordert. Lange Zeit blieben die Berechnungsmethoden des Kompaß-Feng-Shui völlig geheim.

In den vergangenen Jahren wurden jedoch viele alte Geheimnisse, die die Berechnung kostbarer Formeln preisgeben, von den Meistern und Erben der Tradition gelüftet. Dadurch wurde dieser äußerst wichtige Teil des Feng Shui der ganzen Menschheit zugänglich. Diese Formeln wurden nun zur allgemeinen Verständlichkeit vereinfacht.

Es ist nicht schwierig, die Formeln richtig anzuwenden: Man muß nur sorgfältig den Kompaß lesen und die Messungen vornehmen. Bei Interpretationen wird die Anwendung etwas schwieriger. Es gibt auch widersprüchliche Bereiche, die auf Unterschiede in der Anwendung der Kompaßformeln hinweisen. Der Erfolg kommt also mit wachsender Erfahrung. Das Glossar enthält viele gute Formeln und Techniken, inklusive der äußerst mächtigen Acht-Häuser-Formel und des Feng Shui des fliegenden Sterns, das sich auf die Zeitdimension bezieht. Um die Formeln zu verstehen, sollten Sie dieses Kapitel sorgfältig lesen. Die investierte Zeit wird reiche Früchte tragen!

LINKS *Der Feng-Shui-Kompaß, Luo Pan genannt, ist ein kompliziertes Instrument, dessen Einsatz große Sachkenntnis verlangt. Ein professioneller Feng-Shui-Berater muß sich allerdings damit auskennen.*

Kapitel vier: Kompass-Feng-Shui

DIE ENTWICKLUNG DER FENG-SHUI-FORMELN

RECHTS *Die Formschule des Feng Shui baut ihre Interpretationen auf der Entschlüsselung der Landschaft auf, besonders auf der Form und Lage von Bergen und dem Verlauf von Flüssen. Kompaß-Feng-Shui erkennt, daß es nötig ist, das Chi der Umwelt und das Chi der darin lebenden Menschen aufeinander abzustimmen.*

Während Landschafts-Feng-Shui den Schwerpunkt auf das Aussehen und die Form der Berge sowie den Verlauf von Flüssen legt, wurde den Feng-Shui-Anwendern im Laufe der Jahrhunderte bewußt, daß es ebenso wichtig war, das Chi der Umwelt und das Chi der dort lebenden Menschen aufeinander abzustimmen. Man glaubte, diese Abstimmung sei für das Schicksal der Menschen von großer Bedeutung, was schließlich zur Entwicklung spezieller Berechnungen und Techniken führte, die auf dem Bagua-Symbol und auf der Zahlenanordnung des Lo-Shu-Quadrats basierten. Die Verbindungen zwischen diesen zwei Hauptsymbolen des Feng Shui gründen in den acht Himmelsrichtungen. So entwickelte sich das Kompaß-Feng-Shui zu einer von der Formschule abweichenden, völlig eigenständigen Lehre.

Die Formschule erklärte durch ausdrucksstarke Tiersymbole die Landschaft in Verbindung mit den Chi-Strömen. Ein Ort galt als mit »gutem« oder »schlechtem« Feng Shui gesegnet, je nach Anordnung der Hügel und dem Verlauf der Flüsse.

Das Kompaß-Feng-Shui bemühte sich darum, die Chi-Flüsse der Landschaft mit den Chi-Strömen des menschlichen Körpers in Verbindung zu bringen. Dabei bediente man sich des Bagua-Symbols und des Lo-Shu-Quadrats, um das Geburtsdatum, die Eigenschaften sowie die Elemente der Person mit den Strömen des Chi im Erdumfeld in Beziehung zu setzen.

Diese Formeln wurden dann zur Grundlage der Gestaltung von Yang-

UNTEN *Kompaß-Feng-Shui umfaßt Formeln, die das Feng Shui mit Hilfe der Richtungen beeinflussen, die auf Geschlecht und Geburtsdatum einer Person basieren. Zudem orientiert es sich an der Anordnung der Zahlen auf dem Lo-Shu-Quadrat, der Verwendung der Bagua-Symbole sowie an Himmelsrichtungen und Orten, um die Chi-Flüsse der Umwelt und des menschlichen Körpers in Harmonie zu bringen.*

Orten (Haus und Arbeitsplatz), der Anordnung privater Räume, der Ausrichtung von Küchen, Schlafzimmern, Türen und Eingängen und sogar der Richtung von Reisen und Umzügen. Viele Überlegungen basierten auf der Überlagerung von magischem Lo-Shu-Quadrat und der nach-himmlischen Reihenfolge des Bagua, wobei Zahlen und Kompaßrichtungen zur Übereinstimmung gebracht wurden.

Die Erfindung des Luo Pan, des chinesischen Geomantenkompasses, ist den Meistern der Kompaßschule zu verdanken. Die Interpretation der vielen Ringe des Geomantenkompasses stellt eine große Herausforderung dar, die eine genaue Kenntnis der Elemente, der »Sternenzahlen«, der Richtungen und der Trigramme erfordert.

OBEN *Eine der Kompaß-Formeln, die Acht-Häuser-Formel, teilt Menschen in Ost- oder West-Gruppen.*

Aus diesem Grund ist ein praktischer Zugang zu den Formeln der Kompaßschule empfehlenswert, der eine einfachere Anwendung garantiert und an moderne Lebensumstände leichter anzupassen ist. In den letzten Jahren wurden viele Formeln, die der Öffentlichkeit von einigen alten Meistern zur Verfügung gestellt wurden, deshalb Schritt für Schritt vereinfacht. Die Meister erlaubten, daß diese Formeln, die unterschiedlichen Methoden entstammen, bekannt wurden: So haben sich wertvolle und kostbare Formeln in leichte Übersichtstabellen verwandelt, aus denen Anwender folgende Daten herauslesen können:

- Ihre persönlichen günstigen und ungünstigen Richtungen und Orte.

OBEN *Das Feng Shui des fliegenden Sterns bestimmt die Zeiträume, in denen »Sternenzahlen« Glück bringen.*

Dies basiert auf der Bagua-Lo-Shu-Theorie des Feng Shui, die auch unter der Bezeichnung Acht-Häuser-Formel (oder Paht Chay) bekannt ist. Diese äußerst mächtige Formel unterteilt die Menschen in Personen, die jeweils die entsprechenden West- oder Ost-Gruppen-Richtungen und -Orte nutzen sollten, um ihr Feng-Shui-Glück zu verbessern und zu vergrößern.

- Die guten und schlechten Monate und Jahre, in denen günstige und tödliche »Sternenzahlen« Ihr Haus und seine Sektoren besonders segnen oder schädigen. Diese Feng-Shui-Methode nennt man auch Feng Shui des Fliegenden Sterns (Fey Sin), eine Formel die sich nur mit der Zeitdimension des Feng Shui beschäftigt.

OBEN *Das Feng-Shui-Lineal hilft Ihnen bei der Berechnung der günstigsten Maße für Ihr Haus.*

- Die besten und günstigsten Richtungen für Haus und Einrichtung. Sie beruhen auf den verschiedenen Glücks- und Unglücks-Messungen des Feng-Shui-Lineals. Diese Formel bietet auch verschiedene Glücksarten, die durch Dimensionstherapie energetisiert werden können, sowie Methoden, mit denen man Unglück durch falsche Messungen verhindern kann.
- Die günstigsten Orte für Wasserobjekte und die besten Richtungen für Wasserläufe, wobei das Wasser direkt Reichtum und Wohlstand für den Wohnort anziehen soll.

Um jede dieser Formeln anwenden zu können, muß man die Grundlagen der Feng-Shui-Theorie genau kennen. In früheren Zeiten mußten die Lehrlinge jahrelang unter der Aufsicht eines Feng-Shui-Meisters studieren. Das forderte eine hohe Wertschätzung der

OBEN *Sie werden bestimmte Wasserobjekte erkennen können, die Harmonie in Ihr Leben bringen.*

verschiedenen Nuancen des Wechselspiels der Fünf Elemente sowie des Yin- und Yang-Kräftegleichgewichts.

Ich habe glücklicherweise einige Bruchstücke dieses geheimen Erbes erfahren, aber ich muß zugeben, daß ich nicht alle Formeln bis ins kleinste Detail kenne. Ich habe die in meinem Buch enthaltenen Formeln sehr erfolgreich eingesetzt und offensichtlich funktionieren sie auch bei anderen Personen. Probieren Sie die Formeln in diesem Buch ganz entspannt aus. Sie müssen dazu nicht zwanghaft an die Feng-Shui-Praxis glauben. Verwenden Sie die Formeln auf spielerische Weise, wenn Sie Ihre Wohnung einrichten.

SIEHE AUCH
Das Konzept des Chi: Der kosmische Atem des Drachen *S. 32–33*
Die Acht-Häuser-Formel: Bagua-Lo-Shu-Formel *S. 72–75*
Feng Shui des fliegenden Sterns: Die Zeitdimension *S. 76–77*

KAPITEL VIER: KOMPASS-FENG-SHUI

DIE BEDEUTUNG DER HIMMELSRICHTUNGEN UND STANDORTE

OBEN *Feng-Shui-Meister sind Experten in der Verwendung des Luo-Pan-Kompasses. Heutzutage kann man jedoch auch einen genauen konventionellen Kompaß nehmen.*

UNTEN *Verwendet man für Feng-Shui-Zwecke einen modernen Kompaß, so sollte er nach Graden aufgeteilt sein, damit man ihn wirkungsvoll einsetzen kann.*

Bevor Sie sich daran machen, diese Formeln zu lernen, müssen Sie unbedingt die Bedeutung des Kompasses begreifen. Früher verwendeten Feng-Shui-Anwender den Luo Pan – den reich verzierten und äußerst komplexen Kompaß der Meister. Heute können Sie ebenso einen modernen Kompaß nehmen – am besten einen mit Gradanzeige –; viele der Formeln erfordern präzise Meßwerte, die sich meist auf die Haupteingangstür beziehen. Die Richtung der Tür (von innen nach außen gesehen) spielt eine sehr wichtige Rolle, wenn man feststellen will, für welche einzelnen Bewohner das Haus geeignet ist.

Die zweite wichtige Angabe des Kompasses besteht in der Lagebestimmung der verschiedenen Ecken und Sektoren des Hauses. Bei vielen Formeln, besonders bei denen, die zur Energie- oder Chi-Vermehrung dienen, muß man in unterschiedlichen Teilen des Hauses verschiedene Arten von Symbolen plazieren. Die Auswahl des Symbols sowie sein künftiger Standort hängen völlig vom Kompaßsektor der jeweiligen Ecke ab. Um diese Ecken genau einzeichnen zu können, benötigen Sie einen Kompaß.

In diesem Zusammenhang sollte man darauf hinweisen, daß nicht überall auf diese Weise verfahren wird. Die tibetische Methode der Schwarzen-Hut-Sekte von Professor Lin Yun legt die neun Sektoren des Hauses auf andere Art fest. Sie ignorieren die tatsächlichen Himmelsrichtungen und verwenden die Tür als einen Orientierungspunkt zur Bestimmung der verschiedenen zu aktivierenden Ecken. Das Feng Shui, das ich gelernt habe, unterscheidet sich also von Professor Lin Yuns Methode zur Abgrenzung und Festlegung von Räumen.

Unabhängig von der je nach Schule wechselnden Methode, sollten Sie vor allem ausprobieren, was bei Ihnen selbst wirkt. Sie sollten beide Verfahren anwenden und sich erst dann für eines entscheiden. Aber vermischen Sie nicht zwei Methoden bei der Deutung bestimmter Empfehlungen. Es ist aber nichts dagegen einzuwenden, wenn Sie in verschiedenen Räumen auch unterschiedlichen Regeln folgen, um die jeweiligen Aspekte und Dimensionen des Feng Shui zu aktivieren.

Nichtsdestotrotz spielen die Himmelsrichtungen und Orte wegen der Bedeutung der Fünf Elemente eine wichtige Rolle. Wuxing oder die Theorie der Fünf Elemente ist für die Feng-Shui-Praxis von so zentraler Bedeutung, daß ich ihr einen großen Abschnitt des 1. Teils gewidmet habe *(siehe S. 40–45)*. Ohne die Feststellung der Kompaßrichtungen kann man kein Formel-Feng-Shui praktizieren.

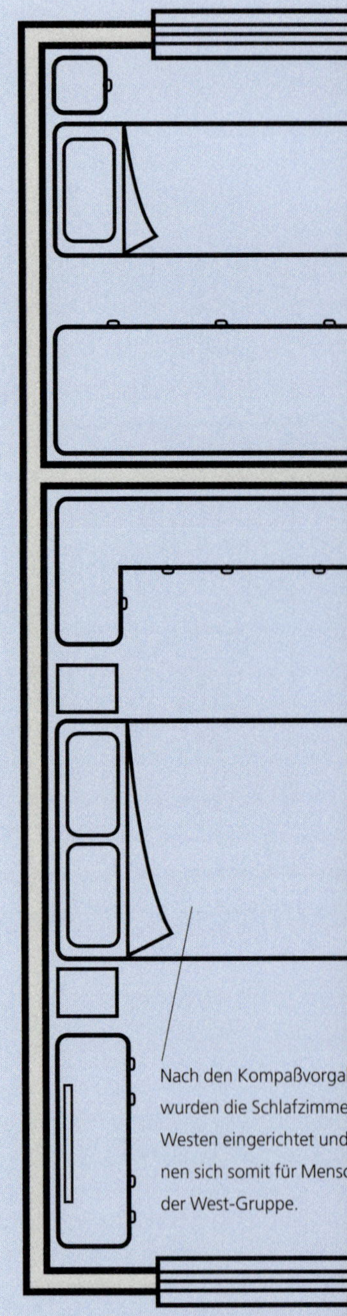

OBEN *Man kann ein Haus so planen, daß es die besten Voraussetzungen für ein günstiges Umfeld bietet: Dazu muß man die Lehrsätze des Kompaß-Feng-Shui einsetzen.*

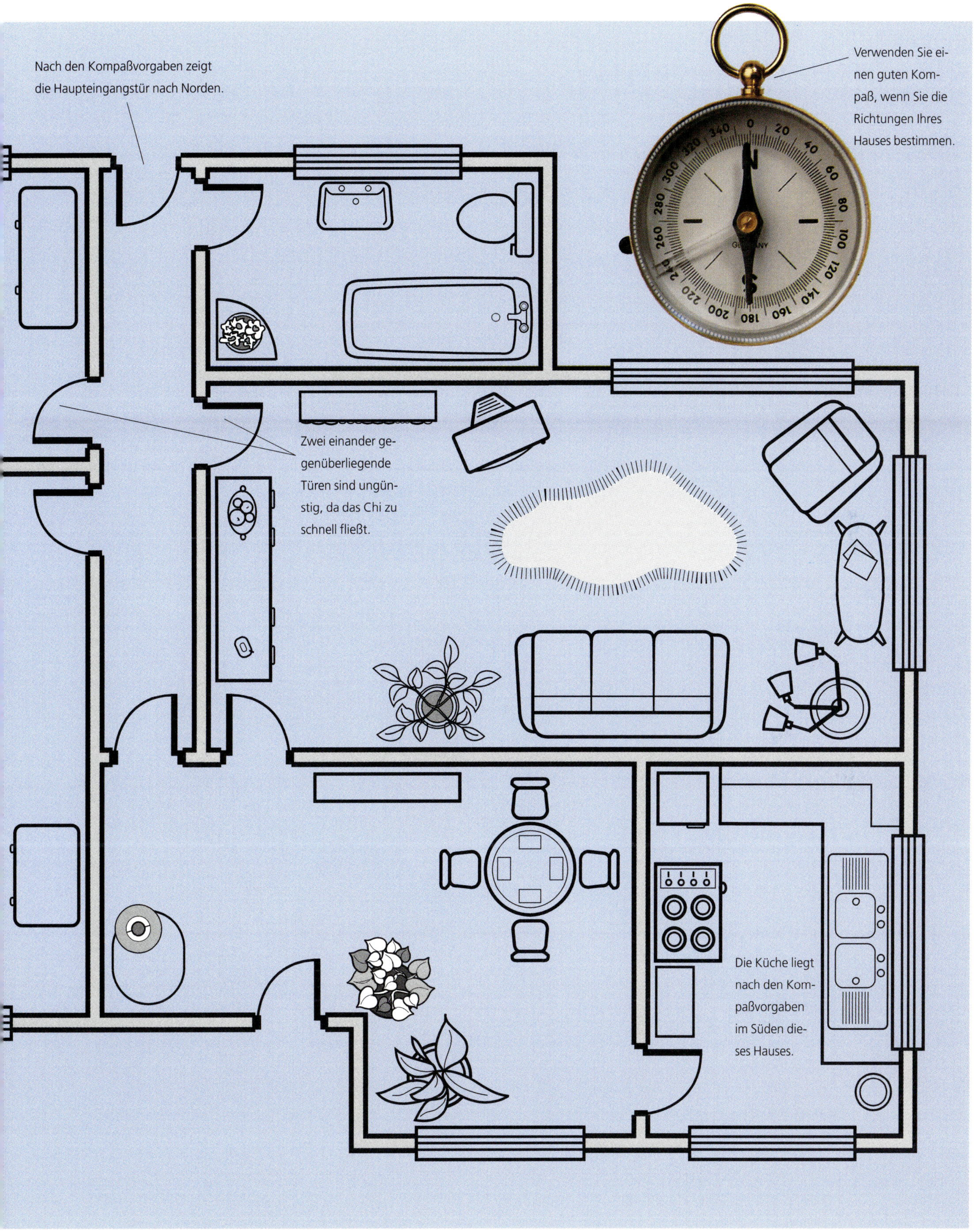

Nach den Kompaßvorgaben zeigt die Haupteingangstür nach Norden.

Verwenden Sie einen guten Kompaß, wenn Sie die Richtungen Ihres Hauses bestimmen.

Zwei einander gegenüberliegende Türen sind ungünstig, da das Chi zu schnell fließt.

Die Küche liegt nach den Kompaßvorgaben im Süden dieses Hauses.

KAPITEL VIER: KOMPASS-FENG-SHUI

DIE ACHT-HÄUSER-FORMEL: Bagua-Lo-Shu-Formel

OBEN *Das Lo-Shu-Quadrat gehört zu den wichtigsten Symbolen im Kompaß-Feng-Shui. Man kann es zur Gestaltungsplanung von Gebäuden, Groß- und Kleinstädten verwenden.*

In über 20 Jahren Feng-Shui-Praxis habe ich festgestellt, daß diese Formel wahrscheinlich die wichtigste Einzelhilfe für ausgezeichnetes Feng-Shui-Glück in unserem Leben ist. Die Acht-Häuser-Formel ist leicht zu verstehen und einzusetzen. Alles, was Sie zur Berechnung Ihrer günstigen und ungünstigen Richtungen benötigen, ist lediglich:

- Ihr Geburtsdatum
- Ihr Geschlecht

Diese Formel verwendet man, um glückbringende Orte sowie günstige und ungünstige Richtungen herauszufinden. Beginnen Sie mit der Berechnung Ihrer Kua-Zahl. Verwenden Sie die nebenstehende Formel und bestimmen Sie dann auf der gegenüberliegenden Tabelle Ihre günstigsten Ecken und Richtungen. Beachten Sie, daß es sich dabei um Ihre glückbringenden Orte und gleichzeitig um Ihre allergünstigsten Richtungen handelt. Die Kua- oder Acht-Häuser-Formel basiert auf der Prämisse, daß jedes Individuum als Person entweder einer Ost- oder einer West-Gruppe angehört.

DIE FORMEL ZUR BESTIMMUNG IHRER KUA-ZAHL

Stellen Sie zuerst Ihr Geburtsjahr nach dem chinesischen Kalender fest. Wenn Sie also vor dem Mondneujahr geboren sind, müssen Sie jedes Jahr die Zahl 1 von Ihrem Geburtsjahr abziehen (Um das herauszufinden, brauchen Sie den Geburtstag. Es betrifft im allgemeinen die vor dem Februar geborenen Personen. Sehen Sie aber besser im Mondkalender nach, um sicherzugehen.). Sobald Sie das getan haben, zählen Sie die zwei letzten Ziffern zusammen. Addieren Sie anschließend wiederum die Ziffern dieser Summe, bis Sie eine einzelne Zahl erhalten. Dann gehen Sie folgendermaßen vor:

Männer: Subtrahieren Sie die Zahl von 10. Das Ergebnis ist Ihre Kua-Zahl.

Frauen: Addieren Sie diese Zahl zu 5. Das Ergebnis ist Ihre Kua-Zahl.

Falls Sie eine Zahl mit zwei Ziffern erhalten, addieren Sie die zwei Ziffern so lange, bis Sie eine einzelne Zahl erhalten. Beispiel: Sie erhalten die Zahl 10, müssen also rechnen 1+0=1. Oder Sie erhalten die Zahl 14, müssen also rechnen 1+4=5.

1. Beispiel: Geburtstag 6. März 1956
Kua-Zahl: 5+6=11 und dann 1+1=2, anschließend

Frauen (zu 5 dazu addieren) 2+5=7

Männer (von 10 subtrahieren) 10–2=8

2. Beispiel: Geburtstag 3. Januar 1962
Da der Geburtstag vor dem Mondneujahr liegt, müssen wir 1 von dem Jahr abziehen, also statt 1962 nehmen wir als Geburtsjahr 1961.

Also ist die Kua-Zahl: 6+1=7

Männer (von 10 subtrahieren) 10–7=3

Frauen (zu 5 dazu addieren) 7+5=12, dann 1+2=3

Werfen Sie einen Blick auf nebenstehende Tabelle, um mit Ihrer Kua-Zahl Ihre günstigen Richtungen zu bestimmen.

Beachten Sie: Wenn Sie keinen chinesischen Kalender bekommen können, nimmt man bei dieser Formel normalerweise den 4. Februar als Trennungsdatum für das chinesische Jahr.

BESTIMMUNG GÜNSTIGER ORTE

IHRE KUA-ZAHL	IHRE GÜNSTIGEN ECKEN UND ORTE IN NACH GLÜCKSSTÄRKE ABSTEIGENDER REIHENFOLGE	IHRE ZUGEHÖRIGKEIT ZUR OST- ODER WEST-GRUPPE
1	Südost, Ost, Süd, Nord	Ost
2	Nordost, West, Nordwest, Südwest	West
3	Süd, Nord, Südost, Ost	Ost
4	Nord, Süd, Ost, Südost	Ost
5	Männer: Nordost, West, Nordwest, Südwest	West
	Frauen: Südwest, Nordwest, West, Nordost	West
6	West, Nordost, Südwest, Nordwest	West
7	Nordwest, Südwest, Nordost, West	West
8	Südwest, Nordwest, West, Nordost	West
9	Ost, Südost, Nord, Süd	Ost

Bestimmen Sie mit Ihrer Kua-Zahl in der nebenstehenden Tabelle Ihre günstigen Richtungen.

DIE VIER ARTEN VON GLÜCK UND UNGLÜCK

Diese Formel verwendet die Kompaßpunkte, um die vier günstigen Orte festzustellen, die auch die vier günstigsten Richtungen anzeigen. Aber dies sind im allgemeinen gute Richtungen. Die Formel unterteilt die guten und schlechten Richtungen auch noch weiter, indem genau bestimmt wird, welche Bedeutung »gut« und »schlecht« jeweils haben. Es gibt folglich vier Glücksarten, wobei das von Sheng Chi angezeigte Glück als das günstigste gilt. Die vier Glücks- und Unglücksarten sowie ihre spezielle Bedeutung werden hier beschrieben.

IHRE KUA-ZAHL	**1**	**2**	**3**	**4**	**5***	**6**	**7**	**8**	**9**
Günstige Richtungen									
Ihr Sheng Chi, also Ihre Erfolgs-Richtung	SO	NO	S	N	NO SW	W	NW	SW	O
Ihr Tien Yi, also Ihre Gesundheits-Richtung	O	W	N	S	W NW	NO	SW	NW	SO
Ihr Nien Yen, also Ihre Liebes-Richtung	S	NW	SO	O	NW W	SW	NO	W	N
Ihr Fu Wei also Ihre persönliche Entwicklungs-Richtung	N	SW	O	SO	SW NO	NW	W	NO	S
Ungünstige Richtungen	**1**	**2**	**3**	**4**	**5**	**6**	**7**	**8**	**9**
Ihr Ho Hai, also unglückbringende Richtung	W	O	SW	NW	O S	SO	N	S	NO
Ihr Wu Kwei, also Richtung der fünf Geister	NO	SO	NW	SW	SO N	O	S	N	W
Ihr Lui Sha, also Richtung der sechs Todesfälle	NW	S	NO	W	S O	N	SO	O	SW
Ihr Chueh Ming, also Richtung des völligen Verlusts	SW	N	W	NO SO	N	S	O	SO	NW

*Kua-Zahl 5: Die erste Richtung gilt für Männer, die zweite für Frauen.

DIE ARBEIT MIT DEM LO-SHU-QUADRAT

PRÄSENTATIONS-GESCHICK
Der Erfolg bei Vortragssituationen, wie etwa die Durchführung einer Präsentation, kann von unserem Standort und von der Anordnung der Stühle im Publikum abhängen.

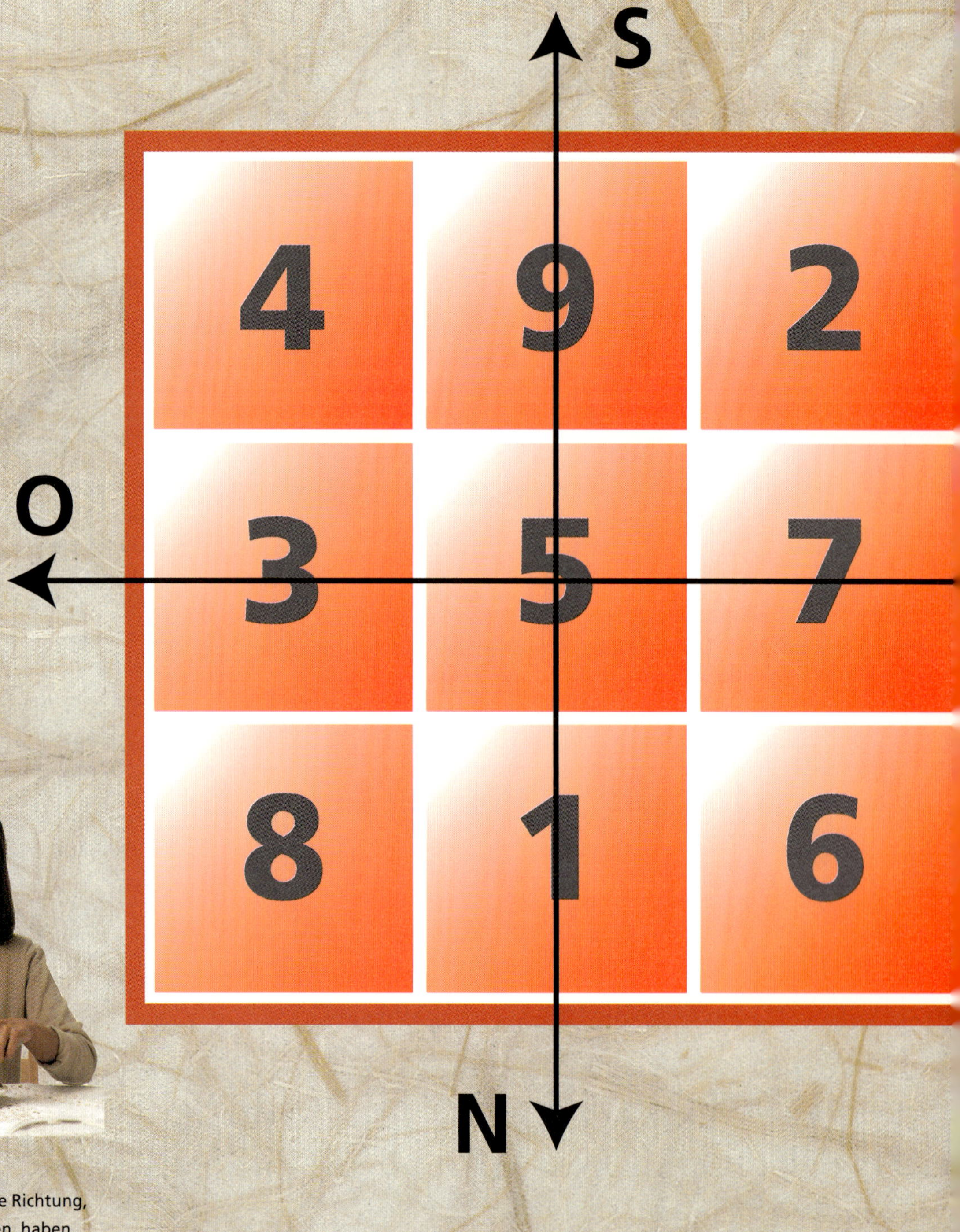

ESSPLATZ
Sogar unser Eßplatz und die Richtung, in die wir beim Essen blicken, haben bedeutenden Einfluß auf den Umfang des guten Feng Shui.

ARBEITSPLATZ
Sie sollten unbedingt in Ihre günstigste Richtung blicken, um Ihren Arbeitserfolg zu sichern.

SCHLAFPLATZ
Nicht jedermann kann am idealen Ort des Hauses schlafen. Aber zumindest sollte Ihr Kopf beim Schlafen möglichst in die günstigste Richtung zeigen.

Wenn Sie also Ihre Sitz- und Schlafrichtungen festlegen, sollten Sie sich Ihre besten persönlichen Richtungen (Sheng Chi) nochmals in Erinnerung rufen. Sehen Sie in der Tabelle nach *(siehe S. 74)* und merken Sie sich die speziellen Richtungen, die auf unterschiedliche Weise gut für Sie sind. Dann sollten Sie immer so sitzen, daß Sie direkt in die Richtung blicken, die Sie aktivieren möchten.

Streben Sie nach Reichtum und Erfolg, nehmen Sie die Sheng-Chi-Richtung. Ist Ihnen aber die Gesundheit wichtig, so nutzen Sie die Tien-Yi- oder Himmelsdoktor-Richtung usw.

Falls es nicht möglich ist, die gewünschte Sitz- oder Schlafrichtung einzunehmen, sollten Sie zumindest versuchen, eine Ihrer anderen drei guten Richtungen zu wählen. Es ist vielleicht nicht die Richtung, die Sie haben wollten, aber es ist immer noch besser, beim Sitzen in eine annehmbare Richtung zu blicken als in eine, die einen totalen Verlust für Sie bedeutet. Die Formel beschreibt die speziellen Glücks- und Unglücksarten aller acht Himmelsrichtungen.

Schlafen Sie mit Ihrem Kopf in der passenden Richtung

Haben Sie mehrere Schlafzimmer, sollten Sie dasjenige auswählen, das an Ihrem günstigsten Ort liegt. Es sollte also das Zimmer sein, das sich in der Gebäudeecke befindet, die Ihrer besten Richtung (Sheng-Chi-Richtung) entspricht. Zur Erlangung geschäftlicher Erfolge wählen Sie am besten immer Ihr Sheng-Chi-Schlafzimmer aus. Dieses Schlafzimmer liegt in Ihrer persönlichen Sheng-Chi-Richtung. Falls Ihre persönliche Richtung der Norden ist, wählen Sie folglich das nördliche Schlafzimmer Ihres Hauses.

Falls Sie kein Sheng-Chi-Schlafzimmer haben, sollten Sie versuchen, ein Schlafzimmer zu nehmen, das in einem Teil des Gebäudes liegt, der einer Ihrer vier guten Richtungen entspricht. Ist auch das nicht möglich, stellen Sie wenigstens Ihr Bett so auf, daß das Kopfende in Ihre beste Richtung zeigt. So fließt hervorragende günstige Energie aus Ihrer Sheng-Chi-Richtung in Sie, während Sie schlafen. Es handelt sich hier um eine mächtige Methode zur Erlangung von wirklich ausgezeichnetem Feng Shui. Sollten Sie tatsächlich Ihre Sheng-Chi-Schlafrichtung nicht nutzen können, so versuchen Sie wieder, eine Ihrer vier besten Richtungen zu wählen.

Setzen Sie sich in Ihre beste Position

Ort und Richtung unseres Sitzplatzes können wichtige Auswirkungen auf unser Feng Shui haben. Folglich wird unser Glück von unserer Sitzrichtung bei der Arbeit beeinflußt sowie von der Richtung, in die wir bei Verhandlungen, einer Präsentation oder einer Rede blicken. Die Anordnung der Stühle beim Essen und Spielen oder bei einer Unterhaltung kann ebenfalls das Feng Shui bestimmen.

Man kann das Glück gezielt verbessern, indem man die Formel anwendet und sich auf die Sitzordnung konzentriert – auf Standort und Richtung unserer eigenen Stühle und Tische. Achten Sie darauf, daß Ihr Bürotisch und -stuhl so aufgestellt sind, daß sie Ihre günstigsten Richtungen und Orte berücksichtigen. Wenn Sie zu Hause essen, sollten Sie ebenso verfahren. Ich empfehle stets, sich die eigenen günstigen Richtungen zu merken und einen Kompaß bei sich zu haben, so daß man immer in einer dieser Richtungen sitzt.

UNTEN *Wenn die Chips gesetzt sind, sollten Sie daran denken, daß Ihre Blickrichtung Ihren Gewinn beeinflussen kann.*

KAPITEL VIER: KOMPASS-FENG-SHUI

FENG SHUI DES FLIEGENDEN STERNS: Die Zeitdimension

UNTEN *Feng Shui des fliegenden Sterns beschäftigt sich mit der Zeit, da günstige Ausrichtungen vielleicht nur eine bestimmte Zeit lang gültig sind. Die Interpretation des Lo-Shu-Gitters ermöglicht es Ihnen, den Einfluß der Zeit auf Ihr Feng-Shui-Glück zu erkennen.*

Neben der räumlichen Dimension weist Feng Shui auch eine zeitbezogene Komponente auf. Dies steht im Zusammenhang mit der Bedeutung von Zeitzyklen. Die Technik der Analyse von zeitlichem Feng Shui wird allgemein unter der Bezeichnung Feng Shui des fliegenden Sterns ausgeübt. Dieses Verfahren konzentriert sich auf die Bedeutung wechselnder Kräfte in unterschiedlichen Zeitperioden und beleuchtet den nicht faßbaren Einfluß der Zahlen(-kombinationen) des magischen Lo-Shu-Quadrats.

Dies verleiht »gutem« oder »schlechtem« Feng Shui neue Aspekte und zeigt, daß Glück und Unglück bzw. Harmonie und Disharmonie der Umgebung nicht unbedingt ständig vorhanden sind oder für immer anhalten. Ebensowenig bleiben die günstigen und ungünstigen Richtungen ein ganzes Leben lang die selben.

Mit dem Feng Shui des Fliegenden Sterns kann man jährliche Veränderungen im Feng-Shui-Glück eines Hauses verfolgen, indem man den Einfluß der nicht faßbaren Erdkräfte untersucht. Das Feng Shui der zeitlichen Dimension macht den Anwender somit auf die ungünstigen Kräfte aufmerksam. Wenn man sich um diese unbestimmbaren Einflüsse nicht kümmert oder ihnen entgegenwirkt, können sie nach dem Glauben der Chinesen für die Bewohner großes Unglück verursachen. Es gibt auch günstige Kräfte, die ebenfalls verstärkt werden können.

Zahlen und das Lo-Shu-Gitter

Die Theorie der Zeitdimension dreht sich um Zahlen und reflektiert die Grundlagen der chinesischen Numerologie. Das Hauptwerkzeug für die Formulierung und das Verständnis dieser Theorie ist das ursprüngliche Lo-Shu-Quadrat. Dort sind die Zahlen 1 bis 9 auf den neun Quadraten des Lo-Shu-Gitters so angeordnet, daß jeweils drei Zahlen in beliebiger Richtung zusammen 15 ergeben – egal, ob man sie horizontal, vertikal oder diagonal addiert. Die Zahl 15 verkörpert die Anzahl von Tagen, die zwischen Neumond und Vollmond vergehen.

In jeder Ecke des Quadrats stehen gerade Zahlen, die Yin-Energie in sich tragen. Achten Sie auf die Position der Zahlen 2, 4, 6 und 8. Die ungeraden Zahlen, die Yang-Energie enthalten, nehmen den Platz der vier Himmelsrichtungen ein. 1, 3, 7 und 9 liegen also im Norden, Osten, Westen und Süden, die Zahl 5 steht in der Mitte.

Die Zahlen bewegen sich auf dem Gitter in einer gegebenen Reihenfolge, die die »Fluglinie« für alle anderen Ziffern vorgibt. Die Zahlen symbolisieren die Elemente und stehen miteinander sowie mit ihren jeweiligen Kompaßrichtungen in Wechselwirkung.

Das Zusammenspiel ist dynamisch: So werden die unbestimmbaren, unsichtbaren Kräfte erzeugt, die die Energie entweder in schlechte, tödliche Energie oder in gute, glückbringende Energie verwandeln. Beim Feng Shui des Fliegenden Sterns geht es darum, für unterschiedliche Orte des Hauses die relevanten Zahlenkombinationen festzustellen. Hierzu muß man die Bedeutung dieser Zahlen verstehen und bestimmen können, ob die Zahlen der Himmelsrichtungen Glück oder Unglück bringen, und wissen, auf welche Weise man der Wirkung schlechter fliegender Sterne begegnen kann.

Daher der Name »Fey Sin Feng Shui« oder Feng Shui des Fliegenden

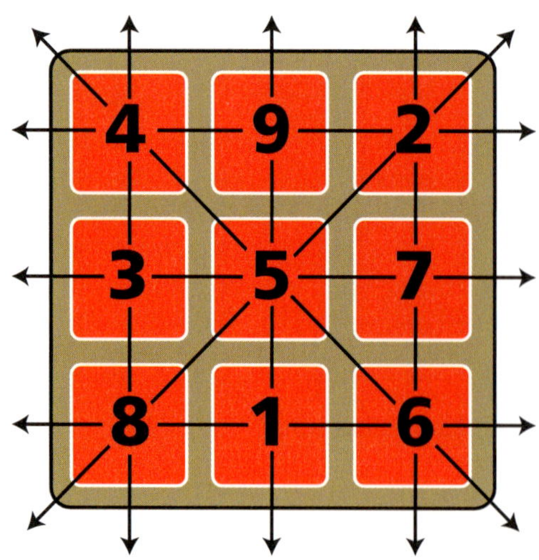

OBEN *Dem Lo-Shu-Gitter werden oft »magische« Eigenschaften zugeschrieben. Das liegt teilweise daran, daß die Summe jeder Zahlenreihe immer den Wert 15 ergibt.*

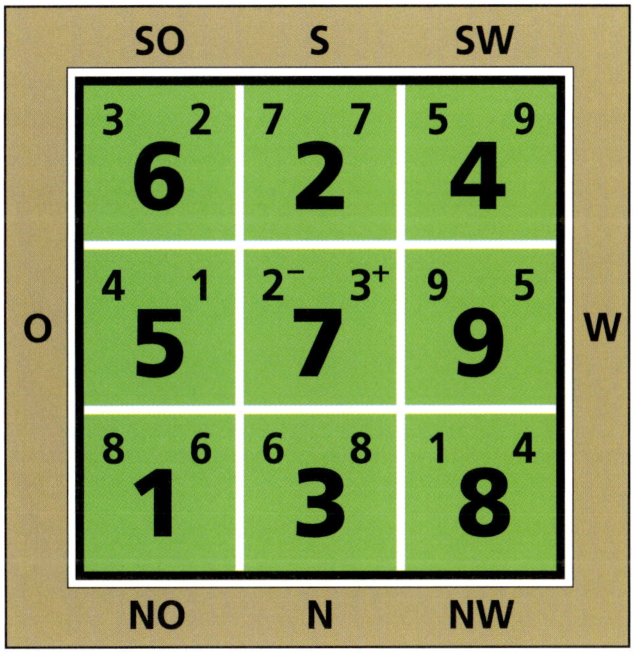

LINKS *Hier ein Beispiel einer typischen Lo-Shu-Geburtstabelle des Fliegenden Sterns. Sie zeigt die Positionen der Siang-Sin- und Chor-Sin-Sterne sowie ihre Bewegung auf dem Gitter. Es handelt sich um eine Haus-Geburtstabelle der Zeitperiode Sieben. Die Hauptzahl 7 steht in der Mitte. Aus dieser Tabelle kann ich ablesen, daß das Haus nach Norden weist.*

Sterns. Natürlich sind hier imaginäre Sterne gemeint. In jedem der neun Felder stehen eine Hauptsternziffer, eine Bergstern- oder Chor-Sin-Ziffer sowie eine Wasserstern- oder Siang-Sin-Ziffer. Diese Sternenziffern wechseln (oder fliegen) von einem Feld zum nächsten. Sie fliegen auch von Zeitperiode zu Zeitperiode.

Sehen Sie sich das Beispiel einer typischen Lo-Shu-Geburtstabelle des Fliegenden Sterns an. Die Tabelle zeigt ein Haus der Periode Sieben, wobei sich der Haupteingang im nördlichen Sektor befindet und der ersten Untersektion im Norden gegenüberliegt. Die kleinen Zahlen links von der Hauptsternziffer sind die Siang-Sin-Sterne. Achten Sie auf ihre Flugrichtung und die Veränderung der Zahlen.

Die Zahlen rechts von der Hauptsternziffer sind die Chor-Sin-Sterne. Verfolgen Sie auch ihre Bewegung auf dem Gitter und die Veränderung der Zahlen, wenn sie von einem Kompaßsektor zum nächsten wechseln.

Das Feng Shui des Fliegenden Sterns untersucht diese Sternenziffern und zieht aus ihnen Schlüsse hinsichtlich der günstigen und ungünstigen Richtungen eines Hauses in einem bestimmten Zeitraum. Diese Technik und ihre Berechnungen sowie die Analysen und Anwendungsformen bilden den Kern eines jeden Buches über Feng Shui des fliegenden Sterns.

Herrschende Zahlen und Zeitperioden

Die Verwendung des Fliegenden Sterns beginnt mit der Kenntnis der Zeitperioden. Die Zahlen des Lo-Shu-Quadrats ändern sich von einer Zeitperiode zur nächsten. Jeweils gibt es eine sogenannte »herrschende Lo-Shu-Zahl«.

Im Moment leben wir in der Periode der Sieben. Dieser 20jährige Zeitraum begann 1984 und wird planmäßig im Jahr 2003 enden. Die herrschende Zahl ist die Sieben, weil bei der zutreffenden Lo-Shu-Anordnung der Zahlen als Hauptsternziffer die Sieben in der Mitte des Quadrats liegt.

Die betreffende Zahl der nächsten 20jährigen Zeitperiode wird die Acht sein, auf die im übernächsten Zeitraum die Neun folgt. Zusätzlich gibt es auch noch herrschende Sterne für jedes Jahr, jeden Monat und jeden Tag. Diese herrschenden Lo-Shu-Zahlen sind ein wesentlicher Bestandteil des chinesischen Almanachs (oder Tong Shu), in dem jedes Jahr gute und schlechte Tage für jegliche Art von Ereignis ausgerechnet werden. Diese Berechnungen basieren eigentlich auch auf dem Feng Shui des Fliegenden Sterns. Der Almanach wird im gesamten Fernen Osten verkauft. Die chinesische Ausgabe enthält eine detaillierte Liste guter und schlechter Tage. Die englische Ausgabe umfaßt mehr Erklärungen und ist kein Nachschlagewerk wie der chinesische Almanach.

Geburtstabellen von Häusern

Für die Feng-Shui-Praxis ist es wesentlich bedeutsamer, daß diese herrschenden Zahlen ebenso die Basis für die Erstellung der Geburtstabellen von Gebäuden, Häusern und allen anderen Strukturen bilden. Aufgrund der Geburtstabelle kann man feststellen, ob ein Ort oder ein Gebäude in bestimmten Monaten und Jahren günstiges Feng Shui genießen wird. Diese Zeiträume für gutes oder schlechtes Feng Shui können eine Woche umfassen und bis zu einem Jahr andauern. Die Geburtstabelle enthüllt auch den Ort im Haus, der während eines gewissen Zeitraums exzellentes Feng Shui haben wird, sowie die Räume, die Krankheit, Verlust und ernsthaftes

SIEHE AUCH
Anwendung des Lo-Shu-Quadrats *S. 130*
Anwendung der Formeln im eigenen Haus *S. 131*
Anordnung der Möbelstücke *S. 174*

KAPITEL VIER: KOMPASS-FENG-SHUI

INTERPRETATION UND BEDEUTUNG DER ZAHLEN

Die Interpretation und Bedeutung der Ziffern sowie ihrer Kombinationen basieren auf zwei wichtigen symbolischen Beziehungen, und zwar

- auf den Bedeutungen der Zahlen an sich und
- auf der Beziehung zwischen den Zahlen und den Elementen sowie auf den implizierten Wechselwirkungen der Fünf Elemente, die in Zahlenform ausgedrückt werden.

Diese Abhängigkeit von den Fünf Elementen (Wuxing) ist der Schlüssel zum Verständnis des Fliegenden Sterns.

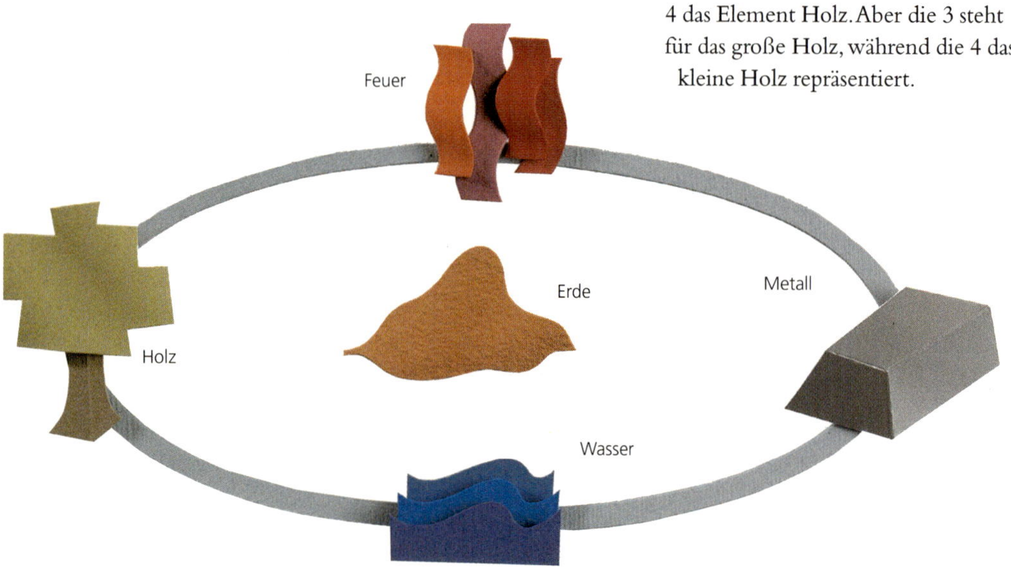

OBEN *Die Beziehungen zwischen den Fünf Elementen beeinflussen die Wechselwirkungen der Zahlen.*

Die Fünf Elemente

Die Auswirkung von Wuxing auf die Interpretation des Fliegenden Sterns ist von großer Bedeutung. »Gute« und »schlechte« Feng-Shui-Meister kann man meist daran unterscheiden, wie umfangreich ihre Kenntnisse bei der Analyse und Interpretation der Element-Beziehungen sind. Nur durch richtiges Verständnis kann man auch die passenden Heilmittel und Verstärker empfehlen. Wuxing ist auch nicht so einfach, wie es anfangs scheinen mag. Das Begreifen des Entstehungs- und Zerstörungszyklus steht nur am Anfang umfassender Wuxing-Kenntnisse. Das Wechselspiel der beiden ist in Wahrheit wesentlich komplexer.

Der beste Feng-Shui-Meister ist der, der die Feinheiten und Nuancen der Wechselwirkungen der Fünf Elemente versteht. Ein solcher Meister ist in der Lage, die besten Tips zu Feng-Shui-Heil- und Gegenmitteln, zu Verstärkern und Aktivierern zu geben.

Jede Zahl zwischen 1 und 9 repräsentiert ein Element, wobei die genaue Natur der Verkörperung je nach Zahl unterschiedlich ist. Folglich symbolisieren beispielsweise die 3 und die 4 das Element Holz. Aber die 3 steht für das große Holz, während die 4 das kleine Holz repräsentiert.

Darüber hinaus ist die 3 das aufrüttelnde Holz und die 4 das sanfte Holz. Die 3 ist also männlich, die 4 weiblich usw. Jedes dieser Attribute fügt eine neue Bedeutungsschicht hinzu. Das Endprodukt sollte dann als Ganzes betrachtet werden, so daß ein kohärentes Bild entsteht. Gutes Feng Shui bezieht die Kombinationen mit ein. Dies stellt für den Anwender eine Herausforderung dar, aber es macht das Feng Shui des Fliegenden Sterns auch zu einer spannenden Angelegenheit. Wenn Sie es richtig einsetzen, wird sich das Glück beinahe sofort einstellen.

Weitere Bedeutungen der Zahlen

Die Zahlen tragen auch eine Bedeutung, die mit dem entsprechenden Trigramm zusammenhängt. Sie beziehen sich auf zwei verschiedene Ebenen:

- Die symbolische Beziehung zwischen Zahl und Trigramm basiert anfangs auf der Anordnung der Zahlen des ursprünglichen Lo-Shu-Quadrats.
- Bei der Interpretation von Geburtstabellen und zeitbedingten Lo-Shu-Tabellen des Fliegenden Sterns müssen wir auch die Beziehung der Zahlen in der Zeittabelle des Fliegenden Sterns im Auge behalten. So repräsentiert beispielsweise die Zahl 1 das Trigramm Kan im ursprünglichen Lo-Shu-Quadrat. In einer Tabelle des Fliegenden Sterns, sagen wir von 1999, ist die Zahl 1 dann in die Mitte geflogen. Das bedeutet, daß Kan (Symbol für Wasser) ins Zentrum (Symbol für Erde) geflogen ist. Nach konventioneller Lesart schadet das dazukommende Wasser der Erde nicht, außer wenn es in großer Menge auftritt. Folglich müssen wir diese Interpretation mit der eigentlichen Geburtstabelle des Hauses kombinieren. Falls es ein Übergewicht der Zahl 1 im mittleren Feld gibt und der Wasserstern im mittleren Feld auch noch 1 beträgt, haben wir es mit einer zu großen Wassermenge im Zentrum zu tun. Dies weist auf eine Gefahr hin.

Diese symbolischen Beziehungen bilden die Grundlage der chinesischen Numerologie-Deutungen. Dabei muß man unbedingt die Feinheiten der Fünf Elemente beachten. Im Feng Shui geht es normalerweise nicht darum, ob ein Element oder eine Zahl an sich schlecht oder gut sind. Die Häufigkeit des Erscheinens einer Zahl ist ebenso relevant. Jegliches Übergewicht hat eine Schwächung der Harmonie und des Gleichgewichts zur Folge, was das Feng Shui zum Kippen bringt.

VERBINDUNG VON LO-SHU-QUADRAT UND BAGUA

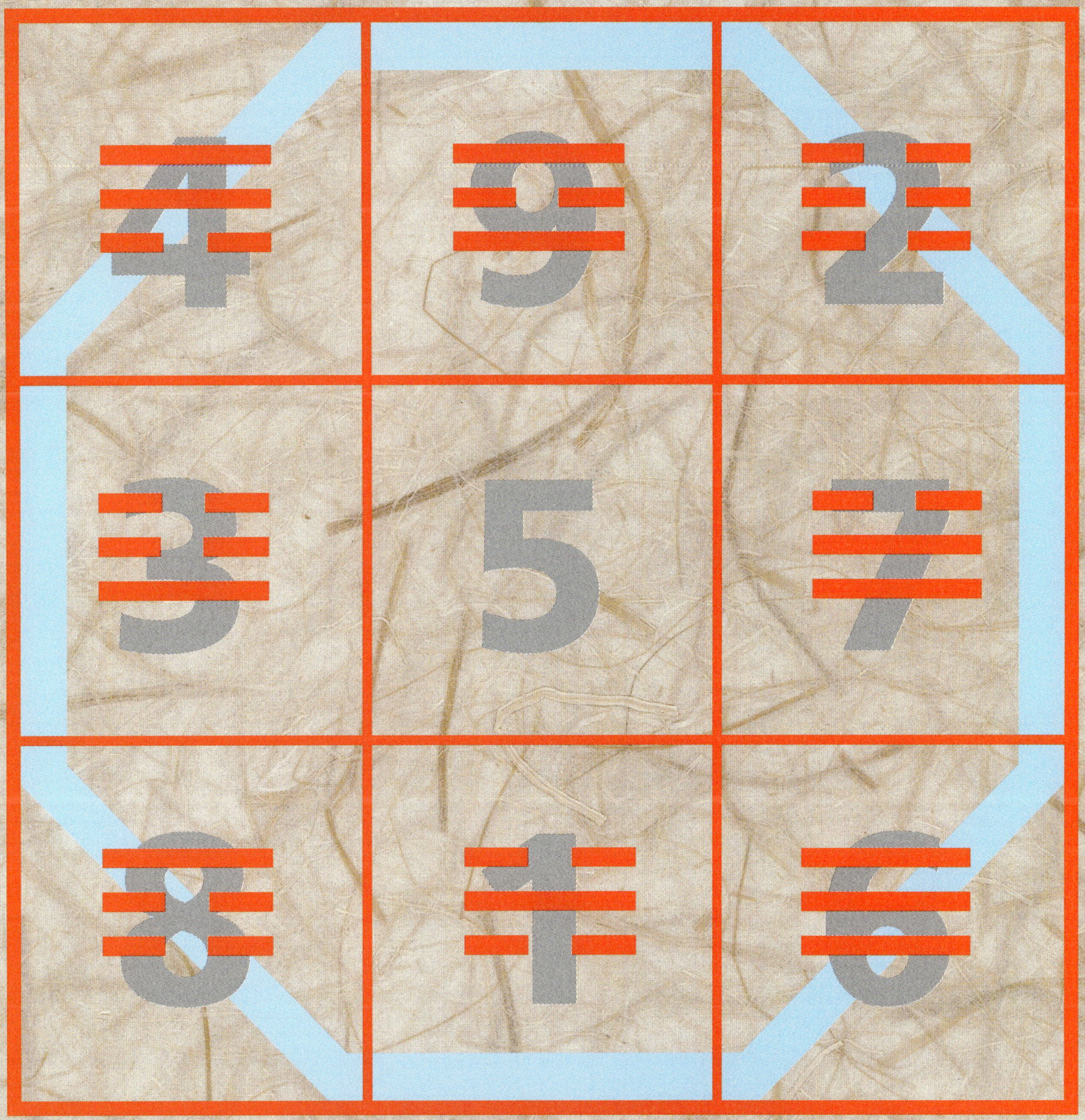

OBEN *Das Lo-Shu-Quadrat mit Bagua und Trigrammen. Jede Zahl entspricht einem Element.*

KAPITEL FÜNF

SYMBOLISCHES FENG SHUI

Symbole spielen in der Feng-Shui-Philosophie eine herausragende Rolle. Für die korrekte Praxis des Feng Shui ist es unabdingbar, die Bedeutung der Symbole zu verstehen. Die Ursprünge des symbolischen Feng Shui reichen bis zum I-Ging zurück. Wort und Schrift des Chinesischen haben sich aus Symbolen entwickelt. Die durchgehenden und gebrochenen Linien der Trigramme des Bagua sind Symbole. Derartige Zeichen durchdringen alle Rituale und religiösen Praktiken (auch den Volksglauben) in China. In der Vergangenheit konnten nur die privilegierten Klassen lesen und schreiben; ihnen war der Zugang zu den geschriebenen Quellentexten des Feng Shui vorbehalten. So verwendete das Volk Symbole, um einfache Glaubenslehren oder Weisheiten zu vermitteln, besonders wenn es um die Lehre von Glück und Unglück ging.

Die Verwendung von symbolischen Glücksmotiven, von Tieren, Pflanzen und Objekten wurde deshalb in das heutige Feng Shui integriert. Wenn man sie sorgfältig auswählt und in der persönlichen Umgebung (ob zu Hause oder am Arbeitsplatz) aufstellt, können Symbole schnell das Glück anlocken. Sie können zudem als wirksame Heilmittel gegen schlechte fliegende Sterne und unpassende Richtungen und Orte verwendet werden, die durch Techniken des Kompaß-Feng-Shui festgestellt wurden. Das Verständnis der Symbolik wird so zu einem eigenständigen Teil der Feng-Shui-Praxis.

LINKS *Vor einem großen Gebäude aufgestellte, riesige Fu-Hunde gelten als Glückssymbole für ausgezeichneten Schutz.*

Kapitel fünf: Symbolisches Feng Shui

URSPRÜNGE DER SYMBOLE

OBEN *Chinesische Inneneinrichtung aus dem 19. Jahrhundert: Die Anwendung des symbolischen Feng Shui gehörte in China jahrhundertelang zum Alltag.*

OBEN *Das Bagua (hier in Spiegelform) ist eines der wichtigsten Symbole im schützenden Feng Shui.*

Die Symbolkraft von Feng Shui beruht auf der reichen Bilderwelt eines Volkes, die von alten Geschichten und Legenden durchdrungen ist. Das ist wenig verwunderlich, da die schriftlichen Aufzeichnungen der chinesischen Kultur weiter zurückreichen als die der meisten anderen Zivilisationen. Die mit Chinas wichtigsten Glückssymbolen verbundenen Geschichten und Legenden wurden mündlich tradiert. Die großen Matriarchinnen chinesischer Häuser regierten ihre Familie und deren Heim mit eiserner Hand. Feng Shui gab die Verteilung der Räume vor, die Ausstattung der Schlafgemächer, der Flure und der Empfangsräume. Der Aberglaube bestimmte, wo Glücksgemälde, Urnen und andere Dekorationsobjekte plaziert wurden. Die Regeln gaben vor, welche Blumen man züchten und welche Obstbäume man anpflanzen sollte. Der Tong Shu (100jähriger Kalender) erteilte Ratschläge zu den geeignetsten Zeitpunkten für alle Arten von glücklichen Ereignissen – von Hochzeits- und Reiseterminen über den passenden Einstellungstermin für neue Dienstboten bis zum idealen Datum für eine neue Konkubine. Alte Tabus und überlieferte Rituale beherrschten damals in China einen Großteil des Lebens.

Viele dieser Rituale und Glaubenssätze entstammten der alten Feng-Shui-Praxis. Da China ein so großes Land war, das von den unterschiedlichsten Gruppierungen besiedelt wurde, konnte meist nur die Oberschicht lesen und schreiben. Vor allem deshalb wurden Symbole so wichtig für die Überlieferung von Tabus, die sich immer stärker der Metaphysik und dem Aberglauben zuzuwenden schienen. Damals herrschte ein anderes Wissenschaftsverständnis als heute.

Das führte dazu, daß Symbole die wichtigste Form waren, mit der man simple Vorstellungen von Glück und Unglück auszudrücken vermochte. Objekte (Tiere, Pflanzen, Geschöpfe des Hauses und des Himmels) dienten allmählich dazu, verschiedene Lebenswünsche darzustellen. Viele dieser Zeichen sind in den Ursprüngen des Feng Shui verwurzelt, die die Symbole des *I-Ging* und des Bagua sowie die Zahlen des Lo Shu umfassen. Die Himmelsrichtungen des Kompasses verbanden diese drei Stränge miteinander.

Diese Symbole können vor Unglück schützen. Es gibt auch viele gute Glücksenergetisierer, die man im Wohnraum strategisch verteilen kann, um günstiges Chi anzulocken.

Symbolisches Feng Shui kann sehr machtvoll sein. Wählt man die Glücksobjekte sorgfältig aus und stellt sie an geeigneten Orten im Haus auf, können sie in kurzer Zeit Glück bringen. Auch symbolische Gegenstände zur Abwendung von Unglück scheinen wesentlich schneller zu wirken, als man erwartet hat.

LINKS *Die Chinesen verwendeten oft Tierobjekte als Symbole für Glück und Unglück. Diese dreibeinige Kröte sorgt für wachsenden Wohlstand.*

SYMBOLE ALS FENG-SHUI-VERSTÄRKER

Um Glückssymbole im Haus auf bestmögliche Weise zu aktivieren, sollte man zuerst die Möglichkeiten und die Herangehensweise der symbolischen Feng-Shui-Praxis begreifen. Taoistische Amulette, Numerologie, Umwelttechniken, Gottheiten, Früchte, Blumen, Pflanzen, Geschöpfe, Tiere und alltägliche Haushaltsgegenstände sind nur eine Auswahl aus der Fülle der Glückssymbole, die man einsetzen kann, um das Glück im eigenen Haus zu erhöhen.

Als erstes sollten Sie einige der beliebten mächtigen Symbole kennenlernen, um zu wissen, wo man sie am besten plaziert, damit man von ihnen auf größtmögliche Weise profitiert. In diesem Zusammenhang ist es nützlich, einen Blick auf einige allgemeine Prinzipien der Symbolik zu werfen.

LINKS *Nahaufnahme eines gestickten Karpfens, der aus dem Wasser springt (Symbol für die Ambitionen eines jungen Studenten). Ein wie hier auf den Couchtisch gestelltes Symbol gilt als hervorragender Glücksbringer.*

UNTEN *Es gibt eine Unzahl symbolischer Objekte, mit denen man einen Raum energetisieren kann. Sie ergeben auch an sich ein hübsches Bild.*

KAPITEL FÜNF: SYMBOLISCHES FENG SHUI

FUNKTIONSWEISE DES SYMBOLISCHEN FENG SHUI

OBEN *Die kalligraphischen Zeichen für »Feng Shui« belegen, daß die Symbolik im Feng Shui eine große Rolle spielt.*

Symbole wirken auf das Unterbewußtsein, das den überwiegenden Teil unseres Geistes ausmacht. Die alten Meister wußten um diese Tatsache und nutzten die Wirkung von Symbolen auf das allgemeine Wohlbefinden unserer Lebensumwelt. Die Kunst und die Wissenschaft der Symbolik spielen also bei der Ausübung von Feng Shui eine Rolle von enormer Tragweite.

Symbole nehmen einen wesentlichen Platz in der chinesischen Kultur ein, in der jedes Objekt eine oft unterschätzte Wirkung und Bedeutung hat. Dies spiegelt sich auch in der chinesischen Sprache wider: Jedes Schriftzeichen ist ein Symbol, ein Bild, das für eine Idee oder ein Konzept steht, das gewöhnlich nicht in einer anderen Sprache ausgedrückt werden kann, da dort die zum Verständnis der tieferen Bedeutung der Schriftzeichen nötige kulturelle Erfahrung fehlt. Wörtliche Übersetzungen können folglich in die Irre leiten. Die chinesische Sprache vermittelt Bedeutung mit Hilfe von Bildern und Symbole sind in der Kultur und Philosophie tief verwurzelt.

Diese Verbundenheit offenbart sich in der Kunst, Architektur, Poesie, Literatur und im Handwerk Chinas. In jedem Wort und Bild glaubt man sanfte Energien, subtile Bedeutungen und Absichten wahrzunehmen. Das heißt, daß alle in einem Raum befindlichen Objekte sowohl das Chi der Umgebung als auch das menschliche Chi der Bewohner auf unbewußter und folglich tieferer Ebene anregen können.

Symbole müssen nicht unbedingt physische Objekte sein. Sie können aus allem bestehen, womit man die Energien des Raumes oder der Wohnstätte stimulieren kann. Klänge, Düfte und Farben tragen jeweils zur Macht des Symbols bei. Sie repräsentieren Schwingungen, die mit Zielen, Ideen und Stimmungen verknüpft sind und beziehen sich auf die Yin- und Yang-Dimensionen der Energie. So sorgen Lieder, Düfte und Farben, die Yang-Energie hervorrufen, häufig auch für Lachen und Glück im Haus. Zu viele Yang-Symbole können jedoch zu Problemen führen, so wie Yin-Symbole Launenhaftigkeit verursachen können.

Die Energien eines Ortes können also derart manipuliert werden, daß sie eine glückliche, traurige, aufregende, beruhigende, erregende oder wie auch immer geartete Stimmung hervorrufen können, abhängig vom Gleichgewicht der Yin- und Yang-Energie. Gefühle, Stimmungen und Veranlagungen kann man folglich durch die Anordnung von Symbolen beeinflussen, die selbst eher Yang- oder Yin-haltig sind.

OBEN *Die Päonie ist ein Glückssymbol, vor allem in der Liebe und Romantik.*

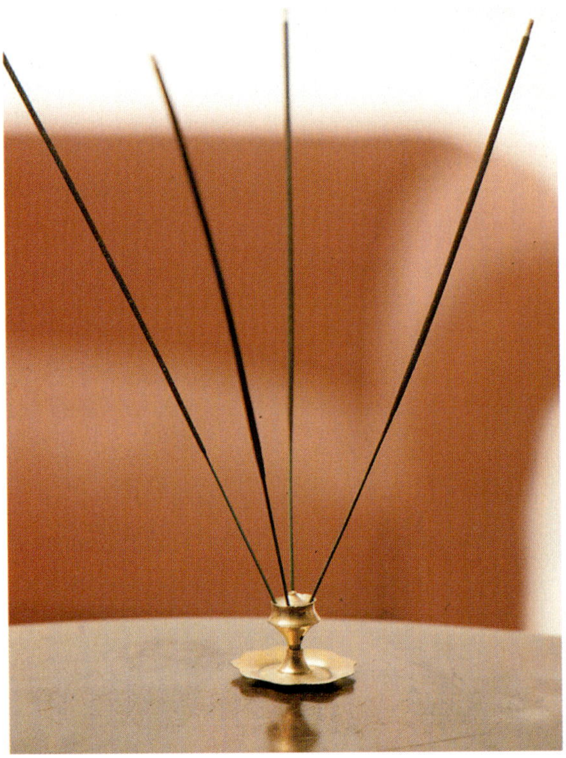

UNTEN *Yang-Energie kann durch nicht-physische Symbole stimuliert werden, wie etwa durch den Duft eines brennenden Räucherstäbchens.*

DIE REICHTUMSGÖTTER

RECHTS *Tsai Shen Yen, nach der chinesischen Überlieferung einer der Reichtumsgötter.*

Bei den Chinesen gibt es verschiedene Verkörperungen von Choy San, dem Reichtumsgott. All diese Reichtumsgottheiten bringen – so sagt man – Geldglück und Wohlstand für den Haushalt. Die Chinesen beten zu diesen Göttern nicht in einem religiösen Sinne, sondern betrachten sie mit einer gewissen Ehrfurcht. Manche »beten« zu den Göttern aber tatsächlich direkt um Geld. Die spirituelle Verbindung, die zu diesen Gottheiten besteht, bezieht sich hauptsächlich auf taoistische Rituale. Ich habe bemerkt, daß es normalerweise schon ausreicht, sie im Haus aufzustellen, damit Sie ihre Fähigkeit zur Anlockung von Geldglück nutzen können.

Der beliebteste Reichtumsgott ist Tsai Shen Yen. Er wird als der göttliche Geist des Weisen Pi Kan aus dem 12. Jahrhundert v. Chr. verehrt. In manchen Teilen Chinas huldigt man ihm am 20. Tag des siebten Mondes: Seine Anhänger sind vor allem sehr arme Menschen sowie Spieler, die alle auf etwas Reichtumsglück hoffen. Er wird oft auf einem Tiger dargestellt; man sagt, sein Herz habe sieben Öffnungen. Manchmal ist er auch sitzend abgebildet, wobei er in seiner linken Hand einen Goldbarren und in seiner rechten Hand ein goldenes Zepter hält. Nach einem alten Text soll diese Gottheit mit dem Reichtumsbaum in Verbindung stehen. Die Äste dieser Bäume bestehen aus Geldstreifen und ihre Früchte aus Goldbarren. Man gelangt in deren Besitz, indem man den Baum einfach schüttelt.

Ein weiterer, besonders beliebter Reichtumsgott ist der mächtige Kian Kung, der auch als Kuan Ti bekannt ist, als Gott des Krieges und der Literatur. Kuan Kung war ein General und Kriegsheld aus der Periode der Drei Königreiche und wurde für Tapferkeit und große Verdienste ausgezeichnet. Im 16. Jahrhundert wurde er zum Gott erhoben. Kuan Kung ist der Patron der Polizei und der Triaden, der Schutzgott aller Finanzunternehmen und ein mächtiger Beschützer von Politikern, Führungspersönlichkeiten und Firmenchefs.

Wenn Sie die Reichtumsgötter in Ihrem Haus aufstellen möchten, sollten Sie sie auf einem hohen Tisch oder einem Brett unterbringen, wobei sie am besten zur Vordertür blicken sollten. Falls Sie einen Altar haben, ist es nicht empfehlenswert, diese Gottheiten auf die gleiche Ebene wie Ihre Buddhas zu stellen.

Der Fisch stellt ebenfalls ein Reichtumssymbol dar: Für die Chinesen beschwört er das Wort »yu« herauf, das genauso klingt wie das Wort für Reichtum.

UNTEN *Kuan Kung gilt als äußerst mächtige Gottheit: Er kümmert sich um die Belange vieler wichtiger Personen.*

Deshalb hat man Fische immer mit Fülle in Verbindung gebracht. Wenn wir also viele Fische sehen, haben wir gleichzeitig den Reichtum vor Augen. Diese Eigenheit ist in der chinesischen Kultur verwurzelt. Fische erfüllen einen Raum mit einem Gefühl des Wohlstands, das sich aus dem kollektiven Gedächtnis vieler Generationen speist.

Ein Aquarium voller glücklicher, umherschwimmender Fische verkörpert im allgemeinen kostbare Yang-Energie, die das Glück herbeilockt. Aus diesem Grund halten so viele Chinesen Goldfische. Im Wohn- oder Eßzimmer sorgen Fische für einen Eindruck der Fülle. Wenn Sie aber ein Aquarium in ein Schlafzimmer stellen, wo die Yin-Energie vorherrschen sollte, so erzeugen Sie ein Ungleichgewicht, das zu Verlust und möglicherweise zu einem Einbruch führen könnte.

UNTEN *Zufriedene und gesunde Fische in einem Becken schaffen die Voraussetzungen für Wohlstand.*

KAPITEL FÜNF: SYMBOLISCHES FENG SHUI

DIE SYMBOLIK DES HAUSES

RECHTS *Laut Feng Shui verkörpert das Haus die darin lebenden Bewohner. Ist die Anordnung des Hauses nicht harmonisch und enthält Blockaden, dann wird dadurch das Wohlbefinden seiner Bewohner beeinträchtigt.*

Im Feng Shui verkörpert das Haus eine Person. Die Tür ist der Mund, die Räume zu beiden Seiten des Haupteingangs sind die Lungen, die Mitte symbolisiert das Herz, die Hintertür steht für den After, das Dach für den Kopf, und die Fenster sind Augen und Ohren. Das Haus sollte wie der menschliche Körper symmetrisch sein.

Wenn das Haus eine eigenartige Form hat oder wenn etwas fehlt, beeinflußt das unser Wohlbefinden. Steht es auf brüchigem, wackligem Boden, werden sich die Menschen in seinem Inneren wahrscheinlich auch instabil fühlen. Wenn wir Tag für Tag die Tür öffnen und direkt davor eine Mauer oder einen Baum sehen, werden wir ständig auf ein Hindernis stoßen. Dies symbolisiert eine Blockade, die Energien stagnieren dadurch und führen Blockaden und Hindernisse in unserem Leben herbei. Metaphorisch ausgedrückt: Man kann nur schwer atmen, wenn etwas den Mund verstopft. In einem dreckigen Haus, das unter verstopften Rohren und dicken Schmutzschichten leidet, fühlt sich der Körper nicht wohl und man entwickelt das Bedürfnis, sich zu waschen.

Der Körper leidet auch unter zu wenig oder zu viel Sonnenlicht. Gleichgewicht und Harmonie sind von immenser Bedeutung.

Sogar unbelebte Objekte wie Bilder, Gemälde, Schmuck, Skulpturen usw. sind von Chi oder Energie erfüllt. Es gibt Symbole, die unser Unterbewußtsein mit unterschiedlichen Bedeutungsarten erfüllen und so die Energiequalität des Ortes und des Raumes beeinflussen. Feng Shui weiß um den Einfluß symbolischer Assoziationen auf das psychische und physische Wohlergehen der Menschen. Folglich

OBEN *Gutes Feng Shui regt das Chi in Ihrer Wohnumgebung an und fördert Ihren Wohlstand.*

ist es im Feng Shui auch sehr wichtig, daß wir uns mit Bildern und Symbolen umgeben, die unserem Geist und Körper sowie unserem Heim durch positive Wachstums-Energien »Macht verleihen«.

Wir haben bereits gelernt, daß die Formen und Farben, die Vegetation und die Ausrichtung eines Berges symbolisch für unterschiedliche Energiearten stehen. Wenn wir beispielsweise grüne, runde Berge hinter uns liegen haben, bedeutet das Schutz und positive Erd-Energie für uns. Besonders spitze oder felsige Berge dagegen stellen keinen hilfreichen Schutz dar.

Alle Dinge in unserem Lebensraum haben eine symbolische Bedeutung: Feng Shui ist die Kunst, eine Umwelt voller günstiger Symbole zu schaffen, die Wohlstand für jede Dimension unseres Lebens hervorruft. Sind wir uns unserer Umgebung und ihrer Wirkung erst einmal bewußt, können wir sie mit Macht erfüllen und mit passenden Symbolen energetisieren.

Richtig eingesetzt, wirkt Feng Shui wie eine Verstärkung, die uns in einen aufsteigenden Zyklus von Fortschritt und Wachstum versetzt. Je mehr Energie wir in die Schaffung einer günstigen Umgebung stecken, desto mehr profitieren wir davon. Deshalb sollte im Feng Shui alles in unserem Umfeld und in unserem Lebensraum sorgfältig ausgewählt und plaziert werden. Farbe, Ort, Anzahl, Form, Größe, Art usw. können jeweils eine spezielle Bedeutung annehmen und uns auf bestimmte Weise beeinflussen.

Das Ziel liegt darin, so viele Dinge wie möglich zu unserem Wohlergehen zu nutzen. Wo auch immer Sie sich hinwenden, egal in welchen Raum Sie gehen – positive Bilder und Stimuli aktivieren das mentale und menschliche Chi. Sie fördern positive Gedanken, die uns dabei helfen, persönliche Ziele und Wünsche zu erkennen.

DAS ÄUSSERST GÜNSTIGE CHI LIN

Das Drachenpferd oder chinesische Einhorn ist ein Fabeltier, das als gutes Omen verehrt wird. Es ist das Symbol für Langlebigkeit, Wohlstand, Entzücken, berühmte Nachkommen, riesige Reichtümer und große spirituelle Weisheit. Das Drachenpferd hat einen so außerordentlichen Ruf, daß viele Legenden um die Geburt des Konfuzius und anderer Weiser Vorzeichen erwähnen, die mit ihm in Beziehung stehen. Es heißt, Konfuzius' Mutter sei schwanger geworden, als sie auf die Hufabdrücke des Drachenpferdes trat, kurz nachdem sie nach einem Jahr religiöser Einkehr aus den Bergen zurückgekehrt war. Es geht die Sage, ein Drachenpferd sei aus dem Gelben Fluß emporgetaucht und Fu Hsi, dem ersten legendären Kaiser, erschienen, wobei es auf seinem Rücken eine mystische Karte trug. Aus dieser Karte entwickelte Fu neue Methoden zur Verbesserung der Ernte und zur Verwendung von Wasser als großem Reichtumsbringer. In buddhistischen Texten und alten Kunstwerken wird das Drachenpferd mit den Weisheitstexten auf dem Rücken dargestellt. In China gilt das Chi Lin (auch Gi Lin) als eines der vier großen mythischen Geschöpfe, denen mystische Kräfte zugeschrieben werden und deren Erscheinen großes Glück symbolisiert.

Seine Eigenschaften haben das Chi Lin zu einem Lieblingsobjekt der Künstler und Kunsthandwerker gemacht, die im Lauf der Jahrhunderte mit unterschiedlichsten Werkstoffen sein Bild perfektionierten. Man stellt es gerne in Häusern auf, weil es für großes Glück steht. Die Verwendung von Glückssymbolen, die mit mythologischen Tieren und mit speziellen Reichtumsgöttern verbunden sind, beruht auf dem Glauben, daß den Menschen die Reinheit des Karma fehlt, um diese wunderbaren Wesen oder Geschöpfe zu »sehen«. Deshalb mußte der Mensch physische Abbilder von ihnen anfertigen, um für ihre »Anwesenheit« in seinem Haus zu sorgen. Da die Geschöpfe so mächtig sind, glaubte man, daß es bereits genüge, lediglich die vom Menschen angefertigten Abbilder aufzustellen, um in ihrer Umgebung Glück zu erzeugen.

Das Hauptmerkmal des Drachenpferdes ist sein umfassendes Wohlwollen. Mit seinem großem Mitgefühl wird es deshalb allein durch seine Anwesenheit all das Unglück vermindern, das aus einem astrologisch schlechten Geburtsdatum resultiert. Das Drachenpferd wird einzeln aufgestellt, niemals als Paar. Man darf es nicht mit den beschützenden Fu-Hunden verwechseln. In letzter Zeit kamen speziell entworfene und gestaltete Drachenpferde auf den Markt, die elegant in einem Feld aus Münzen und Goldbarren stehen. Diese Symbole werden dazu verwendet, die magische Präsenz des Drachenpferds auf wirksame Weise zu simulieren.

Stellen Sie das Drachenpferd im Norden Ihres Wohnzimmers auf, wenn Sie Ihre Karriere fördern möchten. Im Osten verbessert es Ihre Gesundheit, im Südosten zieht es Reichtum an. Sie können auch eine kleine Figur auf Ihrem Schreibtisch aufstellen, um Wohlstand anzulocken. Das Drachenpferd ist ein hervorragendes Geschenk für alle, die gerade einen neuen Job oder ein neues Projekt beginnen.

UNTEN *Das Chi Lin ist ein machtvolles Glückssymbol der chinesischen Mythologie. Derartige Figuren finden sich in vielen chinesischen Häusern.*

KAPITEL FÜNF: SYMBOLISCHES FENG SHUI

ALLE GLÜCKSSYMBOLE

Man kann unmöglich alle Glückssymbole aufführen. Dieses Kapitel enthält jedoch einige der beliebteren Symbole, die leicht erhältlich sind und die man zu Hause aufstellen kann.

Die im Haus aktivierbaren Hauptsymbole sind:

- Symbole für Reichtum und Erfolg: Zu diesen Symbolen gehören chinesische Münzen, das Segelschiff, die Reichtumsvase, die dreibeinige Kröte, der Drachenfisch oder Arrowana, der Goldfisch, die goldene Glückskalligraphie, der Goldtopf sowie die günstige rote Fledermaus.

OBEN *Die Reichtumsvase ist in vielen chinesischen Heimen ein beliebtes Wohlstandssymbol und enthält oft rote Glückspäckchen. Sie sollte aus Glas oder Keramik sein.*

- Symbole für Langlebigkeit: Die beliebtesten Langlebigkeitssymbole sind der rotköpfige Kranich, die unvergängliche Kiefer, der Pfirsich der Unsterblichkeit, der Hirsch, Sau (Gott der Langlebigkeit), der Bambus und die Zikade.
- Symbole für Liebe, Romantik und Eheglück: Mächtige Liebes-Energie profitiert von der Päonie (Pfingstrose), den Mandarinenten und dem Doppelten-Glückssymbol.

OBEN *Die Lotusblume gilt als äußerst wirksames und zudem überaus hübsches Glückssymbol.*

Zusätzlich zu den eben genannten drei Hauptkategorien der Glückssymbole gibt es:

- Die vier himmlischen Glückstiere: den Drachen, den Phönix, das Einhorn und die Schildkröte.
- Acht günstige oder besonders kostbare Objekte: Der mystische Knoten, das Tritonshorn, der Baldachin oder Schirm, die Vase, das Rad, der doppelte Fisch, die Lotusblume und das Siegesbanner.
- Günstige Früchte und Blumensymbole: Dazu gehören Orangen, Limonenbäume, Granatäpfel, Tomaten und Pflaumen. Als Blumen sind die Chrysantheme, die Päonie, die Orchidee und die Pflaume geeignet.
- Schutzsymbole wie der Fu-Hund, der Tiger, der Adler, der Fächer und verschiedene taoistische Talismane und Amulette.

UNTEN *Ein in der Wohnung aufgestelltes Mandarinentenpaar hat einen günstigen Einfluß auf die romantische Liebe und eine glückliche Ehe.*

DIE GÜNSTIGEN FISCHE IM FENG SHUI

Das chinesische Wort für Fisch, »yu«, bedeutet Wohlstand und Reichtum. Der Goldfisch symbolisiert Wohlstand, denn er setzt sich aus »Gold« und »yu« zusammen. Er besagt »Mögest Du Jahr für Jahr in Wohlstand leben«. Der doppelte Fisch gehört auch zu den acht kostbaren Symbolen für großes Glück. Feng Shui rät dazu, glückbringende Aquarien aufzustellen, besonders wenn sie mit dem günstigen Goldfisch, dem Arrowana (Drachenfisch) oder den farbenprächtigen Koi oder japanischen Karpfen gefüllt sind. Man nimmt auch an, daß ein Becken mit schwarzen Goldfischen in einer ungünstigen oder beeinträchtigten Ecke eines Gebäudes dabei behilflich ist, das von Giftpfeilen verursachte, schlechte Chi abzuwehren.

Der beste Platz für ein Aquarium ist das Wohnzimmer, entlang der Nordwand oder der Ost- bzw. Südostwand. Aquarien sollte man nicht im Süden aufstellen, außer für einen bestimmten Zweck wie die Überwindung schlechter fliegender Sterne im Süden. Für optimale Ergebnisse sollten Sie folgende Richtlinien beachten:

- Halten Sie Arrowana nur einzeln. Kaufen Sie sich den besten Fisch, den Sie sich leisten können.
- Halten Sie neun Goldfische, wobei einer davon schwarz sein sollte.
- Halten Sie viele Koi: Es sind sehr gesellige Fische, die gerne in Gruppen leben.
- Als Symbol für Liebe und Romantik sollten Sie ein Paar halten: Goldfische sind am besten dazu geeignet.

UNTEN *Halten Sie einen Arrowana (Drachenfisch) in Ihrem Aquarium. Das verspricht Wohlstand und Erfolg.*

OBEN *Goldfische symbolisieren Wohlstand. Die optimale Zahl ist neun, wobei ein schwarzer Fisch dabei sein sollte.*

Denken Sie außerdem an folgendes:

- Von der Decke hängende Fischmotive steigern das Glück für das kommende Jahr.
- Es ist günstig, am siebten Tag des chinesischen neuen Jahres rohen Karpfen zu essen (Yee Sang).
- Im Schlafzimmer oder in der Küche sollte man kein Aquarium aufstellen.
- Aquarien sollten rechteckig oder rund sein. Fische sind ebenfalls sehr günstig, wenn man sie in großen, dekorativen Porzellangefäßen hält.

KAPITEL FÜNF: SYMBOLISCHES FENG SHUI

DIE MOMENTANE ZEITPERIODE DER SIEBEN: 1984 bis 2003

OBEN *Sieben goldene Elefanten im Westteil des Hauses sind in der momentanen Periode von 1984–2003 äußerst günstig.*

Im Feng Shui wird der momentane Zeitraum als die Zeitperiode der Sieben betrachtet. Alle Dinge, die in einer Siebenzahl vorkommen, erzeugen mächtige Energiemuster. Plaziert man sie im Westen, wird ihre Macht noch vergrößert, da die Sieben auch die Zahl des Westens ist. Folglich wird jedes im Westteil des Hauses oder Wohnzimmers aufgestellte oder aufgehängte Objekt, das die Zahl Sieben und das Element Gold symbolisiert, günstig sein.

Derartige Glückssymbole, wie der Drache, der Phönix, der Elefant, das Pferd und andere, werden besonders glückbringend sein, wenn man sie im Westteil des Hauses aufstellt und sie zudem noch goldfarben sind und das Element Metall imitieren. Aber Sie müssen natürlich darauf achten, daß jeweils sieben Stück dieser Glückssymbole vorhanden sind.

RECHTS *Der Phönix ist eines der himmlischen Glücksgeschöpfe. Sieben von diesen schönen Tieren werden Ihnen großes Glück bringen, besonders wenn sie goldfarben sind.*

DIE BEDEUTUNG DER ZAHLEN

Unabhängig von der Zeitperiode, in der wir uns gerade befinden, ist es auch nützlich, die anderen Glückszahlen zu kennen. Diese besonders glückbringenden Zahlen sind 1, 6, 7 und 8. Wenn Sie also erwägen, ein Objekt als Glücksbringer aufzustellen, können Sie dabei diese Glückszahlen mit berücksichtigen.

Beispiele für Objekte, die man gut als Glücksbringer verwenden kann:

- Ein Gemälde mit sechs Drachenfischen wäre hervorragend für die nordwestliche Ecke eines Raumes geeignet.
- Eine einzelne Schildkröte im Norden: Eins ist die Zahl des Nordens – eine Schildkröte in dieser Ecke würde folgende Arten von Glück symbolisieren: Langlebigkeit, Schutz, Unterstützung, Ausdauer und Reichtumsglück.
- Sechs im Nordwesten aufgehängte Münzen regen das Glück dieser Richtung an, wovon der Familienvater profitiert. Die Stärkung dieser Ecke des Hauses ist stets empfehlenswert, da der Nordwesten auch für das Glück der Förderung durch einflußreiche Personen steht. Diese Methode sorgt auch für hervorragendes Glück beim Aufbau von Netzwerken.
- Sieben Kristallkugeln im Westen bringen der Familie und besonders der nächsten Generation exzellentes Glück. Die Kristallkugeln repräsentieren das Element Erde, das in seinen verborgenen Tiefen Gold hervorbringt. Die runde Form ist ebenso wie die Sieben hervorragend zur Anregung des Glücks des Metall-Elements geeignet. Außerdem symbolisieren die Kristallkugeln ein leichtes, ungehindertes Fortkommen für die Familie.
- Acht helle Lampen im Nordosten: Licht steht immer für Glück, und der Nordosten ist eine der besten Ecken des Hauses für Lampen. Damit wird das Wissensglück für die Bewohner simuliert, so daß Unwissenheit oder Sorglosigkeit kein Unglück mehr verursachen können. Licht wirkt auch erfolgreich als Mittel, um Bildungsglück für die nachfolgende, jüngere Generation der Familie anzulocken. Acht ist die Zahl des Nordostens und paßt deshalb besonders für diese Ecke des Hauses oder Zimmers. Außerdem gilt die Zahl Acht immer und überall als glückbringend. So gilt es als glückverheißend, wenn die Zahl Acht in Autonummernschildern, Haus- und Telefonnummern enthalten ist.

Zusätzlich zu den oben genannten Glückszahlen gibt es schließlich noch die absolute Glückszahl Neun. Diese Zahl repräsentiert den Süden, und sie verkörpert darüber hinaus die Fülle von Himmel und Erde. Denken Sie daran, daß die Zahl Neun immer Glück bringt, unabhängig davon, ob es sich nun um die empfohlene Goldfischzahl oder um die Menge der an ein Rechnungsbuch geknüpften Münzen handelt.

UNTEN *Eine einzelne Schildkröte im Norden gilt in der Regel als günstig.*

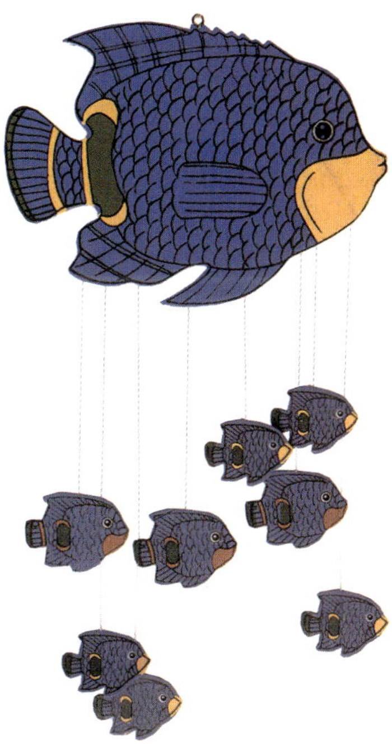

OBEN *Können Sie keine lebenden Fische halten, kann ein Mobile aus neun Fischen ebenso wirksam sein.*

OBEN *Hängen Sie im Nordwesten sechs Münzen auf, um Glück durch einflußreiche Personen anzulocken.*

KAPITEL FÜNF: SYMBOLISCHES FENG SHUI

DIE ENERGETISIERUNG VON GLÜCKSSYMBOLEN

RECHTS *Die Inneneinrichtung Ihres Hauses kann so verändert werden, daß sie die Vorteile der günstigen Elemente nutzen kann. Beachten Sie die Position von Strahlern, Pflanzen, Kronleuchter und Goldfischteich! Schenken Sie Ihre Aufmerksamkeit auch der Weite des Raumes, die den Effekt des Hellen Saals im Inneren des Hauses simuliert.*

Wenn Sie sich entschieden haben, welche Glückssymbole Sie in Ihrem Haus verwenden möchten, sollten Sie erst nach einer passenden Ecke für das Objekt Ausschau halten, in der es jedoch nicht zu sehr ins Auge sticht. Glückssymbole sollten sich in das Gesamtbild der Einrichtung einfügen, und sie müssen vor allem auch energetisiert werden. Ebenso sollte man sie von verbrauchter Energie reinigen, die vielleicht noch an ihnen haftet. Diese Überlegung spielt eine Rolle, wenn Sie Antiquitäten gekauft haben, die vielleicht jahrelang im Haus eines anderen Menschen standen oder gar mehrere Besitzer hatten.

Der beste Weg, um die Energie eines antiken Gegenstands zu »reinigen«, ist eine gründliche Säuberung. Bevor Sie ihn ins Haus stellen, sollten Sie ihn zuerst mit Meersalz abreiben und danach abwischen. Ist er nicht wasserempfindlich, legen Sie ihn für sieben Tage und Nächte in ein Salzbad.

Währenddessen sollten Sie sich auch Gedanken darüber machen, wie Sie das Objekt, das Sie in Ihrem Haus aufstellen möchten, energetisieren wollen. Für verschiedene Objekte gibt es auch mehrere Energetisierungsmethoden, wobei das einfachste Verfahren immer noch darin besteht, einen roten Faden an dem Objekt zu befestigen. Die rote Farbe weckt symbolisch das Energiefeld um das Objekt, wodurch es in die Lage versetzt wird, harmonisch mit dem Chi des Lebensraums zu interagieren. Wenn Sie keinen passenden roten Faden haben, können Sie auch günstiges rotes Papier auf den Boden des Objektes kleben.

Plazierung nach den Fünf Elementen

Die letzte Überlegung gilt der Ecke, in die Sie das Objekt stellen möchten. Es

RECHTS *Weichen Sie die Kristalle in einer Schale mit Salzwasser ein, um verbrauchtes Chi abzuwaschen.*

ist oft eine schwierige Sache, den besten Platz für einen Dekorationsgegenstand oder ein Gemälde zu finden, das man als Feng-Shui-Hilfsmittel im Haus vorgesehen hat.

Denken Sie daran, große Objekte niemals so aufzustellen, daß sie zu Giftpfeilen werden können. Stellen Sie also beispielsweise keine große Statue auf die Sichtachse der Haupteingangstür. Dadurch entsteht eine Blockade im Haus. Ebensowenig sollten Sie die sogenannten Glückswindspiele im ganzen Haus aufhängen.

Den besten Platz für Glücksobjekte machen Sie mit Hilfe der Theorie der Fünf Elemente (Wuxing) ausfindig. Verwenden Sie die nach-himmlische Reihenfolge der Trigramme auf dem Bagua als Richtlinie und stellen Sie fest, welches Element jeweils die verschiedenen Himmelsrichtungen dominiert. Dadurch können Sie das dominante Chi (Energie) einer jeden Ecke Ihres Hauses oder eines einzelnen Raumes herausfinden. Dann nehmen Sie Ihr Objekt zur Hand und überlegen, welches Element es symbolisiert. Das können Sie aufgrund der Farbe oder Form des Objektes oder des Materials bestimmen. Goldene Elefanten stellt man z. B. am besten im Westen und Nordwesten auf, während Wasserobjekte passend für den Norden, Osten oder Südosten sind.

Die Anwendung der Fünf Elemente ermöglicht es Ihnen, die verschiedenen Ecken Ihres Heims zu stärken und ihnen mehr Kraft zu verleihen. Es ist nicht von Bedeutung, was die Ecken jeweils repräsentieren, denn im großen und ganzen wollen wir doch alle ein in jeder Hinsicht vollständiges Leben. Wenn wir folglich alle Ecken unseres Hauses energetisieren, wird dadurch jeder Aspekt unseres Lebens von Glück und Reichtum erfüllt. Nehmen Sie die untenstehende Tabelle zur Hilfe, um die geeigneten Objekte für die acht Ecken des Hauses nach den Kompaßangaben herauszufinden.

UNTEN *Die Verwendung der Farbe Rot gilt bei Objekten als günstig, so wie das Band an diesem Drachen oder der rote Blumentopf im Raum auf der gegenüberliegenden Seite.*

ENERGETISIERER

HIMMELSRICHTUNG	ELEMENT	ZAHL	VORSCHLÄGE FÜR ENERGETISIERER
Norden	Wasser	1	Aquarien, Teiche, Blau, Reichtumsvase, Gold, Windspiele, Fische ...
Süden	Feuer	9	Lichter, Pflanzen, Rot, Pferd, Phönix, Lotus, Päonie ...
Osten	Holz	3	Pflanzen, Früchte, Blumen, Drache
Westen	Metall	7	Windspiele, Goldbarren, Kraniche
Nordwesten	Metall	6	Gottheiten, Pfirsich, Glocken, Schalen
Südwesten	Erde	2	Doppeltes Glück, Enten, Päonien, Lichter, Kristalle
Nordosten	Erde	8	Kristalle, Lichter, Urnen, Schalen
Südosten	Holz	4	Dreibeinige Kröte, Segelschiff, Fledermäuse

KAPITEL FÜNF: SYMBOLISCHES FENG SHUI

SYMBOLE DES WOHLSTANDS, DES ERFOLGS UND DES REICHTUMS

OBEN *Mit einem roten Band zusammengebundene, chinesische Münzen verwendet man zur Verbesserung des Glücks im Finanzbereich und im Geschäftsleben.*

Chinesische Münzen

In den vergangenen Jahren haben viele Menschen entdeckt, wie hilfreich es sein kann, chinesische Münzen auf Rechnungsbücher oder Aktenordner zu kleben, um das Geschäftsglück zu beleben. Echte chinesische Münzen aus der Kaiserzeit sind rund und haben ein quadratisches Loch. Dies symbolisiert die Einheit von Himmel und Erde. Die Yang-Seite ist die Seite mit den vier Schriftzeichen, während sich auf der Yin-Seite nur zwei Zeichen befinden. Knüpfen Sie drei Münzen mit einem roten Faden zusammen und kleben Sie sie mit der Yang-Seite nach oben auf Ihre Akten, Geldkassetten, Türgriffe und Registrierkassen. Geben Sie drei Münzen in Ihre Brieftasche oder Geldbörse, damit Sie mit ordentlichem Geldglück rechnen können.

Sie können auch zehn Münzen zusammenbinden und so die zehn Kaisermünzen simulieren, was für den Reichtum von zehn Kaisern steht. Wenn Sie Geschäfte tätigen, sollten Sie diese Münzen in der Nähe Ihres Sitzplatzes aufhängen, da diese Methode günstiges Geschäftsglück erzeugen wird.

Das Segelschiff

Dieses Symbol ist mir persönlich am liebsten. Machen Sie sich auf die Suche nach einem Modelsegelschiff. Am besten sind alte Galeonen, die als Handelsschiffe verwendet wurden und in früherer Zeit viele Kostbarkeiten zurück in den Heimathafen gebracht haben, besonders Seidenstoffe und Gold. Solche Schiffe sind meist aus Holz. Füllen Sie das Deck mit Katzengold oder gar mit echtem Gold. Das mit Gold beladene Schiff wird Ihnen noch größeren Reichtum bringen. Wenn Sie das Schiff in Ihrem Haus oder Ihrem Büro aufstellen, müssen Sie darauf achten, daß es nach innen gerichtet ist. Segelt es nach außen, wird Ihr Reichtum davongetragen.

LINKS *Ein Modellschiff bringt symbolisch Gold aus fernen Ländern, um den Reichtum Ihres Hauses zu steigern. Achten Sie darauf, daß es nach innen zeigt, also ins Innere Ihres Hauses.*

Stellen Sie das Schiff nicht auf ein zu hohes Brett. Der beste Platz ist ein Couchtisch im Wohnzimmer: So steht es in der Nähe der Eingangstür, aber zeigt nicht direkt in diese Richtung. Es geht darum, einen Hafen nachzuahmen (Ihr Haus), in dem Ihr Schiff eine Ladung Gold gelöscht hat.

Verwenden Sie kein Kriegsschiff. Es symbolisiert eher Tod als Reichtum; wenn es mit Kanonen bestückt ist, trägt es nur Giftpfeile in Ihr Haus.

Die Reichtumsvase

Reichtumsvasen können aus beinahe jeder Art von Porzellan oder Kristall (Erd-Element) gefertigt sein. Auch Metallvasen (oft aus Indien) sind geeignet, sind aber nicht so wirksam wie die Erd-Element-Vasen. Das liegt daran, daß die Erde im Zyklus der Fünf

UNTEN *Diese Reichtumsvase enthält Wohlstandssymbole wie rote Päckchen und Halbedelsteine.*

OBEN *Eine goldene dreibeinige Kröte ist ein wichtiges und beinahe überall erhältliches Reichtumssymbol.*

Elemente Gold produziert. Die Größe Ihrer Vase hängt ganz von Ihnen ab. Manche Leute nehmen sehr kleine Gefäße und haben großen Erfolg damit, andere haben ein großes Gefäß und erzielen den gleichen Erfolg.

Die geeignetste Form hat eine weite Öffnung, verengt sich zuerst und wölbt sich dann wieder nach außen. Diese Stundenglas-Form erlaubt es dem Geld (oder Reichtum), in die Vase zu schlüpfen, aber läßt es nicht mehr so leicht heraus. Die breite Basis symbolisiert ausreichend Stauraum für Ihren Reichtum. Legen Sie drei mit einem roten Faden verbundene Münzen in die Vase und füllen Sie sie dann mit Halbedelsteinen, Reis oder farbigen Perlen. Die beste Füllung besteht aus sieben Arten von Halbedelsteinen: Wählen Sie zwischen Quarz, Malachit, Lapislazuli, Kristall, Rosenquarz, Tigerauge, Türkis, Perlen, Korallen, Amethyst, Citrin und Topas. Die polierten Steine sind nicht allzu teuer. Falls Sie diese Steine nicht mögen, verwenden Sie ungekochte Reiskörner. Füllen Sie die Vase unbedingt bis zum Rand, egal, welche Füllung Sie gewählt haben. Falls möglich, sollten Sie etwas Erde aus dem Garten eines reichen Mannes darüberstreuen und sich so seine Energie leihen. Sie müssen ihn nicht persönlich kennen, sondern ihn nur um Erlaubnis fragen.

Stellen Sie die Reichtumsvase in einen Schrank, wo Sie vor den Augen der Öffentlichkeit verborgen ist.

OBEN *Arrowanafische bringen großen Wohlstand.*

Die dreibeinige Kröte

Die Feng-Shui-Industrie Taiwans hat erstaunliche Nachbildungen dieser dreibeinigen Kröte geschaffen, die ich vor einigen Jahren populär gemacht habe. Diese Kröten können aus jeglichem Material angefertigt sein, wobei sie am besten golden aussehen und Augen aus Halbedelsteinen haben sollten. Kaufen Sie keine Kröte aus Holz, Zinn oder Silber. Die goldfarbenen entsprechen der gewünschten Symbolik am besten. Sie brauchen nicht allzu groß sein. Solange sie wie eine echte Kröte aussehen, werden sie großes Reichtumsglück anlocken.

Die Kröte sitzt meist auf einem Bett aus Münzen und Goldbarren-Imitationen. In ihrem Maul hält sie eine Münze, die sie Ihnen auf symbolische Weise anbietet. Stellen Sie die Kröte nicht direkt vor den Eingang, sondern diagonal gegenüber, etwa in Hüfthöhe. Die Kröte hat zwei Vorderbeine und einen Schwanz, der als drittes Bein betrachtet wird. Kaufen Sie keine Kröte mit Bagua auf dem Rücken, außer Sie sind bereits reich und brauchen eine solche Kröte als Schutzsymbol. Soll die Kröte Reichtums-Chi anziehen, dürfen Sie keinesfalls eine mit Bagua auf dem Rücken nehmen.

Der Drachenfisch oder Arrowana

Der Drachenfisch wurde in den vergangenen Jahren immer populärer, da immer mehr Menschen die wunderbare Wirkung entdeckt haben, die dieser besondere Reichtumsenergetisierer in Ihrem Heim entfaltet. In Singapur züchtet man sie, und preisgekrönte Exemplare werden für eine ordentliche Summe verkauft.

Spielen Sie mit dem Gedanken, einen solchen Fisch zu halten, sollten Sie ihm kein Lebendfutter geben. (Ich tat das einst: Der Tod von lebendem Futter bringt schlechtes Karma, und ich bereue es heute. Füttern Sie sie eher mit gefrorenen Shrimps.) Am besten hält man nur einen Drachenfisch. Achten Sie auf einen ausreichend großen Wassertank. Drachenfische mit spitzem Schwanz sind Exemplaren mit rundem Schwanz in jedem Fall vorzuziehen. Stellen Sie das Aquarium in Ihrem Wohnzimmer an der Ost-, Südost- oder Nordwand auf.

OBEN *Goldfische sind eine wichtige Quelle für Glücks-Chi. Außerdem ist es entspannend, sie in einem Teich oder einem Aquarium zu beobachten.*

Der Goldfisch

Goldfische sind ebenso glückbringend wie der Arrowana und geben Ihnen die gleiche Menge an gutem Chi. Halten Sie neun Goldfische in der Nord-, Ost- oder Südostecke. Darunter sollte mindestens ein schwarzes Exemplar sein. Wenn Sie sie in einem Gartenteich halten, sollten Sie an ein Abdeckgitter denken, um sie vor Vögeln und wildernden Katzen zu schützen.
Keine Panik, falls ein Goldfisch stirbt hat das keine bösen Folgen. Ersetzen Sie einfach den toten Fisch.
Um Ihr Berufsglück anzukurbeln, können Sie zusätzlich ein paar schnelle Guppys halten, wenn das Aquarium mit den Goldfischen in der Nordecke steht.

OBEN *Fledermäuse sind glückbringende Symbole, besonders wenn echte Tiere in Ihrem Gebäude nisten. Aber ein Ziergegenstand mit einer roten Fledermaus ist ebenso empfehlenswert.*

Die rote Fledermaus

Nur wenigen Menschen ist bewußt, wie außerordentlich glückbringend die rote Fledermaus im chinesischen Pantheon der Glückssymbole ist. Es gilt als äußerst vielversprechend, wenn sich eine Kolonie dazu entscheidet, unter Ihrem Dach zu nisten. Selbst wenn sie es auf Ihr Geschäft abgesehen hat, sollten Sie sie nicht verscheuchen. Haben Sie keine echten Tiere, können Sie auf chinesisches Porzellan mit einem glückbringenden Fledermausmotiv zurückgreifen. Stellt man sie im Haus auf, gilt das als sehr günstig.

SIEHE AUCH
Feng-Shui-Tips für Unternehmer. S. 277–283

KAPITEL FÜNF: SYMBOLISCHES FENG SHUI

SYMBOLE DER LANGLEBIGKEIT UND DER GESUNDHEIT

OBEN *Der Kranich war in China jahrhundertelang ein Symbol für Langlebigkeit und Glück.*

Der Kranich

Neben dem Phönix ist der Kranich das beliebteste Vogelsymbol für Glück. In vielen alten, chinesischen Legenden spielt der Kranich häufig eine herausragende Rolle. Er ist ein Geschöpf, dem eine beachtliche Anzahl mythischer Merkmale zugeschrieben wird. Er gilt als der unsterbliche Patriarch der Vögel. Man sagt, es gebe vier Kranicharten – den schwarzen, den gelben, den weißen und den blauen –, wobei der schwarze Kranich das mächtigste Langlebigkeitssymbol sei. Angeblich leben diese Vögel bis zu 600 Jahre lang.

Es wird berichtet, daß auf dem Sargdeckel angebrachte Kraniche besonders günstig für die Seelen Verstorbener seien, denn sie brächten die Seelen sicher ins Paradies. Der Kranich ist wahrscheinlich das beliebteste Langlebigkeitssymbol: Meist wird er unter einer Kiefer abgebildet, die ebenfalls für ein langes Leben steht. Im alten China verwendete man einen weißen Kranich als Rangabzeichen für einen Hofbeamten vierten Grades.

Ich empfehle Ihnen und Ihrer Familie wirklich diesen Vogel als Symbol für Gesundheit und Lebenskraft. Stellen Sie den Kranich in Ihren Garten, am besten in die Westecke.

Die Kiefer

Die Chinesen betrachten die Kiefer als Langlebigkeitssymbol, weil es sich um eine immergrüne Pflanze handelt. Sie ist auch ein Zeichen für anhaltende Freundschaft und verkörpert Freunde, die selbst in schlechten Zeiten zu Ihnen halten. Kiefern bieten auch exzellenten Schutz vor herumirrenden Geistern, die vielleicht in Ihr Haus einzudringen versuchen, um die Familie zu stören. Wer einen Garten hat, sollte mindestens eine Kiefer darin angepflanzt haben. In China gibt es Kiefern, die angeblich schon 1000 Jahre alt sind.

Der Pfirsich

Man bezeichnet ihn oft als die Frucht der Feen, weil er die Unsterblichkeit versinnbildlicht. Er ist auch das Wahrzeichen der Ehe. Es geht die Sage, daß der Pfirsichbaum der Götter im westlichen Paradies Hsi Wang Mu wachse und nur alle 3000 Jahre blühe, um die Frucht des ewigen Lebens hervorzubringen. Das Holz des Pfirsichbaums gilt als besonders machtvoll, verwendet man es als Amulett, das den Träger vor Elend und Krankheit schützen soll.

OBEN *Die robuste Kiefer symbolisiert ein langes Leben und bietet daneben Schutz vor bösen Geistern.*

Die Chinesen sehen es als äußerst günstig an, wenn man bei einer Hochzeit Pfirsiche als Dekoration verwendet. Die Eltern können laut dieser Vorstellung das zukünftige Eheglück der Töchter schützen, wenn sie jedes Frühjahr Pfirsiche servieren. Das entspricht der Aktivierung des Eheglücks für die Töchter.

OBEN *Man sagt, die Langlebigkeit des Hirsches beruhe auf seinem Talent, den Pilz der Unsterblichkeit zu finden.*

Der Hirsch

Da der Hirsch angeblich sehr alt werden kann, gilt er ebenfalls als Symbol für ein langes Leben. Man sagt, der Hirsch sei das einzige Tier, das den Pilz der Unsterblichkeit finden könne.

Sau – Gott der Langlebigkeit

Das vielleicht beliebteste Wahrzeichen für ein langes Leben ist der Gott der Langlebigkeit selbst. Er ist unter dem

UNTEN *Das Verzehren von Pfirsichen gilt als äußerst förderlich für eine lange und gesunde Ehe.*

Namen Sau bekannt und wird oft so dargestellt, als ob er gerade aus einem Pfirsich schlüpfen würde. Oder er befindet sich in der Gesellschaft der zwei ihn begleitenden Götter, der Sternengötter des Glücks und des Reichtums, Fuk und Luk. Es ist äußerst empfehlenswert, diese drei Götter zusammen aufzustellen.

Sau wird immer lächelnd abgebildet, er sieht nett und freundlich aus. Er hat eine hohe Stirn, trägt manchmal einen Stab und sitzt auf einem Hirsch. Oft ist er von anderen Langlebigkeitssymbolen umgeben.

Ein Gemälde mit dem Gott der Langlebigkeit ist hervorragend als Geburtstagsgeschenk für einen älteren Familienpatriarchen geeignet. Ein Bild des Gottes der Langlebigkeit im Haus gilt als eines der besten Mittel, um Gesundheitsglück für alle Bewohner zu erzeugen und ihnen im Kampf gegen schwere Krankheiten und Unfallfolgen zu helfen.

Bambus

Dies ist ein weiteres Langlebigkeitssymbol, wahrscheinlich aufgrund seiner Haltbarkeit. Außerdem ist der Bambus ein immergrünes Gewächs

LINKS *Der Gott Sau wird die Bewohner vor Krankheit und Unfällen schützen und ihr Leben verlängern.*

und überdauert die kalten Wintermonate. Der Bambus gilt als äußerst günstige Pflanze, und sein Rohr kommt im Feng Shui häufig zum Einsatz. Man nimmt an, daß der Bambus als Teil von Windspielen und Flöten die Kraft habe, das Sha Chi (tödliche Energie) zu zerstreuen, das von scharfen Kanten und Ecken ausgeht. Alleine aufgehängt und mit einem roten Faden energetisiert, ist der Bambus auch hervorragend dafür geeignet, die Wirkung von Deckenbalken und anderen bedrohlichen, scharfen Kanten zu neutralisieren.

Möbel aus Bambus gelten als äußerst günstig, sie verkörpern anhaltendes Glück. Wenn Sie bereits erfolgreich sind, wird ein Möbelstück aus Bambus im Osten oder Südosten Ihres Hauses für eine Fortsetzung Ihrer Glückssträhne sorgen. In China gibt es viele Bambusarten, wobei jede dieser Arten als Symbol angeblich einen anderen Lebenswunsch vertritt.

Zikade

Die Zikade wird als mächtiges Unsterblichkeitssymbol angesehen. Sie steht auch für die Möglichkeit eines großen Comebacks. Wenn Sie viel Pech hatten und dringend einen Aufschwung vertragen könnten, ist das geeignetste Symbol für Ihr Haus eine Zikade. In früheren Zeiten begrub man eine Jadezikade oft mit den Toten, da man glaubte, dies beschere ihnen im Leben nach dem Tode großen Reichtum. Die Zikade ist auch ein Wahrzeichen des Glücks und der ewigen Jugend.

Junge Menschen, die gerade im Begriff sind, ihre Karriere aufzubauen, werden von einer Zikade in ihren Büroräumen sehr stark profitieren. Erwerben Sie am besten eine Zikade, die aus einem Halbedelstein angefertigt wurde.

OBEN *Bambus verkörpert nicht nur ein langes Leben, er sorgt auch für gutes Feng Shui. Windspiele und Möbel aus Bambus können schädliche Energie neutralisieren.*

LINKS *Eine Zikadennachbildung aus Jade kann Pech in Glück verwandeln sowie Wohlergehen und ein langes Leben garantieren.*

KAPITEL FÜNF: SYMBOLISCHES FENG SHUI

SYMBOLE DER LIEBE UND DER EHE

RECHTS *Die Päonie gilt als Königin der Blumen. Stellt man sie im Haus auf, wird sie sich für frischverheiratete Paare als günstig erweisen. Oder eine erwachsene Tochter bekommt einen liebevollen Ehemann. Ältere Paare sollten sie im Schlafzimmer vermeiden, da das junge Liebes-Chi möglicherweise dazu anregt, auch ein Auge auf andere Partner zu werfen.*

Die Päonie

Die Pfingstrose ist die Königin der Blumen und verkörpert die eheliche Liebe. Wenn Sie junge Töchter im heiratsfähigen Alter in der Familie haben, wird eine Päonie dafür sorgen, daß sie liebevolle Ehemänner bekommen, die sich um sie kümmern. Die Päonie steht also für Eheglück, besonders wenn man ihr Bild in der südwestlichen Ecke des Hauses aufhängt.

Man sollte die Päonie nicht im Schlafzimmer eines älteren Ehepaares aufstellen oder aufhängen, da diese Blume die Energie junger Liebe erzeugt. Sonst riskiert der Ehemann eventuell einen Blick auf andere Frauen.

Mandarinenten

Ein aufgestelltes Paar Mandarinenten verkörpert gleichfalls die junge Liebe und Romantik. Darüber hinaus versinnbildlichen die Enten eine Liebe mit Happy-End – im Gegensatz zu den Schmetterlingen, die für eine Liebe mit traurigem Ausgang stehen. Die Mandarinente symbolisierte schon immer die junge Liebe eines frischverheirateten Paares. Nehmen Sie nicht eine oder drei Mandarinenten, sondern immer ein Paar. Stellen Sie sie in die südwestliche Ecke, die für Ehe und Liebe bestimmt ist. Sie können sie auch im Schlafzimmer aufstellen.

Doppeltes Glückszeichen

Dieses Symbol wird fast ausschließlich mit der Ehe in Verbindung gebracht. Man sagt, es versinnbildliche eine Ehe, die glücklich, fruchtbar und dauerhaft sei, weswegen dieses Symbol die Vervielfältigung des Glücks darstelle. Wenn Sie gerade geheiratet haben, sollten Sie dieses Zeichen an Ihren Schlafzimmermöbeln anbringen und vor allem auch Eheringe tragen, die mit diesem Symbol verziert sind.

OBEN *Tragen Sie das Zeichen für Doppeltes Glück als Schmuckstück und bringen es in Ihrem Heim (besonders im Schlafzimmer) an, wird das Ihre Ehe erfüllen und ihr Dauer verleihen.*

UNTEN *Der Ring des doppelten Glücks ist ein perfekter Verlobungs- oder Freundschaftsring.*

LINKS *Das Glück des Hochzeitstages kann man durch Liebes- und Romantiksymbole noch verlängern.*

WEITERE GLÜCKSSYMBOLE

Die vier himmlischen Glücksgeschöpfe

Wenn Sie Nachbildungen der vier himmlischen Geschöpfe (Drache, Phönix, Schildkröte und Tiger) in Ihrem Haus aufstellen, werden sie Ihnen Glück bringen.

Der Drache ist das höchste der vier Glückssymbole. Als glückbringend gelten folgende Kombinationen: ein einzelner Drache mit einer Perle, zwei um eine Perle kämpfende Drachen oder neun auf einem Wandschirm abgebildete Drachen. Am besten stellt man den Drachen im östlichen Teil des Hauses auf. Aber auch an anderen Stellplätzen wird er Ihnen Glück bringen. Im Schlafzimmer hat er jedoch nichts zu suchen: Er verströmt zu viel Yang-Energie und verursacht schlaflose Nächte. Der Drache eignet sich auch hervorragend für Ihr Geschäft. Dabei sollte er jedoch dickbäuchig sein und wie das blühende Leben aussehen.

Der Phönix steht für günstige Gelegenheiten. Wenn man ihn im Südteil des Hauses aufstellt, sorgt er für reichliche Verdienstchancen und für einen Start in eine glänzende Karriere. Falls Sie keinen Phönix haben, erfüllt ein anderer Vogel mit feinem Gefieder denselben Zweck. Die Schildkröte ist das bedeutendste Glückssymbol, denn sie verkörpert viele positive Dinge.

OBEN *Die Schildkröte ist ein Symbol für ein langes Leben und ein allgemeines Glückssymbol.*

Die Schildkröte im Haus fördert stetes Glück und Schutz vor Unglück. Sie lebt sehr lange und hat auch die entsprechende Bedeutung inne. Ihr harter Panzer steht ebenso für den Schutz vor Not, Krankheit und übelwollenden Menschen. Falls sich eine echte Schildkröte in Ihr Haus verirren sollte, heißen Sie sie willkommen und geben Sie ihr zu fressen ... der Reichtum steht sozusagen schon vor Ihrer Tür.

Das Einhorn oder Drachenpferd ist, wie die Fu-Hunde, ein Schutzsymbol. Beide können auch an die Stelle des Tigers treten. Denken Sie daran, daß der Tiger das Tier ist, vor dem Sie sich am meisten in acht nehmen müssen. Tatsächlich erleben in jedem Tiger-Jahr viele reiche Firmenchefs den Zusammenbruch ihres Imperiums. Außerdem kommt es in diesen Jahren auch zu vielen Naturkatastrophen. Fu-Hunde und Einhörner bieten Ihnen ebenfalls Schutz, sind aber gleichzeitig nicht so wild wie der Tiger.

OBEN *Der himmlische Drache mit einer Perle zwischen den Krallen ist ein sehr mächtiges Glückssymbol.*

RECHTS *Die Drachenphönixvase verkörpert das Eheglück.*

LINKS *Die Drachenschildkröte mit ihrem Baby bringt Ihnen acht Arten von Glück, besonders Reichtum.*

RECHTS *Das Drachenpferd bringt Reichtum, Erfolg, Ruhm und Ehre.*

KAPITEL SECHS

WASSER-FENG-SHUI FÜR WOHLSTAND

Die richtige Fließrichtung sowie die geeignete Wassermenge sind Faktoren, die die Erzeugung außerordentlichen Glücks in Form von Reichtum und Wohlstand bewirken können. Wasser bedeutet Reichtum! Gutes Wasser schwemmt quasi Geld an Land, ungünstiges Wasser trägt es mit sich fort. Wasser bildet neben dem Wind auch einen der zwei Bestandteile des Feng Shui. Gehen Wasser und Wind eine harmonische Beziehung ein, folgt daraus enormes Glück.

Wasser-Feng-Shui ist ein Kompaß-Verfahren, das die Methoden zur Analyse von Wasserläufen bereitstellt. Die Formel unterscheidet zwischen großem Wasser (natürliche Gewässer) und kleinem Wasser (künstliche Gewässer). Beide tragen das Potential in sich, demjenigen, der Wasser-Feng-Shui-Techniken einsetzt, Reichtum zu bringen. Die Formel bezieht sich auf die Art und Weise, in der das Wasser vor der Haupteingangstür vorbeifließt. Sie beurteilt, wie es sich dem Haus nähert und wie es sich dem Blickfeld entzieht. Es gibt günstige und ungünstige Fließrichtungen. Und es gibt Methoden, mit denen man die Wasserläufe so ausrichtet, daß sie den überaus günstigen Wasserdrachen simulieren ... Wer seinem Geldglück auf die Sprünge helfen möchte, sollte sich dieses Kapitel genau vornehmen, um den Wassertyp zu finden, der optimal zum eigenen Heim paßt!

LINKS *Wasser kann jedem, der Wasser-Feng-Shui praktiziert, enormen Wohlstand bescheren – sei es in der vertrauten Umgebung des eigenen Heims oder am Arbeitsplatz.*

KAPITEL SECHS: WASSER-FENG-SHUI FÜR WOHLSTAND

GÜNSTIGES UND UNGÜNSTIGES WASSER

RECHTS *Wasser (Feng) und Wind (Shui) sind die zwei Hauptbestandteile des Feng Shui. Das Fließen des Wassers auf der Erde wurde auch mit dem Strömen des unsichtbaren Chi in der Atmosphäre in Verbindung gebracht.*

OBEN *Wasserobjekte vor einem Wohn- oder Bürohaus können Glück bringen, vorausgesetzt, sie wurden nach Feng-Shui-Richtlinien angelegt.*

Das harmonische Fließen eines Wasserlaufs in der Nähe eines Hauses oder Gebäudes galt seit jeher als günstig. Die meisten Feng-Shui-Meister weisen darauf hin, daß Wasser stets enormen Reichtum und Gelegenheiten für geschäftliches Wachstum verspricht. Fließt das Wasser in die richtige Richtung, bringt es, ganz unabhängig von seiner Erscheinungsform, Glück für Ihr Heim. Das liegt vermutlich daran, daß das Wasser in der Lage ist, das Fließen der unsichtbaren Chi-Ströme, die um die Erde wirbeln, widerzuspiegeln.

Gemäß den alten Texten kann das durch Wasser erzeugte Chi einerseits großen Reichtum herbeiführen, andererseits vermag es aber auch den Wohlstand der Familie fortzuschwemmen. Wasser verfügt somit zwar über das Potential, enormen Reichtum anzuziehen, bei falscher Ausrichtung kann es jedoch das Gegenteil bewirken.

UNTEN *Wasserobjekte, die richtig gestaltet und plaziert sind, verfügen über so viel Kraft, daß sie das Glück in Ihr Haus locken.*

EMPFEHLUNGEN UND WARNUNGEN

Damit Wasser seine günstige Wirkung entfaltet, sollte es grundsätzlich langsam fließen und sauber sein. Flüsse, die in sanften Schleifen direkt vor der Haustür vorbeifließen, gelten als exzellent. Aus Sicht des Feng Shui sind also Flüsse, die sich gleichmäßig durch das flache Land winden, günstiger als reißend schnell dahinfließende und womöglich von Stromschnellen und Wasserfällen unterbrochene. Nach der Formschule des Feng Shui gilt der Fluß, »der das Haus wie ein Jadegürtel umarmt«, als die günstigste Manifestation von Wasser.

Diese Anordnung soll der Familie unerhörtes Glück bringen, das mindestens fünf Generationen anhält.

An einem Haus vorbeifließende Flüsse sollten nie völlig geradlinig verlaufen oder scheinbar auf das Gebäude zufließen, da sie dann zu Giftpfeilen mutieren können, die das gefährliche tödliche Sha Chi mit sich tragen. Wasser sollte das Haus immer »umarmen« und nicht darauf zuschießen. Wenn ein Fluß also direkt auf die Eingangstür eines Hauses zu zielen scheint, ist dies kein gutes Zeichen.

Desgleichen sollte das Wasser nie hinter dem Haus oder Gebäude vorbeifließen. Diese Konstellation steht für verpaßte Gelegenheiten: Obwohl sich viele Möglichkeiten für Aufstieg und Erfolg bieten mögen, ist es für die Bewohner schwierig, diese Chancen zu nutzen. Das Feng Shui eines Gebäudes ist also ungünstig, sollte ein Fluß hinter dem Haus vorbeifließen.

Eine andere Hauptregel lautet: Wasser darf nicht scheinbar vom Haus wegfließen, besonders nicht von der Haupteingangstür des Gebäudes. Dies ist ein sicheres Anzeichen für Verlust. Ich kenne Gebäude mit ausgeklügelten Wasserobjekten, die wohl mit Feng Shui Gedanken im Hinterkopf angelegt wurden. Es wurde allerdings nicht berücksichtigt, daß das Wasser nach außen statt nach innen fließt, so daß die Bewohner des Hauses in der Folge schwere Verluste erlitten.

LINKS *Wohnen am Fluß wirkt verlockend. Ein gerader Flußlauf beeinträchtigt jedoch das Feng Shui eines Hauses. Ein Haus sollte ebensowenig mit der Rückseite zum Fluß stehen.*

In der Welt der Wirtschaft gibt es eine Reihe solcher Beispiele, etwa das Lippo-Gebäude im Zentrum Hongkongs: Mehrere bekannte Unternehmen, die dort residierten – darunter die Alan Bond Group, die Bank of Credit and Commerce International sowie Peregrine Investments, eine erfolgreiche Handelsbank –, erlebten ein finanzielles Desaster. Das Gebäude war nämlich von einem Kanalsystem umgeben, durch das das Wasser nach außen und damit vom Gebäude wegfloß. Dieser Fehler zeitigte offenbar katastrophale Folgen.

Die Richtung des Wasseraustritts spielt also im allgemeinen Wasser-Feng-Shui eine wichtige Rolle. Sie ist ebenfalls von zentraler Bedeutung, wenn man einen Wasserdrachen im Garten anlegen will und die zahlreichen Ratschläge zu Wasserläufen berücksichtigt, die im *Klassiker des Wasserdrachen* beschrieben sind – einer berühmten Abhandlung über das Wasser, von der man annimmt, sie bewahre die Geheimnisse der günstigen Ausrichtungen und Fließrichtungen für die Gesamtheit der 24 Türrichtungen. Diese Formel ist eine fortgeschrittene Technik, die vornehmlich in Taiwan von Meistern des Wasser-Feng-Shui ausübt wird.

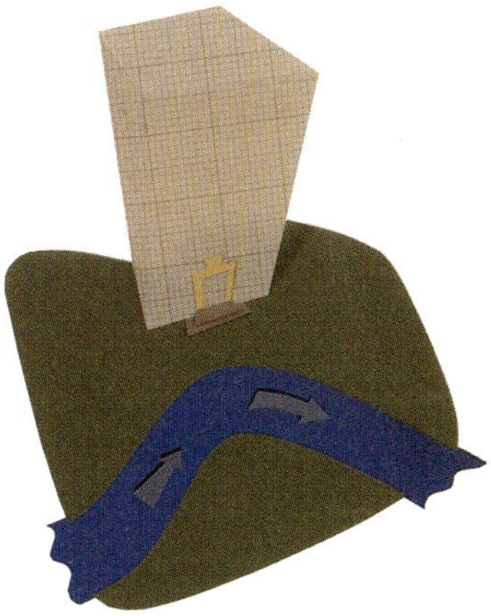

UNTEN *Die Fließrichtung ist sehr wichtig. Wasser, das vom Gebäude wegzufließen scheint (rechts), ist schlecht. Besser: ein Lauf, der das Haus förmlich umarmt (links).*

Kapitel Sechs: Wasser-Feng-Shui für Wohlstand

GROSSES UND KLEINES WASSER

OBEN *Natürliche Gewässer, wie dieser See in Hallstatt (Österreich), können sehr günstig für die Chi-Energie sein, sofern Häuser und andere Gebäude so angelegt sind, daß sie davon profitieren können.*

Wasser-Feng-Shui unterscheidet zwischen großem und kleinem Wasser. Großes Wasser bezieht sich auf natürliche Gewässer, kleines Wasser auf künstlich angelegte Teiche oder Wasserobjekte. Beide entfalten eine eigene Wirkkraft, die für gutes oder schlechtes Feng Shui stehen kann. Bei der Planung und Gestaltung von Wasserobjekten sollten Feng-Shui-Richtlinien unbedingt berücksichtigt werden. Man sollte nicht von einer generell positiven Wirkung des Wassers ausgehen. Ist es falsch angelegt oder fließt es schädlich, so kann das Wasser Ihr ganzes Geld fortspülen.

Künstliche Gewässer sind zwar mächtig, lassen sich aber nicht mit der Urkraft günstiger natürlicher Gewässer vergleichen. Deren Potential als Reichtumsbringer ist künstlichen Objekten weit überlegen. Natürliche Gewässer sind Teil der natürlichen Landschaft. Es gibt sie in verschiedener Form – als Meere, Ozeane, Flüsse, Ströme, Seen und Wasserfälle. Diese Gewässer treten in diverser Gestalt und Größe auf, sie existieren in jeglicher Art von Umgebung. Wasser-Feng-Shui nutzt das günstige Chi natürlicher Gewässer. Es erfordert eine sorgfältige Analyse von Größe, Form und Merkmalen der Umgebung des Wassers, so daß das reichtumsfördernde Chi des vorbeifließenden Wassers wirksam ins Haus geleitet wird.

Indem man den eben beschriebenen Richtlinien folgt, kann man zwar Häuser und Gebäude so anlegen, daß sie sich die Vorteile natürlicher Gewässer zunutze machen: Um aber einen wirksamen und dauerhaften Erfolg zu haben, sollte man am besten die Techniken aus dem *Klassiker des Wasserdrachen* anwenden. Sie bieten spezielle Ratschläge zur:

- Fließrichtung des Wassers vor der Haupteingangstür.
- Art und Weise, wie das Wasser das Grundstück umfließt.
- Ein- und Austrittsrichtung des Wassers.

Die Anweisungen im *Klassiker des Wasserdrachen* verlangen meist eine Änderung der Hausrichtung, um das vorbeifließende Wasser »nutzen« zu können. Früher hat man die Vordertüren von Wohnhäusern oft erst festgelegt, nachdem man sorgfältig die Ausrichtung eines jeden in der Nähe gelegenen Flusses oder Gewässers berechnet hatte.

Liegt also ein Fluß in Ihrer Sichtweite, wäre es ratsam, zumindest die zentralen Punkte dieser Formel anzuwenden. So können Sie sicher sein, daß Ihr Haus auch vom Gewässer profitieren wird. Bedenken Sie, daß sogar kleine Bäche und Flüsse äußerst günstig sein können. Künstlich angelegte Gewässer wie Fischteiche, Swimmingpools, Springbrunnen und Wasserfälle können ebenso günstig wirken, wie natürliche Gewässer.
Tatsächlich erfreuen sich bestimmte Wasserobjekte, wie Zierteiche in modernen Gärten und in der Landschaftsarchitektur öffentlicher Park- und Gartenanlagen, immer größerer Beliebtheit. Sie verwandeln sich dabei in herausragende Chi-Lieferanten für all jene Menschen, die in ihrer Nachbarschaft leben und somit davon profitieren können.

Wer sich kein Wasserobjekt leisten kann, sollte die Wasserfluß-Richtlinien des *Klassikers des Wasserdrachen* allerdings auf die einfachen Abflüsse des Hauses anwenden. Beachten Sie, daß diese insbesondere für den Fernen Osten, also für Länder wie Malaysia, gelten, deren Abwassersysteme für große Wassermengen gebaut wurden, wie sie während des Monsunregens entstehen. So sind diese Regeln für westliche Häuser weniger geeignet. Fließt das Wasser korrekt um das Haus herum, kann dies unter Umständen mehr Glück bringen als rein dekorative Elemente wie Zierteiche oder künstliche Wasserfälle.

OBEN *Künstlich angelegte Wasserobjekte können ebenso wirksam sein, wenn man das Wasser-Feng-Shui befolgt.*

AKTIVIERUNG DES GROSSEN WASSERS

Die wichtigsten Richtlinien zur Aktivierung von großem Wasser sind im folgenden zusammengefaßt. Sie garantieren, daß:

- die Ausrichtung der Haupteingangstür in einer günstigen Verbindung mit der Fließrichtung des großen Wassers steht (also entweder nach links oder nach rechts).
- das Wasser in einer Richtung liegt, die mit der Richtung der Vordertür harmoniert.

Es ist also von großer Bedeutung, ob Wasser *von links nach rechts* oder *von rechts nach links* fließt. Dies hängt von der Art des Hauses ab, die wiederum von der Ausrichtung des Haupteingangs bestimmt wird.

Wenn das große Wasser nicht in die korrekte Richtung fließt, ist es ratsam, die vordere Haustür neu auszurichten. Natürlich ist es nicht für jeden möglich, an einem günstigen großen Wasser zu leben. Stadtbewohner haben wohl Schwierigkeiten, einen natürlichen Wasserlauf zu nutzen, es sei denn die Stadt liegt an einem großen See oder sie wird von einem Fluß durchströmt. Gerade deshalb ist es für jeden empfehlenswert, das Glücks-Chi zu nutzen, das irgendein anderes, nahegelegenes großes Wasser erzeugt.

Dies gilt um so mehr für Gebäude in Flußnähe. Leben Sie an einem Fluß oder einem anderen großen Gewässer, sollte das Haus dem Wasser die Vorderfront zukehren. Ist es dagegen nicht möglich, den Haupteingang nach der Flußseite auszurichten, sollten Sie den Fluß vor ihrem Haus abgrenzen, indem Sie eine Mauer bauen, die den Fluß symbolisch aus Ihrem Sichtfeld verbannt.

Abgesehen von Ihrem Blick auf das Wasser ist auch die Fließrichtung von immenser Bedeutung. Eine erfolgreiche Nutzung der günstigen Einflüsse eines Flusses hängt also davon ab, ob er vor dem Haus in der passenden Richtung fließt.

OBEN *Häuser sollten zum Fluß hin weisen, wobei die Fließrichtung des Wassers zur Ausrichtung der Vordertür passen sollte.*

VON RECHTS NACH LINKS FLIESSENDES WASSER ÄUSSERST GÜNSTIG FÜR HÄUSER, DEREN TÜREN DIREKT IN FOLGENDE RICHTUNG WEISEN:	
Ting/Wei	(Süden/Südwesten)
Kun/Sen	(Südwesten)
Sin/Shih	(Westen/Nordwesten)
Chian/Hai	(Nordwesten
Kway/Choh	(Norden/Nordosten)
Gen/Yin	(Nordosten)
Yi/Shen	(Osten/Südosten)
Shun/Tze	(Südosten)

VON LINKS NACH RECHTS FLIESSENDES WASSER ÄUSSERST GÜNSTIG FÜR HÄUSER, DEREN TÜREN DIREKT IN FOLGENDE RICHTUNG WEISEN:	
Ping/Wu	(Süden)
Ken/Yu	(Westen)
Zen/Cher	(Norden)
Chia/Mau	(Osten)

Die in den Tabellen aufgeführten Fließrichtungen des Wassers vor dem Eingang basieren auf der Wasserdrachen-Formel. Sie gelten als die günstigsten Richtungen für jede Türart.

Wenn Sie in Meeresnähe leben, sollten Sie ein Haus mit Eigentumswohnungen (in einem größeren Gebäude) einem Bungalow vorziehen. Ein großes Gebäude ist eher in der Lage, die Wirkung des riesigen Wassers – symbolisiert durch das Meer – auszugleichen. Die Gegenwart einer zu großen Wassermenge kann bei einer zu nahe am Meer gelegenen Wohnung ein Ungleichgewicht zur Folge haben. Steht das Haus jedoch nicht zu isoliert und harmoniert durch spezielle Maßnahmen mit den anderen Elementen, die die Wirkung des Wassers ausbalancieren, dann wird Ihnen das Meer Glück bringen.

Sie sollten auch auf die Größe der Wellen am Strand vor Ihrem Haus achten. Ist es sehr windig und gibt es häufig Stürme, gilt dies als nicht besonders günstig – außer man kann eine Art symbolischen Schutz errichten.

GANZ LINKS *Die Ausrichtung des Haupteingangs bestimmt, ob der Fluß des Wassers günstig oder ungünstig ist.*

LINKS *Nicht jedes Haus ist zu einem großen Wasser korrekt ausgerichtet. Es kann nötig sein, als symbolischen Schutz eine Mauer zu errichten.*

SIEHE AUCH
- Die Wasser-Standort-Formel S. 254–255

KAPITEL SECHS: WASSER-FENG-SHUI FÜR WOHLSTAND

AKTIVIERUNG DES KLEINEN WASSERS

OBEN *Ein künstlich angelegter Wasserfall ist in jedem Garten schön und hilft Ihnen vielleicht, Ihren Kontostand zu erhöhen. Der beste Ort für einen Wasserfall ist die nördliche Gartenecke, aber auch Osten und Südosten sind geeignet.*

RECHTS *Dieser sanft sprudelnde Springbrunnen in einer gewellten Schale ist exzellentes Feng Shui und spiegelt die positive Chi-Ansammlung wider.*

Am besten aktiviert man kleines Wasser für Feng-Shui-Zwecke, indem man die künstlichen Strukturen (z. B. Teiche) nach der Wasserdrachen-Formel anlegt, wobei sorgfältigst auf die Abflüsse geachtet werden muß. Je nach individuellem Wunsch und vorhandenem Platz kann man auch andere Objekte im Garten anlegen. Drei Arten von künstlichen Wasserobjekten (Wasserfall, Springbrunnen und Fischteich) haben das Potential, Ihr Feng Shui zu verbessern, und verschönern zudem den gut geplanten Garten.

Wasserfälle gehören zu den beliebtesten Beispielen für künstlich angelegte kleine Wasser. Ein kleiner künstlicher Wasserfall im Garten oder vor dem Haupteingang (aber nicht direkt davor) erzeugt auf besonders effektive Weise Sheng Chi. Idealerweise sollte sich der Wasserfall in der nördlichen Ecke des Gartens befinden. Alternativ dazu sind auch der Osten und der Südosten geeignet.

Diese Ecken sind hinsichtlich der Element-Beziehungen untereinander austauschbar. Laut den Feng-Shui-Richtlinien sorgt ein prächtiger Wasserfall, der von der Haustür zu sehen ist, für Geschäftschancen und einen Karriereaufschwung sowie für eine beachtliche Menge an Geldglück. Wenn Sie einen Wasserfall anlegen, sollte seine Größe den Proportionen des Hauses entsprechen. Ein zu großer Wasserfall überschattet das Haus und bringt zu viel Chi-Energie hervor. Bei der Dekoration mit Felsen und großen Steinen sollten Sie auch darauf achten, daß diese nicht an etwas Feindseliges oder Bedrohliches erinnern, das Sha Chi erzeugen und somit die Vordertür schädigen könnte.

Legen Sie den Wasserfall niemals direkt vor oder gegenüber der Haupteingangstür an. Dies könnte sonst das erstrebenswerte Chi davon abhalten, in Ihr Haus zu strömen. Der ideale Platz für einen Wasserfall ist links von der vorderen Tür (von innen aus gesehen).

Springbrunnen sind äußerst beliebt und ebenso wirksam, wenn man sie zur Verbesserung des Feng Shui im Garten installiert. Es gibt unterschiedlichste Ausführungen, wobei das Wasser auf verschiedenste Weise hervorsprudelt. Jede Variante ist als kleines Wasser geeignet. Der perfekte

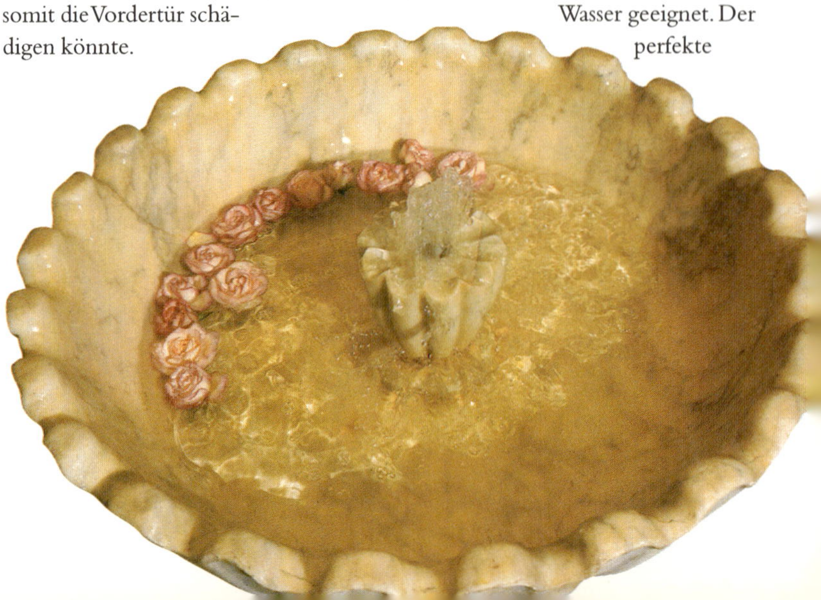

Platz für den Springbrunnen liegt im Vorgarten, wo man ihn von der Haustür aus genau sehen kann. Stellen Sie zuerst fest, ob Sie genug Platz haben. Um am meisten vom Springbrunnen zu profitieren, sollte der Freiraum vor der Eingangstür mindestens 6 m betragen. Dies verbessert das Feng Shui des Hauses ganz enorm. Springbrunnen plaziert man am besten in einem Teil des Grundstücks, der vom Element Wasser (z. B. Norden) oder vom Element Holz (Osten oder Südosten) beherrscht wird, da diese Sektoren miteinander vergleichbar sind. Wenn Ihnen Springbrunnen gut gefallen, können Sie auch Minibrunnen in Ihrem Haus oder Büro aufstellen.

Ein gutes Beispiel für den erfolgreichen Einsatz dieser Methode bei einem Unternehmen ist Prudential Asia in Hongkong. Seit dem bemerkenswerten Tag im Jahr 1987, als ein Springbrunnen korrekt vor ihrem Firmensitz in Alexandra House angelegt wurde, hat Prudential Asia dies nie bereut. Heute ist das Unternehmen weltweit wohl eine der erfolgreichsten unabhängigen Investmentbanken mit Vermögensmanagement.

Auch bei einem Springbrunnen ist das Gefühl für Gleichgewicht wichtig: Er sollte sich durch seine Größe im Garten nicht zu sehr in den Vordergrund drängen und ein Zuviel an Energie ausstrahlen. Das bringt mehr Schaden als Nutzen. Gleichgewicht ist einer der Feng-Shui-Grundbegriffe.

Gartenliebhaber sind häufig von Fischteichen angetan. In Malaysia ist es ein beliebtes Hobby, einige Koi oder japanische Karpfen zu halten, und es ist sinnvoll, den Fischteich als Feng-Shui-Werkzeug einzusetzen. Wahrscheinlich stellt er eine der wirksamsten Methoden dar, günstiges und gutes Sheng Chi zu erzeugen.

Fische in Haus oder Garten sind auch günstig, weil sie allgemein als Reichtums- und Wohlstandssymbole gelten. Chinesen beziehen sich oft auf sie, wenn sie gerade über Wachstum und Expansion sprechen.

Auch Fischteiche sollten nicht zu ausgefallen oder zu groß sein. Sie sollten im nördlichen, östlichen oder südöstlichen Sektor des Gartens untergebracht werden. Die Frauen des Hauses sollten auch nicht vergessen, daß (Fisch-)Teiche nie rechts von der Eingangstür (von innen aus gesehen) liegen dürfen. Obwohl sie günstig sein mögen und sogar für Reichtum sorgen, haben sie doch auch die Kraft, weitere Beziehungen im Haus zu fördern. Liegt ein Teich rechts von der Haustür, neigen die Männer der Familie eher zur Untreue, sie machen anderen Frauen schöne Augen oder – noch schlimmer – verlassen gar ihre Gemahlinnen.

OBEN *Der beste Ort für einen Fischteich ist Norden, Osten oder Südosten.*

OBEN *Das Design ihres Fischteiches sollte schlicht und einfach sein.*

OBEN *Ein Fischteich in Form einer Acht gilt als äußerst günstig.*

Die Zeichnungen auf dieser Seite sind Vorschläge für Fischteiche. Es lassen sich auch weitere günstige Symbole damit kombinieren, wie etwa Wasserfälle und Springbrunnen. Falls Sie Koi halten möchten, muß das Wasser tief genug sein und immer in Bewegung bleiben.

Im Feng Shui gelten Swimmingpools allgemein als negativ. Meist raten Feng-Shui-Experten ab, einen Swimmingpool auf dem Grundstück zu bauen, außer das Grundstück ist sehr weitläufig und das Haus ähnelt eher einem Country-Club als einem durchschnittlichen Einfamilienhaus. Der Grund: Ein Pool überwältigt oft das Haus. Die große Wasserfläche erzeugt Ungleichgewicht. Liegt er zudem im falschen Gartensektor und harmonieren die jeweiligen Elemente nicht, dann verursachen sie mehr Pech als Glück. Auch können Pools, insbesondere wenn sie eine rechteckige Form haben, durch die Ecken unbeabsichtigtes Sha Chi erzeugen. Richtet sich diese Energie dann auch noch gegen eine Tür, kann es eventuell zu Unglücksfällen kommen.

Wenn Sie trotz allem unbedingt einen eigenen Pool haben wollen, sollte er rund, oval oder nierenförmig und nicht allzu groß sein. Schmiegt sich die Form des Pools ans Haus, simuliert das eine günstige Anordnung der Wasserfläche. Gefällt Ihnen ein kleiner Pool nicht, ist es immer noch besser, den ganzen Plan zu verwerfen und ein öffentliches Schwimmbad aufzusuchen.

OBEN *In China wird die Acht als sehr günstige Zahl angesehen. Deshalb ist die Form dieser Zahl gut für einen Fischteich geeignet.*

UNTEN *Verzichten Sie auf eckige Swimmingpools, da dies das negative Sha Chi fördert. Am besten ist ein einfaches rundes, ovales oder nierenförmiges Becken.*

KAPITEL SECHS: WASSER-FENG-SHUI FÜR WOHLSTAND

AKTIVIERUNG DER REGENRINNEN EINES HAUSES

UNTEN *Früher waren in China die Häuser wohlhabender Höflinge von Wasserläufen umgeben, die man angelegt hatte, um gutes Feng Shui zu erzeugen. Heute kann man das Abwassersystem eines Hauses zum selben Zweck nutzen.*

Ihr Wasser-Feng-Shui wird nicht vollständig sein, solange die Abwasserleitungen eines Gebäudes oder Hauses nicht berücksichtigt werden. Dies betrifft nur sichtbare Leitungen, wo der Fluß des Wassers (meist des Regenwassers) zu sehen ist. Was dem Blick verborgen bleibt, kann man problemlos vernachlässigen, da unsichtbare Rohre als nicht existent gelten.

Rohre mögen zunächst unbedeutend erscheinen, doch ihr Einfluß auf die unsichtbaren, gutes und schlechtes Feng Shui erzeugenden Kräfte wird leicht unterschätzt. Günstige Abwasserströme ziehen Feng-Shui-Glück so wirksam an, daß sich jeder auf diese Rohre als Teil der Praxis konzentrieren sollte, der den Einsatz von Feng Shui zur Erlangung von Geld und Reichtum erwägt. Die zur korrekten Ausführung notwendige Formel bildet dabei den Hauptteil der Wasserdrachen-Formel.

Früher errichteten wohlhabende Mandarine des Kaiserhofs beim Bau ihres Wasserdrachen komplizierte Wasserwege um ihre Herrschaftshäuser. Heutzutage ist es ähnlich wirksam, die Regenrinne zu nutzen, anstatt ein Kanalnetz ums Haus anzulegen.

Wenn Sie die Möglichkeiten erkunden, gutes Wasser-Feng-Shui für Ihr Haus zu aktivieren, sollten Sie unbedingt herausfinden, wie die öffentlichen Abwasserkanäle außerhalb des Hauses in Relation zu Ihrem Grundstück liegen.

Abwasserrohre moderner Häuser sind – besonders im Fernen Osten – meist so angelegt, daß sie erst um das Haus herum verlaufen, bevor sie in das kommunale Abwassernetz münden, das entweder vor oder hinter dem Haus bzw. Grundstück oder seitlich davon liegt. Die Ausrichtung der Rohre und ihre Fließrichtung beeinflussen Ihr Feng Shui. Manchmal kann ihre Anordnung auch Probleme bereiten, wenn Abwasser nicht in die gewünschte Richtung abfließen kann, weil die Kanalisation ungünstig gelegen ist. Wenn Sie herausfinden möchten, ob Ihnen das kommunale Abwassernetz Glück oder Unglück bringt, sollten Sie prüfen, ob die Fließrichtung des Wassers der gewünschten Richtung entspricht, die auf der Ausrichtung der Haupteingangstür basiert. Denken Sie daran, daß das Wasser:

- von links nach rechts fließen sollte, wenn die Vordertür in eine der Haupthimmelsrichtungen zeigt;
- von rechts nach links fließen sollte, wenn die Vordertür in eine der Sekundärrichtungen weist.

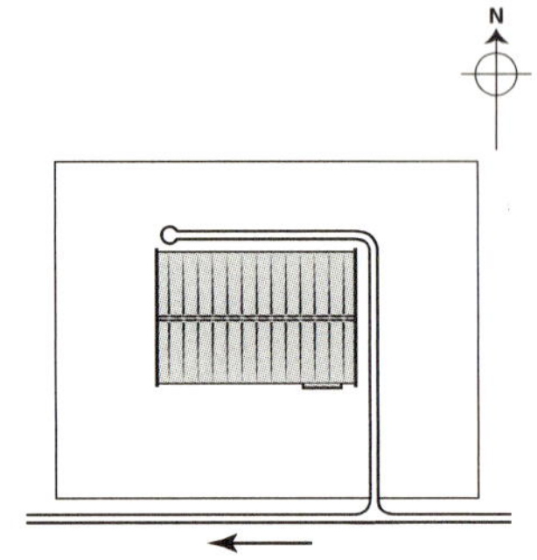

OBEN *Die Fließrichtung in einem Abfluß kann man feststellen, indem man den Grundriß eines Hauses prüft.*

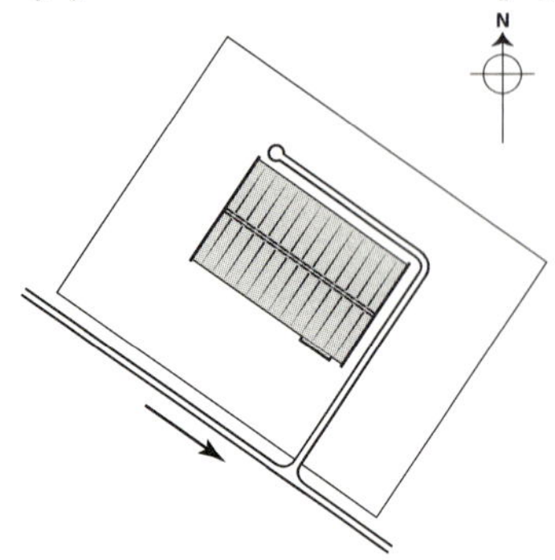

OBEN *Einige recht einfache Änderungen am Fluß des Abwassers können gutes Feng Shui herbeiführen.*

WASSER-FENG-SHUI

Kaiser Xia Yu, der Begründer der ersten chinesischen Dynastie um 4000 v. Chr., hat nach der Legende seine Spuren im ganzen Land hinterlassen, um die großen Ströme wie den Hwang Ho (Gelber Fluß) und den Jangtsekiang zu bändigen. Er wurde als der Kaiser verehrt, dem es gelang, die Gewässer zu zähmen, indem er ihre wahre Natur begriff.

»Feng« (Wind) und »Shui« (Wasser) sind die zwei Komponenten des Feng Shui, wobei Wasser einfacher zu studieren war, da es mit der Erde verbunden ist. China war eine Agrargesellschaft, in der Wasser zwischen Leben und Tod entschied, zwischen guter Ernte und Hungersnot. So wurde das Wasser im Lauf der Jahrhunderte zum wichtigsten Symbol des Daseins.

Wasser galt als unberechenbare Kraft, die man unbedingt verstehen und kontrollieren mußte, bevor man sie nutzbar machen konnte. So entwickelten sich allmählich Richtlinien zur optimalen Lage und Fließrichtung des Wassers. Auf diese Weise hoffte man, das günstige Chi der Umgebung am besten einfangen zu können. Der *Klassiker des Wasserdrachen* führt fünf verschiedene Fließmuster auf, die jeweils die Fünf Elemente widerspiegeln. Die Zeichnungen unten zeigen typische Fünf-Elemente-Gewässer. Verwenden Sie diese Skizzen, um die Gewässer in Ihrer Umgebung zu prüfen und ihre Wirkung zu verstehen. Wenn der Verlauf des Wassers mit der Richtung übereinstimmt, gilt das Gewässer als harmonisch und günstig.

LINKS *In der chinesischen Gesellschaft wird das Vorhandensein von Wasser nicht als so selbstverständlich betrachtet, wie das im Westen der Fall ist.*

REGELN ZUR BEZIEHUNG ZWISCHEN WASSER UND HAUS

Kaufen Sie kein Grundstück, auf dem sich hinter dem Haus eine Wasserfläche oder ein Wasserlauf befindet. Diese Konstellation steht für verpaßte Gelegenheiten. Der beste Ort für eine Wasserfläche ist vor dem Haus. Achten Sie aber auf die Fließrichtung des Wassers vor Ihrer Haupteingangstür. Hier einige Beispiele für eine günstige Lage des Wassers:

ZUFLÜSSE MÜNDEN IN DEN HAUPTARM.

DAS WASSER FLIESST AUF DAS HAUS ZU.

DER WASSERLAUF UMARMT DAS HAUS.

FLUSSLAUF VERBREITERT SICH ZUM TEICH.

EIN HAUS MIT BLICK AUF DAS MEER

KAPITEL SIEBEN

FENG-SHUI-WERKZEUGE

Im Feng Shui ist das Handwerkszeug eng mit dem Luo Pan verknüpft, dem traditionellen Kompaß der wahren Meister ihres Fachs, der dem Schüler genau so viel oder so wenig Wissen preisgibt, wie es der Meister wünscht. Fast alle echten Luo Pan enthalten die geheimen Kenntnisse eines bestimmten Meisters, die die Schlüsselsymbole auf dem Luo Pan in der Regel codiert haben. Deshalb habe ich Amateuren immer dazu geraten, im Feng Shui einen normalen Kompaß in westlicher Machart zu verwenden. Denn damit ist es recht einfach, die Himmelsrichtungen zu bestimmen. Mit diesen Daten können sich die Leser dann an den Tabellen in meinen Büchern orientieren und so die Bedeutung der Richtungen und Standorte in einer speziellen Situation herausfinden. Bei richtiger Verwendung und Kombination mit dem achtseitigen Bagua und dem neunteiligen, magischen Lo-Shu-Gitter kann der einfache Kompaß mit seinen Himmelsrichtungen ein großes Feld an Möglichkeiten in Ihrer Feng-Shui-Praxis abdecken. Feng-Shui-Einsteiger sollten sich also für den Anfang einen stabilen und verläßlichen Kompaß zulegen.

LINKS *Praktizierender des Feng Shui, der seinen Luo Pan studiert.*

KAPITEL SIEBEN: FENG-SHUI-WERKZEUGE

DER LUO PAN (KOMPASS DER FENG-SHUI-MEISTER)

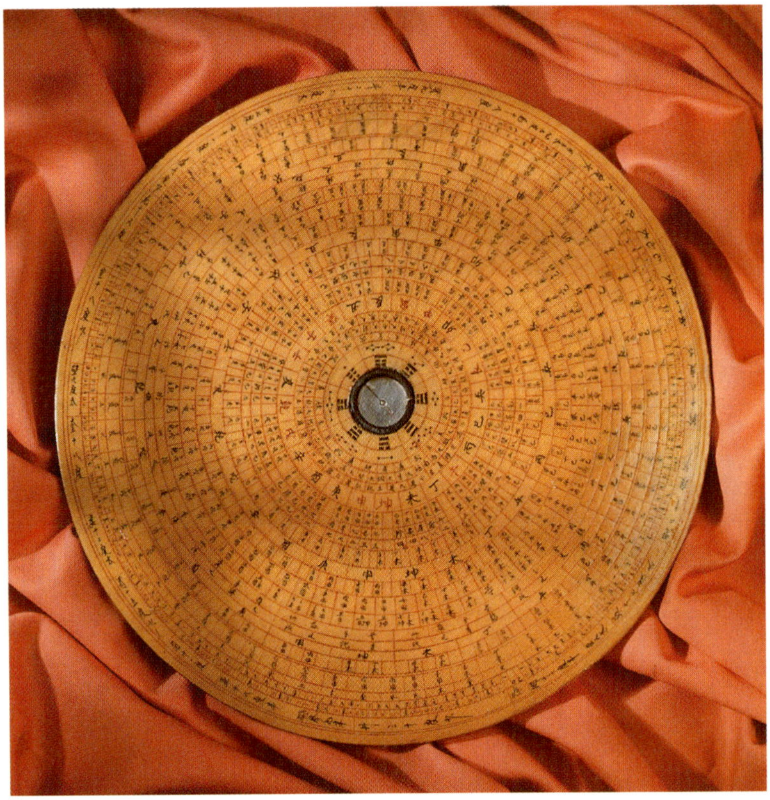

OBEN *Der Kompaß der Feng-Shui-Geomanten (Luo Pan) besteht aus konzentrischen Ringen, die mit chinesischen Codewörtern und Symbolen gefüllt sind. Feng-Shui-Meister besitzen jeweils einen persönlichen Kompaß, der ihre eigenen geheimen Formeln enthält.*

Die Chinesen waren das erste Volk, das vor über 3000 Jahren einen Feng-Shui-Kompaß entwickelt hat. Laut einer beliebten Sage wurde der Luo Pan dem Gelben Kaiser (ca. 2500 v. Chr.) von der Göttin der Neun Himmel überreicht, um ihm in seinem heldenhaften Kampf gegen den Clan des bösen Zauberers beizustehen.

Im Lauf der Jahrhunderte wurde der Luo Pan überarbeitet, erneuert und verändert, und zwar immer dann, wenn den Kan-Yu-Experten (heute Feng-Shui-Meister genannt) der jeweiligen Dynastie neue Entdeckungen zu den Landschaftsformen- und Richtungstheorien gelangen. Der Luo Pan ist seither zu einem unverzichtbaren Werkzeug bei der Ausübung des Feng Shui geworden. Jahrhundertelang haben Feng-Shui-Meister die Symbole untersucht, die in den verschiedenen Luo-Pan-Typen verschlüsselt sind. Sie haben mit den Bedeutungen experimentiert und sich bemüht, sie zu ergründen. Die Verschlüsselungen des Luo Pan sind von tiefen, faszinierenden Bedeutungen erfüllt: Zudem wurde jeder Grad und jedes Schriftzeichen, das auf der Himmelsskala eingraviert ist (die runde, bewegliche Platte des Luo Pan), nicht nur kompliziert angelegt, sondern dort sind auch die Geheimnisse der altehrwürdigen Feng-Shui-Meister enthalten.

Feng Shui bedeutet wörtlich Wind und Wasser. Viele Menschen wissen, daß das Wasser im Feng Shui den Reichtum symbolisiert, aber nur wenigen ist bekannt, welche Bedeutung der Wind hat! Der Wind steht im Feng Shui für die Richtung. Damit Feng Shui seine Wirkung entfalten kann, muß man die Kräfte des Wassers und der Richtungen unbedingt studieren. Die Richtung hat bis in die kleinste Gradeinteilung des Luo Pan merklich spürbare Auswirkungen auf das Feng Shui eines bestimmten Ortes.

Die drei Arten des Luo Pan

Es gibt mehrere Feng-Shui-Schulen und ihre Geheimnisse sind in die meisten echten Luo Pan eingegangen. Es gibt jedoch ganz allgemein zwei Anwendungsformen des authentischen chinesischen Feng Shui: die San-Yuan-Schule (Drei-Zyklen-System) und die San-He-Schule (Drei-Kombinationen-System). Fey Sing (Fliegende Sterne) oder Xuan Kong (Zeit und Raum) lassen sich der San-Yuan-Schule zuordnen.

Pa-Chai (Acht-Häuser-Kua-Formel), Sui-Long (Wasserdrachen), San Long (Bergdrachen) und das Feng Shui der Umwelt sind Untergruppen des San-He-Systems des Feng Shui. Dabei handelt es sich um traditionelle, authentische Feng-Shui-Systeme. Die alten Meister verwendeten verschiedene Luo Pan, je nach Feng-Shui-System, das sie praktizierten.

Die Ringe

Je nachdem für welches System der Luo Pan entworfen wurde, kann er lediglich sieben Grundringe oder sogar bis zu 36 Ringe haben!

Jeder Ring enthält Codes für eine spezielle Theorie oder Formel zur Anwendung des Feng Shui. Verschiedene Feng-Shui-Systeme haben den jeweiligen Ebenen des Luo Pan auch unterschiedliche Bedeutungen zugewiesen.

Wenn Sie erst die Bedeutungen kennen, die in den Schriftzeichen Ihres Luo Pan verborgen sind, können Sie exakte Messungen vornehmen, die natürlichen Erd-Energien lokalisieren und berechnen und sie sogar in einem bestimmten Gebiet hinsichtlich Lage und Richtung vorhersagen.

In der modernen Praxis des Feng Shui sind zwei standardisierte Arten von Luo Pan unter den Anwendern des authentischen chinesischen Feng Shui sehr beliebt. Dies sind der San-Yuan-Luo-Pan und der San-Hup-Luo-Pan. Man kann sie leicht unterscheiden. Der San-Yuan-Luo-Pan enthält die 64 Hexagramme des *I-Ging*. Der San-Hup-Luo-Pan umfaßt drei verschiedene Ringe mit 24 Bergen. Der dritte standardisierte Typ von Luo Pan ist eine Kombination aus dem San-Yuan-Luo-Pan und dem San-Hup-Luo-Pan. Er heißt Zhung-Hup-Luo-Pan.

Acht-Punkte-Regel zur Wahl des Luo Pan

1 Qualität der Nadel: Die Nadel muß exakt über der roten Linie auf dem Boden des Himmelslochs (das runde Kompaßstück in der Mitte) liegen. Die Nadel muß sich genau unter dem Achsenkreuz (die sich überkreuzenden Nylonfäden) ausrichten können. Nicht einmal eine minimale Abweichung von 0,01 mm von den oberen Linien ist akzeptabel.

2 Rote Linie des Himmelslochs: Die doppelten Punkte müssen zur Richtung »Ratte« (direkt nach Norden 0°) weisen, während der Punkt in Richtung »Pferd« (direkt nach Süden 180°) zeigen soll.

3 Genauigkeit des Achsenkreuzes (Nylonfäden): Das Kreuz muß genau über den Hauptachsen der Himmelsskala liegen (von 0° zu 180°, von 90° zu 270°). Es darf nicht die geringste Abweichung geben: Sonst ist der Luo Pan völlig wertlos.

4 Qualität der Himmelsskala: Schriftzeichen, Trigramme und Zahlen müssen klar lesbar eingraviert oder aufgedruckt sein. Beim Drucken kann es passieren, daß einige Wörter oder Schriftzeichen verwischt werden: Prüfen Sie den Aufdruck besser zweimal. Die Skala sollte sich ruhig und ohne Rucken bewegen lassen. Sie darf weder zu leicht noch zu schwer drehen.

5 Quadratische Erdplatte und Geisterebene: Der Luo Pan muß eine quadratische Basis haben. Man verwendet sie für Messungen, indem man sie an die Wand oder Tür eines Hauses anlegt. Die Geisterebene ist für die genaue Lesbarkeit unabdingbar.

6 Qualität des Materials: Aus welchem Material wurde der Luo Pan gefertigt? Imprägniertes Holz, normales Holz oder Preßspanholz? Das Material spielt eine große Rolle. Imprägniertes Holz hält Temperaturen bis zu 140° C stand. Aus Preßspanholz oder normalem Holz bestehen die Billigausgaben, die man bei den meisten chinesischen Straßenhändlern findet.

7 Maßangaben und Ausmaße: Die Gradeinteilungen müssen auf dem Luo Pan angegeben sein. Es gibt nur Luo-Pan-Standardgrößen. Die von traditionellen Feng-Shui-Meistern verwendete Standardgröße beträgt 19 cm. Kleinere Ausführungen mit 6-10 cm sind zwar einfacher zu handhaben. Je kleiner jedoch der Luo Pan ist, desto leichter macht man auch Fehler. Nur wer über sehr viel Erfahrung verfügt, sollte einen kleinen Luo Pan für eine professionelle Feng-Shui-Beratung verwenden. Anfänger verlassen sich am besten immer auf einen Luo Pan mit 13 cm oder 16 cm. Professionelle Feng-Shui-Anwender sollten dagegen stets einen Luo Pan mit 19 cm wählen.

8 Schönheit: Sind alle obenstehenden Kriterien erfüllt, gilt es zuletzt noch, den Schönheitswettbewerb zu gewinnen. Einige Luo Pan sind zwar sehr gut, aber nicht besonders schön. Oder sie fühlen sich rauh an. Seien Sie ruhig kritisch, wenn Sie einen Luo Pan erwerben. Er sollte nicht nur von erstklassiger Qualität sein, sondern sich auch gut anfühlen (Machart, Oberflächenbehandlung und Aussehen). Ihr Luo Pan sollte sogar so hübsch anzusehen sein, daß man ihn als dekorativen Feng-Shui-Energetisierer verwenden kann. Feng-Shui-Meister stellen gerne ihren Luo Pan demonstrativ als Ziergegenstand in ihrem Haus auf. Manche werden von Stolz erfüllt, andere von einem Gefühl des Friedens, wenn sie ihren Luo Pan aufstellen. Es stimmt auch, daß heute viele Feng-Shui-Meister begeisterte Luo-Pan-Sammler sind. Viele glauben, daß der Luo Pan böse Geister vertreiben kann, weil er die Geheimnisse des *I-Ging* verkörpert, das bekanntlich das Geheimnis des Feng-Shui-Bagua ist.

Ein Qualitäts-Luo-Pan sollte zwischen 1,3 und 1,5 kg wiegen. Die Himmelsskala sollte sich mit festem, ruhigem Griff leicht drehen lassen. Heute ist es schwierig, einen wirklich guten Luo Pan zu finden. Westliche Verkäufer wurden Opfer skrupelloser, chinesischer Geschäftsleute, die ihnen billige und simple Imitationen echter Feng-Shui-Luo-Pan verkauft haben. Gehen Sie bei der Auswahl Ihres Luo Pan sehr sorgfältig vor. Holen Sie professionellen Rat ein, bevor Sie sich ein Exemplar kaufen.

Denken Sie bitte daran, daß der Luo Pan ein Werkzeug für den professionellen Feng-Shui-Berater ist. Wenn Sie nicht vorhaben, Berater zu werden, brauchen Sie auch keinen Luo Pan. Als zukünftiger Berater sollten Sie auch dafür Sorge tragen, daß Sie den Luo Pan lesen und verstehen lernen.

OBEN *Im Feng Shui kann man auch einen Kompaß westlicher Machart verwenden. Aber beachten Sie, daß Chinesen den Süden nach oben richten.*

KAPITEL SIEBEN: FENG-SHUI-WERKZEUGE

YIN- UND YANG-BAGUA

Das Yin-Bagua

Auf der Abbildung unten sehen Sie das Yin-Bagua mit der Anordnung der Trigramme nach der vor-himmlischen Reihenfolge. Das ist auch die Anordnung, die im schützenden Bagua als Gegenmittel gegen Giftpfeile zum Einsatz kommt. Dieses Bagua hängt man an die Außenseite der Haustür, um dem Sha Chi entgegenzuwirken, das durch feindliche, auf die Vordertür zielende Strukturen verursacht wird. Betrachten Sie genau die Anordnung der Trigramme, denn die Macht des Bagua ergibt sich aus eben dieser Plazierung. Viele Baguas, die momentan weltweit in Chinatowns und über das Internet verkauft werden, weisen bei der Anordnung dieser Trigramme eine Reihe von Fehlern auf. Überprüfen Sie ein Exemplar also gründlich.

Das schützende Bagua ist auf dieser Seite vergrößert abgebildet. Sie können es nachzeichnen und als Gegenmittel für Giftpfeile verwenden, die vielleicht feindliche Energie auf Ihr Haus senden.

OBEN *Hängen Sie außen an Ihr Haus, ein Yin-Bagua, um die todbringende Energie von Giftpfeilen abzuwehren.*

RECHTS *Die Anordnung der Trigramme ist von erheblicher Bedeutung. Hier handelt es sich um ein Yin-Bagua, das oft verwendet wird, um die Vordertür vor Giftpfeilen von außen zu schützen.*

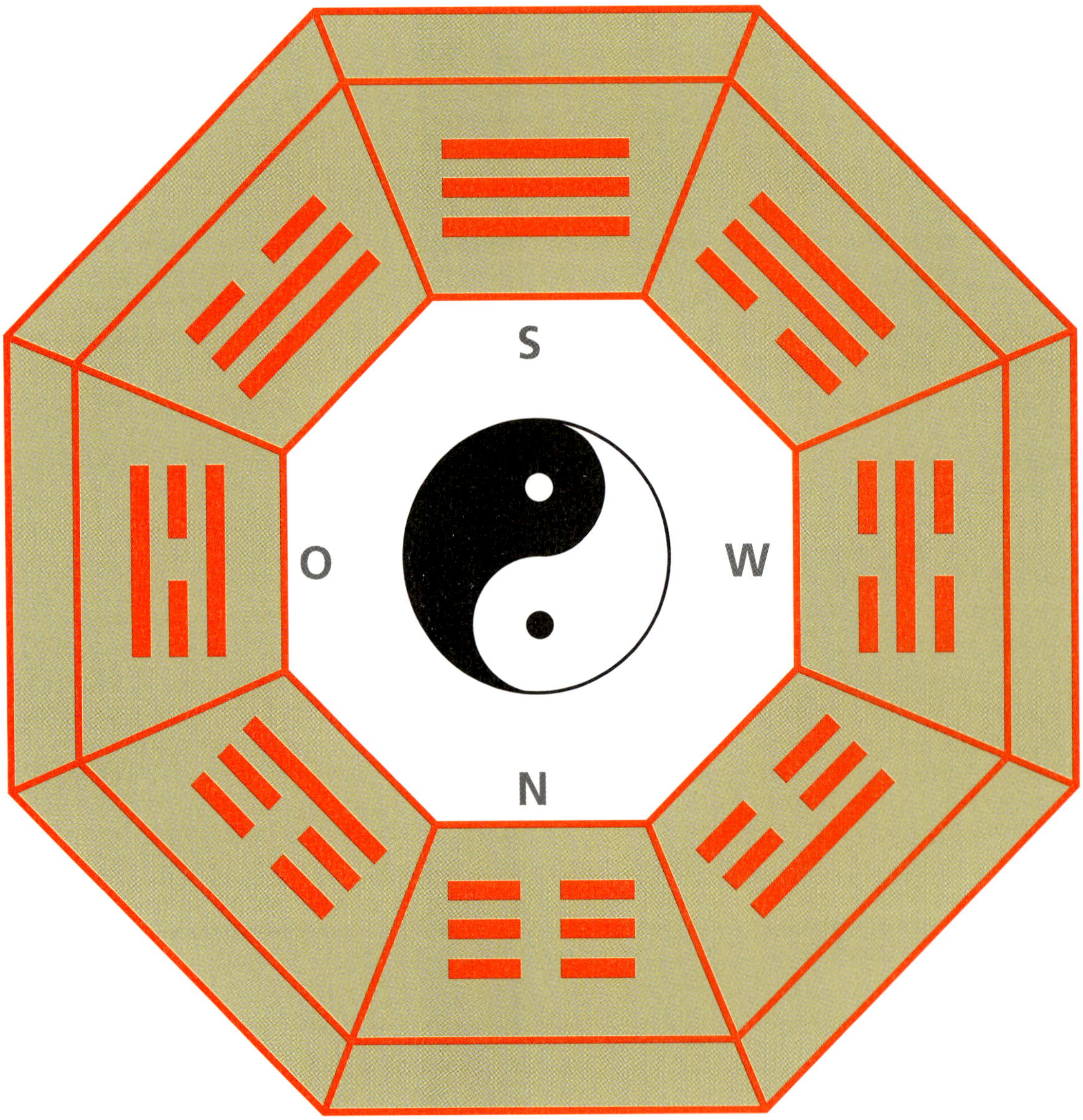

Denken Sie daran, daß ein Bagua niemals im Haus aufgehängt werden darf, sondern immer nur außen, wo es vom Gebäude wegzeigt. Wenn man diesen Umstand nicht beachtet, wird das Bagua selbst zur bösen Quelle tödlicher Yin-Energie. Prägen Sie sich Form und Lage eines jeden Trigramms ein, so daß Sie ein Yin-Bagua jederzeit erkennen können. Wenn Sie Ihr eigenes Bagua herstellen möchten, zeichnen Sie das abgebildete Bagua auf einer Tafel oder einem Stück Holz nach und schneiden Sie anschließend die Form aus. Malen Sie als nächstes den Hintergrund rot sowie die Trigramme in schwarzer Farbe und befestigen Sie einen kleinen runden Spiegel in der Mitte. Es ist nicht wichtig, ob dieser Spiegel flach, konkav oder konvex ist.

Das Yin-Bagua ist also das Bagua, das man bei Feng-Shui-Problemen einsetzt, die durch feindliche Strukturen in der äußeren Umgebung Ihres Hauses zustande kommen. Denken Sie daran, daß es sich hier um ein Schutzsymbol handelt, das mächtige Energien abstrahlt. Falls Sie davon getroffen werden, können Sie krank werden oder sogar noch größeres Unglück erleiden.

Setzen Sie dieses Symbol niemals leichtsinnig ein. Wenn Sie in Ihrer Wohnung ein Yin-Bagua aufhängen, ohne dessen Macht zu kennen, werden Sie sicher Schwierigkeiten bekommen. Ein Yin-Bagua eignet sich eben nicht als Feng-Shui-Heilmittel für das Innere des Hauses. Hängen Sie es nur im Freien auf.

Das Yang-Bagua

Dieses Bagua eignet sich für die Feng-Shui-Analyse der Wohnstätten und Häuser der Lebenden. Die Trigramme sind in der nach-himmlischen Reihenfolge angeordnet. Diese Anordnung unterscheidet sich erheblich von der des Yin-Bagua. Chien und Kun, die beiden Haupttrigramme, befinden sich in der nach-himmlischen Reihenfolge im Nordwesten bzw. Südwesten. Für die Feng-Shui-Analyse wird der Nordwesten also als Ort des Familienvaters und als höchster Ort der Yang-Energie (Trigramm Chien) angesehen, während der Südwesten der Mutter der Familie zugeordnet ist und die höchste Yin-Energie (Kun) in sich vereint. Die anderen sechs Trigramme sind entsprechend der Abbildung unten angeordnet.

Jede der acht Seiten steht für eine der acht Himmelsrichtungen. Die acht Trigramme um dieses Bagua finden in allen Feng-Shui-Formeln Anwendung. Sämtliche Feng-Shui-Meister setzen sie ein, um Hinweise zu erhalten, wie sie die guten Energien einer jeden Ecke – verkörpert von den acht Richtungen – energetisieren, aktivieren und nutzen sollen.

Dies ist also die Anordnung, die man in der Yang-Feng-Shui-Analyse verwendet. Sie sollten sich mit ihr gründlichst vertraut machen. Die Trigramme weisen jeder der acht Seiten (bzw. acht Himmelsrichtungen) neben einem Element noch weitere Bedeutungen zu. Im abgebildeten Bagua sind die wichtigsten Assoziationen bezeichnet. Aber es gibt eine Unzahl weiterer Querverbindungen, die man durch das Studium der acht Trigramme erkennen kann. Diese Trigramme (Chien, Kun, Chen, Sun, Tui, Ken, Kan und Li) werden im 1. Teil im Abschnitt Feng-Shui-Konzepte ausführlich erläutert und beschrieben *(siehe S. 30–51)*. Wer die acht Trigramme noch tiefer begreifen möchte, dem empfehle ich, eine brauchbare Übersetzung des *I-Ging* zu studieren *(geeignete Übersetzungen: siehe S. 355)*.

LINKS *Ein Yin-Bagua muß man immer außerhalb des Hauses aufhängen, und es muß vom Haus wegzeigen. Wenn man diese Regel nicht beachtet, wird das Bagua selbst zur Quelle tödlicher Yin-Energie.*

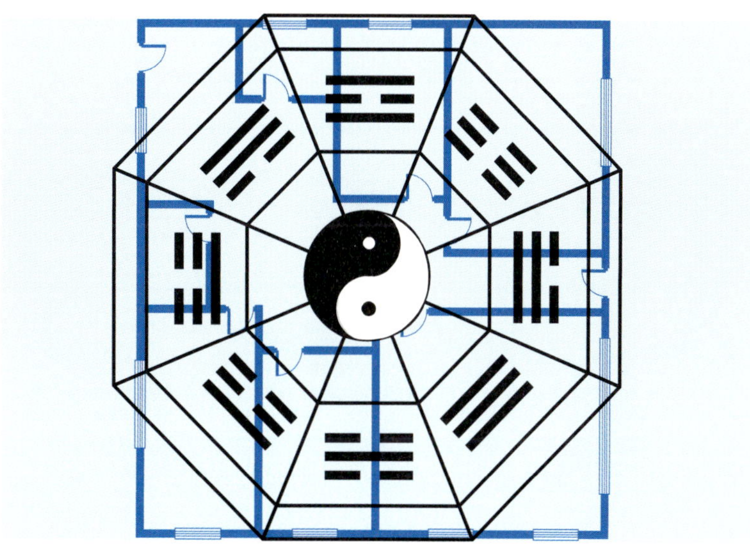

LINKS *Für eine Yang-Feng-Shui-Analyse brauchen Sie nur das Yang-Bagua über den Grundriß Ihres Hauses zu legen.*

Kapitel Sieben: Feng-Shui-Werkzeuge

ANWENDUNG DER TRIGRAMME

Im *I-Ging* gibt es noch zusätzliche Symbole, die mit den Trigrammen verknüpft sind, sowie ausführliche Kommentare, die eine Beurteilung des Wesens der Linien bieten. Für die Feng-Shui-Analyse steht der bedeutsamste Aspekt der Trigramme jedoch in Verbindung mit ihren Richtungen, ihren Elementen, ihrem beigeordneten Familienmitglied sowie mit den grundlegenden Attributen, die jedes Trigramm verkörpert. Für eine Feng-Shui-Analyse sollte das ausreichen.

Das Verständnis der Bedeutung der Trigramme eröffnet den Zugang zu vielen nützlichen Feng-Shui-Anwendungen. Die Anordnung der Trigramme um das Bagua weist auf die Sektoren eines Hauses und ihre Eignung für jedes Familienmitglied hin. Sie erläutert auch, welches Familienmitglied betroffen ist, wenn ein Sektor unter schlechtem Feng Shui leidet. Beispiele dafür sind fehlende Ecken und unverträgliche Elemente, um nur zwei Ursachen zu nennen. Ebenso sagen uns die Trigramme, welches Familienmitglied in welchem Sektor des Hauses von günstiger Energie profitieren kann.

Die Analyse kann noch weiter reichen, wenn man sich beispielsweise eingehender mit anderen symbolischen Bedeutungen der Trigramme beschäftigen möchte. Nehmen wir z. B. das Trigramm Ken, das den *Berg* symbolisiert, in dem alle Arten von verborgenen Schätzen (Gold) gefunden werden können. Es wird noch verstärkt durch die Erde (Element des Trigramms Ken), wobei wir wissen, daß die Erde Metall oder Gold hervorbringt. Zudem ist der Berg groß, imposant, ruhig und still und verweist so auf eine Zeit des Wartens und der Vorbereitung. Wenn sich ein Student in einem nordöstlichen Raum aufhält, kann das für ihn hervorragend sein. Für jemanden, der ungeduldig nach beruflichem Erfolg und Aufstieg strebt, mag es dagegen recht frustrierend sein.

Haben Sie erst einmal die Attribute der verschiedenen Ecken eines Hauses begriffen (symbolische Elemente, betroffenes Familienmitglied, Farben zur Energetisierung, symbolisierter Glückswunsch), können Sie damit anfangen, eine Trigramm-Therapie im Feng Shui zu praktizieren. Hierbei handelt es sich um eine feine Kombination aller grundlegenden Konzepte des Feng Shui: Richtig angewendet, wird sie für eine Menge günstiger und harmonisch fließender Chi-Ströme sorgen, die Ihnen Glück bringen.

Das Lo-Shu-Quadrat und die Bedeutung der Zahlen

In der Abbildung links unten wurde ein Quadrat mit neun Feldern (das Lo-Shu-Gitter) über ein Bagua gelegt. Auf diese Weise erhält man ein weiteres

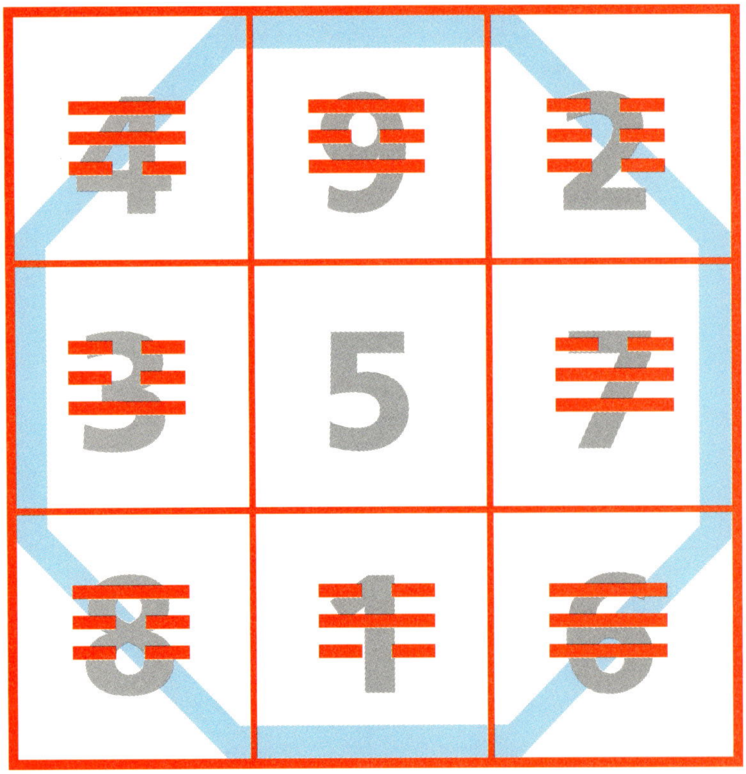

RECHTS *Legt man das Lo-Shu-Quadrat über das Bagua, erhält man weitere Möglichkeiten zur Feng-Shui-Analyse. Das ist besonders wichtig, wenn man die Orte der Energie im Haus bestimmt.*

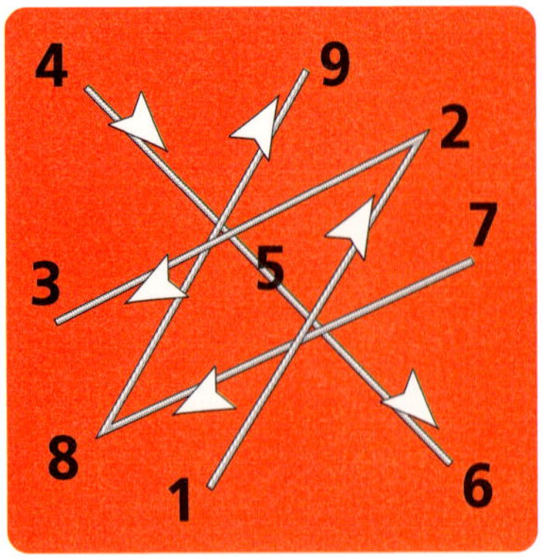

OBEN *Die Zahlenfolge auf dem Lo-Shu-Quadrat ergibt ein Muster, das an das hebräische Symbol des Saturnsiegels erinnert. Dies steigert noch die magische Bedeutung, die dem Quadrat zugeschrieben wird.*

DIE TRIGRAMME UND IHRE ATTRIBUTE

TRIGRAMM		ZAHL	RICHTUNG	ELEMENT	FARBE
CHIEN	☰	6	Nordwesten	Metall	Weiß
LI	☲	9	Süden	Feuer	Rot
KAN	☵	1	Norden	Wasser	Schwarz
CHEN	☳	3	Osten	Holz	Grün
SUN	☴	4	Südosten	Holz	Grün
KUN	☷	2	Südwesten	Erde	Ocker
TUI	☱	7	Westen	Metall	Weiß
KEN	☶	8	Nordosten	Erde	Ocker

wichtiges Feng-Shui-Analysewerkzeug, das die Wirkung der Zahlen auf die Trigramme berücksichtigt. Wenn man die Bedeutung des Bagua mit den Bedeutungen der Zahlen auf dem Lo-Shu-Quadrat kombiniert, ist man in der Lage, die Praxis des Feng Shui zu verbessern. Jedem Trigramm sind also Richtungen, Elemente, Farben und darüber hinaus auch Zahlen zugeordnet, wie die obenstehende Tabelle veranschaulicht.

Die den Trigrammen in der Tabelle zugeordneten Zahlen von 1 bis 9 werden auf dem Lo Shu wiederum in einer bestimmten magischen Reihenfolge angeordnet. Dies zeigt das Quadrat auf der vorhergehenden Seite. Feng-Shui-Texte beziehen sich immer wieder explizit auf diese Zahlenanordnung. Ihre Reihenfolge enthält den Schlüssel zur tieferen Bedeutung der Trigramme. So wurden die Zahlen des Lo-Shu-Quadrats zum Bestandteil vieler Formeln des Kompaß-Feng-Shui.

Die Zahlen des Lo-Shu-Quadrats sind so angeordnet, daß sich – wenn man drei Zahlen horizontal, vertikal oder diagonal addiert – immer die Summe 15 ergibt. Desgleichen beträgt die Anzahl der Tage zwischen Neu- und Vollmond 15.

Deshalb nimmt das Lo-Shu-Quadrat auch einen wichtigen Platz in der Wahrsagerei sowie im Feng Shui des Fliegenden Sterns (Formel der Zeitdimension) ein *(siehe S. 76–77)*.

Beachten Sie, wie sich aus der Bewegung von 1 zu 2 zu 3 usw. ein Symbol ergibt, das stark an das Saturnsiegel der jüdischen Religion erinnert. Das Lo-Shu-Gitter spielt bei mehreren äußerst mächtigen Kompaßschul-Formeln des Feng Shui eine herausragende Rolle. Es heißt, das Geheimnis des Lo Shu erschließe die Bedeutung des Bagua, und das Lo-Shu werde mit seiner Zahlenfolge häufig in »magischen« taoistischen Praktiken eingesetzt.

Die Zahlen des Quadrats nehmen eine spezielle Bedeutung an, wenn man die Formeln anwendet. Aber sie verweisen auch auf die Zahlen-Energie der verschiedenen Sektoren des Hauses. Wenn Sie etwa eine Zierschildkröte im Haus aufstellen möchten, ist der geeignetste Platz dafür der Norden. Nach dem Lo-Shu-Quadrat entspricht die Zahl Eins diesem Sektor. Auf diese Weise wüßten Sie nun, daß Sie besser eine Schildkröte nehmen – und nicht mehrere – und daß Sie sie im Norden aufstellen sollten.

SIEHE AUCH

- Das I-Ging *S. 34–37*
- Die Trigramme *S. 38–39*
- Die Acht-Häuser-Formel: Bagua-Lo-Shu-Formel *S. 72–75*

KAPITEL SIEBEN: FENG-SHUI-WERKZEUGE

DAS FENG-SHUI-LINEAL: Hinweise auf wohlstandsfördernde Maße

OBEN *Das Feng-Shui-Lineal kann auf verschiedene Weise benutzt werden, um die Maße des Glücks in einem Haus zu prüfen.*

Es gibt sowohl günstige als auch ungünstige Maße: Wer über ein Feng-Shui-Lineal verfügt, kann seine Tische, Schränke, Fenster und Türen überprüfen und feststellen, ob deren Maße günstig oder ungünstig sind. Das Feng-Shui-Lineal oder -Maßband hat acht Segmente, von denen vier günstig und vier ungünstig sind. Jeder Maßzyklus beträgt 43,2 cm und besteht aus acht Segmenten.

Der Zyklus von glück- und unglückbringenden Maßen wiederholt sich schließlich bis ins Unendliche. Wenn Sie sich erst mit dem Feng-Shui-Lineal vertraut gemacht haben, können Sie es auf beinahe jedes meßbare Objekt anwenden, um dessen günstige Maße herauszufinden. Sie können mit Ihrem Lineal Möbel, Türen und Fenster ausmessen, sogar Visitenkarten, Briefumschläge und Notizblöcke. Ich verwende mein Feng-Shui-Lineal für alle möglichen Dinge.

Die günstigen Maße

Chai liegt zwischen 0 und 5,4 cm. Dies ist das erste Segment des Zyklus und wird in vier weitere Glückskategorien unterteilt. Die erste davon ist etwa 1 cm lang und bringt Geldglück, die zweite sorgt für einen Safe voller Juwelen, die dritte beschert Ihnen sechs Arten von Glück und die vierte überhäuft Sie mit Reichtum.

Yi liegt zwischen 16,2 und 21,5 cm. Es ist das vierte Segment des Zyklus.

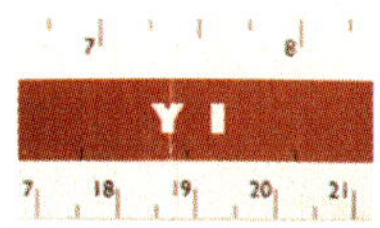

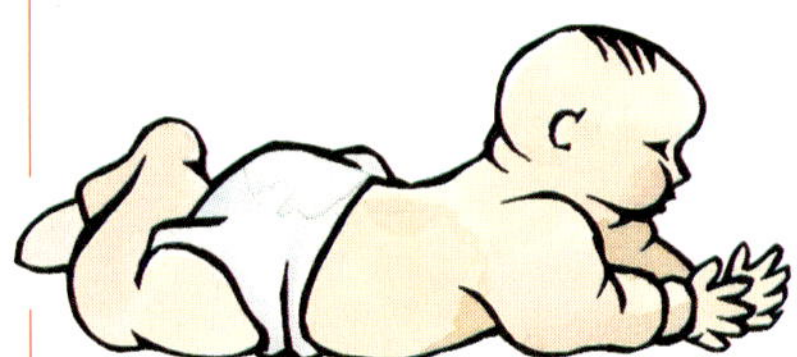

Es bringt Ihnen Glück durch Mentoren und lockt hilfreiche Menschen in Ihr Leben. Wiederum gibt es vier Untergruppen. Der erste etwa 1 cm lange Teil steht für eine gesegnete Nachkommenschaft; der zweite sagt unerwartete, zusätzliche Einkünfte vorher; der dritte verspricht einen äußerst erfolgreichen Sohn, und der vierte Teil hält großes Glück für Sie bereit.

Kwan liegt im Bereich zwischen 21,5 und 27 cm. Dieser dritte Glücksabschnitt sorgt für Machtglück. Die erste Unterteilung verspricht eine problemlose Bewältigung von Prüfungen, die zweite sagt spezielles oder Spekulationsglück vorher, die dritte verhilft zu einem höheren Einkommen,

die vierte lockt hohe Auszeichnungen für die gesamte Familie an.

Pun erstreckt sich von 37,5 bis 43,2 cm. Diese Kategorie bringt eine Welle des Geldes mit sich, sofern sie im ersten Abschnitt gelegen ist. Der zweite Teil verheißt Glück in Prüfungen, der dritte verspricht Unmengen an Schmuck, und der vierte sorgt für überquellenden Reichtum.

Die ungünstigen Maße

Pi liegt zwischen 5,4 und 10,8 cm. Diese Kategorie des Unglücks bezieht sich allgemein auf Krankheit. Sie hat ebenfalls vier Untergruppen, die weitere Probleme verursachen. Der erste

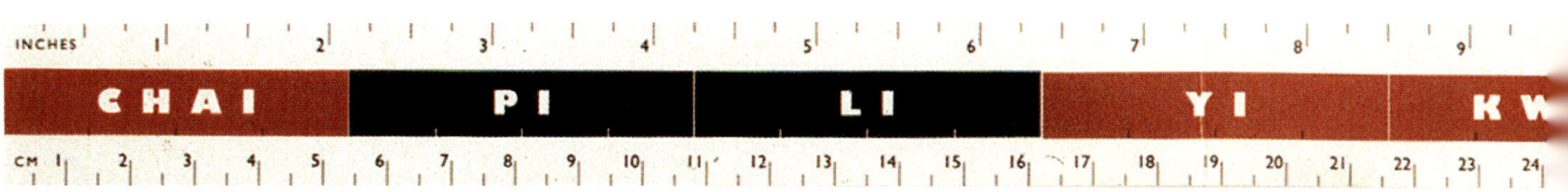

Teil mit 1 cm Länge droht mit dem Verlust von Geld, der zweite verweist auf rechtliche Schwierigkeiten, der dritte steht für Pech, vielleicht gar für einen Gefängnisaufenthalt. Und der vierte deutet auf den Tod des Ehepartners hin.

Li liegt im Bereich zwischen 10,8 und 16,2 cm. Diese Kategorie deutet auf eine Trennung hin, wobei der erste Abschnitt eine Menge Unglück bedeutet. Der zweite sagt einen Geldver-

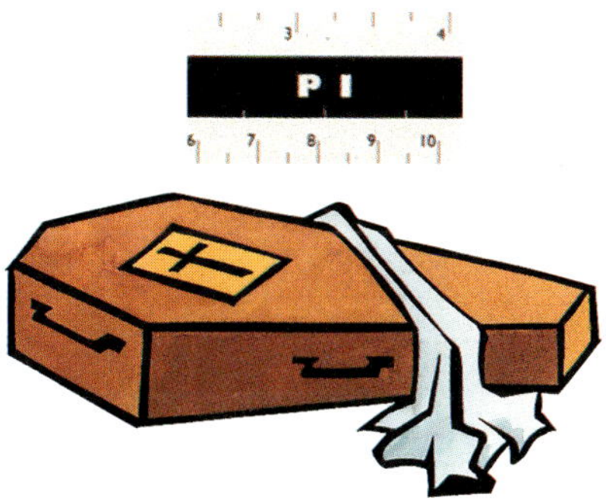

LINKS *Das Feng-Shui-Lineal kann man verwenden, um günstige Maße für alle möglichen Objekte des Hauses zu berechnen, z. B. für Möbel, Türen oder Fenster.*

lust voraus, der dritte eine Begegnung mit skrupellosen Menschen und der vierte einen Diebstahl oder Raub, der auf Sie zukommt.

Chieh erstreckt sich von 27 bis 32,4 cm. Diese Kategorie der schlechten Maße droht mit einem Verlust. Der erste Abschnitt symbolisiert den Tod oder eine andere Art von Tren-

nung. Der zweite Teil sagt voraus, daß alles, was Sie brauchen, verschwinden wird und daß Sie möglicherweise Ihren Lebensunterhalt verlieren. Der dritte warnt Sie davor, daß Sie mit Schimpf und Schande aus Ihrem Dorf gejagt werden, und der vierte prophezeit Ihnen einen bevorstehenden, schweren finanziellen Verlust.

Hai erstreckt sich von 32,4 bis 37,5 cm. Diese Maße verheißen wirk-

liches Pech, das mit Katastrophen im ersten Abschnitt beginnt. Darauf folgen dann Tod im zweiten, Elend und Krankheit im dritten und schließlich Skandale und Streitigkeiten im vierten Teil.

Die Maße können auf jegliches Objekt im Haus angewendet werden, wobei es aus Feng-Shui-Perspektive am wichtigsten ist, die Länge, Breite und Höhe von Türen und Fenstern, Betten und Tischen abzumessen. Einige der Anwendungsmöglichkeiten sind auf den folgenden zwei Seiten erläutert.

UNTEN *Das Feng-Shui-Lineal ist in acht Maßzyklen unterteilt: Jeder davon ist ca. 43,2 cm lang und umfaßt acht Segmente.*

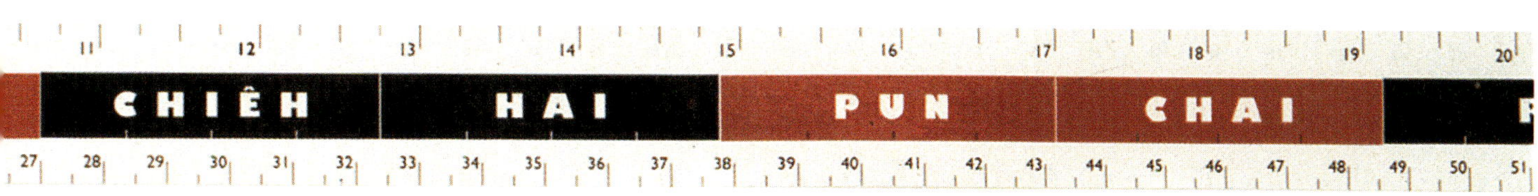

DAS FENG-SHUI-LINEAL

Das Feng-Shui-Lineal wird im Fernen Osten von begeisterten Feng-Shui-Anwendern häufig eingesetzt. Das Lineal zeigt günstige und ungünstige Maße für Yin- und Yang-Orte an. Der obere Teil umfaßt die Maße für Yang-Wohnorte (Häuser der Lebenden), während der untere Teil die glück- und unglückbringenden Maße für das Feng Shui von Friedhöfen angibt (Yin-Orte).

Verwenden Sie das Lineal, um Länge, Breite und Höhe von Räumen, Türen und Möbelstücken auszumessen und so die Maße und Proportionen zu bestimmen, die das Glück anlocken.

Die Feng-Shui-Maßeinheit beträgt etwa 43 cm. Diese Maßeinheit ergibt sich aus der Seite eines Quadrats, wobei die Länge der Diagonale der Quadratwurzel der zwei Seiten entspricht. Westliche Mathematiker bezeichnen dies als ein »magisches Quadrat«, und die Chinesen sahen es als »mystisch« an. Eine Feng-Shui-Maßeinheit ist in acht Abschnitte unterteilt, von denen jeder einem der acht Trigramme entspricht. Jeder Abschnitt steht für Glück oder Pech. Die nebenstehende Tabelle faßt die glück- und unglückbringenden Maße für Yang-Wohnorte zusammen. Bei größeren Ausmaßen müssen Sie einfach die »Glücksmaße« multiplizieren und das Lineal als Maßband verwenden.

UNTEN *Die verschiedenen Abschnitte des Lineals beziehen sich auf die Vermessung von Yang- und Yin-Orten.*

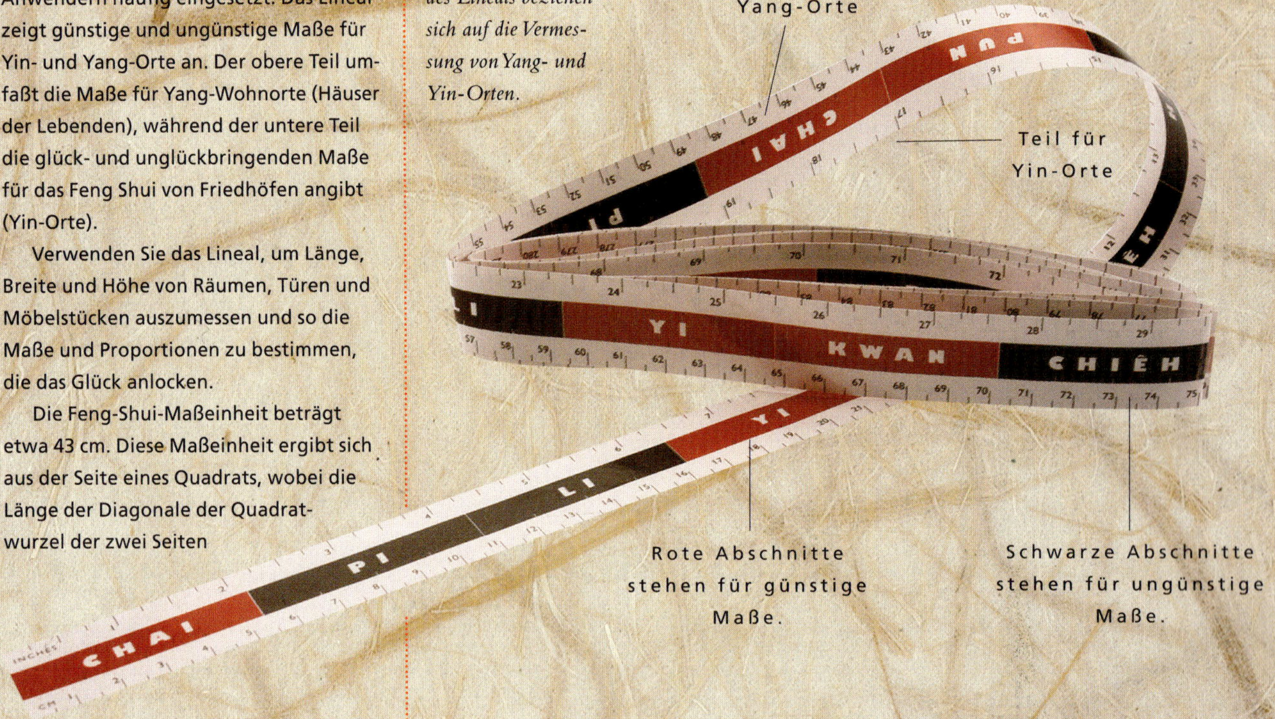

RECHTS *Überprüfen Sie die Maße jedes Raums mit Ihrem Feng-Shui-Lineal und analysieren Sie, ob sie zur Erhöhung des Potentials verbessert werden können.*

LINKS *Wenn Sie sich einen Tisch mit Feng-Shui-Maßen bauen (lassen), werden Sie im Beruf Erfolg haben. Überprüfen Sie die Höhe, Breite und Tiefe. Sie sollten auch Ihre Stuhlhöhe anpassen, indem Sie ihn, falls nötig, auf eine Plattform stellen und so an die optimale Tischhöhe angleichen.*

MASSE IN CM	GLÜCK/ UNGLÜCK	BEMER-KUNGEN
0–5,4	Glück	Wohlstand
5,4–10,8	Unglück	Krankheit
10,8–16,2	Unglück	Trennung
16,2–21,5	Glück	Anerkennung
21,5–27	Glück	Beförderung
27–32,4	Unglück	Verlust
32,4–37,5	Unglück	Unfall
37,5–43,2	Glück	Glücklichsein

RECHTS *Die Maßeinheit des Feng-Shui-Lineals von 43 cm basierte auf dem magischen Quadrat westlicher Mathematiker, in dem die Länge der Diagonale der Quadratwurzel zweier Seiten entspricht.*

RICHTLINIEN ZUR PRAKTISCHEN ANWENDUNG

Wer mit den Feng-Shui-Werkzeugen vertraut ist, kann die tiefe Bedeutung der Richtungen für viele Feng-Shui-Schulen begreifen. Das genaue Lesen der Kompaßangaben und das Wissen, wie man die Gitter und Abgrenzungen über einen Grundriß legt, gehört zu den wichtigsten Bestandteilen der Analyse. Man sollte die Beurteilung eines Ortes nie auf Vermutungen aufbauen oder auf Erinnerungen an die Richtung des Sonnenauf- und -untergangs. Statt dessen sollte man sehr sorgfältig vorgehen. Die Abgrenzung und Vermessung der Grundfläche Ihres Hauses sollten immer aufs genaueste durchgeführt werden. Der Schwerpunkt in diesem Übungsteil liegt bei der Festlegung der äußeren Hausgrenzen sowie der Bestimmung der Maße innerhalb des Hauses. Daneben werden die Probleme behandelt, die bei unregelmäßigen Formen, unausgeglichenen Grundrissen, fehlenden Ecken sowie hervorstehenden Sektoren auftreten. Wie man mit diesen Problemen umgeht, hängt von der Diagnose ab, die wiederum auf der verwendeten Formel basiert. Je nachdem, welche Art von Glück energetisiert wird, ergeben sich interessante Folgen. Die wichtigste Regel bei der Anwendung von Feng Shui: Entspannen Sie sich und durchdenken Sie diagnostische Probleme gründlich.

LINKS *Folgen Sie den Richtlinien und Ratschlägen zur praktischen Anwendung des Feng Shui und werden Sie mit den Ausrichtungen Ihrer Umgebung vertraut. Bald stellt sich ein Gefühl dafür ein, wo man Glückssymbole aufstellen sollte.*

KAPITEL ACHT: RICHTLINIEN ZUR PRAKTISCHEN ANWENDUNG

EINEN KOMPASS RICHTIG LESEN

OBEN *Der Kompaß spielt im Kompaß-Feng-Shui eine tragende Rolle.*

OBEN *Es muß kein Luo Pan sein – ein normaler Kompaß ist für den Anfänger genauso gut geeignet.*

Bei nahezu jeder praktischen Anwendung einer Feng-Shui-Empfehlung müssen Sie die Himmelsrichtungen in Ihrer Umgebung messen. Bevor Sie mit der Analyse eines Grundstücks beginnen, sollten Sie sich mit den Himmelsrichtungen bestens auskennen. Sie sollten aufs genaueste wissen, wo die Haupthimmelsrichtungen liegen. Die Ergebnisse Ihrer Analyse werden unbrauchbar sein, wenn Sie die Himmelsrichtungen des Grundstücks oder des Hauses aufgrund Ihrer Beobachtungen von Sonnenaufgang (dort ist vermutlich Osten) und Sonnenuntergang (dort ist wohl Westen) schätzen. Schätzungen weichen gewöhnlich um ca. 30° bis 40° von den Kompaßangaben ab.

Der erste Schritt bei der Ausübung von Feng Shui sollte im Kauf eines guten, verläßlichen Kompasses bestehen, der Ihnen genau sagt, wo Norden ist. Davon ausgehend können Sie Ihre Messungen vornehmen und weitere Richtungen feststellen. Wie schon im Kapitel »Feng-Shui-Werkzeuge« *(siehe S. 110–121)* erwähnt, ist ein westlicher Kompaß ebenso brauchbar wie ein authentisch aussehender Luo Pan. Ein funktionsfähiger westlicher Kompaß wird Ihnen sofort die exakten Angaben mitteilen – er kommt auch meinen eigenen Ansprüchen perfekt entgegen.

Ich muß darauf hinweisen, daß, unabhängig von den Richtungsangaben (Nord/Süd) in diesem oder irgendeinem anderen Buch, Norden, Süden, Osten oder Westen in Wirklichkeit leicht mit einem verläßlichen Kompaß festzustellen sind. Bei der Ausübung von Feng Shui sind alle Verweise auf Kompaß- oder Himmelsrichtungen nichts anderes, als es der Name bereits sagt – also tatsächlich die Richtungen, die von einem Kompaß ablesbar sind.

Viele Feng-Shui-Bücher (auch mein eigenes) plazieren den Süden nach oben, was sich von der westlichen Art unterscheidet, die immer den Norden nach oben verlegt. Ich folge hier nur chinesischen Konventionen. Das bedeutet nicht, daß ich die Richtungen vertauscht habe. In der Realität ist der Norden genau der Norden, den der Kompaß anzeigt, und der Süden ist ebenfalls der Süden nach Kompaßlesart. Wenn Sie also eine Kompaßschul-Formel anwenden, müssen Sie den Kompaß verwenden. Falls Sie die Ecken Ihres Hauses mit einem anderen Verfahren und nicht mit einem Kompaß festlegen, dann folgen Sie einer anderen Feng-Shui-Schule.

Der nächste Schritt besteht darin, Ihren Kompaß genau anzusehen: Sie werden merken, daß die Gradangaben auf Ihrem Kompaß mit x°, ausgehend von Norden, gemessen werden. Dabei wird der Norden folglich als 0° ausgedrückt, er kann aber auch mit 360° bezeichnet werden, der Gesamtgradzahl eines Kreises. Wenn wir die acht Hauptrichtungen des Kompasses nehmen, können wir die Richtungen nach den Gradzahlen bestimmen, wie die obenstehende Tabelle zeigt.

HIMMELSRICHTUNG	AUF DEM KOMPASS ANGEZEIGT
Norden	0/360°
Süden	180°
Osten	90°
Westen	270°
Nordosten	45°
Nordwesten	315°
Südosten	135°
Südwesten	225°

Jede der acht Richtungen repräsentiert einen Winkel von 45°. Schließlich ergibt 360° geteilt durch acht 45°.

Die Bestimmung von Richtungen unterscheidet sich jedoch von der Bestimmung von Orten. Das Konzept von Ecken und Sektoren nach dem Kompaß wird weiter unten behandelt. Bei der Anwendung von Feng-Shui-Formeln werden die Richtungen von Türen gewöhnlich nicht nur mit diesen acht Hauptrichtungen ausgedrückt.

Als nächstes müssen Sie bei der Richtungsbestimmung in der Praxis darauf achten, daß jede der acht Hauptrichtungen weiter in drei Unterabschnitte unterteilt ist: Es gibt also drei Unterteilungen für jede Richtung. Das bedeutet, daß die 360° des Kompasses folgendermaßen aufgegliedert sind: Sie bestehen aus 24 (3x8=24) verschiedenen Richtungen, und der »Umfang« einer jeden Richtung beträgt dabei nicht mehr 45°, sondern 15° (360 geteilt durch 24 entspricht 15). Die Abbildung rechts verdeutlicht diese Rechnung.

Auf dieser Abbildung können Sie sehen, daß beispielsweise die Richtung »Süden« drei Unterabschnitten entspricht, die entsprechend eingezeichnet sind. Sie müssen die genaue Gradzahl ablesen, so daß Sie den ersten, den zweiten und den dritten Abschnitt exakt festlegen können. Das klingt recht kompliziert, aber es ist wirklich ganz leicht zu verstehen, wenn Sie daran denken, daß jede Richtung drei Unterabschnitte mit eigenen Richtungen umfaßt. Wenn Sie sagen, daß Ihre Tür nach Süden weist, müssen Sie noch mehr ins Detail gehen und herausfinden, ob es sich um den ersten, zweiten oder dritten Unterabschnitt des Südens handelt. Dasselbe gilt für die anderen Richtungen.

Als letztes müssen Sie bei der Richtungsbestimmung mit dem Kompaß lernen, Ihre Angaben, die Sie auf dem Kompaß ablesen, mit den Gegebenheiten auf der Erde abzustimmen. Wenn also jede Himmelsrichtung noch dreimal unterteilt ist, wie kann man sich das auf dem Boden verdeutlichen?

KOMPASSAUFTEILUNG

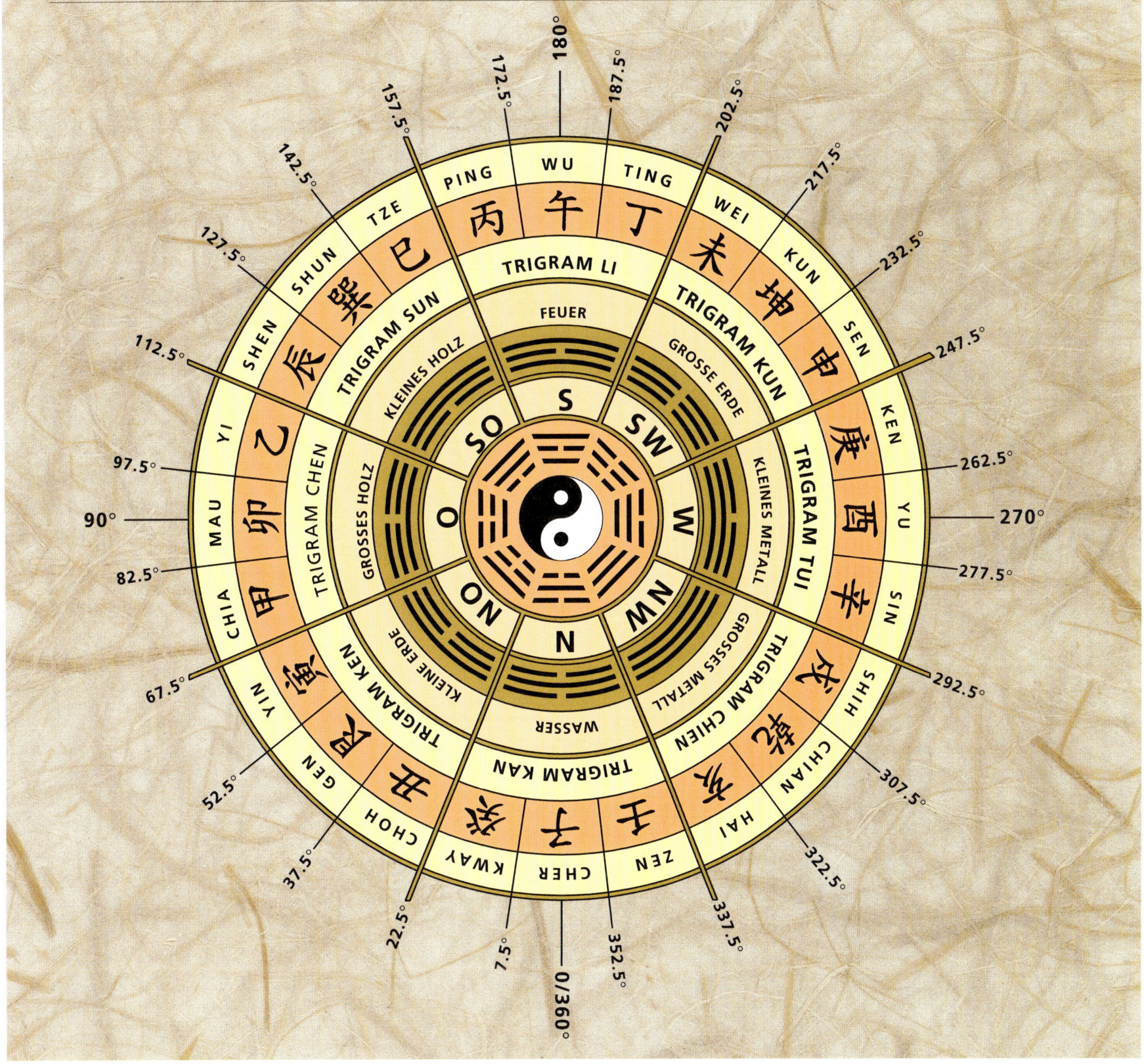

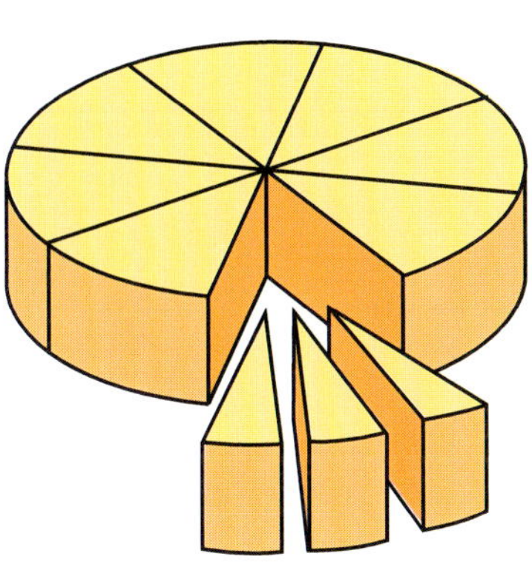

Stellen Sie sich einen großen, in Stücke geschnittenen Kuchen vor, wobei ein dickes Stück einem Achtel des Kuchens entspricht. Dann schneiden Sie in Gedanken das Kuchenstück in drei kleinere Teile. Nun sehen Sie sich den oben gezeigten Kompaß an.

Beachten Sie die drei Unterabschnitte der Richtung Süden wie sie oben abgebildet sind. Sie werden als Ping, Wu und Ting bezeichnet. Wie der Süden hat jede der drei Hauptrichtungen drei Unterrichtungen.

Wenn Sie sich den oben gezeigten Kompaß vergegenwärtigen, werden Sie sich angewöhnen, die Richtungen sorgfältigst zu bestimmen. Denn viele nützliche Feng-Shui-Formeln können nur wirken, wenn die Analyse korrekt war und Sie die Formeln auch richtig angewendet haben. Sobald Sie sich auf Ihrem Kompaß perfekt auskennen, wird es Ihnen auch nicht schwerfallen, ihn zu lesen. Die Abbildung entspricht den ersten konzentrischen Kreisen auf dem Geomantenkompaß.

LINKS *Ein Kuchendiagramm wird in acht Stücke zerteilt, die wiederum die acht Hauptrichtungen des Kompasses symbolisieren. Diese Stücke werden nochmals in drei Teile zerschnitten.*

Kapitel Acht: Richtlinien zur praktischen Anwendung

BESTIMMUNG DER HIMMELSRICHTUNGEN

UNTEN *Die Bestimmung der Himmelsrichtungen ist eine Kunst. Aber mit etwas Übung werden Sie dabei eine Genauigkeit erreichen, die Ihnen als Grundlage einer wirksamen Feng-Shui-Analyse dient.*

Wenn Sie die Funktionsweise Ihres Kompasses verstanden haben, sollten Sie sich mit der Richtungsbestimmung vertraut machen. Zuvor einige Hinweise:

Wo stehen Sie zur Bestimmung der Himmelsrichtungen? Stehen Sie neben der Tür, in der Mitte des Raums oder in der Mitte des Hauses? Tatsächlich können Sie Ihre Bestimmung von jedem beliebigen Standort des Hauses vornehmen. Theoretisch müßten Sie überall die gleichen Ergebnisse erhalten. Der Norden, der Süden oder jede andere Richtung ändern sich nicht, nur weil Sie den Kompaß von einem anderen Standpunkt aus ablesen. Führen Sie die Bestimmung an dem Ort im Zimmer oder Haus aus, an dem Sie sich wohl fühlen und der Ihnen die Analyse vereinfacht.

Um genaue Angaben zu erreichen, führe ich immer mindestens drei Messungen durch. Wer Wert auf Genauigkeit legt, sollte ebenso verfahren. Die drei Messungen werden leicht voneinander abweichen: Dies liegt an verschiedenen Energieströmen in der Atmosphäre, die den Kompaß beeinflussen. Die Abweichung kann manchmal bis zu 10° betragen. Lassen Sie sich davon nicht beunruhigen, außer wenn die Abweichung 15° überschreitet. Ein derart großer Unterschied zeigt oft an, daß die Energie sich nicht in Harmonie befindet. Wenn Sie einige Möbel verschieben oder den Fernseher oder die Stereoanlage verrutschen, ist das Problem normalerweise gelöst. Elektronische Geräte können starke Signale aussenden, die Auswirkungen auf Ihre Kompaßmessungen haben.

Mir wurde der Rat gegeben, dies sei die beste Art, Kompaßmessungen für Feng-Shui-Zwecke vorzunehmen:

- Nehmen Sie die erste Messung von der Vordertür aus vor, und zwar wenn Sie im Inneren des Hauses stehen und nach draußen sehen.
- Nehmen Sie die zweite Messung etwa 1 m von der Tür entfernt im Zimmer vor.
- Nehmen Sie dann die dritte Messung etwa 4,5 m davon entfernt im Zimmer vor, wobei Sie nach draußen blicken.

Bei der Bestimmung der Himmelsrichtungen sollten Sie den Kompaß auf einen flachen Untergrund legen. Am besten, Ihr Kompaß hat ein eingebautes Lineal, das Ihnen eine korrekte und feste Positionierung des Kompasses auf dem Boden oder Tisch ermöglicht. Nehmen Sie den Durchschnittswert der drei Messungen, wenn Sie eine Angabe für die Richtung der Haupteingangstür benötigen. Wenn Sie möchten, können Sie Ihre Kompaßmessungen auch zum Jahreszeitenwechsel vornehmen. Auch dann wird es wieder Abweichungen bei Ihren Messungen geben, die von den natürlichen Verschiebungen im Magnetfeld der Erde herrühren, die sich beim Wechsel der Jahreszeiten ergeben. Diese Abweichungen sind jedoch in der Regel nicht allzu groß.

Abgrenzung der Wohnfläche

Der nächste Schritt bei der Anwendung von Feng Shui besteht darin, daß Sie sich für eine Methode entscheiden, mit der Sie Ihre Wohnfläche unterteilen wollen. Ich habe schon Feng-Shui-Meistern zugesehen, die übertrieben pingelig bei der genauen Abmessung der Wohnfläche sind, um äußerst genaue Abgrenzungen der Kompaßsektoren zu erhalten. Andere Feng-Shui-Meister dagegen nehmen diese Abmessungen eher auf die leichte Schulter. Ihre Haltung zu Genauigkeit und absoluter Detailtreue wird also Ihren Lehrmeister verraten. Ich glaube, daß man die Abgrenzungen der Wohnfläche genau vornehmen sollte, da das Formel-Feng-Shui auch eine sehr exakte Technik ist. Damit stellen Sie sicher, daß die verschiedenen Sektoren klar erkennbar sind, wenn Sie das neunteilige Lo-Shu-Gitter auf den Grundriß legen.

Es gibt im wesentlichen zwei Abgrenzungsmethoden, die momentan von angesehenen Feng-Shui-Anwendern eingesetzt werden. Eine verwendet den in acht Sektoren unterteilten runden Kompaß, der dann auf den Grundriß gelegt wird. Das andere Verfahren arbeitet mit dem Lo-Shu-Gitter und legt das in neun Sektoren unterteilte Gitter auf die Grundfläche. Wie auf den nebenstehenden Zeichnungen erkenntlich, die dasselbe Haus mit den beiden Methoden zeigen, hat die Art und Weise der Markierung der Grundfläche Ihres Hauses einen großen Ein-

RECHTS *Ein Raum, unterteilt durch einen Kompaß: Jeder Sektor sollte für Feng-Shui-Zwecke genau markiert sein, was für die Durchschnittswohnung allerdings nicht ideal ist.*

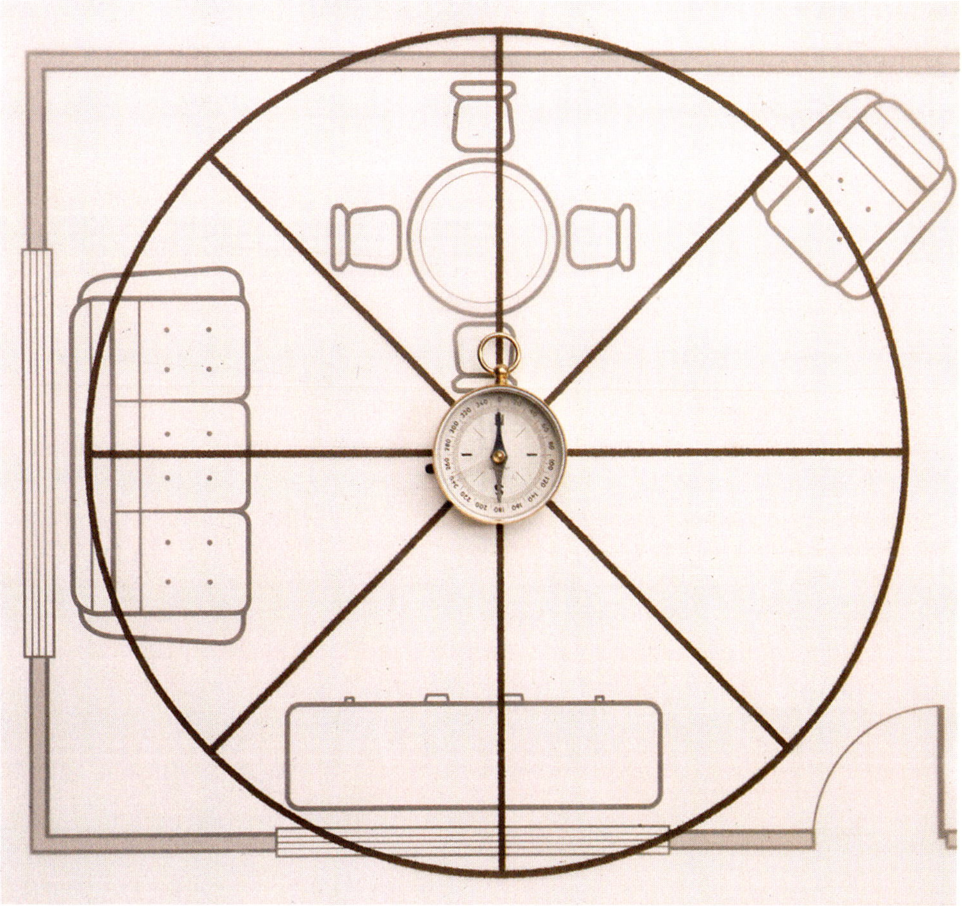

fluß auf die Anwendungsart Ihrer Feng-Shui-Richtlinien. Je nachdem, wie Sie die Sektoren Ihres Hauses festlegen, kann die Anwendung der Fünf Elemente zur Energetisierung für ein und denselben Raum sehr unterschiedlich ausfallen.

Die Abgrenzung der verschiedenen Räume des Hauses variiert je nach der Methode (Lo-Shu-Quadrat- oder Kompaßmethode), für die Sie sich entschieden haben. Ich weiß, daß die Feng-Shui-Meister in Hongkong die Kompaßmethode zur Markierung und Bestimmung der Sektoren verwenden. In Taiwan, Malaysia und Singapur bevorzugen die Anwender des Kompaß-Feng-Shui das Lo-Shu-Quadrat. Auch ich selbst ziehe diese Methode vor. Der Grund für diese Wahl liegt darin, daß das Lo Shu in beinahe allen Feng-Shui-Formeln eine so große Rolle spielt. Sowohl im Feng Shui des Fliegenden Sterns als auch im Acht-Häuser-Feng-Shui kann man die Bedeutung des Lo-Shu-Gitters nicht genug betonen. Es entspricht daneben eher dem Grundriß eines Hauses als der Kompaß. In der Praxis kann man also mit dem Lo-Shu-Quadrat bzw. -Rechteck wesentlich einfacher arbeiten als mit dem Kompaßkreis. Deshalb würde ich Ihnen empfehlen, die Lo-Shu-Gitter-Methode einzusetzen.

Bei Häusern mit mehreren Stockwerken wird jedes Geschoß mit dieser Methode einzeln abgegrenzt. Wenn Sie also einen bestimmten Kompaßsektor aktivieren möchten, können Sie das in jedem Stockwerk tun.

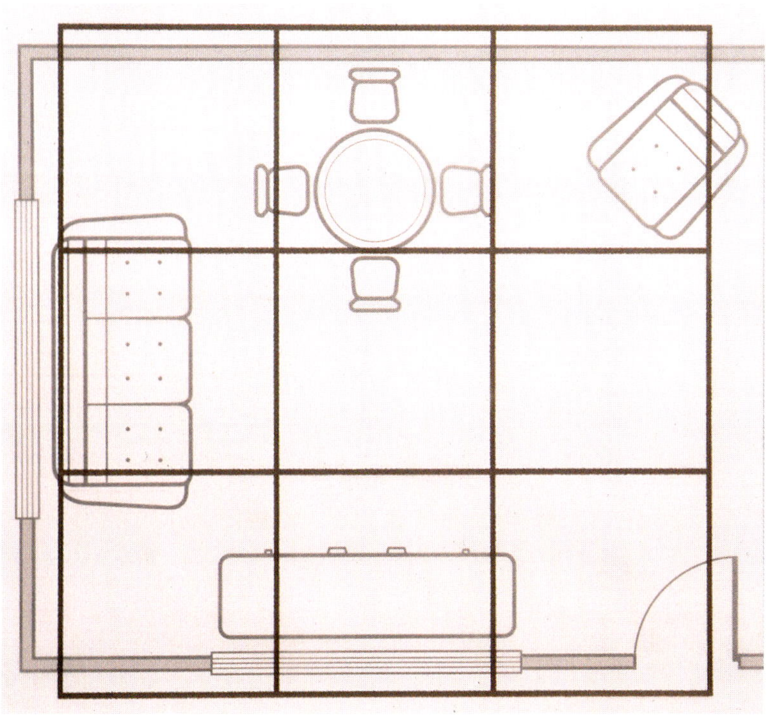

LINKS *Viele Feng-Shui-Anwender ziehen das Lo-Shu-Quadrat vor, um jede Ebene abzugrenzen. Mit dieser Methode ist es einfacher, jeden Sektor des Hauses zu kennzeichnen.*

Kapitel Acht: Richtlinien zur praktischen Anwendung

BESTIMMUNG DER FENG-SHUI-GRENZEN

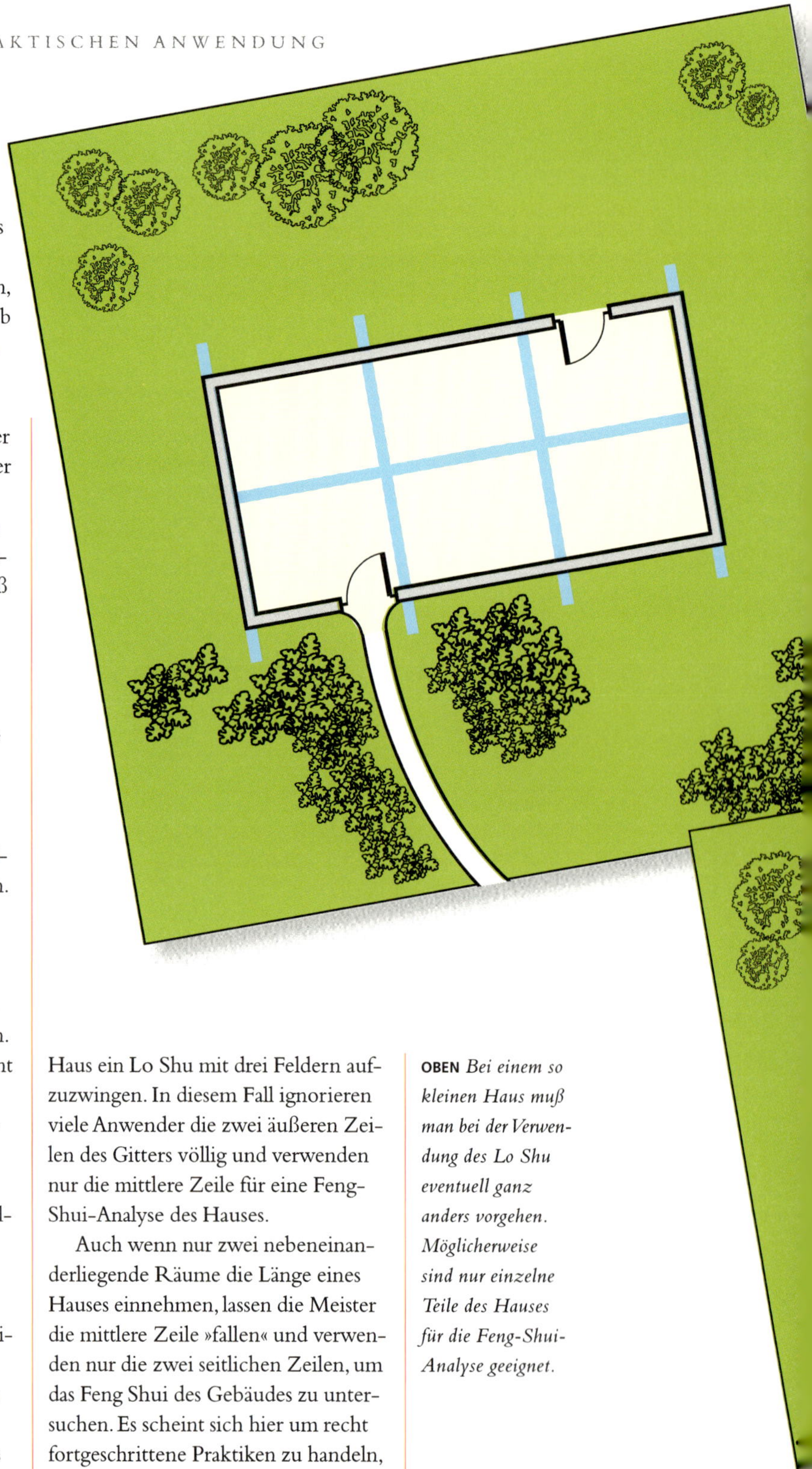

Zusätzlich zur Abgrenzung Ihres Grundrisses müssen Sie auch die beste Methode herausfinden, um die Grenzen festzulegen, innerhalb derer Sie Ihre Feng-Shui-Messungen vornehmen. Während es recht leicht ist, die Haupthimmelsrichtungen zu bestimmen, zeigen die meisten Häuser in der Realität nie direkt in eine dieser Haupthimmelsrichtungen. Das kann zu Schwierigkeiten führen. Wenn ich auf ein derartiges Problem stoße, »passe« ich das Lo-Shu-Quadrat so an, daß ich die Richtungen so perfekt wie möglich dem Gitter zuordnen kann. Das Ergebnis ist nicht immer ganz exakt, aber es liefert eine vernünftige Grundlage, auf der ich meine Analyse aufbauen kann.

Davon abgesehen gibt es auch noch die speziellen Schwierigkeiten mit Häusern oder Wohnungen, die einen unregelmäßigen Grundriß haben. In solch einem Fall können Sie das Problem der Bestimmung der Feng-Shui-Grenzen nur lösen, indem Sie die fehlenden Ecken und die Anbauten an bestimmte Ecken herausfinden. Sehr große Anbauten können getrennt vom Haupthaus untersucht werden. Die allgemeine Faustregel lautet: Verwenden Sie unterschiedliche Gitter für modular aufgebaute Räume. Wer also ein weitläufiges Anwesen hat, sollte diese Herangehensweise wählen, besonders wenn es keine überdachte Verbindung zwischen den beiden Modulen gibt. Garagen kann man beispielsweise als Anbauten interpretieren, wenn sie wie ein Anbau aus dem Hauptgebäude hervorstehen.

Zur Festlegung der Grenzen eines Hauses für die Feng-Shui-Analyse nimmt man gerne die tatsächliche Raumverteilung des Hauses. Haben Sie etwa ein schmales, langgezogenes Reihenhaus mit nur einem Zimmer und einem Flur über die gesamte Länge des Hauses, wäre es lächerlich, dem Haus ein Lo Shu mit drei Feldern aufzuzwingen. In diesem Fall ignorieren viele Anwender die zwei äußeren Zeilen des Gitters völlig und verwenden nur die mittlere Zeile für eine Feng-Shui-Analyse des Hauses.

Auch wenn nur zwei nebeneinanderliegende Räume die Länge eines Hauses einnehmen, lassen die Meister die mittlere Zeile »fallen« und verwenden nur die zwei seitlichen Zeilen, um das Feng Shui des Gebäudes zu untersuchen. Es scheint sich hier um recht fortgeschrittene Praktiken zu handeln, aber auf genau diese Fragen wird jeder Anfänger stoßen.

Deshalb ist es sinnvoll, einige Zeit über die angeführten Abgrenzungsmethoden nachzudenken, bevor man dazu übergeht, eine der Formeln anzuwenden.

OBEN *Bei einem so kleinen Haus muß man bei der Verwendung des Lo Shu eventuell ganz anders vorgehen. Möglicherweise sind nur einzelne Teile des Hauses für die Feng-Shui-Analyse geeignet.*

RECHTS *Dieses L-förmige Haus ist auf zwei Lo-Shu-Gitter verteilt: Eines davon wurde auf den »Hauptteil« des Hauses angewendet, das andere auf den seitlichen Anbau.*

LINKS *Dieses U-förmige Haus ist zwar symmetrisch, aber die eigentümliche Form führt dazu, daß man drei Lo-Shu-Gitter für eine genaue Feng-Shui-Analyse benötigt.*

SIEHE AUCH
- Feng Shui für jede Hausart *S.137–145*
- Abstellraum, T. und Garage *S.188*

KAPITEL ACHT: RICHTLINIEN ZUR PRAKTISCHEN ANWENDUNG

ANWENDUNG DES LO-SHU-QUADRATS

Am einfachsten läßt sich das Lo-Shu-Gitter anwenden, wenn man zuerst eine Himmelsrichtung als Anhaltspunkt festlegt, am besten eine der Haupthimmelsrichtungen. Stellen Sie sich in die Mitte des Hauses und bestimmen Sie die Richtung und den Standort des Haupteingangs. Für die Zeichnung des Lo-Shu-Gitters ist der Standort wesentlich bedeutsamer als die Richtung. Das liegt daran, daß Sie das restliche Lo-Shu-Quadrat ganz einfach über den Grundriß Ihres Hauses zeichnen können, sobald der Kompaßstandort der Haupteingangstür feststeht. Dann können Sie die jeweiligen Richtungen und entsprechenden Bagua-Symbole ergänzen, die mit je einer Ecke des Hauses gleichzusetzen sind.

Genaue Bestimmung der Ecken

Jede Ecke des Hauses muß unbedingt richtig festgelegt werden. Sie werden nun die Bedeutung der Kompaßmessungen erkennen. Dabei spielt auch die Messung und Festlegung der Ecken eine wichtige Rolle. Denken Sie daran, daß es immer leichter ist, mit Haupthimmelsrichtungen zu arbeiten.

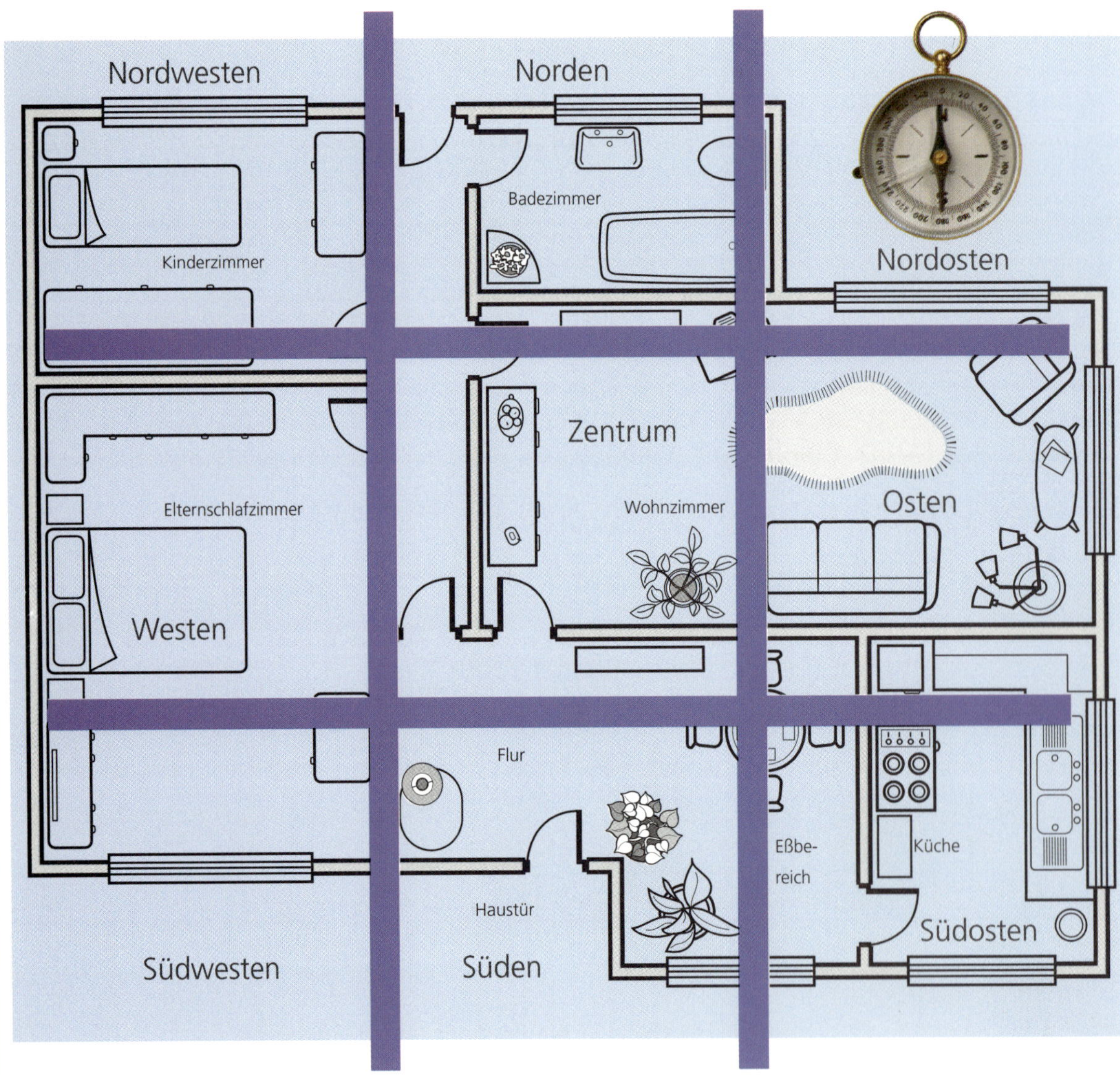

RECHTS *Stellen Sie zuerst die Himmelsrichtung für die Haupteingangstür fest, legen Sie dann das Lo-Shu-Quadrat auf den Grundriß und ergänzen Sie die fehlenden Kompaßangaben.*

ANWENDUNG DER FORMELN IM EIGENEN HAUS

In diesem Buch wird eine Reihe von Formeln vorgestellt, die für unterschiedliche Teile des Hauses gedacht sind und verschiedenen Dimensionen der Feng-Shui-Praxis angehören. Sie müssen nicht unbedingt alle Formeln ausprobieren. Es wird Ihnen auch nie gelingen, Ihr Feng Shui 100prozentig korrekt auszuführen. Niemand verfügt über ein makelloses Feng Shui: Es gibt einfach zu viele Variablen, die für Komplikationen sorgen können. Gleichzeitig widersprechen sich offenbar einige der Ratschläge. Kein Wunder, daß Anfänger manchmal reichlich verwirrt sind! Diese Irritation wird nicht gerade durch etwaige Versuche abgebaut, die Feng-Shui-Lehre mit New-Age-Praktiken zu verknüpfen. Mein Tip: Lassen Sie sich Zeit!

Experimentieren Sie selbst und wählen Sie die Dinge, die bei Ihnen zu funktionieren scheinen. So habe auch ich vor vielen Jahren angefangen und arbeite noch heute so. In den letzten Jahren sind so viele »neue« Feng-Shui-Methoden und -Techniken auf den Markt gekommen, daß sogar ich von der Vielfalt und Menge dieser neuen Techniken überwältigt bin. Alles scheint sich ständig zu verändern.

Studieren Sie die angebotenen Verfahren und fragen Sie sich, ob es die Mühe wert ist, eine bestimmte Empfehlung auszuprobieren. Vielleicht geht es Ihnen genauso: Ich zögere, wenn es darum geht, Mauern einzureißen und größere Umbauten in Angriff zu nehmen. Mir gefällt ein Feng Shui, das keine immensen Renovierungsarbeiten fordert. Ich ziehe die Alternative vor, die den geringsten Eingriff in meinen normalen Alltag bedeutet.

Sie sollten unter den verschiedenen Formeln diejenige wählen, die am leichtesten anzuwenden ist. Von den drei Feng-Shui-Hauptformeln, die ich verwende, ist mir die Acht-Häuser-Methode der persönlichen Richtungen und Orte am liebsten. Sie ist auch die machtvollste der drei Formeln: Sie hat weder mich noch die Personen, die ich unterstützt habe, je enttäuscht. Suchen Sie eine Formel für den Anfang, würde ich diese Formel wählen, sie ist am leichtesten in der Anwendung.

Es ist auch spannend, den Wahrsageaspekten der Methode des Fliegenden Sterns zu folgen. Und das Wasser sorgt natürlich für Reichtum und Geld. Erlauben Sie Ihrem Haus, Ihnen den Weg zu zeigen, denn es ist unmöglich, in einem einzigen Haus alle Praktiken auszuprobieren. Lassen Sie sich von Ihren räumlichen Grenzen und natürlich von der Größe Ihres Budgets leiten.

OBEN *Entscheiden Sie sich für die Ziele, die Sie mit Feng Shui erreichen wollen. Wenn Sie Ihren Reichtum vergrößern möchten, werden Sie sich vielleicht für die Wasserformeln entscheiden und Wasserobjekte in Ihrem Haus aufstellen.*

LINKS *Bei der Ausübung von Feng Shui werden Sie vielleicht Energetisierer – wie Bilder, Pflanzen und Kristalle – für Ihr Heim einsetzen. Oder Sie konzentrieren sich auf das Gleichgewicht von Yin und Yang, indem Sie mit Licht und Farbe eine harmonische Atmosphäre schaffen.*

KAPITEL ACHT: RICHTLINIEN ZUR PRAKTISCHEN ANWENDUNG

RICHTIGE PLAZIERUNG VON GLÜCKSSYMBOLEN

Der Grund, warum ich so viel Wert darauf lege, daß Sie sich mit den Ausrichtungen Ihres Hauses vertraut machen, ist folgender: Ohne diese Richtungen können Sie einfach kein symbolisches Feng Shui praktizieren, also keine Glückssymbole im Haus verteilen. Dies sollte gemäß den Energiemustern der Fünf Elemente in Ihrem Haus geschehen.

Die Plazierung von Glückssymbolen an der richtigen Stelle ist wohl die leichteste und schnellste Methode, um gutes Feng Shui in Ihrem Haus zu aktivieren. Wer diese Symbole korrekt plaziert, wird bemerkenswerte Veränderungen feststellen, nachdem er oder sie die Ecken gemäß den Fünf Elementen energetisiert hat, selbst wenn es sich bei diesen Symbolen um – wie ein zorniger Leser es einmal abwertend beschrieben hat – »geschmacklose dreibeinige Kröten und billige chinesische Münzen« handelt.

Beginnen Sie die Anwendung des Feng Shui der Glückssymbole damit, daß Sie erst alle Ecken Ihres Hauses bestimmen und dann alle Bereiche Ihres Wohnzimmers. Grenzen Sie Ihr Wohnzimmer mit den neun Feldern des Lo Shu ab und markieren Sie dann die entsprechenden Richtungen. Anders gesagt, bestimmen Sie zuerst die östliche Wand, anschließend die westliche Wand und beginnen Sie dann damit, Objekte und Gegenstände in diese Ecken zu stellen, die mit dem Element der Ecke harmonieren.

Übertreiben Sie es nicht mit Windspielen, Kristallen und dreibeinigen Kröten. Das Aufstellen der Glücksobjekte ist eher symbolisch. Es ist aber völlig in Ordnung, wenn Sie jede Ecke energetisieren. Da jede Ecke eine bestimmte Art Glück repräsentiert, dürfen Sie ruhig etwas gierig sein und alle Ecken des Zimmers energetisieren.

LINKS *Stellen Sie Feng-Shui-Symbole für Wohlstand, Reichtum und Glück zur Energetisierung in jede Ecke des Raumes. Das Glück der Bewohner wird spürbar steigen.*

FRAGEN UND ANTWORTEN

Frage: Wie wichtig ist es, die hinter Feng Shui verborgene Theorie und all die Bedeutungen, die in diesem Teil des Buches beschrieben werden, bis ins Detail zu verstehen?

Antwort: Es ist nicht einfach, all die Bedeutungen beim erstmaligen Lesen zu erfassen. Sie können, wenn Sie möchten, gleich zu den letzten Kapiteln mit leichten Feng-Shui-Tips weiterblättern *(siehe S. 302–327)*, die Sie sofort anwenden können. Aber falls Sie sich nicht sicher sind oder die gezeigten Graphiken nicht genau auf Ihre Situation zutreffen, ist es äußerst wichtig, auf die theoretischen Konzepte zurückgreifen zu können. Es ist folglich nicht nötig, alles sofort zu verstehen. Nehmen Sie sich jedoch die Zeit, alles noch einmal genau zu überdenken, wenn Sie vor der Gefahr stehen, die Dinge durcheinanderzubringen.

Frage: Ist das Bagua ein religiöses oder ein spirituelles Symbol?

Antwort: Ich betrachte es nicht als religiöses Symbol, obwohl ich denke, daß das Bagua durchaus eine spirituelle Note hat, wenn man es als Schutzsymbol verwendet. Ich weiß, daß Chinesen ihr Bagua gerne im Tempel segnen lassen, bevor sie es über ihrer Haustür aufhängen. Ich verwende das Bagua nur als letzte Rettung und bringe es nicht mit irgendwelchen religiösen oder spirituellen Bedeutungen in Verbindung.

Frage: Was für eine Bedeutung hat das Saturnsiegel-Symbol, das durch die Anordnung der Zahlen auf dem Lo-Shu-Gitter zustande kommt?

Antwort: Es wird gerne spekuliert, ob Feng Shui als Verfahren vielleicht mit ähnlichen Methoden in anderen Kulturen – insbesondere in der hebräischen – übereinstimmt. Ich glaube, daß die Chinesen keine Exklusivrechte auf das Wissen einer Praxis haben, die so vielversprechend ist. In anderen Kulturen gibt es möglicherweise eine dem Feng Shui ähnliche Technik – aber sie ist vielleicht nicht so gut dokumentiert und überliefert.

Frage: Gibt es Bedeutungen und Assoziationen der Trigramme, die Sie in diesem Buch absichtlich nicht erläutert haben?

Antwort: Auf jeden Fall! Wenn Sie das I-Ging sorgfältig lesen und die vielfältigen Bedeutungen der Trigramme und Hexagramme studieren, werden Sie eine Unmenge an Informationen entdecken. Falls Sie neugierig sind, sollten Sie möglichst eine Übersetzung von Richard Wilhelm erstehen, da dies die umfassendste Ausgabe ist. Lesen Sie das I-Ging bitte nicht in einer vereinfachten Ausgabe. Es ist viel zu kompliziert und tiefsinnig für eine oberflächliche Lektüre.

Frage: Wie wichtig ist das Bagua in der Feng-Shui-Praxis?

Antwort: Das Bagua ist eines der Haupt-Analysewerkzeuge des Feng Shui. Es ist auch ein wirksames Gegenmittel: Man verwendet es zur Abwehr von Unglück, das von physischen Strukturen herrührt, die Giftpfeile gegen Ihr Haus senden. Wenn Sie das Bagua als defensives Werkzeug einsetzen, müssen Sie sich der Regeln für einen solchen Einsatz genau bewußt sein. Eine falsche Plazierung des Bagua, besonders im Inneren des Hauses, kann oft die Ursache größeren Unglücks sein. Sie müssen unbedingt den Unterschied zwischen den zwei Bagua-Arten kennen.

Frage: Warum spielt die Lo-Shu-Anordnung der Zahlen im Feng Shui eine so große Rolle?

Antwort: Das Lo-Shu-Gitter ist die Basis und der Grundstein beinahe aller mächtigen Kompaßformeln des Feng Shui. Taoisten verwenden das Gitter als die Wurzel der taoistischen magischen Praktiken. Deshalb ist es wichtig, mit den Zahlen dieses Gitters zumindest vertraut zu sein. Ich habe in diesem Buch zwei mächtige Feng-Shui-Formeln hervorgehoben, die das Lo Shu als Berechnungsgrundlage verwenden. Hier handelt es sich um die Acht-Häuser-Formel und die Formel des Fliegenden Sterns. Ich möchte noch einen dritten Bereich der Feng-Shui-Praxis hinzufügen, in dem das Lo Shu von Bedeutung ist: die Berechnung von günstigen und ungünstigen Tagen. Dies ist eine sehr fortgeschrittene Technik der Feng-Shui-Praxis, die im Westen noch nicht so bekannt ist.

Frage: Verwendet man im Feng Shui immer einen Kompaß?

Antwort: Ja. Der Kompaß ist für die Ausübung des echten chinesischen Feng Shui von grundlegender Bedeutung. Er ist die Basis ALLER Feng-Shui-Empfehlungen. Professionelle Feng-Shui-Anwender müssen daher in der Lage sein, einen richtigen chinesischen Luo Pan zu lesen und einzusetzen. Für den Hausgebrauch und den Amateur ist allerdings die Verwendung eines Kompasses westlicher Machart völlig ausreichend. Um die Richtung Ihrer Haupteingangstür zu bestimmen, sollten Sie die Kompaßangaben direkt an der Tür messen, während Sie nach draußen blicken. Die Messungen für die Hausausrichtung nehmen Sie im Zentrum des Hauses vor. Wenn Sie auf der Südhalbkugel leben, müssen Sie die Richtungen nicht vertauschen. Sonst würden Sie falsches Feng Shui praktizieren.

木火土金水

TEIL DREI

3

FENG SHUI FÜR DAS HAUS

KAPITEL NEUN

FENG SHUI FÜR JEDE HAUSART

Große Herrenhäuser mit viel Raum zum Gestalten können normalerweise leichter die gute Energie nutzen. Das liegt daran, daß der leere Raum die freie Bewegung der günstigen Chi-Ströme begünstigt. Deshalb ist es im allgemeinen einfacher, in solchen Häusern Feng Shui zu praktizieren. Es wäre natürlich ideal, wenn jedermann wunderbar quadratische Häuser mit viel Platz hätte, wo man jede Art von Ausrichtung vornehmen kann. Dann könnte man ein Feng-Shui-Haus entwerfen. Aber das entspricht in der Regel nicht der Realität: unregelmäßige Formen, ungleichmäßige Grundrisse und Platzmangel sind an der Tagesordnung. Der Meister hat ein Auge für unausgeglichenes Feng Shui, das er perfektionieren kann. Er sollte in der Lage sein, für eine Vielzahl von Wohnungen Feng Shui zu erzeugen, zu verbessern und zu korrigieren. Feng Shui sollte allen Arten von Wohnraum helfen, vom alten Bungalow mit einer Unzahl vorspringender Ecken und hervorstehender Deckenbalken bis zum kleinen Single-Appartement, in dem kein gestaltbarer Freiraum vorhanden ist. Dieses Kapitel behandelt verschiedene Hausarten, untersucht unterschiedliche Situationen und analysiert alternative Wohnformen in der Stadt und auf dem Land.

LINKS *Dieses Kapitel bietet einen Überblick darüber, wie man das Feng Shui unterschiedlichster Hausarten erzeugt, verbessert oder korrigiert – vom Bungalow über Landhäuser bis zur Wohnung im Hochhaus.*

KAPITEL NEUN: FENG SHUI FÜR JEDE HAUSART

HERRENHÄUSER UND LANDSITZE

Je größer das Haus, um so größer ist auch das Potential, die Ausrichtungen beinahe so perfekt abzustimmen, daß sie ausgezeichnetes Feng-Shui-Glück verbreiten. Deshalb haben von einem großen Grundstück umgebene Herrenhäuser und Landsitze das Glück, gute Chi-Ströme inner- und außerhalb des Hauses zu erzeugen. Ein weitläufiges Grundstück ermöglicht auch den Bau des Wasserdrachen, der auf eine günstige Ein- und Austrittsrichtung des Wassers auf dem Grundstück hindeutet. Die Besitzer oder Bewohner können damit folgende Wirkungen erzielen:

- Der Effekt des Hellen Saals: Dazu muß man dafür sorgen, daß sich die Haustür auf ein freies Feld öffnet, wobei nichts den Fluß des Sheng Chi in das Haus behindert. Dieser Effekt des Hellen Saals bringt der Familie über viele Generationen hinweg Reichtum und Wohlstand. Wenn Ihr Haus ein Herrenhaus oder ein besonders großes Gebäude ist und Sie einen solchen Hellen Saal haben, sollten Sie darauf achten, daß der Rasen gut gepflegt ist. Errichten Sie hier keine Struktur, die den Fluß des Reichtums-Chi in das Haus stören könnte. Dies ist eine der mächtigsten Feng-Shui-Wirkungen, und die Vorteile, die sie mit sich bringt, werden sich sicher für Sie lohnen.
- Der Effekt des Phönix-Hügels: Dieser Effekt kommt durch einen sehr niedrigen, kleinen Erdhügel direkt vor dem Haupteingang zustande. Der Hügel symbolisiert den himmlischen Phönix, der hervorragende Möglichkeiten für Beruf und Reichtumserwerb mit sich bringt. Er sollte mindestens 30,5 m von der Vordertür entfernt sein: Daher benötigen Sie genügend Land, um diesen Abstand zu ermöglichen.
- Ein Berg voll Gold neben der Haustür: Sehr glückbringend ist es, einen Haufen mittelgroßer, bemalter Steine zu errichten, die einem goldenen Berg gleichen, vorausgesetzt Ihre Tür liegt im Südwesten oder Nordosten oder zeigt in eine dieser Richtungen.

OBEN *Ein von einem erfolgreichen Geschäftsmann errichtetes Herrenhaus. Doch die dreieckige Verkehrsinsel vor dem Haus hatte einen äußerst negativen Einfluß auf das Gebäude.*

RECHTS *Wer das Glück hat, ein großes Herrenhaus mit eigenem Grund zu besitzen, kann das umliegende Gelände zu seinem Vorteil nutzen, indem er viele günstige Feng-Shui-Objekte errichtet und aufstellt.*

LINKS *Ein perfektes Beispiel für einen geschwungenen Weg, der das Haus mit einem guten Chi-Fluß erfrischen wird.*

UNTEN *Breite Treppenaufgänge sind besser als schmale, sollten aber nie direkt gegenüber der Vordertür liegen.*

Ein Wasserfall aus Gold in südöstlicher Richtung: Dies ist eine Variation der Idee des »Goldbergs«. Wenn Sie in Ihrem Garten einen kleinen, künstlichen Wasserfall anlegen, planen Sie ein paar mit Gold bemalte Felsen mit ein und legen Sie sie in den Teich. Dies bedeutet, daß das Wasser das Gold direkt vor Ihre Haustür spült. Diese Methode ist sehr günstig.

Die wahrscheinlich wirksamste Methode zur Verbesserung des Feng Shui besteht in der Anlage von Wasserobjekten in Ihrem Garten, wobei Sie nach der Wasserdrachen-Formel vorgehen müssen. Dazu muß man nicht in einem allzu großen Haus wohnen. Solange Sie von etwas Land umgeben sind, können Sie einen sehr lohnenden Wasserdrachen simulieren.

Wer in einem großen Haus lebt, hat oft lange, gerade Zufahrten, die bis zum Haupteingang führen. Ich habe bereits sehr viele solcher Häuser gesehen und bei der Untersuchung der Geschichte dieser Orte habe ich oft bedrückende Erzählungen über die dort wohnenden Familien gehört. Lange, gerade Zufahrten sind die mächtigste Art des Giftpfeils. Sie können die Ursache für Tod, schwere Krankheit, Unfälle und manchmal sogar die komplette Auslöschung einer Familie sein. Im Feng Shui gibt es nichts Schlimmeres als solch einen Giftpfeil.

Eine gerade Zufahrt läßt sich einfach korrigieren, da es sich normalerweise um eine Privatstraße handelt, die dem Besitzer des Hauses gehört. Wer als Besitzer dieses unglückselige Merkmal auf seinem Grundstück hat, sollte das sofort ändern.

Eine weitere Eigenheit, die in großen Landsitzen häufig anzutreffen ist, sind breite, geschwungene Treppen. Dies bringt eigentlich Glück, außer wenn die Treppe direkt vor der Vordertür endet. Derartige Treppen lassen das Chi zu schnell strömen und verwandeln es damit in tödliches Chi.

GANZ LINKS *Früher waren derartige Türgötter gewöhnlich auf die Eingangstüren reicher Häuser gemalt, um den Familienbesitz zu bewahren.*

KAPITEL NEUN: FENG SHUI FÜR JEDE HAUSART

BUNGALOWS UND COTTAGES

RECHTS *Gebäude auf der linken Seite Ihres Hauses sollten höher sein als auf der rechten Seite: Sie symbolisieren den günstigen Grünen Drachen.*

Fast alles, was man zur Verbesserung des Feng Shui eines Herrenhauses oder Landsitzes unternehmen kann, ist auch für Bungalows und Cottages anwendbar. Die gute Nachricht für die Bewohner von Bungalows und Landhäusern lautet: Ihre Häuser haben oft weniger Probleme, da die Methoden aufgrund der Hausgröße leichter in die Praxis umzusetzen sind. Damit ein Bungalow von gutem Feng Shui erfüllt wird, ist es jedoch nötig, daß er mehr tief als breit ist. Häuser mit einer gewissen Tiefe können den Reichtum oder die Objekte, die ihr Besitzer ersteht, bewahren, während weniger tiefe Häuser eher den Familienbesitz verschwenden. Tiefe heißt, daß der Raum zwischen Vorder- und Hintertür mindestens drei Zimmer, also abgeteilte Einheiten, umfaßt. Eine Tiefe von sechs Zimmern ist im allgemeinen noch besser. Hier einige weitere beachtenswerte Grundregeln:

OBEN *Cottages brauchen hervorgehobene Vorder- und Hintertüren, um von positiver Energie profitieren zu können.*

- Bungalows sollten klar umrissene Vorder- und Hintertüren haben, die einander nicht direkt gegenüberliegen dürfen. Die Haupteingangstür sollte die größte Tür des Hauses sein.
- Häuser mit regelmäßigem Grundriß sind wesentlich besser als solche mit unregelmäßiger Form.
- Das Gelände hinter dem Haus sollte immer höher sein als das davor. Dies symbolisiert eine solide Rückenstütze.
- Das Gelände vor dem Gebäude sollte ebenso hoch oder niedriger als das Haus selbst sein.
- Es sollte keine Straßen vor und gleichzeitig hinter dem Haus geben. Dies ist ein ernster Feng-Shui-Fehler. Sie können ihn nur dadurch ausgleichen, daß Sie dicht belaubte Bäume hinter dem Haus pflanzen, um ihm eine Stütze zu bieten. Wenn ein Haus zwischen zwei Straßen eingeklemmt ist, sollten Sie dem Problem nicht dadurch entgegenwirken, daß Sie an der Vorder- und Rückseite Eingänge schaffen.
- Das Gelände auf der linken Seite sollte höher sein als das auf der rechten Seite. Die Ausrichtung wird bestimmt, indem man aus dem Inneren des Hauses nach draußen blickt. Das Land zur Linken ist der Drache, während das Land zur Rechten den Tiger symbolisiert, unabhängig von der Himmelsrichtung. Installieren Sie ein hohes, helles Licht auf der Seite des Drachen, falls diese niedriger sein sollte.
- Das Haus selbst sollte auf der inneren Hälfte, d. h. auf dem hinteren Teil des Grundstücks stehen. Steht es zu weit vorne, so daß das gesamte Grundstück hinter dem Haus liegt, verlieren Sie dadurch den Hellen Saal.
- Grundstücke mit unregelmäßigem Grundriß sollte man durch Feng-Shui-Heilmittel korrigieren. Erweitern Sie auf symbolische Weise die fehlenden Ecken des Grundstücks mit Hilfe von hellen Lichtern in der Nähe der entsprechenden Ecken.
- Bauen Sie keine hohe Mauer oder einen Zaun zu nahe am Haus. Lassen Sie genügend Platz frei, damit das Chi fließen kann. Es sollte ein Freiraum von mindestens 2,5 m vorhanden sein. Es ist auch besser, näher an der Drachenseite (links) als an der Tigerseite (rechts) des Hauses zu sein. Wenn die Trennwand zwischen Ihnen und Ihren Nachbarn zu nahe an Ihrem Cottage steht, sollten Sie Blumen anpflanzen, um das gute Sheng Chi zum Hindurchfließen und Ansammeln anzuregen.

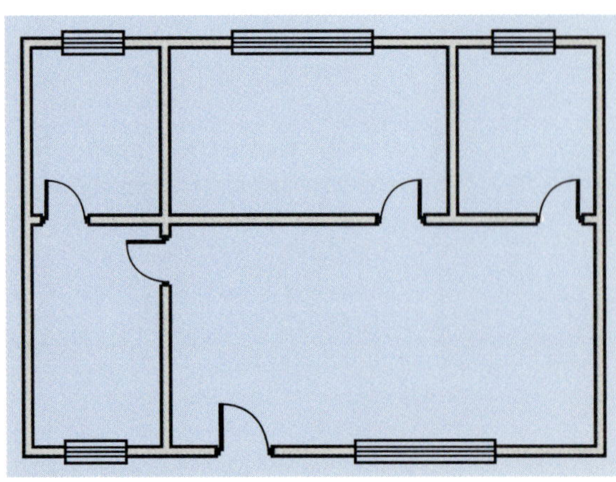

LINKS *Es ist immer besser, in einem regelmäßig angelegten Haus zu leben, auch wenn dies »kastenförmig« wirkt.*

DOPPEL-, REIHEN- UND STADTHÄUSER

Wer in einem Reihenhaus oder in einer Häuserzeile wohnt, wird wahrscheinlich am meisten von der Tiefe des Hauses profitieren. Aneinandergereihte Stadthäuser sind häufig lang und schmal; während die Vorderseite unter der geringen Breite leidet, gleicht die Tiefe oder Länge des Hauses diesen Mangel vollkommen aus. Im Feng Shui sollte jedes Haus eine Tiefe von mindestens drei Zimmern haben. Und Häuser mit einer Tiefe von sechs Zimmern sind ideal.

Bei vielen Stadthäusern beginnt der Wohnraum direkt an der Vordertür, was zu schlechtem Feng Shui führt. Dieses Feng-Shui-Problem betrifft besonders die Stadthäuser, die in der ersten Hälfte des vorigen Jahrhunderts in den westlichen Ländern, wie z. B. in Großbritannien, erbaut wurden. Falls möglich, sollten Sie den Platz zwischen Tür und Treppe mit einem Wandschirm oder einer schönen Hängelampe dekorieren oder einige Pflanzen aufstellen, die dann als optische Barrieren fungieren.

Wer in einem Reihenhaus wohnt, sollte darauf achten, die Betten und Arbeitstische nicht an eine Wand zu stellen, auf deren anderer Seite sich eine Toilette befindet. Dies hätte einen negativen Effekt auf Ihre Schlaf- und Arbeitsrichtung.

Bewohner von Stadthäusern sollten sich darüber im klaren sein, was sich über der Vordertür befindet. Beispielsweise stellt eine Toilette direkt über der Haustür eine ernsthafte Beeinträchtigung dar, die man oft nur durch Versetzen der Tür korrigieren kann. Ist das nicht möglich, kann auch eine helle Lampe direkt über der Vordertür helfen.

OBEN *Eine Zeile altmodischer Reihenhäuser. Solche Häuser sind gewöhnlich sehr tief und bieten deshalb gutes Feng Shui.*

LINKS *Eine Treppe direkt an der Eingangstür vertreibt das gute Chi. Der Eingangsbereich sollte hell gestaltet und voller Pflanzen sein.*

UNTEN LINKS *Der Weiße Tiger lebt auf der rechten Seite des Hauses (von innen gesehen).*

KAPITEL NEUN: FENG SHUI FÜR JEDE HAUSART

WOHNUNGEN UND APPARTEMENTHÄUSER

RECHTS *Ein Appartementhaus auf halber Höhe eines Hügels wird von der unterstützenden Kraft des Drachenhügels hinter dem Gebäude ebenso profitieren wie von der des niedrigen Phönixhügels vor dem Haus.*

UNTEN *Swimmingpools auf dem Dach sehen vielleicht glamourös aus, aber sie symbolisieren aus dem Gebäude fließendes Geld. Wasser auf solcher Höhe steht als Sinnbild für einen Fluß, der gerade über die Ufer tritt.*

Wer in einer Wohnung lebt, hat normalerweise weniger Kontrolle über sein Feng Shui als jemand, der in einem Haus wohnt. Wenn Sie in einer Wohnung leben möchten, rate ich Ihnen, sie sehr sorgfältig auszuwählen. Setzen Sie die Feng-Shui-Grundregeln ein, um die Umgebung zu überprüfen. Achten Sie dabei besonders auf den Haupteingang des Gebäudes und sehen Sie sich auch die Grundrisse und Anordnung der verschiedenen Wohnungen an. Der Eingang zu Ihrem eigenen Appartement sollte in keiner Weise durch die gegenüberliegende Wohnung (in Form von Giftpfeilen) beeinträchtigt werden – auch nicht von der Wohnung über Ihnen (Toiletten und Küchen über Ihnen können Ihre Vordertür schädigen). Diese Probleme verursachen ebensoviel Schaden wie eine Wohnung, deren Eingangstür in eine Richtung zeigt, die Ihnen aufgrund Ihrer Kua-Zahl Schwierigkeiten bereitet.

Große, weiträumige und luftige Wohnungen sind natürlich empfehlenswerter als kleinere Wohneinheiten.

Große Appartements haben weniger Problemzonen und sind normalerweise besser aufgeteilt. Es gibt weniger freiliegende Deckenstützbalken, ein Makel, unter dem Billighäuser häufig zu leiden haben. Dicke Deckenstützen aus Beton müssen verdeckt werden, da sonst die Gesundheit der Bewohner darunter leiden wird: Die dadurch verursachte Krankheit wird eine Menge Unglück über Sie bringen. Penthouse-Wohnungen im obersten Geschoß von Appartementhäusern weisen nicht unbedingt gutes Feng Shui auf. Eine ganz oben gelegene Wohnung bietet Ihnen den Vorteil, daß Sie zumindest sicher nicht von irgendetwas über Ihnen geschädigt werden. Wenn Sie in den unteren Stockwerken wohnen, kann sich alles »Schlechte« direkt über Ihnen so oft wiederholen, wie es Stockwerke über Ihnen gibt. So könnten sich die Auswirkungen schädlicher Balken, Toiletten, Küchen usw., die sich genau über Ihrem Eßtisch oder Ihrem Bett befinden, vervielfachen.

Eine Wohnung im obersten Stockwerk eines Gebäudes ist hervorragend, solange hinter Ihrem Haus etwas höhere Wohnblocks stehen oder sich Hügel in der Nähe befinden. Wohnhäuser, die sich an die Seiten und Flanken von Hügeln schmiegen, sind folglich ganz ausgezeichnet.

Im obersten Stockwerk sollten Sie keinen Swimmingpool haben. Ich weiß von mehreren Wirtschaftsbossen, die in einem »Herrenhaus über den Wolken« lebten. Diese Luxuswohnungen gingen über die zwei oder drei oberen Stockwerke von Hochhäusern. Unklugerweise legte man in diesen Penthouses große Hallenschwimmbäder an: Innerhalb von sechs Jahren nach ihrem Einzug gerieten sie in finanzielle Schwierigkeiten. Einige von ihnen gingen sogar bankrott.

Wer in einem Appartementhaus lebt, sollte nur in Pools schwimmen, die innerhalb der Grenzen dieser Wohnanlage liegen. Es ist sehr wichtig, daß in Hochhauswohnungen keine Swimmingpools oder Fischteiche angelegt werden. Dies bringt Ihnen und Ihren Nachbarn nur Unglück.

Die Gefahr von Wasser auf dem Dach wird im *I-Ging* deutlich hervorgehoben. Wasser ist ausgezeichnet, solange es nicht seine Grenzen überschreitet. Steigt es zu hoch, dann tritt das Wasser über die Ufer und überflutet das Land. Überfließendes Wasser ist ein Symbol für hinausfließendes Geld, besonders wenn es von oben kommt. Aus Feng-Shui-Perspektive ist es allgemein besser und sicherer, in der Mitte eines Hauses zu wohnen, also inmitten des Energiestroms. Es bedeutet kein Unglück, im Erdgeschoß oder in den unteren Stockwerken zu wohnen, da Täler nach den Feng-Shui-Grundregeln normalerweise Orte mit gutem Feng Shui sind: Orte, an denen das Chi aus allen Richtungen kommt. Eine Erdgeschoßwohnung ist nur ungünstig, wenn die umliegenden Straßen, Eisenbahnstrecken und Überführungen ein Ungleichgewicht in der Umgebung des Gebäudes erzeugen. Erdgeschoßwohnungen können dagegen hervorragend sein, wenn das umliegende Land passend angelegt wurde.

Schließlich sollten Sie noch wissen, ob das Appartementhaus auf Säulen oder Stelzen steht und somit über einem Leerraum im Erdgeschoß schwebt. Befinden sich Garagen und Parkmöglichkeiten im Erdgeschoß, entsteht ein freier Raum direkt unter den Wohnungen, was einen völligen Mangel an Unterstützung und Unterbau bedeutet. In solch einem Appartementhaus sollte man besser nicht leben. Es muß sich nicht unbedingt um ein ernsthaftes Unglück handeln, aber es ist ebenso schwierig, wirkliches Glück herbeizuführen. Ein Unglück läßt sich u. a. vermeiden, wenn Sie so weit oben wie möglich wohnen.

OBEN *Dieses luftige Appartement im obersten Geschoß wird von reichlich Licht durchströmt und genießt gutes Feng Shui, da direkt darüber keine schädlichen Objekte zu finden sind.*

KAPITEL NEUN: FENG SHUI FÜR JEDE HAUSART

STUDIOS UND SINGLEWOHNUNGEN

UNTEN *Sie sollten keine Tapete mit einem sehr eckigen Muster nehmen – dies würde sonst Sha Chi erzeugen.*

Diese kleinen Räume erfordern eine spezielle Feng-Shui-Behandlung, wobei die Wohnung als Ganzes dem gesamten Lo-Shu-Bereich entspricht. Singlewohnungen stellen für Feng-Shui-Anwender meist ein Dilemma dar, da das Bett sich im gleichen Raum wie der Rest der Einrichtung befindet. Ich schlage vor, den Schlafbereich auf irgendeine Weise deutlich abzugrenzen. Wenn Sie ein Schlafsofa oder ein ausklappbares Bett verwenden, sollten Sie Ihr Appartement eher als Wohnraum und nicht als Schlafbereich betrachten. Aber selbst dann ist es noch wichtig, Ihr Bett so aufzustellen, daß es in eine für Sie günstige Richtung weist.

Mit Zweizimmerwohnungen ist es sehr viel einfacher, da hier der Schlafbereich in der Wohnung klar abgegrenzt ist.

Im allgemeinen haben kleine Wohnungen weder besonders gutes, noch besonders schlechtes Feng Shui. Das liegt daran, daß es nur ein oder zwei »Abteile« gibt. Sobald man die Fliegenden Sterne berechnet hat, die von der Ausrichtung der Haustür abhängen, lassen sich normalerweise die Zahlen eines einzelnen Feldes auf das Feng Shui der Wohnung anwenden. Sollten Sie also Pech in Ihrer Einzimmerwohnung haben, wäre es wahrscheinlich keine schlechte Idee, Ihren Mietvertrag nicht zu verlängern, wenn er ausläuft.

OBEN *Auch in einer Einzimmerwohnung sollten Sie Wohn- und Schlafbereich voneinander trennen. Die Kombination beider Bereiche führt zu schlechtem Feng Shui.*

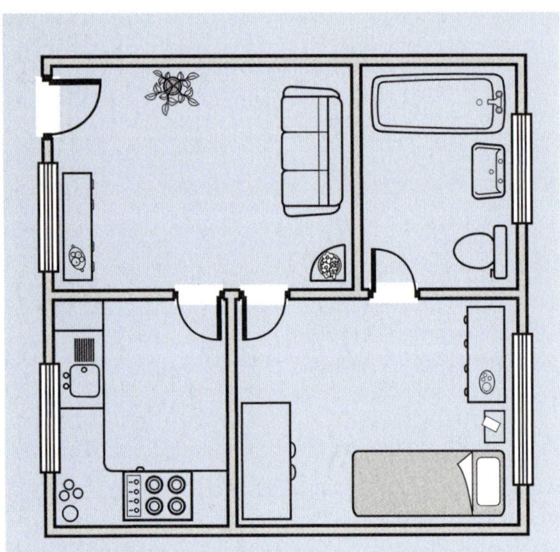

OBEN *Selbst in einer kleinen Wohnung sollten Sie sich bemühen, den Schlafbereich ganz deutlich vom Wohnbereich abzutrennen.*

DREI- UND VIERZIMMERWOHNUNGEN

Wenn Sie vorhaben, in eine mittelgroße Wohnung zu ziehen, oder bereits in einer wohnen, sollten Sie neben den bisher angesprochenen Punkten auch die Raumaufteilung der Wohnung beachten. Ich rate immer zu einer möglichst regelmäßigen Aufteilung und einem großen, offenen Raum, der gleichzeitig als Empfangsraum, Eß- und Wohnzimmer dient. Dieser weite, leere Raum bietet ideale Voraussetzungen zur Ausübung von Feng Shui.

Die Auf- und Verteilung der Räume hat auch eine große Bedeutung für Ihr Feng Shui, wenn Sie die Grundregeln des Fliegenden Sterns anwenden. Das liegt daran, daß diese Methode bei der Suche nach glück- und unglückbringenden Bereichen die Anzahl der Räume und ihre Aufteilung berücksichtigt. Deshalb empfehlen Feng-Shui-Meister, die mit diesem Verfahren arbeiten, fast immer, daß man Mauern versetzen soll und Zimmer neu anordnen.

Sie werden sich bestimmt darüber freuen, daß ich derartig massive Umbaumaßnahmen nur selten empfehle. Aber dennoch halte ich große, luftige Räume für entschieden besser als viele kleine Zimmer.

Enge Flure in einer Wohnung sollten gut beleuchtet und in hellen, freundlichen Farben gestrichen sein. Kleine Wohnungen werden stets besseres Feng Shui genießen, wenn sie hell und lichtdurchflutet sind, da dies die überschüssige Yin-Energie des Gebäudes reduziert. Falls Sie Tapeten haben, sollten es keine mit kantigem und spitzzulaufendem Muster oder Design sein, da sie an die versteckten Erzeuger von Sha Chi erinnern. Zudem ist es natürlich ratsam, die Farbe und das Muster der Tapete mit den entsprechenden Wanddekorationselementen abzustimmen.

UNTEN *Kleine oder mittelgroße Wohnungen profitieren von großen, freien Räumen. Die Kombination von Wohn- und Eßbereich erlaubt Ihnen, das Feng-Shui-Potential Ihres Hauses enorm zu erhöhen.*

Gute Beleuchtung betont die Weite des Raumes.

Die Verbindung von Eß- und Wohnzimmer vergrößert das Raumangebot.

günstige rote Blumen

helle Farbgestaltung

SIEHE AUCH
- Feng Shui im Schlafzimmer *S. 160–171*
- Feng Shui im Wohnzimmer *S. 172–181*

KAPITEL ZEHN

FENG SHUI UND INNEN-ARCHITEKTUR

Feng Shui für die Inneneinrichtung bietet Amateuranwendern unzählige Möglichkeiten, ihre Kreativität auszuleben. Es gibt viele Arten für die Anordnung und Dekoration Ihrer Innenräume. Feng Shui behandelt Dekoration nicht als eine statische Sache. Der Schlüssel liegt darin, sich dem Chi-Fluß anzugleichen. Stellen Sie sich einen langsamen, mäandrierenden Strom vor, der leicht und ungehindert dahinfließt. Plazieren Sie Ihre Möbel so, daß sich das Chi auf diese Art und Weise dazwischen hindurchbewegen kann. Der »Verkehrsfluß« in Ihrem Haus sollte kurvig und geschwungen dahintreiben, anstatt gerade und feindselig vorwärtszuschießen. Erspüren Sie die Energie Ihrer Räume. Sie sollte rein und frisch sein, eher leicht und lebendig als schwer und abgestanden. Bei der Auswahl von Farben, Materialien und Stoffen sollten Sie auf die Harmonie der Elemente achten und das Gleichgewicht von Yin und Yang berücksichtigen. Denken Sie an die Haupteingangstür! Die Yang-Energie sollte am Eingang zu Ihrem Reich die absolute Vorherrschaft haben. Ein weiträumiges Foyer ist am günstigsten, da sich dort das Chi niederlassen und sammeln kann. Werfen Sie einen genauen Blick auf all die Dinge, vor denen Sie Ihre Haustür schützen müssen – denn mit Ihrer Haustür schützen Sie gleichzeitig auch Ihr Feng Shui.

LINKS *Innenraumdesign auf der Basis von Feng Shui beschäftigt sich mit der Anordnung, Aufteilung und Form der Räume sowie mit der Verteilung der Möbel.*

KAPITEL ZEHN: FENG SHUI UND INNENARCHITEKTUR

FENG SHUI UND HÄUSERRENOVIERUNG

Wenn Sie vorhaben, umfangreiche Renovierungen vorzunehmen, die Hämmern, Sägen und das Einreißen einer Wand einschließen, dann sollten Sie zuerst auf den Großherzog Jupiter achten. Sein Wohnort wechselt jedes Jahr: Sie dürfen ihn in dieser Ecke Ihres Hauses keinesfalls durch Baulärm stören. Eine Belästigung des Großherzogs bringt Unglück, weshalb Sie bei Ihren Renovierungsplänen erst seinen Standort im jeweiligen Jahr feststellen sollten. Den jährlich wechselnden Ort des Großherzogs können Sie in der untenstehenden Tabelle ablesen.

Vor Beginn jeglicher Innenraumdekoration sollten Sie auch unbedingt den Standort der tödlichen Fünf Gelb herausfinden. Die Faustregel zu den Fünf Gelb lautet: Renovieren Sie nicht dort, wo sich die Fünf Gelb gerade aufhalten. Wenn der Standort also die Küche ist, sollten Sie die Renovierung besser auf das folgende Jahr verschieben: Dann werden die Fünf Gelb in ein anderes Feld weitergeflogen sein. Im Mondjahr 1999 ist der Süden der Ort dieser schädlichen Erscheinung voll schlechter Energie. Das bedeutet ebenfalls, daß der Süden ganz allgemein in diesem Jahr beeinträchtigt ist. Setzen Sie ein fünfschnuriges Windspiel (am besten eines im Pagodenstil) ein, um dem Effekt entgegenzuwirken. Sie sollten wissen, daß die um den Großherzog und die Fünf Gelb kreisenden Tabus keine Geltung mehr haben, wenn Sie im ganzen Haus umfangreiche Renovierungsarbeiten durchführen.

STANDORT DES GROSSHERZOGS

JAHR	MONDJAHRE			GROSSHERZOG JUPITERS STANDORT
Ratte		2008	2020	Norden
Ochse		2009	2021	Norden-Nordosten
Tiger		2010	2022	Osten-Nordosten
Kaninchen	1999	2011	2023	Osten
Drache	2000	2012	2024	Osten-Südosten
Schlange	2001	2013	2025	Süden-Südosten
Pferd	2002	2014	2026	Süden
Schaf	2003	2015	2027	Süden-Südwesten
Affe	2004	2016	2028	Westen-Südwesten
Hahn	2005	2017	2029	Westen
Hund	2006	2018	2030	Westen-Nordwesten
Eber	2007	2019	2031	Norden-Nordwesten

JAHR	STANDORT DER FÜNF GELB
1999	Süden
2000	Norden
2001	Südwesten
2002	Osten
2003	Südosten
2004	Zentrum
2005	Nordwesten
2006	Westen
2007	Nordosten
2008	Süden

DIE VORDERSEITE DES HAUSES

UNGÜNSTIGE EINGANGSBEREICHE

Gerader Weg
Ecke eines anderen Gebäudes
Einzelner Laternenpfahl
Erhöhtes Gelände
Haupteingang
Abfallendes Gelände hinter dem Haus

GÜNSTIGE EINGANGSBEREICHE

Gewundener Weg
Kreisförmige Zufahrt
Breite Zufahrt

Glückbringende Regeln für die Vordertür:

- Ihre Vordertür sollte nicht direkt auf eine normale, eine T- oder Y-Kreuzung weisen, die vor Ihrem Haus vorbeiführt.
- Die Tür sollte nicht auf einen Friedhof, eine Polizeistation, eine Begräbnisstätte oder ein Gebäude mit einem auf Ihr Haus weisendes dreieckiges Dach schauen.
- Dem Haupteingang darf kein einzelner hoher Baum oder ein einzelner Laternenpfahl gegenüberstehen.
- Ihr Haus sollte nicht am Ende einer Sackgasse stehen.

Feng Shui rät bei all diesen Problemen, die negativen Energien mit Hecken, Pflanzen und Bäumen oder einem Bagua-Spiegel zu blockieren. Sie können Ihre Tür auch hellrot anstreichen, um die schlechte Energie abzuwehren.

OBEN *Dieses Haus hat einen günstigen Eingang – eine breite, gewundene Auffahrt, die nicht direkt auf das Haus zuläuft.*

ZUSÄTZLICHE RICHTLINIEN FÜR DIE VORDERSEITE DES HAUSES

- Das Haus sollte auf Straßenniveau oder höher stehen.
- Das Haus sollte nicht von zwei größeren Gebäuden auf beiden Seiten eingeklemmt sein.
- Ein Zaun um das Haus sollte überall die gleiche Höhe haben.
- Ein Zaun oder eine Ziegelmauer sollte nicht zu nahe am Haus vorbeilaufen.
- Eine Ziegelmauer sollte das Haus nicht wie ein Gefängnis erscheinen lassen.
- Die Zufahrt sollte nicht direkt auf die Haupteingangstür zulaufen.
- Bringen Sie keinen Stacheldraht über dem Eingangstor an.
- Die Haupteingangstür sollte im Größenverhältnis zum Gebäude passen.
- Falls die Vordertür aus zwei Paneelen besteht, müssen diese gleich groß sein.

Schlechte Lage: Das Haus wird zwischen zwei angrenzenden Gebäuden eingeklemmt.

KAPITEL ZEHN: FENG SHUI UND INNENARCHITEKTUR

DER CHI-FLUSS IM INNEREN DES HAUSES

Feng Shui für den Innenraum beschäftigt sich mit dem Chi-Fluß im Inneren des Hauses, mit der Anordnung der Räume, ihrer Form, dem »Verkehrsfluß« zwischen den Räumen und mit der Anordnung der Möbel in Relation zu Türen, Fenstern, Treppen und Toiletten. All dies beeinflußt die Qualität der Energie in dem jeweiligen Haus. Die Inneneinrichtung sollte daher sorgfältig entworfen und angeordnet werden, wobei man die Auswirkungen der Gegenstände auf das Feng Shui des eigenen Lebensumfelds nicht außer acht lassen darf.

Das Feng Shui der Innenraumgestaltung ist ebenso wichtig wie das der äußeren Umgebung. Ausgezeichnetes äußeres Feng Shui ist nutzlos, wenn das Innere des Hauses unter stagnierendem Chi leidet. Es ist ebenfalls ungünstig, wenn die Energie im Haus aufgrund von scharfen Kanten von schädlicher Energie erfüllt ist. In ähnlicher Weise wird gutes Innenraum-Feng-Shui völlig vernichtet, wenn die Umgebung und die darin befindlichen, feindlichen Strukturen tödliche Energie auf das Haus abstrahlen. Feng Shui hängt sowohl mit dem Inneren als auch mit dem Umfeld des Hauses zusammen, und beide Bereiche müssen zu gleichen Teilen berücksichtigt werden.

Finden Sie zuerst die Feng-Shui-Richtungen Ihres Hauses heraus, indem Sie die Abbildung als Anleitung verwenden. Zeichnen Sie den Grundriß auf und legen Sie ein Blatt Transparentpapier mit einem neunteiligen Gitter (dem Lo Shu) über den Grundriß. Haben Sie erst einmal den Grundriß Ihrer Wohnung in neun Felder aufgeteilt, dann haben Sie auch schon das Lo-Shu-Quadrat auf Ihr Heim angewandt. Zur Abgrenzung der Sektoren (Quadrate) sollten die Maße möglichst genau sein. Wie das Diagramm zeigt, müssen Sie auch alle überdachten Bereiche Ihres Hauses miteinbeziehen. Teile des Quadrats, die mit Sektoren übereinstimmen, die nicht Teil des Hauses sind, zeigen fehlende Ecken an. Als nächsten Schritt sollten Sie die Himmelsrichtungen mit einem Kompaß bestimmen und dann die verschiedenen Kompaßsektoren des Hauses feststellen *(siehe S. 126–130)*.

RECHTS *Mit Hilfe des Lo-Shu-Gitters können Sie herausfinden, wie Sie den Chi-Fluß von Raum zu Raum maximieren können. Hier mäandert der Chi-Fluß und ist somit glückverheißend.*

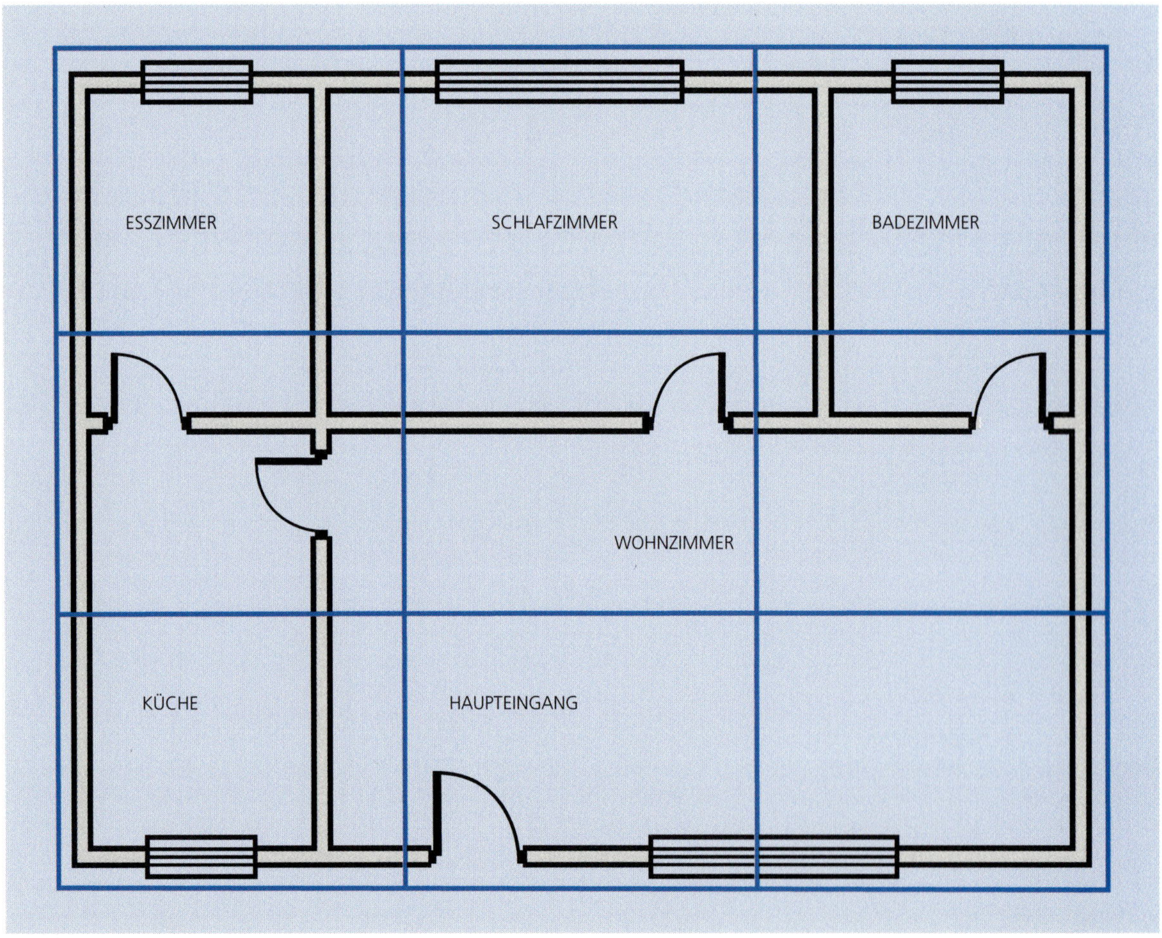

DIE ANORDNUNG DER RÄUME

Unabhängig von der Form Ihres Hauses oder Ihrer Wohnung werden die innere und äußere Hälfte Ihres Heims von der Lage des Haupteingangs beeinflußt. Die äußere Hälfte ist die Vorderseite Ihres Hauses; dort sollten Sie keine Privaträume unterbringen. Die innere Hälfte ist der rückwärtige Teil Ihres Hauses. Wenn Sie die Anordnung und Aufteilung der Räume planen, sollten Sie die folgenden allgemeinen Richtlinien berücksichtigen:

- Küchen und Schlafzimmer sollten sich nie in der äußeren Hälfte eines Hauses befinden. Hat das Haus mehrere Stockwerke, sollte die Küche trotzdem nicht vorne liegen. Schlafzimmer dagegen können Sie ruhig dort einplanen.
- Eßzimmer sollten vorzugsweise in der Mitte des Hauses liegen, weder zu weit hinten, noch zu weit vorne oder gar in der Nähe des Haupteingangs. Wenn Sie über zwei Eßzimmer verfügen, sollte der für Gäste gedachte Bereich in der äußeren Hälfte des Hauses liegen.

Verteilen Sie die Zimmer so, daß der Fluß von Zimmer zu Zimmer in geschwungenen Bahnen verläuft, wie es der obenstehende Plan zeigt.

UNTEN *Eine ungünstige Raumverteilung: Das Chi kann sich mit zu großer Geschwindigkeit zwischen den Räumen bewegen. Daran ist der lange Flur schuld.*

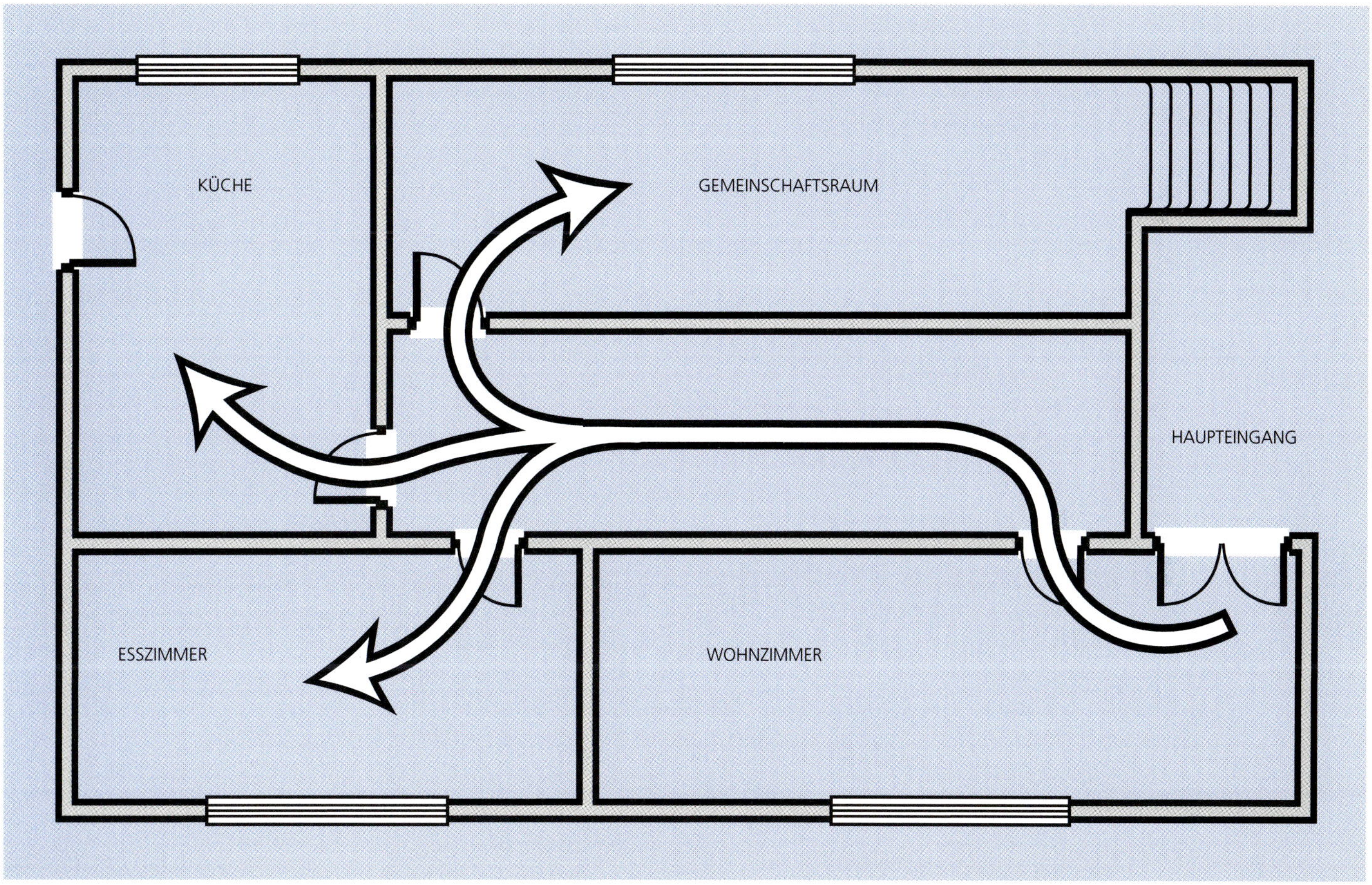

Günstiges Sheng Chi muß immer die Gelegenheit haben, sich langsam und sanft durch das Haus zu bewegen. Dies erreichen Sie am besten, wenn Sie Ihre Räume so anlegen, daß der Fluß durch Ihr Haus kurvig verlaufen kann. Von langen Fluren und scharfen Ecken rate ich dringend ab. Der Plan oben zeigt eine Anordnung mit einem langen Flur und mehreren davon ausgehenden Zimmern. Der Chi-Fluß ist daher viel zu schnell und heftig und keinesfalls günstig. In diesem Haus wird es viele Unstimmigkeiten geben. Das Problem wäre noch größer, wenn sich die Eingangstür direkt zum Flur hin öffnen und damit die Geschwindigkeit des Chi noch vergrößern würde. Es handelt sich hierbei um ein wesentliches Feng-Shui-Tabu. Diese Anordnung ergibt einen tödlichen Giftpfeil, der alleine durch die Raumverteilung und die Lage der Türen, die diese Zimmer verbinden, zustande kommt.

SIEHE AUCH
❖ Das Konzept des Chi: Der kosmische Atem des Drachen *S. 32–33*
❖ Feng Shui für die Familie *S. 192–199*

KAPITEL ZEHN: FENG SHUI UND INNENARCHITEKTUR

DAS FENG SHUI DER HAUSTÜR

UNTEN *Die Vordertür repräsentiert das Herz Ihres Haus-Feng-Shui. Eine gute, solide Tür, die sich nach innen zu einem geräumigen Flur öffnet, bringt Ihnen hervorragendes Glück. Ein schmaler Flur kann durch helle Lampen über der Tür verbessert werden.*

Das Feng Shui der Haustür ist der wichtigste Aspekt Ihres gesamten Feng Shui. Diese Tür wird als Kou, also als Mund Ihres Hauses betrachtet. Hier treten das Glücks- oder das Unglücks-Chi in Ihr Heim. Zerstören Sie das Feng Shui der Haustür einer Person und Sie vernichten ihr gesamtes Feng-Shui-Glück. Deshalb müssen Vordertüren immer vor Giftpfeilen geschützt werden, sowohl von der Außenseite als auch von der Innenseite des Hauses.

Es gibt eine Vielzahl von Tabus in der Feng-Shui-Praxis, die die Lage, die Proportionen, die Größe und die Charakteristika der Haustür betreffen. Man sollte sie jeweils einzeln berücksichtigen.

Haupteingangstüren sollten sich nach innen zu einem weiten Raum hin öffnen und nicht zu einem vollgestellten, engen Flur. In diesem hellen Empfangsraum sollten Sie ebensoviel Platz haben wie vor der Tür. Wenn das Foyer zu klein ist, sollten Sie besser ganz darauf verzichten.

Heilmittel

- Wenn sich die Tür nach außen öffnet, können Sie die Angeln auf die andere Seite versetzen.
- Wenn der Foyer-Innenraum zu klein ist, sollten Sie eine helle Lampe über der Tür aufhängen, die jeden Abend mindestens drei Stunden lang eingeschaltet sein sollte. Ist das Foyer dunkel und vollgepackt, sollte das Licht den ganzen Tag über brennen.
- Sie können auch einen Spiegel verwenden, um den Platz im Foyer optisch zu vergrößern, aber hängen Sie ihn nicht direkt gegenüber der Tür auf.

Die Haustür sollte nicht zu klein oder zu groß sein, aber sie muß auf jeden Fall die markanteste Tür des ganzen Hauses sein. Dafür ist der Gleichgewichtsfaktor verantwortlich, der eine immens wichtige Rolle spielt. Die Tür sollte im Vergleich zum Haus nicht zu groß oder zu klein sein. Bei Wohnungen können Sie die Größe und Höhe des Wohnzimmers als Anhaltspunkt nehmen. Eine zu kleine Tür ist unpassend, weil das Glück so nicht in das Haus kommen kann. Die Tür sollte mindestens so hoch sein, daß das größte Familienmitglied ohne Probleme hindurchgehen kann. Außerdem sollte sie der Größe des Raumes entsprechen. Eine Tür, die für das Zimmer zu groß ist, wird die Familie um ihr Glück bringen. Das bedeutet auch, daß die Decken nicht zu niedrig sein dürfen. Der Reichtum geht sonst verloren.

Solide Türen sind besser als Glastüren. Haupteingangstüren sollten immer stabil sein und aus Holz oder einem anderen festen und haltbaren Material angefertigt werden. Türen dürfen nie aus durchsichtigem oder undurchsichtigem Glas bestehen, da sie dadurch zerbrechlich wirken und keinen Schutz für das Haus und die Familie bieten. Lamellentüren sind als Haustüren auch nicht zu empfehlen.

Hüten Sie sich vor Giftpfeilen vor und hinter der Haustür. Schädlichen Strukturen im Freien begegnet man am besten damit, daß man die Haustür neu ausrichtet und zwar so, daß die störenden Ecken, scharfen Winkel oder anderen schädlichen Gegenstände die Vordertür nicht mehr direkt treffen. Es gibt viele verschiedene Strukturen, die die Vordertür schädigen können: Sie werden im Kapitel zum Thema Giftpfeile in der Umgebung behandelt *(siehe S. 317–327)*.

Die Haupteingangstür kann auch von Merkmalen (siehe Abbildung auf der folgenden Seite) im Inneren des Hauses beeinträchtigt werden.

Um zu beurteilen, ob eines der Merkmale, die als schädlich aufgeführt sind, tatsächlich Ihre Haustür verletzt, müssen Sie sich nach draußen stellen und ins Innere des Hauses blicken. Ist der Gegenstand vom Eingang direkt an der Tür sichtbar, dann wird Ihr Feng Shui negativ beeinflußt. Sie sollten das Objekt dann entweder ganz entfernen oder es mit einem Paravent

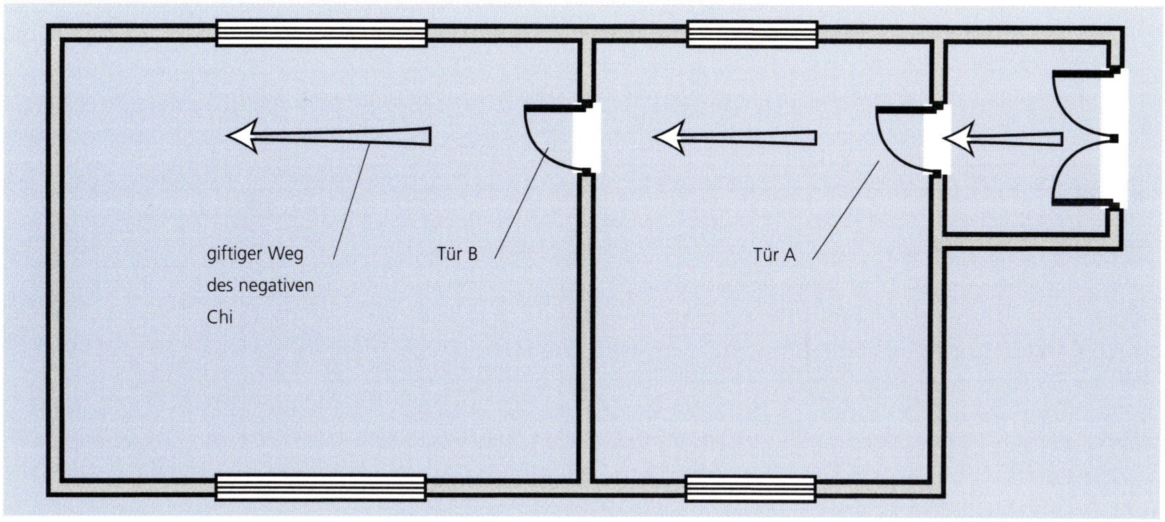

LINKS *Eine Haustür, die sich direkt zu weiterführenden Türen hin öffnet, erlaubt es dem streng geradeaus fließenden Strom von Unglücks-Chi, an Kraft zu gewinnen. Dies ist ausgesprochen ungünstig.*

oder einer Art von Raumteiler blockieren. Eine Reihe Topfpflanzen ist ebenso wirksam.

Befinden sich diese Objekte neben der Tür, so sind sie nicht schädlich.

Die Haupteingangstür sollte nicht gegenüber einer Toilette liegen. Falls doch, sollten Sie den WC-Deckel und die Toilettentür stets geschlossen lassen. Am besten verschließen sie die Tür ganz und bauen eine neue Tür ein, die von einer anderen Seite her in die Toilette führt. Liegt eine Toilette der Vordertür gegenüber, dann strahlt sie sehr viel negatives Chi auf die gute Energie ab, die in das Haus strömt. Dieses Merkmal stellt ein ernstes Problem dar, mit dem Sie sich möglichst bald auseinandersetzen sollten.

Direkt aufeinanderfolgende Türen sind ein klassisches Tabu.

Liegt die Vordertür auf einer Linie direkt gegenüber einer zweiten und dritten Tür, entsteht ein giftiger Weg für das Chi, der wiederum Ihr Feng Shui negativ beeinträchtigt. Die Lösung dafür lautet: Versetzen Sie die im oberen Grundriß mit A bezeichnete Tür. Dies verwandelt ein gerades in ein kurviges und somit günstiges Chi.

Fenster direkt gegenüber einer Tür sind in einem Haus nicht zu empfehlen: Das ins Haus strömende Glück wird sofort wieder hinaus geleitet. Fenster sollten daher immer seitlich der Tür liegen.

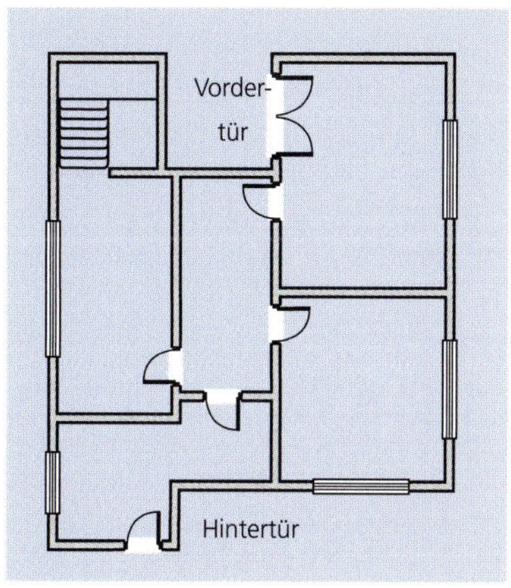

OBEN *Dieses Haus hat eine regelmäßige Form; die Haustür ist größer als die Zimmertüren. Die Raumanordnung lenkt Chi auf einen gewundenen Weg.*

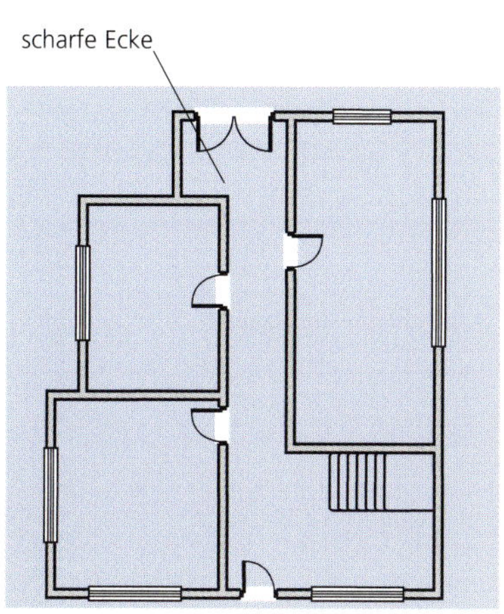

OBEN *Eine ungünstige Lage für die Tür: Vorder- und Hintertür liegen auf einer Linie, und es gibt eine scharfe Ecke, die direkt auf die Vordertür zielt.*

Gutes oder schlechtes Feng Shui der Haupteingangstür hängt oft vom allgemeinen Grundriß des Hauses ab. Die zwei folgenden Zeichnungen zeigen gute und schlechte Feng-Shui-Türen.

Eine gute Haustür

- Die Haustür ist größer als die Hintertür.
- Die Haustür öffnet sich zu einem großen, weiträumigen Wohnzimmer.

Der Grundrißplan (links) ist regelmäßig und ausgeglichen. Die Lage der Haustür ist hervorragend, da sie das Chi zu einem gewundenen Verlauf zwingt und es von Zimmer zu Zimmer leitet. Vor und hinter der Haustür ist ausreichend Platz vorhanden.

Eine schlechte Haustür

- Die Haupteingangstür liegt auf einer Linie mit der Hintertür. Dies ist eines der großen Tabus, das man unbedingt vermeiden sollte.
- Es ist eine scharfe und tödliche Ecke vorhanden, die direkt auf die Vordertür zeigt (siehe Zeichnung).

Eine richtig plazierte Tür liegt immer vor einem weiträumigem Zimmer. Ist der Eingangsbereich außen oder innen zu eingeengt, wird das Feng Shui des Hauses negativ beeinflußt. Eine Hauptregel lautet, daß die Haustür niemals von einem Objekt,

OBEN *Glücks-Chi verflüchtigt sich wieder durch die Fenster, die gegenüber der Haustür liegen. Die Fenster sollten sich besser beidseitig der Tür befinden.*

SIEHE AUCH
❖ Die Vorderseite des Hauses *S. 149*
❖ So erhalten Sie eine günstige Vordertür *S. 290–291*
❖ Eingangstore *S. 260*

RECHTS *Wenn Sie ein Glückssymbol neben Ihrer Vordertür plazieren, wird es günstige Chi-Energie aktivieren.*

UNTEN *Ein Beispiel für eine ungünstige Eingangstür. Feng-Shui-Gegenmittel können die schädliche Wirkung des negativen Chi verringern.*

einer Anordnung oder Struktur getroffen werden sollte, die den Fluß nach innen behindert. Die untenstehende Zeichnung ist ein Beispiel für eine sehr schlechte Lage der Tür. Es waren einige Maßnahmen nötig, um das bestehende Feng Shui zu korrigieren.

Sie haben auch die Möglichkeit, das Feng Shui Ihrer Haupteingangstür zu verbessern. Vergraben Sie drei alte, mit einem roten Faden zusammengebundene Münzen im Boden direkt an der Haustür. Wenn Sie sie nicht vergraben können, legen Sie sie auf den Boden und bedecken Sie sie mit einem Teppich. Die verborgenen Münzen symbolisieren, daß Sie jedesmal, wenn Sie durch die Tür gehen, über Gold schreiten. Mehrere Feng-Shui-Experten haben mir dieses Verfahren empfohlen, aber ich denke, daß es sich hier eher um Aberglauben als um Feng Shui handelt.

Hängen Sie ein Bild mit einem günstigen Motiv in der Nähe der Tür auf, um die Glücks-Energie der Vordertür zu verstärken. Päonien, Chrysanthemen, Pflaumenblüten und andere Glücksblumen wirken hervorragend als Energetisierer. Ich habe ein Gemälde mit einer Opferschale aus der Sung-Dynastie, das innen neben meiner Haustür hängt und viele zukünftige Geschenke symbolisiert.

Ebenso ausgezeichnet ist es, zwei Glückspflanzen (wie die chinesische Geldpflanze) beidseitig der Vordertür aufzustellen. Dies erhöht auch die Yang-Energie und lockt Glücks-Chi ins Haus. Pflanzen mit runden, breiten Blättern sind besser als solche mit langen, spitzen Blättern. Von Dornenpflanzen möchte ich dringend abraten.

Achten Sie darauf, was sich über der Haustür befindet. Wenn die Toilette im oberen Stockwerk über der

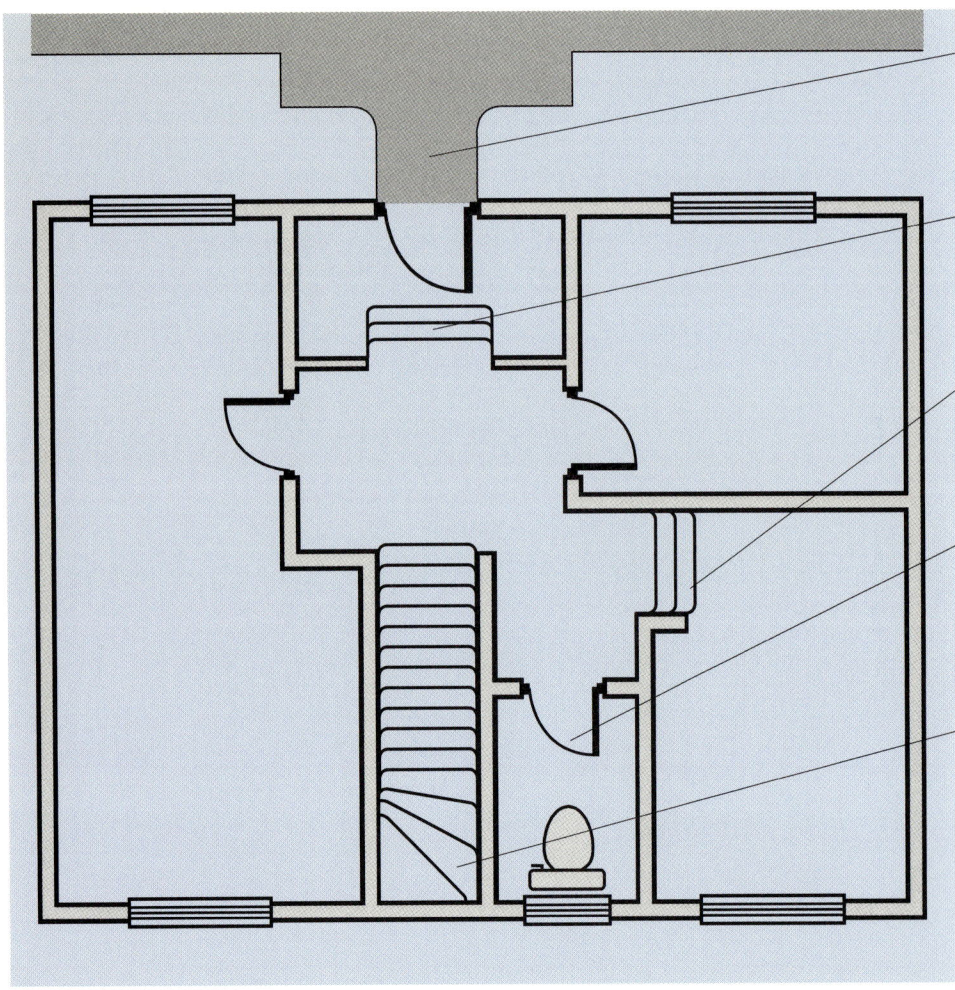

Der Durchgang ist T-förmig und stellt einen Giftpfeil dar, der auf den Haupteingang zielt. Auf beiden Seiten der Tür aufgestellte Pflanzen schwächen den Angriff der Pfeile ab.

Die Haustür öffnet sich zu einem kleinen Foyer und drei Stufen, die zum Flur hinaufführen. Dies verkleinert optisch das Foyer.

Die drei Stufen, die ins Untergeschoß führen, sind für die Haustür ebenfalls sehr schädlich.

Die Toilettentür ist vom Eingang aus genau zu sehen. Ganz in der Nähe sind drei Stufen, die ins Untergeschoß führen. Ein Paravent vor dem Haupteingang könnte dies verdecken.

Das schädlichste Objekt ist dieses Treppenhaus, das der Haustür direkt gegenüber liegt. Es führt etwa zwölf Stufen nach oben und macht dann einen Knick. Zusammen mit den nach unten führenden Stufen ist dies die gefährlichste Anordnung, die zu Krankheiten und zu anderen Problemen führen kann.

Haustür liegt, wird dies das Eingangs-Feng-Shui des Hauses völlig zerstören, was oft äußerst ernste Folgen haben kann. Auch wenn sie sich nicht direkt darüber befindet, sondern nur oberhalb des Eingangsbereichs, kann das einen ungünstigen Einfluß auf die Energien nehmen.

Weitere Türen in der Nähe der Haustür erzielen vielfältige Wirkungen, von denen man manche als unglückbringend ansehen kann. So ist es durchaus möglich, daß Vordertüren gegenüber von Schlafzimmer- und Küchentüren Probleme verursachen, besonders, wenn die beiden Türen auf einer Linie liegen.

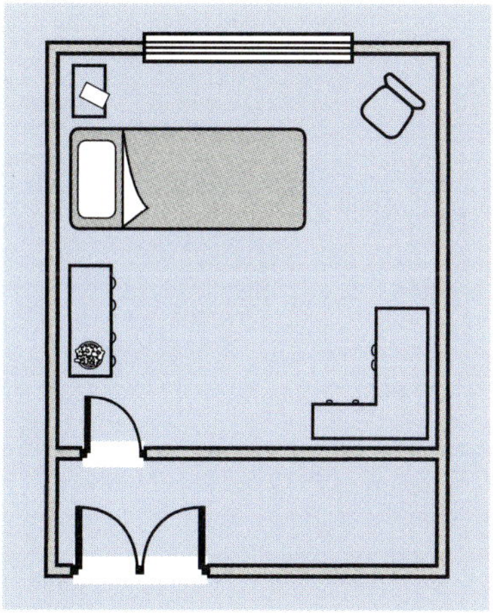

OBEN *Diese Türanordnung erzeugt unglückbringende Energie, da tödliche Giftpfeile direkt auf das Bett zielen.*

Die obenstehende Zeichnung enthält eine Anordnung, bei der sowohl die Haustür als auch die in dem Bett schlafende Person verletzt werden. Jemand der in einer solchen Umgebung wohnt, wird geringe Chancen auf Erfolg und Glück haben. Eine weitere Folge dieser Aufstellung ist, daß die Personen in diesem Schlafzimmer faul und träge werden. Das Feng Shui ist gewiß nicht erfolgsfördernd.

Um das Problem zu lösen, sollten Sie entweder die Tür des Schlafzimmers versetzen, so daß sie nicht mehr auf einer Linie mit der Haustür liegt, oder Sie hängen ein Windspiel vor die Schlafzimmertür, falls es sich zufällig um eine westliche oder nordwestliche Ecke des Hauses handelt. Es ist auch ratsam, das Bett zu verstellen, so daß es diagonal zur Tür steht.

Schließlich sollten Sie auch noch darauf achten, daß Ihrer Haustür keine offenen Regalbretter gegenüberhängen: Sie wirken wie Messer, die in Ihr Glück schneiden. Auch Spülen und Öfen (die Ihr Glück niederdrücken) oder Besen und Mops (die all Ihr Glück wegfegen) haben bei der Tür nichts zu suchen.

Richtungen für die Haustür

Der Klassiker des Yang-Wohnens empfiehlt den Süden als die beste Ausrichtung für die Haupteingangstür. Diese Richtungsempfehlung basiert streng auf den Regeln des Landschafts-Feng-Shui und stammt aus der Zeit vor der Entstehung des Kompaß-Feng-Shui.

Das Haupttor in Pekings Verbotener Stadt weist nach Süden. Laut den Angaben der Architekten hatte dies den Sinn, die kalten Winde aus der Mongolei abzuhalten, die eine Menge gelben Staubs mit sich trugen. In Peking vermieden es aus diesem Grund auch viele Menschen, ihre Fenster nach Norden hin auszurichten. Auch heute noch haben viele Pekinger Häuser keine Nordfenster.

Manche Feng-Shui-Experten betrachten die Richtung Nordosten als den Eingang zur Hölle. Sie nennen sie das Teufelstor und beschreiben sie als die Richtung, aus der die hungrigen Geister während des siebten Monats eines jeden Jahres die Erde betreten, um den irdischen Bewohnern Schaden zuzufügen. Feng-Shui-Experten betrachten den Südwesten (die dem Nordosten gegenüberliegende Richtung) als die »Hintertür« der Hölle.

Ich persönlich habe überhaupt kein Problem damit, eine Tür im Nordosten einzubauen, denn der Nordosten wird vom Trigramm Ken repräsentiert. Dieses Trigramm steht für den Berg – einen Ort, von dem man sagt, in ihm sei Gold verborgen. Zudem ist es auch ein Symbol für den jüngsten Sohn, der normalerweise als der wertvollste Schatz der Familie angesehen wird. Der Nordosten verkörpert also lauter Dinge, die einer Familie kostbar sind.

OBEN *Offene Regale gegenüber der Haustür wirken wie eine Messerschneide, die die gute Energie zerstört.*

LINKS *Nach dem Landschafts-Feng-Shui ist der Süden die beste Richtung für eine Haupteingangstür. Das Haupttor zu Pekings Verbotener Stadt zeigt in diese Richtung und schützt sie vor dem schlechten Feng Shui der Nordwinde.*

KAPITEL ZEHN: FENG SHUI UND INNENARCHITEKTUR

WEITERE TÜREN: AUFEINANDERFOLGE, ANORDNUNG UND GESTALTUNG

Als nächstes müssen Sie bei der Feng-Shui-Innenraumgestaltung einen Blick auf die restlichen Türen Ihres Hauses werfen. Wie bei der Haustür ist auch bei den anderen Türen eine Anordnung hintereinander ein klassisches Tabu. Sie verwandeln gesundes günstiges Chi in aggressives Chi, da sich das Chi auf einer geraden Strecke zu schnell fortbewegen kann. Liegen die Türen hintereinander und werden auch noch von Vorder- und Hintertür eingeklemmt, dann können Sie mit einem Unglück rechnen. Sie müssen irgendeine Barriere oder Ablenkung errichten, um das Chi zu verlangsamen und ihm die Schlagkraft zu rauben. Deshalb warnen Feng-Shui-Experten nachdrücklich vor drei hintereinanderliegenden Türen. Zudem gibt es noch einige andere Richtlinien, die nützlich für Sie sein könnten.

Schiebetüren, Fenster im französischen Stil, die wie Türen wirken, und Patio-Türen sollten nicht auf einer Linie mit der Haustür liegen. Dadurch entstehen zu viele Münder in einem Haus,

LINKS *Die Haupteingangstür sollte größer oder zumindest so groß wie die anderen Türen sein. Eine kleinere Haustür erzeugt nicht genug Glück für die Erfüllung Ihrer Erwartungen.*

was zu Streitereien und Disharmonie führt. Haben Sie eine derartige Anordnung in Ihrem Haus, dann sollten Sie die zweitrangigen Türen stets geschlossen halten oder Vorhänge anbringen. Oder Sie könnten auch die Schiebetüren nicht mehr verwenden und sie in niedrige Fenster verwandeln.

Ein weiterer beachtenswerter Punkt ist, daß die Vordertür immer die größte Tür des Hauses sein sollte. Sie kann die gleiche Größe wie die restlichen Türen haben, darf aber nie kleiner sein. Falls dies in Ihrem Haus der Fall ist, sollten Sie das korrigieren. Ansonsten würde das bedeuten, daß Ihr Glück nicht mehr mit Ihren Zielen mithalten kann. Sollen sich Glück und Ziele entsprechen, müssen Sie darauf achten, daß Ihre Haustür die richtige Größe hat.

Es ist ebenfalls wenig empfehlenswert, zu viele Türen in einem langen Flur zu haben (siehe Abbildung). Eine derartige Anordnung erzeugt wiederum zu viele Münder, die gefüttert werden wollen, wodurch eine allgemeine Disharmonie im Haus zustande kommt. Gleichzeitig wird der Raum am Ende des Flurs unter Unglück leiden, und sein Bewohner wird über schlechte Gesundheit klagen. Das liegt daran, daß das Zimmer am Ende eines Giftpfeils liegt, der von dem langen, geraden Flur selbst erzeugt wird. Liegen die Türen einander direkt gegenüber und haben dieselbe Größe und Höhe, dann stellen sie an sich kein Problem dar.

Türen im Inneren des Hauses sollten nicht auf eigenartige Weise angeordnet sein. Nahe beieinander liegende oder einander gegenüberliegende Türen verstärken ebenso wie sich nach außen öffnende Türen die negative Energie, da sie zusammenstoßen und sich gegenseitig stören. Denken Sie daran, daß sich Türen immer nach innen öffnen sollten. Auch wenn eine

LINKS *Üppige, gesunde Topfpflanzen zerstreuen das negative Chi im Haus. Vermeiden Sie aber lange, spitze Blätter.*

RECHTS *Drei Türen hintereinander sperren viele offene »Münder« auf, durch die negatives Chi strömen kann. Lassen Sie sie so oft wie möglich geschlossen.*

Tür in einer derartigen Anordnung größer als eine andere ist, hat das zur Folge, daß die Bewohner hinter der kleineren Tür überwältigt werden und unter unausgeglichenem Chi leiden. Zwei hintereinanderliegende Türen sind keine gute Idee: Man sollte ein Möbelstück zwischen sie stellen.

Die Anwendung von Feng Shui verlangt ein Bewußtsein für die sanften Energiebewegungen innerhalb des Wohnraums. Mit etwas Übung wird Ihnen diese Wahrnehmungsweise bald zur zweiten Natur. Achten Sie auf die Türen des Hauses, auf die Art des Raumes, der vor und hinter der Tür liegt. Machen Sie sich auch klar, was den Türen direkt gegenüberliegt und was Sie jedesmal, wenn Sie eine Zimmertür öffnen, als erstes erblicken.

In diesem Zusammenhang sollten Sie auch bedenken, daß alles, was die Haustür schädigt, auch die anderen Türen im Inneren des Hauses beeinträchtigt, obwohl sich der Schaden normalerweise auf den Bewohner des Zimmers mit der »verletzten« Tür beschränkt. So verursachen Badezimmer, Treppen, scharfe Kanten und Ecken sowie Säulen Unglück und Krankheit.

Leidet eine Ihrer Türen unter dieser Art von Feng-Shui-Problem, so sollten Sie kein Bagua aufhängen, wie bereits im Kapitel »Feng-Shui-Werkzeuge« *(siehe S. 111–121)* erwähnt. Hängen Sie das Bagua immer außerhalb des Hauses auf, wobei es auch nach außen weisen sollte.

Um das Feng Shui Ihres Hauses zu verbessern, sollten Sie einen Vorhang aufhängen, einen Paravent oder einige Pflanzen aufstellen und so die Wirkung des schlechten Chi abschwächen. Die beste Lösung wäre natürlich, die störende Struktur oder das Objekt zu entfernen. Aber dies wird nicht immer so einfach möglich sein. Andere aus Feng-Shui-Perspektive nicht empfehlenswerte Gegenstände sind abstrakte Gemälde mit eckigen Mustern sowie Regale. Die Türen sollten auch keinem der angegebenen Objekte gegenüberliegen.

Ist dies aber dennoch der Fall, sollten Sie die »feindlichen Objekte« unbedingt sofort entfernen. Mülleimer, gekreuzte Schwerter und alle scharfen bzw. spitzen Gegenstände erzeugen schädliche Energie, die auf die Tür trifft.

OBEN *Türanordnungen, die schlechtes Feng Shui verursachen, kann man durch die umsichtige Plazierung von Feng-Shui-Heilmitteln verbessern.*

SIEHE AUCH
❖ Die Verwendung von Spiegeln *S. 310*
❖ Gute Feng-Shui-Pflanzen *S. 244*

Die richtige Anordnung von Türen

Türen (besonders Haustüren) sollten sich immer nach innen hin öffnen, damit sie das wohltuende Chi ins Haus und in die Zimmer strömen lassen. Die untenstehenden Abbildungen zeigen sowohl günstige als auch ungünstige Türöffnungen sowie die korrekte Ausrichtung der Türen. Es gibt mehrere Faustregeln, die man sich zur Beurteilung von Türen unbedingt merken sollte:

- Türen sollten sich immer nach innen und nie nach außen hin öffnen.
- Türen sollten sich nicht so öffnen, daß sie mitten im Raum »hängen«.
- Türen sollten sich nach innen zur Wand eines Zimmers hin öffnen.
- Die Türen im Haus sollten nicht ungünstig angeordnet sein.
- Die Haustür sollte immer die größte Tür sein oder zumindest die gleiche Größe wie die anderen Türen haben.

RECHTS *Die korrekte Anordnung der Türen in Ihrem Heim ermöglicht einen sanften Fluß der Chi-Energie durch das Haus.*

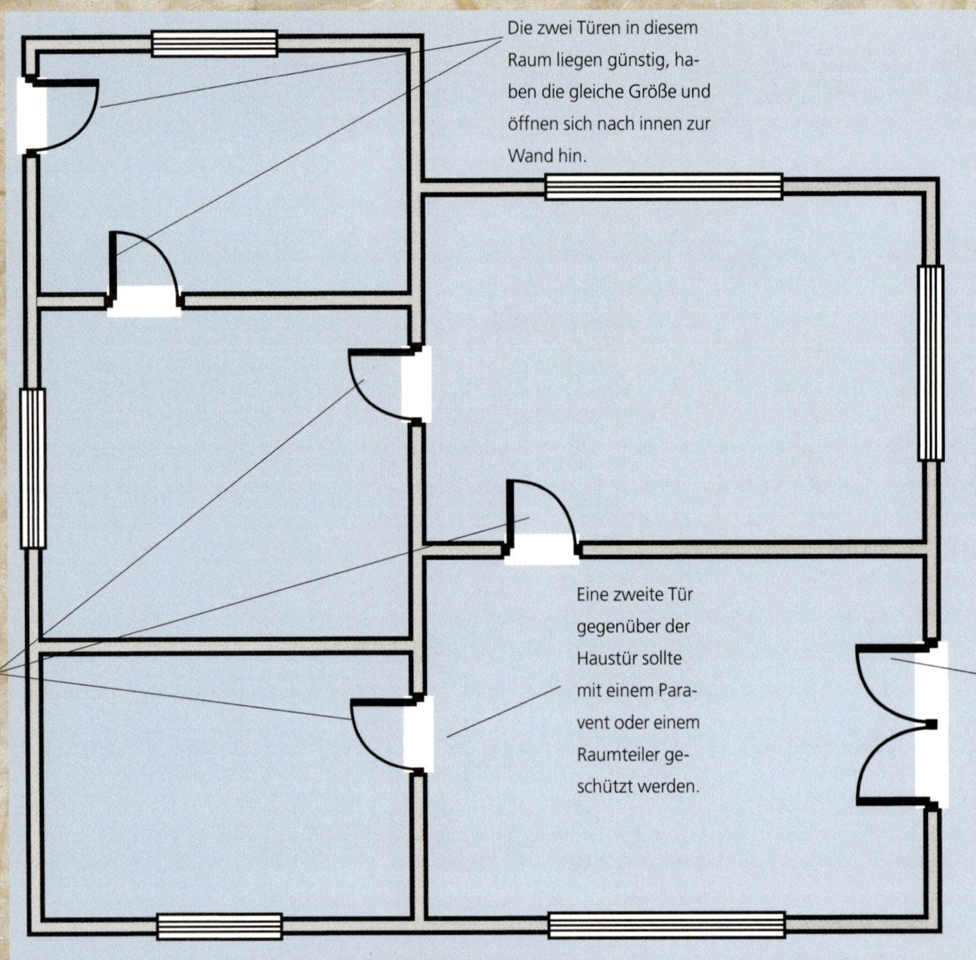

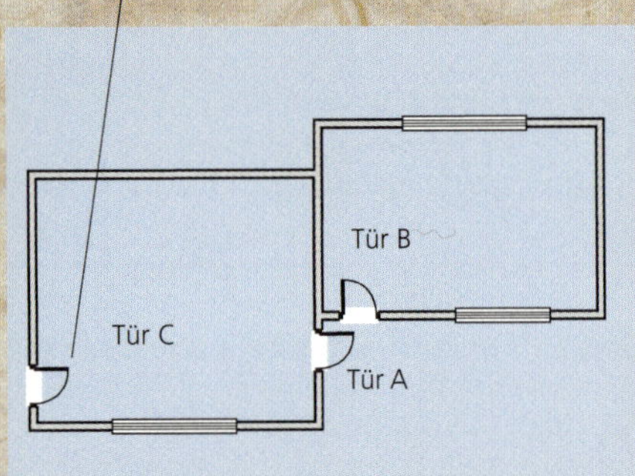

LINKS *Eine schlechte Anordnung: Tür A öffnet sich nach außen und stößt dabei mit Tür B zusammen. Außerdem liegt Tür C auf einer Linie mit Tür A und steht offen in der Mitte des Zimmers.*

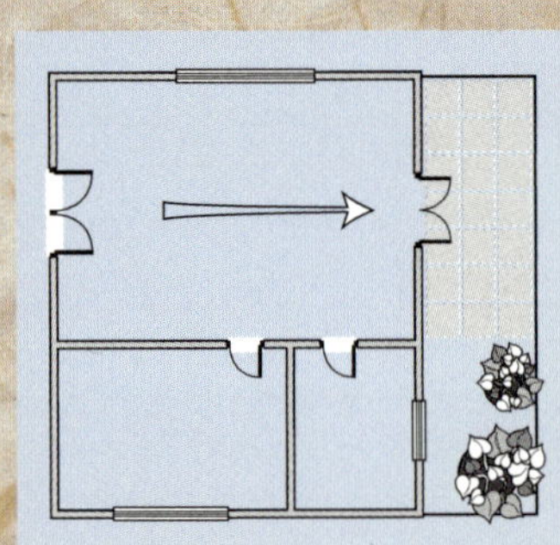

LINKS *Die Haustür ist schlecht angeordnet, da sie auf einer Linie mit den französischen Terrassenfenstern liegt – das gute Chi strömt so wieder direkt zur Tür hinaus!*

FENSTER: GUTE UND SCHLECHTE VARIANTEN

Wenn Sie das Feng Shui der Fenster in Ihrem Haus untersuchen, sollten Sie zuerst wissen, daß das Verhältnis von Fenstern zu Türen drei zu eins idealerweise nicht überschreiten sollte. Bei zu vielen Fenstern erhält das Glücks-Chi keine Gelegenheit, sich im Haus niederzulassen und anzusammeln. Es wird sofort wieder aus dem Fenster strömen, bevor es seine gute Wirkung entfalten kann.

Zimmer sollten auch immer mindestens eine solide Wand haben, möglichst direkt gegenüber der Tür (siehe Abbildung). Fenster sollten sich nicht genau der Tür gegenüber befinden.

Fenster mit einem Halbbogen sind durchaus geeignet. Solche Fenster haben jedoch oft einen nach unten weisenden Pfeil in ihrem Design. Es ist besser, diesen Pfeil zu eliminieren. Sehen Sie sich Ihr Fensterkreuz an: Hat es einen Pfeil, so sollten Sie besser ein anderes Muster wählen.

Liegt ein Fenster der Ecke eines großen Gebäudes direkt gegenüber, wird das Gebäude zu einem Giftpfeil, der die Bewohner dieses Zimmers bedroht. Handelt es sich dabei um Ihr Schlafzimmer, werden Sie aller Wahrscheinlichkeit nach schlecht schlafen und auch mit Gesundheitsproblemen zu kämpfen haben.

Am besten begegnet man schlechtem Feng Shui, das von abstoßenden oder schädlichen Ausblicken verursacht wird, indem man die Aussicht mit Vorhängen verdeckt. Als Ausblick mit schlechtem Feng Shui gilt eine Aussicht, die einen Giftpfeil darstellt.

Schließlich sollten Sie auch keine Bäume zu nahe an Ihren Schlafzimmerfenstern dulden, besonders wenn sich die Fenster auf der Westseite des Hauses befinden. Zeigt das Schlafzimmerfenster Ihres Kindes direkt auf einen zu nahe am Haus stehenden Baum, wird das Feng Shui Ihres Kindes blockiert. Denken Sie daran, daß wachsende Kinder viel Yang-Energie benötigen und daß diese Bäume die Yang-Energie blockieren. Dem kann durch einen Baumschnitt abgeholfen werden. Stehen zu viele Bäume am Haus, sollten Sie sie ausdünnen oder sich ein Herz nehmen und möglichst einen oder zwei fällen.

Ist die gesamte Westmauer Ihres Hauses von Bäumen überschattet oder von Kletterpflanzen überwuchert, spricht man von einer »erwürgten« Mauer und von schwacher Yang-Energie. Der Westen ist wichtig für die Zukunftspläne Ihrer älteren Kinder: Wenn Sie möchten, daß sie von gutem Feng Shui profitieren, müssen Sie die Bäume und Kletterpflanzen unter Kontrolle halten.

LINKS *Ein Fenster, das auf die Ecke eines großen Gebäudes zeigt, lockt Giftpfeile in Ihr Haus.*

LINKS *Halbkreisförmige Fenster sind günstig, wobei nach unten weisende Pfeile korrigiert werden sollten.*

LINKS *Nach außen zu öffnende Fenster sind besser als vertikale Schiebefenster, die man nach oben öffnet.*

RECHTS *Die Bäume stehen zu nahe am Fenster und die Kletterpflanzen »ersticken« die Mauern – beide Merkmale behindern den Fluß der Yang-Energie.*

KAPITEL ELF

FENG SHUI FÜR DAS SCHLAFZIMMER

Da das Schlafzimmer eine zentrale Rolle im Leben spielt, kommt der Qualität des Chi hier eine besonders große Bedeutung zu. Für einen umfassenden positiven Einfluß von Feng Shui auf die Familie ist das Elternschlafzimmer von besonderer Wichtigkeit. Es ist entscheidend für das Geschick des Familienoberhauptes, was wiederum das finanzielle und materielle Wohlergehen der ganzen Familie beeinflußt. Auch das Wohlbefinden der Mutter und damit die Harmonie in der Familie ist hiervon betroffen. Dem Feng Shui des Elternschlafzimmers sollte deshalb erhöhte Aufmerksamkeit geschenkt werden, wobei der Raum als solches ebenso zu beachten ist wie der Standort des Bettes darin. Bei der Plazierung des Bettes spielen sowohl die Himmelsrichtung der Schlafstätte eine Rolle als auch deren Zuordnung zur Form und Struktur des Raumes sowie die Lage zu den Fenstern und Türen. Auch die Richtung, in die Kopf und Füße zeigen, beeinflußt das Feng Shui. Spiegel im Schlafzimmer bringen Auseinandersetzung und Streit, und Fernseher sind ebenso problematisch wie eine zu grelle Beleuchtung, die zu Unausgeglichenheit führt. Das Element Wasser im Schlafzimmer bedeutet Verlust, und es ist ratsam, auch auf Pflanzen zu verzichten. Diese Schlafzimmer-Tabus sollten streng befolgt werden!

LINKS *Es ist wichtig, sich über den Einfluß des Elternschlafzimmers auf den gesamten Haushalt bewußt zu werden. Dieses Kapitel bietet viele Hinweise für optimales Feng Shui im Schlafraum.*

DAS ELTERNSCHLAFZIMMER

Das Feng Shui des Elternschlafzimmers spielt eine übergeordnete Rolle für die heimische Harmonie, das Wohlergehen und den finanziellen Erfolg der Familie. Bei dem Feng Shui für das Schlafzimmer sind mehrere Faktoren zu beachten. Die Form des Grundrisses ist ebenso wichtig wie die Anordnung der Möbel und die Zimmerdekoration. Von gleicher Bedeutung ist ein ausgewogenes Verhältnis von Yin- und Yang-Energien, und eine gute Balance dieser zwei kosmischen Energien ist für Schlafzimmer so unterschiedlich wie für andere Räume. Im Schlafzimmer, einem Ort, der hauptsächlich der Entspannung und Erholung dient, sollten die für Ruhe und Gelassenheit stehenden Yin-Anteile überwiegen. Aber auch wenn der Gestaltung des Elternschlafzimmers für ein gutes Feng Shui große Bedeutung zukommt, so spielt die Aufstellung des Bettes und die Ausrichtung beim Schlafen gemäß der Kompaßmethode des Feng Shui eine wichtige Rolle.

Die folgenden grundlegenden Richtlinien sollten bei der Gestaltung des Elternschlafzimmers beachtet werden:

- Die ideale Form dieses Raumes ist quadratisch oder rechteckig. Viele Schlafzimmer sind wegen eines angegliederten Badezimmers oder einer Ankleidekammer L-förmig, was als eher ungünstig anzusehen ist. Meine Empfehlung in solch einem Fall ist das Aufstellen eines Raumteilers oder Paravents, denn diese verleihen dem Zimmer eine regelmäßigere Form. Besonders positiv wirkt sich ein mit Glückssymbolen verzierter Paravent aus. Um ein gutes Feng Shui zu erreichen, benutzen Sie nie einen Spiegel im Schlafraum. Spiegel bringen oft mehr schädliche Einflüsse als Vorteile mit sich.

OBEN *Verbessern Sie die ungünstige L-Form eines Raumes mittels eines mit Glückssymbolen verzierten Paravents. Dieser sollte nicht, wie dargestellt, im Zick-Zack, sondern gerade aufgestellt werden.*

UNTEN *Für ein harmonisches Fließen des Chi und für positive Energien im Schlafzimmer sollten die Feng-Shui-Prinzipien befolgt werden.*

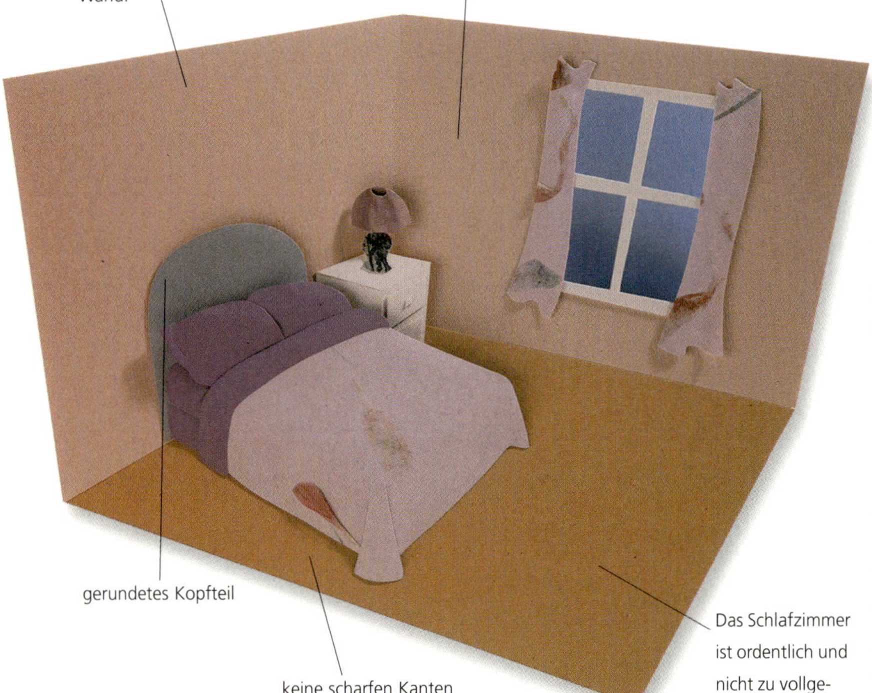

UNTEN *Ein Schlafzimmer, dessen L-förmiger Grundriß durch einen Einbauschrank korrigiert wurde.*

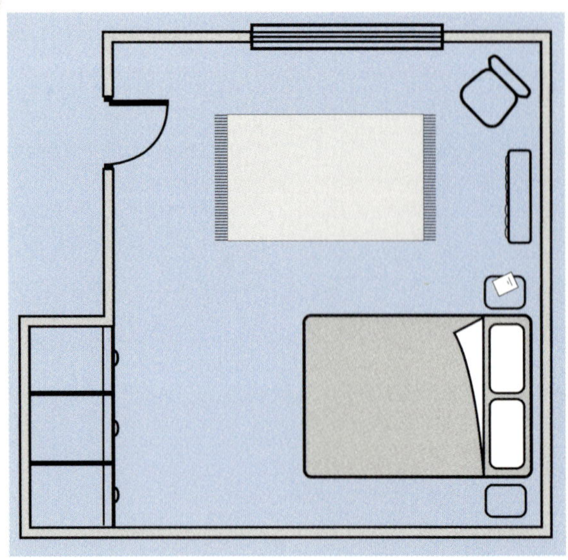

RATSCHLÄGE FÜR DIE POSITION DES BETTES

Das Bett wird am besten diagonal zur Tür ausgerichtet, wie auf der ersten Zeichnung zu sehen ist. Falls diese Position nicht mit der optimalen Richtung übereinstimmt, sorgt auch eine Plazierung des Bettes wie im zweiten und dritten Schaubild für positives Feng Shui.

EINIGE WERTVOLLE TIPS

- Das Bett sollte niemals direkt unter einem freiliegenden Balken stehen.
- Das Bett sollte vor einem festen Hintergrund stehen, z.B. an einer Wand.
- Das Bett sollte nie gegenüber einer Tür zu einem anderen Schlafzimmer aufgestellt werden.
- Man sollte keine Spiegel (Wand- oder Tischspiegel) gegenüber dem Bett aufstellen oder -hängen.
- Das Bett sollte nicht zwischen zwei Türen stehen.
- Das Bett sollte nie einer scharfkantigen Zimmerecke gegenüberstehen.
- Das Kopfteil des Bettes sollte sich direkt an der Wand befinden und nicht frei im Raum »schweben«.
- Das Bett einer Schwangeren sollte nicht umgestellt werden.
- Ein Spiegel im Schlafzimmer, der das Bett nicht reflektiert, hat keine schädlichen Wirkungen auf die Partnerschaft.

OBEN *Hier zeigt das Bett nicht zur Tür, und zwischen Fenster und Bett ist ein genügend großer Abstand, um sich vor gefährlichem Chi zu schützen.*

OBEN *Das Bett sollte nie zur Tür hin ausgerichtet sein, sondern diagonal zu ihr stehen, damit negatives Chi es nicht zu stark treffen kann.*

- Das Schlafzimmer sollte nie über einem leeren Raum – wie einem Lagerraum oder einer Abstellkammer – liegen, da dies Leere und den Mangel einer festen Basis für die Schlafenden symbolisiert. Wer über einer Garage schläft, setzt sein Lebensglück aufs Spiel. Der berufliche Erfolg bleibt aus, Pläne mißlingen.
- Betten sollten auch nie über der Küche oder dem Eßplatz stehen, da sonst großes Unglück droht. Es ist überaus negativ, über dem für die Familie gekochten Essen zu schlafen, ebenso wie über einer Feuerstelle. Falls das Schlafzimmer sich in einer solchen Konstellation befindet, sollte man zumindest dafür sorgen, daß das Bett nicht direkt oberhalb des Herdes steht.
- Ein weiterer kritischer Punkt bezüglich der Lage des Schlafzimmers ist eine Treppe, die direkt vor der Zimmertür positioniert ist. Dies ist eines der strengen Tabus des Feng Shui. Wann immer es möglich ist, sollte die Schlafzimmertür verlegt werden. Ist das nicht machbar, sollte man eine Trennwand oder einen Raumteiler zwischen dem Treppenabsatz und der Schlafzimmertür errichten.

Das Bett, besonders dessen Plazierung und Ausrichtung, ist ein wesentliches Element des Feng Shui im Schlafzimmer. Des weiteren bestimmen aber auch die Möbel und Gegenstände um das Bett herum ein positives Feng Shui.

Wird das Bett nicht gemäß den Regeln des Feng Shui aufgestellt, kann das Ehe- und Familienleben der Bewohner ernsthaft darunter leiden. Unwichtige Kleinigkeiten führen dann zu Mißverständnissen und Zwistigkeiten. Und negatives Feng Shui im Schlafzimmer wirkt sich auch auf andere Lebensbereiche aus. Die Gedanken schweifen ab und die Konzentration leidet. Denn wer im Schlaf von negativem Chi heimgesucht wird, spürt es den ganzen darauffolgenden Tag.

OBEN *Das Kopfteil des Bettes steht hier quer zur Zimmerecke. Besser wäre es, eine gerade Rückwand zu dessen »Stärkung« zu nutzen.*

KAPITEL ELF: FENG SHUI FÜR DAS SCHLAFZIMMER

WAS IM SCHLAFZIMMER ZU VERMEIDEN IST

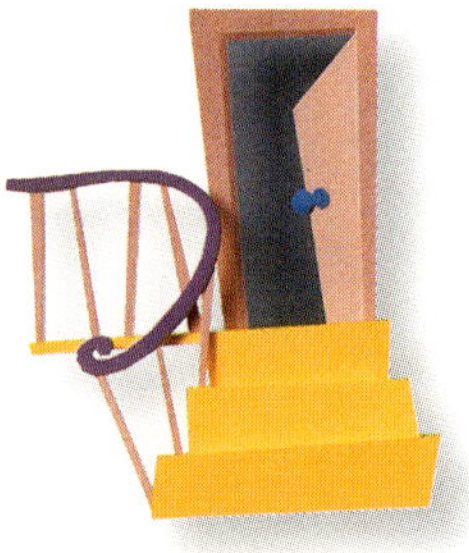

OBEN *Eine Schlafzimmertür, die ins Treppenhaus führt, strahlt negative Energien aus.*

OBEN *Betten, die gegenüber Türen plaziert sind, liegen in der Flußlinie von schädlichem Chi.*

Die folgenden Tabus sollten bei der Gestaltung und Einrichtung des Schlafzimmers besonders beachtet werden. So sollte hinter dem Kopfende des Bettes eine stabile Wand für Schutz und ein Sicherheitsgefühl sorgen. Manchmal muß man diese wichtige Regel abwägen gegen die Nutzung einer individuellen Glücksrichtung. Feng Shui erfordert immer wieder das Abwägen verschiedener Aspekte, denen man nie 100prozentig gerecht werden kann.

Falls sich das Bett direkt unter einem Fenster befindet, so bedeutet dies fehlenden Schutz. Durch Schließen des Fensters und Zuziehen der Gardinen kann dieser ungünstige Einfluß gemildert werden.

Das Bett sollte sich niemals zwischen zwei Türen befinden, da ein solches Arrangement Gefahren für den Schlafenden mit sich bringt. Hier hilft entweder ein Umstellen des Bettes oder das Aufstellen eines Paravents. Falls das Zimmer hierfür zu klein ist, besteht die einzige Lösung darin, die Türen immer geschlossen zu halten.

Besonders wichtig ist die Ausrichtung des Bettes zur Tür. Sofern das Bett direkt gegenüber der Schlafzimmertür steht, bringt diese Position extreme Krankheitsgefahr für den Schlafenden mit sich, da sie symbolisch als Todesposition gilt. Die Situation kann noch verschlimmert werden, wenn die Tür in ein dem Raum benachbartes Badezimmer führt. Das Bett sollte auf jeden Fall im rechten Winkel zur Tür aufgestellt werden.

Auf keinen Fall darf das Kopfteil des Bettes an einer Wand stehen, hinter der sich eine Toilette befindet.

Auch ein Zimmer unter einer Toilette im darüberliegenden Stockwerk sollte nicht als Schlafraum dienen. In

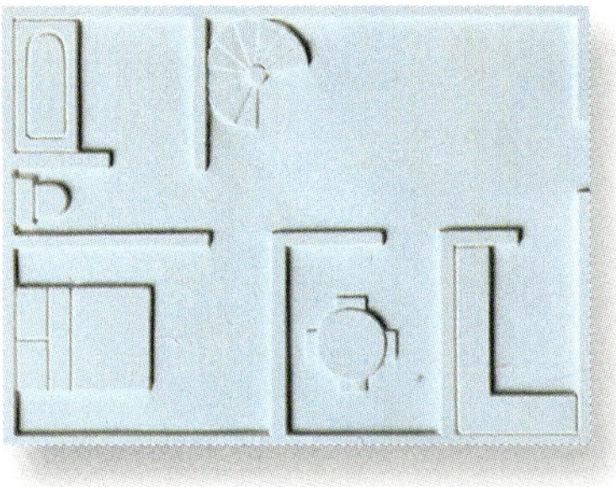

OBEN *Falls das Schlafzimmer neben dem Badezimmer liegt, sollte das Kopfende des Bettes nicht die Verbindungswand zur Toilette berühren.*

Bettnähe bedeutet Wasser (in diesem Fall auch noch verschmutztes Wasser) Gefahren und Verlust. Dasselbe gilt auch für Wassertanks und Bilder mit Wassermotiven.

Ebenfalls schädlich ist es, wenn sich das Bett unter einem sichtbaren Deckenbalken befindet. Die Wirkung solcher Balken ist immer negativ, besonders aber im Schlafzimmer. Die Folge hiervon können Kopfschmerzen und Erkrankungen sein. Längs über dem Bett verlaufende Balken

LINKS *Ein über der Garage gelegenes Schlafzimmer steht unter dem ungünstigen Einfluß der Leere.*

können sogar zum Zerbrechen von Ehen führen oder ernsthafte Krankheiten bis hin zur Operation herbeiführen. Das Bett sollte entweder verschoben oder aber der Balken durch eine Zwischendecke kaschiert werden.

Gefahren gehen auch von scharfen, vorstehenden Kanten aus, die tödliche Energien auf das Bett aussenden. Das Aufhängen von pagodenförmigen Windspielen in jeder

OBEN *Ein Aquarium oder ein Bild mit Wassermotiv im Schlafzimmer verursachen finanzielle Schwierigkeiten.*

Raumecke vermag diese jedoch zu entschärfen.

Torbögen sollten im Schlafraum vermieden werden, da sie – besonders bei dreieckigem Abschluß – Giftpfeile aussenden. Ebenfalls verzichtet werden sollte auf Spiegel, da diese sowohl Ehe als auch Partnerschaft zerstören können, indem sie eine dritte Person in die Beziehung bringen. Diese Situation wird noch verschärft, wenn der Spiegel sehr groß ist und das Bett direkt von oben oder von den Seiten reflektiert. Es ist daher sehr wichtig, den Spiegel zu verhängen, um Eheproblemen aus dem Weg zu gehen. Ein Kosmetiktisch im Schlafraum sollte nicht in der Nähe des Bettes stehen. Spiegel an der Innenseite von Schranktüren haben – im Gegensatz zu Spiegelkacheln oder anderen Zierspiegeln – keine gefährliche Wirkung.

Es ist wichtig, im Schlafbereich für eine ausgewogene Balance zwischen den Yin- und Yang-Energien zu sorgen. Da das Schlafzimmer ein Ruheraum ist, sollten die Yin-Kräfte überwiegen. Das Farbschema sollte gedämpft, die Beleuchtung nicht zu grell sein und auf ein Fernsehgerät sollte verzichtet werden. Doch die Yin-Energie darf auf gar keinen Fall so stark werden, daß die Yang-Energie gänzlich unterdrückt wird. Bei der Verbesserung des Feng Shui im Schlafraum sollte man auch auf seine innere Stimme hören. Fühlt man sich erschöpft, lethargisch und energielos, so hilft vielleicht schon ein leuchtendroter Bettbezug. Auch sanfte Musik kann Wunder wirken, doch man sollte in allem eher zurückhaltend sein. So ist warmes Licht beispielsweise viel passender als grelle Lichtstrahler und eine kleine Stereoanlage besser als allzu wattstarke Systeme.

Sie können das Schlafzimmer gezielt einsetzen, um Ihr Eheglück, Ihre romantischen Gefühle oder eine Liebesbeziehung zu beleben. Nachfolgend einige Ratschläge hierzu:

- Es heißt, daß gedämpftes rotes oder rosafarbenes Licht das Sexualleben verbessern soll. Derselbe Effekt wird auch Duftkerzen zugeschrieben. Diese werden jedoch zur Gefahr, wenn beide Partner einschlafen. Die Wirkung von Kerzen ist am größten, wenn sie in der südwestlichen Ecke des Raumes aufgestellt werden.
- Rosa-, apricot- oder lilafarbene Bettwäsche erhöht die Yang-Energien und sorgt für eine romantische Stimmung.
- Ein Mandarinentenpaar verstärkt die Gefühle zwischen jungen Paaren. Es sollten jedoch nie eine oder drei Enten sein, da die Zahl Eins für Einsamkeit und die Zahl Drei für eine dritte Person und somit für Eifersucht steht.
- Auch andere Liebessymbole, etwa Herzen, sind – vor allem in der südwestlichen Raumecke – besonders effektiv.
- Eines der wirksamsten Symbole für partnerschaftliche Harmonie im Feng Shui ist das Symbol für »Doppeltes Glück«.
- Das erfolgreichste Symbol für die erfüllte Sexualität eines jungen Paares ist eine wunderschöne Pfingstrose. Dieser Ratschlag ist jedoch nicht für ein reiferes Ehepaar geeignet, da die Pfingstrose das Symbol für eine junge und begehrenswerte Frau ist und den Ehegatten zu einem Seitensprung verleiten könnte.

Das Befolgen der Feng-Shui-Regeln bei der Gestaltung des Schlafzimmers sorgt ebenso wie die Beachtung der Glücksrichtung bei der Schlafposition für glückbringende Einflüsse. Der Kopf sollte beim Schlafen in eine der vier persönlichen Glücksrichtungen weisen, die nach der Kompaßformel bestimmt werden können *(siehe S. 66-97)*. Dies sollte jedoch nicht zur Mißachtung der genannten Tabus führen. Wenn der Ehemann und die Ehefrau unterschiedliche Glücksrichtungen haben, so ist die des Mannes ausschlaggebend.

EINIGE WICHTIGE TABUS IM SCHLAFZIMMER

- Auf Spiegel im Schlafzimmer sollte unbedingt verzichtet werden. Die Reflexion des Bettes im Spiegel wirkt sich negativ auf die partnerschaftliche Beziehung aus, was sich häufig in ehelicher Untreue ausdrückt. Ebenso schädlich sind auf das Kopf- oder Fußende des Bettes ausgerichtete Spiegel. Es ist daher unbedingt empfehlenswert, vorhandene Spiegel aus dem Schlafraum zu entfernen bzw. sie mit einem Vorhang zu verhängen.
- Ebenfalls negativ wirkt sich die Lage des Schlafzimmers über a) der Küche, b) der Garage oder c) einer Toilette aus. Man sollte niemals über einem leeren oder negativ belasteten Raum schlafen. Die Tür des Schlafzimmers sollte darüber hinaus nicht gegenüber a) einem Treppenhaus, b) einer Badezimmertür oder c) der Küche liegen.
- Im Schlafzimmer sollten sich weder Topfpflanzen noch ein Aquarium befinden. Auch eine Abbildung, die Wasser zeigt, schafft negatives Feng Shui. Topfpflanzen sind ebenfalls nicht geeignet, da dieser Raum ein Yin-Ort, d. h. ein Ort der Ruhe ist, und lebende Pflanzen zu viel Yang-Energie verbreiten. Wasser im Schlafzimmer bringt finanzielle Verluste und kann Einbrecher anziehen.

LINKS *Ein über dem Bett verlaufender Deckenbalken sendet tödliche Giftpfeile auf den Schlafenden, was zu Krankheit und Beziehungsproblemen führen kann.*

- Überaus negativ wirkt sich ein sichtbarer Deckenbalken über dem Schreibtisch oder über dem Bett aus, da dieser auf die sich darunter befindliche Person drückt und zu Migräne führen kann. Falls das Zimmer hoch genug ist, kann ein solcher Balken durch eine Zwischendecke kaschiert werden. Auch ein an dem Balken aufgehängtes Glockenspiel kann dessen negative Energien auflösen.
- Scharfe Kanten, wie z. B. offene Bücherregale, sollten im Schlafzimmer möglichst vermieden werden, da sie schädliche Giftpfeile in Richtung des Bettes aussenden.
- Die Schlafzimmertür sollte nicht auf eine andere Tür oder auf das Treppenhaus weisen. Negative Wirkung hat auch ein Kopfteil des Bettes in Form eines »Chinesischen Sarges«.

Kapitel Elf: Feng Shui für das Schlafzimmer

DIE ÜBRIGEN SCHLAFZIMMER

OBEN *Im alten China wurden die Feng-Shui-Richtlinien bei der Verteilung der Räume auf die Familienmitglieder streng befolgt – selbst die Konkubinen des Kaisers hatten eigene Räume.*

Bei der Einrichtung eines Schlafzimmers sollte beachtet werden, ob es von Kindern, Jugendlichen oder älteren Familienmitgliedern bewohnt wird. Von dem entsprechenden individuellen Feng Shui können die Bewohner optimal profitieren. In den Palästen der Verbotenen Stadt unterschieden sich die Gemächer der jungen Prinzen in Farbe und Einrichtung wesentlich von denen der älteren Konkubinen des Kaisers. Im allgemeinen sollten Kinderschlafzimmer während der frühen Jahre am besten in Richtung Osten, wenn die Kinder älter werden gegen Westen zeigen. Ältere Familienmitglieder sollten in jedem Fall in einem westlich ausgerichteten Raum schlafen.

Diese Hinweise sind jedoch nur ganz allgemeiner Natur. Entsprechend dem Prinzip des Feng-Shui-Kompaß können die Schlafzimmer auch entsprechend individueller Voraussetzungen und Persönlichkeiten zugeteilt werden, wobei Geburtsdatum und Geschlecht der Kinder herangezogen werden. Weitere Anhaltspunkte für die Plazierung der Schlafräume bieten die Bagua-Trigramme, die um die acht Richtungen der nach-himmlischen Reihenfolge angeordnet sind. Jede der auf die acht Kompaßrichtungen bezogenen Ecken ist einem Familienmitglied zugeordnet, wobei die Familie aus einem Patriarchen (Vater), einer Matriarchin (Mutter), drei Söhnen und drei Töchtern besteht. Falls zur Familie nur ein Sohn gehört, so sollte er die dem ältesten Sohn zugeordnete Richtung übernehmen; bei nur einer Tochter wird dieser ebenfalls die Richtung der ältesten Tochter zugeordnet. Offiziell adoptierte Kinder der Familie sind den leiblichen gleichgestellt, während uneheliche Kinder nicht den Status eines Familienmitgliedes erhalten. Die folgende Tabelle gibt die Familienmitglieder und die ihnen zugewiesenen Richtungen an.

OBEN *Jedes Familienmitglied hat eine günstige Kompaßrichtung im Schlafzimmer; die allgemeinen Feng-Shui-Prinzipien jedoch gelten für alle Räume gleich.*

Die für das Elternschlafzimmer bereits aufgeführten ungünstigen Konstellationen lassen sich auf die weiteren Schlafräume des Hauses übertragen. Dies gilt vor allem für den Grundriß und die Ausrichtung des Raumes sowie für schädigende Giftpfeile.

Kompaßrichtung	Zuordnung der Familienmitglieder
Nordwesten	Patriarch der Familie, Elternschlafzimmer
Südwesten	Matriarchin der Familie, Familienzimmer
Osten	Ältester Sohn
Westen	Jüngste Tochter
Süden	Mittlere Tochter
Norden	Mittlerer Sohn
Südosten	Älteste Tochter
Nordosten	Jüngster Sohn

UNGÜNSTIGE GESTALTUNG DES SCHLAFZIMMERS

Die Schlafzimmertür und das Bett sollten sich nicht direkt gegenüber einer Treppe befinden.

Das Bett sollte sich nicht unter einem sichtbaren Deckenbalken befinden.

Das Schlafzimmer sollte nicht gegenüber der Toilettentür liegen.

Die Haustür sollte nicht direkt in das Schlafzimmer führen.

Die Kanten der Schlafzimmermöbel sollten nicht auf das Bett weisen.

Die Schlafzimmertür sollte nicht auf einen Herd oder Kühlschrank ausgerichtet sein..

Ein Fernsehgerät sollte nicht direkt gegenüber dem Bett stehen.

Eine verspiegelte Schranktür sollte nicht direkt auf das Bett zeigen.

Scharfkantige Einrichtungsgenstände sollten in Bettnähe vermieden werden.

Die günstigste Schlafposition haben Sie, wenn Ihr Kopf laut der Acht-Häuser-Formel – basierend auf Ihrer Kua-Zahl – in eine Ihrer persönlichen Glücksrichtungen weist. Darüber hinaus müssen auch die oben genannten Punkte unbedingt beachtet werden. Entsprechend dem Feng-Shui-Prinzip ist es am wichtigsten, sich vor negativen Einflüssen zu schützen. Man sollte deshalb immer den Schutz suchen, selbst wenn es dadurch nicht möglich ist, die optimale Richtung einzuhalten.

Im folgenden werden einige zusätzliche Beispiele für eine negative Raumstruktur aufgezeigt. Die Schlafzimmertür sollte sich nie direkt gegenüber den folgenden baulichen Gegebenheiten befinden:

- Treppenhaus
- freistehende Säule
- scharfe Kanten
- vorstehende Ecken
- Toilette
- Haustür
- Hintertür
- Herd oder Ofen
- Kühlschrank
- scharfkantige Möbel
- Bett.

KINDERZIMMER

OBEN *Kriegsspielzeug sollte nach dem Spielen verstaut werden.*

RECHTS *Heranwachsende Kinder brauchen die Yang-Energien eines hellen, farbigen Raumes.*

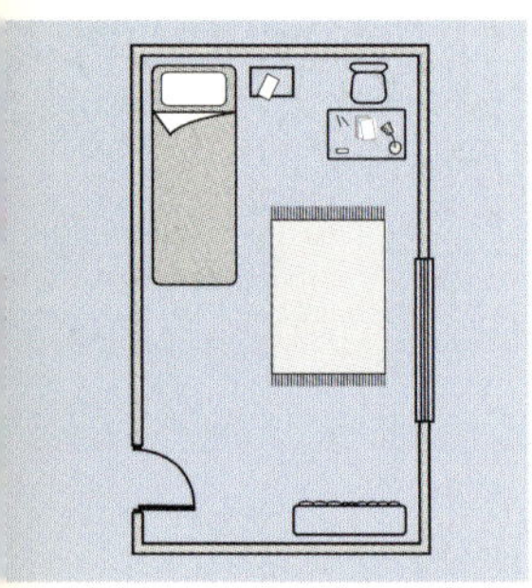

OBEN UND UNTEN *Der Schreibtisch und das Bett des Kindes sollten in dessen Glücksrichtung weisen.*

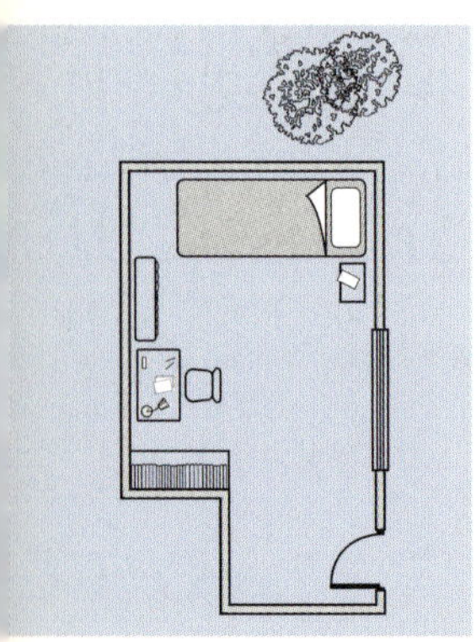

Da Kinder meist voller Energie sind, empfehlen Feng-Shui-Experten, im Kinderzimmer mehr Yang- als Yin-Elemente einzusetzen. Das bedeutet genügend Licht und eine anregende Geräuschkulisse. Das Zimmer sollte farbenfroh und phantasievoll gestaltet sein, was zu einem verstärkten Energiegehalt führt. Dementsprechend ist es im Sinne von Feng Shui durchaus positiv, wenn Kinder Poster von Popstars aufhängen, laute Musik hören oder den ganzen Tag das Radio oder den Fernseher laufen lassen. Das schenkt den Kindern nicht nur eine gute Gesundheit und viel Lebensenergie, sondern erhöht auch die glückbringenden Einflüsse auf ihr Leben.

Die Yang-Elemente sollten allerdings nicht so stark sein, daß sie die Yin-Energie und damit das Element der Ruhe und des Alleinseins sowie gedeckte Farben völlig verdrängen. Der Raum soll zwar hell sein, jedoch nur so hell, daß die Bedürfnisse nach Entspannung und Erneuerung erfüllt werden können. Die Wände sollten mit freundlichen statt mit feindlich wirkenden Bildern geschmückt werden. So symbolisiert das Bild eines Delphins, der gewöhnlich mit Intelligenz, Glück und Spaß in Verbindung gebracht wird, ein positiveres Feng Shui als die Abbildung eines gefährlichen und feindlichen Alligators.

Kriegs- und Kampfsymbole mögen beliebte Spielzeuge sein, sie verbreiten jedoch jede Menge negative Energie. Ein harmonisches Fließen der Energie und damit der friedliche Schlaf wird dadurch nachhaltig gestört. Solche Spielsachen gehören daher nach Gebrauch weggeschlossen.

Nur wenige Eltern wissen von den Auswirkungen des Feng Shui im Kinderzimmer auf die Gesundheit ihrer Kinder. Neben der Gesundheit werden auch die schulischen Leistungen und das allgemeine Verhalten der Kinder davon beeinflußt.

Zuerst sollte man die Feng-Shui-Regeln für das Schlafzimmer berücksichtigen. Auch sollte sichergestellt werden, daß der Standort des Bettes und die Schlafrichtung der Kinder den Empfehlungen entsprechen. Am besten ist es, wenn der Kopf des Kindes in dessen Glücksrichtung zeigt.

- Der Schreibtisch sollte so plaziert sein, daß das Kind in die günstigste Richtung schaut. Dies fördert den Erfolg bei Prüfungen.
- Der Schreibtischstuhl sollte nicht mit dem Rücken zum Fenster oder zur Tür stehen.
- Es sollten keine Bäume in unmittelbarer Nähe des Kinderzimmers stehen.
- Zu vermeiden sind Belüftungsanlagen oder freiliegende Balken über dem Schreibtisch. Das hiervon ausgehende Sha Chi bringt Unglück.
- Auch sollte man nicht im negativen Einflußbereich von scharfkantigen Schränken, Säulen oder hervortretenden Raumecken arbeiten.

LINKS *Freundliche Bilder an der Wand des Kinderzimmers strahlen positive Energie aus.*

DAS SCHLAFZIMMER VON SCHÜLERN/STUDENTEN

Studenten an der Hochschule und Schüler im Internat können sehr von Feng Shui profitieren. Auch wenn ihre Zimmer in der Regel klein und ziemlich voll sind, können schon der richtige Standort von Bett und Schreibtisch bzw. die Richtung beim Sitzen und Schlafen zwei wichtige Faktoren für günstiges Feng Shui sein. Es ist nicht erforderlich, das Studierzimmer mit vielen Glückssymbolen aufwendig zu dekorieren. Die Symbole erzeugen leicht ein Ungleichgewicht in kleinen Räumen. Ebensowenig sollten die Studenten/Schüler zu großes Gewicht auf das Wachstum des Wohlstandes legen, da dies Bestandteil des Berufslebens ist. Statt dessen sollte das Feng Shui des Studierzimmers für eine starke Gesundheit, gutes Lern- und Arbeitsvermögen und einen tiefen Schlaf der Bewohner sorgen. Positives Feng Shui erhöht den Lernerfolg und verhilft zum erfolgreichen Absolvieren von Vorstellungsgesprächen für Stipendien und Arbeitsstellen.

Bei der Einrichtung von Studentenzimmern sollten die Bewohner versuchen, die grundsätzlichen Regeln des Feng Shui zu berücksichtigen. Das gilt vor allem für die Möblierung und besonders für den Standort des Bettes. Entscheidend und für das Lernen förderlich ist hierbei die persönliche Fu-Wei-Richtung. Man sollte vor allem nie mit dem Rücken zur Tür schlafen. Obwohl es eigentlich sehr praktisch wäre, sollte man unbedingt ein Schlafzimmer ohne Waschbecken wählen, denn Wasser im Schlafzimmer bedeutet Verlust.

Ein ungünstiges Zimmerarrangement

Bei diesem Beispiel finden sich verschiedene Fehler in der Raumgestaltung:

- Tür und Fenster befinden sich in einer geraden Linie.
- Das Bett befindet sich zwischen Tür und Fenster.
- Der Schreibtisch steht zwischen Tür und Fenster.
- Die scharfen Bretter des offenen Regals »schneiden« den am Schreibtisch Sitzenden. Es sollte mit Türen versehen werden.

Man sollte niemals mit dem Rücken zur Tür sitzen, sondern sie stets im Blick behalten.

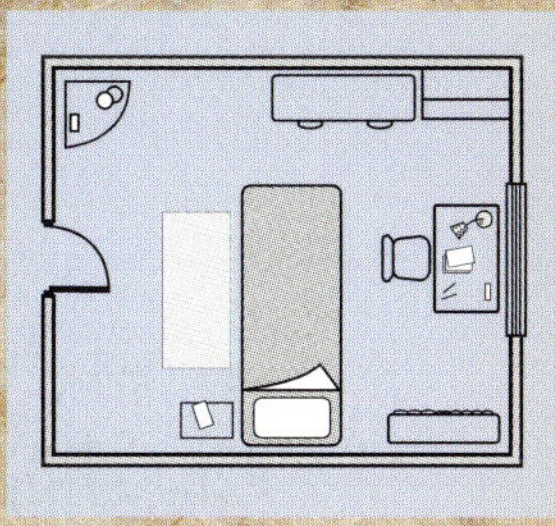

OBEN *Dieser Raum birgt alle Zeichen für schlechtes Feng Shui.*

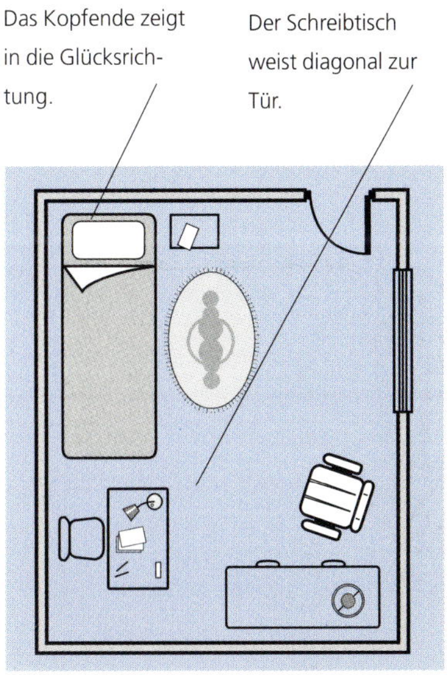

GUTES ARRANGEMENT

OBEN *Der Schreibtisch steht hier diagonal zur Tür und ist von der Wand dahinter geschützt – man sollte nie mit dem Rücken zur Tür sitzen.*

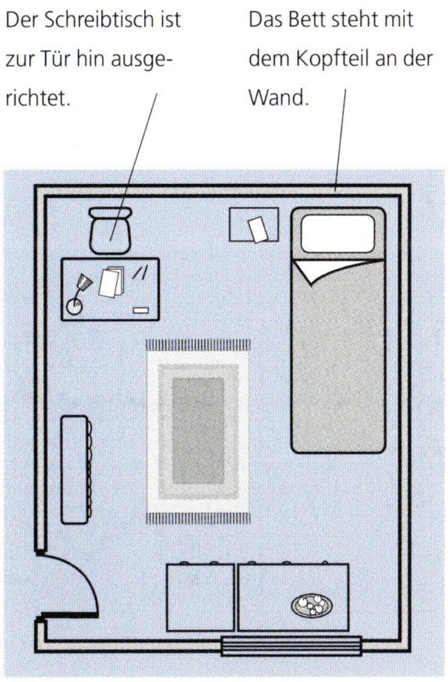

GUTES ARRANGEMENT

OBEN *Schreibtisch und Bett von Studenten sollten in die persönliche Glücksrichtung zeigen, um Gesundheit und akademischen Erfolg zu stärken.*

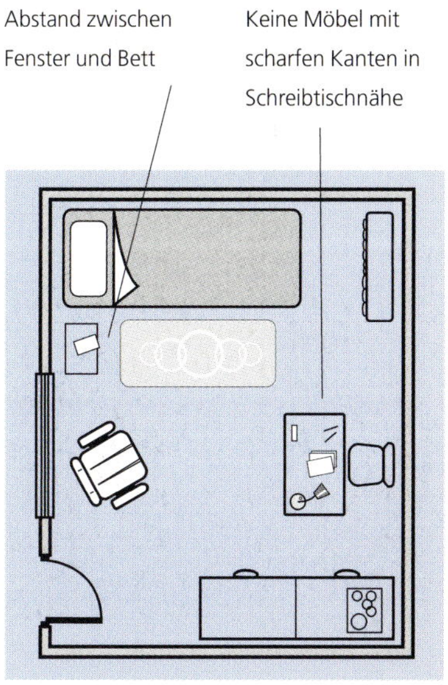

GUTES ARRANGEMENT

OBEN *Möblieren Sie Studentenzimmer nach Feng-Shui-Prinzipien; vermeiden Sie Giftpfeile, die von scharfen Kanten und offenen Regalen ausgehen.*

OBEN *Windspiele helfen, die negativen Energien in einem Raum zu neutralisieren.*

UNTEN *Drachenmotive in östlichen und südöstlichen Wohnbereichen bringen Glück.*

UNTEN *Farbige Rosetten bringen positive Energien in das Kinderzimmer.*

So unterstützt man den Erfolg in Schule und Studium

Es gibt etliche Maßnahmen, die den Lernerfolg der Kinder positiv beeinflussen. Mit diesen Methoden versucht man, die Energien der entsprechenden Raumbereiche zu aktivieren. Die erste Maßnahme, bei der die nordöstliche Schlafzimmerecke mit positiver Energie angereichert wird, ist allgemein anwendbar. Hierzu dient das Ken-Trigramm, das ein Gebirge und die Zeit der Vorbereitung symbolisiert.

Es steht für einen großen Vorrat an positiven Kräften, der sich im Berg verbirgt. Mit der richtigen Vorbereitung können diese positiven Dinge hervorgebracht werden.

Das Ken-Trigramm

Befindet sich eine Toilette in der nordöstlichen Ecke des Kinderzimmers, sollte man das Kind in einem anderen Raum wohnen lassen. Man kann auch einen großen Stein im benachbarten Badezimmer plazieren, der das Unglück symbolisch niederdrücken soll. Ersatzweise bekämpft auch ein metallenes Windspiel die schädliche Energie. Durch Aufteilung des Raumes in neun gleich große Teile läßt sich herausfinden, welcher der Sektoren dem Bereich entspricht, den Sie wollen.

- Mittels Licht oder Erd-Symbolen den Nordosten mit Energien anreichern.
- Einen Globus auf einen Tisch in nordöstlicher Richtung stellen, dann diese Ecke mit einer hellen Lampe im Tiffany-Stil ausleuchten.
- Für ausgezeichnete Ergebnisse beim Lernen/Studieren und bei Prüfungen einen geschliffenen Bleikristall aufhängen, der das Licht einfängt und bricht.

Im Kapitel über das Kompaß-Feng-Shui *(siehe S. 66–79)* kann man die Erfolgsrichtung der Tochter oder des Sohnes nachlesen, die sich aus Geburtsdatum und Geschlecht ergibt. Ist die persönliche Erfolgsrichtung des Kindes bekannt, kann man sie in das Feng Shui des Raumes miteinbeziehen. Diese Formel bietet zahlreiche Umsetzungsmöglichkeiten und hat umfangreiche Wirkungsweisen. Nach den Grundregeln des Feng Shui ist es allerdings schon ausreichend sicherzustellen, daß der Sohn und die Tochter in ihrer persönlichen Erfolgsrichtung schlafen, arbeiten und lernen.

Eine weitere Möglichkeit, den persönlichen Erfolgssektor zu aktivieren, ist das Berücksichtigen der Fünf-Elemente-Theorie. Ist die Erfolgsrichtung nach der Formel beispielsweise der Osten, sollte man die östliche Ecke des Raumes mit Holz, dem Element des Ostens, anreichern. Da es sich allerdings um ein Schlafzimmer handelt, sollte man keine Pflanzen in die östliche Ecke stellen. Vorzuziehen sind hier eine Holztäfelung oder hölzerne Möbel bzw. die Farben Grün oder Braun bei der Gestaltung des östlichen Sektors. Hier einige Vorschläge für eine Aktivierung der einzelnen Schlafzimmerbereiche:

- Die östliche Ecke mit Hilfe einer kleinen Reliefdarstellung eines Drachens aus Holz oder Porzellan bzw. durch andere Holzobjekte mit Energien anreichern. Die gleichen Maßnahmen können auch für den südöstlichen Bereich angewendet werden.
- Den nördlichen Richtungssektor lieber mit dem Bild einer Schildkröte aktivieren, statt Wasser-Elemente zu verwenden. Zu beachten ist, daß Wasser im Schlafzimmer Verlust und drohenden Einbruch herbeiführen kann.
- Als Erfolgssymbol Schmuckrosetten mit verschiedenfarbigen Schleifen aufhängen. Rot für den Süden, Südwesten und Nordosten, Grün für den Osten und Südosten, Blau für den Norden, und Gold oder Silber für den Westen oder Nordwesten benutzen.

Stellen Sie alle Metalltrophäen in die Bereiche des Metall-Elements, d. h. in die westlichen und nordwestlichen Sektoren. Diese Methoden sind besonders wirksam bei Personen, für die der Westen als Glücksrichtung gilt.

Heimliche Giftpfeile

Ich war einige Zeit verwundert, daß sich die schulischen Leistungen meines Neffen nicht verbesserten, obwohl ich ihm Ratschläge zur Gestaltung und Ausrichtung seines Schlafzimmers gegeben hatte: wie er schlafen sollte, wie er während des Lernens und der Hausaufgaben sitzen sollte, wie er sein Schlafzimmer einrichten sollte und auch welches Schlafzimmer im Haus er benutzen sollte. Ich redete lange auf ihn ein und bin sicher, daß er meine Anweisungen genauestens ausgeführt hat.

Und dennoch, obwohl er wirklich hart zu arbeiten schien, machte er keine nennenswerten Fortschritte; seine Leistungen waren weiterhin enttäuschend. Einige Zeit später besuchte ich meinen Neffen unerwartet. Die Giftpfeile, die ich in seinem Zimmer entdeckte, waren beträchtlich, und die von mir vorgeschlagenen Gegenmaßnahmen sollten von allen Eltern befolgt werden, die verhindern wollen, daß negatives Chi in den Zimmern ihrer Kinder zirkuliert.

OBEN *Das Abbild eines Berges im Nordosten symbolisiert das Ken-Trigramm, das günstige Einflüsse voraussagt.*

So erzeugen Bücherregale über dem Schreibtisch ebenso wie Nägel oder Haken gefährliche Giftpfeile.

Über dem Schreibtisch meines Neffen befand sich ein Bücherregal, dessen Kante direkt auf seine Stirn zeigte. Verschlimmert wurde diese Situation noch durch Nägel, die er in das Regalbrett eingeschlagen hatte (zum Aufhängen von Gegenständen, wie er mir voller Naivität gestand). Er hatte keine Ahnung, daß das Regal und die daran befestigten Nägel versteckte Giftpfeile darstellten. Umgehend entfernten wir das Bücherregal samt den besagten Nägeln, woraufhin sich die Schulnoten meines Neffen innerhalb kürzester Zeit erheblich verbesserten.

RECHTS *Das Entfernen jeglicher Giftpfeile ist die Voraussetzung für einen erfolgversprechenden Arbeitsplatz.*

KAPITEL ZWÖLF

FENG SHUI FÜR DAS WOHNZIMMER

Das Wohnzimmer eignet sich am besten, um die vielseitigen Wirkungsformen des Feng Shui nutzbringend anzuwenden. Von der Förderung des Erfolgs, des finanziellen Wohlergehens und der persönlichen Anerkennung bis hin zur Verbesserung der zwischenmenschlichen Beziehungen und der Einbeziehung einflußreicher Menschen in den Familienkreis – kein anderer Raum bietet bessere Voraussetzungen, um die Wirkung des Feng Shui spürbar werden zu lassen. Dieser Raum profitiert am meisten von der Yang-Energie und von den glückbringenden Feng-Shui-Symbolen. Bei der Stärkung der Feng-Shui-Kräfte sollte man allerdings behutsam vorgehen. Dekorationen mit Feng-Shui-Bedeutung dürfen nicht aufdringlich oder übertrieben wirken. Statt dessen sollten Ausgeglichenheit und Harmonie stets das oberste Ziel sein, um eine erfolgreiche Wirkung des Feng Shui zu gewährleisten. Da das Wohnzimmer den zentralen Treffpunkt für Familie und Gäste darstellt, sollte man hier das Augenmerk besonders auf die positiven zwischenmenschlichen Beziehungen lenken. Dem Eßzimmer kommt allerdings eine noch größere Bedeutung zu als dem Wohnzimmer, denn hier werden die Mahlzeiten aufgetischt und genossen. Positiv auf diese Umgebung wirken sich Spiegel und spezielle Glückssymbole aus.

LINKS *Im Wohnzimmer födert man mittels Feng Shui viele Formen des Wohlergehens wie Beziehungen, Teamgeist, Zusammengehörigkeitsgefühl und die Weiterentwicklung der eigenen Persönlichkeit.*

KAPITEL ZWÖLF: FENG SHUI FÜR DAS WOHNZIMMER

DIE ANORDNUNG DER MÖBEL

OBEN *Mit Hilfe eines Planquadrats des Raumes und maßstabsgetreuen Papierschablonen der einzelnen Möbelteile kann man die Wohnzimmereinrichtung optimal planen.*

Die Möblierung des Wonzimmers setzt sich gewöhnlich aus einer Sitzecke, Beistelltischen sowie häufig mehreren Vitrinen, Kommoden oder Schränken zusammen. Durch die Beachtung gewisser Regeln des Feng Shui bei der Plazierung der Möbel läßt sich der Energiefluß im Raum verbessern. Dadurch entsteht eine harmonische und ausgeglichene Raumatmosphäre, die angenehm und einladend wirkt. Da sich das Familienleben hauptsächlich hier abspielt, ist es wichtig, daß man sich im Wohnzimmer wirklich wohl fühlt. Es gibt gute und nachteilige Arrangements für die Möbel, die entweder ein positives Verhältnis zu Freunden, Vorgesetzten und Arbeitskollegen oder Mißverständnisse und Zwietracht erzeugen.

Mein erster Rat in diesem Zusammenhang ist es, die Einflüsse des »Fliegenden Sterns« im Wohnzimmer zu prüfen. Sind sie günstig oder eher problematisch? Auf diese Weise erhält man einigen Aufschluß zur Feng-Shui-Lage im Wohnzimmer. Unabhängig davon, ob einem das Feng Shui des »Fliegenden Sterns« bekannt ist oder nicht, sollte der negative Einfluß jeglicher Sterne verhindert werden. Das läßt sich selbst ohne die tatsächliche Anwesenheit solcher Sterne bewirken. Um ganz sicher zu gehen, kann man das Auftreten »Fliegender Sterne« durch Plazieren eines »kleinen ruhigen Wassers« bekämpfen. Dazu wird eine kleine, mit Wasser gefüllte Keramikschale oder ein kleines Goldfischglas (ohne Luftblasen oder Filter, so daß das Wasser unbewegt bleibt) vor der Nord-, Südost- oder Ostwand des Wohnzimmers aufgestellt. Goldfische eignen sich gut hierzu, denn als Glücksfische haben sie eine beruhigende Wirkung.

Verteilt man außerdem die Sofas und Stühle so im Wohnzimmer, daß sich ein günstiger »Landschaftseffekt« ergibt, entsteht sofort positives Feng Shui. Die Illustrationen auf den folgenden Seiten zeigen Beispiele dafür auf, wie sich unterschiedliche Möbelanordnungen sowohl günstig als auch hinderlich auf das Feng Shui auswirken können.

POSITIVES FENG SHUI IM WOHNZIMMER

Das Wohnzimmer ist der Bereich der Wohnung, der die Familie nach außen hin repräsentiert. Hier spielt sich auch der größte Teil des Familienlebens ab. Im Gegensatz zu einem Familienraum privateren Charakters, der den inneren Zustand der Familie symbolisiert, beeinflußt das Wohnzimmer den Ruf der Familie nach außen. Alle außerfamiliären Kontakte, und besonders die Kontakte zu einflußreichen Menschen, werden durch das Feng Shui des Wohnzimmers bestimmt. So ist dies der beste Platz in der Wohnung, um Lebensbereiche wie Karriere, Ansehen und Erfolg zu fördern.

Idealerweise hat das Wohnzimmer einen rechteckigen oder quadratischen Grundriß. Unregelmäßige oder L-förmige Grundrisse lassen sich mit Hilfe von Spiegeln korrigieren. Unerläßlich ist dieser Ausgleich, wenn es sich bei dem fehlenden Winkel um die wichtige südwestliche Ecke handelt.

GRUNDREGELN FÜR POSITIVES FENG SHUI IM WOHNZIMMER

- Das Wohnzimmer sollte einen symmetrischen Grundriß haben.
- Es sollte weder der kleinste noch der größte Raum der Wohnung sein.
- Es sollte nach außen orientiert sein.
- Ein großes Familienporträt an der Wohnzimmerwand signalisiert Außenstehenden engen Familienzusammenhalt.
- Die Höhe der Wohnzimmerdecke sollte die des Eßzimmers nicht überragen.
- Spiegelwände im Wohnzimmer sollten nie den Haupteingang des Hauses widerspiegeln.
- Negative Energie, die aus hervortretenden Ecken strömt, läßt sich durch hohe Pflanzen abblocken.
- Das Wohnzimmer stets gut beleuchten, um die Yang-Energie zu stärken.
- Das Wohnzimmer ist der beste Ort für die Plazierung von Glückssymbolen.
- Ist das Wohnzimmer mit Antquitäten eingerichtet, sollten diese symbolisch von übriggebliebener Energie des Vorbesitzers »gereinigt« werden. Dazu dienen Räucherstäbchen und die Klänge einer speziellen, aus sieben Metall-Arten gefertigten Klangschale.
- Es sollten keine Möbel unter sichtbaren Deckenbalken aufgestellt werden.
- Keine Bilder oder Keramiken auswählen, die wilde oder gefährliche Tiere abbilden.
- Für eine besonders harmonische Wirkung die Sitzgruppenmöbel entweder rechtwinklig zueinander – im Quadrat oder Rechteck – oder der Bagua-Form entsprechend aufstellen.
- Bestimmte Symbole in den einzelnen Wohnzimmerecken stärken die dazugehörigen Elemente.

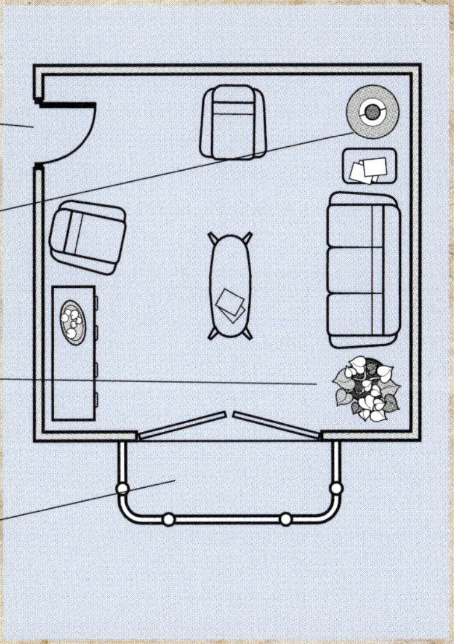

OBEN *Werden bei der Wohnzimmerplanung die Feng-Shui-Prinzipien beachtet, so hat dies positiven Einfluß auf soziale Beziehungen, Erfolg und Freundschaften.*

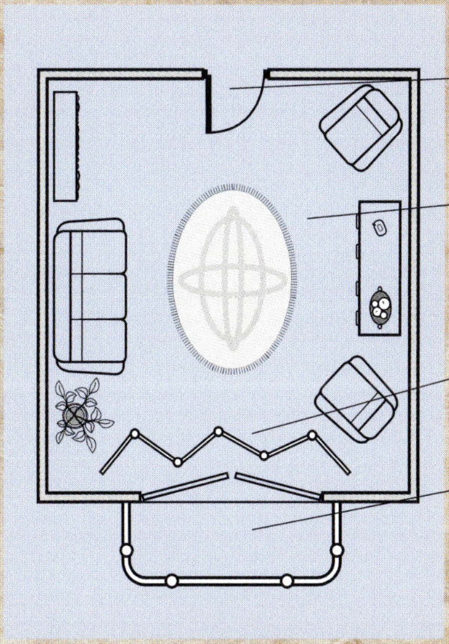

OBEN *Liegt die Eingangstür eines Wohnzimmers mit gutem Feng Shui gegenüber der Balkontür, sollte diese verdeckt werden, damit das positive Chi nicht entweicht.*

KAPITEL ZWÖLF: FENG SHUI FÜR DAS WOHNZIMMER

GÜNSTIGE ANORDNUNG DER MÖBEL IM WOHNZIMMER

OBEN *Eine Anordnung der Möbel entsprechend den acht Seiten des Bagua-Symbols stärkt die Energien aller Richtungen.*

RECHTS *Das größte Sofa symbolisiert, an eine Wand gestellt, die schützende Schwarze Schildkröte.*

OBEN *Mit der Plazierung der Möbel läßt sich das Bagua-Symbol simulieren.*

Um das Bagua nachzubilden, wird der zentrale Sitzplatz wie folgt gruppiert: Die Sitzmöbel bilden einen Kreis um einen runden Tisch herum und formen so die achtseitige Bagua-Form. Es ergibt sich in der Regel eine eckige Formation, bei der die Beistelltische schräge Kanten bilden. Dieses Arrangement wirkt sich positiv aus, denn es begünstigt die acht verschiedenen Plätze um das Achteck herum, die den jeweiligen Kompaßrichtungen entsprechen. Außerdem strahlt das Arrangement Harmonie aus. Der runde Tisch in der Mitte wird komplementiert durch die viereckige Zusammenstellung um ihn herum, was als Symbol für die Verbindung von Himmel und Erde gilt. Diese Kombination ist besonders günstig, und sie ist auch dann wirksam, wenn nur zwei der schrägen Seiten der Formation durch Beistelltische besetzt werden.

Das Arrangement Grüner Drache-Weißer Tiger beherrscht ein großes Drei- oder Viersitzer-Sofa, das vor einer festen Zimmerwand steht. Es symbolisiert die Schwarze Schildkröte, das Zeichen für eine sichere Stütze, und erzeugt schützende Energie für Karriere und Geschäft. Wer diesem Aufstellungsvorschlag folgt, wird durch Kollegen oder Vorgesetzte unterstützt statt behindert werden. Rechts vom Sofa wird ein einzelner Sessel als Symbol für den Tiger aufgestellt, während ein Zweisitzer-Sofa auf der linken Seite den Drachen repräsentiert. Direkt gegenüber dem größeren Sofa sollte ein kleiner Hokker stehen, in der Mitte ein rechteckiger Sofatisch. Diese Anordnung ist außerordentlich günstig. Zu beachten ist, daß die Sofas und Sessel den Rücken gut stützen. Ebenso wichtig sind Armlehnen an Stühlen oder Sesseln.

Ein ganz wesentlicher Punkt bei der Entscheidung für das Arrangement der Möbel ist das Nutzen von Wänden und Fenstern. Das größte Sofa oder der ausladendste Sessel steht am besten an einer festen Wand, die im Idealfall der Zimmertür gegenüberliegt. Die kleineren Sitzgelegenheiten kann man auch vor dem Fenster plazieren, vorausgesetzt, die Aussicht ist nicht häßlich. Andernfalls sollten vorgezogene Vorhänge den Ausblick verbergen.

Sind mehr als zwei Türen zu einem Zimmer vorhanden, sollten einige davon geschlossen bleiben. Im zumeist nahe dem Hauseingang gelegenen Wohnzimmer können durch die Türen Energieströme wild durcheinandergeraten, woraus sich das persönliche Geschick ebenso konfus entwickelt. Dieses Problem läßt sich mit Hilfe von Vorhängen und Wandschirmen lösen.

Übersteigt das Zahlenverhältnis zwischen Fenstern und Türen im Wohnzimmer 3:1, sollte man die überzähligen Fenster hinter Vorhängen oder Jalousien verbergen. Ist der Raum dagegen fensterlos, ist es ratsam das Vorhandensein von Fenstern vorzutäuschen. Jeder Raum ohne Fenster ist unvollständig. Dabei gilt die folgende Position der Fenster im Raum als die günstigste: Sie sollten sich in derjenigen Wand befinden, die in einem Winkel von 90° zur Wand mit der Zimmertür steht. Dagegen gilt eine Fensterreihe genau gegenüber der Zimmertür als ungünstig, da

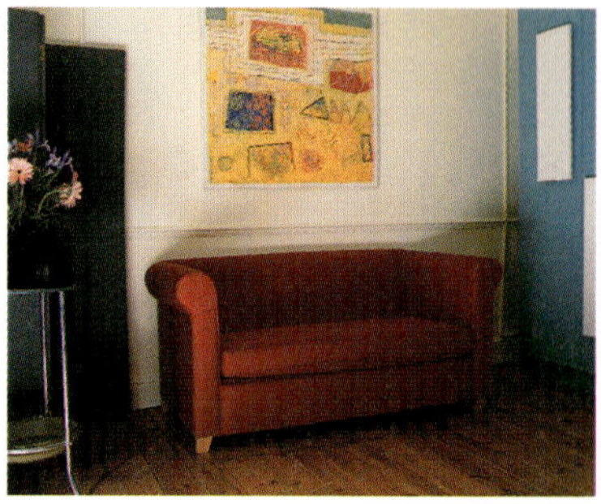

das vom Eingang hereinströmende Chi sogleich wieder aus dem Zimmer austritt.

Ein Wohnzimmerbereich, der aus zwei separaten Räumen wie beispielsweise einem Vorraum oder einem Anbau in Form eines Wintergartens besteht, gilt als günstig. Innenräume mit Tiefe signalisieren anhaltendes, Generationen überdauerndes Glück.

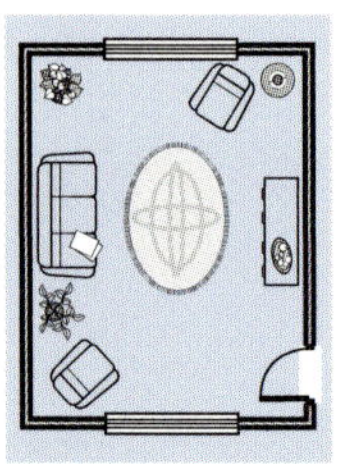

LINKS *An der Wand gegenüber der Tür sollte ein Sofa stehen.*

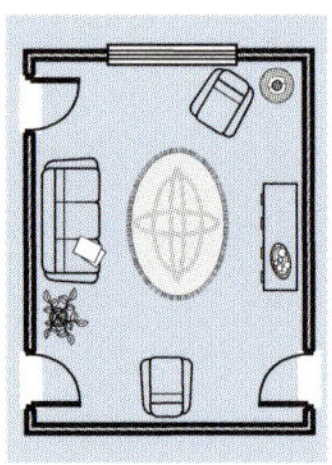

LINKS *Zu viele Türen resultieren in unharmonischem Chi-Fluß.*

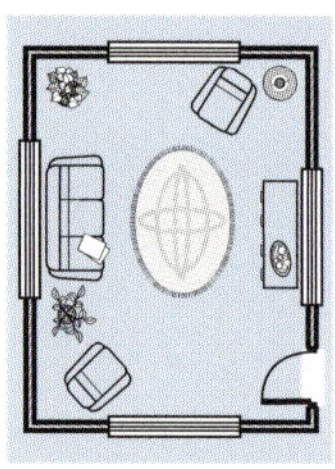

LINKS *Durch zu viele Fenster im Raum entweicht kostbares Chi.*

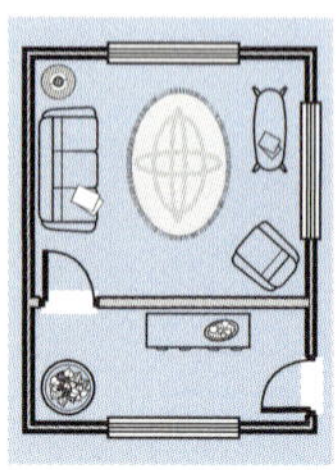

LINKS *Ein Wohnzimmer mit mehreren Einheiten bringt Glück.*

UNGÜNSTIGE ANORDNUNG DER MÖBEL IM WOHNZIMMER

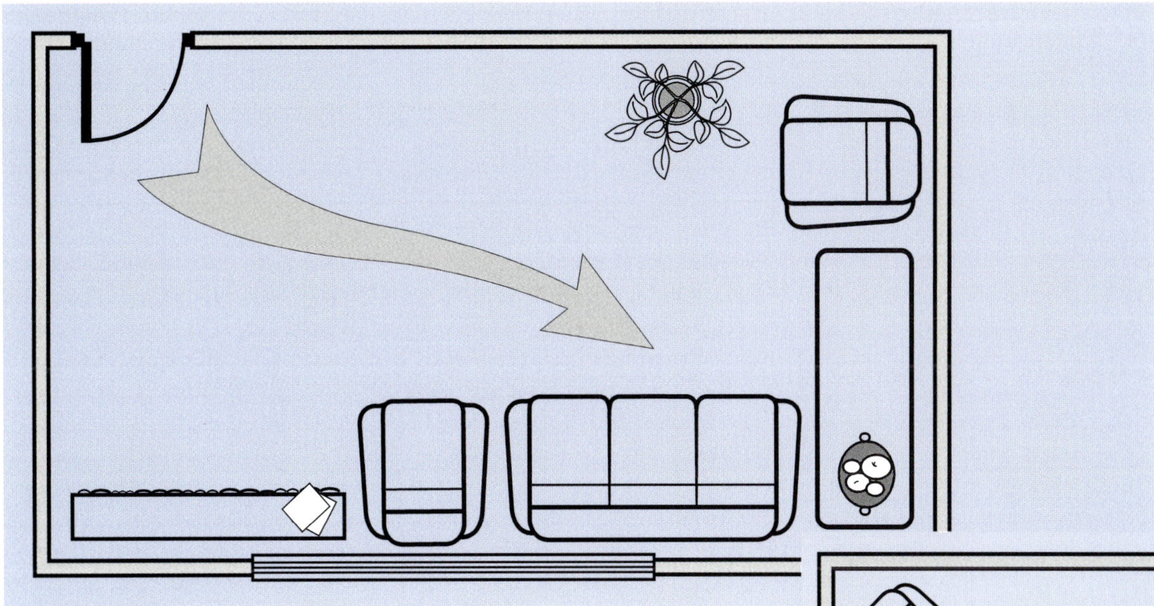

LINKS *Eine in L-Form gestaltete Sofaecke erinnert an die Form eines spitzen Pfeiles und verströmt Disharmonie.*

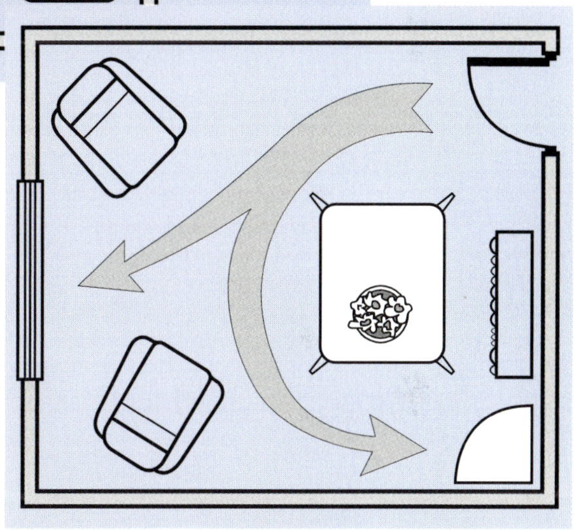

UNTEN *Eine unüberlegte Aufstellung des Mobiliars schafft keine stabile Basis, um glückbringende Energien anzuziehen.*

Es ist nicht ratsam, Sofas oder Sitzgruppen in L-Form zu arrangieren. Erstens erinnert diese Anordnung an die Form eines Pfeils, und zweitens ist die L-Form generell abzulehnen, da sie unvollständig und unregelmäßig ist.

Ebenfalls ungünstig sind unzusammenhängende Arrangements ohne Mittelpunkt. Verstreute Möbel signalisieren verstreute Energien. Außerdem fehlt hier die positive Kraftausstrahlung. Um zu verhindern, daß auch das Chi ziellos und unregelmäßig im Raum fließt, sollte man bei der Plazierung der Möbel stets einem geordneten Muster folgen.

Für frei im Raum stehende Möbel gilt dasselbe wie für eine ungeordnete Aufstellung. Wenn Möbel im Wohnzimmer »schweben«, d. h. wenn sie nicht an Wänden stehen, wird das Geschick der Familie ebenfalls instabil sein. Freundschaften und Verbindungen sind dann unbeständig, und Freunde werden sich als unzuverlässig erweisen.

Wird das Wohnzimmer mit zu vielen Möbeln vollgestellt, behindert man das Fließen des Chi. Die Energie kann sich nicht frei entfalten und vermehren, sondern stagniert ebenso wie das Familienglück.

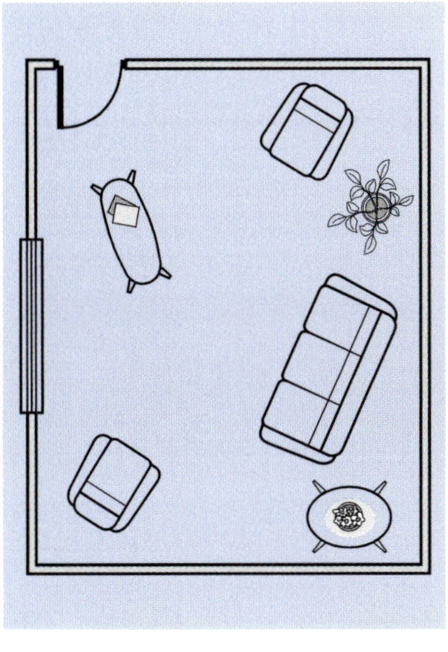

LINKS *Eine zufällige Anordnung der Möbel ohne ein Zentrum beeinflußt den Chi-Fluß negativ – das Umstellen beschert positive Einflüsse und Glück.*

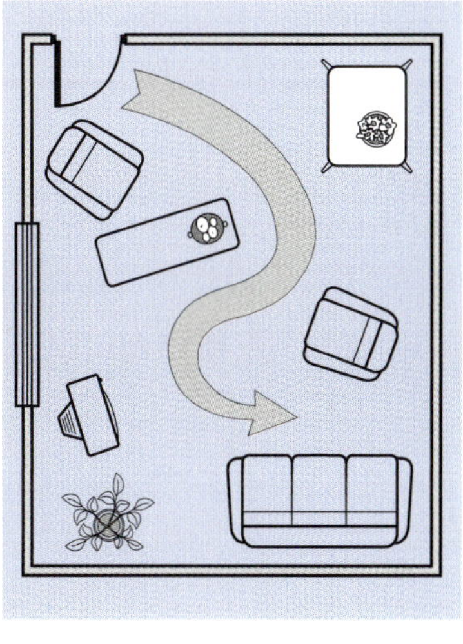

LINKS *Die Fließrichtung des positiven Chi wird hier durch unaufmerksame Plazierung von Möbelstücken behindert.*

SIEHE AUCH
❖ Raumgestaltung S. 151

Kapitel Zwölf: Feng Shui für das Wohnzimmer

DER EINSATZ VON SPIEGELN BEI DER WOHNUNGSEINRICHTUNG

Durch den Einsatz von Spiegeln läßt sich das Feng Shui im Wohnzimmer stark verbessern. Das ist besonders dann der Fall, wenn die Spiegel durch gekonnte Plazierung eine schöne Umgebung in die Innenräume hineinreflektieren. Dadurch entsteht, besonders wenn man einen Ausblick auf Wasser hat, positives Chi. Auch um besonders günstige Wandflächen oder Raumbereiche optisch zu vergrößern, kann man Spiegel einsetzen. Hier sind vor allem große Wandspiegel als Blickfang wirksam.

Spiegel sind besonders günstig im Eßzimmer, da sich durch sie die aufgetragenen Mahlzeiten gewissermaßen »verdoppeln«. Man sollte nicht vergessen, daß Nahrung stets Überfluß symbolisiert und deshalb den Reichtum fördert. Das Essen auf dem Tisch zu verdoppeln bedeutet demnach, sein Lebensglück zu verdoppeln.

Hier sind einige nützliche Hinweise, wie man Spiegel bei der Wohnungseinrichtung einsetzen kann:

- Wandspiegel sollten so hoch sein, daß sich die größte Person des Haushaltes darin vollständig sehen kann. Im Spiegelbild abgeschnitte Füße oder Köpfe bringen großes Unglück.
- Großflächige Spiegel sind einem aus einzelnen reflektierenden Fliesen zusammengesetzten Spiegel vorzuziehen. Sind die Fliesen zu kleinflächig, können sie symbolisch das menschliche Spiegelbild zerschneiden oder verzerren. Sind die Kacheln jedoch großflächig genug, daß diese Probleme nicht entstehen, so sind sie nicht nur akzeptabel, sondern gelten sogar als ausgesprochen günstig.
- Besondere Beachtung sollte man der Stärke und Qualität des Spiegelglases schenken. Minderwertige Spiegel, die blinde Flecken aufweisen und eine Verzerrung des Spiegelbildes bewirken, sind ungünstig, da sie ein Ungleichgewicht schaffen. Solche Spiegel sollten unbedingt sofort ausgewechselt werden.
- Ein Spiegel sollte nie direkt gegenüber der Haustür plaziert werden, da er so die positiven Kräfte zur Tür hinausreflektiert. Am schlimmsten ist es, wenn ein großer Spiegel direkt gegenüber der Eingangstür hängt und die Tür reflektiert. Als Folge hiervon kann der Haushaltsvorstand erkranken, vor allem an einem Leber- oder Nierenleiden. Ein solcher Spiegel wirkt sich darüber hinaus negativ auf das gesamte Familienleben aus.
- Ein Wandspiegel sollte nie genau gegenüber der Toilette hängen, da dies alle negativen Einflüsse verdoppelt.
- Spiegel sollten keine nach oben oder unten führenden, langen Treppen reflektieren. Dies beschleunigt das Fließen des Chi und verwandelt es in einen negativen Energiefluß.
- In einem goldenen Rahmen gefaßte Spiegel dagegen sind sehr positiv für einen Raum, der dem Element Metall zugeordnet ist, da dies eine günstige Verbindung von Gold und Wasser symbolisiert. Metall erzeugt im Entstehungszyklus Wasser, und Wasser symbolisiert Gold. Spiegel gelten auch als Symbol für Wasser.
- Ein Spiegel sollte niemals gegenüber der Küchentür aufgehängt werden. Besonders eine Reflexion des Küchenherdes sollte man vermeiden. Generell ist von Spiegeln im Küchenbereich abzuraten. Während sie im Eßzimmer das Essen widerspiegeln, reflektieren Spiegel in der Küche nicht das gekochte Essen, sondern das Feuer im Herd. Gespiegeltes Feuer gehört zu den Gefahrenzeichen des Feng Shui.
- Im Wohnzimmer sollte man beachten, daß die Spiegel keine Balken oder Säulen reflektieren, da sonst negative Energien verdoppelt werden.

RECHTS *Eine üppige Mahlzeit symbolisiert Reichtum. Ein Spiegel im Eßzimmer kann diesen Eindruck noch verdoppeln.*

DEKORATIONEN ZUR UNTERSTÜTZUNG

Unabhängig vom Hauptelement des Wohnzimmers, das sich in der Gestaltung niederschlagen sollte, gibt es einige Dekorationsvorschläge, die generell gutes Feng Shui im Wohnzimmer bewirken. Im folgenden werden vier Möglichkeiten vorgestellt. Das Kapitel über symbolisches Feng Shui *(S. 80–99)* enthält weitere Ideen für eine Stärkung des Feng Shui durch dekorative Elemente.

Besonders wirkungsvoll ist das Modell eines Segelschiffs, das mit unechtem Gold beladen ist. In China werden speziell zu diesem Zweck künstliche Goldmünzen hergestellt. Der Schiffstyp ist dabei von großer Bedeutung, da beispielsweise ein Kriegsschiff mit Kanonen dem gewünschten Einfluß entgegenwirken könnte. Die Segelschiffe, die traditionell die Reichtümer der Händler mit sich brachten, eignen sich am besten. Das Schiffsmodell sollte in die Raummitte und nicht nach außen zeigen, da ein mit Gold beladenes Schiff, das fortsegelt, den Reichtum mit sich nimmt. Am wirksamsten ist ein hölzernes Schiff mit großen Segeln, die den Wind einfangen. Das Schiff sollte man auf einen niedrigen Beistelltisch, nie aber auf ein hohes Regal stellen.

Sehr effektiv ist eine große, prächtige und wertvolle Vase. Am besten eignet sich eine weithalsige Vase aus Kristall, Keramik oder Metall, in die man drei mit rotem Faden zusammengebundene Münzen stecken sollte. Danach wird die Vase mit sieben verschiedenen Arten von Halbedelsteinen gefüllt. Die Größe der Steine kann man dem persönlichen Geschmack entsprechend wählen. Die besten und schönsten sind geschliffene Steine aus Südafrika. Zur Auswahl stehen Amethyst, Quarze, Topas, Tigerauge, Malachit, Koralle, Lapislazuli, Sodalit, Cornelian, Jade und viele mehr. Die Vase sollte zur Hälfte damit gefüllt werden. Darauf kommt etwas Erde aus dem Garten eines wohlhabenden Menschen. Schließlich die Vase bis zum Rand mit den Halbedelsteinen auffüllen und in einen Schrank stellen. Dies symbolisiert den heimlichen Reichtum und wirkt sich sehr positiv auf alle Geldangelegenheiten aus.

Eine dritte Möglichkeit, das Wohnzimmer wirkungsvoll auszustatten, ist das Aufstellen einer dreibeinigen Kröte in der Nähe des Hauseinganges. Ich rate dazu, die Kröte niedrig zu plazieren, etwa auf der Zwischenplatte eines Tisches. Außerdem sollte die Kröte indirekt gegenüber der Haustür aufgestellt werden. Andere Quellen empfehlen, sie tagsüber direkt zur Tür gewendet hinzustellen, sie nachts jedoch umzukehren, so daß sie dann in Richtung des Hausinneren schaut. Diese unterschiedlichen Versionen brauchen jedoch niemanden zu verunsichern. Aus eigener Erfahrung weiß ich, daß die dreibeinige Kröte sehr glücksbringend ist. Solche Kröten sind in vielen unterschiedllichen Ausführungen erhältlich: Sie werden aus Halbedelsteinen, Kupfer, Messing oder Zinn hergestellt.

Ebenso empfehlenswert für das Wohnzimmer ist ein kleines Aquarium in der dem Element Wasser zugeordneten Ecke des Raumes. In dem runden Glas oder Aquarium sollten acht rote und ein schwarzer Goldfisch gehalten werden. Wasserpflanzen dienen als natürliche Filter, und die Fische müssen regelmäßig und eigenhändig gefüttert werden. Dieses Arrangement im Wohnzimmer ist sehr effektvoll, denn es symbolisiert nicht nur finanzielles Wohlergehen, sondern erzeugt auch Yang-Energie. Das tägliche Füttern der Fische wirkt sich zudem positiv auf das persönliche Karma aus. Wichtig ist, das Aquarium stets sauber zu halten.

LINKS *Stellt man im Wohnzimmer ein Modell eines Segelschiffes auf, das mit imitierten Goldstücken beladen ist, fördert man Reichtum. Das Schiff sollte zur Raummitte zeigen, sonst kann der Reichtum »fortsegeln«.*

OBEN *Die heute vielerorts erhältliche dreibeinige Kröte hat – richtig plaziert – eine sehr positive Wirkung auf Geldangelegenheiten.*

LINKS *Goldfische sind ein hervorragendes Mittel zur Förderung des finanziellen Erfolgs. Besonderes Glück bringen genau neun Fische, darunter ein schwarzes Exemplar.*

Kapitel zwölf: Feng Shui für das Wohnzimmer

DAS ENTSCHÄRFEN VON GIFTPFEILEN

OBEN *Das Umranken einer freistehenden Säule mit einer Kletterpflanze ist eine dekorative und höchst wirksame Methode, um Giftpfeile zu entschärfen.*

UNTEN *Das Geräusch eines Windspiels beruhigt und entschärft Giftpfeile, vor allem in östlichen oder südöstlichen Wohnbereichen.*

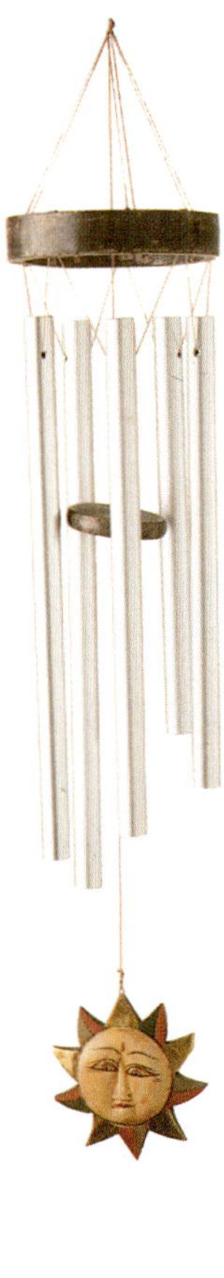

Im Wohnzimmer gilt es, zwei Hauptarten von Giftpfeilen unschädlich zu machen. Zum einen handelt es sich um scharfe Kanten von freistehenden Säulen oder Raumecken, zum anderen um die Kanten freiliegender Deckenbalken. Will man im Wohnzimmer positive Energien erzeugen, müssen diese schädlichen Einflüsse bekämpft werden.

Die beste Möglichkeit, scharfe, gefährliche Kanten von freistehenden Säulen und vorstehenden Ecken im Wohnzimmer zu entschärfen, ist, eine hohe und sehr dichte Grünpflanze vor der betreffenden scharfen Kante aufzustellen. Auch Kletterpflanzen sind sehr effektiv. Sie sollten jedoch daran denken, daß lebende Pflanzen diese Giftpfeile nicht lange aushalten werden; auch sie werden durch die scharfen Ecken verletzt und müssen deshalb regelmäßig alle drei oder vier Monate ersetzt werden. Wenn man das vermeiden will, kann man eine aus Seide hergestellte Pflanze verwenden. Ich habe allerdings die Erfahrung gemacht, daß ich selbst diese einmal im Jahr auswechseln muß, da auch sie mit der Zeit ihre Effektivität verliert.

Das Anbringen von Spiegeln um eine Säule herum kann ebenfalls freistehende eckige Säulen entschärfen, indem sie diese optisch verschwinden lassen. Hierbei besteht jedoch die Gefahr, daß man sie übersieht und dagegenläuft. Trotz der Spiegel sollte neben der scharfen Kante der Säule eine kleine Pflanze stehen.

Ein Windspiel mit fünf hohlen Klangkörpern oder hängenden Feng-Shui-Glocken sendet – an einer scharfen Kante positioniert – positive Energie aus, die das negative Chi der scharfen Kanten entschärft. Diese Methode ist besonders erfolgreich, wenn sich die Kanten im Osten oder Südosten des Wohnzimmers befinden. Bei freistehenden Säulen ist ihre Wirksamkeit jedoch begrenzt. Windspiele bereichern westliche und nordwestliche Wohnbereiche mit vielen positiven Einflüssen, sind in diesen Sektoren allerdings als Gegenmaßnahmen gegen gefährliches Chi nicht effektiv. Windspiele mit sechs oder sieben Klangkörpern haben eine maximale Wirkung in den dem Element Metall zugeordneten Richtungen.

Das Problem von freiliegenden Deckenbalken ist schwieriger in den Griff zu bekommen. Die beste und einfachste Methode ist es, unter ihnen keinerlei Sitzmöbel aufzustellen. Falls dies nicht möglich ist, können die Kanten gerundet oder Windspiele mit fünf Klangkörpern aufgehängt werden.

Auch eine Zwischendecke kann zum Kaschieren der Balken dienen. Eine künstliche Decke ist das beste, solange die Decke dabei nicht zu niedrig gerät. Im Idealfall sollte die Decke mindestens 2,75 m hoch sein, da ansonsten die Gefahr besteht, daß das Chi eingeengt wird.

Eine weitere Methode, Deckenbalken unsichtbar zu machen, besteht darin, sie mit Stoff zu drapieren oder Plastikblumen an ihnen anzubringen. Die zuletzt genannte Methode funktioniert zwar, sie ist jedoch nicht jedermanns Sache.

WOHNEBENEN UND FUSSBODENGESTALTUNG

Das Wohnzimmer sollte generell tiefer liegen als die anderen Zimmer des Hauses, vor allem als die Schlafzimmer. Auch sollte es sich tiefer oder zumindest auf gleicher Höhe mit dem Eßbereich befinden. Im Wohnzimmer werden die Gäste empfangen; es ist der Ort des geselligen Beisammenseins. Da der Eßbereich die symbolische Reisschüssel der Familie ist, würde es Unglück bringen, wenn er tiefer als das Wohnzimmer läge.

Unterschiedliche Wohnlevel und halbe Ebenen sind mit Hinsicht auf ein gutes Feng Shui nicht unbedingt empfehlenswert. Auch wenn sie vom Gesichtspunkt der Architektur her ästhetisch ansprechend sein mögen, so lassen sie das Chi unregelmäßig fließen. Die hieraus resultierenden negativen Energien können im Extremfall für die Familie juristische oder geschäftliche Probleme mit sich bringen.

Falls das Haus mit derartigen halben Raumebenen entworfen wurde, so kann man durch clevere Innenraumgestaltung dieser Bereiche die Ebenen einander optisch angleichen und somit das Feng Shui verbessern. Zudem ist es sehr empfehlenswert, die höher gelegenen Ebenen auf jeden Fall dem Eßbereich und die tieferen dem geselligen Zusammensein zuzuordnen.

DAS ESSZIMMER

Man sagt, es sei sehr günstig, wenn sich das Eßzimmer im Zentrumsbereich oder tief im Inneren des Hauses befindet. Kleine Häuser, die nur eine Tiefe von zwei Zimmern aufweisen, sind weniger günstig als Häuser mit einer großen Tiefe – gemeint ist damit eine Tiefe von drei oder mehr Zimmern. Wenn es drei Zimmer gibt, sollte sich das Eßzimmer in der Mitte befinden; sind vier Zimmer vorhanden, sollte es in der inneren Hälfte des Hauses liegen. Das Feng Shui des Eßzimmers muß jederzeit günstig sein, denn es bedeutet, daß stets genug zu essen im Haus ist.

Sehr positiv wirken sich hierbei Abbildungen von üppigen Obstplatten oder reich gedeckten Tischen aus. Auch ein großer dekorativer Spiegel, der das Essen auf dem Eßtisch reflektiert, sorgt zusätzlich für ein gutes Feng Shui.

Das Eßzimmer ist zudem für das Aufstellen der drei Götter Fuk, Luk und Sau geeignet. Bei einigen Familien findet sich hier auch der dicke, lachende Buddha, der eine große Tasche bei sich trägt, in der er die Sorgen der Familie verstaut.

Der lachende Buddha ist bei chinesischen Geschäftsmännern beliebt, vor allem bei Besitzern oder Pächtern von Restaurants. Der dicke Bauch des Buddhas steht als Symbol für Überfluß. In der Tat gelten für die Chinesen Männer und Frauen mittleren Alters als »wohlhabend«, wenn sie einen kleinen Bauch oder einen Spitzbauch haben. Es heißt, daß dies den Überfluß von gutem, glückbringendem Chi in ihrem Körper reflektiert.

Die Tätigkeit des Essens selbst sowie die Abbildung von Nahrungsmitteln symbolisieren Reichtum und Wohlergehen. Ein mit nur wenigen Nahrungsmitteln gedeckter Tisch gilt als unglückbringend. Aus diesem Grund ist ein guter chinesischer Tisch stets reich gedeckt, der Kühlschrank immer gut gefüllt und die Reisurne der Familie zu keiner Zeit leer.

LINKS *Der lachende Buddha bringt Glück in einen Haushalt. Sein dicker Bauch symbolisiert großen Reichtum.*

Der Eßtisch

Die günstigste Form für einen Eßtisch ist rund, da dies das Element Erde symbolisiert. Doch auch quadratische und rechteckige Tische können günstige Wirkungen ausstrahlen. Die Zahl der Plätze, die normalerweise um einen Eßtisch herum angeordnet sind – sechs, acht und zehn –, sind allesamt Glückszahlen. Beträgt die Anzahl an Sitzplätzen nur vier, dann sollte sie auf sechs erhöht werden; ein Tisch für zehn ist wiederum besser als einer für zwölf.

Auf einem runden Tisch bringt besonders die sogenannte »Faule Susanne« viel Glück. Diese drehbare Platte im Zentrum des Tisches ist leicht erhöht und dient dem Abstellen von Speisen. Sie gilt als extrem günstig, wenn sie mit Glücksymbolen bemalt ist. Meine eigene »Faule Susanne« zeigt zwei Karpfen: das äußerst glückbringende, doppelte Fischsymbol. Es gibt zahlreiche Glückssymbole, die mit Speisen in Verbindung stehen und sich positiv auf das Essen auswirken. Auch ein rechteckiger Eßtisch kann mit einer ebenfalls rechteckigen, erhöhten Ablagefläche versehen werden, die gleichwohl mit Glückssymbolen bemalt ist. Im Unterschied zu einer runden ist diese eckige Platte jedoch nicht drehbar.

Eßzimmer und vor allem Eßtische sollten sich nie im Stockwerk direkt unter einer Toilette befinden. Auch ein schwerer Flügel oder ein großer Schrank würde auf den Tisch drücken, was Unglück mit sich brächte. In diesem Fall sollten die Möbel neu arrangiert werden. Wer in einem möblierten Zimmer wohnt, hat es schwerer, die Position des Eßtisches zu variieren. Dennoch sollte man versuchen, das beste aus der Situation zu machen.

UNTEN *Hier die »Faule Susanne« der Autorin. Das Bild zeigt die zwei in Glas geätzten Karpfen als doppeltes Glückssymbol.*

Ungünstig ist auch eine an das Eßzimmer angrenzende Toilette. Falls diese Situation vorliegt, sollte die Toilettentür auf jeden Fall stets geschlossen gehalten werden. Ein außen an der Toilettentür angebrachter Spiegel läßt sie symbolisch verschwinden.

SIEHE AUCH
❖ Der Einsatz von Spiegeln in Räumen *S. 178*

KÜCHE, BADEZIMMER UND ABSTELLRÄUME

Seit jeher liegt im Küchenbereich das Hauptaugenmerk des Feng Shui auf der Position des Herdes. Der Richtung, in die die Herdöffnung weist, wurde früher großer Einfluß auf das Glück aller Bewohner des Hauses zugesprochen. Bei den modernen Küchen mit ihren zumeist unter Putz liegenden Leitungen ist es problematischer geworden, die Richtung festzulegen, aus der ein Herd seine Hauptenergie bezieht. Den alten Schriften zufolge geht es hierbei darum, aus welcher Himmelsrichtung die das Essen beeinflussende Energie dem Herd zugeleitet wird. Die Hitze, die vom Herd ausstrahlt, kann das Glück der Wohnbereiche, die sie erreicht, stark beeinflussen. Sie hat die Kraft, sowohl negative als auch positive Energien zu neutralisieren. Es ist deshalb von Vorteil, wenn sich die Küche in einem Bereich der Wohnung befindet, in dem negative Energien vorherrschen. Das gleiche gilt für die Toilette und die Abstellräume, die ebenfalls negative Kräfte abschwächen können. Es ist deshalb von großer Bedeutung, die Gefahren, aber auch die nutzbringenden Möglichkeiten dieser Räume zu kennen.

LINKS *Auch wenn der Küche, der Toilette und der Abstellkammer häufig eine nur sekundäre Bedeutung zugewiesen wird, sollte auf gutes Feng Shui in diesen Räumen geachtet werden.*

Kapitel Dreizehn: Küche, Badezimmer und Abstellräume

Gestaltung und Einrichtung der Küche

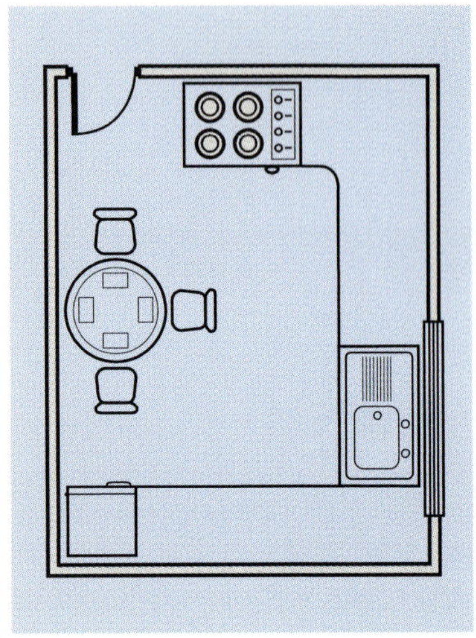

OBEN *Bei der Küchenplanung ist darauf zu achten, Kühlschrank, Spüle und Herd so zu verteilen, daß die Yin- und Yang-Energien in Einklang stehen.*

Den Regeln des Feng Shui zufolge ist die Küche der am besten geeignete Raum, um negative Energien zu neutralisieren. Sie sollte deshalb in dem Bereich des Hauses liegen, der am ehesten Unglück und schlechte Einflüsse verheißt, entweder während spezieller Perioden oder basierend auf den persönlichen Glücksrichtungen.

Die Kompaßregel besagt, daß bestimmte Bereiche der Wohnung auf einzelne Bewohner eine negative Wirkung ausüben können. Abhängig von Geburtsdatum und Geschlecht lassen sich anhand der Acht-Häuser-Formel und der Kua-Zahl diese Bereiche genau bestimmen. Wenn die Küche sich in einem dieser Bereiche befindet, so wirkt sie diesem negativen Einfluß entgegen und kann den Raum sogar in ein positives Umfeld verwandeln.

Sollte sich die Küche in dem Wohnungsbereich befinden, der die tödlichen fünf Gelb im Feng Shui des Fliegenden Sterns repräsentiert, kann sie sogar diese negative Ausstrahlung schwächen. Im Jahr 1999 waren die fünf Gelb dem Süden zugeordnet.

UNTEN *Wegen der starken Kräfte des Elementes Feuer sorgt ein Herd oder ein Kamin an einem ungünstigen Ort der Wohnung für positive Einflüsse.*

Ihre Macht, unglückliche Einflüsse zu entkräften, bezieht die Küche aus dem starken Element Feuer, das wiederum dem Herd entspringt. Es ist wichtig, dieses Element stets unter Kontrolle zu halten. Es sollte deshalb beispielsweise niemals durch einen Spiegel verstärkt werden. Dies könnte gefährliche Folgen nach sich ziehen und zu schweren Unfällen im Leben der Bewohner führen. Der Herd stellt hinsichtlich des Feng-Shui-Prinzips einen der wichtigsten Einrichtungsgegenstände überhaupt dar. Ist er richtig plaziert, kann er der Familie viel Glück und Wohlergehen bescheren.

Die Energie des Herdes sollte aus der persönlichen Glücksrichtung des Familienoberhauptes kommen. Die günstigen und ungünstigen Richtungen basieren auf der Kua-Formel. Die auf dem Herd zubereitete Nahrung wird dadurch ebenfalls mit positiven Energien angereichert. Früher war es dabei allein von Bedeutung, in welche Richtung die Herdöffnung zeigte. Die heute oftmals unter Putz verborgenen Gas- oder Elektroleitungen erschweren es jedoch, die Herkunftsrichtung der Energie eindeutig zu bestimmen. Die Chinesen und andere asiatische Völker benutzen daher einen Reiskocher, um ihre persönliche Glücksrichtung zu aktivieren.

In Küchen mit gutem Feng Shui wird der Position des Herdes oder des Reiskochers besondere Beachtung geschenkt. Der Herd sollte niemals direkt neben oder gegenüber dem Kühlschrank oder dem Spülbecken stehen, da die Elemente Wasser und Feuer entsprechend dem Grundsatz »Wasser löscht Feuer« inkompatibel sind. Ein Tisch zwischen dem Herd und der Spüle hilft, die Konfrontation der beiden feindlichen Elemente zu mildern.

Weitere Grundsätze für die Anlage der Küche sind:

- Die Küche sollte der Hintertür näher liegen als der Eingangstür.
- Die Küche sollte sich niemals im Zentrum der Wohnung befinden.
- Die Küche und vor allem der Herd sollten nicht in nordwestlicher Himmelsrichtung liegen. Diese Position wird als »Feuer am Himmelstor« bezeichnet und als äußerst ungünstig angesehen. Sie bringt negative Einflüsse für das Haus und dessen Bewohner mit sich. Eine im Nordwesten gelegene Küche kann zu beruflichem oder finanziellem Niedergang der Familie führen. Das Umstellen des Herdes kann jedoch eine Verbesserung der Situation herbeiführen. Es sollte stets für ein gutes Feng Shui gesorgt werden, was vor allem dem Vater und somit der ganzen Familie ein positives Geschick garantiert.
- Der Herd sollte niemals direkt auf eine Toilette ausgerichtet sein, was das Essen und somit das Familienglück negativ beeinflußt. Eine der Küche gegenüberliegende Badezimmertür sollte deshalb stets geschlossen gehalten oder rot angestrichen werden.

FENG SHUI FÜR DIE KÜCHE

Die Küche vereint zwei gegensätzliche Feng-Shui-Aspekte: Einerseits verkörpert sie als der Ort, an dem das Essen zubereitet wird, das Wohlergehen der Familie. Andererseits wird dem Herd wegen des täglichen Gebrauchs des Feuers nachgesagt, er schwäche die positiven Energien des Bereiches, in dem er sich befindet. Nimmt die Küche einen Ort ein, der als unglückbringend für Sie gilt, so wir die Positionierung demnach als günstig angesehen und umgekehrt. Darüber hinaus ist bei der Küchenplanung Rücksicht auf die konträren Elemente Feuer und Wasser zu nehmen, die unbedingt in Balance zueinander stehen müssen. Das Element Feuer wird in der Küche durch den Herd, das Element Wasser durch die Spüle und den Kühlschrank verkörpert.

Ungünstige Küchenarrangements

Feng-Shui-Experten empfehlen, den Herd niemals direkt gegenüber der Tür aufzustellen, damit die Wärme des Elementes Feuer nicht verlorengeht.

Günstige Küchenarrangements

Die Küche sollte geräumig und ausreichend ausgeleuchtet sein. Auf der nebenstehenden Abbildung ist eine freie Lücke zwischen der Spüle und dem Herd zu erkennen. Dies ist von Vorteil, da die Spüle Yin-Energie bzw. das Element Wasser verkörpert und deshalb nicht zu nahe beim Herd stehen sollte (Mindestabstand 60 cm). Falls die Küche für einen solchen Abstand nicht groß genug ist, sollte zumindest eine Lücke gelassen werden.

Die Ausrichtung des Herdes

Einer der Hauptpunkte in den alten Schriften über Feng-Shui-Richtungen – die Acht-Häuser-Formel – hat die Position des Herdes zum Inhalt, an dem das Essen der Familie zubereitet wird und die deshalb eine zentrale Rolle für das Wohlergehen und das Glück der Familie spielt. Der »Mund« des Herdes sollte demgemäß in die Glücksrichtung des Vaters oder des Ernährers weisen. Die Richtung entspricht dabei der Energiequelle, durch die das Essen zubereitet wird. Sie muß aus einer günstigen Richtung kommen. Den »Mund« des Ofens dabei zu bestimmen, stellt eine gewisse Herausforderung dar. Man kann hierfür die Elektro- oder Gaszuleitung heranziehen. In China orientiert man sich häufig einfach an der Position des Reiskochers, da mit diesem das Hauptgrundnahrungsmittel zubereitet wird.

Bei der Positionierung des Herdes ist des weiteren darauf zu achten, daß die Schaltknöpfe nicht in Richtung Haustür weisen, da dies ein »Wegfließen« der Nahrung aus dem Haus symbolisieren würde. Nach oben zeigende Schaltknöpfe sind hingegen unproblematisch.

OBEN *Die Küche sollte geräumig und gut beleuchtet sein und eine freundliche Atmosphäre ausstrahlen. Zwischen dem Herd (Element Feuer) und der Spüle bzw. dem Kühlschrank (Element Wasser) sollte ein Abstand von etwa 60 cm liegen.*

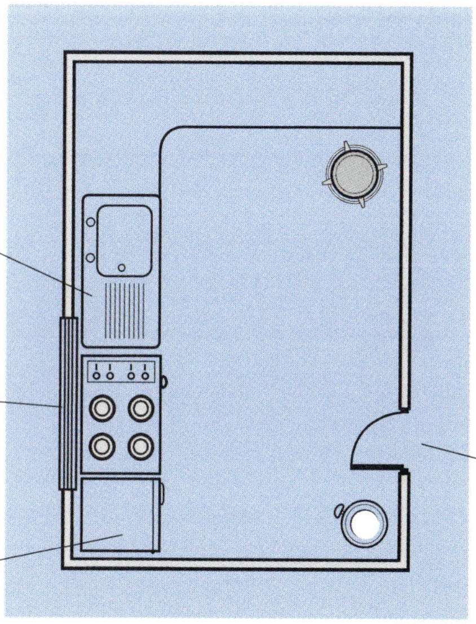

LINKS *Diese Kücheneinteilung ist als äußerst negativ zu beurteilen, da das Yin- bzw. Wasser-Element des Kühlschranks und der Spüle die Yang-Energie des Herdes neutralisiert.*

GRUNDREGELN FÜR DIE POSITION DES HERDES

Der Herd sollte nicht

- in Richtung der Eingangstür ausgerichtet sein,
- in Richtung Toilettentür zeigen,
- in Richtung Schlafzimmertür weisen,
- im Zentrum der Wohnung aufgestellt sein,
- direkt unter einem sichtbaren Deckenbalken stehen,
- unter einem Treppenaufgang stehen,
- direkt unter einer sich im Stockwerk darüber befindenden Toilette aufgestellt sein.

Die Zimmerdecke sollte eine ebene Oberfläche ohne sichtbare Balken darstellen und weder sehr hoch noch sehr niedrig sein. Mit Hilfe der Feng-Shui-Meßlatte läßt sich die ideale Höhe von 3 bis 3,5 m bestimmen. Extrem niedrige Decken erdrücken das Chi, während sich in Räumen mit sehr hohen Decken das Chi verflüchtigt.

RECHTS *Das offene Regal sowie die auf das Bett ausgerichtete, scharfkantige Deckennische verströmen negative Energien in Richtung der Schlafstätte.*

Ein sichtbarer Deckenbalken über dem Bett läßt sich mit Hilfe einer Zwischendecke oder einer über die gesamte Bettbreite verlaufenden Stoffbahn – ähnlich wie bei einem Himmelbett – kaschieren.

LINKS *Sichtbare Deckenbalken senden Giftpfeile auf das Bett hinab, was durch ein unter dem Balken gespanntes Tuch verhindert werden kann.*

Bei einer Dachschräge (siehe Zeichnung) sollte das Bett unter dem höchstmöglichen Bereich der Schrägung stehen. Wenn möglich, kann die Schrägung durch eine Zwischendecke ausgeglichen werden.

RECHTS *Schlafen oder Arbeiten unter einer Wandschräge ist nicht empfehlenswert. Deshalb sollten das Bett bzw. der Schreibtisch an der höchsten Stelle unter der Schräge stehen.*

DAS BADEZIMMER

In früheren Zeiten gab es in China in vielen Häusern keine Toiletten oder Waschgelegenheiten. Einem reichen Mandarin oder hohen Gerichtsbeamten wurde die »Toilette« bei Bedarf ins Haus gebracht und wieder entfernt, so daß die Exkremente niemals im Haus verblieben. In ärmeren Häusern befand sich die Toilette in einigem Abstand zum Wohngebäude. Neben den hygienischen Gründen hierfür wurde die Toilette stets als unglückbringend angesehen.

Badezimmer und Toilette spielen in modernen Wohnungen eine immer wichtigere Rolle. Gemäß den Feng-Shui-Regeln bringt die Toilette jedoch negative Einflüsse. Je luxuriöser Badezimmer und Toilette ausgestattet sind, desto größer ist die Gefahr, daß es den Bewohnern Unglück bringt.

Allgemein erzeugen Toiletten schlechte Schwingungen in jeder Ecke oder in jedem Sektor des Hauses.

- In nördlicher Richtung gelegen, können sie sich negativ auf die Karriere auswirken und zu Streitigkeiten mit Vorgesetzten und Kollegen führen. Dem läßt sich entgegenwirken, indem man einen großen Stein oder eine siebenstöckige Pagode in den Raum stellt. Die Toilettentür sollte man stets schließen und von Dekor in dominanten Farben wie Blau oder Schwarz absehen.

OBEN *Ein großer Stein im Badezimmer schützt die Karriere vor negativen Einflüssen.*

- Nach Süden ausgerichtet, fördert das Badezimmer üble Nachrede bezüglich der Familie. Eine mit Wasser gefüllte Urne und gedämpftes Licht schwächen diese negativen Einflüsse.

LINKS *Vor böser Nachrede schützt eine mit Wasser gefüllte Urne.*

- Ein östlich gelegenes Badezimmer bringt Probleme bezüglich der Söhne der Familie. Für kinderlose Paare vermindert es die Wahrscheinlichkeit, einen Sohn zu empfangen. Falls es bereits Söhne gibt, werden sie zu Aufsässigkeit tendieren und den Eltern viele Schwierigkeiten bereiten. Ein Windspiel mit fünf Klangkörpern hilft, diese negativen Einflüsse zu mildern. Pflanzen hingegen verschärfen die Situation.
- Ein Badezimmer im Westen sorgt für Probleme mit den Kindern der Familie und mit der Gesundheit. Eine leuchtend rot gestrichene Tür ist wirksam gegen diese negativen Kräfte. In diesem Raum sollte kein Windspiel aufgehängt und die Wände sollten nicht weiß gestrichen werden.

OBEN *Ein Windspiel hilft gegen schlechte Schwingungen im Osten und Südosten.*

- In südwestlicher Richtung gelegen, wirkt sich das Badezimmer negativ auf Heiratsaussichten und eheliche Harmonie aus. Die Ehefrau wird unter einem gleichgültigen Mann, Erschöpfungszuständen und einer schwachen Gesundheit leiden. Blumen oder Grünpflanzen wirken sich positiv aus, während auf Kristalle oder Keramikgefäße verzichtet werden sollte.
- Badezimmer im Nordosten können einen schlechten Einfluß auf die schulischen Leistungen der Kinder haben. Diese negative Auswirkung läßt sich mit einer Grünpflanze mildern.

RECHTS *Eine Pflanze hilft, die negativen Auswirkungen nordöstlich gelegener Badezimmer auszugleichen.*

- Finanzielle Verluste und geringe Einkommensgewinne können auf ein im Südosten gelegenes Badezimmer zurückzuführen sein. Dagegen hilft ein Windspiel mit fünf Klangkörpern oder ein an der Wand aufgehängter, geschwungener Dolch.
- Ein nordwestlich ausgerichtetes Badezimmer beeinträchtigt die Stellung des Vaters innerhalb der Familie und damit das Familienglück. Gegen diese negativen Einflüsse hilft das Installieren eines hellen Lichtstrahlers.
- Ein über dem Hauseingang gelegenes Badezimmer bringt Unglück über die Bewohner. Vom Erwerb eines Hauses mit dieser Konstellation sollte man absehen, da sie schwer zu korrigieren ist. Ein helles Licht vor der Tür sorgt temporär für eine Verringerung der negativen Einflüsse.
- Auch ein Badezimmer, dessen Tür der Eingangstür, dem Herd, dem Eßplatz oder einem Bett gegenüberliegt, bringt Unglück.

Da Badezimmer viele Probleme mit sich bringen, sollten sie so klein wie möglich gehalten werden, so daß sie nie einen ganzen Himmelsrichtungsbereich in der Wohnung einnehmen. Wie die Toilette die glückbringende Kraft einer Ecke zerstören kann, so kann sie auch die negative Energie einer anderen neutralisieren. Ich persönlich halte die ungünstige Wirkung möglichst gering, indem ich Badezimmer und Toiletten von geringer Größe bevorzuge. Auch bemühe ich mich, einen direkten Einblick von der Eingangstür aus zu verhindern.

OBEN *Blumen und Pflanzen helfen, wenn sie in südwestlich gelegenen Badezimmern plaziert werden.*

OBEN *Eine Lampe verringert den negativen Einfluß eines nordwestlich gelegenen Badezimmers.*

OBEN *Gegen finanzielle Einbußen durch die negative Wirkung eines südöstlich gelegenen Badezimmers hilft ein geschwungener Dolch.*

OBEN *Eine Badezimmertür im Westen sollte rot gestrichen sein, um Unglück zu vermeiden.*

KAPITEL DREIZEHN: KÜCHE, BADEZIMMER UND ABSTELLRÄUME

ABSTELLRAUM, TREPPENHAUS UND GARAGE

RECHTS *Ein günstiger Ort für einen Abstellraum ist unter der Treppe; hier neutralisiert er nicht nur negative Einflüsse, sondern wirkt auch nicht störend auf darüberliegende Räume.*

Der Abstellraum sollte in Wohnbereichen mit negativen Energien liegen, da er unglückliche Einflüsse mildern kann. Sehr günstig ist die Lage unter der Treppe und neben dem Badezimmer oder der Toilette.

Als ungünstig gilt seine Lage direkt unter dem Schlafzimmer, da die Bewohner des Raumes in diesem Fall über Geräten mit negativer Ausstrahlung wie Besen oder Mop schlafen.

Für Garagen gelten die gleichen Regeln wie für Abstellräume. Auch sie befindet sich besser nicht unter dem Schlafzimmer, da dieses nicht über einem unbewohnten Raum liegen soll.

Freistehende Garagen oder Abstellräume werden bei der Anwendung des Lo-Shu-Quadrats zur Findung der Kompaßrichtungen nicht als Teil des Hauses gezählt. Ihre Auswirkungen auf das Haus sind vielmehr abhängig von der Lage und Ausrichtung der Hauseingangstür. So hat eine freistehende Garage im Osten oder Südosten des Grundstücks eine positive Wirkung auf ein Haus, dessen Eingangstür im Süden liegt. Im Westen oder Nordwesten gelegen, wirkt sie günstig auf die Eingangsrichtung Norden, während eine Garage im Süd- oder Nordwesten glücklichen Einfluß auf Eingangsbereiche im Westen oder Nordwesten ausübt. Von im Süden liegenden profitieren nach Südwesten oder Nordosten ausgerichtete Hauseingänge, eine nördliche Lage wirkt sich positiv auf Eingänge im Osten oder Südosten aus.

OBEN *Haussektoren unter Beachtung von Garage und Abstellräumen mit dem Lo-Shu-Quadrat ermitteln.*

Treppen im Hausinneren sorgen für den Weitertransport des Chi von einem Stockwerk in das nächste. Gerade und steile Treppen führen zu einem übermäßig schnellen Chi-Fluß und haben eine unglückliche Wirkung. Weitaus günstiger ist eine Treppe, die geschwungen verläuft oder ihre Verlaufsrichtung auf den verschiedenen Ebenen ändert.

Am positivsten wirken breite, elegant geschwungene Treppenläufe, da sie das Chi in einer weichen Kurve mit sich tragen. Die Treppenstufen sollten nicht offen sein, damit sich das Chi auf dem Weg in höhere Stockwerke, in denen häufig die wichtigen Schlafräume gelegen sind, nicht verliert. Offene Stufen symbolisieren darüber hinaus, daß das Geld der Familie sich schnell verflüchtigt.

Enge Treppen sind weniger glückbringend als breite, man kann sie jedoch mit Hilfe von Spiegeln und Bildern so beeinflussen, daß sie das Chi

OBEN *Negatives Chi einer engen Treppe wird durch einen Absatz gemildert.*

frei fließen lassen. Ein Treppenabsatz, der um die Ecke führt, gleicht die Enge einer Treppe aus. Lange, steile, enge Treppen sollten vermieden werden.

UNTEN *Eine Wendeltreppe ist ungünstig, da sie sich wie ein Korkenzieher in das Herz der Wohnung bohrt.*

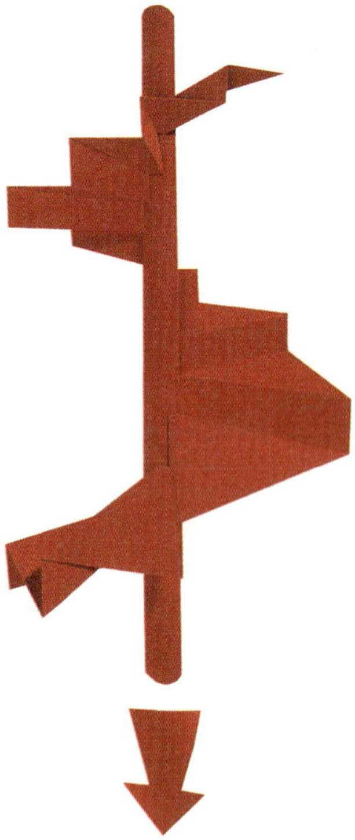

Generell sollten Treppenaufgänge gut ausgeleuchtet, solide gebaut und mit einem festen und sicheren Geländer versehen sein.

Wendeltreppen sind als ungünstig zu bewerten, da sie aufgrund ihrer Spiralform ähnlich einem Korkenzieher das Zentrum der Wohnung zu durchbohren scheinen. Ein roter Teppichbelag auf den Treppenstufen bringt großes Unglück.

Treppenanfang und -ende sollten nicht direkt gegenüber einer Tür liegen, da dies den Chi-Fluß übermäßig beschleunigt. Am schädlichsten sind die Auswirkungen, wenn die Eingangstür einer Wohnung auf eine Treppe gerichtet ist, die nach oben und nach unten führt. In diesem Fall sollte die Position der Tür verändert werden, da anderenfalls das Feng Shui der Tür sehr negativ belastet wird.

FRAGEN UND ANTWORTEN

Frage: Was ist wichtiger: das Feng Shui zu Hause oder am Arbeitsplatz?

Antwort: Auch wenn Ihre Arbeit einen hohen Stellenwert für Sie hat und gleichgültig wie viele Stunden des Tages Sie zu Hause verbringen, Ihr persönliches Feng-Shui-Glück hängt in hohem Maße von der Qualität des Chi in Ihrem privaten Wohnbereich ab. Sogar wenn die Kinder nicht zu Hause wohnen (zum Beispiel in der Zeit eines Internataufenthalts), spielt ein gutes Feng Shui in deren Zimmern eine große Rolle für ihr Wohlergehen. Es lohnt sich also auf jeden Fall, etwas Zeit in die Gestaltung der Wohnung zu investieren, damit sie für jedes Familienmitglied optimal nach den Feng-Shui-Regeln eingerichtet ist.

Frage: Sollten wir die Ausrichtung der Schlafzimmer auf der Basis der Acht-Häuser-Formel bestimmen oder aufgrund der um das Bagua herum angeordneten Trigramme?

Antwort: Da dieses Buch unterschiedliche Feng-Shui-Formeln berücksichtigt, die sich in ihren Inhalten teilweise überschneiden, teilweise sogar widersprechen können, werden Sie gezwungen sein, selbst zwischen verschiedenen Orten und Ausrichtungen zu wählen. Wenn Ihnen eine Entscheidung schwerfallen sollte, wählen Sie die am einfachsten zu realisierende oder diejenige, die am wirksamsten gegen Giftpfeile wirkt. In der praktischen Umsetzung von Feng Shui wird man häufig vor Alternativen gestellt und muß lernen, eigene Entscheidungen zu treffen.

Frage: Falls ich feststelle, daß die Eingangstür zu meinem Haus eine problematische Lage hat, ich sie aber nicht verändern kann, was empfehlen Sie mir zu tun?

Antwort: Wenn irgend möglich, wählen Sie eine andere Tür als Eingang zu Ihrem Haus. Möglicherweise sind dabei einige Unbequemlichkeiten nicht zu vermeiden, so daß Sie z. B. um das Haus herumgehen müssen, da die Tür an der Rückseite des Hauses liegt oder aber von ihrer Optik nicht so gut als Haustür geeignet ist. Dennoch sollten Sie einen solchen Kompromiß eingehen, wenn er es Ihnen erlaubt, das Haus auf Ihrer persönlichen Glücksseite zu betreten oder gefährlichen Giftpfeilen auszuweichen. Die alte Eingangstür sollten Sie verschließen und nicht weiter nutzen.

Frage: Welche Rolle spielen Farben bei der Einrichtung einer Wohnung nach den Feng-Shui-Regeln?

Antwort: Farben sind nicht von übermäßiger Bedeutung, aber sie können – mit den entsprechend zugeordneten Elementen des jeweiligen Wohnbereichs richtig kombiniert – den Energiefluß positiv unterstützen. Wichtiger ist es jedoch zu wissen, welche Farben wo zu vermeiden sind. So sollten ein leuchtendes Rot im Westen und Nordwesten, Schwarz und Blau im Süden, Weiß und metallische Töne im Osten und Südosten sowie Grün im Südwesten und Nordosten vermieden werden. Andererseits gibt es auch besonders günstige Farbkombinationen: Grün paßt gut zu Blau, Schwarz zu Weiß und zu Grün, Rot zu Gelb und Weiß zu Blau.

Frage: Was ist beim Aufstellen von Möbelstücken zu beachten?

Antwort: Die Inneneinrichtung spielt beim Feng Shui mit Rücksicht auf das freie Fließen des Chi eine untergeordnete Rolle gegenüber der Lage und dem Grundriß von Räumen. Dennoch kann die Position der Möbel den Chi-Fluß unterstützen und somit die Harmonie innerhalb des Hauses erhöhen. Es ist jedoch stets daran zu denken, daß das Feng Shui des Gartens und der Umgebung des Hauses positiv sein muß, da ein gutes Feng Shui im Hausinneren schlechtes Feng Shui im Außenbereich nicht ausgleichen kann.

Frage: Wie schädlich ist Unordnung im Haus für ein gutes Feng Shui?

Antwort: Es ist erstaunlich, wie hartnäckig sich der Fehlglaube hält, Ordnung sei für gutes Feng Shui eine Grundvoraussetzung. Ich habe tadellos aufgeräumte Häuser mit absolut negativem Feng Shui ebenso gesehen wie relativ unordentliche mit einem hervorragenden Feng Shui. Es ist sicherlich vorteilhaft, einmal im Jahr einen gründlichen Frühjahrsputz zu machen, um auf diese Weise alte, verbrauchte Energien zu entfernen und das neue Jahr voller Frische zu begrüßen. Sollten Sie jedoch jemand sein, der sein Haus stets makellos sauber hält, so ist dies mit Bezug auf Feng Shui von nachrangiger Bedeutung.

Frage: Wie kann ich die Feng-Shui-Grundlagen in meinem sehr engen und vollgestellten Studioappartement verwirklichen?

Antwort: Machen Sie von der Kua-Formel Gebrauch und folgen Sie den Empfehlungen der Acht-Häuser-Formel. Als Folge davon wird sich Ihre finanzielle Situation positiv entwickeln, so daß Sie in eine geräumigere Wohnung umziehen können. Beachten Sie vor allem Ihre Schlafrichtung, die Position Ihrer Sitzgelegenheiten und die Lage Ihrer Eingangstür.

木火土金水

TEIL VIER

PERSÖNLICHES FENG SHUI UND FENG SHUI FÜR DIE FAMILIE

KAPITEL VIERZEHN

FENG SHUI FÜR DIE FAMILIE

Feng Shui hat nicht vor allem Reichtum, Erfolg oder ein langes Leben zum Ziel, sondern ein allumfassendes Glück für die Familie. So kann es die Harmonie unter Geschwistern sowie zwischen den Familienmitgliedern der unterschiedlichen Generationen fördern. Feng Shui wirkt sich jedoch auch positiv auf das Leben derjenigen Personen aus, die zwar nicht zum Familienkreis gehören, aber im gleichen Haus leben wie die Familie. Entsprechend der chinesischen Tradition konzentrieren sich die Einflüsse des Feng Shui beim Patriarchen auf die Aspekte der finanziellen Absicherung und das materielle Wohlergehen der Familie, während das Matriarchat schwerpunktmäßig für die Aufrechterhaltung von Glück und Harmonie unter den einzelnen Familienmitgliedern verantwortlich ist.

Auch den Kindern sind eigene Feng-Shui-Aspekte zugeordnet, wobei jedoch stets das Schicksal der gesamten Familie im Mittelpunkt steht. Nach traditioneller chinesischer Sicht nehmen die Söhne eine wichtige Stellung innerhalb der Familie ein. In früheren Zeiten galten Familien mit möglichst vielen Söhnen als vom Schicksal besonders begünstigt, während das Fehlen männlicher Nachkommen als Unglück angesehen wurde. Falls die erste Frau ihm keine Söhne gebar, nahm sich der Mann häufig eine Zweitfrau oder Konkubine, wobei jedoch die erste Frau ihre vorrangige Position im Haushalt bewahrte. Obwohl sich die Zeiten heute wesentlich geändert haben, kann ein gutes Feng Shui heute wie damals Glück für alle Generationen der Familie bringen.

LINKS *Das Wissen um die Feng-Shui-Prinzipien wird von Generation zu Generation weitergegeben und bringt positive Einflüsse für jedes Familienmitglied.*

KAPITEL VIERZEHN: FENG SHUI FÜR DIE FAMILIE

DIE DEM VATER ZUGEORDNETE HIMMELSRICHTUNG: Nordwesten

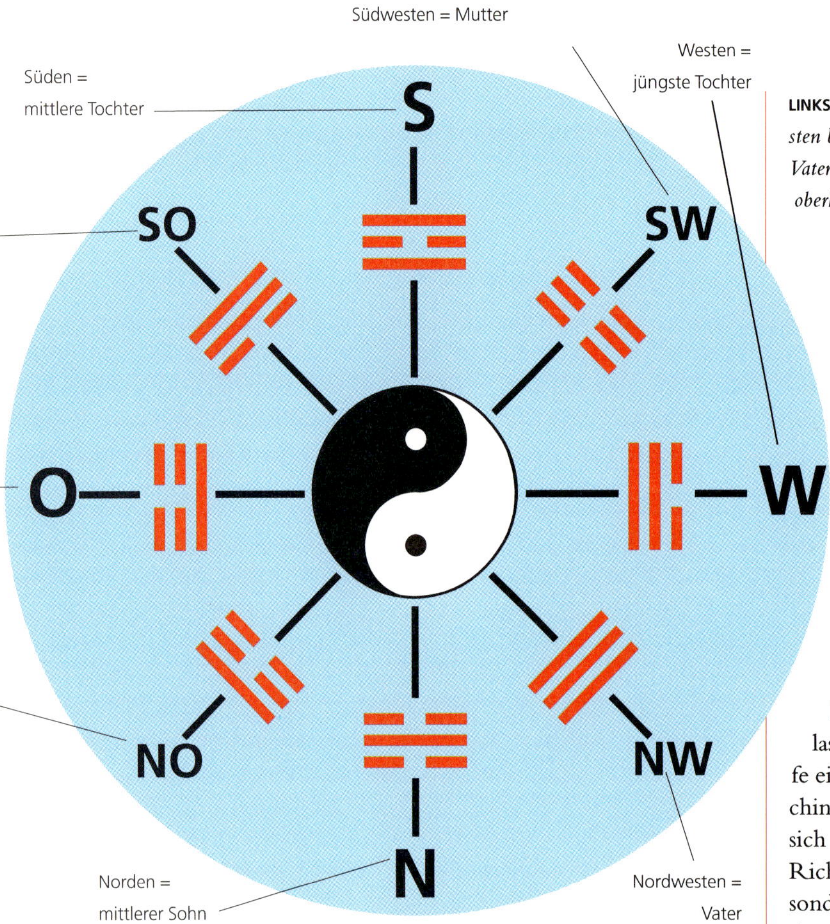

LINKS *Der Nordwesten bringt dem Vater oder Familienoberhaupt überaus positive Einflüsse, was sich auf das Glück der ganzen Familie auswirkt.*

OBEN *Fehlt der nordwestliche Sektor, kann er mit Hilfe eines Spiegels simuliert werden.*

OBEN *Die Ausrichtung der Schlafzimmertür des Vaters sollte auf seine Gruppenzuordnung abgestimmt sein.*

Die Feng-Shui-Prinzipien orientieren sich in ihrer Ordnung stark an der Familienstruktur. So repräsentieren die acht Seiten des Bagua-Symbols die einzelnen Familienmitglieder: Vater, Mutter, drei Söhne und drei Töchter. Jedem Familienmitglied ist eine eigene Himmelsrichtung zugeordnet. Dies gibt erste grundlegende Hinweise auf die Bereiche innerhalb der Wohnung, die für jedes einzelne Familienmitglied die günstigsten darstellen. Feng-Shui-Meister werden ergänzend zu dieser Grundlage die unterschiedlichen Bereiche daraufhin prüfen, ob sie durch räumliche Gegebenheiten negativ beeinflußt sind und ob sie in Einklang mit dem Geburtsdatum bzw. der Acht-Häuser-Formel stehen. Darüber hinaus ist es empfehlenswert, eine auf der Formel des Fliegenden Sterns basierende, numerologische Analyse durchzuführen sowie schädliche und sogenannte »tödliche« Sterne während bestimmter Kalendertage, Monate oder Jahre zu berücksichtigen. Die intensive Feng-Shui-Analyse eines Hauses wird somit zu einer äußerst komplexen Angelegenheit. Wenn Sie das Feng Shui Ihres Hauses untersuchen lassen, sollten die genannten Kriterien berücksichtigt werden. Für eine eingehende Analyse bedarf es eines erfahrenen Feng-Shui-Meisters.

Als Einstieg in die Umsetzung der Feng-Shui-Prinzipien kann der Anfänger sich jedoch gut an den durch das Bagua ausgewiesenen Sektoren orientieren. Die einfachen Grundlagen des Feng Shui sind ebenso wirksam wie dessen komplexere Formen. Anhand der hier abgebildeten Zeichnung können die den einzelnen Familienmitgliedern zugeordneten Bereiche gezielt analysiert werden. Sie gibt einen Überblick über die Zuordnung der Richtungssektoren zu den einzelnen Familienmitgliedern auf dem Hintergrund des Bagua. Die korrekten Himmelsrichtungen lassen sich am genauesten mit Hilfe eines Kompasses bestimmen. Im chinesischen Feng Shui orientieren sich also die Sektoren nicht an der Richtung der jeweiligen Eingangstür, sondern an den Kompaßrichtungen, die – unabhängig vom jeweiligen Standort – immer gleich sind.

Die dem Vater der Familie zugehörige Himmelsrichtung ist durch das Yang-Trigramm Chien symbolisiert, das für die Begriffe Himmel, Anführer und Kreativität steht. Das Trigramm Chien besteht aus drei durchgezogenen, geraden Linien und ist dem Nordwesten des Hauses zugeordnet. Dieser Sektor, dem das männliche Prinzip angehört, und der deshalb Bedeutung für das ganze Haus besitzt, ist von der »nach-himmlischen Reihenfolge« hergeleitet. Die klassischen Texte weisen darauf hin, daß die Anordnung der Trigramme in der »vor-himmlischen Reihenfolge« hingegen nicht für das Feng Shui von Wohnstätten der Lebenden herangezogen werden sollte, sondern nur für Yin-Wohnorte wie etwa Begräbnisstätten.

Nach Feng-Shui-Kriterien wirkt es sich sehr positiv auf den Vater der Familie aus, wenn der nordwestliche Bereich der Wohnung korrekt energetisiert wird. Da dieser häufig für den Lebensunterhalt zu sorgen hat, profitiert die ganze Familie von seinem Erfolg. Aus diesem Grunde wird der Stärkung des nordwestlichen Bereichs traditionellerweise eine große Bedeutung zugewiesen. Folgende Punkte sollten in diesem Zusammenhang beachtet werden:

- Der nordwestliche Sektor sollte in der Wohnung nicht fehlen, da sich dies negativ auf den Erfolg des Vaters auswirken würde. Als Lösung für dieses Problem bietet sich entweder ein Anbau oder das Anbringen eines Spiegels an, der den fehlenden Bereich als visuelle Illusion ergänzt. Die gespiegelte Wand läßt sich hierbei ebenso energetisieren wie ein tatsächlich existierender Bereich. Diese Methode bietet sich jedoch nur für den Wohn- oder Eßbereich an, da Spiegel im Schlafzimmer – vor allem große Wandspiegel – extrem schädlich sind.
- Weder die Küche, der Herd noch die Toilette sollten sich im Nordwesten des Hauses befinden. Das würde sich äußerst negativ auf das Lebensglück des Ehemannes oder Vaters auswirken. Das einzige Heilmittel ist in diesem Fall, Toiletten im Nordwesten nicht mehr zu benutzen und den Herd aus dieser Richtung zu entfernen. Falls eine Verlegung der Küche nicht möglich ist, sollte man sie zumindest gut Ausleuchten, da auf diese Weise die negative Wirkung verringert wird.
- Ein Schlafzimmer im Nordwesten bringt günstige Einflüsse für den Vater mit sich, besonders wenn er gemäß der Acht-Häuser-Kua-Formel der westlichen Richtungsgruppe angehört. Ist er der östlichen Gruppe zugeordnet, sollte die Schlafzimmertür in eine der östlichen Gruppe zugehörigen Himmelsrichtungen (Norden, Süden, Osten oder Südosten) zeigen. Für den Schlafplatz bringt die durch das Chien-Trigramm ausgewiesene Richtung dem Vater viel günstige Yang-Energie. Diese gilt üblicherweise als Quelle des Glücks, außer zu dem Zeitpunkt, an dem die Formel des Fliegenden Sterns gerade den Nordwesten beeinträchtigt. Derartige Beeinträchtigungen sind jedoch meist nur von kurzer Dauer.
- Die Energetisierung des nordwestlichen Bereichs mit positiven Energien eignet sich hervorragend, um dem Vater oder Familienoberhaupt unmittelbar Nutzen zu bringen. Es stehen hierfür mehrere Möglichkeiten zur Auswahl; es reicht jedoch aus, eine davon anzuwenden. Meist genügt ein Symbol oder Objekt, das gutes Chi erzeugt, um den ganzen Sektor erfolgreich zu energetisieren. Dieses Prinzip gilt für alle Richtungen. Das dem Nordwesten zugehörige Element ist Großes Metall. Ziel ist es, das Element des betreffenden Bereiches zu stärken. Dies geschieht durch entsprechende Symbole für das Große-Erde-Element, wie z. B. die Abbildung eines Berges oder einen Globus. Große Erde bringt Großes Metall hervor. Edelmetalle wie Gold und Silber entstammen dem Erdboden. Befindet sich ein »Berg« im Nordwesten, verleiht dies dem Haus Schutz und Unterstützung. Wie bereits im *I-Ging* geschrieben steht, symbolisiert der Berg darüber hinaus großen Reichtum, der sich in Form von Edelmetallen und -steinen manifestiert. Demzufolge wirkt er in diesem Sektor als ein hervorragender Glücksbringer. Der Globus symbolisiert das ganze Universum und ist ebenfalls ein mächtiges Symbol für das Erd-Element.
- Wenn Sie den nordwestlichen Sektor lieber durch Metall aktivieren möchten, können Sie beispielsweise ein metallenes Windspiel anbringen. Es sollte keinerlei Dekorationselemente, etwa in Form eines Delphins oder eines Vogels, enthalten, jedoch sechs hohle Klangkörper besitzen. Die Zahl Sechs gehört zur nordwestlichen Richtung und ist gleichzeitig eine Glückszahl, so daß sich ein solches Windspiel hervorragend für den Nordwesten eignet. Sie können auch eine große Klangschale im Nordwesten aufstellen. Die Investition in ein sehr großes Exemplar wird sich bestimmt lohnen. Sie wird mit einem hölzernen Klöppel zum »Singen« gebracht und beschert dem Familienvater ebenfalls ganz vorzügliche Einflüsse.
- Der Nordwesten sollte niemals durch das Feuer-Element aktiviert werden. Deshalb sollten sich dort nicht zu viele Lichtquellen befinden. Auch dürfen Räume im Nordwesten nicht rot gestrichen sein. Setzen Sie hier lieber Weiß oder Erdtöne ein. Auch im Nordwesten aufgestelltes Wasser ist ungünstig, wenn diese Himmelsrichtung nicht gerade unter dem negativen Einfluß »Fliegender Sterne« steht. Wasser wirkt erschöpfend auf diesen Bereich und verringert somit dessen positive Kräfte für Sie. Bei einer negativen Konstellation in diesem Sektor kann Wasser zwar neutralisierend auf die schlechte Energie wirken, generell gilt jedoch die Regel, daß die Elemente Wasser oder Feuer im Nordwesten besser vermieden werden.
- Stellen Sie einen ausladenden, gemütlichen Sessel in den Nordwesten. Dies symbolisiert Erfolg, Einfluß, Macht und Autorität des Hausherrn. Plazieren Sie einige chinesische Münzen oder eine dreibeinige Kröte in dieser Ecke. Nutzen Sie alle Methoden, um das Reichtumsglück dieses Bereiches zu aktivieren. Je mehr Sie die positiven Energien des Nordwestens fördern, desto günstiger wirkt sich dies auf den Hausherrn aus.

Auch wenn die Kua-Formel den Nordwesten nicht als die günstige Richtung für den Vater ausweist, so wird eine Aktivierung dieses Bereiches ihm glückbringende Einflüsse zutragen. Allerdings sollte sich weder sein Schlafzimmer in diesem Sektor befinden noch sollte sein Arbeitsbereich im Nordwesten den Hauses liegen.

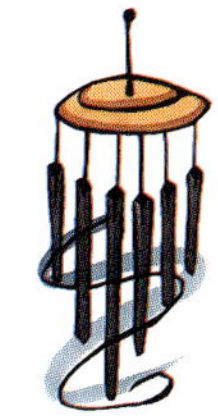

OBEN *Metall ist das Element des Nordostens – ein Windspiel aus Metall energetisiert diese Richtung.*

OBEN *Erde stärkt Metall – die Kraft des Metall-Elements wird deshalb durch ein symbolisches Erd-Objekt erhöht.*

OBEN *Ein ausladender Sessel im Nordwesten symbolisiert Macht, Einfluß und Erfolg.*

OBEN *Die Beleuchtung im Nordwesten sollte nicht zu hell sein, damit die Yang-Energie nicht zu stark wird.*

KAPITEL VIERZEHN: FENG SHUI FÜR DIE FAMILIE

DIE DER MUTTER ZUGEORDNETE HIMMELSRICHTUNG: Südwesten

RECHTS *Ein Badezimmer im Südwesten kann sich problematisch für die Mutter auswirken. Günstig wirken hier Bambusrohre mit einem roten Band oder Faden. Sie wehren das negative Chi ab.*

Gutes Feng Shui ist für die Mutter ebenso wichtig wie für den Vater. Die der Mutter zugeordnete Himmelsrichtung, der Südwesten, ist also mit der gleichen Aufmerksamkeit zu betrachten wie der nordwestliche Sektor des Vaters. Da die Mutter das eigentliche Zentrum der Familie darstellt, ist das Glück der ganzen Familie stark von der Qualität des der Mutter zugeordneten Bereiches abhängig. Das Trigramm Kun steht für das Ansehen der Familie. Der Südwesten betrifft auch die Eltern-Kinder-Beziehung und das Verhältnis der Geschwister untereinander. Für einen guten Familienzusammenhalt ist es daher wichtig, den südwestlichen Bereich des Hauses vor negativen Einflüssen zu schützen. Auf diese Weise wird auch die Beständigkeit der Ehe gestärkt. Die folgenden Punkte sind in diesem Zusammenhang zu beachten:

- Man sollte vermeiden, in einem Haus zu wohnen, das über keinen südwestlichen Sektor verfügt. Wenn Ihr Haus über keinen südwestlichen Bereich verfügt, läßt sich der fehlende Abschnitt mit Hilfe von Spiegeln oder hellen Lampen visuell und symbolisch herstellen. Falls das Grundstück es zuläßt und es Ihre finanziellen Mittel zulassen, ist es um so besser, wenn ein Anbau in dieser Himmelsrichtung erfolgt. Ein fehlender südwestlicher Sektor sollte selbst dann vermieden werden, wenn dieser durch negative Fliegende Sterne beeinträchtigt sein sollte.
- Weiter sollten Sie beachten, daß sich Küche und Badezimmer niemals im südwestlichen Sektor des Hauses befinden sollten. Eine Toilette im Südwesten verursacht Probleme für die Mutter; möglicherweise wird sie sich schwach und energielos fühlen und darunter kann auch die Ehe leiden. Ernsthafte Störungen im Südwestbereich können Eheprobleme bewirken, die vielleicht in Form von außerehelichen Beziehungen Ausdruck finden. Auch sind ernsthafte Erkrankungen der Ehefrau oder Mutter möglich. Die negativen Energien in einer Toilette im Südwesten können durch das Aufstellen großer, hohler Bambusstämme abgeschwächt werden. Diese Kräfte des Bambus werden aktiviert, indem die Stämme mit roten Bändern versehen werden. Eine südwestliche Lage der Küche versorgt diesen Raum mit dem Element Holz, und dies wiederum unterdrückt das Erd-Element.
- Das Schlafzimmer der Mutter sollte sich möglichst im Südwesten befinden. Günstige Auswirkungen hat in diesem Bereich auch die Abbildung eines Berges oder einer Stute, die als Symbol für die Mutterschaft gilt. Der Südwesten gehört zum Element Erde, und Feuer produziert Erde. Eine Energetisierung des Feuer-Elementes eignet sich hervorragend, um diesen Wohnbereich positiv zu beeinflussen. So sollte dieser Sektor feuerrot gestrichen und stets hell ausgeleuchtet sein. Ideal ist hier auch ein Kristalleuchter: Viel Licht im Südwesten bedeutet sehr gutes Feng Shui und damit Glück und Wohlergehen für die Bewohner des Hauses.

OBEN *Ein fehlender südwestlicher Bereich sollte mit Hilfe von Spiegeln optisch vorgetäuscht werden.*

RECHTS *Der Südwesten – ideal für das Schlafzimmer der Mutter – kann mit dem Bild eines Berges energetisiert werden.*

OBEN *Strahlendes Licht und funkelnde Lüster entfachen die Kraft des Feuer-Elementes. Dies verstärkt das Erd-Element des südwestlichen Sektors.*

DIE DEN SÖHNEN ZUGEORDNETE HIMMELSRICHTUNG: Osten

Da der Osten die günstigste Himmelsrichtung für die Söhne der Familie darstellt, sollten sich deren Zimmer im östlichen Wohnungsbereich befinden.

Auch in den Palästen der Verbotenen Stadt waren die jungen Prinzen als zukünftige Thronerben im östlichen Flügel untergebracht, der speziell für sie mit zusätzlichen Energien angereichert wurde. So wurden die Dächer ihrer Wohnhäuser grün gestrichen, um das Holz-Element des Ostens zu verstärken.

Söhne werden in China als »Drachen« der Familie bezeichnet, da sie als die irdische Verkörperung des himmlischen Drachen angesehen werden. Außerdem ist der Drache die himmlische Kreatur des Ostens. Das Anbringen von Drachenfiguren am östlichen Dachfirst oder das Dekorieren des östlichen Wohnungsbereiches mit Drachenbildern soll deshalb den männlichen Nachkommen Glück und Erfolg bringen.

Die negativen Einflüsse einer Toilette im Osten sind gering, und ein Windspiel mit fünf Klangkörpern kann hier jegliches schlechte Chi auflösen. Eine Küche in dieser Richtung bedeutet jedoch ernsthaftes Unglück für die Kinder der Familie (für die Söhne mehr als für die Töchter). Auch dies läßt sich aber durch Aufhängen eines metallenen Windspiels mit fünf Klangkörpern korrigieren.

Selbst wenn der Osten für den Sohn oder die Söhne der Familie aufgrund ihrer persönlichen Kua-Zahl als ungünstige Richtung gilt, sollte er geschützt und gestärkt werden. Man kann das Zimmer des Sohnes auch in den Osten legen. Dann sollte er aber mit dem Kopf nicht in östlicher, sondern in seiner persönlichen Glücksrichtung schlafen. Auf diese Weise wird gleichzeitig der östlichen Richtung und der persönlichen Glücksrichtung nach der Acht-Häuser-Formel Rechnung getragen.

Wenn die Familie zwei oder mehr Söhne hat, sollte der älteste Sohn im Osten und die jüngeren Söhne in den anderen empfohlenen Richtungen schlafen.

UNTEN *Der chinesischen Sage nach sind die Söhne der Familie die Inkarnation des himmlischen Drachen auf der Erde. Ein Drachenmotiv in der östlichen Glücksrichtung bringt den Söhnen daher positive Einflüsse. Besonderes Glück bedeutet es für einen Sohn, im Jahr des Drachen geboren zu sein.*

Norden und Nordosten

Ebenfalls positiv für die Söhne sind der Norden und der Nordosten, da diese Himmelsrichtungen Erde, Wasser und Holz symbolisieren. Diese Elemente stehen für den Zusammenhalt und den Fortbestand der Familie. Ohne Wasser und Erde kann Holz nicht gedeihen. Holz als einziges Element, das lebt und wächst, symbolisiert das Fortbestehen des Familiennamens von Generation zu Generation. Holz ist das Element der Familie schlechthin.

Der jüngste Sohn sollte im Nordosten wohnen: zwischen dem ältesten Bruder im Osten und dem mittleren Bruder im Norden. Den Nordosten energetisieren Objekte wie Kristalle oder Abbildungen von Bergen, die das Element Erde verkörpern. Den Norden können Sie mit einer Schildkröte energetisieren. In einem Schlafzimmer sollte sich niemals Wasser befinden. Liegt im Norden des Hauses jedoch kein Schlafzimmer, hat ein Wasser-Objekt hier überaus positive Einflüsse.

KAPITEL VIERZEHN: FENG SHUI FÜR DIE FAMILIE

DIE DEN TÖCHTERN ZUGEORDNETEN HIMMELSRICHTUNGEN: Süden, Südosten und Westen

UNTEN *Das Wohlergehen der ältesten, mittleren und jüngsten Tochter wird durch die Elemente Holz, Feuer und Metall gefördert.*

Die drei Richtungen für die Töchter der Familie sind Süden, Südosten und Westen. Da dem chinesischen Verständnis nach die älteste Tochter die wichtigste Rolle spielt, sollte dieser der südöstliche, mit dem wertvollen Element Holz verbundene Bereich zugesprochen werden. Der mittleren Tochter ist entsprechend der Süden, der jüngsten Tochter der Westen zugeordnet. Süden und Westen gehören zu den dekorativeren unter den Fünf Elementen. Der Süden ist Feuer, das die Erde mit Yang-Energie stärkt, und der Westen ist Metall oder Gold. Ebenso wie diese Elemente verkörpern die Töchter die Zierde des Hauses.

Den genannten Wohnbereichen zugeordnet, ziehen die Töchter Glück an, das letztendlich auch den Söhnen zugute kommt. Auch das Holz kann ohne Minerale und das kostbare Sonnenlicht nicht blühen und gedeihen.

Den Töchtern bringt das Wohnen in den genannten Himmelsrichtungen Glück und Wohlergehen. Dabei handelt es sich nicht in erster Linie um Reichtum und beruflichen Erfolg, sondern um das Glück, anerkannt, bewundert und geliebt zu werden.

TABUS IM HAUS

Bestimmte Aspekte sollten im Haus beachtet werden, um kein Unglück für die kommenden Generationen heraufzubeschwören. Anhand der Feng-Shui-Regeln lassen sich bezüglich der Gestaltung und Einrichtung des Hauses Fehler vermeiden, die bei Nichtbeachtung negativen Einfluß auf die Kinder haben könnten.

- Unter der Treppe sollte sich niemals ein Wasserobjekt befinden, da dies Unglück über die Söhne und Töchter des Hauses bringt. Bei einer zusätzlichen ungünstigen astrologischen Konstellation könnte ein solches Objekt sogar für einen frühen Tod verantwortlich sein. Auf kunstvolle Wasserfälle und Fischteiche unterhalb von Treppen sollte deshalb unbedingt verzichtet werden.
- Auch unter einem Kinderzimmer gelegen, bringt ein Wasserobjekt negative Einflüsse. Das Kind schläft gewissermaßen auf einem unsicheren Boden, was seine Entwicklung hemmt und zu ernsthaften Erkrankungen führen kann.
- Das Kinderzimmer, vor allem Bett und Schreibtisch, sollten sich nie unter einer Toilette bzw. Wand an Wand mit ihr befinden, da dies die Konzentrationsfähigkeit, Motivation und Lebensenergie ernsthaft beeinträchtigt. Darunter leiden nicht nur die schulischen Leistungen der Kinder, sondern es würde auch zu Verhaltensstörungen der Kinder führen. Um die negativen Energien aufzulösen, sollte der Schreibtisch umgestellt und ein helles Licht in Richtung der Toilette angebracht werden.
- Man sollte niemals über die Schulbücher seiner Kinder steigen, da diese dadurch in ein negatives Kraftfeld geraten. Die Folge könnte eine Verschlechterung der schulischen Leistungen sein. Bücher, die auf diese Weise belastet wurden, können mit Hilfe von Duftaromen und Räucherstäbchen gereinigt werden.

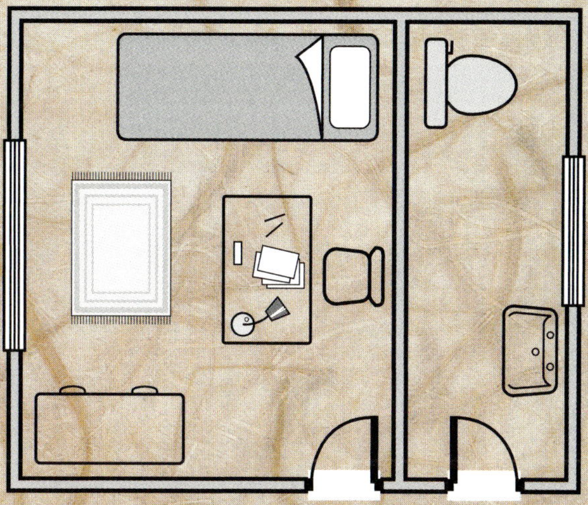

RECHTS *Das Aufstellen des Bettes an einer Wand mit angrenzender Toilette ist im Feng Shui ein striktes Tabu, da dies der Gesundheit der Kinder schaden und der Familie Unglück bringen kann.*

LINKS *Ein Wasser-Objekt unter der Treppe kann negative Einflüsse auf die Söhne und Töchter der Familie haben.*

RECHTS *Es bedeutet Unglück für die schulische Entwicklung der Kinder, wenn man über ihre Schulbücher steigt.*

FENG SHUI FÜR LIEBE UND HEIRAT

In der Sprache des Feng Shui sind Liebe und Heirat gleichbedeutend mit Familienglück, und viele der Feng-Shui-Ratschläge in diesem Bereich überschneiden sich mit denen für die allgemeine Wohnungsgestaltung. Nach dem Feng-Shui-Prinzip sind Liebe und Familie als eine Einheit anzusehen, während frivole Motivationen eine untergeordnete Rolle spielen. Wer sein räumliches Umfeld für ein glückliches Ehe- und Liebesleben einrichten möchte, sollte daher bereit sein, sich ganz auf das Familienleben einzustellen. Feng Shui kann für Menschen, die noch allein leben, eine große Hilfe bei der Suche nach einer glücklichen Verbindung darstellen; es kann jedoch keine Garantie für die lebenslange Dauer oder die Gefühlstiefe einer Partnerschaft geben. Feng Shui hilft vielmehr bei der Herbeiführung einer sogenannten glücklichen Gelegenheit (chinesisch: hei see*), wozu auch die Heirat zählt. Bei einer bereits bestehenden Ehe, die möglicherweise an Innigkeit verloren hat, bietet Feng Shui hilfreiche Anregungen, die sich häufig als äußerst wirksam erweisen.*

Mit Hilfe von Feng Shui lassen sich Einsamkeit und Freudlosigkeit überwinden und der Weg zu einer dauerhaften Zufriedenheit finden.

LINKS *Feng Shui kann zu einem glücklichen und erfüllten Liebesleben verhelfen.*

KAPITEL FÜNFZEHN: FENG SHUI FÜR LIEBE UND HEIRAT

FENG SHUI UND DIE LIEBE

RECHTS *Feng Shui kann natürlich keinen Lebenspartner herbeizaubern, aber es kann bestehende Liebesbeziehungen auf unterschiedliche Weise positiv beeinflussen und die Chance verbessern, eine erfüllende Beziehung zu finden.*

Die Beachtung der Feng-Shui-Prinzipien bringt auch für den Bereich der romantischen Liebe und der Partnerschaft glückliche Einflüsse. Auf diese Weise kann in der Ehe oder Beziehung die ersehnte Erfüllung gefunden werden. In Anerkennung des natürlichen Bedürfnisses nach Liebe bietet Feng Shui Ratschläge, um das Leben mit Zärtlichkeit, einem erfüllten Liebesleben und ehelichem Glück zu bereichern. Auch ein schal gewordenes Eheleben kann auf diese Weise mit neuer Energie belebt werden.

Für die Chinesen ist eheliche Harmonie gleichbedeutend mit allerhöchstem Glück. Ein befriedigendes seelisches und körperliches Liebesleben ist für sie die Grundvoraussetzung für jeglichen Erfolg. Darüber hinaus fördert ein glückliches Liebesleben die Gesundheit und sorgt für ein langes, erfülltes Leben.

In früherer Zeit beschränkten sich die Chinesen nicht auf eine monogame Eheführung. Viele Männer hatten mehrere Ehefrauen. Für ein junges Mädchen war günstiges Liebesglück gleichbedeutend damit, die Hauptfrau eines erfolgreichen Mannes zu sein und somit einem Haushalt mit Konkubinen und Nebenfrauen vorzustehen. Es bedeutete also Glück für eine Frau, die erste Ehefrau zu sein, während es für den Mann erstrebenswert war, mehrere Frauen zu besitzen, die harmonisch zusammenlebten. Übertragen auf unsere heutige Zeit bedeutet dies, daß Feng Shui zu einer guten und somit stabilen Partnerschaft beitragen kann.

Im alten China wurden die beiden Ehepartner durch einen Heiratsvermittler zusammengebracht. Wenn die Feng-Shui-Aspekte der Verbindung stimmten, dann waren eine harmonische Partnerschaft und ein friedliches Zusammenleben der Braut mit den Schwiegereltern und Verwandten zu erwarten. Auf diese Weise war auch gesichert, daß es der Ehefrau und den Kindern gutgehen würde. Eine positive Verbindung erkannte man unter anderem daran, daß viele starke Söhne aus ihr hervorgingen. Auch im heutigen Kontext gilt, daß eine glückliche Ehe ein harmonisches Familienleben nach sich zieht.

Eine Stärkung der romantischen Gefühle mit Hilfe von Feng Shui bedeutet also, das Ehe- und Partnerschaftsglück zu energetisieren. Durch gutes Feng Shui lassen sich Liebe und Verständnis zwischen Ehepartnern deutlich verbessern. Ein Garant für lebenslange Treue kann es natürlich nicht sein. Durch die Stärkung des Zusammengehörigkeitsgefühls der Familie bringt Feng Shui jedoch Harmonie und Frieden in das Zusammenleben.

Das Yin-Yang-Prinzip, das zwei gegensätzliche, sich ergänzende Formen von Energie symbolisiert, hat große Bedeutung für die Praxis des Liebes-Feng-Shui. Yin und Yang stehen dabei für das typisch weibliche und das typisch männliche Prinzip. Wirkliches Glück ist nur dann zu erlangen, wenn Yin und Yang in einem ausgewogenen Verhältnis zueinander stehen. Ein Übermaß an Yin oder Yang hingegen bringt diese Harmonie aus dem Gleichgewicht und führt zu Unglück und Unzufriedenheit.

Ziel ist es daher, die Yin- und Yang-Kräfte, also die männlichen und weiblichen Energien einer Partnerschaft, in ein harmonisches Verhältnis zu bringen. Starker Leidenschaft sollte deshalb die Kühle, der Aggression die Duldsamkeit und der Stärke die Schwäche entgegentreten. Nur so kann Harmonie entstehen. Wo einer bestimmt, sollte der andere folgen: Es kann nicht zwei Bestimmende geben – andernfalls gilt die Partnerschaft als zu Yang-haltig. Treffen hingegen zwei schwache Personen aufeinander, führt dies wiederum zu einer starken Yin-Betonung. Beide Varianten sind unharmonisch und werden deshalb als ungünstig angesehen.

Yin und Yang stehen in einer ständigen Wechselbeziehung zueinander, die wiederum Wandel bewirkt. Gelingt es den Partnern, die Balance der Verbindung zu halten, indem beide abwechselnd Yin- und Yang-Rollen übernehmen, wird die Harmonie gewahrt bleiben, die zu dauerhaftem Glück führt. Um diese Balance zwischen Ehemann und Ehefrau und in jungen Beziehungen geht es im Liebes-Feng-Shui. Jugendlichen, die ins heiratsfähige Alter kommen, verhilft Feng Shui zu einer erfolgreichen Partnerwahl, legt die Grundlagen für ein harmonisches Familienleben und dient auf diese Weise dem Fortbestehen des menschlichen Lebenszyklus.

Gutes Partnerschafts- und Ehe-Feng-Shui entsteht, wenn der gemeinsame Wohnraum vom glückbringenden Hauch des Drachen durchdrungen und gleichzeitig von tödlichen Energien befreit ist, die durch verletzende Strukturen oder Symbole entstehen können.

Eine harmonische Balance zwischen Yin und Yang unterstützt zusammen mit anderen grundlegenden Feng-Shui-Prinzipien die erfolgreiche Überwindung von Beziehungsproblemen, indem sie dem Liebesleben neue Reize verleiht, die Chancen erhöht, einen geeigneten Partner zu finden oder sogar eine schal gewordene Ehe neu belebt.

Es gibt verschiedene Arten, das Liebesglück positiv zu beeinflussen, und man sollte diejenigen wählen, die sich am besten auf das persönliche Wohnumfeld anwenden lassen. Dabei sollte nie vergessen werden, daß im Feng Shui mehr nicht unbedingt besser ist. Deshalb reicht es aus, eine Methode konsequent zu verfolgen, um das eigene Glück zu fördern.

LINKS *Das seit vielen Generationen überlieferte Yin-Yang-Prinzip symbolisiert die harmonische Balance zwischen weiblichen und männlichen Energien.*

KAPITEL FÜNFZEHN: FENG SHUI FÜR LIEBE UND HEIRAT

DIE STÄRKUNG DER ENERGIEN DES SÜDWESTENS

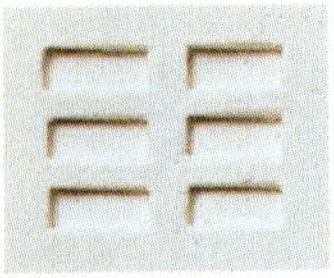

OBEN *Das Trigramm Kun im südwestlichen Wohnbereich bedeutet Glück für Ehe und Partnerschaft.*

OBEN *Kristall als Symbol für die Erde im südwestlichen Wohnbereich fördert Glück und Harmonie in der Familie. Amethyst ist hierfür ebenso geeignet wie Quarz- und Rosenquarzkristalle.*

Liebe und Ehe werden durch das Yin-Trigramm Kun repräsentiert, dem gemäß der nachhimmlischen Ordnung der Trigramme der Südwesten zugeordnet ist. Diese Ecke steht in jedem Haus oder Raum für den Bereich von Gefühl, Liebe und Ehe. Gutes Feng Shui in diesem Wohnbereich bringt für die Bewohner positive Einflüsse und Energien, während schlechtes Feng Shui zu einer unharmonischen Ehe, zu Einsamkeit und sogar zu einer Ehescheidung führen kann. Für die Söhne und Töchter der Familie bedeutet das schlechte Feng Shui in diesem Wohnbereich, daß positive Heiratschancen für sie beinahe gänzlich ausgeschlossen sind.

Das Kun-Trigramm

Dieses Trigramm ist aus drei gebrochenen Yin-Linien zusammengesetzt. Kun symbolisiert Mutter Erde. Es steht für das ideale Matriarchat, die weibliche Empfängnis sowie das Zepter stärkster Yin-Energie. Kun steht für diejenige Person, die die Verantwortung für die Familie übernimmt und die wichtige Rolle ausfüllt, Kinder zu gebären, sie in Liebe und Verständnis großzuziehen und trotz der damit verbundenen Arbeitsbelastung die Familie zusammenzuhalten. Wie die Erde bringt auch die Mutter Dinge hervor, die sie schließlich wieder zurück erhält. Die Erde stellt das Fundament der Berge dar, sie gibt den Ozeanen Halt und ist stets gegenwärtig. Ihr ist ein machtvolles Trigramm zugeordnet, das unter anderem durch das Motiv des Berges symbolisiert wird. Daher bringt das Abbild eines Berges im Kun-Sektor glückliche Einflüsse für das Liebes- und Partnerschaftsglück.

Das dem südwestlichen Bereich zugeordnete Element ist die Erde (die durch Kristalle, Steine, Felsen sowie alles andere, was vom Erdboden stammt, symbolisiert wird). Grundlegend ist es, das Element zu erkennen, das aktiviert werden muß. Dies bedeutet etwa, daß ein Stein im südwestlichen Sektor günstige Energien für Ehe oder partnerschaftliche Beziehung herbeiführen kann. Von Bedeutung ist darüber hinaus auch, die folgenden Aspekte zu beachten:

- Erde entsteht aus dem Feuer, deshalb ist das Feuer gut für die Erde.
- Erde produziert Metall, deshalb entzieht das Metall der Erde Energie.
- Erde leidet unter dem Holz, deshalb schadet das Holz der Erde.
- Erde zerstört das Wasser, deshalb siegt die Erde über das Wasser.

Die aufgezählten Punkte machen deutlich, daß zur Stärkung des südwestlichen Bereichs alle Erd- und Feuer-Elemente genutzt werden können. Alles, was zum Element Holz gehört, sollte dort hingegen unbedingt vermieden werden. Der Südwesten wird auch durch Mutter Erde selbst symbolisiert. Daher ist das Wesen der Erdenergie dort sehr stark und kann nicht leicht geschwächt werden. Große Erde steht auch für das Vorkommen von Gold oder anderen wertvollen Edelmetallen. Im Hinblick auf Reichtum und finanziellen Erfolg ist es deshalb besonders günstig, hier alle fünf Elemente zu vereinen.

Da Harmonie im Feng Shui eine zentrale Rolle spielt, stehen auch die Fünf Elemente in ausgewogenem Verhältnis zueinander. Verwirklicht man dieses Prinzip im Kun-Sektor, wird das Liebesglück Tiefe und Substanz erhalten.

Kristalle

Einer der geeignetsten Steine, um den südwestlichen Bereich zu energetisieren, ist der Kristall, vor allem natürliche Kristalle aus der Erde. Ungeschliffener Amethyst, Quarze und andere natürliche Kristalle harmonieren am besten mit dem südwestlichen Bereich. Etwas weniger stark in der Wirkung, aber ebenfalls positiv sind andere aus der Erde gewonnene Metalle oder Mineralien. Ebenfalls günstig ist bearbeitetes Bleikristall, beispielsweise in Form eines Briefbeschwerers oder eines Glückssymbols. Derartige Gegenstände können auf einem Beistelltisch oder in Regalen aufgestellt werden.

Geschliffener Kristall ist besonders wirksam in Verbindung mit Licht, weshalb Kristallüster erfolgreiche Glücksbringer darstellen. In südwestlichen Raumbereichen aufgehängt, fördern sie das eheliche Glück. Lampen aus geschliffenen Kristallkugeln entwickeln auch in den übrigen Wohnbereichen ihre positive Wirkung. Im Zentrum der Wohnung sorgen sie für sehr günstiges Familienglück, da das Zentrum

OBEN *Ein Arrangement aus Kieselsteinen, Blüten und einer Schwimmkerze in einer mit Wasser gefüllten Glasschüssel wirkt sich positiv auf das Heiratsglück der Töchter aus.*

des Hauses der Ort der höchsten Chi-Konzentration sein sollte, um so gewissermaßen das »Herz« des Heims zu bilden. Das Zentrum der Wohnung wird ebenso durch das Element Erde symbolisiert. Den Feng-Shui-Prinzipien zufolge sollten sich in diesem Bereich deshalb keine Küchen, Abstellräume oder Toiletten befinden.

Große dekorative Vasen aus Ton und Behälter in gerundeten Formen eignen sich bestens zum Aufstellen in südwestlicher Richtung. Versehen Sie sie mit Pfauenfedern, Seidenblumen oder frischen Schnittblumen. Auf gar keinen Fall sollten hierfür getrocknete Blumen oder dekorativ geformtes Treibholz verwendet werden, da diese für das Scheitern und das Ende einer Beziehung stehen.

Ein Globus symbolisiert Mutter Erde und ist äußerst effektiv, um den südwestlichen Sektor eines Raumes mit Energien anzureichern. Indem er täglich einmal in Bewegung gesetzt wird, entsteht Yang-Energie, die einen idealen Ausgleich zur Yin-Energie im Südwesten darstellt.

Überaus erfolgreich läßt sich der südwestliche Bereich eines Raumes energetisieren, indem man den folgenden Tip befolgt, der auch geeignete Ehepartner für heiratswillige Töchter der Familie ins Haus bringt. Man legt Kieselsteine in eine flache, mit Wasser gefüllte Glasschüssel, fügt frische Blüten und eine Schwimmkerze hinzu. Dieses Arrangement bringt unterschiedliche Elemente zusammen, und das tägliche rituelle Entzünden der Kerze versorgt diese Raumecke mit vitaler Lebensenergie.

Auch durch den Einsatz von Erdtönen läßt sich das Erd-Element aktivieren. Das betrifft sowohl die Farbwahl für Gardinen und Teppiche als auch für die Wandgestaltung im Südwesten. Der kreativen Phantasie sind hier keine Grenzen gesetzt. Man kann die südwestliche Ecke etwa auch mit dem Gemälde einer Berglandschaft stärken (die jedoch kein Wasser beinhalten sollte). Wofür Sie sich auch entscheiden sollten: übertreiben Sie es nicht.

Das Element Feuer

Im Entstehungszyklus der Elemente bringt das Feuer die Erde hervor. Im südwestlichen Bereich sollte deshalb das Element Feuer aktiviert werden, um das Eheglück zu energetisieren. Für die Chinesen symbolisiert die Farbe Rot (die dem Element Feuer zugeordnet ist) stets Glück und Feste, weshalb bei der Hochzeit die Braut in rot gekleidet ist.

Der südwestliche Bereich der Wohnung sollte immer hell und lichtdurchflutet sein. Zur Dekoration eignet sich am besten Kristall. Licht ist ein wirkungsstarkes Instrument und kann zur Harmonisierung unterschiedlicher Elemente eingesetzt werden. Der Südwesten sollte stets gut ausgeleuchtet sein, damit die Energien lebendig bleiben und das positive Chi nicht abgeschwächt wird. Unterstützend wirken Erd- oder Feuermotive an der südwestlichen Wand oder in der Raumausstattung in diesem Wohnbereich.

Die Sonne steht als ein kraftvolles Symbol für das Feuer-Element und ergänzt daher im südwestlichen Sektor das Element Erde in idealer Weise.

Ebenfalls ausgesprochen effektiv ist die Wirkung eines roten Liebesknoten in der südwestlichen Ecke eines Raumes. Die Linienführung dieses Knotens ist endlos und symbolisiert daher die unendliche Liebe. In früherer Zeit erfreute sich dieses Symbol bei den chinesischen Frauen größter Beliebtheit.

Feng Shui und Heirat

Feng Shui schenkt der Heirat mehr Aufmerksamkeit als der romantischen Liebe. Um eine erfolgreiche und harmonische Eheverbindung zu sichern, sollten die Formeln des Kompaß-Feng-Shui angewendet werden. Anhand der sogenannten Kua-Formel, die auf dem Geschlecht und dem Geburtsdatum einer Person basiert, läßt sich die persönliche Kua-Zahl ermitteln. Auch bekannt als Acht-Häuser-Formel, wurde diese Methode zur Erkundung günstiger Ausrichtungen für das Ehe- und Familienglück dem Feng-Shui-Meister der Autorin von einem alten taiwanesischen Großmeister übermittelt. Nach seinen Worten läßt sich das Familienschicksal auf diese Weise nachhaltig positiv beeinflussen, so daß nicht nur Harmonie zwischen den Partnern, sondern auch zwischen den Eltern und den Kindern vorherrscht. Paare, die Schwierigkeiten haben, Nachwuchs zu bekommen, können mittels dieser Formel ihre Schlafrichtung neu orientieren und so das Problem beheben. Hauptsächlich sorgt die Formel jedoch dafür, daß eine Ehe glücklich und beständig ist.

OBEN *Motive wie die Sonne, die das Element Feuer symbolisieren, sind hervorragend geeignet, um südwestliche Wohnbereiche zu energetisieren.*

UNTEN *Chinesische Bräute tragen Rot, eine mit dem Feuer-Element verbundene Farbe, die Freude und Feiern symbolisiert. Beachten Sie auch den doppelten Glücksknoten, der hier das hölzerne Geländer verziert.*

KAPITEL FÜNFZEHN: FENG SHUI FÜR LIEBE UND HEIRAT

DIE KUA-FORMEL

Um die Heirats- und Familienrichtung zu bestimmen, muß die persönliche Kua-Zahl ermittelt werden *(siehe S. 72)*. Bestimmen Sie hierzu Ihr Geburtsjahr nach dem auf den Mondphasen basierenden chinesischen Kalender. Die Tabelle zeigt die der jeweiligen Zahl zugeordnete Reichtumsrichtung und die Lo-Shu-Glückszahl. Sobald Sie Ihre persönliche Richtung für Eheglück kennen, können Sie Ihre individuellen Energien mit denen der Umgebung in Einklang bringen.

Die persönliche Kua-Zahl	Ihre Heirats-/ Familienrichtung
Eins (1)	Süden für beide Geschlechter
Zwei (2)	Nordwesten für beide Geschlechter
Drei (3)	Südwesten für beide Geschlechter
Vier (4)	Osten für beide Geschlechter
Fünf (5)	Männer: Nordwesten, Frauen: Westen
Sechs (6)	Südwesten für beide Geschlechter
Sieben (7)	Nordwesten für beide Geschlechter
Acht (8)	Westen für beide Geschlechter
Neun (9)	Norden für beide Geschlechter

Die Kua-Zahl verrät die günstigste Himmelsrichtung, um Ihr persönliches Glück, ihr Liebesleben und Ihr Ehe- und Familienglück zu wahren. Eine Aktivierung der persönlichen Familienrichtung hat eindeutige positive Auswirkungen auf die Harmonie im zwischenmenschlichen Bereich.

Ihr Schlafzimmer sollte in die Ehe-/Familienrichtung ausgerichtet sein. Auch sollte beim Schlafen der Kopf in diese Richtung weisen.

Neben Ihrem Bett sollte auf keinen Fall ein Spiegel angebracht sein. Auch ein Fernsehapparat gilt als Spiegel, da er ebenso das Bild des Schlafenden reflektiert. Falls Sie einen Fernseher im Schlafzimmer haben, sollte dieser deshalb zugedeckt werden, wenn er nicht in Gebrauch ist. Ein Spiegel im Schlafzimmer gilt nach den Feng-Shui-Regeln als eines der schädlichsten Merkmale überhaupt. Er führt zu Streitigkeiten und Disharmonie zwischen den Ehepartnern und kann sogar das Ende der Beziehung herbeiführen. Für eine harmonische Partnerschaft ist es deswegen empfehlenswert, innen verspiegelte Schranktüren zu schließen und einen Frisiertisch mit Spiegel in einem anderen Raum aufzustellen.

Man sollte auch nie unter einem sichtbaren Deckenbalken schlafen. Je nachdem, wie der Balken verläuft, kann er vielfältigen Schaden anrichten. Längs über dem Bett verlaufend, führt er nicht nur zu Kopfschmerzen, sondern trennt die Partner symbolisch. Verläuft der Balken quer über die Köpfe der Schlafenden, wird es Streitereien zwischen den Partnern geben, die auf Dauer eskalieren. Falls der Deckenbalken sich nicht direkt über dem Bett befindet, sind dessen negative Auswirkungen gemildert. Am besten ist es, das Bett ganz aus dem Einflußbereich des Balkens zu schieben. Ist dies nicht möglich, kann der Balken auch kaschiert werden.

Das Bett sollte niemals direkt gegenüber der Tür stehen, unabhängig davon, in welche Richtung der Schlafende liegt. Diese Position ist schädlich und kann zu gesundheitlichen Problemen führen. Außerdem erschwert sie den Liebesvollzug. Schieben Sie das Bett am besten in eine andere Ecke des Raumes oder trennen Sie es durch einen Raumteiler von der Tür.

Es ist darüber hinaus darauf zu achten, daß keine scharfe, vorstehende Kante direkt auf das Bett zeigt, da auch dies überaus negative Auswirkungen nach sich zieht. Leider finden sich in vielen Schlafzimmern derartige Kanten, die ebenso schädlich sind wie freistehende Säulen. Die scharfen Kanten verursachen die tödlichste Variante von Giftpfeilen, die Sha Chi, den tödlichen Hauch, aussenden. Diese Kanten sollten kaschiert oder blockiert werden. Im Wohnzimmer sind hierfür Pflanzen ideal. Im Schlafzimmer ist es hingegen günstiger, mit Möbeln Blockaden zu errichten.

Die günstigste Position des Bettes sollte nach den Prinzipien der Formschule bestimmt werden, bevor die persönliche Richtung beachtet wird. Der wichtigste Aspekt ist, sich vor versteckten Giftpfeilen zu schützen. Im nächsten Schritt geht es dann um die Position innerhalb des Raumes.

Falls die Partner unterschiedliche günstige Richtungen haben, sollten sie entweder in getrennten Betten schlafen oder die Richtung eines der Partner auswählen. Der beste Platz für das Bett ist diagonal zur Tür.

Die Lage der Schlafzimmer innerhalb der Wohnung ist von Bedeutung für die familiäre Harmonie. Darüber hinaus ist zu beachten, daß die Schlafräume nicht durch Toiletten beeinträchtigt werden.

UNTEN *Für Eheglück sollte das Bett eine günstige Position haben und sein Kopfende in die Heiratsrichtung weisen.*

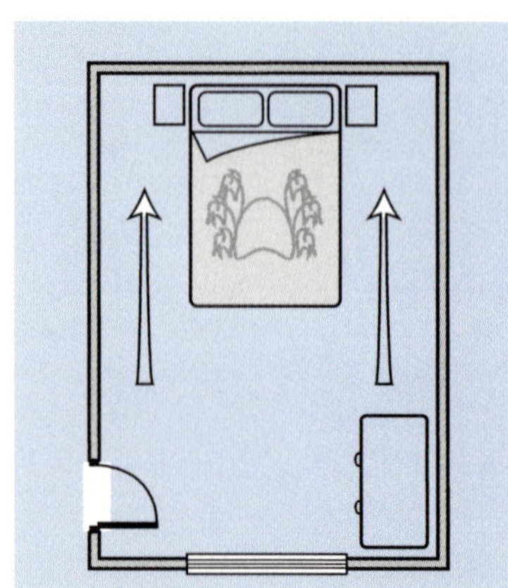

DER EINFLUSS DER TOILETTE

Feng Shui-Meister der Acht-Häuser-Kompaß-Schule warnen vor dem negativen Einfluß von Toiletten, die sich innerhalb der Wohnung in einem günstigen Bereich befinden. Falls beispielsweise ein Badezimmer, das Ihrem Schlafzimmer angegliedert ist, im Heirats-/Familienbereich liegt, hat die Toilette einen ungünstigen Einfluß auf Ihr Eheglück, was sich in Form von Kummer und Unglück in der Partnerschaft äußern kann. Falls das Schlafzimmer von einer Einzelperson bewohnt wird und die Toilette sich entweder im individuellen Heirats-/Familienbereich dieser Person oder im Südwesten (der allgemein der Liebe und Partnerschaft zugeordneten Richtung) befindet, kann dies alle vorhandenen Gelegenheiten für eine Heirat zunichte machen.

Man nimmt an, daß Toiletten ein erhebliches Maß an ungünstiger Energie erzeugen. Deshalb sollte die Badezimmertür stets geschlossen werden. Darüber hinaus empfiehlt es sich, Badezimmer so klein wie möglich zu gestalten. In diesem Zusammenhang sind außerdem die beiden folgenden Ratschläge zu beachten:

- Das Bett sollte niemals an einer Wand stehen, an deren anderer Seite sich die Toilette befindet.
- Das Bett sollte ebenfalls nicht unter einer Toilette im darüberliegenden Stockwerk aufgestellt werden, da dies den Schlafenden belastet und ihm Unglück beschert.

DIE LAGE DER TOILETTE

Die Toilette ist in jedem Bereich des Hauses ungünstig, da sie das Glück wegspült. Was Ihre Ehe und Partnerschaft betrifft, ist die ungünstigste Lage für das Badezimmer der Südwesten, wobei die Übereinstimmung dieser Richtung mit der persönlichen Heirats-/Familienrichtung noch zu einer Verdoppelung der negativen Einflüsse führen kann. Eine Toilette, die im westlichen Bereich liegt, kann außerdem auch das Eheglück Ihrer Kinder gefährden.

Es gibt allerdings verschiedene Möglichkeiten, um die negativen Effekte auf ein Minimum zu reduzieren:

- Den Toilettendeckel stets geschlossen halten.
- Die Badezimmertür nicht offenstehen lassen.
- Die Toilette klein und schlicht gestalten, da eine Luxusausstattung die Probleme noch vergrößert.
- Den Blick auf die Toilette mit einem Raumteiler verdecken.

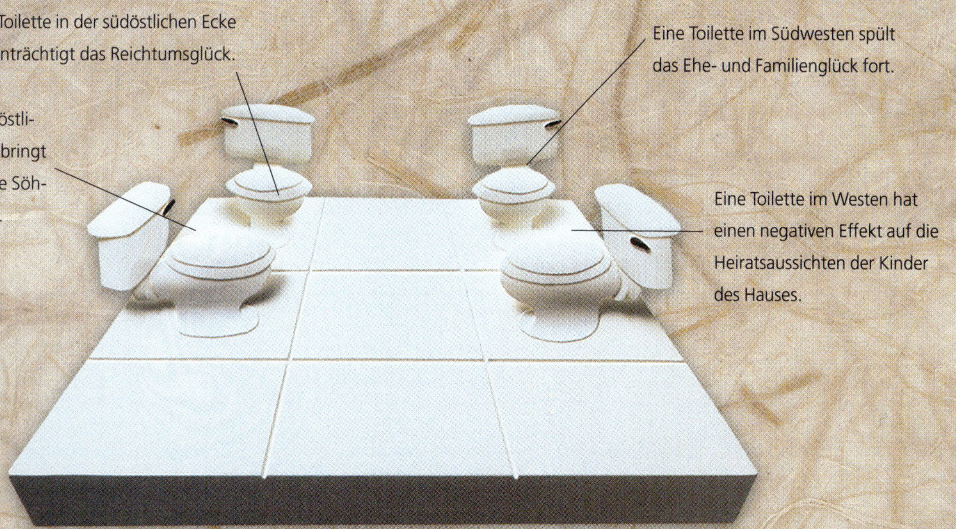

OBEN *Die Toilette hat in jedem Bereich des Hauses einen negativen Einfluß auf das Familienglück. Man kann sie aber zumindest aus den ungünstigsten Bereichen verlegen.*

SIEHE AUCH
- Badezimmer, *S. 187*
- Tabus im Schlafzimmerbereich, *S. 164–165*

KAPITEL SECHZEHN

FENG SHUI FÜR DIE GESUNDHEIT

Ich habe mich stets zurückgehalten, allzu große Hoffnungen zu wecken, daß Feng Shui bei gesundheitlichen Problemen als alternative Heilmethode dienen könne. In den vergangenen Monaten haben mich jedoch zahllose E-Mails und Briefe von Menschen erreicht, die mir ihre positiven Erfahrungen mit Feng Shui in diesem Zusammenhang mitteilten. Viele von ihnen haben ein anderes von mir zum Thema verfaßtes Buch als Basis für die erfolgreiche Verbesserung ihres Gesundheitszustandes genutzt, was mir Mut macht, diesen Aspekt von Feng Shui nun ausführlicher zu behandeln. Zweifellos kann Feng Shui eingesetzt werden, um Krankheiten zu lindern oder sogar zu heilen. Eine Dame aus Johannesburg namens Claudia schrieb mir und traf mich dann zu einem Gespräch, als ich mich im August 1999 in Afrika aufhielt. Sie berichtete mir, daß ihr Arzt einige Jahre zuvor eine schwere körperliche Erkrankung diagnostiziert hatte. Sie hatte daraufhin in einem Buchladen nach einem speziellen Ratgeber gesucht und statt dessen mein Buch über Feng Shui gekauft. Mit dessen Hilfe hatte sie systematisch alle »Giftpfeile« in ihrer Wohnung aufgespürt und sie der Reihe nach unschädlich gemacht. Schon bald verspürte sie eine Verbesserung ihres körperlichen Befindens. Sie hatte in dieser Zeit auch einen Partner kennengelernt, den sie in Kürze heiraten wollte. Claudia bat mich, ihre Geschichte an meine Leser weiterzugeben, um auch möglichst vielen anderen Menschen Mut zu machen, mit Feng Shui Gesundheit und Glück zu finden.

LINKS *»Pfirsichblüte im Frühling« von Wen Zhenming. Der Pfirsich symbolisiert in China ein langes Leben.*

KAPITEL SECHZEHN: FENG SHUI FÜR DIE GESUNDHEIT

EIN LANGES LEBEN IN GESUNDHEIT

Für die Chinesen spielen Gesundheit und ein langes Leben traditionell eine zentrale Rolle. Dieser Grundgedanke ist in der chinesischen Denkweise fest verankert, was zu einer umfangreichen Auseinandersetzung mit Regeln und Methoden zur Erlangung dieser hohen Ziele geführt hat.

So gibt es in China viele Sagen und Märchen, die die Suche nach dem ewigen Leben zum Thema haben. Man erzählt von Herrschern, die vor langer Zeit lebten und gezielt Menschen auf die Suche nach dem Elixir schickten, das Unsterblichkeit verleihen sollte. So soll Kaiser Huang Ti 3000 jungfräuliche Jungen und Mädchen auf die östlichen Meere geschickt haben, damit sie die Inseln entdeckten, auf denen der Sage nach der Pfirsich des ewigen Lebens wuchs. Die Kinder sah man natürlich nie wieder, aber der Legende nach stammt das japanische Volk von ihnen ab. Viele Volksmärchen erzählen auch von den Abenteuern der Acht Unsterblichen: als Heilige verehrte Figuren, die man als symbolische Glücksbringer für ein langes Leben bis heute in chinesischen Häusern findet.

UNTEN *Der Sage nach sandte Kaiser Huang Ti 3000 jungfräuliche Jungen und Mädchen aus, um den Pfirsich der Unsterblichkeit zu finden.*

Im Laufe der Jahrhunderte ist die Suche nach der Unsterblichkeit natürlich realistischeren Zielen gewichen, so daß heute Techniken und Methoden zur Erhaltung der Gesundheit bis ins hohe Alter im Zentrum stehen. All diese Ansätze beruhen auf der chinesischen Vorstellung des Chi. Demnach ist nicht nur alles um uns herum mit Chi erfüllt, sondern es stellt die Kraft dar, die das Leben erst ermöglicht. Der physische Körper kann durch das Chi überhaupt erst existieren. Und erst die Harmonie zwischen dem inneren und dem äußeren Chi führt zu einem langen und glücklichen Leben.

Ein starkes und energievolles Chi ist die Voraussetzung für einen gesunden Körper. Eine Blockade des Chi wiederum hat Krankheit und Unwohlsein zur Folge, während ein Erlöschen des Chi sogar zum Tod führt.

Aus dieser Grundannahme heraus entwickelte man Bewegungsfolgen, die sowohl die Muskeln als auch die fünf zentralen inneren Organe des Körpers stärken sollen. Die Organe wurden mit den Fünf Elementen in Verbindung gebracht: dem Herzen wurde das Feuer, den Lungen das Metall, den Nieren das Wasser, der Leber das Holz und der Milz die Erde zugeordnet. Übungstechniken wie Chi Gong, Tai Chi Chuan und taoistische Meditationstechniken wurden mit dem Ziel entwickelt, harmonisches Gleichgewicht der Energien in diesen Organen herzustellen. Diese Übungen werden bis heute mit großer Hingabe praktiziert.

Es entstanden unterschiedliche Meditationsformen, die vor allem die Zirkulation anregen und so Blockaden lösen sollen, die zu Erkrankungen führen können. Auch einer Blockade des Chi-Flusses in der Wohnungsumgebung sagte man nach, die Ursache für zahlreiche gesundheitliche Störungen und Schmerzen zu sein.

Die Chinesen entwickelten auch eigene Atemtechniken, die helfen sollten, vitale Lebensenergie über das Netzwerk der Meridianpunkte im Körper auf den gesamten Organismus zu verteilen (Meridiane sind unsichtbare Energiebahnen in unserem Körper). Dieses energiebringende Atmen galt als ein zentraler Weg der Heilung, dessen Wirkung sich noch verstärkte, wenn es sich mit positivem Chi aus der Umgebung anreicherte.

Feng Shui dient also einer gesundheitszuträglichen Atmosphäre, die wiederum unabdinglich für ein langes und erfülltes Leben ist. Ein langes Leben, eine der höchsten Formen des Glücks, ermöglicht es, die Früchte harter Arbeit zu ernten, mitzuerleben, wie die Söhne und Töchter eigene Familien gründen und ins Berufsleben eintreten, die Freuden des Großelterndaseins zu genießen und zu sehen, wie sich die Familienlinie weiterentwickelt. Vor diesem Hintergrund finden sich unter den chinesischen Glückssymbolen neben dem Drachenpferd, das für ein langes Leben steht, auch hochverehrte Götter der Langlebigkeit wie z. B. Sau.

YIN- UND YANG-ENERGIEN BEI KRANKHEITEN

Alle inneren Organe des Körpers bestehen aus Yin-Energien.

Die äußeren Körperbereiche repräsentieren Yang-Energie.

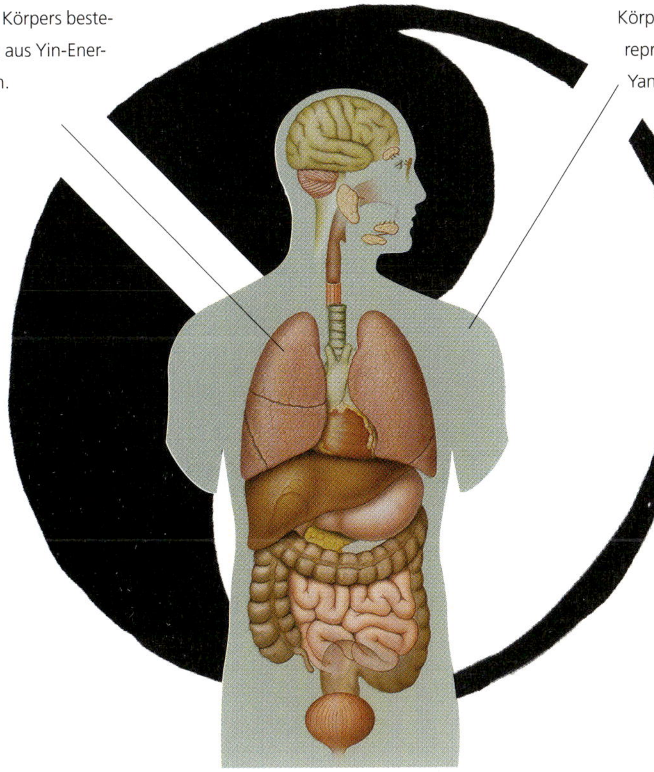

LINKS *Gesundheit und Wohlbefinden von Seele, Körper und Geist sind bedingt durch ein harmonisches Gleichgewicht zwischen Yin- und Yang-Energien. Ein Ungleichgewicht äußert sich in Krankheit.*

Die klassische Literatur über die traditionelle chinesische Kräutermedizin beschreibt Krankheiten in der Regel mit Hilfe der Yin-Yang-Begriffe, indem ein Ungleichgewicht zwischen diesen beiden Energiearten festgestellt wird.

Ein zuviel an Yin- oder Yang-Energie, gleichgültig, ob in unserer Umgebung oder in den Speisen, die wir essen, führt dazu, daß diese Energien unseren Körper angreifen. Feindliche Energien in der Umgebung, auch atmosphärische Energien, können in einem Ungleichgewicht zu den Energien im menschlichen Körper stehen, so daß diese gegnerischen Kräfte miteinander kämpfen. Die Folge sind häufig ernsthafte Erkrankungen. Für eine stabile Gesundheit ist es daher von großer Bedeutung, daß die Energien eines Raumes mit denen des Bewohners gut harmonieren.

UNTEN *Chinesische Kräutermedizin, wie z. B. Tigerbalsam, liefert wohltuende Yin-Energie, um einem Übermaß feindlicher Yang-Energie entgegenzuwirken.*

Feindliche Yang-Energie

Wind gilt als feindliche Yang-Energie. Ihm werden zahlreiche Krankheiten zugesprochen, zu denen auch die verschiedenen Formen von Erkältung zählen. Die Chinesen wenden gegen diese Form der Gesundheitsbedrohung das sogenannte Windöl (auch Tigerbalsam) an, das sie um die Nase und den Nabel verteilen.

Das sogenannte Windwasser stellt jedoch eine noch gefährlichere Form der schädlichen Yang-Energie dar. Es entsteht in dem Moment, in dem es dem Wind gelingt, in den Körper einzudringen. Diese feindliche Yang-Energie kann sehr gefährlich sein, da sie die inneren Organe und damit die Yin-Energien des Körpers angreift. Die Symptome dieses Aufeinandertreffens und die daraus resultierenden Krankheiten muß ein Arzt oder Sin Seh mit speziellen Kräutern und Medikamenten behandeln.

Beachten Sie, daß

- die äußeren Körperteile die Yang-Energie,
- die inneren Organe die Yin-Energie repräsentieren.

Feindliche Yang-Energie entsteht durch ein Übermaß an Yang, entweder im Inneren des Körpers durch die übermäßige Aufnahme von stark Yang-haltigen Lebensmitteln oder in der räumlichen Umgebung durch ein aus dem Gleichgewicht geratenes Feng Shui. Am häufigsten passiert dies während der schwül-warmen Sommermonate, wenn feucht-heißes Klima das empfindliche Yin-Yang-Gleichgewicht stört.

Feindliche Yin-Energien hingegen entstehen eher während der Wintermonate. Vor allem die Kälte greift die Yang-Energien an, die die Körperoberfläche umkreisen und somit zuerst von den Yin-Energien getroffen werden. Wenn die Yang-Energien auf diese Weise zerstört werden, verschließen sich die Poren und die Körperhitze kann nicht entweichen, sondern staut sich im Körper auf.

Die chinesische Medizin hingegen unterscheidet bei der Diagnose von Krankheiten auch zwischen Yin-Sommer-Hitze und Yang-Sommer-

SIEHE AUCH
❖ Das Konzept der Balance: Yin und Yang, *S. 46–47*

RECHTS *Das Feng-Shui-Bagua mit dem Yin-Yang-Symbol im Zentrum hilft dabei, die günstigsten Richtungen für eine gute Gesundheit zu bestimmen.*

Hitze sowie Yin-Winter-Kälte und Yang-Winter-Kälte. Die Unterschiede sind so fein, daß ihre Erläuterung ein ganzes Buch füllen würde. Für unsere Zwecke ist es ausreichend, nochmals zu betonen, daß ein Gleichgewicht zwischen Yin und Yang bewahrt werden muß, um eine Atmosphäre zu sichern, die relativ frei von Krankheiten ist.

Einsatz des Bagua

Eine wichtige Voraussetzung für ein langes und gesundes Leben ist die Kenntnis des Bagua, das mit seinen konzentrischen Bestimmungskreisen um den äußeren Rand des Symbols Hilfestellung bei der Diagnose gibt. In jedem der Symbole an einer der acht Seiten des Bagua steckt eine tiefere Bedeutung, während jeder seiner Ecken ein Trigramm zugeordnet ist, das wiederum eine Vielzahl an Möglichkeiten der Auslegung bietet.

Die östliche Richtung

Die Gesundheit wird durch das Wachstums-Trigramm Chen repräsentiert, das sich gemäß der nachhimmlischen Ordnung der Trigramme in östlicher Richtung befindet (im Diagramm grün markiert). Der Osten ist somit in jeder Wohnung oder in jedem Raum der Bereich, der die Gesundheit der Familie symbolisiert. Wenn dieser Bereich ein gutes Feng Shui aufweist, bedeutet dies für die Familie, vor allem für den Vater, ein gesundes, langes Leben. Schlechtes Feng Shui in diesem Bereich verursacht Unwohlsein und Krankheit. Der Vater der Familie würde, falls er nicht unter extrem positiven astrologischen Einflüssen steht, früh sterben.

Feng Shui für die Gesundheit beginnt folglich stets mit der Beachtung des östlichen Wohnbereiches und des Chen-Trigramms.

Dieses Trigramm besteht aus zwei Yin-Linien über einer durchgezogenen Yang-Linie.

Chen steht für den Frühling, die Jahreszeit des Wachsens und Gedeihens. In der Sprache des *I-Ging* ist

Chen gleichbedeutend mit dem sich Regenden, charakterisiert durch das Donnergrollen von Frühlingsgewittern, das Erwachen der Tiere aus dem Winterschlaf und den lebenspendenden Frühjahrsregen. Chen steht darüber hinaus für Lachen und Frohsinn. Das Trigramm besitzt große Kraft und Energie und steht so für das Leben selbst. Eine Aktivierung des diesem Trigramm zugeordneten Sektors führt gesunde Wachstumsenergien herbei. Die dem Trigramm entsprechende Himmelsrichtung ist Osten, und das Element ist Holz, wobei hier eher große Bäume gemeint sind als niedriges Gebüsch, ein dunkles eher als ein helles Grün und größere Gegenstände aus Holz (Möbelstücke) eher als kleinere (Dekorationen).

Am effektivsten ist es, den östlichen Bereich und damit die Gesundheit zu energetisieren, indem man sie mit den entsprechenden Symbolen der Fünf Elemente anreichert.

Gemäß den klassischen Schriften läßt sich alles im Universum Befindliche – materiell oder immateriell – den Fünf Elementen zuordnen. Diese Fünf Elemente – Feuer, Wasser, Holz, Metall und Erde – sind miteinander durch Entstehungs- und Zerstörungszyklen verbunden. Um die Elemente nach Feng-Shui-Regeln gewinnbringend einsetzen zu können, müssen diese Zyklen beachtet werden.

Das Holzelement

Das dem Osten zugeordnete Element Holz wird hauptsächlich durch Pflanzen symbolisiert. Eine kräftige, gesunde Pflanze im östlichen Bereich aktiviert daher die glückbringenden Energien. Die in der Zeichnung dargestellten Zyklen verdeutlichen die unterschiedlichen Einflüsse der übrigen Elemente auf das Element Holz:

- Holz entsteht durch Wasser, deshalb ist Wasser gut für Holz.
- Holz produziert Feuer, deshalb schwächt Feuer Holz.
- Metall zerstört Holz, deshalb schädigt Metall Holz.
- Holz zerstört Erde, deshalb besiegt Holz Erde.

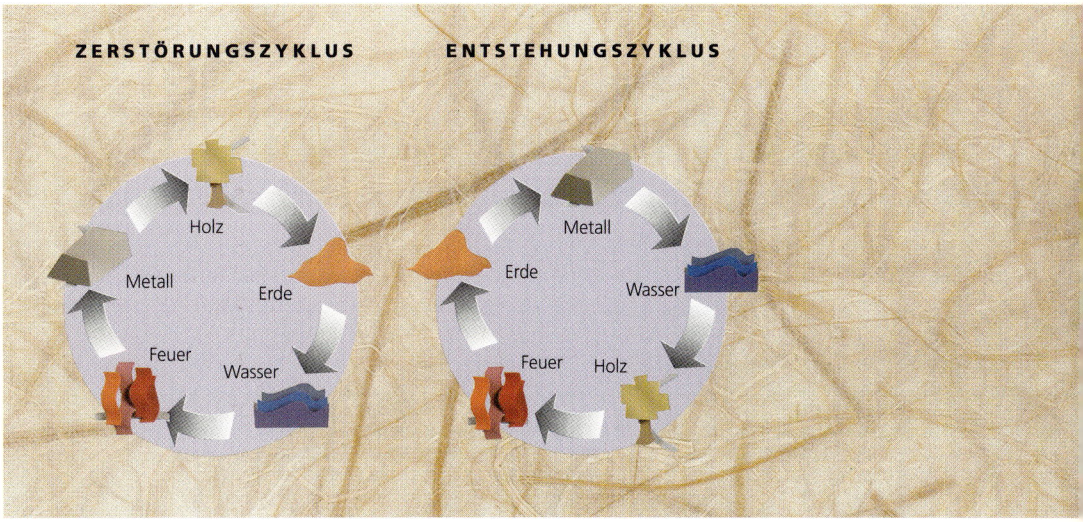

OBEN *Im Entstehungszyklus der Elemente wird Holz, das Element des östlichen (Gesunheits-) Sektors durch das Wasser energetisiert. Im Zerstörungszyklus vernichtet Metall das Holz und das Element Holz bezwingt wiederum das Erdelement.*

Die Zyklen zeigen, daß sämtliche Objekte, die die Elemente Holz oder Wasser symbolisieren, die östliche Richtung stärken können. Das Metallelement hingegen sollte dort gemieden werden. Die Richtung Osten wird durch großes Holz repräsentiert, was für ein starkes Wachstum steht. Dadurch sind die Kräfte des Elementes Holz hier sehr stark und nicht leicht zu unterdrücken. Holz ist zudem das einzige Element, das lebt und sich aus eigener Kraft reproduziert, weshalb es starke Yang-Energien aussendet. Dies unterstreichen auch die Linien des Trigramms: eine durchgezogene Yang-Linie unter zwei Yin-Linien. Objekte aus nicht mehr lebendem Holz können den östlichen Wohnbereich ebenso mit Energien anreichern wie Grünpflanzen.

Da der Osten darüber hinaus dem Grünen Drachen zugeordnet wird, sorgt eine Drachenfigur aus Holz oder Keramik in dieser Ecke für gutes Feng Shui.

Pflanzen

Zur Stimulierung des Holzelementes im östlichen Wohnbereich können Sie kräftige Grünpflanzen einsetzen. Hierfür sind frische Schnittblumen ebenso geeignet wie Topfpflanzen. Auch künstliche Blumen sind effektiv in ihrer positiven Wirkung, während man tote oder getrocknete Pflanzen vermeiden sollte, da sie eine Stagnation des Energieflusses symbolisieren. Positiv hingegen wirken sich kräftige, blühende Pflanzen aus.

- Ein Blumenkasten mit blühenden Pflanzen vor einem Fenster in östlicher Richtung reichert den Raum mit gesundheitsfördernder Yang-Energie an.
- Falls das Haus in einem Garten liegt, ist eine Bambuspflanze, die Kraft und ein langes Leben symbolisiert, im östlichen Gartenteil günstig. Die Bambusart spielt dabei keine Rolle, allerdings sollte die Pflanze gut in Form gehalten werden.
- Eine scharfe Kante im östlichen Bereich eines Raumes, sei es eine vorstehende Wandecke, eine kantige Säule oder ein Möbelstück, kann durch eine Grünpflanze verdeckt werden. Dies schwächt nicht nur schädliche Energien, die von der Ecke ausgehen, sondern verstärkt darüber hinaus auch die Aura des Elementes Holz. Es kann passieren, daß die Pflanze mit der Zeit verkümmert oder sogar abstirbt. Sie sollte dann durch eine neue, kräftige Pflanze oder künstliche Blumen aus Seide ersetzt werden. Die tödlichen Energien können so stark sein, daß sie lebende Pflanzen eingehen lassen.
- Sollte der Raum zu klein für eine große Topfpflanze sein, reicht auch eine kleinere Pflanze, die man auf einem Tischchen plaziert. Allgemein gilt es, für Ausgewogenheit zu sorgen; auch Pflanzen sollten einen Raum nie zu stark dominieren.

SIEHE AUCH
❖ Das Konzept der Harmonie, *S. 40–45*
❖ Geeignete Pflanzen für Feng Shui, *S. 244-245*

KAPITEL SECHZEHN: FENG SHUI FÜR DIE GESUNDHEIT

SYMBOLE FÜR LANGLEBIGKEIT

Der Gott der Langlebigkeit

Unter den von den Chinesen verehrten Göttern spielt Sau, der Gott der Langlebigkeit, eine herausragende Rolle. Er ist einer der drei Hauptgötter für Gesundheit, Reichtum und Glück – Fuk, Luk und Sau –, die in den meisten chinesischen Häusern präsent sind. Den Gott Sau findet man als Figur häufig auch einzeln plaziert. Ein idealer Ort in der Wohnung ist hierfür der östliche Bereich des Raumes, aber er kann auch gegenüber der Eingangstür seinen Platz finden, wo er den Bewohnern ein gesundes, langes Leben verheißt. Diese Gottheiten werden selten angebetet, sondern sollen als Symbole die mit ihnen in Verbindung gebrachten Kräfte ins Haus bringen.

Der Gott der Langlebigkeit wird als lächelnder alter Mann mit einer hohen und breiten Stirn dargestellt. Er hält einen Stab in der Hand und wird häufig zusammen mit einem Reh (ein weiteres Symbol der Langlebigkeit) und mit Pfirsichen (die Frucht der Langlebigkeit) abgebildet.

In den Chinatowns der großen Städte sowie in China, Hongkong und Taiwan sind Figuren dieser Gottheit überall erhältlich. Sie sind aus Elfenbein (das in vielen Ländern allerdings verboten ist), Holz, Bronze, handbemaltem Porzellan oder in Cloisonneé-Technik gefertigt. Der Gott Sau ist darüber hinaus oft auf Keramikvasen und chinesischen Malereien abgebildet. Besonders gerne werden diese Figuren dem Familienvater als symbolträchtiges Geschenk zum Geburtstag überreicht.

OBEN *Elfenbeinfigur von Sau, dem chinesischen Gott der Langlebigkeit – ideales Geschenk für den Vater.*

Der Pfirsich, der Kranich und das Reh

Der Pfirsich spielt in allen chinesischen Geschichten und Märchen über die Unsterblichkeit eine große Rolle, und es wird erzählt, daß der Baum, von dem er stammt, im Garten der Königin des Westens, Hsi Wang Mu, steht. Der Sage nach haben die Acht Unsterblichen das ewige Leben gefunden, indem sie in den Garten einstiegen und von der Frucht aßen. Der Pfirsichbaum gilt als Glückssymbol und ist auf vielen Gemälden zu finden. Darüber hinaus gibt es ihn aus Jade nachgebildet.

Das Reh wird meist mit dem Gott der Langlebigkeit abgebildet, doch gibt es auch sehr schöne Holzschnitzereien, die das Tier alleine darstellen. Durch seine enge Verbindung mit dem Gott Sau wird auch das Reh zum Glückssymbol.

Die Kraniche der Langlebigkeit sind durch einen rot gefärbten Kopf gekennzeichnet. Sie werden meistens in Schwärmen dargestellt – entweder im Flug oder auf einem Bein im Wasser stehend. Häufig sieht man die Kraniche zusammen mit einer Kiefer abgebildet – ebenfalls ein Symbol für Langlebigkeit.

OBEN *Als weiteres Symbol der Langlebigkeit gilt der Kranich, der häufig auf einem Bein stehend abgebildet wird.*

Zu den vier himmlischen Tieren der Feng-Shui-Kosmologie gehört die magische Schildkröte. Zusammen mit dem Grünen Drachen, dem Weißen Tiger und dem Roten Phönix bildet die Schwarze Schildkröte das bedeutende Quartett, das exzellentes Landschafts-Feng-Shui symbolisiert. Die Schildkröte erhält auch dadurch Bedeutung, daß sie das Lo-Shu-Quadrat in die Welt gebracht hat. Der Sage nach stammte die Anordnung der Zahlen des Lo-Shu-Quadrats vom Rücken einer Schildkröte, die vor Tausenden von Jahren dem Lo-Fluß entstieg. Das Lo-Shu-Quadrat lieferte die Lösung zum Verständnis des geheimnisvollen achtseitigen Bagua-Symbols.

Die Schildkröte symbolisiert eine Reihe glücklicher Einflüsse auf das Leben; vor allem steht sie für Langlebigkeit und Hilfe in schwierigen Lebensphasen. Als Richtung ist ihr der Norden zugeordnet, als Element das Wasser. Mit ihren gesundheitsfördernden Energien ist sie bestens im östlichen Wohnbereich, dem Bereich der Gesundheit, untergebracht.

Es ist nicht ganz einfach, Landschildkröten zu bekommen; Sie können auch Wasser- oder Sumpfschildkröten einsetzen. Falls das Klima ein Halten der Tiere unmöglich macht, ist es ratsam, auf die Figur einer Schildkröte zurückzugreifen.

Im Feng Shui zählt die Darstellung des Symbols, und eine Abbildung reicht aus, um eine entsprechende Wirkung zu erzielen.

Man erzählt von einer Familie, die nach einem Erdrutsch gemeinsam mit einer Schildkröte in einer Höhle gefangen war. Die Familie eignete sich die minimalen Bewegungen des Tieres an – es schob lediglich von Zeit zu Zeit den Kopf aus dem Panzer und streckte die Zunge heraus, um einige Tropfen Wasser aufzufangen – so überlebte die gesamte Familie schließlich mehr als 800 Jahre in der Höhle.

OBEN *Eine Schildkröte im Osten der Wohnung symbolisiert Glück und ein langes Leben.*

KÖRPERÜBUNGEN »HIMMLISCHE TIERE«

Das Feng Shui im Haus läßt sich durch einfache Körperübungen ergänzen, die Shaolin- und Tai-Chi-Meister entwickelten. Sie unterstützen den freien Chi-Fluß im Körper und sorgen für ein harmonisches Gleichgewicht zwischen Körper und Seele. Bei spezifischen gesundheitlichen Problemen der inneren Organe können aber auch gezielt Übungen nach der Fünf-Elemente-Theorie ausgewählt werden.

Entspannter Drache

Diese Übung hilft gegen übermäßige Haßgefühle und Ängste. Die Position sollte so lange wie möglich gehalten und mehrmals wiederholt werden:

- Aufrecht stehen, Füße in Schulterbreite nebeneinanderstellen.
- Tief einatmen und sich dabei vorstellen, man sei ein Drache.
- In den Knien leicht einsinken, dabei Wirbelsäule aufrichten und Becken nach vorne kippen.
- Arme hängen locker, Handflächen zeigen nach innen. Normal atmen.
- Den Mund entspannen, die Zunge an den Gaumen legen.

So lange wie möglich in dieser Haltung stehen, wobei eine halbe Stunde jeden Morgen empfehlenswert ist. Nach einer Weile beginnt ein leichtes Kribbeln in den Handflächen, und nach etwa zehn Minuten wird spürbar, wie das Chi von den Händen aus in den Körper fließt. Beherrscht man die Übung nach einiger Zeit, fließt das Chi bis ins Tan Tien in der Nabelgegend, dem Sitz des menschlichen Chi-Zentrums.

Atmender Drachen

Zweiter Schritt der Drachenserie, der unter anderem den Ehrgeiz stärkt, ohne übermäßig Streß zu erzeugen.

- Gen Osten gewandt aufrecht stehen, dabei an den Drachen denken.
- Knie leicht beugen, beide Hände auf den Nabel legen. Wirbelsäule aufrichten, Becken nach vorne kippen.
- Linke Hand liegt auf dem Nabel, rechte Hand liegt auf der Linken.
- Sehr langsam durch die Nase einatmen und spüren, wie die Luft bis in den Bauch fließt.
- Der Bauch füllt sich mit Luft und wird rund wie ein Luftballon.
- Nach dem Einatmen im Winkel von 15–25° vorbeugen. Dann den Atem ganz langsam herauslassen, bis sich der Bauch hohl anfühlt.
- Aufrichten. Der Atemkreislauf ist abgeschlossen. Neunmal wiederholen.

Fliegender Phönix

Diese Übung hilft bei Depressionen, hellt die Stimmung auf. Während der Bewegung sollte man sich auf das Fließen des Chi konzentrieren.

- Aufrecht stehen, Becken leicht nach vorne gekippt.
- Füße stehen parallel in Schulterbreite. Sich dabei vorstellen, ein Phönix zu sein.
- Arme horizontal ausbreiten, als ob man die Flügel ausbreitet.
- Langsam die Handflächen vertikal zum Arm anheben.
- Die Handinnenflächen zeigen nach außen, um das Chi aufzufangen.
- Die Zunge liegt locker am Gaumen an. In dieser Haltung so lange stehen, wie es bequem möglich ist.

Ein leichtes Kribbeln in den Handflächen zeigt an, daß sich das Chi langsam sammelt, bevor es den ganzen Körper durchströmt und mit Wohlbehagen erfüllt. Übung jeden Morgen 15 Minuten lang ausführen.

Glücklicher Phönix

Diese Übung verhilft bei regelmäßiger morgendlicher Ausübung zu einem langen, gesunden Leben.

- Aufrechte Haltung einnehmen, rechter Fuß steht einen halben Schritt vor dem linken. Die Füße sind in Schulterbreite voneinander entfernt.
- Die Knie leicht beugen, dabei ist die Wirbelsäule aufgerichtet und das Becken nach vorne gekippt.
- Beide Arme gerade nach vorne strecken, Handinnenflächen zeigen zum Boden. Oberkörper im Winkel von etwa 20° nach vorne beugen, wobei die Wirbelsäule gerade bleibt. Während des Vorbeugens die Arme wie vor einem Kopfsprung ins Wasser nach hinten schwingen lassen.
- Beim Vorbeugen Blick auf den Boden richten, dann langsam aufrichten. Neunmal wiederholen.

DIE KRANICH-ÜBUNG

Der Kranich ist ein uraltes Symbol für Langlebigkeit. Man schrieb ihm aufgrund seiner unverkennbaren Haltung die Fähigkeit zu, verschiedenste Nahrungsmittel zu vertragen. Man vermutete, daß seine Pose den Magen und die inneren Organe stimulierte und so das Verdauungs- und Atmungssystem sowie die Blutzirkulation anregt. Deshalb beinhaltet diese Übung das Stehen auf einem Bein.

- Aufrecht stehen, die Füße berühren sich von den Zehen bis zur Ferse.
- Eine Fußsohle auf die Wade des anderen Beines legen und den Fuß langsam bis auf die Innenseite des Oberschenkels emporwandern lassen.
- Beide Hände über den Kopf heben, dabei einatmen.
- Die Hände aneinanderlegen. Die Position so lange wie möglich halten.

KAPITEL SECHZEHN: FENG SHUI FÜR DIE GESUNDHEIT

HIMMLISCHE RICHTUNGEN DER GESUNDHEIT

RECHTS *Fördern Sie das Gesundheitsglück Ihrer Familie, indem Sie dafür sorgen, daß jeder beim Essen in seine jeweilige Gesundheitsrichtung blickt.*

Die persönliche, der Gesundheit zugeordnete Himmelsrichtung läßt sich anhand der entsprechenden Kua-Zahl ermitteln. Diese leitet sich aus der Kua-Formel der Acht-Häuser-Schule im Feng Shui ab. Die Aktivierung dieser individuellen Gesundheitsrichtung verhilft zu einer guten und stabilen Gesundheit. Wenn man sich beim Schlafen und Arbeiten in diese Richtung wendet, kann man das Tien Yi – was wörtlich mit » Himmelsdoktor« übersetzt werden kann – einfangen. Die erfolgreiche Anreicherung dieser Richtung mit positiven Energien bedeutet eine deutliche Stärkung der körperlichen und psychischen Gesundheit. Dies ist vor allem für Menschen von Bedeutung, die sich chronisch müde und erschöpft fühlen oder die von einer schweren Krankheit genesen. Grundsätzlich jedoch ist Feng Shui eher auf Vorbeugung als auf Heilung ausgerichtet.

DIE PERSÖNLICHE KUA-ZAHL	DIE PERSÖNLICHE GESUNDHEITSRICHTUNG
Eins (1)	Osten für beide Geschlechter
Zwei (2)	Westen für beide Geschlechter
Drei (3)	Norden für beide Geschlechter
Vier (4)	Süden für beide Geschlechter
Fünf (5)	Männer: Westen, Frauen: Nordwesten
Sechs (6)	Nordosten für beide Geschlechter
Sieben (7)	Südwesten für beide Geschlechter
Acht (8)	Nordwesten für beide Geschlechter
Neun (9)	Südosten für beide Geschlechter

Sobald man die individuelle Kua-Zahl ermittelt hat *(siehe S. 206)*, kann anhand der oben stehenden Tabelle die persönliche Gesundheitsrichtung, die Richtung des himmlischen Doktors, bestimmt werden.

Es gibt verschiedene Möglichkeiten, die persönliche Gesundheitsrichtung zu nutzen. Die durch die Kua-Zahl bestimmten Wohnbereiche können auf vielfältige Weise aktiviert werden, um die körperliche und psychische Gesundheit zu stärken. Auf dieselbe Art und Weise läßt sich auch die persönliche Glücksrichtung ermitteln. Jedes Familienmitglied sollte die ihm zugehörige individuelle Glücksrichtung laut der nebenstehenden Tabelle nutzbringend beachten, um Krankheit zu vermeiden.

Das Schlafzimmer

Einer der wirksamsten Wege, dieses Wissen für gute Gesundheit zu nutzen, ist die Ausrichtung des Bettes. Der Kopf sollte beim Schlafen in die günstige Himmelsrichtung zeigen. Ist Ihre persönliche Glücksrichtung beispielsweise der Osten, so ist dies die ideale Himmelsrichtung für Ihr Schlafzimmer und das Bett.

Der Eßbereich

Mit der Beherrschung der Kua-Formel und dem Wissen um die individuellen Glücksrichtungen der Familienmitglieder haben Sie die Möglichkeit, die Gesundheit jedes einzelnen zu fördern. So läßt sich beispielsweise die Sitzordnung am Eßtisch entsprechend ausrichten. Dabei sollten beim Essen alle Familienmitglieder in die ihnen jeweils zugeordneten Glücksrichtungen blicken. Hilfreich zur Richtungsbestimmung kann hierbei ein Taschenkompaß sein.

Die persönliche Glücksrichtung stellt eine der wirksamsten Feng-Shui-Methoden dar, und die Feng-Shui-Meister geben die entsprechenden Formeln nur an ihre Schüler weiter (die hier aufgezeigte Formel stammt von meinem Feng-Shui-Meister). Neben der Beachtung der Richtungen dürfen jedoch die Grundprinzipien des Feng Shui auf keinen Fall außer acht gelassen werden. So effektiv Bett, Sitzgelegenheiten und andere Möbelstücke innerhalb der Wohnung auch ausgerichtet sein mögen, falls der tödliche Hauch aggressiver Wohnungsstrukturen sich ungehindert verbreiten kann, wird er die positiven Bemühungen zunichte machen.

GESUND SCHLAFEN

DIE LAGE DES SCHLAFZIMMERS

Auch wenn die Kua-Formel zur Findung der idealen Himmelsrichtung für die Lage des Schlafzimmers verhilft, müssen darüber hinaus noch weitere Aspekte berücksichtigt werden. Unabhängig davon, wo sich das Schlafzimmer im Haus befindet, sollten bestimmte Richtlinien beachtet werden, um Ihre Gesundheit zu bewahren. Insbesondere sollte man sich vor Sha Chi – dem tödlichen Hauch – in acht nehmen. Diese feindliche Energie bringt Krankheit, Depression und Jähzorn mit sich. Außerdem sollten die folgenden Situationen vermieden werden:

- Das Schlafzimmer sollte niemals am Ende eines langen Korridors liegen.Dies kann schlechte Gesundheit verursachen. Der Energiefluß wird zu stark, vor allem dann, wenn sich die Schlafzimmertür am Ende des Flures befindet. Eine weitere Tür am gegenüberliegenden Ende des Korridors verschlimmert diese Wirkung zusätzlich, ebenso wie die Positionierung des Bettes mit dem Fußende zur Tür. Jegliche Mißachtung dieser Aspekte führt zu gesundheitlichen Problemen für die Bewohner, und die negativen Energien können manchmal sogar so stark werden, daß die Folgen fatal sind. In Fällen wie diesen sollte das Bett unbedingt anders positioniert werden.

  Eine andere Möglichkeit besteht darin, das Bett mit einem Raumteiler gegen die Schlafzimmertür abzuschirmen.
- In Schlafzimmern, die in Gebäudeteilen liegen, die nahezu kein Sonnenlicht erhalten bzw. in Schlafräumen ohne Fenster herrscht ein Übergewicht an Yin-Energie. Der Mangel an Sonne und frischem Durchzug läßt die Luft schnell schal werden und das Chi verkümmert in solchen Räumen. Eine derartge Schlafsituation wird äußerst negative gesundheitliche Folgen nach sich ziehen und andere Formen von Unglück werden sich bald einstellen. Ein solches Schlafzimmer sollte deshalb stets besonders gut gelüftet und hell ausgeleuchtet sein.

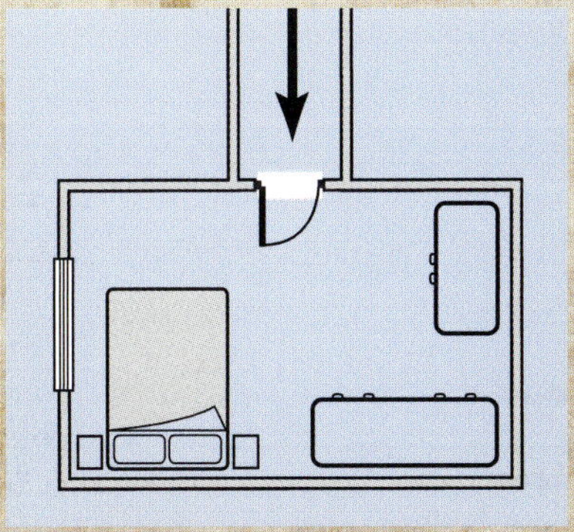

OBEN *Ein langer, gerader Flur führt dazu, daß sich giftiges Chi ansammeln kann. Das Bett sollte deshalb nicht in der verlängerten Türlinie und damit im Einflußfeld des tödlichen Sha Chi stehen.*

- Sehr unvorteilhaft wirkt es sich auf das Schlafzimmer aus, wenn dieses sich unter einer im Stockwerk darüber gelegenen Toilette, einer Waschmaschine oder einem Herd befindet. Die dadurch täglich entstehenden schädlichen Energiefelder strahlen auf die darunter Schlafenden aus.

DIE POSITION UND AUSRICHTUNG DES BETTES

Das Bett sollte zunächst einmal entsprechend der Formschule des Feng Shui günstig aufgestellt werden, bevor man versucht, es gemäß der persönlichen Gesundheitsrichtung zu positionieren. Die wichtigste Grundregel besteht darin, sich vor versteckten Giftpfeilen zu schützen. Es sollten deshalb jegliche feindlichen Merkmale oder Strukturen vermieden werden, die tödliche Giftpfeile auf den Schlafenden aussenden könnten. Die Folge hiervon können starke Kopfschmerzen, Migräne und andere Krankheiten sein. Achten Sie vor allem auf die Positionierung des Bettes innerhalb des Raumes.

Das Kopfende des Bettes zeigt im Idealfall in Ihre persönliche Gesundheitsrichtung. Falls den Ehepartnern unterschiedliche günstige Richtungen zugeordnet sind, sollten sie in getrennten Betten schlafen. Das Bett ist aus Feng-Shui-Perspektive vorzugsweise diagonal zur Zimmertür auszurichten.

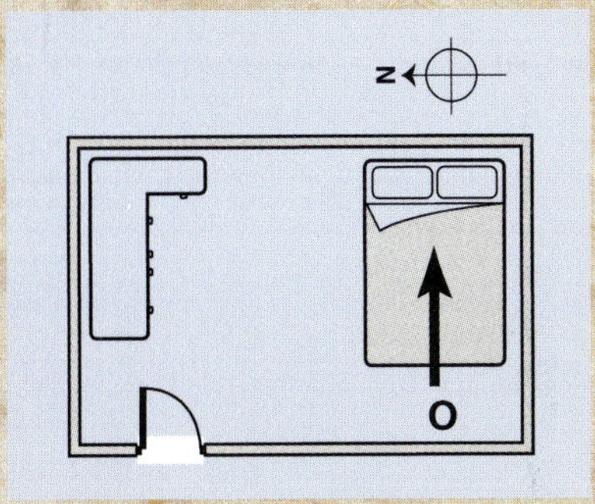

OBEN *Um Ihre Gesundheitsrichtung wirksam werden zu lassen, muß das Bett günstig im Raum ausgerichtet werden.*

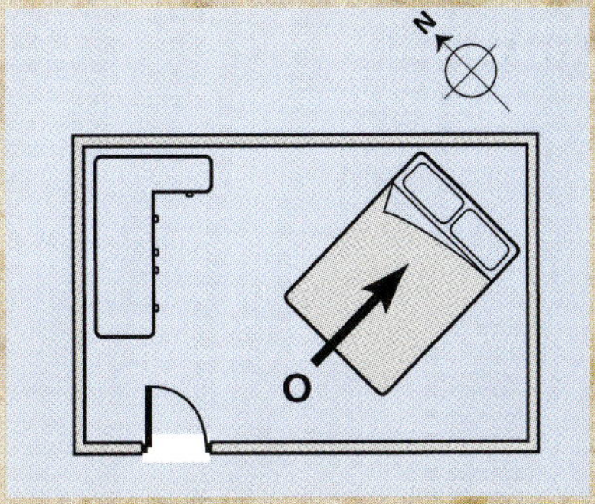

OBEN *Selbst wenn dies die Gesundheitsrichtung ist, sollte das Bett ein wenig aus der Türlinie geschoben werden.*

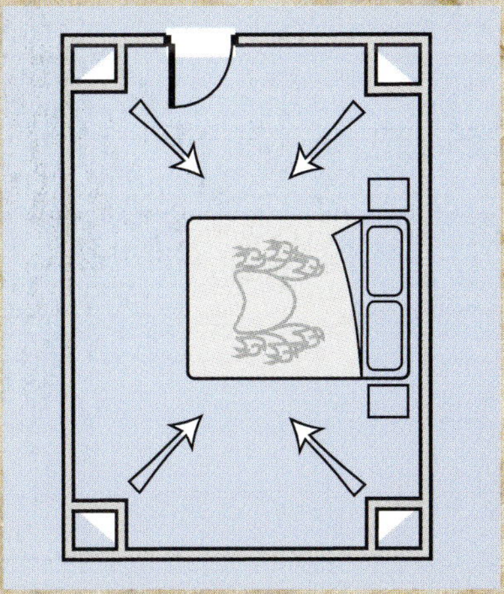

OBEN *Giftpfeile von vier scharfen Kanten treffen auf das Bett. Dies kann zu erheblichen Gesundheitsproblemen führen.*

KAPITEL SIEBZEHN

FENG SHUI FÜR DEN BERUFLICHEN ERFOLG

In all den Jahren, in denen ich Feng Shui auf die verschiedensten Bereiche meines Lebens angewendet habe, ist der positive Einfluß auf meine berufliche Karriere am deutlichsten gewesen. Die Beachtung der Feng-Shui-Grundsätze kann die berufliche Entwicklung in erstaunlicher Weise fördern. Als ich mich im Jahr 1982 entschloß, mein Büro nach den Feng-Shui-Regeln komplett neu zu arrangieren, wurde ich anschließend häufig befördert. Ich hatte die Büromöbel umgestellt und mir einen Schreibtisch speziell in den empfohlenen Feng-Shui-Maßen herstellen lassen. Die nördliche Ecke meines Büros aktivierte ich mit einem Bild, auf dem ein See zu sehen war (für das Element Wasser) und den südlichen Raumbereich mit einer leuchtend roten Lampe. Den Bereich für Geldangelegenheiten im Südosten staffierte ich mit einer Grünpflanze aus. Es dauerte nicht lange, bis meine Bemühungen Früchte trugen, und noch im gleichen Jahr wurde ich leitende Managerin einer anerkannten Finanzierungsgruppe. Aber das sollte noch nicht das Ende meiner beruflichen Glückssträhne sein, denn mir wurde schließlich die Leitung einer Bank angetragen, die sich neu in Hongkong angesiedelt hatte. Seitdem halte ich an den Feng-Shui-Grundregeln fest. Meine persönlichen Erfahrungen haben mich davon überzeugt, daß sich Feng Shui besonders im Hinblick auf die Karriere äußerst gewinnbringend einsetzen läßt.

LINKS *Bringen Sie Ihre Karriere in Schwung, indem Sie Ihre Erfolgsenergien zu Hause und im Büro mit Hilfe von Feng Shui aktivieren.*

KAPITEL SIEBZEHN: FENG SHUI FÜR DEN BERUFLICHEN ERFOLG

DAS DRACHENTOR DURCHQUEREN

RECHTS *Im alten China wurden Gelehrte, die ihre akademischen Prüfungen mit großem Erfolg absolviert hatten, mit dem Karpfen der Legende verglichen, der, gegen die Strömung schwimmend, das Drachentor erreichte und durchquerte. Dieser Vergleich läßt sich heute auf erfolgreiche Angestellte eines Unternehmens übertragen.*

Eine alte chinesische Sage erzählt von einem Karpfen, der gegen die starke Strömung des Gelben Flusses bis zum Drachentor oder *lung men* schwamm. Mit einem mächtigen Sprung gelang es dem Fisch, das Tor zu durchqueren. Andere Karpfen, die es ebenfalls schafften, wurden in Drachen verwandelt, während diejenigen, denen es nicht gelang, für immer das Zeichen des Versagens tragen mußten – einen roten Fleck auf der Oberseite des Kopfes. Seit dieser Geschichte gilt das Drachentor als Symbol für eine erfolgreiche Karriere. Häufig trägt ein solches Tor deshalb Verzierungen in Form eines Karpfens mit Drachenkopf und Fischkörper, der die Verwandlung und den damit verbundenen Aufstieg des Karpfens symbolisiert. Solche Darstellungen finden sich häufig auch in den alten Häusern berühmter Mandarine. Karpfen mit einem roten Fleck auf dem Kopf hingegen stehen für Mißerfolg und Versagen.

Im kaiserlichen China bezeichnete man daher Gelehrte, die eine anspruchsvolle Prüfung bestanden hatten und eine hohe Position am Hof des Kaisers einnahmen, als »Karpfen, der das Drachentor durchquert hat«. Dieses Privileg erreichten nur sehr wenige. Der Ehrgeiz, das Drachentor zu durchqueren – *deng lung men* –, wurde seither mit dem Startpunkt einer erfolgversprechenden Karriere gleichgesetzt. Die Familien lebten in der Hoffnung, daß ihre Söhne erfolgreich sein würden, denn die ganze Familie würde davon profitieren. Dies war der Weg zu Macht, Reichtum und Ehre. In der damaligen Zeit genossen Kaufleute und Händler – vergleichbar mit heutigen Unternehmern – weit weniger Ansehen als etwa ein gelehrter Mandarin, der das Land im Namen des Kaisers verwaltete.

Aus dieser Sichtweise entwickelte sich der Karrierebegriff des Feng Shui, der nicht in erster Linie auf finanziellen Reichtum ausgerichtet ist, auch wenn die berufliche Weiterentwicklung einen höheren Lebensstandard wie selbstverständlich mit sich bringt. Der eigentliche Erfolg jedoch drückt sich im Erreichen höherer beruflicher Positionen aus, die wiederum mehr Einfluß, Macht und Mitbestimmung am Arbeitsplatz bedeuten.

Die kaiserlichen Mandarine brachte jede Beförderung dem Thron des Kaisers und damit dem Zentrum der Macht näher. Man kann sie heute mit hohen Staatsbeamten, Managern großer Konzerne und mit Unternehmensvorständen vergleichen. Einige heutige Unternehmensverbände sind so mächtig, daß man ihren Einfluß durchaus mit dem vergangener Herrscherhäuser vergleichen kann. Manager, deren Karriere glücklich verläuft, können im Vorstandsbereich Machtpositionen erlangen, aus denen heraus sie beachtlichen Einfluß und große Autorität – wie ehemals die Mandarine des Kaisers – erlangen können.

Gutes Karriere-Feng-Shui kann einem Aufstieg innerhalb der Hierarchie des Arbeitsplatzes und dem Erlangen einer herausragenden beruflichen Position höchst dienlich sein. Es schützt darüber hinaus im harten beruflichen Konkurrenzkampf vor Intrigen und vor der Gefahr, den Job zu verlieren. Anstatt nur den Geldaspekt im Auge zu haben, fördert Feng Shui in erster Linie die persönliche Weiterentwicklung im beruflichen Bereich. Natürlich bringt der Erfolg im Beruf auch ein wachsendes Einkommen mit sich.

Wer ist nun am ehesten dazu prädestiniert, seine Karriere durch Feng Shui im dargestellten Sinne voranzutreiben? Politiker und Staatsbeamte sicherlich ebenso wie Angestellte oder Manager – kurzum jeder, der Teil einer hierarchisch aufgebauten Institution ist.

Die individuelle Glücksrichtung mit Hinblick auf die Karriere läßt sich anhand der Kua-Formel der Acht-Häuser-Schule ermitteln. Diese dem Berufserfolg zugeordnete Richtung wird auch als Fu-Wei-Richtung bezeichnet. Die Kenntnis dieser Richtung eröffnet zahlreiche Möglichkeiten, um sie zu Hause oder im Büro nutzbringend einzusetzen. So sollte die Position beim Schlafen ebenso wie am Schreibtisch möglichst dorthin ausgerichtet sein, wo man das persönliche Fu Wei am besten aufnehmen kann. Ein erstaunlicher Erfolg auf dem beruflichen Weg wird die Folge sein. Man wird seine Aufgaben nicht nur mit verstärkter Energie angehen, sondern auch mehr Freude daran finden. Feng Shui stellt eine ideale Unterstützung für diejenigen dar, die den Ehrgeiz haben, sich beruflich weiterzuentwickeln, und die ein hohes Ziel vor Augen haben. Eine Verbesserung der Einkünfte und damit des Lebensstandards ist dabei zwar nicht das Hauptziel, aber es wird sich wie von selbst einstellen.

LINKS *Feng Shui für den beruflichen Erfolg zu nutzen bedeutet, Einfluß, Macht und Respekt am Arbeitsplatz zu erlangen – und nicht, auf schnelle Weise zu Geld zu kommen.*

DIE KUA-FORMEL

Um die persönliche Karriererichtung zu erhalten, bestimmen Sie zuerst Ihre Kua-Zahl und lesen dann anhand dieser Tabelle den günstigsten Karriereort und die optimale Ausrichtung ab.

Die persönliche Kua-Zahl	Die persönliche Karriererichtung
Eins (1) (Ostgruppe)	Norden für Männer und Frauen
Zwei (2) (Westgruppe)	Südwesten für Männer und Frauen
Drei (3) (Ostgruppe)	Osten für Männer und Frauen
Vier (4) (Ostgruppe)	Südosten für Männer und Frauen
Fünf (5) (Westgruppe)	Südwesten für Männer und Nordwesten für Frauen
Sechs (6) (Westgruppe)	Nordwesten für Männer und Frauen
Sieben (7) (Westgruppe)	Westen für Männer und Frauen
Acht (8) (Westgruppe)	Nordosten für Männer und Frauen
Neun (9) (Ostgruppe)	Süden für Männer und Frauen

Beim Bestimmen der Sektoren der Wohnung oder des Büros sollte man auch die zugehörigen Elemente beachten. Die Fünf-Elemente-Lehre steht über den einzelnen Feng-Shui-Schulen, egal welche Methode oder Formel angewendet wird.

SIEHE AUCH
❖ Die Acht-Häuser-Formel: Die Bagua-Lo-Shu-Formel
S. 72–75

Kapitel Siebzehn: Feng Shui für den beruflichen Erfolg

DAS INNERE CHI IM EINKLANG MIT DEM CHI DER UMGEBUNG

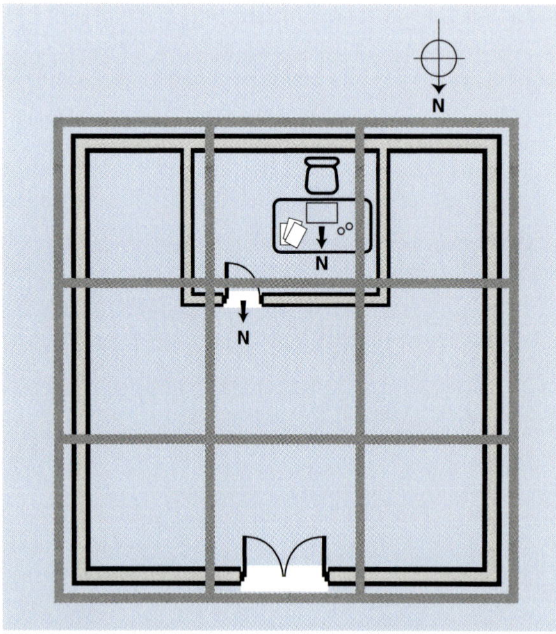

LINKS *Falls der Norden die persönliche Karriererichtung ist, sollten der Schreibtisch und die Tür in diese Richtung weisen, da diese Anordnung den beruflichen Erfolg fördert.*

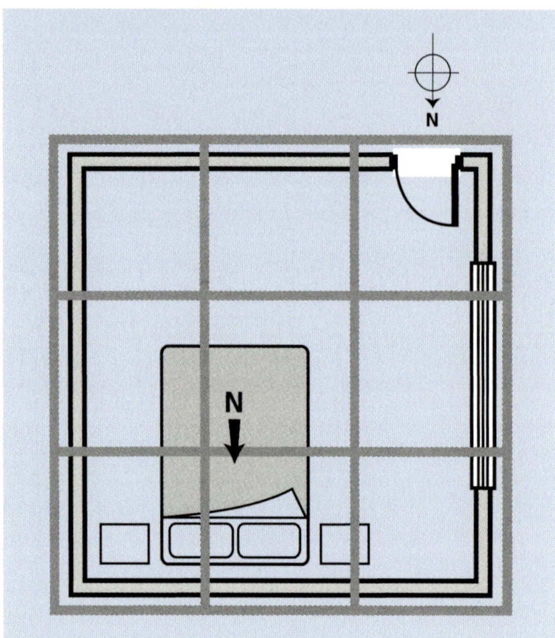

LINKS *Indem Sie mit dem Kopf in Ihre persönliche Karriererichtung schlafen, können Sie selbst im Schlaf noch etwas für den beruflichen Erfolg tun.*

Sobald die karrierefördernde Glücksrichtung ermittelt ist und der Grundriß der genutzten Räume mit Hilfe des Lo-Shu-Quadrates in Sektoren eingeteilt wurde, gibt es mehrere Möglichkeiten, die persönlichen Chi-Energien mit den Räumlichkeiten in Einklang zu bringen.

Die Kua-Zahl in der Tabelle bezeichnet die Richtung, die für den beruflichen Erfolg und damit für die Arbeitsposition am günstigsten ist. Ebenso läßt sich daraus die beste Richtung für die Eingangstür, das Büro, das Schlafzimmer und das Arbeitszimmer ablesen. Die Beachtung dieser Grundlage unterstützt den Erfolg im Beruf und beugt übermäßigem Streß in der Arbeitswelt vor. Die Berücksichtigung der Kua-Zahl und das damit verbundene positive Feng Shui hilft auch dabei, sich im Konkurrenzkampf am Arbeitsplatz durchzusetzen. Ihre Vorgesetzten werden Sie respektieren und Ihre Kollegen die Zusammenarbeit mit Ihnen schätzen.

Die genannten Aspekte sollten gesondert für jedes einzelne Familienmitglied nach den individuellen Kua-Zahlen beachtet werden.

Der möglicherweise beste Weg, Karriereerfolg zu erlangen, besteht darin, daß die wichtigsten Türen in die der Karriere zugeordnete Himmelsrichtung weisen und daß Ihre Blickrichtung, wenn Sie am Schreibtisch sitzen, ebenfalls dieser entspricht. Das bedeutet, daß sich die wichtigen Räume und Türen in dem Sektor befinden sollten, der für Sie am geeignetsten ist. Des weiteren sollte Ihr Mobiliar so ausgerichtet sein, daß Sie in Ihren persönlichen Richtungen schlafen und arbeiten.

Ist beispielsweise der Norden Ihre spezifische Karriererichtung, so ist es für den beruflichen Erfolg förderlich, wenn die Eingangstür sowie das Schlaf- und das Arbeitszimmer in dieser Richtung liegen. Falls sich das Büro nicht im nördlichen Teil des Gebäudes befinden sollte, gibt die Zeichnung oben links Hinweise darauf, wie jeder, dem die Glücksrichtung Norden zugeordnet ist, dennoch seine berufliche Entwicklung positiv beeinflussen kann.

- Die Blickrichtung vom Arbeitsplatz aus sollte nach Norden zeigen.
- Die Tür des Arbeitszimmers sollte in nördlicher Richtung liegen.

OBEN *Eine fehlende Raumecke im Büro oder Arbeitszimmer kann mit Hilfe einer hellen Lampe ausgeglichen werden.*

Unregelmäßige Haus- und Bürogrundrisse

Da Büroräume selten eine quadratische oder rechtwinklige Grundfläche haben, ist es häufig problematisch, sie anhand des Lo-Shu-Rasters in neun Quadrate aufzuteilen. Manchmal fehlt sogar eine ganze Raumecke. Wenn die fehlende Ecke auch noch ausgerechnet in der Karriererichtung liegt, so könnte dies – vor allem was das Büro angeht – einen äußerst negativen Einfluß auf den beruflichen Erfolg haben. Es gibt zwar die hier aufgezeigten Möglichkeiten, dieses Problem zu mildern, aber trotz Beachtung dieser Ratschläge wird sich der berufliche Erfolg häufig nicht im gewünschten Maße einstellen.

Die Beispiele dieser Seite stellen problematische Grundrisse von Büroräumen dar. Die rechte Zeichnung zeigt, wie das neunteilige Raster angelegt wird und Aufschluß darüber gibt, welcher Sektor des Zimmers fehlt.

Die Grundsätze des Feng Shui setzen das Fehlen eines Haus- oder Zimmersektors gleich mit dem Fehlen von Glück in einem bestimmten Lebensbereich – je nachdem, welcher Kompaßrichtung der fehlende Sektor zugeordnet ist.

Falls es sich hierbei um Ihre persönliche Karriererichtung handelt, so kann (wie es die Zeichnungen verdeutlichen) korrigierend Einfluß genommen werden, indem:

- ein Strahler wie in der obigen Zeichnung installiert wird;
- ein Wandspiegel angebracht wird, wie in der Zeichnung oben rechts;
- ein Anbau erfolgt, wie im Bild rechts zu sehen.

Die jeweilige Lösung hängt natürlich in hohem Maße von den vorgegebenen Umständen ab. In Häusern oder Räumen mit ungewöhnlichen Grundrissen ist es häufig schwierig, das gesamte Büro bzw. den Schreibtisch in die geeignete Ecke zu verlegen. In diesem Fall ist es angeraten, wenigstens die entsprechende Blickrichtung einzuhalten, um die positiven Einflüsse zu aktivieren. Falls auch dies nicht möglich sein sollte, ist zumindest eine der drei anderen empfohlenen Glücksrichtungen zu wählen.

Die Ausrichtung des Arbeitsplatzes

Eine wichtige Voraussetzung für eine erfolgreiche Karriere ist die Ausrichtung des Arbeitsplatzes. Die persönliche Glücksrichtung sollte dabei berücksichtigt werden. Ein unauffällig auf dem Schreibtisch aufgemalter Pfeil dient etwa als praktische Erinnerungsstütze, um bei wichtigen Gesprächen oder bei der Arbeit an einem Projekt erfolgreich zu sein.

OBEN *Eine andere Methode zur Belebung einer fehlenden Ecke ist das Anbringen eines großen Wandspiegels.*

OBEN *Das Fehlen der persönlichen Glücksecke läßt sich möglicherweise durch einen Anbau ausgleichen.*

KAPITEL ACHTZEHN

FENG SHUI AUF REISEN UND IM AUSLAND

Gezielte, unmittelbar vor der Abreise angewandte Feng-Shui-Rituale verhelfen während Auslandsreisen zu größerer Sicherheit. Im folgenden Kapitel sind alle diesbezüglichen mir bekannten Methoden aufgeführt, einschließlich einiger außerordentlich wirksamer Feng-Shui-Ratschläge zum Thema Reisen, die auf meinen geschätzten spirituellen Meister, den verehrten Lama Zopa Rinpoche, zurückgehen.

Eines Tages bat Rinpoche mich ohne weitere Erklärungen, einige Worte niederzuschreiben, die er aus einem tibetanischen Text übersetzt hatte. Zunächst nahm ich an, er wolle mich etwas lehren oder mir eine Weisheit eingeben. Doch während ich die Worte niederschrieb, wurde ich plötzlich ganz aufgeregt, denn ich bemerkte, daß er mir die Übersetzungen von Maßnahmen für sicheres Reisen gab. Ich erkannte, daß seine Methoden der Theorie der Fünf Elemente (Wuxing) entsprachen. Laut Rinpoche waren diese Bestandteil des Kampfes »gegen das Unglück aus den zehn Richtungen«. Ich habe diese Hilfsmittel und die sie begleitenden Reise-Mantras im folgenden Kapitel zusammengestellt – nicht ohne Rinpoches Einverständnis dazu einzuholen. Vor allem für Geschäftsleute, die häufig unterwegs sind, können diese Anleitungen von großem Nutzen sein, um stets von Sicherheit und Glück begleitet zu werden.

LINKS *Feng Shui ist so vielseitig anwendbar, daß man es sogar auf Fernreisen in der ganzen Welt nutzen kann.*

KAPITEL ACHTZEHN: FENG SHUI AUF REISEN UND IM AUSLAND

GÜNSTIGE UND UNGÜNSTIGE RICHTUNGEN BEIM REISEN

OBEN *Die direkte Route von England nach Australien bietet sich für dem Westen zugeordnete Personen an, da ihr Ausgangspunkt im Nordwesten liegt.*

OBEN *Auch der Weg von England über die USA nach Australien ist für Personen der »Westgruppe« günstig. Reisende der »Ostgruppe« sollten sich eine andere Route suchen.*

Das Bagua/Lo-Shu-System des Feng Shui – manchmal als das System der Acht Häuser bezeichnet, da es auf der kraftvollen Acht-Häuser-Formel der Kompaßschule des Feng Shui beruht – kann dazu genutzt werden, günstige und ungünstige Reiserouten auf der Basis der persönlichen Kua-Zahl festzustellen. Unter Berücksichtigung des Geschlechts und des Geburtsdatums läßt sich bestimmen, welche Reiserichtung positiv und welche unzuträglich ist.

Diese Methode des Feng Shui kann also eingesetzt werden, um wichtige Entscheidungen bezüglich der Reise zu bewerten. Dabei kann es sich um ganz unterschiedliche Formen des Ortswechsels handeln: um eine wichtige Geschäftsreise oder den Umzug in ein neues Haus oder Büro ebenso wie um eine Versetzung ins Ausland oder einen Wohnortwechsel. Mittels Feng Shui kann die Reiseroute so geplant werden, daß man sich stets in einer günstigen Himmelsrichtung bewegt.

Die Orientierung bezieht sich hierbei nicht auf die Ziel-, sondern auf die Ausgangsrichtung. Wird dieser wichtige Punkt mißachtet, so fällt die Feng-Shui-Analyse falsch aus. Es gilt der Merksatz: »Wohin auch immer du gehst, bring Glück mit dir!«

Wenn man von Großbritannien nach Australien über Singapur fliegt, reist man beispielsweise aus nordwestlicher Richtung an. Diese Reiserichtung ist für dem Westen zugeordnete Personen günstiger als für Personen, die der Richtung Osten angehören, da die nordwestliche Richtung der erstgenannten Gruppe zugeordnet ist. Bei einer Reise nach Australien über die USA wird in nordöstlicher Richtung geflogen – auch das ist zuträglicher für »West«-Personen. Bedeutet das nun, daß alle »Ost«-Personen, die von Großbritannien nach Australien reisen, vom Unglück heimgesucht werden?

Das ist sicherlich nicht der Fall, doch zwischen der Ankunft in Australien und der Weiterfahrt zum Endziel sollte besser eine einwöchige Pause eingelegt werden. Die Planung der letzten Etappe sollte vorsehen, daß die Reise aus einer günstigen Richtung angetreten wird. »Ost«-Personen ist demnach die Reise aus einer Richtung anzuraten, die dieser Personengruppe zugeordnet ist – also von Osten, Süden, Südosten oder Norden her. Diese Vorgabe ist, besonders auf kürzeren Reisen, nicht immer leicht zu erfüllen. Für eine Auswanderung nach Australien etwa lohnt es sich allerdings gewiß, die Feng-Shui-Ratschläge zum Reisen zu berücksichtigen. Dies wird dem Reisenden im Ergebnis zweifellos Glück bringen.

Nur in seltenen Fällen ist es einfach zu bewerkstelligen, die Reiseroute zu ändern. Als ebenso schwierig kann es sich erweisen, die Richtung zu wechseln, aus der man an das Ziel gelangt. Um beispielsweise in den USA von Cleveland nach Chicago zu gelangen, führt die Straße oder Eisenbahnlinie in gerader Linie von Osten nach Westen. Ähnliches gilt für eine Reise von London nach Boston: Man reist aus nordöstlicher Richtung an. Wie sollte man sich nun bei solchen direkten Verbindungen verhalten?

Die Lösung liegt darin, Umwege in Kauf zu nehmen. Dies ist ein Rat, der schon in den klassischen Schriften des Feng Shui zu finden ist. Die Umwege und Reiseunterbrechungen sollten es ermöglichen, das Ziel aus der persönlich günstigsten Himmelsrichtung zu erreichen. Für eine Reise nach Boston hieße das also, in Washington oder New York zu pausieren. Vor Antritt einer wichtigen Reise gilt es daher, die Landkarte genau zu studieren und alternative Strecken zu prüfen.

Vor der Entscheidung für einen neuen, lukrativen Arbeitsplatz an einem fremden Ort sollte man die Reiserouten dorthin genau prüfen. So erhält man einen ersten Anhaltspunkt dafür, ob die neue Umgebung günstige Einflüsse verspricht.

Abhängig von der persönlichen Kua-Zahl und dem jeweiligen Heimatland, sind bestimmte Kontinente positiver zu bewerten als andere, denn einige Ziele auf diesen Kontinenten sind auf direktem Wege und aus der günstigsten Himmelsrichtung zu erreichen. Ähnliches gilt auch für Firmen, die Waren ausführen wollen, denn gewisse Exportmärkte sind einträglicher als andere.

Das gleiche Prinzip ist beim Umzug in ein neues Haus oder in ein fremdes Land gültig. Auch hier sollte die Reiseroute überprüft und gegebenfalls ein Umweg einplant werden. Je langfristiger die Wohnsitzverlegung, um so wichtiger ist es, die Orientierungsregeln zu berücksichtigen. Die folgenden Punkte sollten dabei unbedingt beachtet werden:

- Die Reiseroute sorgfältig planen.
- Die Kua-Zahlen beider Ehegatten prüfen. Sind die Zahlen verschiedenen Richtungsgruppen zugeordnet, ist eine getrennte Reiseplanung mit unterschiedlichen Routen angeraten. Die Kua-Zahlen unverheirateter Kinder, die ihre Eltern begleiten, sind von geringer Bedeutung für eine positive Reise. Nach dem chinesischen Verständnis unterliegt das Geschick aller unverheirateten Kinder dem der Eltern.
- Ist ein Umweg erforderlich und soll er seine günstige Wirkung entfalten, so ist ein mindestens sechswöchiger Aufenthalt am Ort der Unterbrechung einzuplanen. Diese Maßnahme ist besonders wichtig beim Umzug in eine andere Stadt oder ein fremdes Land.
- Sind die Ehepartner verschiedenen Richtungsgruppen zugeordnet, d. h. der eine dem Osten und der andere dem Westen, so sollte der dem Osten zugehörige Partner die Reise zuerst antreten. Die Kinder sollten immer mit der Mutter reisen, da deren Geschick den Haupteinfluß auf sie hat.

Die folgende Tabelle zeigt eine Auswahl günstiger und ungünstiger Richtungen. Eine gründliche Beschäftigung damit und mit der Anwendung dieser Kua-Richtungen ist ratsam. Bei der praktischen Umsetzung dieser Methode zeigt sich, daß für die Festlegung der Route hinsichtlich der Richtung ein gewisser Spielraum besteht. Das liegt daran, daß unsere Einteilung den acht Himmelsrichtungen des Kompasses folgt und jede der Richtungen folglich 45° des Kompasses einnimmt (360° geteilt durch die 8 Himmelsrichtungen).

OBEN *Falls die Eltern getrennt reisen, sollten die Kinder die Mutter begleiten. Ihr Geschick beeinflußt das der Kinder am stärksten.*

GÜNSTIGE UND UNGÜNSTIGE REISERICHTUNGEN

KUA-ZAHL UND KUA-GRUPPE	REISE VON LONDON NACH NEW YORK (von Nordosten)	REISE VON AMSTERDAM NACH HONG KONG (von Nordwesten)	REISE VON SYDNEY NACH PARIS (von Südosten)	REISE VON BOSTON NACH LOS ANGELES (von Osten)
1 Osten	ungünstig	sehr ungünstig	günstig für die Finanzen	gut für die Gesundheit
2 Westen	günstig für die Finanzen	günstig für die Liebe	ungünstig	ungünstig
3 Osten	sehr ungünstig	ungünstig	günstig für die Liebe	gut für die Bildung
4 Osten	höchst ungünstig	ungünstig	gut für die Bildung	günstig für die Liebe
5 Westen	hervorragend für Männer, günstig für Frauen	bei Frauen günstig für die Gesundheit, bei Männern günstig für die Liebe	ungünstig für Männer, sehr ungünstig für Frauen	ungünstig für Männer, sehr ungünstig für Frauen
6 Westen	gut für die Gesundheit	gut für die Bildung	ungünstig	ungünstig
7 Westen	günstig für die Liebe	günstig für die Finanzen	sehr ungünstig	höchst ungünstig
8 Westen	gut für die Bildung	gut für die Gesundheit	höchst ungünstig	sehr ungünstig
9 Osten	ungünstig	höchst ungünstig	gut für die Gesundheit	gut für die Finanzen

KAPITEL ACHTZEHN: FENG SHUI AUF REISEN UND IM AUSLAND

ÜBERWINDEN VON NEGATIVEM FENG SHUI AUF DER REISE

RECHTS *Manchmal ist es unmöglich, wichtige Reisen zu verschieben. Doch durch den Einsatz spezieller Gegenmaßnahmen läßt sich schlechtes Feng Shui auf Reisen erheblich mildern.*

UNTEN *Ein Traum von einem wilden Tier in der Nacht vor der Abreise ist nach tibetanischem Feng Shui ein schlechtes Omen.*

Negatives Feng Shui macht sich auf Geschäfts- oder Urlaubsreisen meist in Form einer Krankheit oder von Verlusten bemerkbar. Es ensteht oft in Folge nachstehend aufgezählter Punkte, sei es einzeln oder in Kombination:

- Die Reiserichtung steht im Konflikt mit der persönlichen Kua-Zahl. Auf die Möglichkeiten zur Vermeidung dieses Konflikts oder zumindest zur Abmilderung seiner Wirkung wurde bereits eingegangen. Falls ein Umweg unmöglich ist, können bestimmte Feng-Shui-Maßnahmen helfen, die negativen Folgen der ungünstigen Richtungsorientierung zu überwinden. Diese Maßnahmen helfen allerdings nur bei Reisen und nicht bei einem dauerhaftem Umzug von einem Haus oder einem Land in ein anderes.
- Der Reisebeginn fällt auf ein nach astrologischen Gesichtspunkten ungünstiges Datum oder einen unpassenden Zeitpunkt. Es ist natürlich kaum möglich, jeden einzelnen Tag und jeden Termin daraufhin zu prüfen, ob er günstig für eine Reise ist. Daher bleibt diese Entscheidung häufig dem Zufall überlassen. Bestimmte Feng-Shui-Maßnahmen helfen allerdings, die negativen Auswirkungen einer unabsichtlich falsch gewählten Reisezeit zu überwinden.
- Es kann durchaus passieren, daß man kurz vor der Reise einem schlechten Omen oder unglückseligen Zeichen begegnet. Zum Schutz hiervor empfehlen sich bestimmte Gegenmaßnahmen, die auf der Lehre des Wuxing oder der Fünf Elemente beruhen. Eine hervorragende Methode zur Überwindung von negativen Feng Shui der »Acht Richtungen« lehrte mich mein hochverehrter Lama Rinpoche. Damit vermag ich zu verhindern, daß ich auf meinen häufigen Trips vom Unglück verfolgt werde. Als Vielreisende ist das Feng Shui der Reise von größter Bedeutung für mich. Dank der Erlaubnis von Rinpoche ist es mir möglich, seinen übersetzten Text in diesem Buch wiederzugeben. Er ist gesondert in einem Textrahmen herausgehoben *(siehe S. 231)*. Ob es sich hierbei um tibetanisches Feng Shui handelt, weiß ich nicht mit Sicherheit zu sagen. Es ist die Übersetzung eines klassischen Textes von einem bekannten buddhistischen Meister namens Nagarjuna. Die beschriebene Methode verbindet die Lehre der Fünf Elemente mit den Anweisungen zum Gesang heiliger Mantras.

Auch wenn die alten Schriften nicht explizit davon sprechen, so erkannte ich doch bei der Anwendung des Wuxing, daß es sich hier um eine Form des tibetanischen Feng Shui handelt. (Fehler bei der Übertragung der Übersetzung oder der Interpretation sind selbstverständlich mir zuzuschreiben.)

Die Feng Shui-Methode zum Überwinden von Schwierigkeiten auf der Reise hängt von der Reiserichtung ab und gleicht in vielerlei Hinsicht der tibetanischen Methode. Ich empfehle ihre Anwendung in dem Fall, daß die Reiserichtung nicht mit der persönlichen Glücksrichtung übereinstimmt, sich vor Antritt der Reise mehrere der im nächsten Abschnitt vorgestellten schlechten Omen zeigen oder zu spät bemerkt wird, daß der Reisetag ungünstig ist, die Reise jedoch nicht mehr verschoben werden kann.

FENG-SHUI-METHODEN FÜR JEDE HIMMELSRICHTUNG

Die Feng-Shui-Methoden lassen sich wie folgt zusammenfassen:

- Wenn die Reise in südlicher Richtung angetreten wird, sollte direkt vor Aufbruch ein Glas Wasser getrunken werden. Es sollten auf keinen Fall mehrere Gläser sein, da der symbolische Wert der Zahl eins von Bedeutung ist. Wahlweise kann vor der Reise auch ein Bad genommen und die Hände und Füße können gewaschen werden. Vor allem das Waschen der Füße ist wichtig, da die Füße den Reiseantritt symbolisieren und dieses Ritual symbolisch für das Entfernen von ungünstigem Chi ist.
- Falls man in Richtung Norden reist, sollte vor Antritt etwas Erde genommen und in diese Himmelsrichtung geschleudert werden. Ein Blatt Papier oder ein Lappen sollte dabei die Hand vor Verschmutzung schützen, so daß sie hinterher nicht gewaschen werden muß. Eine weitere Methode sieht vor, einen Naturquarz in nördliche Richtung zu halten, bevor man das Haus verläßt.
- Bei einer östlichen oder südöstlichen Reiserichtung sollte vor Aufbruch mit einer Glocke sechs oder sieben Mal gen Osten geläutet werden. Die Glocke sollte zu Hause verbleiben. Des weiteren kann auch bis zur Rückkehr ein Windspiel in östlicher Richtung aufgehängt werden. Es sollte allerdings wieder abgenommen werden, sobald man von der Reise zurückgekehrt ist. Diese Methode eignet sich besonders gut als schützende Maßnahme für Familien, die ihr Haus während einer Ferienreise unbeaufsichtigt lassen müssen. Eine weitere Möglichkeit ist das siebenmalige Anklingen einer Klangschale mit einem Holzklöppel unmittelbar vor Reiseantritt.
- Wenn man nach Westen oder Nordwesten reist, sollten eine rote Kerze, etwas Weihrauch oder oder einige Aromastäbchen angezündet und in Reiserichtung gehalten werden. Dadurch wird alles negative Shar Chi unwirksam gemacht. Mir gefällt besonders das Abbrennen von Weihrauch, da dies den sofortigen Eindruck schafft, daß die Atmosphäre von schlechten Energien gereinigt wird. Da diese Methode allerdings recht esoterisch wirkt, mögen andere eine Kerze bevorzugen.
- Falls die Reise nach Südwesten oder Nordosten geht, sollte man mit einem Bambusstab dreimal in Reiserichtung durch die Luft fahren, wobei ein um den Stab gewickeltes rotes Band die Wirkung noch erhöht. Diese symbolische Stärkung des Holz-Elements verhindert nicht nur schlechte Energien auf der Reise, sondern schützt auch vor ernsten Verletzungen oder Verlusten durch Unfälle oder Hindernisse, die unterwegs auftreten könnten.

KAPITEL ACHTZEHN: FENG SHUI AUF REISEN UND IM AUSLAND

DAS TIBETISCHE FENG SHUI

Erkennen der Zeichen drohenden Unheils vor einer Reise

In vielen asiatischen Kulturen herrscht der Glaube, daß gewisse Anzeichen als frühzeitige Warnsignale dienen, um bestimmte Reisetage und -zeiten zu vermeiden. Läuft einem beispielsweise auf der Fahrt zum Flughafen ein lahmender oder hinkender Hund über den Weg, ist es durchaus ratsam, die Reise zu verschieben. Falls das nicht möglich ist, sollte man sich zumindest die Zeit nehmen, eine der bereits beschriebenen Feng-Shui-Gegenmaßnahmen oder einen der Ratschläge des tibetischen Feng Shui *(siehe Kasten)* anzuwenden. Hier einige weitere Beispiele für deutliche Warnsignale drohenden Unheils:

- Träume in der Nacht vor der Abreise, in denen Tiger oder andere gefährliche Tiere vorkommen, lassen Schwierigkeiten auf der Reise befürchten. Sie symbolisieren eine Gefahr und erfordern besondere Vorsicht.
- Begegnet man einer Person, die eine schwere Last auf dem Rücken trägt, deutet das auf eine mit Problemen belastete Reise hin. Das kann sich in erhöhten Herausforderungen, einer zusätzlichen finanziellen Bürde oder einfach in unerwarteten Belastungen äußern. Auch hier sollte man den Reisetermin möglichst verschieben.
- Trifft man auf einen Trauerzug, muß die Reise unbedingt um einen Tag verschoben werden. Nach der Begegnung sollte man direkt nach Hause gehen und ein Bad nehmen. Das Zusammentreffen mit einem Trauerzug signalisiert bevorstehendes Unglück. Oftmals kündigt es die Verwicklung in ein Gerichtsverfahren oder den Verlust eines geliebten Menschen an. Das gleiche kann für die Begegnung mit einer in Weiß gekleideten Person gelten.
- Hat man während der Autofahrt eine Reifenpanne oder einen kleineren Unfall, gilt es, vor dem Weiterfahren möglichst sofort die Kleider zu wechseln. Die Panne zeigt an, daß wirklich ernsthafter Schaden verhindert wurde. Der Kleiderwechsel ist wichtig, da durch ihn das Vorüberziehen des Unheils vollendet wird.

LINKS *Das Erblicken eines lahmenden Hundes vor Reiseantritt ist ein ungünstiges Omen. Es sollte eine Feng-Shui-Gegenmaßnahme angewendet werden.*

OBEN *Auch eine Person, die eine Last auf dem Rücken trägt, gilt vor einer Reise als Unglückssymbol.*

LINKS *Begegnet man vor der Reise einem Trauerzug, kann dies eine höchst unangenehme Gerichtsverhandlung oder den Verlust eines geliebten Menschen ankündigen.*

WAS MAN GEGEN UNHEIL AUF REISEN TUN KANN

OBEN *Lama Zopa Rinpoches Feng-Shui-Ratschläge sind unverzichtbar für jeden, der dem Unheil auf Reisen entgegenwirken möchte.*

Es folgen einige bei Unglück auf Reisen und in anderen Situationen hilfreiche Lehren des TIBETISCHEN FENG SHUI. Der Text ist eine Übertragung der Übersetzung des ehrenwerten Lama Zopa Rinpoche. (Einzelheiten zur Person sind auf seiner Website zu finden, Adresse S. 355).

Die hier aufgeführten Ratschläge entstammen einem Text, in dem Buddha Manjushuri zum großen indischen Pandit Nagarjuna spricht. Der Inhalt des Textes bezieht sich nicht ausdrücklich auf Feng Shui, aber der Einfluß der Wuxing-Methode oder der Methode der Fünf Elemente ist deutlich erkennbar. Die Lehren des Zerstörungszyklus werden hier eingesetzt, um mögliches Unheil auf der Reise abzuwehren, das durch einen Vorgang aufkommen kann, der von den Buddhisten als »abhängiges Auftreten« bezeichnet wird. Eine weitere mögliche Unheilsquelle ist die Entstehung negativen Karmas, das mit Hilfe der genannten Methoden und Mantras abgewendet werden kann. Unglück kann aber auch das Ergebnis einer Reise sein, die während einer astrologisch ungünstigen Phase angetreten wird.

ERSTE METHODE

Schützendes Feng Shui, das nicht nur der eigenen Sicherheit dient, sondern auch der Familie sowie der Überwindung von Hindernissen während der Reise, erlangt man mit folgender Methode: Geht die Fahrt in Richtung Osten, mit einem Krumm-Messer dreimal in Reiserichtung durch die Luft fahren. Bei einer Fahrt gen Süden, einen Behälter mit Wasser füllen und dieses dreimal in südlicher Richtung ausschütten. Geht die Reise westwärts, drei Stücke Weihrauch anzünden und in Fahrtrichtung emporhalten. Bei einer nördlichen Route drei Handvoll Erde aufnehmen und gen Norden werfen.

ZWEITE METHODE

Man kann auch mit einem Krumm-Messer dreimal vor dem Körper von links nach rechts durch die Luft fahren, was das Unglück von den zehn Richtungen ablenkt. Die zehn Richtungen setzen sich aus den acht Kompaßrichtungen sowie oben und unten zusammen. Besondere Beachtung sollte man der Begegnung mit einem hinkenden Hund vor der Abreise schenken. In diesem Fall ist es ratsam, die Reise zu verschieben. Ist es unmöglich, die Reise zu verlegen, sollte zusätzlich zur letztgenannten auch die erste Methode angewandt und das passende Mantra *(siehe unten)* gesprochen werden.

MANTRAS ZUM ÜBERWINDEN VON NEGATIVEN EINFLÜSSEN AUF DER REISE

Der tibetischen Astrolgie zufolge lassen sich die Elemente durch das Aussprechen bestimmter Mantras beeinflussen. Diese werden als »Jung war ur nen« bezeichnet und lauten wie folgt:
Bei einer Reise gen Osten, ein Stück Eisen oder ein anderes Metall (z.B. ein Krumm-Messer) in diese Richtung halten und die folgenden Silben sprechen: *MAMA KARA KARA YEH SO HAR.*
Bei Reisen gen Süden etwas Wasser in diese Richtung schleudern und *MA MA COME COME YEH SO HAR* aufsagen.
Bei einer Reise in westlicher Richtung entweder drei Kerzen oder Räucherstäbchen anzünden und *MAMA RAM RAM YEH SO HAR* sprechen.
Geht die Reise nach Norden, drei Handvoll Erde in diese Richtung werfen, gefolgt von den Worten *MAMA SU SU YEH SO HAR.*
Außerdem in alle vier Ecken – nördlich, südlich, östlich, westlich – des Zuhauses ein kleines Bündel Blätter tragender Zweige oder anderer buschiger Pflanzen legen und anschließend das Mantra *MAMA PUTAH PUTAH YEH SO HAR* sprechen.
Es wird empfohlen, zu den Mantras ein Mala mit einer buddhistische Gebetskette aufzusagen. Ist kein Mala vorhanden, sollten die Mantras 108 Mal gesprochen werden. So wird Unheil abgewehrt, und eventuelle Hindernisse während der Reise wie Krankheit, Diebstahl, schwere Unfälle lassen sich überwinden. Es bleibt zu beachten, daß auch ein falscher Reisezeitpunkt Unglück mit sich bringen kann. Hier helfen ebenfalls die Mantras.

OBEN *Unglück läßt sich mit einem Krumm-Messer abwenden.*

MANTRAS ZUR ABWEHR VON UNGLÜCK IN ANDEREN SITUATIONEN

Es gibt weitere Mantras, die sich zur Abwehr von Unheil in folgenden Situationen eignen:

- Bei Beerdigungen, wenn die Leiche zur Beisetzung oder Einäscherung fortgetragen wird. Sie schützen die übrigen Familienmitglieder vor Unheil.
- Bei der Zeremonie der Eheschließung verhilft der Mantragesang zu einem langen, glücklichen Eheleben.
- Bei der Grundsteinlegung zum Bau eines Eigenheimes.
- Beim Beginn neuer Projekte oder der Gründung eines eigenen Unternehmens.

Hierbei wird folgendes Mantra gesprochen:
OM AH KANI NI KANI
AH GHILA MANDALA MANDA YEH SO HAR.
Durch das Sprechen dieses Mantras werden ungünstige astrologische Konstellationen wie die Wahl eines schlechten Zeitpunktes ausgeglichen, schlimme Vorfälle abgewendet und positive Ereignisse herbeigeführt.

KAPITEL ACHTZEHN: FENG SHUI AUF REISEN UND IM AUSLAND

ENERGETISIERUNGEN FÜR ERFOLGREICHE GESCHÄFTSREISEN

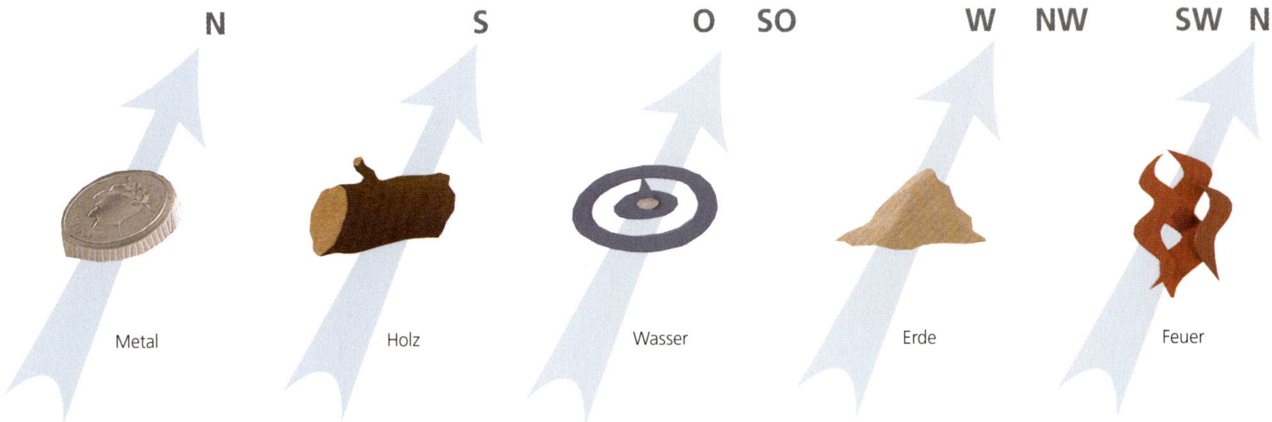

OBEN *Reiserichtung Norden: Metall-Element energetisieren.*

OBEN *Richtung Süden profitiert man von der Holz-Energie.*

OBEN *Wasser für Reisen gen Osten oder Südosten.*

OBEN *Erde schützt auf Reisen nach Westen oder Nordwesten.*

OBEN *Feuer vor Reisen gen Nordosten oder Südwesten stärken.*

Es gibt verschiedene Methoden, um den Erfolg einer Geschäftsreise positiv zu beeinflussen. Diese glückbringenden Rituale sind einfach auszuführen und richten sich nach der jeweiligen Himmelsrichtung der Reiseroute:

- Bei Reisen in nördlicher Richtung, d. h. der Zielort ist nördlich des Ausgangspunktes gelegen, wird vor der Abfahrt dreimal mit einer Metallglocke in nördlicher Richtung geläutet. Ist eine Klangschale vorhanden, sollte dreimal an die Schale geschlagen werden, um sie zum Klingen zu bringen. Da das metallene Geräusch das Chi des Metall-Elementes und dieses wiederum das Wasser als Element des Nordens anspricht, ist dieses Ritual sehr vorteilhaft für den Reiseverlauf. Die Aktivierung der Elemente erzeugt positives Chi als Reisebegleitung. Dies wird allen empfohlen, die erfolgreiche Ergebnisse auf Geschäftstouren erzielen wollen.
- Bei Reisen in südlicher Richtung, d. h. das Endziel liegt südlich vom Abfahrtsort, sollte vor der Abreise das Element Holz gestärkt werden. Dazu wird ein Bündel Bambusstäbe, die mit einem rotem Faden zusammengebunden sind, dreimal in südlicher Richtung geschwenkt. So entsteht vollkommene Harmonie und Glück bei zwischenmenschlichen Begegnungen während der Exkursion.
- Bei Reisen in östlicher oder südöstlicher Richtung, d. h. der Zielort liegt in einer dieser beiden Richtungen, sollte das Element Wasser angeregt werden. Dies läßt sich am besten erreichen, indem man dreimal Wasser in die Reiserichtung spritzt. Diese symbolische Stärkung des Elements Wasser vor der Abreise repräsentiert das Entstehen von Wasserenergie und wird am Zielort der Reise Glück bringen. Dieser positive Effekt entsteht, da das Wasser das Holz-Element im Osten und Südosten verstärkt.
- Bei Reisen in westlicher oder nordwestlicher Richtung, d. h. wenn das Endziel der Fahrt in einer dieser beiden Himmelsrichtungen liegt, sollte das Element Erde angesprochen werden. Die Erde unterstützt das Metall-Element des Westens und Nordwestens. Hierzu wird eine Handvoll Erde oder Sand in die Reiserichtung gestreut.
- Bei Reisen in südwestlicher oder nordöstlicher Richtung, d. h. das Fahrtziel liegt in einer dieser beiden Erd-Element-Richtungen, ist es ratsam, vor der Abreise das Element Feuer anzufachen. Dies läßt sich durch das Entzünden und Hochhalten von Kerzen oder Räucherstäbchen in Richtung der Reiseroute erreichen.

LINKS *Das Anschlagen einer Klangschale bringt Glück für die Reise.*

Diese Anleitungen machen deutlich, daß die einzelnen Methoden zur positiven Beeinflussung des Reiseerfolges ausschließlich auf den Fünf Elementen – Erde, Wasser, Feuer, Holz und Metall – beruhen. Dabei werden jeweils diejenigen Elemente angesprochen, die dem Reiseziel zugeordnet sind. Diese speziellen Rituale des Feng Shui sollten allerdings nicht übertrieben werden. Normalerweise dauert es nicht einmal fünf Minuten, bis ein ausreichender Chi-Fluß erzeugt wird, um die unsichtbaren Energiekräfte der Fünf Elemente zu aktivieren.

FRAGEN UND ANTWORTEN

Frage: Kann Feng Shui wirklich das Geschick eines Menschen beeinflussen?

Antwort: Ja, gewiß. Feng Shui kann die Liebe ins Leben bringen, es kann die berufliche Karriere fördern, ja, es kann sogar zur Heilung schwerer Krankheiten beitragen. Das Großartige an Feng Shui ist, daß man nicht einmal an seine Wirkung glauben muß, um sie zu erzielen. Feng Shui ist keine religiöse Lehre. Wer sich ihr öffnet und die erwünschten positiven Ergebnisse nicht von vorneherein durch starke negative Abwehrenergien blockiert, wird die Wirksamkeit von Feng Shui bald kennenlernen. Natürlich muß der Umgang mit den Feng-Shui-Prinzipien gründlich geübt werden. Wie bei allen anderen Lehren auch, wird eine fehlerhafte Anwendung nicht zum erhofften Ergebnis führen. Außerdem ist zu bedenken, daß nur etwa ein Drittel des Wohlergehens auf Feng Shui zurückzuführen ist. Fehlt einem das spezielle Karma oder Himmelsglück, um beispielsweise den Reichtum eines Bill Gates zu erlangen, wird alles Feng Shui in der Welt nicht die erwünschten Milliarden erbringen. Positives Feng Shui kann allerdings durchaus zu deutlich besseren finanziellen Verhältnissen führen, als sie bei negativem Feng Shui erreichbar wären. Feng Shui kann auch zu einer neuen Liebe verhelfen – sogar dazu, einen Ehepartner zu finden und eine Familie zu gründen. Ob und wie lange die Verbindung jedoch hält, ist dann allerdings im gleichen Maße vom eigenen Verhalten abhängig wie vom persönlichen Karma.

Frage: Wie kann ich mein Liebesleben verbessern?

Antwort: Erst einmal ist dafür zu sorgen, daß der südwestliche Bereich des Hauses und der Räume nicht negativ belastet ist. Zweitens sollte dieser Bereich mit allen möglichen Liebes- und Ehesymbolen angereichert werden. Schließlich ist es hilfreich, den doppelten Glücksring zu tragen, da er das den Körper umgebende Chi der Liebe stärkt. Einzelheiten hierzu sowie zum Thema »Persönliche Energiequellen« finden sich auf der Feng-Shui-Schmuck-Seite meiner Website (http://www. lilliantoojewellery.com). Eheglück fördert man außerdem, indem man mit dem Kopf in der persönlichen auf der Kua-Formel basierenden Eherichtung schläft.

Frage: Wie schaffe ich es, beliebter zu werden?

Antwort: Der beste Weg, die eigene Beliebtheit zu steigern und die sozialen Kontakte zu verbessern, ist das Entfernen jeglicher Pflanzen aus der südwestlichen Ecke des Büros und des heimischen Wohnzimmers. Die Pflanzen erzeugen ein Ungleichgewicht der Elemente in diesem wichtigen Bereich der Wohnung. Statt dessen sollte die Ecke durch helle Beleuchtung hervorgehoben werden. Keinesfalls sollte man hier irgendwelche metallenen Gegenstände plazieren, da sie die Erdenergie schwächen würden.

Frage: Inwieweit kann das WC mein gesundheitliches Wohlbefinden beeinträchtigen?

Antwort: Ein sehr negativer Einfluß entsteht, wenn sich das WC in einem der Gesundheit zugeordneten Gebäudeteil befindet. Entsprechend der Trigramme handelt es sich hierbei um den östlichen Teil des Hauses. Die Nutzung einer in diesem Sektor befindlichen Toilette fügt der Gesundheit Schaden zu. Das äußert sich in erhöhter Ansteckungsgefahr und Anfälligkeit für Grippeviren und Infekte. Diese Folgen lassen sich durch Aufhängen eines Windspiels im Toilettenraum verhindern. Zu beachten bleibt, daß die Toilette, egal an welchem Standort, zu einem gewissen Grad Unglück bedeutet. Ein langer Spiegel an der Außenseite der Zimmertür hilft bei einer besonders problematischen Toilettenkonstellation; dadurch läßt man die Toilette quasi »verschwinden«. Eine andere ausgezeichnete Lösung besteht darin, die Innenseite der Tür leuchtend rot zu streichen.

Frage: Sind die Körperübungen unbedingt notwendig, um ein gutes Gesundheits-Feng-Shui zu genießen?

Antwort: Nein! Aber sie tragen definitiv dazu bei, Ihren Gesundheitszustand zu verbessern, indem sie einen freien Fluß des den Körper umgebenden Chi durch ein optimales und gesundes Fließen der Chi-Energie im Körper selbst ergänzen. Die vorgestellten Übungen sind sehr einfache Chi-Kung-Techniken für Einsteiger. Sie sind nicht schwierig auszuführen, aber überaus wirksam, um Ihren persönlichen Chi-Fluß reibungslos und gleichmäßig durch Ihren Körper zu geleiten. Wenn Sie diese Übungen regelmäßig anwenden, wird Ihr Körper alsbald reagieren und Ihre Gesundheit wird es Ihnen danken.

Frage: Worin besteht der Unterschied zwischen tibetischem und chinesischem Feng Shui?

Antwort: Obwohl ich keine Expertin für das tibetische Feng Shui bin, kann ich nach allem, was ich gelesen und gehört habe, feststellen, daß es keine großen Unterschiede zwischen beiden Formen gibt. Das tibetische Feng Shui greift vor allem auf die fundamentale Elementenlehre zurück. Auf Seite 231 präsentiere ich einen interessanten Textabschnitt zum tibetischen Feng Shui für die Reise, den ich meinem hochverehrten Guru verdanke. Dieser Text ist besonders aufschlußreich für diejenigen, die häufig beruflich unterwegs sind.

木火土金水

TEIL FÜNF

5

FENG SHUI IM GARTEN

KAPITEL NEUNZEHN

FENG SHUI IM GARTEN UMSETZEN

Feng Shui im Garten konzentriert sich auf Ihre natürliche Umgebung, da sich diese entscheidend auf die Sie beeinflussenden Energien auswirkt. Kräftig wachsende und gesunde Pflanzen sind Anzeichen für gute Wachstumsenergie und somit ein günstiges Chi. Gesunde Pflanzen zeigen am eindeutigsten ein gutes Feng Shui der Umgebung an. Für gutes Feng Shui spielt die Größe, die Art oder die Beschaffenheit eines Gartens keine Rolle. Wichtig ist aber das Gleichgewicht der Elemente, die Eigenschaften seiner Lage sowie die Ausrichtung zum Haus hin. Berücksichtigen Sie beim Entwerfen des Gartens sowohl die natürlichen Gegebenheiten als auch seine Ausrichtung. Ermitteln Sie die sonnigen Bereiche im Garten. Achten Sie auf eine Harmonie von Yin und Yang ebenso wie auf die Theorie der Fünf Elemente. Diese beiden Grundsätze sind gleich wichtig, wenn Sie das Feng Shui ihres Gartens unter die Lupe nehmen. Wählen Sie außerdem Pflanzen, die für das Mikroklima Ihres Gartens geeignet sind. Ein nach den Lehren des Feng Shui angelegter Garten bringt Glück und leitet gutes Chi in Ihr Haus.

LINKS *Mit Hilfe altbewährter Feng-Shui-Prinzipien im Garten können Sie Gesundheit, Reichtum und Glück vermehren.*

KAPITEL NEUNZEHN: FENG SHUI IM GARTEN UMSETZEN

FENG SHUI IM GARTEN

OBEN *Bestimmen Sie mit einem Kompaß die Ausrichtung Ihres Gartens.*

UNTEN *Ein kleiner Teich, in den langsam Wasser fließt, verstärkt die Energie des Nordens.*

Feng Shui kann in jedem Garten eingesetzt werden, um ihn mit Energie zu bereichern und das Chi zu vereinfachen. So werden positive Energien eingebracht und negative Energien abgelenkt.

Gärten in Städten oder größeren Orten sind oft sehr klein. Ihre Besitzer haben in der Regel auch wenig oder keine Kontrolle über die Gestaltung der angrenzenden Bereiche. Dann muß der verfügbare Raum mit Hilfe der eingesetzten Perspektiven, Muster, Formen und Farben so erweitert werden, daß die natürlichen Energien der jeweiligen Umgebung und Himmelsrichtung optimal zur Geltung kommen. Legen Sie, wenn möglich, einen mäandernden Weg zum Haus hin an, um positive Energien dorthin zu leiten.

Die Ausrichtung des Gartens ermitteln

Arbeiten Sie bei der Gestaltung Ihres Gartens mit der Theorie der Fünf Elemente. Ermitteln Sie an der Haustür die Ausrichtung des Vorgartens mit einem Kompaß. Gehen Sie anschließend zur Terrassentür und wiederholen Sie das Verfahren für den hinteren Garten.

Jetzt können Sie die Gestaltungsmittel für die jeweiligen Elemente einsetzen und so Harmonie und positive Energien in Ihrem Garten erzeugen. So ist das vorherrschende Element für den Südwesten die Große Erde. Bereiche, die in dieser Richtung liegen, werden am besten in fernöstlichem Stil, d. h. mit Kies und Steinen gestaltet. Beachten Sie auch den Zerstörungszyklus der Elemente untereinander: Im Südosten wirkt das Element Metall negativ. Windspiele oder Metallgefäße sind hier fehl am Platz.

Gärten nach Norden

Der Norden wird mit dem Element Wasser assoziiert. In Gärten nach Norden wirken sich alle Gestaltungsmöglichkeiten mit Wasser günstig aus. Das kann ein kleiner Teich mit Karpfen (ideal sind Koi-Karpfen), einer kleinen Schildkröte oder Sumpfschildkröte sein. Der ideale Standort für den Teich ist hinter dem Haus. Fische im Teich schaffen Yang-Energie im Wasser, während eine Schildkröte das symbolische Himmelswesen des Nordens aktiviert. Beachten Sie folgende Regeln:

OBEN *Kraniche bringen Glück in Ihren Garten.*

- Ständige Bewegung oder Belüftung des Wassers ist wichtig. In stehendem Wasser kann sich totes Chi ansammeln. Die Fische versorgen das Wasser mit Energie und verhindern eine Stagnation.
- Das Wasser muß immer sauber sein. In verschmutztem Wasser kann schädliches Chi entstehen.

OBEN *Die zarte Blüte eines Zierbaumes wirkt der Yang-Energie in Gärten nach Nordwesten entgegen.*

- Ersetzen Sie tote Wassertiere sofort. Das Geräusch von plätscherndem Wasser zieht Chi-Energie an, ganz besonders dann, wenn sich die Sonne darin reflektiert. Mit Hilfe einer Pumpe oder eines Brunnens erhält das Wasser Bewegung. Es sollte nie im Schatten liegen.

Sie können Ihr Wasserelement mit Pflanzen verschönern. Die Pflanzen sollen bereichern, nicht aber vom Schwerpunkt Wasser ablenken. Siedeln sich Frösche am Teich an, vertreiben Sie sie nicht. Alles Leben im Garten repräsentiert die Yang-Energie und fördert das Feng Shui.

Gärten nach Süden

Der Süden wird mit dem Element Feuer assoziiert. Nach Süden gelegene Gärten stehen unter günstigerem Einfluß, wenn man aus dem Wohnzimmer darauf blickt. In Küchen dominiert, bedingt durch den Herd, das Element Feuer. Zusammen mit dem vorherrschenden Element Feuer im Garten entsteht so ein Ungleichgewicht.

- Da Feuer Wärme symbolisiert, gedeihen Pflanzen hier besonders gut.
- Ein besonders in Winternächten gut beleuchteter Garten erhöht die Harmonie. Lichtobjekte können auf verschiedenen Ebenen plaziert werden.
- Für diese Himmelsrichtung ist ein dreieckiger Garten am besten geeignet. Legen Sie Ihren Garten um einen Papagei, einen Hahn oder Kranich aus Keramik an (dem Symbol für ein langes Leben und somit doppelt günstig). Ideal wirkt sich der Himmelsvogel Phönix in der Südecke aus.

Gärten nach Westen oder Nordwesten

Der Westen wird dem Kleinen Metallelement, und der Nordwesten dem Großen Metall zugeordnet. Für den Westen sind runde Formen, Windspiele oder Glocken aus Metall und für den Nordwesten Skulpturen aus Stein oder Metall sowie Windspiele geeignet.

- Vor allem Obst- oder Zierbäume wirken der starken Yang-Energie der Nachmittagssonne entgegen.
- Küchenfenster auf den Garten schwächen das Element Metall und verringern das Chi aus dem Garten.
- Legen Sie den Garten um eine kleine runde Skulptur an (Statuen sagt man negative, feindliche oder abstrakte Einflüsse nach), um das Element zu unterstützen. Weiße Marmorskulpturen sind besonders günstig, müssen aber der Größe des Gartens entsprechen.
- Kiesel und Steinplatten (für das Element Erde) wirken sich günstig aus. Sie können auch drei alte chinesische Münzen mit roter Schnur zusammenbinden und unter eine Platte vor dem Haus legen.
- Windspiele ziehen Glück an. Hängen Sie sie in der Nähe der Eingangstüre auf. Wegen der zerstörerischen Wirkung von Metall auf Holz sollten Windspiele nicht an Bäumen angebracht werden.

OBEN *Ein Garten nach Westen oder Nordwesten profitiert von der Erdenergie der Kiesel und Steine.*

Gärten nach Osten oder Südosten

Der Osten ist dem Großen und der Südosten dem Kleinen Holzelement zugeordnet. Zierbäume, Bambus und Blumen sind für den Osten, kleinere Grünpflanzen und Blumen (Chrysanthemen und Orchideen) für den Südosten gut.

- Nehmen Sie für die Beete und Pflanzen die fließende Form des Grünen Drachen als Vorbild. Sie können auch einen kleinen Keramikdrachen verwenden oder sanft abgesetzte Ebenen integrieren.
- Zierbäume, Vertreter des Holzelements, wachsen niedrig, sie erzeugen also kein Ungleichgewicht im Garten. Die Magnolie und Pfingstrose sind am günstigsten.

OBEN *Blumenkästen und Hängekörbe unterstützen Balkone und Fenster nach Osten und Südosten.*

Gärten nach Nordosten

Für den Nordosten (assoziiert mit dem kleinen Erdelement) sind Kiesgärten und -pfade sowie kleine Steingärten geeignet.

- Gut sind fernöstliche Elemente, Kräuterbeete um Steingärten und Lampen.
- Das Erdelement kann mit Mauern oder erhöhten, gemauerten Blumenbeeten nachempfunden werden. Niedrige Mauern repräsentieren Stabilität und Solidität. Da das Viereck zum Erdelement gehört, erzeugen viereckige, ummauerte Beete gutes Feng Shui.

Gärten nach Südwesten

Der Südwesten ist dem großen Erdelement zugeordnet.

- Gärten im japanischen Stil bringen ein gutes Chi.
- Sehr günstig sind Felsen, vor allem, wenn deren Anordnung den Roten Phönix des Südens nachempfindet.
- Verwenden Sie das Feuerelement – beispielsweise mit Hilfe von Lampen –, um das Erdelement zu unterstützen. Das Feuer erzeugt im Entstehungszyklus der Fünf Elemente das Erdelement und sorgt auf diese Weise für Gleichgewicht.

SIEHE AUCH
- Das Konzept der Harmonie: Die Fünf Elemente *S. 40–45*

Kapitel Neunzehn: Feng Shui im Garten umsetzen

GARTENTYPEN UND ELEMENTE

Feng Shui kann für viele Gartentypen und -elemente erfolgreich eingesetzt werden.

Fenster und Balkone

Bei Fenstern oder Balkonen nach Osten oder Südosten ziehen Kästen oder verzierte Töpfe gutes Feng Shui an. Die Pflanzen verleihen dem Holzelement Energie und bringen gutes Chi ins Haus.

- Pflanzen Sie bunte Blumen wie Geranien, Löwenmäulchen, Dahlien und Gladiolen. Weiße Blüten dürfen nicht dominieren. Gut sind auch Grünpflanzen.
- Kunstpflanzen dürfen nie staubig, schmutzig oder verblasst sein, so daß der Eindruck von stagnierender Energie entsteht.

Hängekörbe

Direkt vor den Fenstern befestigt, ziehen Hängekörbe Energie an. Sie können einen Garten in Miniaturform darstellen.

- Wählen Sie keine Pflanzen mit spitzen Blättern.
- Am besten sind Farne, Blütenpflanzen und Pflanzen mit hängendem Wuchs.

UNTEN *In einem Dachgarten können Sie mit einfachen Mitteln gutes Feng Shui erzeugen.*

Bäume als Kübelpflanzen

Bäume in Töpfen, die im Sommer draußen stehen und im Winter ins Haus geholt werden, bringen ausgezeichnete Feng-Shui-Energie in Ecken. Die Chinesen lieben Zitronenbäumchen oder Linden, da sie Wohlstandsglück bringen sollen, wenn sie um das Mondneujahr blühen.

Das Wachstum von Bäumen in Töpfen ist eingeschränkt und widerspricht daher eigentlich dem Feng Shui. Erneuern Sie die Erde und stutzen Sie den Baum regelmäßig. Die Bäume müssen gesund und kräftig sein, da ein kranker Baum Unglück bringt.

Dachgärten

Auf Dachgärten dürfen niemals Schwimmbecken oder Teiche angelegt werden. Wasser auf der Spitze eines Hügels bedeutet große Gefahr: je höher das Gebäude (d. h. der Garten), desto höher das Gefahrenpotential. Nach dem Feng Shui sollten auch keine Bäume oberhalb der Erde gepflanzt werden.

- Gestalten Sie einen Dachgarten einfach. Fliesen sind besser geeignet als Gras.
- Ideal sind geschwungene Beete mit Sträuchern und Stauden.
- Verwenden Sie wenige blaublühende Pflanzen, da sie das Wasser repräsentieren. Rottöne sind gut geeignet.

Souterrain

Vernachlässigte Souterraingärten beherbergen oft stagnierendes Chi und bringen so Krankheit und Unglück über die Bewohner. Verwandeln Sie sie in luftige Räume, damit wohlbringendes Chi durch sie fließen kann.

- Schneiden Sie Efeu oder Kletterpflanzen auf den Hauswänden zurück, um möglichst viel Sonne durchzulassen.
- Fällen (nur mit Genehmigung) oder schneiden Sie Bäume zurück, die zu wenig Licht durchlassen, um so Yang-Energie anzuziehen.
- Installieren Sie helle, fröhliche Lampen.
- Pflanzen Sie in bedrückenden Bereichen Blumen mit roten und gelben Blüten und streichen Sie auch die Wände in diesen Yang-Farben.

Von Mauern umgebene Gärten oder Hinterhöfe

In vielen Städten werden Gärten durch Zäune oder Mauern umgeben, was das Feng Shui unterdrücken kann. Vernachlässigen Sie diese Gärten nicht, da sich dort sehr viel negatives Chi ansammelt und so die Yin-Energie überwiegt.

In engen Räumen kommt es häufiger zu einem Ungleichgewicht der

Energien, als in offenen und weiten Räumen. Hinterhofgärten benötigen spezielle Pflege und sorgfältige Planung, wenn sie ihren Zweck erfüllen sollen. Drainageprobleme müssen behoben werden. Abgestorbene Pflanzenteile und Abfall sollten immer entfernt werden. Pflanzen dürfen nicht aufgrund mangelnder Pflege eingehen. Eine solche Ansammlung negativer Energie wird sich immer auf das Haus auswirken.

Durch geschickten Einsatz von Perspektiven, Linien und Farbkombinationen (wie sie auch von Innendekorateuren angewandt werden) wirkt ein Hinterhofgarten optisch größer. Helle Farben wirken besser als dunkle, und eine gute Beleuchtung kann für den räumlichen Eindruck Wunder wirken.

Wenn Sie Kletterpflanzen an die Mauern setzen, wählen Sie Pflanzen mit kleinen Blättern und achten Sie darauf, daß sie immer nachgeschnitten werden und so nicht dominieren. Schmücken Sie die Mauern mit Spalieren, Keramikfiguren oder bunten Fliesen. Kletterpflanzen bringen ein vertikales Element in den Garten – wichtiger noch, sie schwächen die Kanten hervorstehender Ecken ab. Verwenden Sie immergrüne Pflanzen, da kahle Äste und Stämme im Winter zuviel Yin bringen.

Farbe und Textur der für die Mauern eingesetzten Materialien sollten dem Haus bzw. den umgebenden Strukturen entsprechen. Achten Sie deshalb auf Größe, Proportion, Strukturen und farbliche Wirkung. Die Auswahl ist enorm groß: Wählen Sie also eine Struktur oder Marmorierung für Ziegel und Blöcke aus, die für Feng Shui am besten geeignet ist!

LINKS *Kletterpflanzen wirken ausgleichend und integrieren ein vertikales Element.*

Pergolen

Bedenken Sie beim Errichten einer Pergola, daß deren Struktur einen Pfad bildet, auf dem günstiges Chi zwischen den Räumen fließt. Im Feng Shui sind Pergolen mit Straßen oder Flüssen vergleichbar.

Die Pergola muß mit der Größe und Form Ihres Hauses übereinstimmen, wenn Chi im Garten erreicht werden soll. In kleineren Gärten ist es vermutlich besser, keine Pergola einzuplanen. Schauen Sie von oben auf die Pergola: Dominiert oder beherrscht sie das Haus zu sehr, kann sie sich sehr ungünstig für die Bewohner auswirken.

Ihre Pergola sollte geschwungen um das Haus herum errichtet werden und nicht direkt darauf zeigen. Verläuft sie gerade, oder, schlimmer noch, deutet sie auf die Haustür, so entspricht das einem Giftpfeil, der tödliche Energie dorthin bringt.

Skulpturen

Skulpturen geben – ebenso wie Statuen – Energien ab, die das Feng Shui eines Gartens beeinflussen. Sie müssen daher sorgfältig ausgewählt werden. Einige wichtige Punkte sollten dabei beachtet werden:

- Freundliche und wohlmeinende Skulpturen sind in jedem Fall besser. So spenden Engel oder Götter positive Energie.
- Vermeiden Sie wilde Tiere, sie sind für den Garten nicht geeignet. Sie stehen besser am Hauseingang, um dort Wache zu halten.

In China werden oft die Himmelswesen Drache, Phönix und Schildkröte verwendet, denn sie symbolisieren Reichtum, Überfluß und Glück. Wenn Sie Ihren Garten mit diesen himmlischen Tieren bereichern wollen, plazieren Sie den Drachen im Osten, den Phönix im Süden und die Schildkröte im Norden.

Gartenmöbel und Patios

Gartenmöbel aus Metall, Holz oder Stein erzeugen Yang-Energie und erweitern so den Lebensbereich der Familie.

- Stellen Sie Metallmöbel in den Westen oder Nordwesten.
- Holzmöbel sind ideal im Osten oder Südosten.

OBEN *Gartenmöbel, die in gutem Zustand sind, ermöglichen günstiges Chi. Ein guter Schirm schützt vor Wind und Wetter.*

- Möbel aus Stein stellen Sie in den Südwesten oder Nordosten.

Setzen Sie Holzbänke nicht zu sehr dem Wetter aus. Verrottendes Holz gibt abgestandene Energie ab, die Krankheiten anzieht. Ein Metallsitz um einen Baum herum kann dazu führen, daß dieser abstirbt. Achten Sie auf den Zustand der Gartenmöbel, werfen Sie beschädigte Töpfe oder Behälter immer sofort weg. Für Feng Shui ist es wichtig, daß alle Gegenstände in gutem Zustand und sauber sind. Nur so kann gute Yang-Energie ungehindert in den Garten fließen.

Für freiliegende Patios benötigen Sie unbedingt einen Schirm. Er schützt vor Wind und Wetter, stellt aber auch einen symbolischen Schutz dar, was unerläßlich für ein gutes Feng Shui ist.

Säulen sollten rund sein. Die Kanten viereckiger Säulen erzeugen Giftpfeile, die durch die Bepflanzung ausgeglichen werden können. Scharfe Kanten tauchen auch in viereckigen Blumenbeeten oder Pflanzgefäßen auf. Verwenden Sie, besonders in der Nähe des Hauses, runde Formen.

SIEHE AUCH
- Gartenstrukturen S. 258–265
- Feng-Shui-Bäume S. 246

KAPITEL ZWANZIG

PFLANZEN

Pflanzen stehen für die günstigsten Eigenschaften des wachsenden Holzelements. In der Gruppe der Fünf Elemente besitzt nur dieses eine Element Leben. Pflanzen bereichern den sie umgebenden Raum mit ihren Yang-Energien. Sie stellen außerdem ein Gleichgewicht von Yin und Yang im Garten her, da sie sich an Licht und Schatten, das Wasser und die Nährstoffe im Boden anpassen. Pflanzen sind zum Schaffen von gutem Feng Shui in einem Raum unerläßlich. Die richtige Zusammensetzung der Pflanzen spielt dabei ebenso eine Rolle wie deren Ausrichtung, Form und Farbe. Es gibt günstige und ungünstige Pflanzen. Sie sollten sich auch damit befassen, welche Eigenschaften eine für Sie (Ihren Wohnort) günstige oder ungünstige Pflanze ausmachen. Pflanzen, deren sukkulente Blätter Geldmünzen oder Edelsteinen ähneln, sagt man glückbringende Wirkung nach. Ein Beispiel wäre die Jadepflanze. Weisen Pflanzen hingegen Dornen, Stacheln oder spitz zulaufende Blätter auf, die Speeren ähneln, gelten sie als ungünstig. Setzen Sie günstige Pflanzen in der Nähe des Hauses und pflanzen Sie stachelige Exemplare eher an den Rand des Gartens, wo sie als Wächter Ihres Anwesens von Nutzen sein können.

LINKS *Sorgfältig zusammengestellte Pflanzen ermöglichen gutes Feng Shui im Garten.*

Kapitel zwanzig: Pflanzen

GUTE FENG-SHUI-PFLANZEN

OBEN *Die Blüte der Silberkrone. Diese Pflanze ist sehr günstig, da sie großen Reichtum symbolisiert.*

Für einen Garten mit gutem Feng Shui lohnen sich Zeit und Mühe, die Sie mit dem Verschönern verbringen. Ein solcher Garten mit seinen gesunden Pflanzen und Blumen ist der beste Beweis dafür, daß gutes Feng Shui in einem Haus vorherrscht. Hier gibt es gesunde Yang-Energie und somit ein günstiges, glückliches und lebensfrohes Chi.

Der Zustand Ihres Gartens ist nicht zuletzt deshalb so wichtig, weil verwilderte Gärten das gute Feng Shui eines Hauses zerstören können. Beachten Sie bei der Auswahl der Pflanzen die Beschaffenheit des Bodens, die Lichtverhältnisse und das vorherrschende Mikroklima. Lassen Sie keine Gewächse verwildern, halten Sie das Unkraut in Schach und entfernen Sie alle abgestorbenen Pflanzenteile so bald wie möglich. Wenn Sie diese Punkte vernachlässigen, entsteht ein Übermaß an Yin-Energie, das das angestrebte Chi zunichte macht. Gutes Feng Shui kann sich daher nur einstellen, wenn alle Pflanzen gedeihen und gut versorgt werden.

Die Chinesen erachten alle Teile der Pflanze als wichtig, d. h. ihre Blätter, Blüten und Früchte sowie deren Form und Silhouette. Sie nutzen die verschiedenen Gestaltungsmöglichkeiten und arrangieren sie in ihrem Garten in Bögen oder Gruppen. Vier Pflanzen werden spezifische Eigenschaften zugewiesen. Sie werden deshalb die Vier Gentlemen des Gartens genannt.

- Die Pflaume. Ihre Blüten gelten als rein und vornehm.
- Der Bambus. Er ist diszipliniert und aufrecht.
- Die Orchidee. Sie ist zurückgezogen und hat einen starken Charakter.
- Die Chrysantheme. Sie gilt als rein und ehrlich.

Desgleichen haben noch weitere Pflanzen eine bestimmte Bedeutung. So ist die Päonie das Symbol für Wohlstand und Glück in der Liebe. Die Wisteria steht dagegen für Harmonie. Die Magnolie und die Pfingstrose gelten als unsterblich und reich. Kiefer, Bambus und Pflaumenblüte sind Symbole für Langlebigkeit, aus diesem Grund sind sie auch als die Drei Freunde des Alters bekannt.

OBEN *Jadepflanzen bringen ihren Besitzern Wohlstand.*

Im Feng Shui sind manche Pflanzen günstiger als andere. Am günstigsten sind Sukkulenten mit runden, vollen und dunklen Blättern. Sie symbolisieren Geldmünzen und Gold. Einige Beispiele hierfür sind:

- Die Jadepflanze. Vermutlich das beste Beispiel einer ausgezeichneten Feng-Shui-Pflanze, da sie Geld und Wohlstand anzieht. Stellen Sie sie in einem großen Topf innen oder außen an Ihre Vordertüre. Lassen Sie sie nicht größer als einen Meter werden. Da es sich um eine Sukkulente handelt, gießen Sie sie nicht zuviel.
- Die Silberkrone. Eine sukkulente Pflanze mit fächerförmigen Blättern, die silbern glänzen. Übergießen Sie sie nicht.
- Das Dickblatt. Eine unempfindliche Kletterpflanze, die am besten im Halbschatten und in feuchtigkeitsreichen Böden gedeiht. Sie eignet sich auch als Zimmerpflanze. Die Blätter des Dickblatts sollten klein sein. Sie dürfen nicht zu groß werden, denn sonst entziehen sie ihrer Wirtspflanze Nährstoffe und werden feindlich. Sie sind dann keine günstigen Pflanzen mehr, was sich negativ auf das Feng Shui auswirken kann.

RECHTS *Die Blätter des Dickblatts dürfen nicht zu groß werden, da sie sonst überhandnimmt!*

GUTE FENG-SHUI-BLUMEN

Da die Chinesen den Frühling mit seinem neuen Wachstum und der optimistischen Stimmung als sehr günstige Jahreszeit einstufen, verehren sie Kirsch- und Pflaumenblüten und ihre Symbolik sehr. Viele andere Blumen symbolisieren Glück und sollten daher in Ihrem Garten zu finden sein, wenn Sie gutes Feng Shui anziehen möchten.
Hier eine kleine Auswahl:

Die Chrysantheme. Die gelbe, kugelförmige Chrysantheme genießt bei den Chinesen und Japanern hohes Ansehen. Gelb ist die günstigste Farbe für eine Blume, die mit dem Herbst und einem sorgenfreien Leben in Verbindung gebracht wird. Chrysanthemen entfalten sowohl in einem Blumenkasten als auch im Garten ihre Wirkung.

Die Pflaumenblüte. Sie ist ein Symbol für Glück und Langlebigkeit. Die Blüten bedeuten Reinheit. Der Baum ist für seinen äußerst angenehmen Duft bekannt. Im Norden des Gartens ist der Pflaumenbaum am günstigsten, aber auch in einem Bereich im hinteren Teil des Anwesens kann er seine positive Wirkung entfalten.

Die Päonie. Für die Chinesen ist die Päonie die Königin der Blumen: eine Blume der Reichtümer und der Ehre, eine Yang-Blume und das Sinnbild des Frühlings. Darüber hinaus repräsentiert sie weibliche Schönheit. Von den Farben, in denen sie blüht, wird rot als am günstigsten angesehen für Familien, deren Töchter auf der Suche nach einem Partner sind. Pflanzen Sie Päonien in die Südwestecke Ihres Gartens, um eine neue Beziehung, Heirat oder Liebesglück in Ihr Haus zu locken.

Andere Pflanzen, die der Päonie ähneln, können als Ersatz dienen, obwohl sie nicht immer so lange blühen. Dazu gehören Hibiskus, Gardenie und Begonie. Begonien sind pflegeleicht und bringen Farbe in den Garten. Es gibt viele verschiedene Farben und Sorten. Rot, gelb, orange, rosa und weiß sind ausgezeichnete Yang-Farben. Zu empfehlen sind allerdings die mehrfarbigen roten Sorten, da sie am ehesten der Päonie ähneln.

Die Magnolie. Besonders die weiße Magnolie ist ein Symbol für Reinheit. Es heißt, daß ein einzelner Magnolienbaum im Vorgarten große Zufriedenheit bringen soll. Im Garten hinter dem Haus steht sie für einen versteckten Schatz oder den langsamen Aufbau eines Vermögens.

Die Lotuspflanze. Für alle Wasserelemente ist dies die günstigste Pflanze. Man sagt ihr nach, daß sie Frieden und Zufriedenheit bringt und das Herannahen neuer Chancen symbolisiert. Die Lotusblüte wird auch mit Buddha assoziiert. Eine Lotuspflanze fördert das Entstehen eines spirituellen Bewußtseins.

Narzissen und andere Zwiebelgewächse. Die Chinesen glauben, daß die Narzisse großes Glück symbolisiert. Daher schenkt man sich diese Blumen zu Neujahr. Sie sind einfach in der Pflege. Ungünstig für Feng Shui sind die niedrig wachsenden Sorten.

Die Lilie. Sie wird als die Adelige unter den Zwiebelgewächsen betrachtet. Mit ihrem wunderbaren Duft und eleganten Aussehen stellt die Lilie das ganze Jahr über gutes Feng Shui dar.

KAPITEL ZWANZIG: PFLANZEN

GUTE FENG-SHUI-BÄUME

UNTEN *Bambus ist ein Symbol für Langlebigkeit. Er wuchert gern, daher sollten Sie ihn mit Bedacht pflanzen.*

Zwei Bäume sind bei Chinesen und Japanern sehr angesehen: Es sind der Bambus und die Kiefer. Beide sind uralte Symbole für Langlebigkeit.

- **Der Bambus.** Er taucht oft in der chinesischen Kunst, Literatur und Dichtung auf. Der Baum steht im Ruf, böse Geister zu vertreiben, wenn er in einem Haus beispielsweise als Windspiel oder Flöte Verwendung findet. Er ist ein mächtiges Gegenmittel für negatives Chi. Der Bambus symbolisiert Widerstandsfähigkeit und Durchhaltevermögen, da er das ganze Jahr über wächst. Eine Bambusgruppe im Garten links vom Haus als Zeichen des Drachen ist sehr günstig. Ein Bambus nahe der Hausfront zieht verstärkt positive Chi-Energie an.

Pflanzen Sie eine Bambusart, die für Ihre Region geeignet ist. Kaufen Sie eine kleinwüchsige Art oder einen Zierbambus, der im Topf wachsen kann, wenn Sie einen kleinen Garten haben. Ein künstlich klein gehaltener Bambus ist nicht günstig. Das gleiche gilt für verwilderte Bambusgruppen. Schneiden Sie verkümmerte oder abgestorbene Triebe zurück.

- **Die Kiefer.** Kiefern werden oft zusammen mit Zypressen gepflanzt, da beide auch die härtesten Winter überstehen. Zusammen symbolisieren sie die ewige Freundschaft. Die Kiefer wird außerdem mit der Treue assoziiert.

Glückbringende Obstbäume

Obstbäume sind sehr günstig. Wählen Sie einen Pfirsich- oder Orangenbaum für Ihren Garten.

- **Der Pfirsichbaum.** Der Pfirsich ist die Frucht der Unsterblichkeit, die den Acht Unsterblichen das ewige Leben gab und aus der sich Sau Seng Kong, der Gott der Unsterblichkeit, erhoben haben soll. In China wird es als sehr günstig angesehen, einem älteren Mitglied der Familie einen Korb Pfirsiche oder das Bild eines Pfirsichbaums zu überreichen. Beide symbolisieren das Versprechen des ewigen Lebens.
- **Der Orangenbaum.** Er ist das Symbol für ein gutes Schicksal, Reichtum, Glück und allgemeinen Wohlstand. Zwei Orangenbäume voller Früchte gelten als äußerst günstiges Feng Shui. Ihr Baum sollte in Sichtweite der Haupteingangs- oder Gartentür stehen. Versuchen Sie alles, damit die Bäume im Sommer Früchte tragen.

OBEN *Die Farbe der Orange symbolisiert Überfluß und Reichtum. Stellen Sie den Baum im Winter ins Haus.*

Schlechte Feng-Shui-Pflanzen

Feng Shui arbeitet mit Symbolen, und jedes Objekt gibt verschiedene Energiearten ab, die gutes oder schlechtes Chi entstehen lassen. Ein Verständnis dieser Energien und ihrer negativen oder positiven Wirkung erhalten Sie in den Grundlagen der Feng-Shui-Theorie. Eigenschaften sind analog mit bestimmten Formen und ihren Beziehung untereinander. Bestimmten Farben, Größen, Dimensionen und Proportionen werden symbolischen Bedeutungen zugeordnet.

Eine gute Möglichkeit, das von Pflanzen und Bäumen abgegebene Chi zu bewerten ist, die Feng-Shui-Kriterien entsprechend den Kompaßäquivalenten der Fünf-Elemente-Theorie von Bagua anzuwenden. Das Ermitteln der Yin- und Yang-Qualitäten gibt Ihnen einen Eindruck der Harmonieverhältnisse im Garten. Sie sollten bedenken, daß wachsende Pflanzen ihre Wirkung ändern. Gutes Feng Shui bedeutet auch die ständige Pflege des Gartens und der Energie darin.

SCHLECHTE FENG-SHUI-PFLANZEN

So wie manche Pflanzen gutes Feng Shui anziehen, verursachen andere wiederum Probleme oder haben negative Konnotationen, d. h. sie haben schlechtes Feng Shui. Diese Pflanzen stammen aus drei Kategorien:

- **Pflanzen mit Dornen und spitz zulaufenden Blättern.** Setzen Sie keine Pflanzen mit Dornen oder Kakteen in der Nähe des Hauses, da Dornen für Giftpfeile stehen, die feindliche Energie abgeben. Das gilt besonders für große Kakteen, deren Heimat trockenere Gegenden sind. Sie können diese Pflanzen aber als Wächter des Anwesens einsetzen und so ihre feindliche Energie nutzen. Am besten ist es meiner Meinung nach aber immer noch, sie überhaupt nicht um sich zu haben.

Andere ungünstige Pflanzen sind Schwiegermutterzungen, Agaven, Yuccas, alle Pflanzen mit festen, spitz zulaufenden Blättern oder Dornen wie Bromeliengewächse (z. B. Ananas).

- **Klein gehaltene Pflanzen.** Bonsais sind wunderschöne Vertreter von Zwergbäumen, die ursprünglich als Zimmerpflanzen gedacht waren. Die symbolische Konnotation von Bonsais ist aber sehr ungünstig, da das gehemmte Wachstum gegen die Grundprinzipien des Feng Shui verstößt. Die wörtliche Übersetzung des Begriffes Sheng Shi (der günstige Atem) lautet »Wachstum« oder »Wachsender Atem«. Wenn Sie auf Bonsais nicht verzichten wollen, können Sie sie in einem freistehenden Gewächshaus unterbringen. Auf keinen Fall aber sollten Sie sie neben dem Hauseingang oder dem Gartentor plazieren.
- **Pflanzen mit hängendem Wuchs.** Darunter versteht man Bäume oder Pflanzen wie die Trauerweide, die Hängebuche oder Myrte, deren Äste zum Boden hin wachsen. Diese Pflanzen sind sehr schön, ihre Form und Wuchsart jedoch läßt Traurigkeit aufkommen.

Wisteria und andere Hängepflanzen mit ihren Blüten gelten als reizvoll. Doch bezüglich ihrer Eignung gehen die Meinungen auseinander. Im Frühling sehen sie wundervoll aus, aber ihre unbelaubten Äste und Stämme erzeugen im Winter eine traurige Yin-Wirkung. Wie auch immer Sie sich entscheiden, Sie sollten sicherstellen, daß der Chi-Fluß nie durch stagnierende Energie, verursacht durch totes Laub von Büschen oder wuchernden Kletterpflanzen vor dem Haus, blockiert wird.

LINKS *Halten Sie keine Kakteen, denn sie sind zwar pflegeleicht, aber ihre spitzen Dornen senden Giftpfeile aus.*

RECHTS *Bonsais gelten als sehr östlich, sie haben aber schlechtes Feng Shui.*

KAPITEL ZWANZIG: PFLANZEN

DIE FARBEN DER BLUMEN

OBEN *Die Yin-Energie weißer Blüten kann die Yang-Energie lebhafterer Farben ausgleichen.*

Die Farben von Blumen spielen eine wichtige Rolle im harmonischen Zusammenwirken der Energien. Dabei sind die Yang-Farben Rot und Gelb am bedeutendsten. Die Wirkung von Farben sollte jedoch nicht überbewertet werden.

Die Farbe Rot ist besonders günstig; sie wird sehr oft verwendet und getragen, um Glück anzuziehen. Mit roten Blumen liegen Sie fast immer richtig. Diese Farbe ist am günstigsten im Süden, wo das Element Feuer regiert. Aber rote Blumen bringen eigentlich überall Glück, egal wo sie stehen.

Gelbe Blumen haben den gleichen Effekt, aber sie entfalten ihre glückbringende Wirkung am besten in der Erdecke des Südwestens und Nordostens. Orange, die Kombination aus Rot und Gelb, ist auch eine sehr günstige Yang-Farbe. Rote, gelbe oder orangefarbene Blumen bringen glückliche Energie in Garten und Haus.

Violett oder Lila sind auch sehr günstig: Ideal sind Glockenblumen in der Nordecke des Gartens, besonders im hinteren Gartenteil oder hinter dem Haus.

Blau und Weiß sind kühlere Yin-Farben und sehr wichtig für ein Yin-/Yang-Gleichgewicht im Garten. Es sollte darauf geachtet werden, daß Weiß niemals dominiert. Es ist besser, diese Farbe mit Rot, Orange und Gelb abzustimmen. Als Farbe des Elements Metall sind weiße Blumen am besten für den Nordwesten und Westteil des Gartens geeignet. Blau erweist sich am günstigsten im Norden, Osten und Südosten; weniger erfolgversprechend ist es im Süden. Vor dem Haus, gegenüber der Eingangstür oder dem Gartentor sollten keine blauen oder weißen Blumen gepflanzt werden. Behalten Sie den vorderen Teil des Gartens den roten Blumen vor.

OBEN *Hängekörbe sehen zum einen hübsch aus und fördern zum anderen das Fließen von Chi.*

UNTEN *Rote Päonien bringen Glück – besonders im Süden des Gartens.*

RECHTS *Auch Glockenblumen bringen Glück. Optimal sind sie im Norden.*

YIN, YANG UND CHI

Kräftige und buschige Pflanzen, ganz gleich welcher Größe, bringen viel Yang-Energie in den Garten. Großblättrige Pflanzen verbessern die Feng-Shui-Energie sehr, wenn sie in der Nähe von Wasser wie beispielsweise einem kleinen Teich stehen. Rebengewächse mit ihren großen Blättern sind günstig in der Südostecke Ihres Gartens, dem Ort des Kleinen Holzelements. Als Gegenstück dazu können Pflanzen wie Hostas mit ihren stark architektonischen Formen und strukturierten Blättern dienen.

Das Yin von Farnen

Farne sorgen für den ausgleichenden Einfluß von Yin-Energien in Gärten mit viel Yang-Farben. Dieses Gleichgewicht hilft bei der Erzeugung einer günstigen Atmosphäre und ausgezeichnetem Feng Shui. Die gefiederten Farnblätter schwächen auch die schärfsten Kanten in einem Garten ab und lösen vorhandene negative Energie auf. Ideal sind Frauenhaarfarn und Asparagus.

Hängekörbe

Sorgfältig zusammengestellte Hängekörbe mit verschiedenen Pflanzen und Blumen harmonisieren ihre Umgebung, indem sie die Wachstumsenergien erhöhen und in Fluß versetzen. Geeignet sind, schon allein aufgrund der Vielfalt ihrer Farben, Impatiens, Phlox, Geranien und Lobelien. Die Auswahl an passenden Pflanzen ist groß. Wählen Sie verschiedene Blattformen, um ein Gleichgewicht zwischen Yin und Yang herzustellen.

Blumenkästen

Blumenkästen verschönern und bereichern eine Häuserfassade nicht nur, sie ziehen auch gutes Chi ins Haus. Sie können, bis auf stachelige oder in ihrem Wachstum gebremste Pflanzen, alles wählen. Auch die Farbkombination bleibt ganz Ihnen überlassen. Eine Kombination der kräftigen Yang-Farben Rot, Gelb und Orange als Hauptfarben ist empfehlenswert. Die Blumenkästen selbst sollten aus Terrakotta gefertigt sein, da das weniger Probleme für Feng Shui verursacht als Holz oder Metall. Vergessen Sie nicht, vertrocknete Blüten und Blätter regelmäßig zu entfernen.

Goldgelbe Blätter und silbrig glänzende Stämme

In der West- und Nordwestecke Ihres Gartens bringen Pflanzen mit goldgelben Blättern oder silbrig glänzenden Stämmen zusätzliche Energie, da sie den Glanz des Metalls in die Ecken des Metallelements einbringen und so das dort vorherrschende Glück aktivieren. Der Spierstrauch mit seinen goldgelben Blättern paßt hervorragend in solche Ecken. Auch Sträucher mit silbrigen Stämmen sind für Feng Shui sehr gut geeignet.

Das helle Foyer

Unabhängig davon, was Sie in Ihrem Garten pflanzen, sollte der Platz vor der Haustür immer möglichst frei sein, damit das Foyer seine günstige und wichtige Wirkung am besten entfalten kann. Achten Sie darauf, daß dort keine abgestorbenen Pflanzenteile herumliegen. Narzissen sind ein fröhlicher Farbtupfer im Frühling und dürfen angepflanzt werden, da sie vergrabenes Gold symbolisieren. Bis auf diese Bepflanzung sollte das Stück vor dem Haus aber freiliegen. Ein offenes und helles Foyer bedeutet große Feng-Shui-Energie.

OBEN *Vertreter der Spirea-Familie mit ihren goldgelben Blättern fördern die Wohlstandsenergien der West- und Nordwestecke.*

UNTEN *Narzissen verbessern die Energien der West- und Nordwestecken Ihres Gartens. Wie vergrabenes Gold warten sie darauf, ihre verschwenderische Fülle entfalten zu können.*

WASSER

Wasser, das sich in Bewegung befindet, gilt im Feng Shui als positiv. Liegt Ihre Haustür gegenüber von einem Fluß oder blicken Sie von Ihrem Haus aus auf eine Wasserfläche, so bedeutet das eine Anreicherung des Chi in der Umgebung mit potentiellem Wohlstand. Wasser, so heißt es, bringt Reichtum und Wohlstandsglück. Im Feng Shui gibt es mehrere Verfahren, um diese Art von Glück zu nutzen. Dazu gehören uralte Formeln zum Anlegen künstlicher Wasserläufe, mit denen die günstigen Eigenschaften natürlicher Flüsse und Teiche nachempfunden werden können. Die Anleitung zur Schaffung des mächtigen, Wohlstand bringenden Wasserdrachen ist die aufregendste dieser Formeln.

Die Vorgaben zum Fließen des Wassers sind einfach umzusetzen. Wasser sollte beispielsweise auf das Haus zu- und nicht wegfließen. Ein mäandernder Verlauf, bei dem das Wasser langsam fließt, ist besser als ein geradliniges, schnelles Fließen. Auf den nachfolgenden Seiten finden Sie alle zentralen Regeln, mit denen Sie die positive Wirkung von fließendem Wasser nutzen können. Wenn Sie diese Regeln befolgen, werden Sie von einem Feng Shui profitieren, das Wohlstandsglück bringt.

LINKS *Die uralten Formeln zum Standort von Wasser sind komplex, können aber großes Wohlstandsglück bewirken.*

KAPITEL EINUNDZWANZIG: WASSER

DIE ZWEI WASSERFORMELN

UNTEN *Nutzen Sie die Wasserformeln! Sie geben Aufschluß über die günstigste Lage für Wasserelemente im Garten und legen ein besonderes Augenmerk auf deren Fließrichtung.*

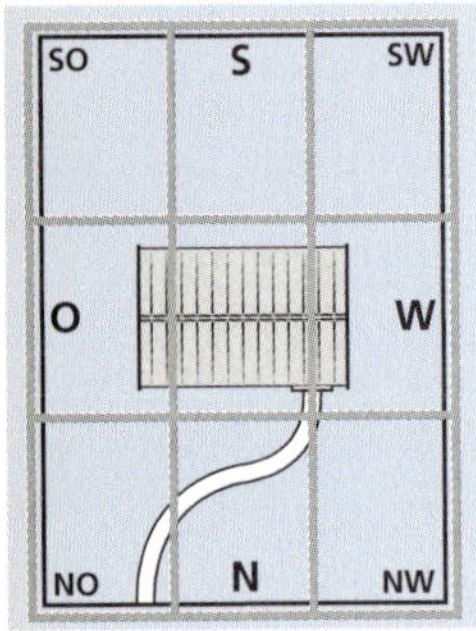

UNTEN *Der Wasserdrache bringt Glück in vielen Bereichen.*

Erst wenn Sie die Prinzipien für Wasser-Feng-Shui umsetzen, können Sie das Feng-Shui-Potential Ihres Gartens voll nutzen. Wasser wurde bei den Chinesen schon seit alters her als Gestaltungselement eingesetzt. Im Feng Shui spielt Wasser eine äußerst wichtige Rolle, da es das Potential für Reichtum und Wohlstand aktivieren kann. Wasserelemente sind sehr günstig im Norden, Südosten und Osten. Wasser-Feng-Shui ist sehr exakt, wenn die mündlich überlieferten Formeln genau befolgt werden. Nur dann wird man wissen, welcher Standort am meisten Glück bringt.

Zwei Formeln zum Wasser-Feng-Shui bauen auf dem Kompaß auf. Die erste Formel betrifft den Standort eines Wasserelements – etwa eines Teichs, eines Springbrunnens, eines Wasserfalls oder eines Brunnens – und hilft Ihnen, die richtige Lage dafür zu finden. Die zweite Formel befaßt sich mit der günstigen Fließrichtung des Wassers und seinem Abfluß und wird Wasserdrachenformel genannt.

Beide Formeln haben die günstige Lage für Wasserelemente zum Inhalt. Sie halten Empfehlungen zum End- oder Auffangpunkt für Wasser bereit, sagen, wo der Garten trocken sein sollte und wie genau das Wasser fließen bzw. wo es sich entlangschlängeln sollte. Stimmen Lage und Fließrichtung des Wassers damit überein, sind Wohlstand, Gesundheit und ein glückliches Leben die Folge.

Wasser-Feng-Shui soll gute Geschäfte und ein glückliches Leben bewirken. Wasser steht für Geld und symbolisiert das Fließen von Wohlstand.

Das Anlegen eines Wasserelements für den Wasserdrachen zieht Wohlstandsglück an. Dadurch aktivieren Sie jedoch oft andere positive Auswirkungen, denn gutes Feng Shui bringt selten nur Wohlstand allein. Wenn aufeinander abgestimmte Energielinien gutes Feng Shui fördern, ist es sehr wahrscheinlich, daß dadurch auch Langlebigkeit und eine erfolgreiche Weitergabe des Familiennamens durch die Kinder gewährleistet werden.

Befolgen Sie beim Errichten eines Wasserelements die Formeln und Verfahren ganz genau. Setzen Sie diese dabei so einfach wie möglich um. Im Feng Shui ist größer nicht gleichbedeutend mit besser. Viel wichtiger ist es, alles richtig und genau anzuwenden. Beauftragen Sie einen Feng-Shui-Berater; dieser sollte die ausgeführten Arbeiten beaufsichtigen.

In jedem Fall sollten Sie über die Abmessungen und Konfigurationen sowie den aktuellen Stand auf dem laufenden sein. Am besten ist es, das Wasserelement selbst zu bauen, um sicherzugehen, daß keine Fehler gemacht werden.

GÜNSTIGE WASSERELEMENTE

Einige einfache Wasserelemente bringen Ihrem Haus und Ihrer Familie günstiges Feng Shui.

KÜNSTLICHE BECKEN ODER TEICHE

Da Sie die Abmessungen dieser Elemente von Anfang an bestimmen können, bieten sie große Gestaltungsmöglichkeiten. Vergessen Sie nicht, daß es bei Feng Shui immer um Ausgeglichenheit geht. Das Element muß in seine Umgebung passen, anstatt sie zu dominieren. Bildet es ein zu starkes Übergewicht, kehrt sich seine positive Wirkung um.

Bei den Chinesen gelten Wasserfälle, Springbrunnen, Fischteiche oder natürliche Kaskaden als günstig. Alle diese Elemente können ganz einfach angelegt werden, sei es als ein einfaches Wasserbecken, ein gemauertes Becken, eine Vertiefung im Boden oder als gefliestes Becken mit günstig wirkenden Statuen. Die Form und Abmessung der Becken sind überaus wichtig:

- Für günstiges Feng Shui muß die Form des Beckens so gestaltet sein, daß es das Haus zu umarmen scheint.
- Ovale bzw. kreisförmige Becken sind immer günstig. Vermeiden Sie Becken mit Kanten und scharfen Ecken.
- Das Wasser sollte zum Haus hin fließen. Fließt es vom Haus weg oder daran entlang, ist das ungünstig.

OBEN *Ein kleines Wasserelement trägt zu gutem Feng Shui im Garten bei und sieht sehr dekorativ aus.*

- Das Becken sollte zwischen 79 cm und 84 cm tief sein; dies wird als besonders günstig angesehen. Benutzen Sie ein Feng-Shui-Lineal, um eine günstige Länge und Breite für den Pool zu erhalten.

Installieren Sie eine Pumpe und einen Filter, so daß das Wasser nicht stagniert. Abgestandenes und träges Wasser ist ein Greuel für gutes Feng Shui. Sorgen Sie dafür, daß das Becken immer sauber und gepflegt ist und daß das Wasser richtig abfließen kann.

FISCHTEICHE

Ein Fischteich zählt zu den besten Möglichkeiten, günstiges Sheng Chi zu erzeugen. Das Halten von Fischen hat eine ausgezeichnete symbolische Bedeutung, da der Fisch als eines der Symbole für Wohlstand und Erfolg gilt. In China steht der Fisch für Wachstum und einen Aufschwung. Wenn Sie das Halten von Fischen in Erwägung ziehen, benötigen Sie jedoch ein gutes Filtersystem.

Für Gartenteiche sind mehrere Fischarten geeignet. Am besten ist der japanische Koi-Karpfen, aber auch der chinesische Karpfen, Goldfische oder Guppys sind geeignet. Der beliebteste Fisch im Fernen Osten ist der Arrowana – auch bekannt als der Feng-Shui-Fisch – da er seinem Besitzer Glück und Wohlstand bringt.

Schützen Sie Ihre Fische vor Feinden wie Katzen oder Vögel. Dazu muß der Teich entweder tief genug sein, damit sich die Fische darin verstecken können, oder mit einem Netz bedeckt werden.

Das Halten von Goldfischen oder Arrowanas gilt für Ladenbesitzer und insbesondere für Restaurants bzw. Catering-Betriebe als extrem günstig.

Schildkröten und Sumpfschildkröten bringen viel Glück in einen Haushalt (Schildkröten sogar als Symbole), ganz besonders dann, wenn sie im Norden positioniert werden. Sumpfschildkröten können als Symbole für die Himmelsschildkröte gehalten werden. In kälteren Breiten müssen sie in einem Aquarium überwintern, da es dann für sie draußen zu kalt ist.

OBEN *Ein runder Teich mit Springbrunnen bringt gute Chi-Energie.*

OBEN *Nur optimal versorgte Goldfische können einen Teich günstig beeinflussen.*

OBEN *Ein erhöhtes Wasserbecken; ovale oder runde Formen sind am besten.*

OBEN *Ein sanfter Wasserfall; das Wasser muß zum Haus hinfließen, um Wohlstand zu bringen.*

KAPITEL EINUNDZWANZIG: WASSER

DIE WASSERSTANDORT-FORMEL

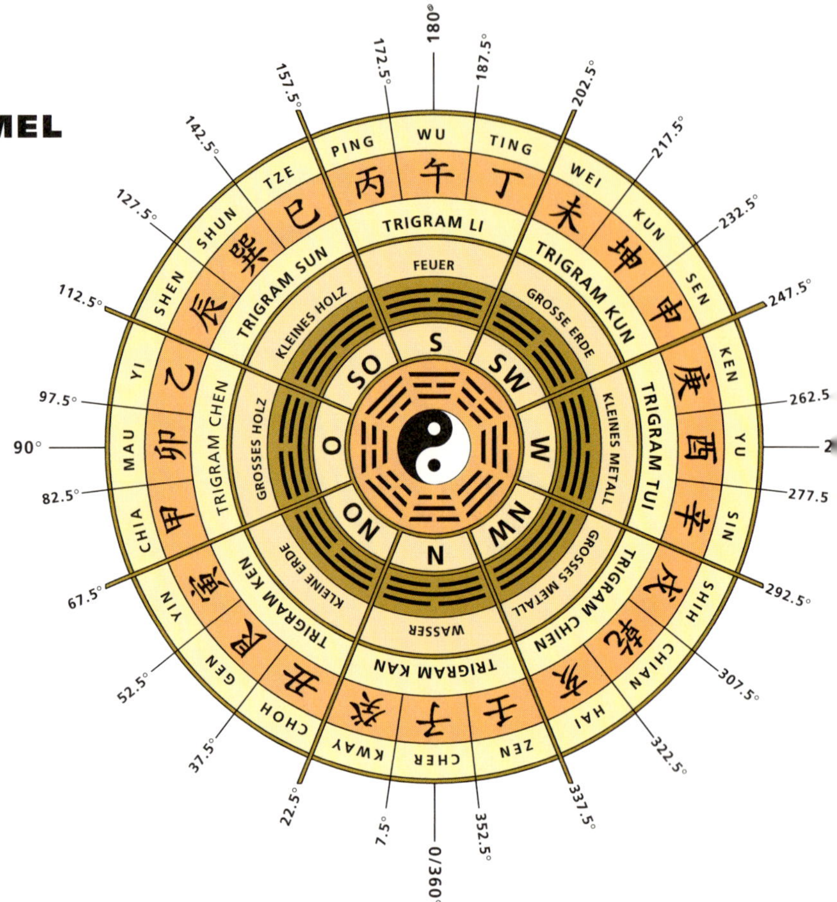

RECHTS *Mit einem westlichen Kompaß können Sie die günstigste Richtung der Eingangstür und der Fließrichtung des Wassers ermitteln. Siehe dazu die Tabelle.*

Das Fließen von Wasser – so besagen die Feng-Shui-Lehren – spiegelt den Fluß unsichtbarer Chi-Strömungen um die Erde wider, die großen Wohlstand und Reichtum mit sich bringen. In seiner vereinfachten Form besagt das Wasser-Feng-Shui, daß Wasser, das auf Ihr Haus oder Ihre Haustür zu fließt, Geld mit sich bringt. Fließt es vom Haus weg, ist das Gegenteil der Fall.

Nach dem Kompaß-Feng-Shui hat der Standort und die Fließrichtung des Wassers Vorrang. Die gegenüber abgebildete Tabelle bietet eine Übersicht der Wasserformel. Sie beschreibt genau, wie Wasser im Verhältnis zur Haustür fließen sollte, und auf welchem Weg es das Anwesen wieder verlassen sollte. Wie das Wasser an der Haustür vorbeifließt, hängt davon ab, in welche Richtung sie zeigt, d. h. wohin man vom Inneren des Hauses aus blickt. Es gibt zwölf Richtungen mit jeweils zwei Unterrichtungen und jeweils drei günstigen Fließrichtungen. Diese besten Abflußrichtungen bezeichnen den spezifischen Weg, auf dem das Wasser Ihr Haus und Anwesen verlassen sollte. Alle anderen Möglichkeiten bewirken mehr oder weniger großes Unglück.

Um die Formel anwenden zu können, ermitteln Sie zunächst mit einem normalen Kompaß die Ausrichtung und anhand der Tabelle die Unterausrichtung Ihrer Haustür. Liegt sie beispielsweise nach Süden – genauer gesagt 160° nördlich – ist die exakte Richtung Ping in Kategorie 1. Bei dieser Ausrichtung muß das Wasser, wenn Sie im Haus stehen und nach draußen schauen, von links nach rechts an der Haustür vorbeifließen.

In der nächsten Spalte sehen Sie den Weg, auf dem das Wasser das Grundstück verlassen sollte. Für Häuser der Kategorie 1 sollte es in der Sin- oder Shih-Richtung fließen. Das bedeutet, daß das Wasser in einem Winkel zwischen 277,5° und 307,5° aus dem Grundstück fließen sollte. Die beste Möglichkeit, dieses günstige Fließen von Wasser nachzuahmen, ist ein Wasserlauf in diese Richtung. Befolgen Sie die Vorgaben beim Anlegen der Zu- und Abläufe möglichst genau: Das Ablaufen des Wassers im Sektor neben dem günstigen Sektor kann großes Unglück hervorrufen.

Die Abflußrichtungen

Nutzen Sie die erste Abflußrichtung, bringt das Glück für alle Haushaltsmitglieder in vielen Bereichen. Man sagt, sie werden mit wertvollen Juwelen überhäuft und der Patriarch werde eine angesehene Stellung in der Gesellschaft genießen. Das Wohlstandsglück wird außergewöhnlich sein, und es wird Geld im Überfluß geben. Alle Söhne und Töchter werden intelligent sein.

Ist die erste Richtung nicht durchführbar, bringt auch die zweite Richtung Glück. Die Bewohner eines Haus mit dieser Abflußrichtung des Wassers werden definitiv Wohlstand genießen und sich einer guten Gesundheit erfreuen.

Die Auswahl der Abflußrichtung ist sehr von den Gegebenheiten vor Ort abhängig, und manchmal ist weder die erste noch die zweite Richtung möglich. In solch einem Fall müssen Sie die dritte Richtung wählen, die ein günstiges Schicksal bringen soll. Für vier Türkategorien jedoch bringt die dritte Richtung großes Unglück, hier sollte sie nicht verwendet werden.

- Für die Türkategorien 2, 5 und 8 bringt die dritte Wasser-Abflußrichtung materielle Armut und finanziellen Ruin.
- Für die Türkategorie 11 bringt die dritte Richtung eine Mischung aus Glück und Unglück, was allerdings für die Bewohner letztendlich schlecht ausgeht.

ZUSAMMENFASSUNG DER WASSERSTANDORT-FORMEL

Zwölf Kategorien der Tür	Richtung, in die die Haustür weist	Name der zwei Unterrichtungen der Kategorie und exakte Kompaßangabe in Grad	Fließrichtung des Wassers an der Haustür vorbei	Abflußrichtung: erst-, zweit- und drittbeste Lösung
1	Süden	Ping: 157,5–172,5° Wu: 172,5–187,5°	links nach rechts	erste: über Sin oder Shih zweite: über Ting oder Wei dritte: über Chia
2	Süden/Südwesten	Ting: 187,5–202,5° Wei: 202,5–217,5°	rechts nach links	erste: über Shun oder Tze zweite: über Kun dritte: nicht verfügbar*
3	Südwesten	Kun: 217,5–232,5° Sen: 232,5–247,5°	rechts nach links	erste: über Yi oder Shen zweite: über Ting oder Wei dritte: über Ken oder Yu
4	Westen	Ken: 247,5–262,5° Yu: 262,5– 277,5°	links nach rechts	erste: über Kway oder Choh zweite: über Sin oder Shih dritte: über Ping
5	Westen/Nordwesten	Sin: 277,5–292,5° Shih: 292,5–307,5 °	rechts nach links	erste: über Kun oder Sen zweite: über Chen oder Hai dritte: nicht verfügbar*
6	Nordwesten	Chian: 307,5–322,5° Hai: 322,5–337,5°	rechts nach links	erste: über Ting oder Wei zweite: über Sin oder Shih dritte: über Zen oder Cher
7	Norden	Zen: 337,5–352,5° Cher: 352,5–7,5°	links nach rechts	erste: über Yi oder Shen zweite: über Kway oder Choh dritte: über Ken
8	Norden/Nordosten	Kway: 7,5–22,5° Choh: 22,5–37,5°	rechts nach links	erste: über Chian oder Hai zweite: über Gen oder Yin dritte: nicht verfügbar*
9	Nordosten	Gen: 37,5–52,5° Yin: 52,5–67,5°	rechts nach links	erste: über Sin oder Shih zweite: über Kway oder Choh dritte: über Chia oder Mau
10	Osten	Chia: 67,5–82,5° Mau: 82,5–97,5°	links nach rechts	erste: über Ting oder Wei zweite: über Yi oder Shen dritte: über Zen
11	Osten/Südosten	Yi: 97,5–112,5° Shen: 112,5–127,5°	rechts nach links	erste: über Gen oder Yin zweite: über Shun oder Tze dritte: nicht verfügbar*
12	Südosten	Shun: 127,5–142,5° Tze: 142,5–157,5°	rechts nach links	erste: über Kway oder Choh zweite: über Yi oder Shen dritte: über Ping oder Wu

* siehe »Die Abflußrichtungen«, gegenüberliegende Seite.

KAPITEL EINUNDZWANZIG: WASSER

ANDERE WASSERELEMENTE

OBEN *Eine große Bereicherung dieses Teiches stellen die Yang-Pflanzen als Gegengewicht zur Yin-Energie des Wassers dar. Die Miniaturwasserfälle sind für diesen kleinen Garten ideal, da sie das Haus nicht erdrücken.*

Beim Planen eines Wasserelements sollten Sie immer seine Größe und Position sowie die Fließrichtung des Wassers beachten.

Wasserfälle

Wasserfälle erzeugen günstiges Sheng Chi, weshalb sie in vielen Gärten sehr beliebt sind. Es gibt einige andere Punkte, die im Zusammenhang mit Wasserfällen wichtig sind:

- Sie sollten in der Nord-, Ost- oder Südostecke des Gartens liegen, da hier die größte Kompatibilität mit dem Element vorherrscht.
- Wasserfälle erzeugen besonders dann Sheng Chi, wenn das Wasser zum Haus hin fließt. Das Glück gelangt somit zum Haus, anstatt sich davon zu entfernen. Im Idealfall sollte Ihr Wasserfall von der Haustür aus zu sehen sein – aber nicht genau vor oder gegenüber der Türe liegen. Dann werden gute Geschäfts- und Karrierechancen sowie finanzielle Sicherheit die Folge sein.

OBEN *Das sanfte Geräusch von langsam fließendem Wasser wirkt sehr entspannend, und die Bewegung des Wassers läßt das Chi fließen. Wichtig ist die richtige Fließrichtung.*

- Der Wasserfall muß immer an die Größe des Hauses angepaßt sein. Lassen Sie nicht zu, daß er das Haus beherrscht. Ist er zu groß, entsteht zu viel Chi. Belasten oder blockieren Sie Ihr Haus nicht auf diese Weise mit zuviel Chi.
- Von der Form der Felsen oder Ziersteine darf nichts Bedrohliches ausgehen, das auch nur entfernt an Giftpfeile erinnern könnte.

Springbrunnen

Ein Springbrunnen verbessert das Feng Shui Ihres Gartens insbesondere dann, wenn er fröhlich vor sich hinsprudelt und so den Fluß des lebensspendenden Chi nachahmt. Der beste Platz für einen Springbrunnen befindet sich im vorderen Teil des Gartens, so daß man von der Eingangstür direkt darauf blicken kann. Legen Sie seinen Standort mit der Wasserformel fest. Um das Feng Shui Ihres Hauses zu verbessern und um den größten Nutzen aus einem Springbrunnen zu ziehen, sollten Sie einen Raum von ungefähr 6 m vor der Haustür frei lassen.

Schwimmbecken

Schwimmbecken werden in aller Regel in der praktischen Anwendung von Feng Shui nicht empfohlen, da sie – außer auf sehr großen Grundstücken – leicht dominieren und so das Gleichgewicht der Elemente stören können. Befindet sich ein Schwimmbecken in der falschen Ecke des Gartens, wird alles dadurch bedingte Unglück noch verstärkt.

Sollten Sie sich dennoch für ein Schwimmbecken entscheiden, achten Sie darauf, daß es eine günstige Form hat. Rechteckige Becken mit scharfen Ecken haben die gleiche Wirkung wie Ecken im Haus, sie verursachen schädliches Sha Chi, und richten Giftpfeile auf das Haus und seine Bewohner. Die beste Form für ein Schwimmbecken verfügt über sanfte Kurven ohne Ecken – oval, rund oder nierenförmig –, da es am meisten Ähnlichkeit mit natürlichen Gewässern aufweist *(siehe auch Aktivierung des kleinen Wassers, S. 106–107)*.

RECHTS *Dieses kleine Becken erzeugt kein schlechtes Feng Shui, da es den Garten nicht dominiert und seine geschwungene Form das Haus sozusagen geradezu umarmt.*

OBEN *Einen Teich können Sie einfach selbst bauen. Eine Pumpe verhindert dabei eine Stagnation des Wassers.*

RECHTS *Ein Springbrunnen symbolisiert die Lebensenergie des Chi. Ermitteln Sie seine beste Position mit Hilfe der Wasserformeln.*

KAPITEL ZWEIUNDZWANZIG

GARTEN-STRUKTUREN

Zu den Gartenstrukturen, die in diesem Kapitel besprochen werden, gehören Skulpturen, Pergolen, Pavillons und andere architektonische Elemente, die ihre eigenen Energien aufbauen. Diese Energien können sich negativ oder positiv auf Ihr Feng Shui auswirken. Ihr Einfluß auf das Feng Shui hängt von der einzelnen Struktur selbst, ihrer Größe und ihrer Lage im Verhältnis zur Haustür ab. Generell sollten diese Strukturen nie den Fluß von Chi zur Haustür hin blockieren. Auch dürfen sie nicht zu nahe an der Tür liegen – oder schlimmer: gar Giftpfeile darauf schicken. Sie sollten die Energie der Elemente ihres Standorts ergänzen und nicht schmälern. Metallstrukturen sollten beispielsweise nie im Norden stehen. Beachten Sie beim Anlegen eines Pavillons oder beim Positionieren einer neuen Skulptur immer die Theorie der Fünf Elemente. Auch eingelassene Stufen, Böschungen, Hecken, Zäune, Wände, Steingärten und Grillplätze wirken sich positiv oder negativ auf Ihr Feng Shui aus. Aus diesem Grund müssen sie so angelegt sein, daß sie mit dem übergeordneten Ganzen in Einklang stehen. In diesem Abschnitt befassen wir uns damit, wie Sie diese Harmonie umsetzen können.

LINKS *Achten Sie bei Ihren Gartenstrukturen auf Gleichgewicht, Harmonie und die richtigen Proportionen.*

FENG SHUI VON GARTENSTRUKTUREN

Jede Struktur im Garten – sei es nun eine Skulptur, eine Mauer, ein Tor oder ein Pflanzenbehälter – erzeugt ihre eigene Energie. Ob diese Energie positiv oder negativ ist, hängt von der Position der Struktur im Verhältnis zu den Türen, Pfaden und der Ausrichtung des Hauses ab. Eine Feng-Shui-Analyse beginnt an der Grundstücksgrenze. Auch die Elemente, die den persönlichen Bereich abgrenzen, können gutes oder schlechtes Feng Shui erzeugen.

Erst Ausgewogenheit, Harmonie und die richtigen Proportionen lassen gute Energie entstehen. Alle scharfen, spitzen oder feindlichen Elemente bringen schlechtes Chi.

- Vermeiden Sie mit allen Mitteln Giftpfeile, gerade Linien, scharfe, eckige oder feindlich wirkende Strukturen.
- Die Größe der Elemente muß zum Haus oder Garten passen.

Zäune und Mauern

Es gibt einfache Richtlinien, um das Chi im Garten zu aktivieren. Beginnen Sie an der Grundstücksgrenze und arbeiten Sie sich dann zum Haus durch.

- Die äußere Begrenzung des Anwesens sollte nicht zu nah am Haus liegen, besonders wenn es von Mauern umgeben wird, da dies Klaustrophobie bewirkt und verhindert, daß gutes Chi im Haus fließen kann. Gartenmauern sind für große Anwesen geeignet. Umgeben sie das Haus von mehreren Seiten, sollten sie nicht zu nah am Haus liegen.
- Die umliegenden Mauern dürfen keinesfalls höher als das Haus sein. Dadurch kann ein Ungleichgewicht entstehen, wodurch negatives Chi nach innen gelangt.
- Zäune oder Mauern um das Haus sollten gleich hoch sein, da sonst eine Disharmonie entsteht.

UNTEN *Die Mauer erdrückt das Chi, da sie viel zu nah am Haus steht.*

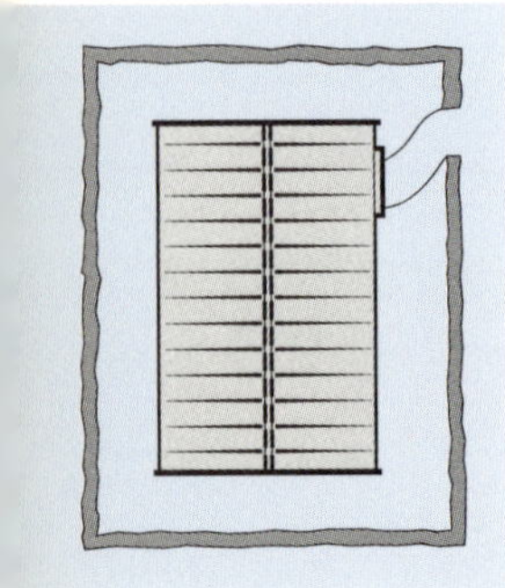

OBEN *Günstige Eingangstore öffnen sich nach innen. Sie sind nicht zu groß und wirken gepflegt.*

- Achten Sie auf Zäune oder Mauern, die nach innen oder außen deutende Spitzen aufweisen und damit negative Energie verursachen. Nach innen weisende Spitzen bedeuten Schaden für Sie, nach außen weisende Unglück für Ihre Nachbarn. Zu gutem Feng Shui gehört, daß auch Außenstehende nicht verletzt werden.

Eingangstore

Es hängt ganz von der Größe oder dem Wesen eines Gutes ab, ob ein Eingangstor erforderlich ist. Vom Feng-Shui-Standpunkt aus betrachtet, ist es auf einem klar abgegrenzten Anwesen einfacher, gutes Feng Shui zu erzeugen.

- Tore sollten der Größe des Hauses entsprechen.
- Sie sollten sich nach innen öffnen.
- Sie sollten symmetrisch sein.
- Sie sollten einladend wirken. Vermeiden Sie feindlich wirkende Tore mit Spitzen wie Stacheldraht. Der klassische, formale Stil ist besser als ein abstrakter.
- Umgeben Sie Tore nicht mit Kletterpflanzen.
- Lassen Sie sie nicht verrosten.
- Als einfache Richtschnur sollten Tore im Norden, Osten und Südosten schwarz sein, im Süden, Südwesten und Nordosten rot und im Nordwesten und Norden weiß.
- Tore mit Säulen gelten als ausgezeichnetes Feng Shui. Weiteren Schutz bieten zwei chinesische Löwen auf jeder Säule.

Pavillons

Pavillons, in chinesischen Gärten seit jeher günstige Elemente, harmonisieren die Elemente des Gartens und ermöglichen das Ansammeln von gutem Chi. Sie sollten offene Fenster und

RECHTS *Dekorative Gartenelemente müssen zum Feng Shui des Hauses passen.*

niedrige Mauern haben sowie den Blick auf ein Wasserelement freigeben. Nur auf mäandrierenden Pfaden gelangt gutes Chi hinein.

Freistehende, gebäudeähnliche Strukturen wie Gewächshäuser, Sommerhäuschen oder Gartenlauben beeinflussen, je nach ihrer Position zur Eingangstür, das Feng Shui des Haupthauses.

- Strukturen im Nordwesten oder Westen sind in der Regel problemlos, solange sie nicht direkt hinter dem Haus liegen.
- Im Westen sind sie kein Problem, wenn die Eingangstür im südlichen Sektor liegt.
- Im Norden zerstören sie das Feng Shui einer Eingangstür im Südsektor.
- Strukturen im Südosten oder Osten verstärken die Energie einer Haustür im Süden.

Achten Sie auch hier auf scharfe Kanten, die Giftpfeile in Richtung der Haustür schicken könnten. Lauben sind in der Regel rund und eignen sich gut als Zentrum des Gartens. Gutes Feng Shui erreichen Sie, wenn Sie Lauben nach der Theorie der Fünf Elemente plazieren. Der Kreis steht für das Element Metall. Freistehende Strukturen sollten ihren Platz immer in der Ecke des Elementes finden, das dem Element der Eingangstür entspricht.

Pfade und Steinplatten

Gartenpfade vermitteln einen fließenden Eindruck, der eine Ansammlung von gutem Chi fördert. Soll das Chi sich niederlassen und wachsen, darf ein Pfad nie geradlinig verlaufen oder scharfe Ecken aufweisen. Das Chi rast dann durch den Garten und ist nicht mehr günstig. Ein Pfad sollte auch nicht direkt auf die Haustür zulaufen und so das Haus mit schlechtem Chi überfluten. Der ideale Weg verläuft in einer sanften Kurve und ist auf beiden Seiten mit Blumen bepflanzt, so daß sowohl die Schönheit des Gartens als auch günstige Yang-Energie gefördert wird. In solch einem Garten wird sich das Chi gerne niederlassen.

OBEN *Steinfliesen laden zum Spazieren ein und verbessern das Feng Shui im Garten.*

Auswahl der Materialien und Muster

Bedenken Sie bei der Wahl des Materials für den Weg, daß auch im Garten Harmonie das oberste Gebot ist. Manche Materialien wirken grob und hart, andere sanft und weich. Verläuft der Weg über ein Rasenstück, sollten Sie ein Material verwenden, das zur Wiese paßt und einen weichen Verlauf andeutet.

Häufig benutzte Gartenwege erzeugen gutes Feng Shui und bringen viel mehr Glück als Wege, auf denen selten gegangen wird. Legen Sie den Weg daher so an, daß er sowohl optisch zum Gehen einlädt als auch bequem zu benutzen ist. Unebenheiten sind ebensowenig geeignet wie überstilisierte Wege, auf denen sich nicht richtig gehen läßt. Ideal sind dagegen gemauerte Wege, da sie stabil und langlebig sind und zum Spazieren geradezu auffordern.

Die Bodenziegel können in verschiedenartigen Mustern angeordnet werden, beispielsweise als Fischgrätmuster, das geradlinig, verlängert oder ineinander verwebt längs zum Weg oder diagonal verläuft. All diese Muster sind möglich, wobei sie kaum ausschlaggebend für die Qualität des Feng Shui sind. Wirklich wichtig ist eigentlich nur, daß der Weg nicht gerade verläuft.

SIHE AUCH
Pergolen *S. 241*
Skulpturen *S. 241*

Kapitel zweiundzwanzig: Gartenstrukturen

FENG SHUI VON GARTENSTRUKTUREN

Patios und Terrassen

Vieles von dem, was im Kapitel »Feng Shui im Garten umsetzen« *(siehe S. 240–241, Von Mauern umgebene Gärten und Hinterhöfe)* beschrieben wurde, ist auch für diesen Abschnitt relevant und sollte im entsprechenden Zusammenhang betrachtet werden. In den kleinen Gärten von Stadthäusern sammelt sich, wenn sie vernachlässigt werden, ein Übermaß an Yin-Energie an. Vermeiden Sie dies, indem Sie einen Patio- oder Terrassengarten richtig anlegen. Feng Shui ist höchst unkompliziert, da selbst im kleinsten Garten Platz dafür ist.

OBEN *Ein leerer Patio oder eine leere Terrasse bedeuten zuviel Yin-Energie. Gleichgewicht erreichen Sie durch die Yang-Energie von Pflanzen.*

Betrachten Sie den Patio als eine Art Innenhof – eine Erweiterung des Hauses, die sich im Freien befindet. Ein kleines Wasserelement wie ein Wasserbecken oder ein Springbrunnen mit Pflanzen wird Sheng Chi ins Haus locken. Auch kleine Pergolen, Spaliere und Hängekörbe können Sie hier verwenden. Solange sie den Größenverhältnissen des Patio entsprechen, werden sie eine günstige Wirkung entfalten. Bringen Sie interessante Gestaltungselemente in ihren Patio ein, indem Sie beispielsweise eine Fläche mit Ziersteinen auslegen. Beachten Sie dabei immer die Elemente, die in der jeweiligen Himmelsrichtung vorherrschen. Entsprechend ist der Südwesten oder Nordosten bestens geeignet für Steine oder Kiesel, da hier das Erdelement regiert.

Patiogärten werden oft als Erweiterung des Hauses angesehen und bieten auf diese Weise sehr gute Möglichkeiten, fehlende Ecken in L- oder U-förmigen Häusern auszugleichen. Schließt Ihr Patio oder die Terrasse hinten mit einer Mauer ab, ersticken Sie sie nicht mit Kletterpflanzen. Der Mauer wird dadurch Kraft entzogen, was sich negativ auf das Feng Shui auswirkt. Hier sind Hängekörbe oder Topfpflanzen besser geeignet. Befindet sich Ihr Patio hinter dem Haus, können Sie mit einfachen Mitteln, etwa mit einem kleinen Steingarten, den schützenden Schildkrötenberg nachahmen.

Sehr hübsch (und sehr beliebt bei den Chinesen) ist es auch, große leere Keramikgefäße aufzustellen. Oft sind diese mit glückbringenden Symbolen bemalt. Sie können Chi anlocken und bewirken, daß es sich in diesem Bereich niederläßt und ansammelt. Die Gefäße bleiben leer, damit sich dort schlechtes Chi fängt und die Hausbewohner verschont.

Gärten an Hängen

Gärten an Hängen geben kreativen Landschaftsgärtnern viele interessante Gestaltungsmöglichkeiten an die Hand. Auch dem Feng Shui eröffnen solche Gärten viele günstige Optionen. Die Feng-Shui-Richtlinien hierfür haben zumeist die Symbolik des Tigers, Drachen oder der beschützenden Schildkröte zum Inhalt.

Das Anlegen verschiedener Ebenen ist ebenfalls eine Überlegung wert. In einem kleinen Garten sind die Möglichkeiten dafür natürlich eingeschränkt. In größeren Gärten können mehr Regeln umgesetzt werden. Belassen Sie am besten die abgelegeneren Areale so, wie sie von Natur aus sind. Die in Hausnähe gelegenen Bereiche können Sie allerdings formaler gestalten. Auch können Sie hier künstliche Terrassen oder verschiedene Ebenen anlegen.

Die verschiedenen Ebenen müssen stets den Eindruck von Stabilität vermitteln. Eine Erhöhung muß solide angelegt sein. Wird sie von einer Mauer umgeben, muß diese solide gemauert sein und die Stabilität Ihres Anwesens und damit das Feng Shui unterstützen. Ein gutes Fundament ist unerläßlich für günstiges Feng Shui.

Setzen Sie in Ihrem Terrassengarten fließende Formen um. Stellen Sie eine abwechslungsreiche Bepflanzung mit viel Farbe zusammen. Immergrüne Pflanzen ermöglichen das ganze Jahr über und nicht nur zur Blüte- und Wachstumszeit der Blumen und Stauden das Fließen von glückbringendem Chi.

UNTEN *Pflanzen geben Patios Farbe und ziehen Chi an, indem sie das Element Holz betonen.*

Böschungen

Böschungen sind in aller Regel schwer zugänglich und werden daher meist schnell ungepflegt und unansehnlich. In diesen Fällen dürfte eine Bepflanzung sinnvoller sein als ein Rasen, besonders, wenn sich die Böschung hinter dem Haus befindet. Die Rückseite des Grundstücks ist gewissermaßen seine Achillesferse, und sie sollte entweder durch eine Erhöhung oder alternativ durch eine Baumgruppe geschützt werden. Wenn Sie diesen Bereich vernachlässigen, vernachlässigen Sie damit auch das Feng Shui – mit all seinen Auswirkungen.

Stufen

Folgende goldene Regeln müssen bei eng angeordneten Stufen beachtet werden:

- Geschwungen verlaufende Stufen sind deutlich besser als gerade. Sie dürfen auch nicht zu steil oder zu schmal sein.
- Die Stufen dürfen nicht vom Gartentor aus einsehbar sein, direkt vor dem Gartentor beginnen oder genau gegenüber der Haustür liegen.
- Sie dürfen nicht unmittelbar auf die Hintertür zulaufen und sollten eher seitlich am Haus entlang verlegt werden.
- Sie sollten so breit wie möglich angelegt werden und idealerweise rundliche bzw. geschwungene Formen haben.

Steingärten

Zur leichteren Pflege sollten Steingärten ebenerdig und nicht auf abfallendem Gelände angelegt werden. Felsen sind am besten für den Südwesten des Gartens geeignet, sein Element ist die Große Erde.

Sie können beim Anlegen des Steingartens auch Felsen verwenden, so daß eine natürliche Wirkung entsteht. Um die Felsen herum legen Sie Pfade an, auf denen Sie die Pflanzen und Sträucher gut erreichen können. Verwenden Sie dabei immer rundliche Felsen, die nicht auf irgendeine Weise bedrohlich wirken können. So nahe am Haus dürfen sie keinesfalls auch nur annähernd grobe oder feindselige Assoziationen wachrufen. Die Folge könnte Unglück für die Bewohner sein: Krankheit oder finanzielle Verluste sind dann nahezu vorprogrammiert.

Ausgezeichnetes Feng Shui ist es, dagegen, glückbringende Symbole – wie beispielsweise die Statue eines Storchs, der ein langes Leben verkörpert – in die Mitte des Steingartens zu stellen.

Grillparties

Auf der ganzen Welt lädt man immer wieder gerne Freunde zum Grillen ein. Für einen gemauerten Grillplatz ist fast jeder Bereich geeignet, aber auch dabei sollten einige Regeln beachtet werden. Der Grillplatz sollte nicht zu nah an Fenstern oder Türen liegen, da ansonsten gutes Chi nicht ins Haus gelangen kann.

Noch wichtiger ist allerdings, daß sich der Platz in der richtigen Ecke des Gartens befindet. Geeignet sind der Süden, der Südwesten und der Nordosten:

- Der Süden ist der Bereich des Feuers, folglich paßt der Grillplatz optimal an diese Stelle.
- Der Südwesten und Nordosten sind Ecken des Elements Erde. Erde bringt im Entstehungszyklus der Fünf Elemente Feuer hervor.

Folgende Standorte sollten Sie unbedingt vermeiden:

- Der Westen und Nordwesten sind dem Metallelement zugeordnet und Feuer vernichtet im Zerstörungszyklus der Fünf Elemente Metall.
- Der Nordwesten ist der Bereich für das Oberhaupt der Familie. Man nennt diesen Bereich das Tor zum Himmel, da das Trigramm für diese Ecke Chien ist, das Symbol für den Himmel. Offenes Feuer von einem Grill wird mit einer zerstörerischen Kraft und nicht mit positiver Yang-Energie in Verbindung gebracht. Sie setzen so symbolisch den Himmel in Brand und verbrennen das Vermögen des Hauses.

Finden Sie keinen geeigneten Platz, besorgen Sie einfach einen mobilen Grill, der nach Gebrauch weggeräumt werden kann.

UNTEN *Niedrige Stufen, umgeben mit rosa Blüten voller Yang-Energie, verbinden die Ebenen des Gartens für ein gutes Feng Shui.*

KAPITEL ZWEIUNDZWANZIG: GARTENSTRUKTUREN

FENG SHUI VON GARTENSTRUKTUREN

Skulpturen und Keramiken

Viele Menschen schmücken ihren Garten oder ihr Haus mit Statuen und Keramikgefäßen. Wir haben uns damit bereits im Kapitel über die Umsetzung von Feng Shui im Garten befaßt *(siehe S. 236–241, Pergolen und Skulpturen)*, das Thema verdient aber weitere Beachtung.

Für Chinesen sind die besagten Ziergegenstände immer symbolisch. Viele dieser Symbole stehen für die wichtigsten Voraussetzungen von Glück in China: materieller Wohlstand, respektierte Nachkommen und ein langes Leben. Daher tauchen auch die entsprechenden Götter für Reichtum, Langlebigkeit und Erfolg sehr oft auf. Die Symbole für Langlebigkeit und Gesundheit – wie der Fisch, die dreibeinige Kröte, die Schildkröte, der Kranich und der Hirsch – stellen alle gutes Feng Shui dar. Werden diese Tiere in Form von Keramiken oder Statuen im Garten aufgestellt, und zwar besonders an strategisch günstigen Ecken wie dem Westen oder Nordwesten, kommen die durch ihre Präsenz erzeugten Energien eher langsam zur Geltung und wirken nicht zu überwältigend. Es gibt einige hilfreiche Regeln, die bei der Anordnung von Statuen und Keramiken befolgt werden sollten. Die wichtigste Regel ist allerdings, daß sie niemals direkt vor der Haupteingangstür stehen sollten. Lassen Sie diesen Bereich bewußt frei, so daß sich das Chi im hellen Foyer niederlassen kann, bevor es in das Haus weiterzieht.

UNTEN *Chinesen verwenden häufig große Ziergefäße im Garten, um dort schlechtes Chi zu binden.*

GÜNSTIGE STATUEN POSITIONIEREN

OBEN *Der günstigste Platz für einen Steingarten liegt im Südwesten des Hauptgartens.*

Beachten Sie beim Aufstellen symbolischer Statuen und Keramiken immer folgende Feng-Shui-Richtlinien:

- Symbole für Langlebigkeit gehören in den Westen oder Nordwesten.
- Setzen Sie Symbole für Wohlstand in den Osten oder Südosten.
- Symbole für Schutz müssen in den vorderen Teil des Gartens, sie sollten nach außen weisen.
- Plazieren Sie Symbole für Eheglück (z. B. Mandarinenten) im Südwesten.
- Setzen Sie Symbole für das Glück Ihrer Nachkommen in den Nordosten.

LINKS *Positionieren Sie chinesische Symbole so, daß ihre Kraft auch zur Entfaltung kommt. Fische (Reichtum) sind ideal im Osten oder Südosten.*

UNTEN *Von den chinesischen Göttern bringt der Gott Luk Reichtum, Anerkennung und Erfolg, Fuk ermöglicht Wohlstand und Sau ein langes Leben. Die Abbildung unten zeigt Luk, Sau und Fuk (von links nach rechts).*

KAPITEL DREIUNDZWANZIG

BELEUCHTUNG

Die Vorteile, die Lampen für das Feng Shui in einem Garten entfalten können, machen sie zu einer bedeutenden Komponente. Lampen bringen wertvolle Yang-Energie und repräsentieren Wärme, die eine reichhaltige Ernte ermöglicht. Mit Hilfe dieser beiden Eigenschaften kann das Element Holz genutzt werden. Eine richtige Beleuchtung kann auch zur Korrektur verschiedener Feng-Shui-Probleme eingesetzt werden. Sie kann fehlende Ecken in Häusern ergänzen oder die Energien von unpassenden oder ungünstigen Geländeverhältnissen Ihres Gartens erhöhen. Liegt beispielsweise der hintere Garten niedriger als der Vorgarten, können Sie durch eine hoch angebrachte Lampe hinter dem Haus die Chi-Energie erhöhen und so ein wichtiges Problem des Landschafts-Feng-Shui korrigieren. Links im Garten angebrachte Lampen erhöhen die Drachenenergien der Umgebung. Besonders im Süden ist die Beleuchtung eines Gartens wichtig, da hier die Energien der Fünf Elemente aufeinander abgestimmt werden. Ebenso günstig sind Lampen in den Ecken des Erd-Elements – dem Südwesten und dem Nordosten. In den Wintermonaten, wenn die Holzenergien ohne die wärmende Kraft des Sommers auskommen müssen, sind Lampen im Osten und Südosten wichtig. Nur im Westen und Nordwesten des Gartens darf die Beleuchtung gedämpft sein. Eine Gartenbeleuchtung sollte nie dominieren oder zu hell sein, da sich dadurch gute Energie in schlechte Energie umwandeln kann.

LINKS *Mit Lampen bringen Sie wichtige Yang-Energie in den Garten.*

SCHÄDLICHE FORMEN UND STRUKTUREN KORRIGIEREN

OBEN *Durch die Beleuchtung können Sie Ihrem Garten nachts ein ganz anderes Gesicht verleihen. Lampen helfen, schädliche Einflüsse zu korrigieren und gutes Feng Shui zu erzeugen.*

Geschickt eingesetzte Außenbeleuchtung kann positive Energien des Erdelements anziehen und so das Glück für die ganze Familie erhöhen und Beziehungen verbessern.

Eine gezielte Feng-Shui-Beleuchtung stellt eine wirksame Lösung für Häuser dar, die eine ungünstige Form haben oder auf einem Gelände stehen, das ein inkorrektes Tiger-Drachen-Verhältnis verursacht. Lampen können auch fehlende Ecken, ungünstige Neigungen und schlechte Energien, bedingt durch äußere Einflüsse, wirksam ausgleichen. Ein starker Scheinwerfer kann etwa von einem Nachbargrundstück ausgehende Giftpfeile unschädlich machen.

Mit richtiger Beleuchtung können Sie also drei wichtige Feng-Shui-Probleme korrigieren:

- Ein Haus hat ungünstige oder unregelmäßige Formen, durch die übermäßige Yin-Energie entsteht.
- In der Nähe des Hauses oder Gartens befinden sich schädliche Strukturen.
- Das Gelände, auf dem das Haus steht, weist ungünstige Erhöhungen und Konturen auf.

RECHTS *Diese vielseitigen Lampen werden direkt in die Erde gesteckt.*

RECHTS *Eine perfekte Lampe für den Hauseingang, wo sie gutes Chi anzieht.*

UNTEN *Lampen auf Wänden und Stufen können fehlplazierte Drachen und Tiger korrigieren.*

UNTEN *Ein gutes Licht an der Verandadecke vertreibt Düsterkeit und somit negative Chi-Energie.*

RECHTS *Kräftige Lampen helfen, schädliche Giftpfeile auf Haus und Garten abzuwehren.*

Unregelmäßige Hausformen korrigieren

Mit Lampen aktivieren Sie unmittelbar die Yang-Energie des Feuerelements. Bei einem unregelmäßig geformten Anwesen können Sie fehlende Ecken durch eine helle Lampe im betroffenen Bereich ausgleichen. Sie bringt Yang-Energie und wirkt belebend. Eine Lampe, die genauso hoch ist wie das Haus, ist sehr mächtig. Sie sollte aber mindestens 2 m hoch sein. Installieren Sie die Lampe so, daß sie den fehlenden Bereich beleuchtet und lassen Sie sie jede Nacht drei Stunden lang eingeschaltet.

Giftpfeile von schädlichen Strukturen bekämpfen

Mit hellen Lampen können Sie auch sehr wirksam feindlichen Strukturen, Gebäuden oder Objekten in der Nähe Ihres Hauses entgegenwirken. Dabei kann es sich um eine gerade verlaufende Straße, eine Kreuzung, einen Baum oder das spitze Dach eines anderen Hauses handeln. Gelingt es Ihnen nicht, diese zu verdecken, richten Sie ein helles Licht darauf. Sie ahmen so den stechenden Blick des Tigers nach und lösen schlechte Energien auf, bevor sie das Haus durchdringen können.

GLÜCK VERMEHREN UND UNGLÜCK VERMINDERN

Mit Licht können Sie günstige Bereiche im Garten energetisieren und Probleme beheben. Das Feng Shui Ihres Gartens wird sich auf diese Weise merklich verbessern.

Die Ecke der Erdenmutter mit Licht energetisieren

Insbesondere diese Ecke des Gartens sollte energetisiert werden. Dadurch erreichen Sie, daß die Bewohner des Hauses miteinander zurechtkommen, Streitigkeiten und Mißverständnisse werden reduziert, und das Leben der Menschen wird dort im allgemeinen verbessert. Die Ecke der Erdenmutter energetisieren Sie am besten durch Lampen in der südwestlichen Ecke des Gartens. Lichter im südlichen Bereich vermehren das Ansehen des Patriarchen sowie der anderen Hausbewohner.

OBEN UND UNTEN *Lampen korrigieren ungünstige Aspekte Ihres Zuhauses.*

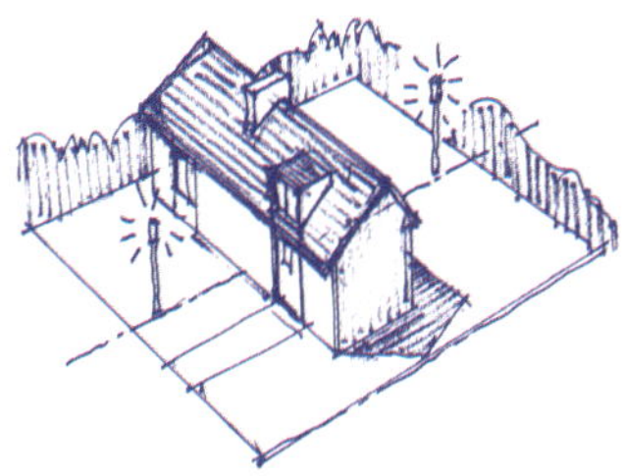

Eine starke Tigerseite mit Lampen ausgleichen

Die Westseite eines Hauses (von innen aus gesehen links von der Haustür) gilt als die Tigerseite. Sie kann ein Problem verursachen, wenn der Garten in diesem Bereich höher oder größer ist als die übrigen Bereiche. Dann beherrscht der Tiger den Drachen und gewinnt die Oberhand. Hat der Tiger die Vorherrschaft, kann sich dies tödlich auswirken und Unfälle, Tod oder andere Tragödien für die Familienmitglieder herbeiführen.

Mit einer hellen Lampe im Westen können Sie einem böswilligen Tiger entgegenwirken, seine Destruktivität in Wohlwollen umwandeln und ihn unter Kontrolle halten. Der Westen ist hierfür besonders geeignet, da er als Vertreter des Feuerelements das Metallelement der westlichen Ecke bekämpft: Im Zyklus der Elemente zerstört Feuer Metall.

Haben Sie im Westen Steinplatten als Pfad gelegt, sollten diese beleuchtet sein. Ein hell erleuchteter Pfad hält den Tiger in Schach und läßt die Bewohner an seinem Nutzen und Schutz teilhaben.

LINKS *Häuser in der Nachbarschaft von Kliniken leiden unter zuviel Yin-Energie. Lichter schaffen hier durch ihr Yang mehr Harmonie.*

KAPITEL DREIUNDZWANZIG: BELEUCHTUNG

DIE ELEMENTE NUTZEN UND RUHM ERLANGEN

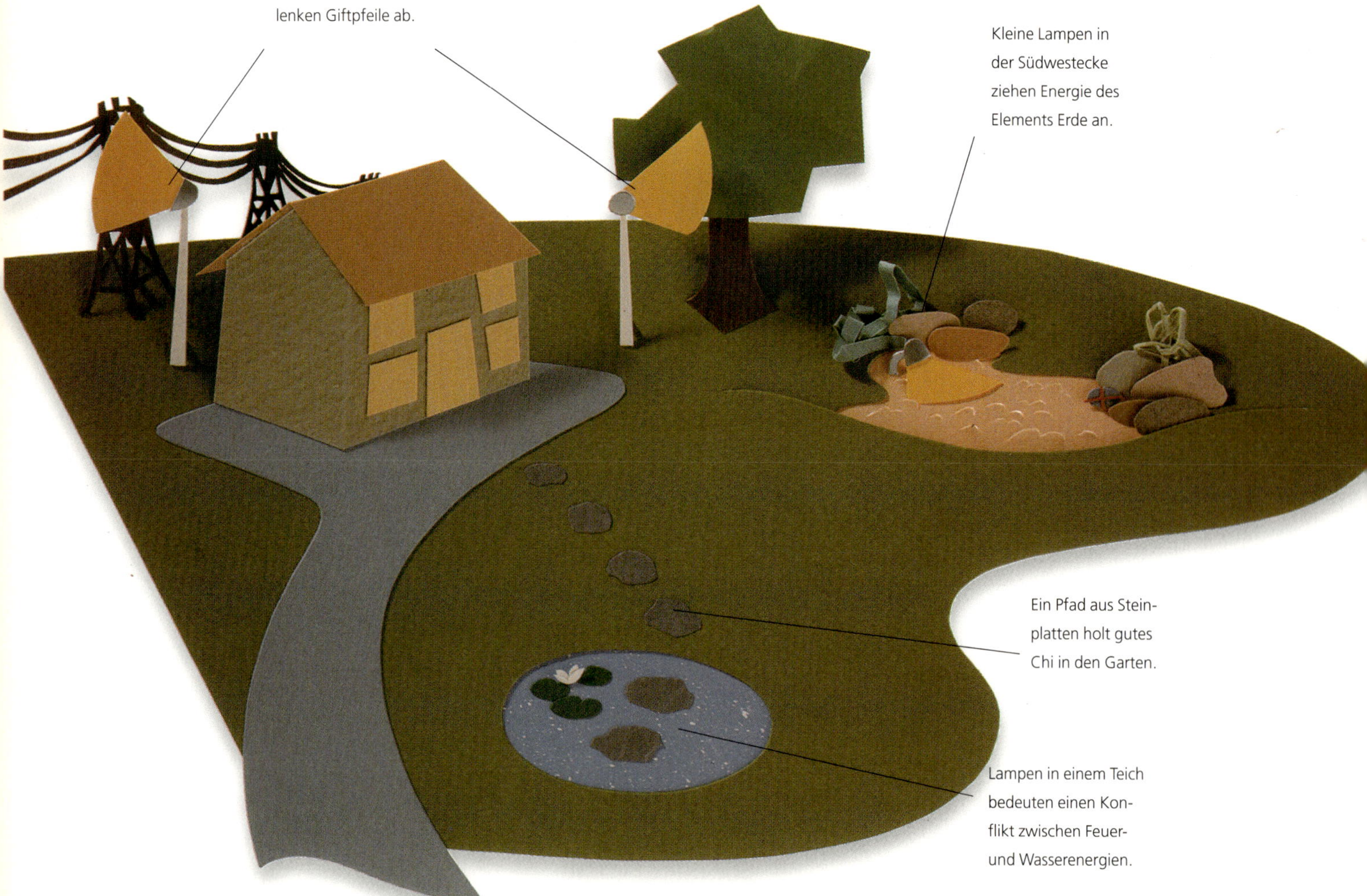

OBEN *Die Beleuchtung eines Gartens kann den Fluß des Chi fördern und negative Energie ablenken.*

Lampen in einem Garten können auch die Kräfte bestimmter Elemente erhöhen und den Hausbewohnern Ruhm und Anerkennung bringen.

Lampen und Wasserelemente

Führen Bodenplatten zu einem Teich, sollte dieser im Norden des Gartens liegen. Lampen in einem Teich erzeugen ein Ungleichgewicht, da in diesem Fall Feuer und Wasser im Zyklus der Elemente aufeinanderprallen. Genausowenig sollten Springbrunnen oder ähnliche Wasserelemente beleuchtet werden.

Wenn die Fliegenden Sterne günstig sind, können Sie Wasserelemente im Südwesten des Gartens mit Lampen ausstatten. Der Südwesten ist dem Element Erde zugeordnet. Lampen in dieser Ecke wirken sich bereichernd und günstig aus.

LINKS *Blockieren Sie feindliche Strukturen mit Pflanzen oder verwenden Sie Lampen, um deren negative Energien abzuwehren.*

KONTUREN KORRIGIEREN ODER AUSGLEICHEN

Die Feng-Shui-Lehren besagen, daß das Gelände hinter dem Haus immer höher sein soll als der Bereich vor dem Haus und das Areal links vom Haus (von innen nach außen gesehen) höher als das rechts davon. Diese Forderung gehört zu den Hauptaussagen des Landschafts-Feng-Shui. Manchmal ist es aber nicht möglich, die Lage des Grundstücks zu verändern oder ungünstige Konturen zu korrigieren. In diesem Fall kann der Einsatz von Lampen sehr hilfreich sein. Installieren Sie die Lampen dort, wo der Boden zu niedrig ist, an einem hohen Masten. Damit erhöhen Sie, wie bereits erwähnt, deren Energie und sorgen für ein Gleichgewicht.

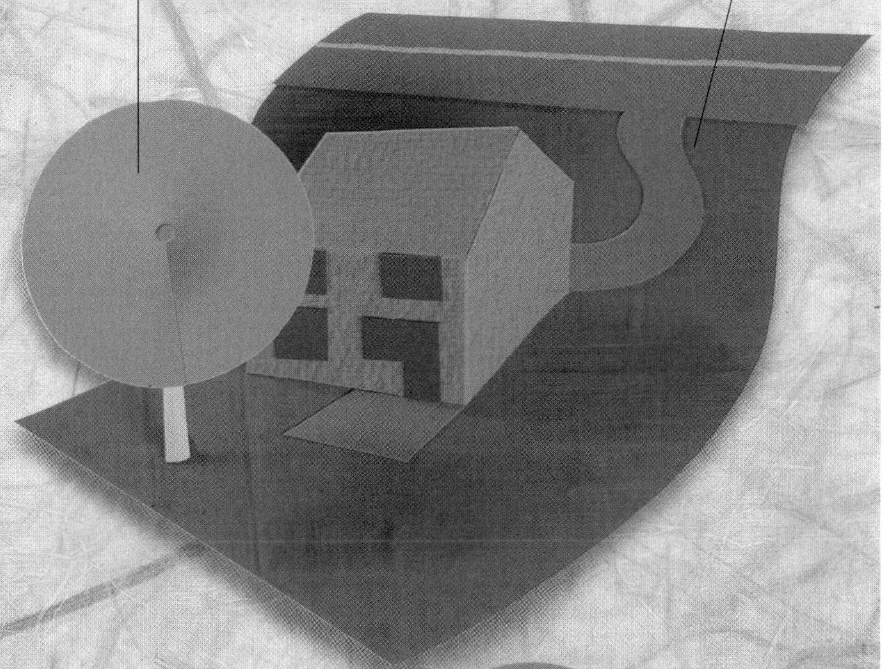

UNTEN *Eine hohe Lampe kann die Hügel des Grünen Drachen ersetzen.*

RECHTS *Eine Lampe gleicht Höhenunterschiede von Vorder- und Rückseite aus.*

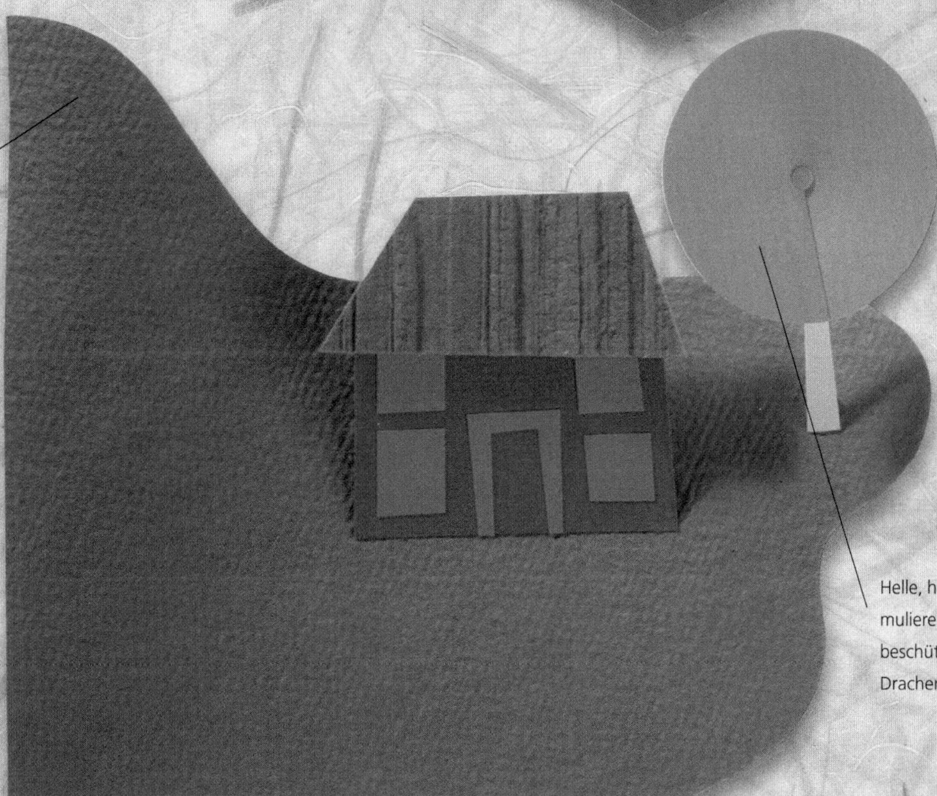

KAPITEL DREIUNDZWANZIG: BELEUCHTUNG

BELEUCHTUNG IM GARTEN

OBEN *Lampen können die dominierende Tigerseite (Westen) des Gartens ausgleichen. Das Feuerelement korrigiert ein schädliches Übermaß an Metallenergie.*

OBEN *Ist die Tigerseite des Hauses (links vom Haupteingang) mit Feng-Shui-Problemen belastet, können Lampen im Westen Abhilfe schaffen.*

Die schützenden Fu-Hunde beleuchten

Ich habe bereits an anderer Stelle empfohlen, Fu-Hunde auf das Tor Ihres Anwesens zu setzen, was in Asien und bei Chinesen auf der ganzen Welt sehr beliebt ist. Der Fu-Hund, manchmal auch fälschlicherweise als das chinesische Einhorn bezeichnet, gilt ebenso wie der Drache als legendäres Himmelsgeschöpf. Pekinesen mit ihren charakteristischen Gesichtern entsprechen am ehesten dem klassischen Vorbild.

Statuen von Fu-Hunden gibt es in den verschiedensten Größen, und sie sind häufig sogar in chinesischen Supermärkten erhältlich. Befindet sich Ihre Pforte im südlichen Bereich des Anwesens, so wird die Beleuchtung der Fu-Hunde als äußerst günstig betrachtet, da dies Anerkennung und Ruhm anzieht. Dieser Feng-Shui-Hinweis bezieht sich besonders auf Menschen in der Unterhaltungsbranche, wo Popularität und Berühmtheit ausschlaggebend für den Erfolg sind. Stehen Fu-Hunde auf den Pfosten neben dem Eingangstor, sollten sie von unten, d. h. mit einem kleinen Scheinwerfer am Boden, beleuchtet werden. Auf diese Weise stellen Sie sicher, daß Ihnen und Ihrer Familie immer Respekt und Anerkennung zuteil werden.

RECHTS *Beleuchtete Fu-Hunde können die Anerkennung und den Ruhm für Ihre Familie steigern.*

BELEUCHTETE JAPANISCHE GÄRTEN IM SÜDWESTEN

Ein speziell gestalteter Garten in der südwestlichen Ecke bedeutet ausgezeichnetes Feng Shui. Arbeiten Sie bei Ihrem japanischen Garten mit verschiedenen Ziersteinen, Bodenleuchten, Steinplatten und Felsen. Achten Sie bei diesen Elementen auf niedrige Proportionen. Die Kombination von Lampen und Steinen symbolisiert ein Zusammentreffen der Elemente Feuer und Erde in der Ecke des Elements Erde – Feuer reduziert alles auf ein Häufchen Asche, daraus entsteht wiederum Erde. Der positive Entstehungsszyklus der Elemente wird auf diese Weise aktiviert.

Der Südwesten ist dem Trigramm Kun zugeordnet, das für die Mutter Erde steht. Die Betonung der Elemente Feuer und Erde wird Ihr Glück entscheidend fördern. Eine vortreffliche Idee ist es auch, eine glückbringende rote Schnur um einige der Kiesel im Südwesten zu binden, da dies die Steine in diesem Sektor des Gartens aktiviert.

RECHTS *Lampen im Südwesten repräsentieren das Feuer, das das Element Erde und so das Beziehungsglück aktiviert.*

UNTEN *Verwenden Sie japanische Elemente wie Bodenlampen, Steinplatten und runde Felsen in Ihrem Garten. So fördern Sie die Erd- und Feuerelemente.*

CURRENT
2479.1
1948.3
-5.6
-23.6
+85.51
1.28
GLD
BANCO DE ESPAÑA
20

木火土金水

TEIL SECHS

FENG SHUI IN DER GESCHÄFTSWELT

KAPITEL VIERUNDZWANZIG

FENG-SHUI-TIPS FÜR GESCHÄFTS-LEUTE

Wenn Sie Ihr eigenes Geschäft aufbauen und sich bald zu den Millionären zählen möchten, kann es nicht schaden, gutes Feng Shui zu erzeugen, das Ihnen wahres Glück im Geschäftsleben beschert. Dieses Glück können Sie durch zahlreiche wirkungsvolle Methoden erlangen, entweder durch die Umsetzung symbolischer Feng-Shui-Tips, die leicht anzuwenden sind, oder durch komplizierte Feng-Shui-Formeln. Diejenigen, die Methoden mit sofortiger Wirkung bevorzugen, finden in diesem Kapitel mehrere ungewöhnliche und dennoch sehr wirksame Techniken und Rituale. Diese kann man umgehend anwenden, um sofort den Umsatz zu steigern und zusätzliches Einkommen zu erzielen. Feng Shui muß nicht kompliziert sein, um seine Wirkung zu zeigen. Wichtig ist aber, die Energetisierer, die Reichtum bescheren sollen, richtig anzubringen. Mit Gold beladene Segelschiffe sollten stets in Ihre Geschäftsräume hinein- und nie aus ihnen hinaussegeln; dementsprechend sollten Spiegel immer die Registrierkasse und nie die Türe widerspiegeln. In beiden Fällen lockt man die Kunden entweder an – oder vertreibt sie. Bagua-Spiegel sollten nie gegenüber der Kundschaft aufgehängt werden, da dies die Kunden nur vergraulen würde. Am besten geht man an Feng Shui wissenschaftlich heran und bemüht sich bei der Anwendung um eine objektive Haltung.

LINKS *Ihr Geschäft kann ebenso von Feng Shui profitieren – durch Aktivieren positiver Energie können viele Möglichkeiten geschaffen werden.*

KAPITEL VIERUNDZWANZIG: FENG-SHUI-TIPS FÜR GESCHÄFTSLEUTE

ENERGETISIERUNG DES REICHTUMS

RECHTS *Eine Reichtumsvase oder -schale sollte am besten einer Kürbisflasche, einem äußerst günstigen Symbol, ähneln. Füllen Sie das Gefäß mit weiteren Reichtumssymbolen und bewahren Sie es versteckt in Ihrem Heim oder Büro auf.*

Reichtumsschale

Wenn Sie ein Geschäft haben und Ihr Reichtumsglück aktivieren und bewahren möchten, so erzeugen Sie mit einer »Reichtumsschale« oder »Reichtumsvase« (oder mehreren), die Sie in Ihrem Heim aufstellen, ein hervorragendes Feng Shui. Sie können auch zwei Reichtumsschalen anlegen.

Die Schale sollte einen breiten Rand haben. Sie kann eine gewöhnliche Form aufweisen oder unten breit sein und sich nach oben verjüngen wie eine Kürbisflasche. Eine solche Form ist günstig, da der Reichtum leicht in die Schale hineingelangen, jedoch nur schwer wieder entweichen kann. Dies ist die erste symbolische Bedeutung. Die zweite besagt, daß die Kürbisflasche das traditionelle Gefäß des Götternektars und daher günstig ist. Die Schale kann aus hochwertigem Kristall oder Keramik gefertigt sein. Glas oder Kunststoff sollten Sie nicht verwenden. Ihre Reichtumsschale kann beliebig groß sein.

Als nächstes müssen sie die Schale bis zum Rand zu füllen. Drei wesentliche Objekte sollten enthalten sein:

- Wenn Sie eine wohlhabende Person besuchen, so bitten Sie sie um eine kleine Pflanze oder etwas Erde. Legen Sie die Pflanze oder Erde in ein kleines rotes Päckchen oder ähnliches.
- Neun chinesische Münzen mit dem quadratischen Loch in der Mitte, mit einer roten Schnur zusammengebunden und in einem roten Päckchen untergebracht.
- Echtes Geld in einer beliebigen Einheit, dessen Betrag sich auf 988 beläuft – vielleicht DM 988 oder DM 9,88 (bzw. 988 oder 9,88 Euro). Legen Sie das Geld in ein rotes Päckchen.

Legen Sie diese drei Päckchen in die Schale, die Sie mit einigen oder allen der folgenden Gegenstände auffüllen:

- Halbedelsteine wie Jade, Amethyst, Zitrin, Tigerauge, Topas, Karneol, Quarz, Kristall, Malachit, Koralle, Lapislazuli oder Türkis. Einige empfehlen, sieben Arten von Halbedelsteinen zu verwenden, da so die Glückszahl dieser Zeitperiode wiedergegeben wird. Ich selbst lege acht verschiedene Arten von Steinen in meine Vase. Auch Kristalle lege ich gerne hinein, da sie hervorragende Energetisierer sind.
- Verwenden Sie die acht kostbaren Objekte, d. h. ein Elefantenpaar oder das wertvolle Pferd, den mystischen Knoten, das Doppelfisch-Symbol, die Muschel, das Baldachinsymbol, die Lotosblume oder die Vase.
- Sie können Ihre Reichtumsvase auch mit buntem Glas oder (kristallartigen) Perlen füllen, falls Sie diese vorziehen.
- In Ihre Reichtumsvase können Sie auch eine geringe Menge echtes Gold, das eindeutigste Symbol für Reichtum, legen. Vielleicht legen Sie noch einige unechte Goldbarren dazu.

Stellen Sie die Reichtumsschale nicht zur Schau. Der beste Platz für die Schale ist im Schlafzimmer. Befindet sie sich im Büro, dann sollte die Schale in einem Schrank stehen.

Sie können die Reichtumsschale als Symbol für eine wertvolle Opfergabe auch auf Ihren Altar stellen.

Es empfiehlt sich, eine Woche vor Neujahr den Inhalt aus der Reichtumsschale zu leeren und diese zu erneuern. Das bringt frische Energie und aktiviert die Reichtumsschale für das kommende Jahr.

Ein mit »Gold« beladenes Segelschiff

Das mit Gold beladene Segelschiff zählt zu den besten Methoden, Ihren persönlichen Reichtum erfolgreich zu vermehren, vor allem, wenn Sie ein Unternehmer sind. Im Fernen Osten galt das Segelschiff schon immer als Symbol für geschäftlichen Erfolg. Viele chinesische Unternehmer verwendeten einst das Segelschiff als ihr Logo, da es für die Winde stand, die einen Aufschwung für das Geschäft, den Handel und den Umsatz mit sich bringen. Abgesehen vom Drachen ist das Segelschiff das beliebteste Symbol chinesischer Geschäftsleute.

Wenn Sie Ihr Feng-Shui-Glück für das Büro energetisieren möchten, sollten Sie ein Modell oder eine Nachbildung eines Segelschiffes in der Nähe der Haupttüre aufstellen. Achten Sie darauf, daß das Segelschiff nach innen zeigt, also zum Inneren des Büros hin ausgerichtet ist. Keinesfalls sollte das Schiff nach außen weisen, denn das bedeutet, daß es davonsegelt. Symbolisch betrachtet soll das Schiff ein- und nicht auslaufen. Auch in Ihrem Heim können Sie ein Segelschiff aufstellen, und zwar nahe der Vordertüre.

Ein Schiff mit Segeln, in denen sich »der Wind fängt«, wird als wesentlich günstiger betrachtet als beispielsweise ein Modell der *Titanic*. Die Symbolik von Segeln, in denen sich der Wind fängt und die Ihnen Gold bescheren, gilt als sehr günstig. Der nächste Schritt besteht darin, das Schiff mit Gold zu füllen. Unechte Goldbarren, die Sie sehr günstig erstehen können, finden Sie leicht auf chinesischen Märkten. Stapeln Sie die Barren im Schiff übereinander. Wenn Sie keine unechten Goldbarren auftreiben können, beladen Sie das Schiff mit Münzen und Geld.

Der Grüne Drachen in Ihrem Südosten

Wer großen Wert auf sein Reichtumsglück legt, sollte stets bestrebt sein, das günstige Schicksal, für das der Himmelsdrache steht, zu energetisieren. Stellen Sie neun Drachen auf der Ostseite Ihres Büros, Geschäfts oder Heims auf, damit die magische Kraft des Drachen mobilisiert wird. Drachen in Verbindung mit der symbolischen Perle stellen Reichtum dar. Besorgen Sie sich entweder zwei Drachen, die Jagd auf die Perle machen, oder ein Bild davon. Das Drachen/Phönix-Paar sollten Sie nicht im Osten aufstellen. Für diesen Ort ist es ungeeignet, steht es doch für Liebe und nicht für Reichtum.

Unterscheiden Sie zwischen fünf- und vierklauigem Drachen. Beide Drachenarten kommen in Frage, dennoch ist hierzu anzumerken, daß die fünfklauigen Drachen für die Kaiserliche Dynastie und die vierklauigen für die Bürgerlichen stehen. Einst war es ausschließlich den Kaisern gestattet, den fünfklauigen Drachen aufzustellen.

Was die Anzahl der Drachen anbelangt, so stellt die Zahl Neun die Fülle des Himmels dar.

Zudem ist die Zahl Neun die einzige unabhängige Zahl und kann sowohl das Glück als auch das Unglück vermehren. Da der Drache stets Glück beschert, wird dieses Glück durch den Besitz von neun Drachen beträchtlich vermehrt. In der Verbotenen Stadt und im Hafengebiet von Hongkong ist eine Darstellung mit neun Drachen angebracht, die das Glück anziehen soll. Kowloon, das wohlhabende Hinterland Hongkongs, ist der Ort der neun Drachen.

Geschäften, die den Drachen als Logo führen, ist ein großer, langfristiger Erfolg beschieden. Allerdings muß der Drache wie andere Glückssymbole richtig dargestellt sein. Ihr Drache sollte nicht ausgehungert wirken; dick, gesund und wohlgenährt soll er sein.

Drachen dürfen niemals gefangengehalten werden. Sie müssen hoch in die Lüfte fliegen können, daher sollten sie nicht eingekreist werden. Wenn Sie Drachen in abgeschlossenen Schränken aufstellen, sind Ihre Projekte sicherlich zum Scheitern verurteilt.

OBEN *Stellen Sie den Grünen Drachen im östlichen Teil Ihres Büros oder Geschäfts auf. So ziehen Sie großes Reichtumsglück an. Achten Sie darauf, daß der Drache glücklich und wohlgenährt aussieht.*

LINKS *Das Segelschiff steht für Reichtum, der nach Hause gebracht wird. Das Schiff sollte symbolisch mit Gold beladen und zum Inneren des Büros hin ausgerichtet sein.*

SIEHE AUCH

- Das Konzept der Landschaft: Die vier himmlischen Tiere *S. 48–50*
- Alle Glückssymbole *S. 88*

Schmücken Sie Ihre Südostwand mit Grünpflanzen

Dieser Ratschlag ist auf den Ostteil Ihres Heims, Büros und Gartens anwendbar. Auch der Südosten sollte voller Pflanzen sein, da dies der Teil Ihres Wohn- und Arbeitsbereiches ist, der eine Einkommenssteigerung symbolisiert. Der Südosten ist zugleich die Reichtumsecke. Beide Sektoren sind – nach der Theorie der Fünf Elemente in der Feng-Shui-Praxis – Holzsektoren. Die Energetisierung durch üppige, gesunde Pflanzen stimuliert dieses Element und lenkt hervorragende Reichtumsgenergien in Ihre Wohn- und Arbeitsräume. Achten Sie darauf, daß die Pflanzen stets gut versorgt sind und regelmäßig beschnitten werden und entfernen Sie vertrocknete oder verwelkte Blätter, da diese Ihrem Geschäft Unglück bringen würden.

RECHTS *In einem Büro lassen sich Pflanzen gut verwenden, um günstige Chi-Energie zu fördern. Die Pflanzen müssen gesund und gepflegt sein.*

Ein Wasserfall bringt Ihnen Glück ins Haus

Ein weiterer hervorragender und zuverlässiger Reichtumsenergetisierer ist ein kleiner, von Menschenhand geschaffener Wasserfall, der zwischen 3 und 4,5 m von Ihrer Vordertüre entfernt liegt. Der Wasserfall kann für Ihr Büro, Ihre Fabrik oder Ihr Heim geschaffen werden, dabei sind jedoch drei wesentliche Dinge anzumerken:

- Achten Sie darauf, daß der Wasserfall in seinen Proportionen Ihrem Haus, Ihrer Tür und Ihrem Garten entspricht. Ein zu kleiner Wasserfall ist einem zu großen vorzuziehen. Unabhängig von der Größe des Wasserfalls sollte das Rauschen des Wassers eher sanft als laut sein.
- Achten Sie darauf, daß der Wasserfall auf Ihren Eingang zuzufließen scheint und sich direkt vor der Türe sammelt. Wegfließendes Wasser bedeutet Geldverlust.
- Sorgen Sie für Leben im Wasserbecken. Sie könnten beispielsweise Schildkröten oder Fische einsetzen – um so besser, wenn es sich dabei um günstige Fische handelt.
- Die Vordertüre muß sich im östlichen, südöstlichen oder nördlichen Sektor des Hauses befinden. Liegt sie in einem anderen Sektor, so ist diese Option für Sie nicht gangbar, es sei denn, Sie verfügen über besonders günstige Fliegende Sterne. Wenn Sie nicht wissen, wie die Fliegenden Sterne zu errechnen und zu deuten sind, sollten Sie darauf achten, daß sich die Türe im richtigen Sektor befindet.

LINKS *Für gute Reichtumsenergie müssen alle Büropflanzen gut gepflegt werden. Entfernen Sie abgestorbene oder gelbe Blätter – sie bringen Unglück.*

OBEN *Ein kleiner Wasserfall in der Nähe Ihres Büros kann Reichtumsglück erzeugen. Achten sie darauf, daß er auf Ihren Eingang zufließt.*

- Legen Sie den Wasserfall so an, daß keine feindlichen Felsanordnungen auf Ihre Tür zeigen. Verwenden Sie gut abgerundete Felsen mit glatten Kanten.
- Legen Sie den Wasserfall nicht direkt vor oder rechts der Tür an. Der einzige geeignete Platz befindet sich links der Türe, wenn Sie vom Inneren des Hauses oder Gebäudes aus nach draußen sehen.

Vergraben Sie neun Münzen in Ihrem Pfad

Hierbei handelt es sich um einen Tip, den mir ein Feng-Shui-Meister aus Hongkong gegeben hat. Dabei sollen Sie entweder neun Münzen vergraben oder neun Münzen durch Trittsteine, die vom Tor zum Vordereingang des Büros oder Hauses führen, nachahmen. Die Anordnung stellt die neun Kaisermünzen dar, und die Kombination aus runden und eckigen Formen in den Münzen steht für die Einheit von Himmel und Erde. Durch das Anlegen eines solchen Pfades mit Trittsteinen entsteht ein äußerst günstiges Gartenelement, das sich für die Vermehrung Ihres Reichtums gut eignet.

LINKS UND UNTEN *Schildkröten oder Fische in einem Wasserbecken, das im Inneren des Hauses angelegt ist, bringen Leben und somit Yang-Energie.*

RECHTS *Ein Pfad mit neun Trittsteinen, die zum Haupteingang Ihres Büros führen, wird als wirkungsvolles Mittel zur Förderung des Wohlstandes betrachtet.*

Plazieren Sie einen »Berg« hinter Ihrem Stuhl

Wer im Geschäftsleben oder in der Politik tätig ist, sollte unbedingt dafür sorgen, daß sich hinter seinem Bürostuhl ein »Berg« befindet. Dabei kann es sich um ein Gemälde oder ein Bild eines berühmten Berges handeln. Ich selbst bevorzuge den Mount Everest. Obwohl ich von einigen Meistern erfahren habe, daß diese Bergform zu unruhig ist, mag ich ihn dennoch.

Auf Ihrem Bergbild sollte kein Wasser, beispielsweise in Form von Strömen oder Wasserfällen, wie sie häufig auf chinesischen Gemälden zu sehen sind, dargestellt sein. Wasser hinter Ihrem Rücken steht für verpaßte Chancen, und das kann Geschäftsleuten großes Unglück bringen.

OBEN *Das Bergbild, das Sie sich hinter Ihrem Bürostuhl aufhängen, wählen Sie nach persönlichen Gesichtspunkten aus. Achten Sie darauf, daß kein Wasser abgebildet ist, da es vergeudete Gelegenheiten darstellt.*

UNTEN *Hängen Sie ein Bergbild hinter Ihrem Bürostuhl auf, und Sie erhalten viel Unterstützung während Ihres Arbeitstages.*

UNTEN *Der Ayers Rock in Australien zählt zu den drei heiligen Bergen, die das Erdelement verkörpern. Die anderen zwei sind der Kailas in Tibet und der Tafelberg in Südafrika.*

Hängen Sie Ihre »Bank« hinter Ihrem Stuhl auf

Statt des Bergmotivs können Sie auch eine »Bank« hinter Ihrem Bürostuhl aufhängen. Besorgen Sie sich eine Fotografie der Hauptfiliale Ihrer Bank. Achten Sie darauf, daß die Kanten auf der Fotografie nicht direkt nach außen weisen, denn das würde dazu führen, daß Giftpfeile auf sie abgeschossen werden. Wer sein eigenes Geschäft betreibt, sollte diesen Ratschlag unbedingt befolgen.

Heften Sie Glücksmünzen an Auftrags- und Rechnungbücher

Einer der wohl besten Feng-Shui-Tips zur Steigerung Ihres Umsatzes lautet, drei chinesische Münzen an alle Rechnungs- und Auftragsbücher zu heften. Ebenso sollten Sie mit den wichtigen Aktenordnern und Büroschränken in Ihrem Büro verfahren. Vergessen Sie nicht, alle Münzen mit einer roten Schnur oder einem roten Band zusammenzubinden, um sie zu energetisieren. Die Münzen müssen dabei so befestigt sein, daß die Yang-Seite (die Seite mit den vier chinesischen Zeichen) sichtbar bleibt; dann werden sich die Münzen auch als günstig erweisen.

Chinesische Münzen mit dem quadratischen Loch in der Mitte eignen sich am besten. Sowohl die alten als auch die neuen Münzen lassen sich gut verwenden. Statt drei Münzen können Sie auch neun Münzen zusammenbinden. Neun ist eine günstige und glückbringende Zahl. Sechs und Acht sind weitere Glückszahlen. In dieser Zeitperiode gilt die Zahl Sieben als Glückszahl, aber ab 2003 wird diese Zahl großes Unglück bedeuten.

OBEN *Neun Münzen garantieren finanziellen Erfolg, da Neun eine ausgesprochene Glückszahl ist.*

LINKS *Chinesische Münzen erweisen sich als günstig, sofern sich die Yang-Seite der Münzen oben befindet.*

KAPITEL FÜNFUNDZWANZIG

FENG SHUI FÜR DEN EINZELHANDEL

Um gutes Feng Shui für Geschäfte und Einzelhandelsunternehmen zu schaffen, muß man zunächst nach dem richtigen Ort suchen. Es dürfen keine Giftpfeile vorhanden sein, die tödliche Energie auf den Ladeneingang abschießen. Eine derartige Energie gleicht dem Todeskuß. Wenn Sie etwas Feindliches, Spitzes oder Gerades entdecken, das direkt auf Ihren Eingang zeigt, sollten Sie versuchen, dem entgegenzuwirken, indem Sie die Theorie der Elemente anwenden. Weist Ihr Haupteingang nach Osten oder Südosten – Richtungen des Holzelementes –, sollten Sie ein Metall-Windspiel verwenden, um die auf Sie zukommende Holzenergie zu kontrollieren. Gleichermaßen kann ein Giftpfeil, der aus dem Norden kommt, mit Erdhilfsmitteln kontrolliert werden, wogegen ein Pfeil aus dem Süden mit einer Wasserurne, die man strategisch an der Eingangstüre plaziert, zerstört werden kann. Dieselbe Logik wenden Sie an, wenn Sie Heilmittel für Giftpfeile ersinnen, die aus anderen Richtungen kommen. Verwenden Sie kein Bagua, das auch Kunden fernhalten würde. Wenn Sie sichergestellt haben, daß Ihr Geschäft von keiner schlechten Energie verletzt wird, können Sie Ihr Augenmerk darauf richten, Glück für Ihr Geschäft zu erzeugen, indem Sie mehrere wirkungsvolle und leicht anwendbare Feng-Shui-Ratschläge befolgen: Verwenden Sie Spiegel zur Verdoppelung Ihres Umsatzes, erzeugen Sie Geldglück mit energetisierten chinesischen Münzen, bringen Sie Glückssymbole in der Nähe Ihrer Registrierkasse an und hängen Sie Glücksglocken, Schalen und Windspiele auf.

LINKS *Durch die Anwendung nützlicher Feng-Shui-Tips locken Sie mehr Kunden an.*

KAPITEL FÜNFUNDZWANZIG: FENG SHUI FÜR DEN EINZELHANDEL

TIPS FÜR EINZELHANDELSUNTERNEHMEN

OBEN *Suchen Sie den Standort für Ihr Geschäft sorgfältig aus. Eine verkehrsreiche Straße bringt viel Yang-Energie in Ihr Unternehmen.*

Allgemeiner Ratschlag

Verschiedene Feng-Shui-Anordnungen, die in die Ausstattung von Läden und Einzelhandelsgeschäften integriert werden können, tragen dazu bei, daß ein höherer Umsatz erzielt wird, harmonische Arbeitsbeziehungen erhalten bleiben und Einbrecher ferngehalten werden. Zunächst ist es wichtig, den Standort für das Geschäft sorgfältig zu wählen. Sie benötigen viel Yang-Energie. Was Geschäfte anbelangt, so sind verkehrsreiche Straßen ruhigen unbedingt vorzuziehen, da Durchgangsstraßen voller Yang-Energie sind. Der Verkehr sollte nicht übermäßig schnell fließen, da sich auch dadurch das Glück verflüchtigt.

Der Ort eines Geschäftes ist überaus wichtig, daher sollten Sie auch viel Geld in den besten für Sie erschwinglichen Ort investieren. Achten Sie darauf, daß Ihr Geschäft, Ihr Restaurant oder Ihr Firmengebäude über einen ausreichend großen Eingang verfügt. Kleine Türen bedeuten kein großes Geschäft. Im folgenden finden Sie einige allgemeine Tips, die Sie bei der Auswahl eines Standortes für Einzelhandelsgeschäfte berücksichtigen sollten.

- Halten Sie Ausschau nach einem Gebäude, das einer breiten Straße gegenüberliegt. Optimal ist ein Eingang, der zu einem freien Platz führt, da dieser einen Hellen Saal nachahmt. In einem Einkaufszentrum werden Geschäfte, vor deren Eingangstür sich eine große, freie Fläche auftut, sicherlich erfolgreicher sein als Läden, die nur enge Winkel zu bieten haben.
- Achten Sie darauf, daß der Eingang Ihres Geschäftes nicht durch das Vorhandensein eines Laternenpfahls, eines einzelnen Baumes, der Ecke eines gegenüberliegenden Gebäudes, einer dreieckigen Dachkante oder eines anderen Giftpfeiles verletzt wird. Wenn Ihre Tür einer derartigen Struktur oder einem solchen Objekt gegenüberliegt, so hängen Sie einen großen, konvexen Bagua-Spiegel über Ihre Tür.
- Mieten oder kaufen Sie kein Geschäft, das am Ende eines langen Ganges oder einer Sackgasse liegt. Solche Orte erweisen sich stets als ungünstig.
- Mieten oder kaufen Sie kein Geschäft, das von zwei größeren und höheren Gebäuden eingeschlossen ist. Symbolisch gesehen wird Ihr Laden von den anliegenden Gebäuden erdrückt werden.
- Mieten oder kaufen Sie keinen Laden, der auf eine Straße führt, über die der Verkehr auf Sie zurollt. Dies ist äußerst ungünstig, da es sich hier um die klassische (T-)Kreuzung handelt.
- Eröffnen Sie kein Geschäft in einem Gebäudekomplex, der über keinen leicht erkennbaren Haupteingang verfügt. Solchen Orten ist selten gutes Feng Shui beschieden.

UNTEN *Es ist entscheidend, wo sich der Haupteingang Ihres Ladens befindet, da schlechtes Feng Shui Ihren Umsatz beeinträchtigen kann.*

Der Haupteingang führt zu einem Platz, wodurch der Effekt des Hellen Saals entsteht.

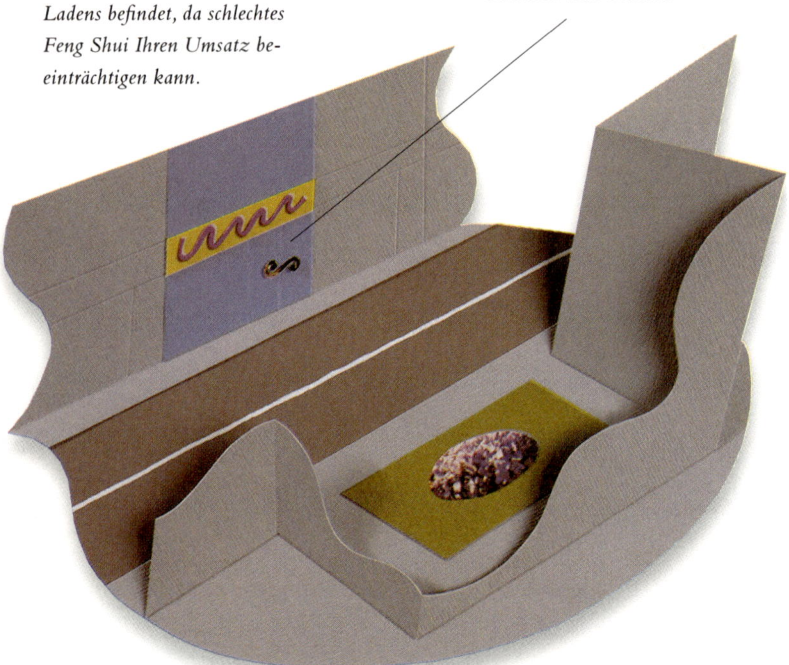

Der Haupteingang weist auf eine (T-)Kreuzung, was schlechtes Chi heraufbeschwört.

LINKS *Wenn Sie die Wände Ihres Ladens mit Spiegeln verkleiden, entsteht der Eindruck von Raum und Tiefe. Zudem werden Waren und Kunden widergespiegelt, und das bedeutet gutes Feng Shui für Ihr Geschäft.*

UNTEN *Spiegel sollten so hoch sein, daß sich die Kunden ganz darin sehen können. Der Haupteingang sollte sich nicht in der hinten gelegenen Wand spiegeln, da dadurch das günstige Chi abgelenkt wird.*

UNTEN *Ein Spiegel an der hinten gelegenen Wand ist günstig, wenn er vom Eingang aus nicht zu sehen ist. Allerdings sollten sich Treppenhäuser und Toiletten nicht darin spiegeln.*

Verdoppeln Sie Ihren Umsatz mit Spiegeln

In nahezu jeder Art von Einzelhandelsgeschäft wird der Umsatz gesteigert, wenn die Wände mit Spiegeln verkleidet sind. Bringen Sie derartige Spiegel auf zwei Seiten des Ausstellungsraumes an, damit der Eingang nicht reflektiert wird. Die hinten gelegene Wand bedarf keines Spiegels, da alles Glück das Geschäft durchquert und wieder verläßt, wenn der Haupteingang widergespiegelt wird. Geschäfte, die den Eindruck von Tiefe vermitteln, haben bessere Erfolgschancen. Daher ist ein langes, tiefes Geschäft einem breiten vorzuziehen.

Ist die hinten gelegene Wand vom Haupteingang nicht zu sehen, kann durch einen Spiegel, an der innersten rückwärtigen Wand angebracht, mehr Tiefe und somit Glück erzielt werden.

Wenn Sie Spiegel verwenden, sollten diese bis zum Boden reichen, damit den Kunden nicht symbolisch die Beine abgeschnitten werden, und sie sollten hoch genug hängen, so daß großen Kunden nicht im übertragenen Sinn der Kopf abgeschnitten wird.

Verwenden Sie keine kleinen Spiegelkacheln, um daraus einen großen Spiegel zu bilden. Großflächige Spiegelkacheln sind besser geeignet. Verwenden Sie keine minderwertigen Spiegel, die durch Feuchtigkeit ruiniert werden. Der Spiegel soll Produkte, Kunden und vor allem die Registrierkasse reflektieren. Dadurch entsteht ein Verdoppelungseffekt. Nur Eingänge, Toiletten, Treppenaufgänge und Besen sollten nicht widergespiegelt werden. Spiegel sind besonders günstig für Restaurants, Boutiquen, Schmuck- und Geschenkartikelläden.

Energetisieren Sie Ihre Kasse mit Münzen und roter Schnur

Eine weitere gute Methode des Energetisierens besteht darin, drei Münzen mit einer roten Schnur zusammenzubinden und an Ihre Rechnungs- und Auftragsbücher sowie an Ihre Kassen zu heften. Mit einer Geldkassette können Sie ebenso verfahren.

Es ist bekannt, daß Münzen Glück bringen. Früher befestigten Einzelhandelsunternehmer fast an jedem Behälter Münzen, und auch auf jedes Möbelstück legten sie Münzen.

Das Anbringen von Münzen an Registrierkassen stellt eine Anlehnung an diesen alten Brauch dar, der auf die moderne Geschäftsumgebung übertragen wurde. Wenn Sie einen Computer für Ihre Abrechnungen verwenden, ziehen Sie es vielleicht vor, das Bild von Münzen als Bildschirmschoner zu nutzen. Sie können aber auch Münzen an Ihrem Computer befestigen.

OBEN *Binden Sie drei chinesische Münzen mit einer roten Schnur oder einem roten Band zusammen. Die Farbe Rot aktiviert die günstigen Bedingungen für Geldglück.*

UNTEN *Legen Sie drei chinesische Münzen auf Ihre Geldkassette, und in Ihrem Geschäft werden sich viele Möglichkeiten zur Bildung von Reichtum auftun.*

LINKS *Wenn Sie Reichtumsglück in Ihrem Geschäft oder Heim erzeugen möchten, so sollten Sie Münzen an Ihrem Computer befestigen oder einen Bildschirmschoner verwenden, der Bilder von Münzen zeigt.*

Simulieren Sie einen Goldberg in der Nähe Ihres Haupteingangs

Eine der kreativsten Methoden, das Glück eines Einzelhandelsgeschäftes zu aktivieren, besteht darin, einen strategischen kleinen »Goldberg« davor aufzubauen. Als besonders wirkungsvoll erweist sich diese Methode bei Türen, die in eine Erd- oder Metallrichtung – also nach Südwesten, Nordosten, Westen oder Nordwesten – weisen. Nehmen Sie einige Steine mittlerer Größe (15–20 cm groß), malen Sie diese mit goldener Farbe an und türmen Sie sie zu einem Hügel außerhalb Ihres Eingangs auf. Häufen Sie die Steine nicht zu hoch auf. Schließlich möchten Sie nur einen symbolischen Berg zusammentragen: Einige Felsen oder Steine genügen daher.

OBEN *Einige Steine mittlerer Größe, mit goldener Farbe bemalt und außerhalb des Eingangs zu Ihrem Laden aufgehäuft, vermehren Ihr Glück.*

SIEHE AUCH

❖ Die Energetisierung von Glückssymbolen *S. 92–93*
❖ Symbole des Wohlstands, des Erfolgs und des Reichtums *S. 94–95*

LINKS *Unaufdringliche Reichtumsenergetisierer aktivieren das Reichtumsglück, ohne das äußere Erscheinungsbild Ihres Geschäfts zu beeinträchtigen.*

Hängen Sie eine Glücksglocke am Haupteingang auf

Für ein Einzelhandelsgeschäft ist es immer gewinnbringend, eine kleine Glocke an den Griff der Eingangstür zu hängen. Diese Methode eignet sich besonders für Eingangstüren, die in die westliche und nordwestliche Richtung weisen. Beim Erklingen der Glocke wird der Eingang des Ladens umgehend energetisiert. Das bedeutet, daß jeder, der das Geschäft betritt, Glück in den Laden bringt.

RECHTS *Eine Glücksglocke, an der Eingangstür aufgehängt, verstärkt die Energie des Geschäfts, sofern sie so angebracht ist, daß sie beim Öffnen der Tür erklingt.*

Machen Sie die Haupteingangstür zum Glücksbringer

Die Haupttüre Ihres Geschäfts zählt zu den wichtigsten Feng-Shui-Elementen, die es zu beachten gilt. Sie sollten sicherstellen, daß der Haupteingang in keiner Weise von außen »verletzt« wird. Darüber hinaus können Sie noch einiges tun, um aus der Haupttüre einen wahren Glücksbringer zu machen.

- Nutzen Sie die Fünf Elemente, um Glück an Ihre Türe zu bringen. Energetisieren Sie gemäß der Richtung und ihrem entsprechenden Element. So sollten nach Süden gelegene Türen Feuermotive aufweisen (Dreiecksformen, die Sonne und Lichter). Nach Norden weisende Türen gewinnen durch Wassermotive (Wellenformen). Ost- und Südosttüren sollten mit Holzmotiven (rechteckigen Formen), West- und Nordwesttüren mit Metallmotiven (kreisförmigen und runden Formen) ausgestattet werden, Südwest- und Nordosttüren dagegen mit Erdmotiven (quadratischen Formen).
- Ermitteln Sie anhand der Kua-Formel Ihre beste Richtung für Reichtum. Die Haupttüre Ihres Einzelhandelsgeschäfts sollte in diese bestimmte Richtung weisen, doch Sie müssen das Geschäft selbst betreiben und führen. Trifft dies nicht zu, dann sollten Sie die Kua-Zahl des Geschäftsführers verwenden. Wechselt der Geschäftsführer häufig, können Sie die Kua-Formel allerdings nicht anwenden. In diesem Fall sollten Sie sich ganz auf die Formschule des Feng Shui verlassen, wenn Ihr Geschäft florieren soll.
- Stellen Sie mit Hilfe eines Kompasses fest, in welche Richtung Ihr Geschäft weist, und energetisieren Sie Ihre Türe durch Anwendung der Fünf Elemente. So sollten nach Süden weisende Türen rot, braun oder grün gestrichen werden. Wenn der Laden direkt auf der anderen Straßenseite ebenfalls in diesen günstigen Farben gestrichen ist, wird es Ihrem Geschäft

OBEN *Zur Energetisierung von Eingangstüren sind die Farben gemäß den Elementen zu verwenden.*

OBEN *Braun bringt nach Süden ausgerichteten Eingangstüren Glück.*

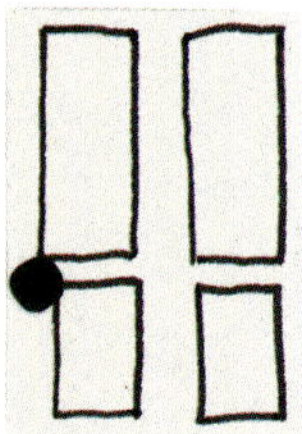

OBEN *Weiß gilt als Glücksfarbe, wenn das Geschäft nach Westen oder Nordwesten gerichtet ist.*

OBEN *Die Farbintensität spielt keine Rolle – Hellblau ist ebenso wirksam wie Dunkelblau.*

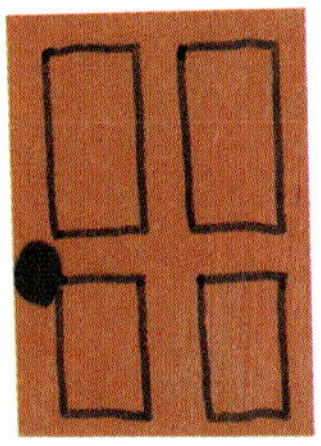

OBEN *Orange für Türen, die nach Südwesten und Nordosten gehen.*

OBEN *Schwarz für Eingänge im Norden, Osten oder Südosten.*

OBEN *Rot für Türen, die nach Süden, Südwesten oder Nordosten weisen.*

OBEN *Grün ist die Farbe für den Süden, Osten oder Südosten.*

OBEN *Gelbe Türen bringen Glück aus dem Westen oder Nordwesten.*

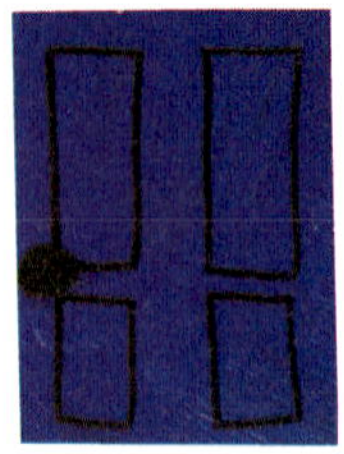

OBEN *Blaue Eingangstüren sind für Geschäfte glückbringend, die nach Norden, Osten oder Südosten weisen.*

LINKS *Ein großer, hell erleuchteter Vordereingang zu Ihrem Laden zieht aktivierende Yang-Energie an – je heller der Eingang, desto höher Ihr Bankguthaben!*

Glück bringen. Ist Ihr Haupteingang nach Norden ausgerichtet, so wählen Sie am besten zwischen den Farben Blau, Schwarz und Weiß. Wenn die Tür des Ladens auf der anderen Straßenseite dieser Farbgebung entspricht, so wird Ihnen auch in diesem Fall Glück beschert sein. Liegt der Eingang nach Osten oder Südosten, so sind grüne, blaue oder schwarze Türen günstig. Wenn Ihr Laden nach Westen oder Nordwesten ausgerichtet ist, gelten Weiß, Gelb oder Metallic als Glücksfarben. Eine nach Südwesten oder Nordosten gelegene Tür sollte in kräftigem Rot oder Gelb gehalten sein.

- Je größer Ihre Tür, um so erfolgreicher wird Ihr Geschäft sein. Dennoch sollte sie nicht so groß sein, daß sie unausgewogen wirkt oder schwierig zu handhaben ist. Große Türen gewinnen, wenn Sie einem hellen Saal oder einer breiten Straße gegenüberliegen.
- Wenn zwei oder drei Zubringerstraßen in die Hauptstraße münden, die an Ihrer Haupttür vorbeiführt, so wird sich Ihr Geschäft als günstig erweisen. Je näher sie sich an der Kreuzung oder Biegung in Ihre Straße befinden, um so besser; dennoch sollte sich der Verkehr nicht von Ihrem Geschäft weg-, sondern darauf zubewegen.
- Existiert ein Vordach über der Vordertür Ihres Geschäftes, ist es ratsam, Farben zu wählen, die das entsprechende Element Ihrer Vordertür widerspiegeln. In jedem Fall müssen Sie darauf achten, daß die Farben nicht mit diesem Element kontrastieren.
- Sorgen Sie dafür, daß die Vordertür Ihres Geschäftes hell erleuchtet ist. Dadurch erzeugen Sie gute Yang-Energie, die wiederum Kunden in Ihren Laden zieht. Schwach beleuchtete Türen stoßen Yang-Energie und günstiges Chi ab.

UNTEN *Ein helles Licht, in der Nähe der Vordertür Ihres Ladens aufgestellt, verbreitet einen schimmernden, reizvollen Glanz. Es fördert den Chi-Fluß und lockt dadurch Kunden an.*

Stellen Sie ein helles Licht in den Laden

Einzelhändler sollten unbedingt darauf achten, daß im Foyer nahe der Vordertür ein helles Licht aufgestellt ist. Auf diese Weise wird Yang-Energie aktiviert, gutes Chi angezogen und dadurch der Energiefluß im Geschäft vermehrt. Dies gilt als äußerst wichtig – unabhängig davon, in welcher Richtung und an welchem Ort sich der Haupteingang befindet – und sogar als sehr günstig, sofern eine kleine Vorhalle, sei sie auch noch so klein, vorhanden ist.

Das Licht im Foyer soll die Aufmerksamkeit der Kunden auf das gesamte Geschäft lenken. Wenn das Foyer zu schwach erleuchtet ist, stagniert das günstige Sheng Chi, und folglich wird der Energiefluß geschwächt – so wird das Geschäft keine Kunden anlocken.

Das Foyer sollte permanent durch ein Licht erhellt sein, sogar nachts, wenn das Geschäft geschlossen ist.

OBEN *Das Wasserelement auf einer nach Norden gelegenen Tür.*

OBEN *Yang-Energie wird durch gute Beleuchtung verstärkt.*

OBEN *Vordächer sollten nicht mit dem Türelement kontrastieren.*

OBEN *Symbole des Erdelements sind quadratisch.*

OBEN *Sich auf die Tür zubewegender Verkehr ist günstig.*

KAPITEL SECHSUNDZWANZIG

FENG SHUI FÜR UNTERNEHMEN

Unternehmen können großen Nutzen aus gutem Feng Shui ziehen, sofern sie es richtig anwenden und sich die verschiedenen Formeln zunutze machen, die langfristiges Glück verheißen. Feng Shui für Unternehmen unterscheidet sich von dem Feng Shui, das ich für das Heim oder kleine Betriebe empfehle. Das liegt daran, daß Unternehmen im allgemeinen weltweit viele Niederlassungen haben, und für das Feng Shui der Hauptfiliale ist dieser Umstand zu berücksichtigen. Leitern großer Firmen möchte ich anraten, mit Hilfe dieses Buches ihr persönliches Feng Shui zu verbessern. Wenn Sie das Feng Shui Ihres Unternehmens vervollkommnen möchten und Ihr Büro mit anderen zusammenarbeitet, dann sollten Sie sich genauer mit dem Fliegenden Stern, den Acht Häusern und anderen Formeln befassen. Selbst wenn Sie einen professionellen Feng-Shui-Berater beschäftigen, wird es einige Zeit dauern, bis Sie herausfinden, welche Schritte zu unternehmen sind. In diesem Kapitel finden Sie einige Ansatzpunkte für die Feng-Shui-Analyse von Firmengebäuden und in Hochhäusern gelegenen Hauptfilialen. Des weiteren wird auf Firmenschilder und -logos verwiesen und auch darauf, wie wichtig das Büro der obersten Führungskraft ist. Unternehmen, die den größtmöglichen Nutzen aus Feng Shui ziehen möchten, sollten einen wahren Feng-Shui-Meister zu Rate ziehen. Die Gebühren, die Sie dafür zahlen, werden durch die verbesserte Leistung und die vermehrten Gewinne mehr als aufgewogen.

LINKS *Durch Anwendung von Feng-Shui-Techniken können sich Großunternehmen einen beständigen Wohlstand und Überfluß sichern.*

KAPITEL SECHSUNDZWANZIG: FENG SHUI FÜR UNTERNEHMEN

GEBÄUDE-FENG-SHUI

OBEN *Ebenmäßige, rechteckige Formen sind günstig, da sie die stabilisierende Wirkung des Erdelements symbolisieren.*

RECHTS *Lernen Sie, die guten und schlechten Feng-Shui-Merkmale Ihres Bürogebäudes zu erkennen.*

Bürogebäude in der Stadt weisen die verschiedensten Formen und Bauweisen auf, die unterschiedlich schädlich sind. Wenden Sie die klassischen Feng-Shui-Richtlinien an, wenn Sie die Feng-Shui-Qualität Ihres Gebäudes bestimmen. In Städten treten Gebäude an die Stelle von Hügeln und Bergen, und Straßen sind mit Flüssen gleichzusetzen.

Bei der Bestimmung des Gebäude-Feng-Shui sind die folgenden Richtlinien zu beachten:

- Die Formen von Gebäuden, von oben und von vorne betrachtet, haben Feng-Shui-Bedeutungen. Die beste Form für Bürogebäude ist rechteckig, vorzugsweise ebenmäßig, lang und tief. Rechteckige Gebäude ahmen das Wachstums-Chi des Holzelementes nach. Auch quadratische Gebäude gelten als günstig. Dies ist die Form des Erdelements und bedeutet, fest verankert zu sein und eine stabile Grundlage zu haben. Das Quadrat spiegelt daher eine konservativere Art von Glück wider. Gebäude, die rund sind oder der Bagua-Form entsprechen, sind zwar nicht ungünstig, jedoch nicht so gut wie Rechtecke und Quadrate. Einige Praktiker bevorzugen die Bagua-Form, da sie dem Feng-Shui-Symbol ähnelt, und so läßt sich auch das Feng Shui für die Innenräume leicht gestalten. Ich persönlich bin davon überzeugt, daß die Verwendung ebenmäßiger quadratischer, rechtwinkliger Formen am wirkungsvollsten ist.
- Ungleichmäßige Formen, wie Gebäude in L- oder U-Form, verursachen aufgrund fehlender Ecken Probleme. Ist die fehlende Ecke infolge einer Kompaßformel günstig, so wird das Gebäude ungünstig. Gebäude in U-Form sind besonders schlecht. Häuser, die sich auf Höhe der mittleren Etagen nach innen verjüngen, gelten als sehr unvorteilhaft. Überlegen Sie sich gut, ob Sie für eine Firma, die in einem solchen Gebäude untergebracht ist, arbeiten möchten.
- Bürogebäude sollten stets den Eindruck vermitteln, auf einem soliden Grund zu stehen. Bauten, die auf Säulen stehen und Parkplätze im Erdgeschoß und den unteren Etagen haben, scheinen auf Stelzen zu stehen. Der leere Raum im unteren Bereich eines Bauwerks bewirkt, daß das Chi darunter fließt, statt hineinzuströmen. Unternehmen, deren Büros sich in solchen Gebäuden befinden, haben häufig mit Cashflow-Problemen zu kämpfen.
- Die Haupteingänge zu Bürogebäuden sollten leicht zu erkennen sein. Wenn ein Gebäude viele Eingänge hat, fällt der Haupteingang nicht sofort ins Auge. Solchen Gebäuden ist selten Glück beschert, und das Chi fließt ungleichmäßig hinein und heraus. Wenn die Eingänge in einer geraden Linie oder nebeneinander angeordnet sind, so strömt das Chi ebenso schnell heraus wie hinein. Daher sollten alle Gebäude einen klar hervorgehobenen Vordereingang und eine geräumige Eingangshalle aufweisen, so daß das Sheng Chi hineinströmen, verweilen und sich sammeln kann. Gebäude mit großen, gut beleuchteten Foyers wird gutes Feng Shui zuteil.

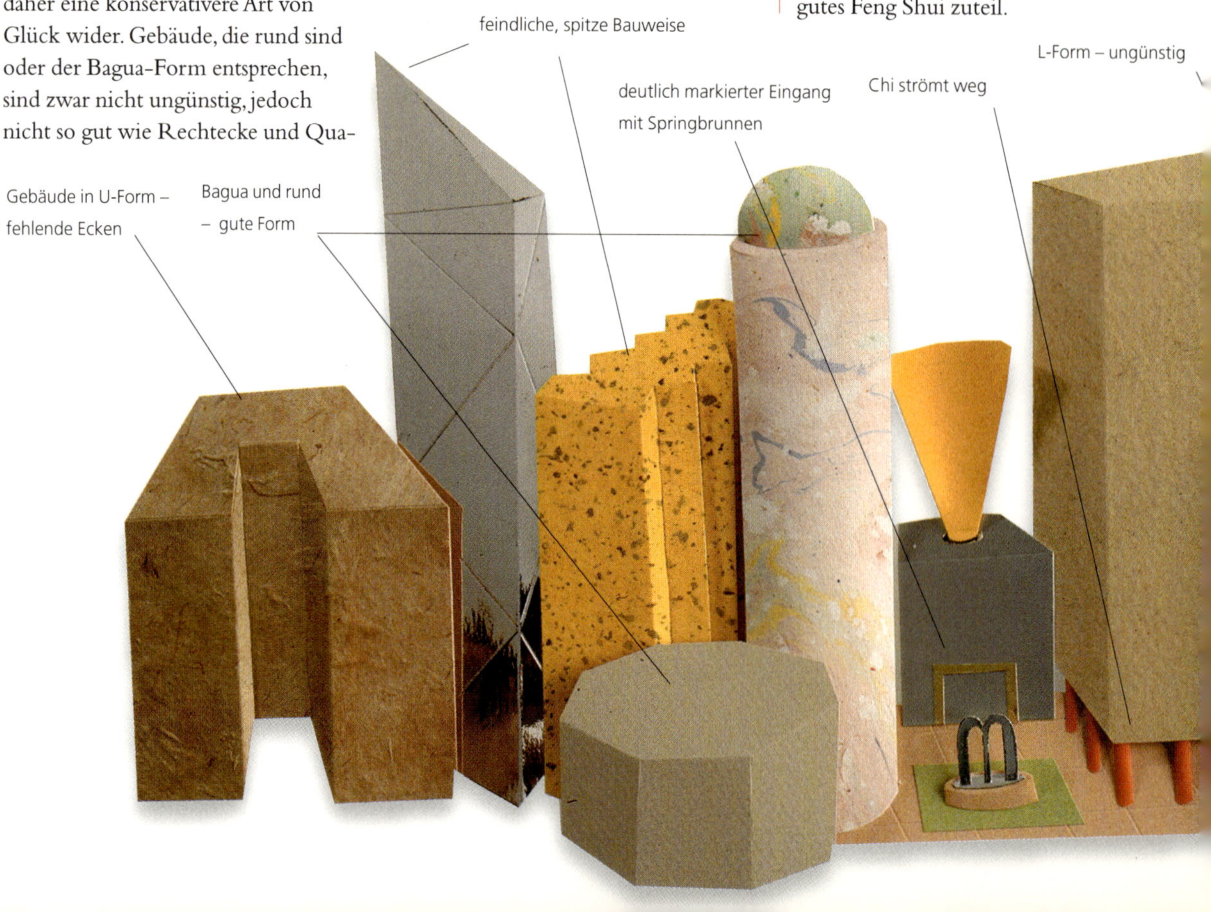

DIE AUSWIRKUNG BENACHBARTER GEBÄUDE

Die Aufrisse und Formen der unten gezeigten Bauten sind Beispiele für Gebäude, die gutes Feng Shui gefährden können. Beachten Sie die tödlichen Kanten dieser Gebäude. Wenn solche Gebäude Ihren eigenen gegenüberliegen, bedarf es eines Feng-Shui-Schutzes. Hängen Sie einen Bagua auf, um den tödlichen, negativen Energien, die auf sie gelenkt sind, entgegenzuwirken. Wenn dies nicht genügt, sollten Sie vor dem Haupteingang Ihres Gebäudes Miniaturkanonen aus Messing aufstellen und auf die Kante richten. Die ganz rechts abgebildeten Bauten sind für die Nachbarn in der Umgebung äußerst schlecht. Das Gebäude in der Mitte ähnelt einem Stachelschwein, das seine Stacheln auf die gesamte Umgebung richtet. Zudem hat es ein Dach aus reflektierendem Material, das die blendenden Strahlen der Sonne auf seine Nachbarn widerspiegelt.

- Bei Gebäuden ist auf schädliche, kreuzförmige Fassaden zu achten, die sich auf der gegenüberliegenden Straßenseite befinden. Jede Art von feindlicher oder spitzer Bauweise kann auf die angrenzenden Gebäude tödliche Energie lenken.
- Gebäude, die bei Nachbarn Feng-Shui-Probleme hervorrufen, leiden unter den Maßnahmen, die die Nachbarn schließlich zum Schutz ihrer Häuser treffen. Bagua-Spiegel oder Zierkanonen als Gegenmaßnahme senden gefährliche Energien aus. Die Feng-Shui-Praxis dient dazu, Ihr Gebäude und auch das Ihrer Nachbarn gegen feindliche Strukturen zu schützen.

- Ein hervorragendes Heilmittel gegen feindliche, benachbarte Gebäude ist ein großer, runder Springbrunnen, der sich vor dem Eingang zu Ihrem Gebäude befindet. Davon profitieren alle, und in diesen Bereich wird freundliches, günstiges Sheng Chi geleitet.
- Das Feng Shui niedriger Gebäude, die von größeren, höheren Häusern umgeben sind, wird geschwächt. Dem ist durch ein helles Licht, das auf das kleinere Gebäude gestellt wird, beizukommen.

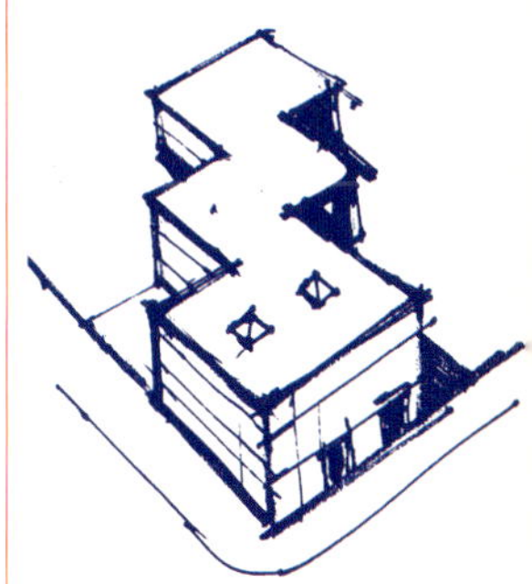

LINKS *Durch die scharfen, spitzen Kanten dieses Gebäudes werden Giftpfeile auf den Nachbarn gerichtet.*

LINKS *Dieser Aufbau ist wegen der spitzen Dachkonstruktion besonders feindlich.*

OBEN *Ein weiteres feindliches Gebäude – die Nachbarn sollten Schutzmaßnahmen ergreifen. So kann außerhalb der Vordertür ein Bagua aufgehängt werden, der die schädlichen Energien ablenkt.*

Logo gut sichtbar

Gebäude verjüngt sich nach innen, zu viele Eingänge – ungünstig

SIEHE AUCH
- Landschafts-Feng-Shui in einem modernen Umfeld *S. 64*
- Gebäude und die Fünf Elemente *S. 45*

KAPITEL SECHSUNDZWANZIG: FENG SHUI FÜR UNTERNEHMEN

EIN EINZIGER HAUPTEINGANG ZUM FIRMENGEBÄUDE

OBEN *Günstig sind symbolische Darstellungen von Glückstieren.*

OBEN *Die Trigramme Chien oder Kun regen das günstige Chi an.*

OBEN *Auch der mystische Knoten ist ein Glückssymbol.*

OBEN *Auf diesem Eingang ist das glückbringende Trigramm Chien angebracht.*

Gebäuden mit großen, stabil wirkenden Vordereingängen ist hervorragendes Feng Shui beschert. Am besten ist ein einziger, gut erkennbarer Eingang, der im Idealfall auf eine breite Straße oder ein leeres Gelände auf der anderen Straßenseite führt. Häuser, die einem Park gegenüberliegen, gewinnen durch die günstige Wirkung des Hellen Saals. Für das Feng Shui des Gebäudes ist es auch besser, wenn das Haus auf eine Hauptverkehrsstraße führt. Solche Gebäude erhalten in großen Mengen das Sheng Chi und die gute Yang-Energie von Hauptstraßen. Der Verkehr auf diesen Straßen sollte fließen. Stockender Verkehr entspricht einem nahezu stehenden Fluß, wo Chi verbraucht und ungünstig wird. Extrem schnell fließender Verkehr ist ebenso schlecht. Der Verkehr sollte langsam fließen – wie ein sich windender, träge dahinfließender Strom. Gewundene Straßen sind günstiger als gerade.

Die Stufen sollten zum Gebäude hinaufführen. Absteigende Treppen bedeuten, daß der Eingang unter der Straßenebene liegt, was sehr ungünstig ist. Wenn möglich, sollte die Tür stabil und mit Glückssymbolen wie den himmlischen Tieren (etwa dem Drachen) geschmückt sein, oder mit günstigen Motiven – wie dem mystischen Knoten – oder mit einem der günstigen Trigramme (Chien, Kun).

Haupteingänge aus Glas sollten in ein Foyer führen, das mit einer hinteren Schutzwand, geschmückt mit einem günstigen Gemälde, Symbol oder Bild, ausgestattet ist. Hinter dieser Wand können die Aufzüge untergebracht werden. Vorhallen sollten so hoch sein, daß sie den Eindruck von Größe vermitteln. Beachten Sie, daß das Chi in diesen Bereich eintritt – ein Umstand, den Sie besonders bei der Hauptfiliale der Firma berücksichtigen sollten.

Im allgemeinen ist das Gebäude um so günstiger, je größer der Haupteingang zum Gebäude (in Relation zur Gesamtgröße der ganzen Struktur) ist. Dies trifft vor allem auf Gebäude zu, die auf einen »Hellen Saal« (wie beispielsweise einen Park oder ein Feld) führen.

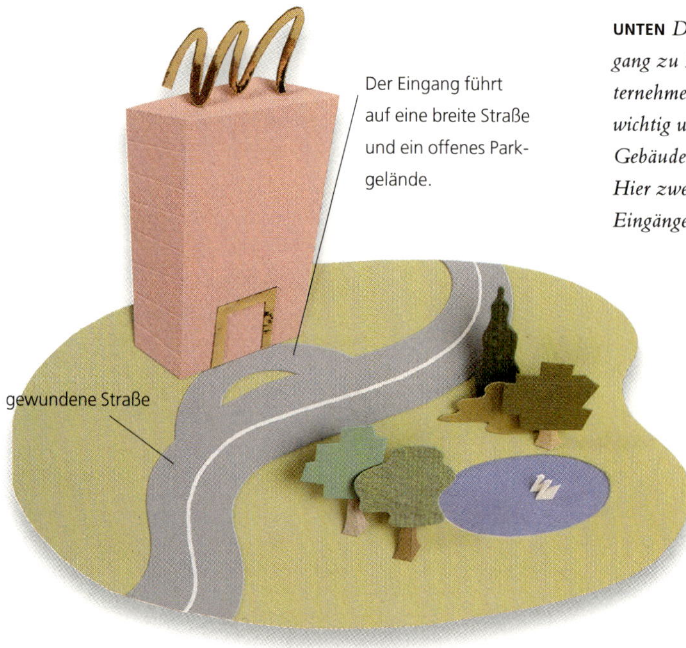

UNTEN *Der Eingang zu Ihrem Unternehmen ist so wichtig wie das Gebäude selbst. Hier zwei günstige Eingänge.*

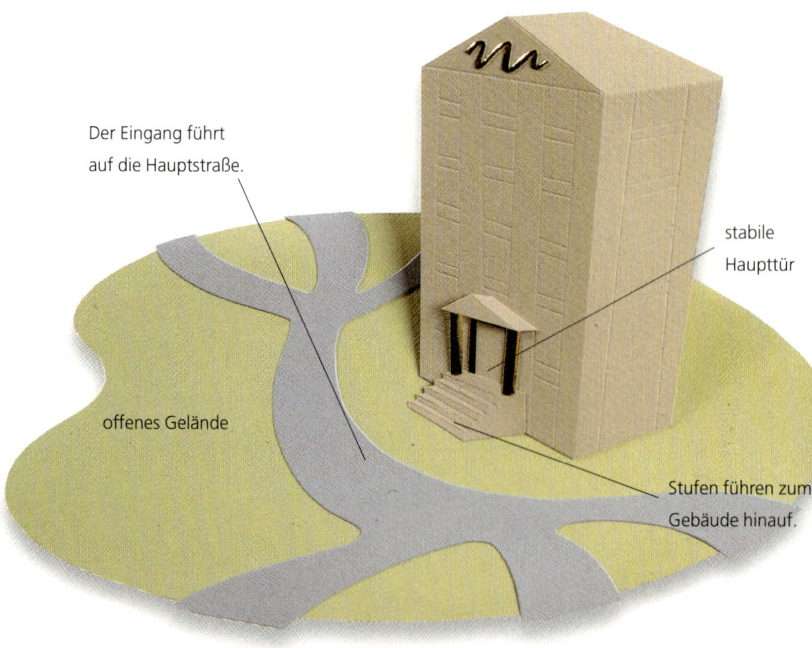

STRASSEN, DIE AN EIN GEBÄUDE GRENZEN

LINKS *Diese gewundene Hauptstraße ähnelt einem Fluß, der Wohlstand bringt. Allen, die nicht mehr als 1,5 km davon entfernt sind, wird sie reichlich Glück bescheren.*

Die Anzahl der Straßen, die einem Gebäude direkt gegenüberliegen, wirkt sich sehr stark auf dessen Feng Shui aus. Eine (T-)Kreuzung ist meist tödlich, da das Gebäude direkt auf eine lange, gerade Straße hin ausgerichtet ist. Bewegt sich der Verkehr auf das Gebäude zu, ist das Feng Shui besonders schlecht, da er das Gebäude mit tödlicher Energie trifft. Bewegt sich der Verkehr vom Gebäude weg, wird dem Gebäude der gesamte Reichtum entrissen. Daher sind (T-)Kreuzungen unbedingt zu meiden.

Liegt das Gebäude einem Kreisverkehr gegenüber, so hängt das Feng Shui davon ab, wie schnell der Verkehr fließt und ob die Straßen den Chi-Fluß zum Gebäude zu führen scheinen. Daher ist schnell fließender Verkehr schlecht und zäh fließender Verkehr gut. Scheint der Verkehr auf natürliche Weise in das Gebäude zu fließen, bringt er Glück. Scheint er sich vom Gebäude wegzubewegen, nimmt er ihm Reichtum weg.

Wenn sich der Verkehr auf das Gebäude zuzubewegen scheint, dann wird das Glück vermehrt, sofern der Hauptstraße, die an Ihrem Haus vorbeiführt, Verkehr über andere Straßen zugeleitet wird. Somit hat Ihr Gebäude mehrere Quellen des Reichtums.

OBEN *Wenn Ihr Bürogebäude auf eine (T-)Kreuzung führt, wird Ihr Reichtumsglück geschmälert.*

OBEN *Ein Kreisverkehr in der Nähe Ihres Büros ist günstig, wenn der Verkehr langsam auf Ihr Gebäude zufließt.*

Wenn Sie die Auswirkung von Straßen auf Ihr Bürogebäude analysieren, sollten Sie die Straßen mit Flüssen gleichsetzen. Zubringerstraßen, die den Verkehrsfluß der an Ihrer Vordertür vorbeiführenden Straße steigern, vermehren stets das Glück. Ich kenne große Firmengebäude, die von mehr als sechs Zubringerstraßen profitieren. Diese vorteilhafte Wirkung wird häufig noch verstärkt, wenn das Gebäude auf einem Stück Land steht, das etwas niedriger als das der benachbarten Häuser liegt. Dadurch befindet sich das Gebäude in einer Art Tal, dem alles Wasser und damit auch der gesamte Reichtum der Umgebung zufließt.

OBEN *Die Energie eines Verkehrsflusses neben Ihrem Gebäude, kann durch Zubringerstraßen vermehrt werden.*

SIEHE AUCH
❖ Die Bedeutung von Straßen *S. 65*
❖ Die Haupttür als Glücksbringer *S. 290–291*

KAPITEL SECHSUNDZWANZIG: FENG SHUI FÜR UNTERNEHMEN

HAUPTSTRASSEN, ÜBERFÜHRUNGEN, EISENBAHNGLEISE

RECHTS *Überführungen und Hochstraßen erzeugen negative Energie. Dennoch werden die Bewohner der Wohnanlage durch diese Hochstraße nicht geschädigt, da sie zu weit entfernt davon sind.*

OBEN *Die schädlichen Energien von Hochstraßen können durch Bäume bekämpft werden.*

Während Straßen mit langsam fließendem Verkehr zumeist günstig sind, gelten Gebäude an Hauptstraßen mit stark fließendem Verkehr als ungünstig. Das Chi verflüchtigt sich in schnell fließenden Gewässern und daher auch, wenn sich der Verkehr sehr schnell vorwärtsbewegt.

Überführungen und Hochstraßen erzeugen für direkt angrenzende Gebäude tödliches Chi. Diese planfreien Straßen sind wie Flüsse hoch oben in den Bergen, und sie entsprechen dem Wasser, das fast den Punkt erreicht hat, an dem es überfließt und alles zu überschwemmen droht. Dies gleicht der Auswirkung von »Wasser auf Berg«, einer der gefährlichen Konstellationen, vor der das *I-Ging* warnt.

Überführungen werden ebenso als »Messer« betrachtet, die in den »Bauch« eines nahe gelegenen Gebäudes schneiden. Die Auswirkung ist harmlos, wenn die Hochstraße das Gebäude zu umschließen scheint, jedoch tödlich, wenn sie auf das Gebäude gerichtet scheint. Arbeiten Sie besser nicht in Häusern, die zu nahe an solchen Straßen liegen.

Gebäude sollten nicht zu nahe an Eisenbahnschienen liegen, da diese als Giftpfeile gelten. Eisenbahnschienen sind meist gerade, und Züge symbolisieren Giftpfeile, die zu vermeiden sind.

Am besten bekämpft man die Gefahren durch derartige Straßen und Verkehrsadern, indem man Bäume pflanzt und sie aus dem Blickfeld verbannt. Wenn die Straße dafür zu nahe liegt, sollten Sie ein helles Licht an der Stelle des Gebäudes aufstellen, die der Straße am nächsten ist. Außerdem sollte man einen wirkungsvollen, großen Bagua-Spiegel aufhängen, der auf die Straße gerichtet ist. Diese Hilfsmittel sind jedoch absolut ungenügend und höchstens als vorübergehende Maßnahmen zu begreifen. Auf lange Sicht ist es besser umzuziehen.

OBEN *Eisenbahnschienen können durch Bäume verdeckt werden; die Giftpfeile werden dadurch aber nicht gänzlich unschädlich gemacht.*

RECHTS *Eisenbahnen und Eisenbahnschienen »durchtrennen« das Chi mit ihren tödlichen Giftpfeilen.*

VORTEILHAFTE FIRMENLOGOS

LINKS UND UNTEN *Der Drache ist ein klassisches Glückslogo. Es sollte keine ungünstigen Symbole beinhalten, wie es bei modernen Entwürfen oft der Fall ist.*

RECHTS *Bringen Sie das Firmenlogo oben auf dem Bürogebäude an, und Sie erzeugen ein sehr gutes Firmen-Feng-Shui.*

Das Firmen-Feng-Shui wird erst durch die Firmenlogos vervollständigt. Viele Glückssymbole können das Feng Shui eines Unternehmens verstärken: Der Drache ist ein hervorragendes Glückssymbol, das sich bestens für Firmenlogos und Markennamen eignet.

Für moderne Unternehmen nimmt sich der klassische Drache vermutlich zu orientalisch aus. Daher ist es vielleicht besser, Firmenlogos nach den folgenden Richtlinien zu entwerfen:

- Verwenden Sie keine Firmenlogos, die zu viele eckige Linien aufweisen bzw. Pfeilen oder geraden Linien ähneln, die zufällig auf Ihren Firmennamen gerichtet sind.
- Vermeiden Sie abstrakte Muster, da die Gefahr besteht, daß sie Worten oder Symbolen mit negativem Inhalt gleichen.
- Vermeiden Sie Muster, die zu sehr zu Yin oder Yang tendieren. Das kann sich etwa in der Verwendung und Kombination von Farben mit Formen äußern. Hierzu ein Beispiel: Wenn Sie eine dreieckige Form mit der Farbe Rot kombinieren und zudem die Worte in Rot gehalten sind, wird Yang überbetont. Wenn Sie für das Logo ein Wassermotiv und blau gedruckte Worte wählen, könnte Yin überbetont sein. Wahren Sie möglichst ein Gleichgewicht zwischen Yin und Yang.
- Integrieren Sie die Theorie der Fünf Elemente in den Entwurf Ihres Firmenlogos. Wählen Sie für Ihr Logo ein Element, das sich auf Ihr Unternehmen oder Ihre Branche gründet. So sind Immobilien- und Bergwerksgesellschaften gut damit beraten, das Erdelement zu betonen. Elektronikfirmen sollten das Metallelement unterstreichen. Gärtnereien sollten das Holzelement hervorheben, Bank- und Finanzinstitute dagegen das Wasserelement. Restaurants ist mit dem Feuerelement bestens gedient.
- Bringen Sie den Namen und das Logo Ihrer Firma möglichst hoch auf Ihrem Gebäude an, keinesfalls jedoch auf Straßenhöhe, wenn Ihre Hauptfiliale in einem hohen Gebäude untergebracht ist.

OBEN *Durch blaue Wassersymbole wird Yin überbetont.*

OBEN *Rote, dreieckige Formen heben Yang zu sehr hervor.*

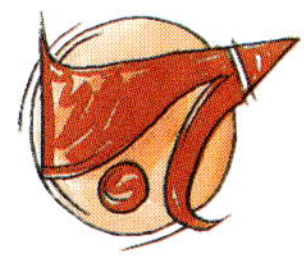

OBEN *Abstrakte Embleme enthalten womöglich negative Inhalte.*

OBEN *Wählen Sie ein Glückssymbol für Ihr Emblem aus.*

OBEN *Punkte und eckige Formen sind ungünstig.*

Kapitel Sechsundzwanzig: Feng Shui für Unternehmen

GÜNSTIGE FARBKOMBINATIONEN

OBEN *Schwarze Schrift auf weißem Hintergrund steht für ein harmonisches Gleichgewicht zwischen Yin und Yang sowie für eine günstige Verbindung der Elemente Wasser und Metall.*

OBEN *Im Büro garantiert Silber, kombiniert mit Purpur, Wohlstand. Diese Farben stellen eine günstige Verbindung der Elemente Wasser und Metall dar.*

Die Wahl der Farben und Farbkombinationen beeinflußt das Feng Shui eines Unternehmens, da die ganze Korrespondenz und das Werbematerial in diesen Farben gehalten sind. Zu den geeigneten Farbkombinationen zählen folgende:

- Schwarze Beschriftung auf weißem Hintergrund. Die Kombination von Schwarz und Weiß ist günstig, da sie ein Gleichgewicht zwischen Yin und Yang widerspiegelt und für die Harmonie der Elemente steht. Wasser ist schwarz – eine Farbe, die für Geld steht, abgeleitet von Metall, das durch die Farbe Weiß symbolisiert wird. Daher eignen sich diese beiden Farben für Firmenbüros und Sitzungsräume.
- Silber auf dunklem Purpur. Diese Kombination versinnbildlicht ebenfalls das Gleichgewicht zwischen Yin und Yang und die Harmonie der Elemente Wasser und Metall. Zudem symbolisiert sie »Geld«. Diese Kombination ist besonders an Orten wie Hongkong wirksam, wo Kantonesisch gesprochen wird: In der Phonetik des kantonesischen Dialekts finden sich die Worte »ngan chee«, was Geld bedeutet.
- Die besondere Farbkombination aus Rot und Gold wird als außergewöhnlich günstig beschrieben. Rot ist die Glücksfarbe schlechthin, und in der Kombination mit Gold symbolisiert sie verstärkt eine »Bildung von Reichtum«. Daher läßt sich besonders um die Zeit des Mondneujahres beobachten, wie die Chinesen nahezu alle Goodwill- und Glückssymbole mit Rot und Gold versehen.
- Blau mit Schwarz und Blau mit Grün betonen das Wasserelement. Diese Kombinationen sind äußerst günstig für Unternehmen, die mit Wasser zu tun haben, beispielsweise Weinfabrikanten und Abfüllbetriebe. Diese Farbkombinationen bringen auch Verlagsgeschäften Glück, die vom Holzelement profitieren.

LINKS *Rot und Gold sind Farben, die jeweils Glück und Reichtum verheißen, daher ist die Kombination aus beiden Farben besonders günstig.*

UNTEN *Blau mit Grün belebt das Wasserelement. Dies ist gut für Unternehmen, die mit Wasser zu tun haben.*

DAS BÜRO DER OBERSTEN FÜHRUNGSKRAFT

Der wohl wichtigste Teil des Firmen-Feng-Shui besteht darin, das beste Feng Shui für die oberste Führungskraft des Unternehmens auszuarbeiten.

Das Feng Shui für Unternehmen und das Feng Shui für das Heim weisen folgende Gemeinsamkeit auf: Solange das Familienoberhaupt gutes Feng Shui genießt, geht es auch den anderen Familienmitgliedern gut. Wird der obersten Führungskraft eines Unternehmens gutes Feng Shui zuteil, ergeht es auch der gesamten Firma gut.

Das Büro der obersten Führungskraft sollte sich inmitten des Gebäudes befinden. Je zentraler das Büro, desto mehr Tiefe wird das Unternehmen haben. Die Kraftquelle befindet sich in der innersten Ecke, die diagonal zur Eingangstüre liegt. Wenn dieser Ort zudem mit der besten Richtung der obersten Führungskraft, abgeleitet aus seiner/ihrer persönlichen Kua-Zahl, übereinstimmt, so wird die Wirkung noch günstiger sein. Ist dies nicht der Fall, so sollte die oberste Führungskraft in seine/ihre Sheng-Chi-Richtung innerhalb des Büros blicken. Dadurch ist gewährleistet, daß zumindest die Richtung günstig ist, in die die Führungskraft blickt, auch wenn seine/ihre Sitzrichtung nicht optimal ist. Zudem sollten auch im Büro der obersten Führungskraft alle üblichen Feng-Shui-Tabus vermieden werden. Beachten Sie insbesondere folgendes:

- Sitzen Sie nie mit dem Rücken zur Tür oder zum Fenster.
- Setzen Sie sich nicht unmittelbar unter einen exponierten Deckenbalken.
- Sie dürfen von keiner Säule oder Eckkante getroffen werden. Stellen Sie ansonsten eine Pflanze dazwischen.
- Setzen Sie sich nicht vor eine Wand, auf deren anderer Seite sich ein Waschraum befindet.
- Der vordere Bereich Ihres Schreibtischs soll nicht mit Akten oder Papieren überhäuft sein.

OBEN *Gutes Feng Shui sollte im Büro der obersten Führungskraft beginnen. Das restliche Unternehmen wird auf jeden Fall davon profitieren.*

FRAGEN UND ANTWORTEN

Frage: Auf welche drei Dinge sollte ein Unternehmen besonders achten, um gutes Feng Shui zu erzielen?

Antwort: Zunächst sollten Unternehmen aus Hauptfilialen heraus operieren, die über günstiges Feng Shui verfügen, um Langlebigkeit und Kontinuität zu gewährleisten. Sodann sollten das Büro der obersten Führungskraft und der Konferenzsaal des Unternehmens im günstigsten Teil des Gebäudes untergebracht sein. Schließlich sollte das Firmenlogo möglichst bedacht gestaltet werden. Ist das Logo negativ oder schädlich, wird das Unternehmen einen wirtschaftlichen Abschwung erleiden.

Frage: Bedeutet das, daß schlecht geführte Unternehmen mit gutem Feng Shui dennoch florieren?

Antwort: Ein Unternehmen mit gutem Feng Shui wird meist effizient und hart arbeitende Angestellte anziehen. Es werden die richtigen Maßnahmen getroffen, und die geschäftlichen Entscheidungen stehen unter einem guten Stern.

Frage: Wie steht es um gut geführte Unternehmen mit schlechtem Feng Shui?

Antwort: Wenn das Unternehmen an schlechtem Feng Shui leidet, werden die guten Mitarbeiter das Unternehmen schließlich verlassen, die Firma wird Verluste erleiden, oder es wird eine Übernahme stattfinden. Das Unternehmen wird nicht bestehenbleiben. In manchen Fällen haftet das schlechte Feng Shui nur einigen Büros an. Dann werden die dort arbeitenden Angestellten erkranken und Pechsträhnen erleiden.

Frage: Sollten Unternehmen ihr Feng Shui jährlich aktualisieren lassen?

Antwort: Ja. Dadurch wird das Feng Shui des Fliegenden Sterns berücksichtigt, das sich mit den Zeitdimensionen im Feng Shui befaßt. Da die Zeitplanung eine sehr wichtige Rolle für ein Unternehmen spielt, wird es nicht schaden, die üblichen Mittel der Unternehmensleitung mit der Feng-Shui-Praxis zu verbinden.

木火土金水

TEIL SIEBEN

7

FENG-SHUI-TIPS FÜR JEDE UMGEBUNG

KAPITEL SIEBENUNDZWANZIG

FENG-SHUI-HEIL- UND -GEGENMITTEL

Nahezu jede Form von schlechter Energie kann behoben werden, so viel ist sicher. Zwar sind einige Feng-Shui-Probleme leichter zu lösen als andere, aber für fast jede Art von Problem gibt es ein Hilfsmittel. Diese Heilmittel können die tödliche Energie – mögen sie sie auch nicht vollständig auslöschen – doch größtenteils auflösen und so Unglück erträglicher machen. Die Anwendung von Feng-Shui-Heilmitteln stützt sich auf drei Theorien: die Theorie der Fünf Elemente, durch die schlechte Energie aus den zehn Richtungen wirksam bekämpft werden kann; die Theorie von Yin und Yang, mit der ein Ungleichgewicht ins Gleichgewicht zu bringen ist, und die visuellen Blockiermethoden, mit deren Hilfe sich tödliche Energie ablenken, auflösen und zerstören läßt. Zusätzlich zu diesen drei Theorien gibt es Heilmittel, die in bezug auf die Bekämpfung schlechter Energie eine Vielzahl von Funktionen ausüben. Daher sind derartige Heilmittel bei Feng-Shui-Meistern sehr beliebt. Ein weiteres anerkanntes Hilfsmittel ist das Windspiel, auch geeignet, vielen der ungünstigen Fliegenden Sterne in der Feng-Shui-Methode des Fliegenden Stern entgegenzuwirken. Ein zum Teil esoterisches Heilmittel für nahezu alle Arten von schlechter Energie leitet sich von den Techniken und Ritualen ab, die zur Auflösung schlechter Energie eingesetzt werden. Es handelt sich hierbei um die speziell mit Schalen und Glocken erzeugten Klänge und die Düfte, die sich durch das Verbrennen von Heilkräutern aus hohen Gebirgsregionen entfalten.

LINKS *Negative Energie wirkt sich auf uns alle aus. Mit Hilfe zahlreicher Feng-Shui-Heil- und -Gegenmittel lassen sich die Auswirkungen von Giftpfeilen mildern.*

Kapitel Siebenundzwanzig: Feng-Shui-Heil- und Gegenmittel

DER BEDARF AN FENG-SHUI-HEIL- UND -GEGENMITTELN

UNTEN *In modernen Städten sind Gebäude und Strukturen, die schlechtes Feng Shui verursachen, kaum zu vermeiden. Daher sollten Sie die Situation mit allen Mitteln verbessern.*

Wer Feng Shui zum ersten Mal praktiziert, glaubt oft irrtümlich, daß nur vollendetes Feng Shui wirkt. Doch ein Haus mit vollkommenem Feng Shui wird sich nicht finden. Sie werden Entscheidungen zu treffen haben und Kompromisse zwischen den verschiedenen Feng-Shui-Schulen und den unterschiedlichen Bedürfnissen der Familienmitglieder schließen müssen.

Außerdem sollten Sie bedenken, daß sich die Umgebung mit der Zeit ändert. Daher ist es mehr als verständlich, daß sich gutes Feng Shui in ungünstiges verwandeln kann.

Ebenso kann sich das Feng-Shui-Glück im Laufe der Zeit ändern, denn es handelt sich hier um eine veränderliche Situation, die offenbar einem steten Wandel unterworfen ist.

Zur Lösung von Feng-Shui-Problemen sollten Sie sich mit den Heilmitteln vertraut machen, damit Sie die Auswirkungen von Sha Chi, dem Todeshauch, hervorgerufen durch greifbare und ungreifbare Kräfte, bekämpfen können. Greifbare Kräfte sind physikalische Strukturen, die den freien Chi-Fluß blockieren oder das Chi in feindliche, bedrohliche Energie verwandeln. Falsche Ausrichtungen, die Anordnung der Schlafzimmer, Herde und Haupttüren können negative, ungreifbare Kräfte freisetzen. Sowohl greifbare als auch ungreifbare Kräfte können Verlust, Krankheit und allgemeines Unglück verursachen.

Feng-Shui-Probleme sind mittels verschiedener Methoden leicht und erfolgreich zu lösen. Anhand dieser Methoden kann die vorhandene negative Energie oder die Energie, die im Übermaß zu Yin oder Yang tendiert, abgelenkt, zerstreut, abgewehrt oder ausgeglichen werden. Diese Gegen- oder Heilmittel stehen auch für die Anwendung der Wuxing-Theorie bzw. der Theorie der Fünf Elemente, die einem Ungleichgewicht in der Umgebung entgegenwirkt.

Die Auswahl der Gegenmittel erfordert ein gewisses Urteilsvermögen, das auf der Kenntnis der grundlegenden Feng-Shui-Prinzipien basiert. In diesem Kapitel werden die wirksamsten Methoden beschrieben, um negatives und ungünstiges Feng Shui abzuwehren. Versuchen Sie dann, einen Zusammenhang zwischen den hier angeführten Informationen und den bereits erläuterten Grundprinzipien herzustellen.

LICHTER REGEN DAS CHI ZUM AUFSTEIGEN AN

Eine der wirkungsvollsten Methoden, negative Energie aufzulösen, ist die Verwendung künstlich erzeugter, heller Lichter. Helle Lichter sind nicht nur eine hervorragende Quelle der Yang-Energie, die für Leben steht, sondern gelten auch als besonders geeignet, feindliche, spitze Ecken und Giftpfeile abzuwehren. Die Energie heller Lichter bringt das Feuer-Element zum Ausdruck, das alle Arten von Sha Chi, hervorgerufen durch ungreifbare Kräfte in den Metallecken (Westen und Nordwesten), zerstört. Ebenso kann Feuer schlechte Energie in den Holzecken des Ostens und Südostens kontrollieren, da Feuer das Holz-Element aufzehrt. Unten sind einige Feng-Shui-Probleme aufgeführt, die man lösen kann, indem man sie dem Schein eines hellen Lichtes aussetzt:

- Das Sha Chi, das durch eine spitze Ecke verursacht wird, kann durch Lichter zerstreut werden. Es kann durch zwei Wände oder die Ecke eines benachbarten Gebäudes hervorgerufen werden. Sorgen Sie dafür, daß das Licht entweder direkt von der Decke – in Form einer nach unten gerichteten Leuchte, die unmittelbar vor der Ecke positioniert wird – oder von unten kommt. Stellen Sie die Leuchte genau da auf, wo die Ecke entsteht, also dort, wo zwei Wände zusammenlaufen.
- Mit Lichtern kann man auch die feindliche Energie auflösen, die durch die scharfen Kanten und die Wucht offener Deckenbalken entsteht. Auch in diesem Fall muß das Licht so angebracht werden, daß es die Ecke des Balkens direkt anstrahlt.
- Mit Lichtern kann die Energie kleiner Räume wirksam vermehrt werden. Das schlechte, stagnierende Chi, das sich an solchen Stellen – seien es enge Korridore, vernachlässigte Ecken oder kleine Foyers – sammelt, wird dadurch augenblicklich belebt.

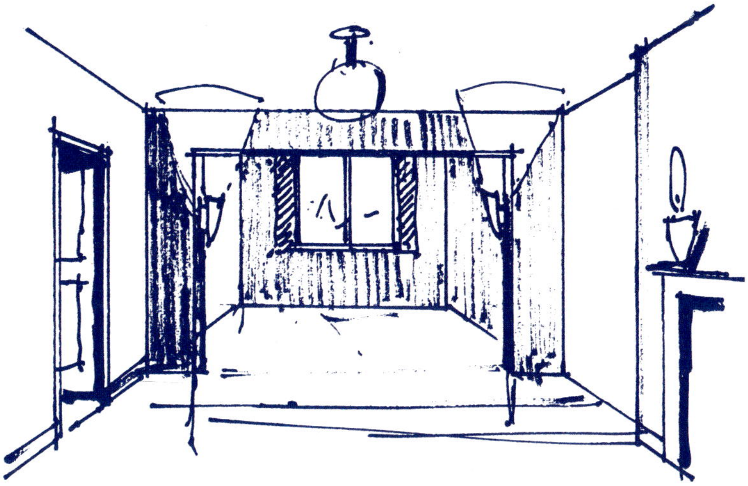

LINKS *Erhellen Sie Deckenbalken mittels Deckenflutern oder Scheinwerfern, um ihre negativen Auswirkungen abzuwehren.*

- Wenn sich direkt über der Haupteingangstür eine Toilette befindet, ist es ratsam, ein sehr helles Licht zwischen Tür und Toilette zu installieren. Dadurch wird das negative Chi, das nach unten strömt, abgewehrt. Ebenso kann ein helles Licht für Toiletten eingesetzt werden, die Türen im Haus gegenüberliegen und beeinträchtigen.
- Schlechtes Feng Shui, verursacht durch eine Treppe, die vor dem Haupteingang beginnt oder an einer Schlafzimmertür endet, können Sie mit einem hellen Licht abwenden, sofern Sie es direkt vor dem Treppenaufgang aufhängen. Die Lichter müssen jede Nacht mindestens drei Stunden brennen.

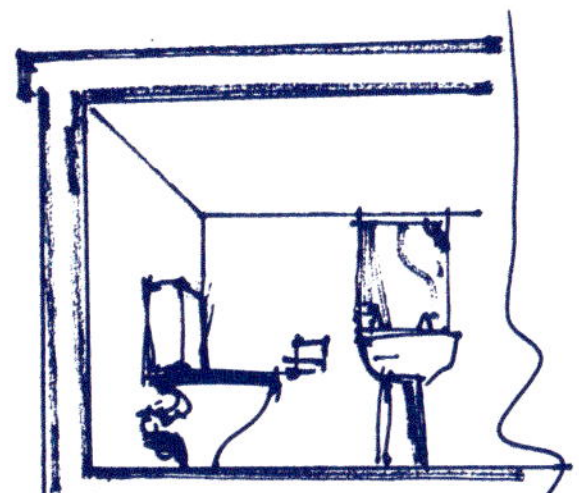

LINKS *Wenn sich die Toilette über dem Haupteingang befindet, sollten Sie im Raum direkt darunter ein helles Licht anbringen.*

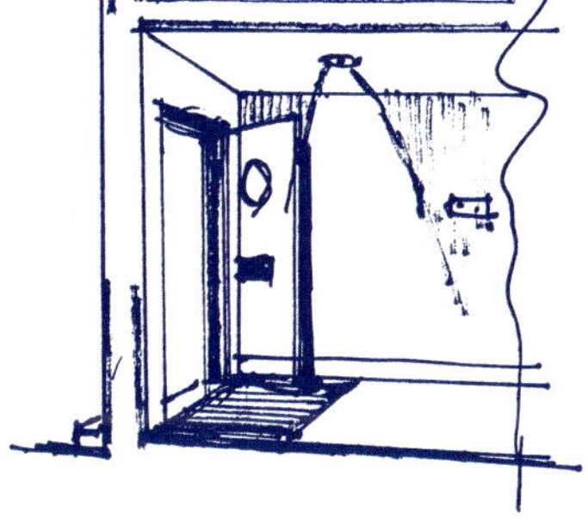

UNTEN *Sehen Sie beim Öffnen der Vordertüre als erstes den Treppenaufgang, sollten Sie in der Eingangshalle ein helles Licht aufhängen.*

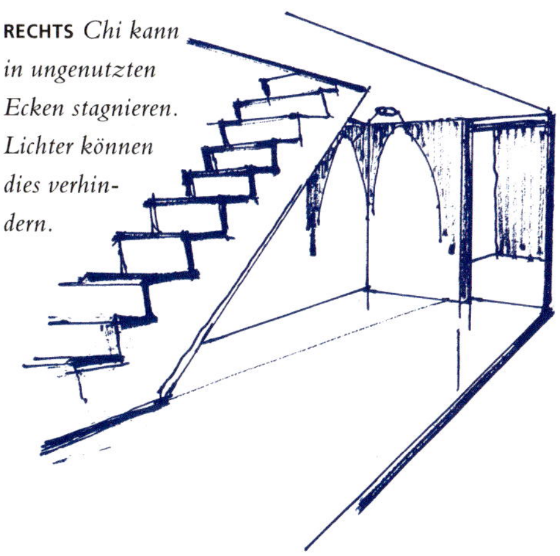

RECHTS *Chi kann in ungenutzten Ecken stagnieren. Lichter können dies verhindern.*

Kapitel siebenundzwanzig: Feng-Shui-Heil- und -Gegenmittel

ERZEUGEN SIE YANG-ENERGIE MIT KLÄNGEN

OBEN *Je lebhafter Ihre Haustiere, desto höher das Niveau der Yang-Energie in Ihrem Heim. Die Energie wird noch vermehrt, wenn Kinder mit den Tieren spielen.*

Ein Heim, das den ganzen Tag über ruhig bleibt, weil die Besitzer womöglich außer Haus arbeiten, leidet unter überschüssiger Yin-Energie, die die Bewohner des Heims lethargisch, müde und lustlos macht. Daher ist einem Heim, in dem beide Eltern arbeiten und die Kinder den ganzen Tag über in der Schule sind, mit Klang gedient, der die Stille durchbricht. Verschiedene Methoden verwenden Klang zur Vermehrung der Yang-Energien im Haus:

- Halten Sie Haustiere. Sie symbolisieren das Leben. So erzeugen Katzen und Hunde viel Yang-Energie im Heim, während alle außer Haus sind. Optimal ist es, wenn Sie mehr als einen Hund oder eine Katze haben. Die Kinderzimmer profitieren von Hamstern, und aus dem Hinterhof wird eine wesentlich glücklichere Umgebung, wenn er mit Leben erfüllt ist. Mit Vogeltränken und Obstbäumen im Garten locken Sie Vögel und Eichhörnchen an. Blumen und Pflanzen ziehen Schmetterlinge und Bienen an, die Yang-Energie zu Ihrem Haus leiten.

OBEN *Eine Vogeltränke im Garten stimuliert Yang-Energie.*

- Halten Sie Fische. Diese sind zudem hervorragende Glückssymbole. Das Wasser, das aufgrund der Sauerstoffanreicherung und der Filter sprudelt, erzeugt wunderbares Yang-Chi im Heim. Zu den Glücksfischen zählen der Drachenfisch (Arrowana), der Goldfisch, der japanische Koikarpfen sowie alle farbenprächtigen, tropischen Fischarten, die entweder dem Goldfisch oder dem Karpfen ähneln. Rot, Gold und Silber gelten als Glücksfarben, während schwarze Fische besonders geeignet sind, dem Haushalt ungreifbares Schutz-Chi zu bescheren.

OBEN *Laden Sie Freunde zu einem gemeinsamen Abend zu sich ein; so wird Ihr Heim mit positivem Chi angereichert.*

- Regen Sie die Familienmitglieder dazu an, den Fernseher, das Radio oder den CD-Spieler anzustellen. Ständiges Spielen von Musik aktiviert den Chi-Fluß und verhindert, daß übermäßig viel Yin-Energie aufgebaut wird. In meinem Heim ist das Fernsehgerät stets eingeschaltet, und es ist auch immer Musik zu hören, wenn meine Tochter zu Hause ist. So fließt das Chi unbeschwert von Raum zu Raum.
- Laden Sie Freunde auf einen Besuch ein. Gute Freundschaften bringen hervorragendes Chi ins Haus, und nichts geht über Lachen und fröhliche Unterhaltung. Aber seien Sie vorsichtig: So wie positive Energie gutes Feng Shui bewirkt, so erzeugen Ärger und Streitereien negative Energie, und daraus entsteht Yang-Energie, die eine negative Atmosphäre schafft. Übermäßiger Ärger kann auch auf schlechte Fliegende Sterne zurückzuführen sein. Wenn dies Ihrer Ansicht nach zutrifft, sollten Sie im Abschnitt über Fliegende Sterne die Geburtstabellen des Hauses studieren.
- Es empfiehlt sich, das Haus einmal im Monat mit reinen Klängen zu erfüllen, Klänge, die eigens zur Reinigung der heimischen Energie erzeugt werden. Diese Klänge werden durch spezielle Glocken oder besonders gefertigte Klangschalen hervorgerufen. Die Schalen geben einen schönen, klaren und reinen Klang ab, der durch die spezielle Mischung aus sieben Metallen – darunter auch Gold und Silber – entsteht, und leiten reine Energien in alle Räume des Hauses. Diese Klangart ist am besten geeignet. Früher wurden Glocken und Schalen, nach geheimen Formeln speziell gefertigt, häufig von taoistischen Mönchen (die zugleich Feng-Shui-Experten waren) benutzt, um die Palastsäle des Kaisers und seiner bevorzugten Konkubinen sowie die eindrucksvollen Domizile wohlhabender und mächtiger Mandarine zu reinigen.

OBEN *Glocken und Klangschalen kann man schöne Töne entlocken, die die Chi-Energie aktivieren.*

BLOCKIEREN, ZERSTREUEN UND ABWENDEN MIT WÄNDEN, MAUERN UND BÄUMEN

Ein wichtiger Feng-Shui-Grundsatz besagt folgendes: Wenn aus der Umgebung machtvolle Giftpfeile auf Ihr Heim abgeschossen werden, sollten Sie eine Struktur oder eine Barriere aufbauen. So entgehen Sie den Pfeilen, indem Sie ihre gerade Flugbahn blockieren. Ist eine direkte Blockade nicht möglich, so lenken Sie am besten die Flugbahn des Pfeiles ab. Hier liegt das Prinzip zugrunde, daß sich negatives Chi in Form eines Giftpfeils geradlinig fortbewegt und nicht abdrehen kann. Aus diesem Grund können Sie Ihre Tür und Ihr Heim schützen, solange Sie dem negativen Chi ausweichen, es blockieren oder abwenden können.

Ein Mittel gegen Giftpfeile erzeugen Sie mit Wänden, Bäumen und Mauern, einfach allem, was eine Art physikalische Blockade darstellt. Häufig verstärken Feng-Shui-Meister die Gegenwirkung dieser Blockaden, indem sie die Vorzüge der Fünf Elemente einbeziehen.

So werden Bäume zu einer mächtigen Barriere, wenn das Chi des Giftpfeils aus den Erdrichtungen des Südwestens oder Nordostens kommt, da Holz (repräsentiert durch Bäume) im Zerstörungszyklus der Fünf Elemente Erde vernichtet. Als minder wirksam erweisen sich dagegen Bäume, wenn der Giftpfeil aus dem Westen oder Nordwesten abgeschossen wird, da das Element Holz Metall nicht bezwingen kann.

Mauern, die aus Ziegelstein bzw. Kies-, Stein-, Granit- oder Marmormischungen gefertigt sind, eignen sich exzellent, um aus dem Norden kommende Giftpfeile zu blockieren. Im Zyklus der Elemente wird Wasser schließlich durch Erde zerstört. Allerdings blockieren derartige Mauern das negative Chi nicht so wirksam, wenn es aus dem Osten oder Südosten kommt, da sie dem Holz-Element dieser Richtungen unterliegen. Dagegen erweisen sich Barrieren aus Metall (wie Gitter oder andere Metallzäune), die errichtet wurden, um schädlichen Strukturen aus dem Osten oder Südosten entgegenzuwirken, als durchaus wirksam.

Andere Feng-Shui-Ratschläge beinhalten auch einen kreativen Aspekt. Wenn Sie Ihre Mauer in einer Farbe streichen, die ein kontrollierendes Element symbolisiert, so liegt darin eine zusätzliche Kraft, wie mir gesagt wurde. So wäre eine rot gestrichene Mauer ein wirksamer Schutz vor negativem Chi aus dem Westen oder Nordwesten und eine weiß gestrichene vor schlechtem Chi aus dem Osten oder Südosten.

LINKS *Bäume blokkieren schädliche Energien. Leider läßt sich ihr Wachstum nicht beschleunigen.*

OBEN *Ist Ihr Haus Giftpfeilen ausgesetzt, sollten Sie zur Abwehr eine Begrenzung errichten, wie z. B. eine Hecke.*

KAPITEL SIEBENUNDZWANZIG: FENG-SHUI-HEIL- UND -GEGENMITTEL

LENKEN SIE SCHLECHTE ENERGIE MIT SPIEGELN AB

OBEN *Konkave oder flache Spiegel gegen schlechtes Chi*

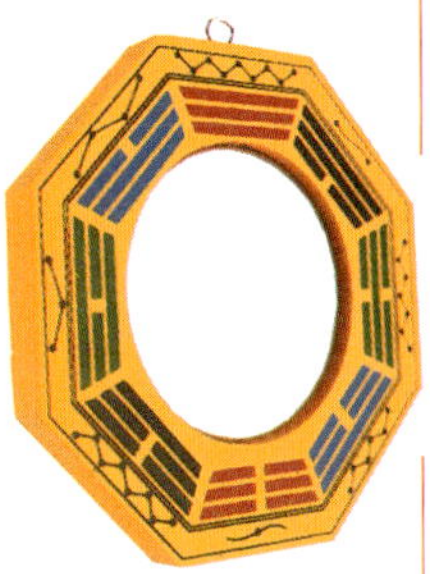

OBEN *Konvexe Bagua-Spiegel reflektieren schädliches Chi.*

Die Verwendung von Spiegeln im Feng Shui führt zu Ergebnissen, die meist ausnehmend gut oder außergewöhnlich schlecht sind. Spiegel sind mächtige Feng-Shui-Mittel und daher mit Bedacht einzusetzen. Bei Spiegeln sind verschiedenste Verwendungsmöglichkeiten zu berücksichtigen.

Konvexe und konkave Spiegel können als abwehrendes, reflektierendes Mittel verwendet werden. Konvexe Spiegel sind nach außen gewölbt und leiten das gespiegelte, schlechte Chi an seine Quelle zurück. Ein konvexer Bagua-Spiegel ist daher ein aggressiveres Feng-Shui-Mittel als ein nicht gewölbter oder konkaver Bagua-Spiegel. Nicht gewölbte oder konkave Spiegel absorbieren und sammeln das schlechte Chi, bis es entfernt werden kann - eine wohlwollendere Art, den Bagua-Spiegel zu verwenden. Bei der Verwendung eines konkaven Spiegels ist es wichtig, den Spiegel symbolisch zu »reinigen«, d. h. ihn regelmäßig in Salzwasser zu waschen und mit einem Räucherstäbchen zu reinigen. Dadurch wird verhindert, daß sich im Spiegel negative Energie aufbaut. In manchen Teilen Chinas, in denen der Taoismus einen großen Einfluß auf das Leben der Menschen hat, verwenden die taoistischen Feng-Shui-Mönche bekanntlich Spiegel, um »schlechte oder böse Geister« zu fangen, die sie dann symbolisch in Pagoden sperren.

LINKS *Den Aufbau negativer Energie in konkaven Spiegeln verhindern Sie mit einem Räucherstäbchen.*

Im Feng Shui werden Wandspiegel eingesetzt, um gute oder schlechte Dinge widerzuspiegeln. In den Eß- und Wohnräumen können Spiegel eine günstige Wasserszenerie oder einen Hellen Saal reflektieren, was sich auf das Heim positiv auswirkt. Allerdings können Spiegel auch schlechte Symbole und schädliche Strukturen reflektieren. Bevor Sie einen Spiegel verwenden, sollten Sie daher bedenken, was er widerspiegeln wird. Ein Wandspiegel im Haus sollte nie die Tür zur Toilette oder Küche zurückstrahlen. Der Spiegel darf keinesfalls die Tür reflektieren: Dadurch wird lediglich ein Chi-Fluß erzeugt, der ebenso schnell hinaus- wie hineinströmt. Aus diesem Grund richten Spiegel, die dem Haupteingang gegenüberliegen, großen Schaden an. Womöglich erkrankt die Vaterfigur in einem solchen Haus. Deswegen sollten Spiegel stets so an Wänden angebracht werden, daß sie keine Türen widerspiegeln.

Mit Spiegeln läßt sich auch das Problem fehlender Ecken beheben. Möglich ist dies nur, wenn die betreffende fehlende Ecke »nach außen« in den Bereich des Wohn- oder Eßzimmers »erweitert« werden kann. Von Wandspiegeln in Schlafzimmern oder der Küche ist abzuraten. Besonders in Schlafzimmern können Spiegel einen großen Schaden anrichten. Spiegelt sich das Bett beispielsweise in einem Wand- oder Schrankspiegel, führt dies womöglich zu Zwietracht in Ehen und Beziehungen. Gehen Sie äußerst bedachtsam vor, wenn Sie fehlende Ecken mit Spiegeln ausgleichen.

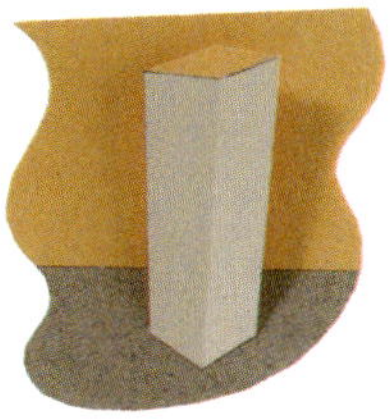

LINKS *Mit Spiegeln ist Giftpfeilen beizukommen, die von scharfkantigen Ecken ausgehen.*

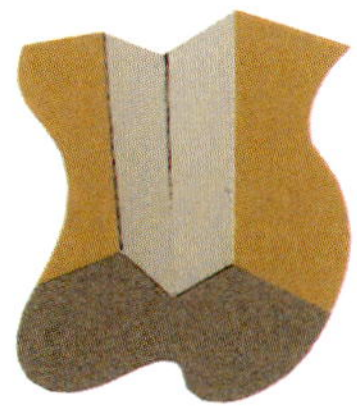

LINKS *Spiegel machen schädliche, freistehende Säulen unsichtbar.*

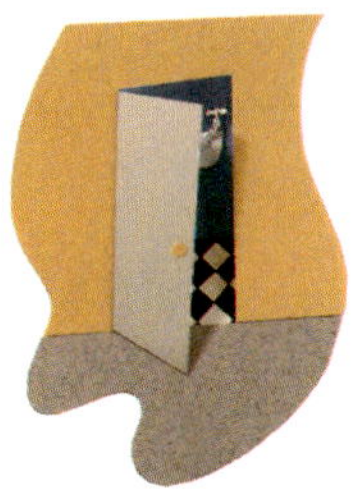

LINKS *Die negative Energie einer Toilette wird durch einen an die Tür gehängten Spiegel abgelenkt.*

Spiegel eignen sich auch als Heilmittel gegen frei stehende, quadratische Säulen. Eine mit Spiegeln verkleidete Säule »verschwindet symbolisch«. Oftmals wird der Spiegel nicht richtig an allen vier Seiten der Säule angebracht, und die Giftpfeile, die die Säulenkanten abschießen, erweisen sich als noch gefährlicher. Achten Sie darauf, daß die Kanten gut abgerundet sind, wenn Sie Säulen mit Spiegeln verkleiden.

Toiletten sollten nie ins Auge fallen, und mit Spiegeln können Sie Toilettentüren optisch zum Verschwinden bringen. Überhaupt lassen Spiegel jede Tür verschwinden, da sie einen Eindruck von Tiefe vermitteln: An die Stelle der Tür tritt das Spiegelbild. Befindet sich Ihre Toilette in einer besonders schlechten Ecke, d. h. in Ihrer Südwest oder Heirats-Ecke, so sollten Sie die Tür am besten mit einem großen Spiegel verkleiden, sonst wird Ihr Liebesleben stark beeinträchtigt werden.

KRISTALLE UND SONNENLICHT

Kristalle spielen eine große Rolle, was die Harmonie und den Frieden zu Hause und am Arbeitsplatz anbelangt. Wenn Sie den Eindruck haben, daß unaufhörlich über Kleinigkeiten gestritten wird und der Grund dafür in schlechter Energie zu suchen ist, so können Sie Ihr Problem womöglich mit Kristallen lösen. Ich rate Ihnen, Kristallkugeln aus natürlichem Quarzkristall in den Erd-Ecken Ihres Zimmers, Hauses oder Büros anzubringen. Die Erd-Ecken sind das Zentrum, der Südosten und der Nordosten. Bringen Sie sechs Kristallkugeln im Zentrum Ihres Hauses an; dadurch bauen Sie nicht nur Reibereien und Mißverständnisse zwischen den Familienmitgliedern ab, sondern erzeugen auch günstiges und dauerhaftes Chi. Es kommt keineswegs auf die Größe des Kristalls an. Kristalle erzeugen und speichern Energie, und sie liefern sowohl gutes als auch schlechtes Chi. Positives Chi im Heim wird durch Kristalle vermehrt – leider auch schlechtes Chi.

Sind Sie sicher, daß Ihr Chi positiv und günstig ist? Dann sollten Sie diese gute Energie fördern und verstärken, indem Sie in Ihrem Heim Kristalle anbringen. Wird zu Hause jemand krank, so waschen Sie Ihre Kristallkugeln täglich mit Meersalz, bis die betreffende Person wieder gesund ist. Die Kristalle absorbieren die gesamte schlechte Energie. Wie Schwämme saugen sie das schlechte, durch Krankheit verursachte Chi auf und reinigen so das Haus.

OBEN *Eine Quarzkristallkugel im Erd-Bereich des Heimes hilft bei der Klärung von Konflikten.*

UNTEN *Eine Kristallkugel im Büro trägt dazu bei, Spannungen zwischen Arbeitskollegen abzubauen.*

Mit Kristallkugeln im Haus verläuft das Leben der Haushaltsmitglieder reibungslos, dennoch sollten Sie Ihre Kristalle auch dazu benutzen, Yang-Energie von draußen ins Haus zu holen. Lassen Sie Ihre Kristallkugeln eine Stunde lang von der hellen Morgensonne bescheinen, damit diese die sanften, reinigenden Strahlen einfangen und aufsaugen. Ebenso können Sie die Kristallkugeln in Wasser legen, das im Sonnenlicht stand. Dadurch wird der Kristall gereinigt und energetisiert, was sich wiederum verstärkt im Haus auswirkt.

Im Feng Shui beruht die Kraft der Kristalle auf der großen Fülle an Erd-Energie, die sie in sich bergen. Kristalle gelten auch als eines der wirkungsvollsten und mächtigsten Symbole des Erd-Elementes. Da Feng Shui mit Erdenglück gleichzusetzen ist, verhelfen Ihnen Kristalle in Ihrem Heim dazu, schlechte Energie größtenteils abzuwehren.

OBEN *Kristalle gibt es in vielen Farben. Alle wirken gegen schlechte Energie (hier: Amethyst).*

OBEN *Ein rosafarbener Quarzkristall ist ein schönes Schmuckstück und ein gutes Feng-Shui-Mittel.*

OBEN *Türkis ist eine Farbe, die die Erd-Energie in Ihrem Heim vermehren wird.*

OBEN *»Rauchquarz« hilft bei durch schlechtes Chi verursachten Problemen.*

Kapitel Siebenundzwanzig: Feng-Shui-Heil- und -Gegenmittel

REGEN SIE DAS CHI MIT OBJEKTEN ZUM ZIRKULIEREN AN

OBEN *Sich drehende Objekte wie Ventilatoren erhöhen den Chi-Fluß im Haus.*

Die Verwendung drehbarer Objekte

Drehbare Objekte regen das Chi zum Zirkulieren an. Daher ist die Verwendung solcher Objekte eine äußerst wirksame Methode, dem Sha Chi, das Ihre Vordertür beschießt, entgegenzuwirken. Die tödliche Energie kann durch beliebig viele Faktoren oder Giftpfeile hervorgerufen werden. Ein drehbares Objekt zerstreut die tödliche Energie und wandelt sie in ungefährliche Energie um. So sind Drehtüren ein optimales Heilmittel gegen große und schädliche Giftpfeile, die oft große Firmengebäude oder öffentliche Bauten beeinträchtigen.

Wenn die Decken in Ihrem Haus zu niedrig oder zu viele Ecken vorhanden sind und eine große Menge tödlicher Energie erzeugt wird, so schaffen Sie am besten Abhilfe, indem Sie eine Drehlampe installieren. Diese Lampen ähneln Diskothekenlampen. Beim Rotieren regen sie das Chi dazu an, wunderbare, fließende Yang-Energie zu erzeugen. Ich selbst habe bunte Lampen, die 24 Stunden am Tag wunderbare Yang-Energie ausstrahlen. Dieses Licht schalte ich nie aus, und es erzeugt für jedes Mitglied meines Haushalts wundervolles Yang-Chi – eine einfache, doch wirkungsvolle Methode, alle Giftpfeile im Haus zu zerstreuen.

LINKS *Durch den Einbau einer Drehtüre verschwinden alle Giftpfeile, die auf ein Gebäude einstürmen.*

Die Verwendung von Steinen

Durch die Verwendung von (schweren) Steinen beschwören Sie symbolisch die mächtige Erd-Energie des Berges herauf. Dieser Symbolismus arbeitet der Auswirkung von Toiletten, die im Heim Probleme verursachen, äußerst wirksam entgegen. Legen Sie im Badezimmer einen großen Stein ab, um das durch die Toilette hervorgerufene Unglück symbolisch zu beschweren. Nur für die südwestlichen und nordwestlichen Ecken – Erd-Ecken – eignet sich dieses Heilmittel nicht. Steine, die in diesen Ecken abgelegt werden, steigern die Beeinträchtigung nur zusätzlich.

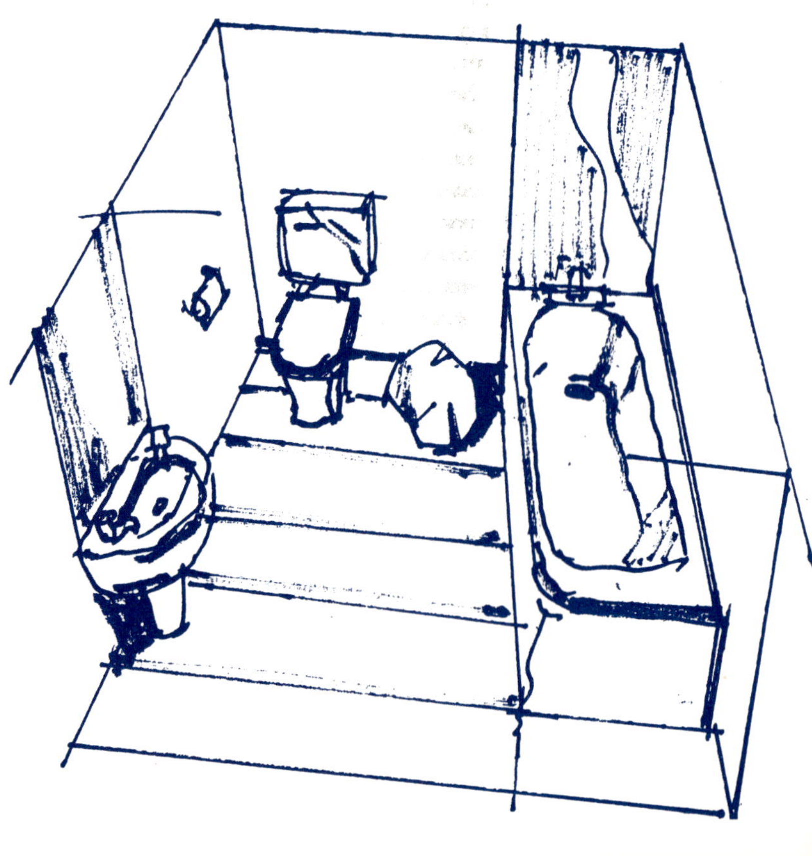

RECHTS *Toiletten beeinträchtigen das Glück eines Hauses. Ein großer Stein wirkt dem entgegen.*

DIE VERWENDUNG VON SCHUTZSYMBOLEN

In der Feng-Shui-Praxis spielt der symbolische Schutz eine bedeutende Rolle. Gewissenhafte Feng-Shui-Praktiker stellen eine Reihe von Schutzsymbolen an strategisch wichtigen Orten auf, um das Tor und/oder die Haupteingangstür ihres Hauses oder Grundstücks zu bewachen.

Überall in China trifft man auf Schutzsymbole – an den Eingängen zu Tempeln, Palästen und größeren öffentlichen Gebäuden. Zu den bekanntesten Symbolen zählen die mächtigen Fu-Hunde, die in verschiedenen Formen, Größen und Modellen weltweit in Millionen von chinesischen Haushalten zu finden sind.

Abgesehen von diesen Kaiserlichen Beschützern werden im Feng Shui auch noch der Tiger, das Einhorn und einige weitere wilde Tiere als Beschützer anerkannt. Man unterscheidet bei den Tieren, die als Türwächter bekannt sind, zwischen zivilen und militärischen Türgöttern. Bis zur Jahrhundertwende stellten viele wohlhabende chinesische Haushalte in Malaysia und Singapur diese farbenprächtigen Türgötter zur Schau. Die Gottheiten sollten die Bewohner vor Unheil schützen, beispielsweise vor Raub, Betrug oder Verfolgung jeglicher Art. Alles in allem hatten sie die Aufgabe, das körperliche Wohlbefinden der Bewohner zu sichern.

OBEN *Fu-Hunde, die Löwen ähneln, können den Eingang zu Ihrem Heim symbolisch bewachen.*

Inzwischen wurden die Türgötter durch andere Schutzgottheiten ersetzt. Zu den bekanntesten zählt Kwan Kung, der ursprünglich als Kriegsgott und Schutzheiliger der Polizei und Triaden galt. Heute wird Kwan Kung auch als Reichtumsgott betrachtet.

Seine Gestalt, aus Keramik, Metall oder Holz gefertigt, und sein grimmiger Gesichtsausdruck sollen Geschäftsleuten und Politikern Schutz geben.

Menschen und Häuser profitierten gleichermaßen von der Unterstützung und dem Schutz durch Feng Shui. So trug man häufig Glückssymbole und -objekte, um persönliches Glück zu erlangen. Früher waren die Roben der Gerichtsbeamten mit Glückssymbolen verziert. Der Kaiser selbst trug oft das Bildnis des Drachens auf seinen Kleidern, wohingegen sich die Kaiserinnen und Konkubinen mit kunstvoll gearbeitetem Schmuck verschönerten, der den Glückssymbolen nachempfunden war.

Das Tragen von Amuletten und Talismanen ist beliebt und weitverbreitet, was einige als die Praxis des persönlichen Feng Shui betrachten. Will man sich auf Reisen vor Raubüberfällen schützen, so verwendet man meist Silber- oder Goldfolien, in die bestimmte Worte geprägt sind. Diese Folien werden dann gerollt, in eine Hülle aus Silber oder Gold gesteckt und um den Hals getragen.

Es gibt auch Amulette, die vor körperlichen Verletzungen schützen. Diese können auf ein spezielles, farbiges Reispapier geschrieben werden, das sorgfältig gefaltet und am Körper getragen wird. Angeblich »heilen« viele dieser Amulette bestimmte Krankheiten. So wurden die Amulette, die aus Reispapier gefertigt waren, oft verbrannt und mit einem Glas Wasser getrunken, während Gold- oder Silberamulette – so glaubte man – ihre Wirkung entfalten, wenn man sie in Wasser taucht, das dann von dem/der Kranken getrunken wird.

Ich bin mir nicht sicher, was Amulette anbelangt. Bei zwei gefährlichen Unfällen erlitt ich keine schweren Verletzungen. Meine Amulette haben mich beschützt, wie mir gesagt wurde. Ich sehe keinen Grund, das zu bezweifeln, aber ich weiß nicht, ob das Tragen von Amuletten dem Feng Shui oder dem Taoismus zuzuordnen ist.

OBEN *Das Drachenpferd oder Einhorn zählt zu den mächtigsten schützenden Glückssymbolen.*

OBEN *Ein Medaillon mit Worten, auf Reispapier geschrieben, wendet die Gefahr körperlicher Verletzungen ab.*

LINKS *Kaiserroben wurden oft mit Drachen bestickt, um die Macht der Dynastie zu stärken.*

VERSCHIEDENE ARTEN VON WINDSPIELEN

OBEN *Windspiele passen zu jedem Interieur. Während Sie ihre Klänge genießen, wehren sie schädliche Energien sicher ab.*

Das Windspiel stellt eines der wirksamsten Gegenmittel dar, um scharfe Kanten, vorstehende Ecken, Deckenbalken und ungünstig angeordnete Toiletten auszugleichen. Wenn Sie Windspiele einsetzen möchten, um das Sha Chi bzw. den Todeshauch abzuwehren, sollten Sie solche mit fünf Stäben verwenden, da diese Unglück abwenden können. Für Windspiele, die zu diesem Zweck genutzt werden, kommen sowohl massive als auch hohle Stäbe in Frage. Ein Windspiel in Pagodenform ist noch mächtiger. Unterscheiden Sie zwischen Windspielen, die als Heilmittel verwendet werden, und solchen, die das Glück energetisieren sollen.

LINKS *Die Pagodenform in einem Windspiel gilt als besonders mächtig.*

RECHTS *Windspiele mit hohlen Stäben klingen anders als solche mit massiven Stäben, sind jedoch genauso wirksam.*

LINKS *Ihr Windspiel sollte mit fünf Stäben ausgestattet sein, um schädliches Chi abwehren zu können.*

SCHUTZSCHRIFTEN UND AMULETTE

Man mag darüber streiten, ob das Tragen von Amuletten und Schutzschriften Teil des Feng Shui ist, es läßt sich jedoch nicht leugnen, daß es einen wichtigen Teil des chinesischen Tong Shu oder Almanach darstellt. Auf die gleiche Weise wie Glückssymbole zur traditionellen chinesischen Praxis gehören, ist das Tragen von Amuletten zum »Schutz« vor Unglück, Unfällen, Krankheit und Täuschung durch herumirrende Geister seit alters her bekannt.

Aus dem Tong Shu kommen bestimmte Schriften, die den Träger angeblich vor einer Vielzahl von Übeln schützen. Sie werden auf farbiges – vorzugsweise gelbes – Papier geschrieben, zuweilen auch auf grünes oder rotes Reispapier.

OBEN *Dieses Amulett schützt vor Raub, Verlust und Unfällen. Manche tragen es gefaltet in ihrer Brieftasche, um sich vor Bargeld- oder Einkommensverlust zu bewahren.*

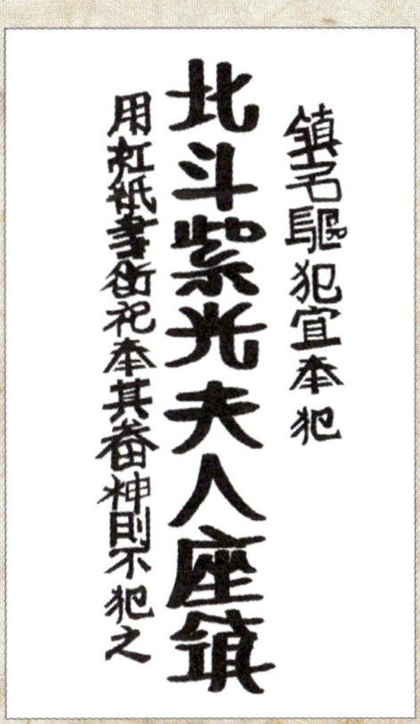

A. Diese Schrift wird verwendet, um das Haus vor bösen Einflüssen zu schützen, die für die Bewohner Probleme verursachen können. Sie muß auf ein Stück rotes Papier geschrieben werden, das an einer Wand nahe der vorderen Haupteingangstür des Hauses anzubringen ist.

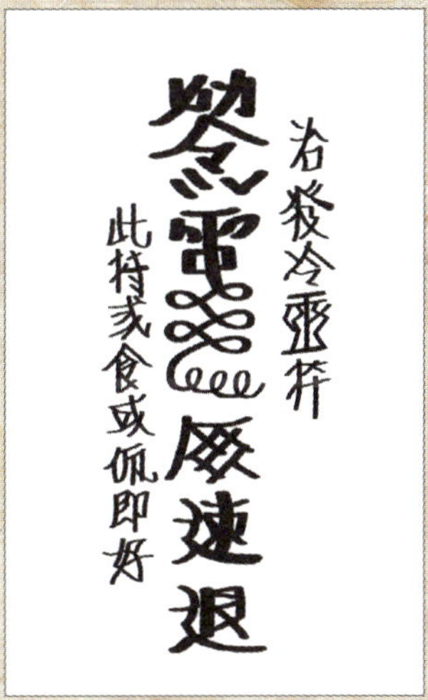

B. Diese Kalligraphie schützt jeden Teil des Hauses, der von herumirrenden Geistern »heimgesucht« wird. Sie kann auch in den Ecken des Hauses angebracht werden, in denen Energien seltsam, stagnierend oder schal wirken, also »schlechte Schwingungen« vorhanden sind.

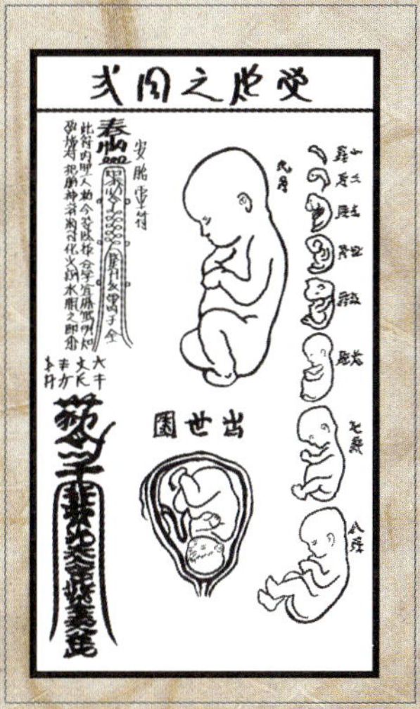

C. Nach dem alten Almanach schützt diese Schrift schwangere Frauen vor tödlichem Sha Chi, das möglicherweise im Haus vorhanden ist. Laut Almanach soll dieser Glücksbringer auf gelbes Papier abgeschrieben werden, das dann verbrannt wird. Die Asche wird in ein Glas kaltes Wasser gegeben, das dann zu trinken ist.

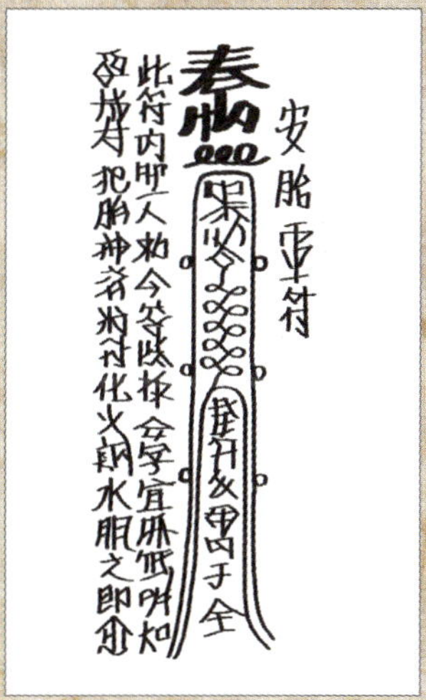

D. Diese Schrift soll Augenleiden und Unterleibsschmerzen heilen. Auch sie soll verbrannt und die Asche in ein Glas kaltes Wasser gegeben werden. Mit dem Wasser werden dann die Augen »gebadet«. Bei Augenleiden und Unterleibsbeschwerden muß das Wasser getrunken werden.

KAPITEL ACHTUNDZWANZIG

GIFTPFEILE IN DER UMGEBUNG

Das Feng Shui eines Haushalts ist nur für die Bewohner günstig, deren Kua-Zahlen – und günstige Kua-Richtungen – mit der Ausrichtung des Heimes übereinstimmen. Günstiges Feng Shui tritt nur zu gewissen Zeiten auf, je nachdem, wie die eigens berechneten Feng-Shui-Sterne fliegen.

Die Definition eines guten Feng-Shui-Hauses hängt von der praktizierten Feng-Shui-Schule oder der angewendeten Feng-Shui-Methode ab. Entscheidend ist jedoch, daß die verschiedenen Feng-Shui-Schulen und -Methoden in einem Punkt übereinstimmen: Sie müssen die Gefahr erkennen, die von den geheimen Giftpfeilen in der Umgebung ausgeht. Diese Giftpfeile entstehen durch physikalische Strukturen und Elemente, die sich in visueller Reichweite eines beliebigen Lebensraumes befinden – imstande, das Sha Chi oder den Todeshauch zu erzeugen. Meist verfügen diese Strukturen über eine derart mächtige negative Kraft, daß alle Feng-Shui-Schulen vor ihnen warnen, da sie deren Auswirkung auf die »getroffenen« Häuser als äußerst gefährlich befinden.

Dieses Kapitel über Giftpfeile ist für die richtige Anwendung des Feng Shui von grundlegender Bedeutung. Bevor Sie damit beginnen, gutes Feng Shui zu energetisieren und zu schaffen, sollten Sie sich vergewissern, ob Ihr Heim gegen Giftpfeile geschützt ist.

Selbst wenn Feng-Shui-Praktiker dazu übergehen, sehr komplizierte Formeln zu studieren und anzuwenden, müssen sie sich stets der schädlichen Auswirkungen des Todeshauchs, die durch Giftpfeile verursacht werden, gewahr sein.

LINKS *Für den modernen Feng-Shui-Anwender stellen Giftpfeile in der Umgebung eine große Herausforderung dar.*

KAPITEL ACHTUNDZWANZIG: GIFTPFEILE IN DER UMGEBUNG

MACHEN SIE VERSTECKTE, GEHEIME GIFTPFEILE AUSFINDIG

RECHTS *Die Giftpfeile, verursacht durch die Kamine dieses Kraftwerks, sind nicht zu verkennen. Die Kraftwerke erdrücken die benachbarten Häuser und verschmutzen die Umwelt.*

Giftpfeile in der Umgebung sind nur dann »versteckt« oder »geheim«, wenn Sie sie nicht erkennen können. Selbst unerfahrene Anwender sollten diese Pfeile erkennen können, wenn Sie wissen, wonach sie suchen müssen. Giftpfeile sind kein Buch mit sieben Siegeln. Hier einige Richtlinien dazu, was einen Giftpfeil ausmacht.

- Jedes lange und gerade Objekt, das auf ein Haus zielt, ist als Giftpfeil einzustufen. Je gerader und länger der »Pfeil«, desto tödlicher seine Auswirkung auf das Glück der Hausbewohner. Die geläufigste Pfeilart ist eine lange, gerade Straße, die mit einer anderen Straße einen rechten Winkel bildet. Die meisten Chinesen werden dazu erzogen, nie in einem Haus zu leben, das an einer (T-)Kreuzung liegt, da das tödliche Chi, das auf das Haus trifft, »Tigern in der Nacht« gleicht, die die Bewohner angreifen. Die Auswirkung ist noch gravierender, wenn der vordere Haupteingang der Straße direkt gegenüberliegt. Wenn die Richtung des vorderen Haupteingangs so verlegt wird, daß der Einfluß der Straße abgelenkt wird, dann wird auch der Pfeil erfolgreich abgelenkt. Eine andere Methode, einen derartigen Einfluß zu zerstreuen, ist, dafür zu sorgen, daß das Haus höher liegt als die Straße, die geradewegs zum Haus führt. Dadurch liegt das Haus über dem giftigen Atem, und das Unglück ist wirksam abgewendet. Eine weitere Methode sieht den Bau einer massiven, (mindestens 2 m) hohen Mauer vor, um die Straße abzuwehren. Doch diese Option ist allein jenen vorbehalten, die über ausreichend Land verfügen, da eine hohe Mauer, die zu nahe am Haus liegt, andere Feng-Shui-Probleme verursacht. Wenn alles andere fehlschlägt, bleibt Ihnen noch die Möglichkeit, eine Reihe buschiger Bäume anzupflanzen, die den Todeshauch, verursacht durch die gerade Straße, erfolgreich ablenkt.
- Alles, was spitz und scharfkantig ist und der Vorderseite des Hauses, besonders der vorderen Haupteingangstür, direkt gegenüberliegt, ist extrem schädlich. Hierbei kann es sich um die scharfe Kante eines gegenüberliegenden Gebäudes, die Ecke eines großen Gebäudes bzw. einer großen Säule oder ein Firmenschild handeln, das so angebracht ist, daß es direkt auf Ihren Eingang zu zielen scheint. Diese Objekte nehmen die negative Energie eines Giftpfeils an und sollten umgehend mit einem Spiegel abgelenkt werden. Eine hervorragende Methode, einen derartigen Giftpfeil abzulenken, ist die Verwendung eines Bagua-Spiegels, des achtseitigen Feng-Shui-Symbols mit einem kleinen, runden Spiegel in der Mitte. Verwenden Sie einen Bagua mit einem konkaven Spiegel, um die gesamte negative Energie aufzunehmen. Ich rate jedoch zur Vorsicht, was die Verwendung des Bagua-Spiegels anbelangt. Nutzen Sie ihn ausschließlich als letzte Zuflucht. Er sendet feindliche Energie aus und ist in der Lage, die tödliche Energie von Giftpfeilen zu bekämpfen. Wenn Sie Ihren Bagua-Spiegel hoch über Ihrem Eingang aufhängen, um schädliche Einflüsse von der anderen Straßenseite abzuwehren, sollten Sie keinesfalls versehentlich ein gegenüberliegendes Nachbarhaus verletzen. Bringen Sie den Bagua-Spiegel an der Außenseite

DAS FENG SHUI VON DÄCHERN

GIFTPFEILE

Ungünstig

Ungünstige Dachformen zeichnen sich aus durch:

- ihre ungleichmäßige Form
- ihren unregelmäßigen Aufriß
- ihre durchgehend schräge Form.

Die zuletzt genannte Form ist am ungünstigsten: Geld oder Reichtum fließen die Schräge hinunter und vom Haus weg; den Bewohnern gelingt es nicht, diese festzuhalten.

- Dächer mit blauen Dachziegeln stellen Wasser dar. Wasser auf einem Berg gilt als Zeichen einer großen Gefahr oder eines erheblichen Verlustes. Ich weiß von mehreren Industriemagnaten, die bei einem Wirtschaftsabschwung ihr gesamtes Vermögen verloren haben. Entweder waren Ihre Hauptfilialen mit blauen Dächern überdacht, oder sie hatten im Penthouse der Hauptfiliale einen Swimmingpool anlegen lassen.

Günstig

Günstige Dachformen sind regelmäßig und gleichmäßig. Als günstige Farben kommen Rot, Kastanienbraun oder Grau in Frage. Blaue und grüne Dächer sind nicht zu empfehlen. Die beste Form für ein Dach ähnelt einer sanften, wellenförmigen Schräge, die sich an der Kante nach oben wölbt. Ein solches Dach zeugt von Reichtum und Wohlstand sowie von Frieden und Harmonie unter den Bewohnern. Das Dach sollte in der Mitte kein »Loch« aufweisen. Wenn die Dachöffnung nicht aufgrund eines Innenhofes notwendig ist, kann ein Loch im Dach gefährlich sein, daher rate ich davon ab.

UNTEN *Stellen Sie fest, ob die Dächer in Ihrer Nachbarschaft Giftpfeile auf Ihr Grundstück abschießen.*

OBEN *Ein nach oben gewölbtes Dach bringt den Bewohnern finanzielle Sicherheit.*

OBEN *Ein Haus, das auf eine (T-) Kreuzung führt, leidet an negativer Energie, die direkt auf den Haupteingang abstrahlt.*

des Hauses und niemals im Haus oder Büro an, sonst richtet sich seine Kraft gegen die Bewohner. Statt eines Bagua-Spiegels können Sie auch eine Mauer oder eine Reihe von Bäumen einsetzen, um die tödliche Energie eines eckigen Objektes, das in Ihre Richtung weist, zu zerstreuen.

Auch jede dreieckige, spitze Form ist schädlich, da sie tödliche Feuer-Energie auf Sie abstrahlt, was zu einem Abstieg in der Karriere und zu Einkommensverlust führen kann. Die spitze Kante eines Nachbardaches ist meist die Quelle eines derartigen Giftpfeils. Am besten lösen Sie dieses Problem, indem Sie einen Bagua-Spiegel aufhängen, der die tödliche Energie auf Ihren Nachbarn zurückstrahlt. Doch man kann dieses Problem auch auf freundlichere Art lösen, indem man einen Baum mit viel Laubwerk und, wenn möglich, großen, runden Blättern anpflanzt. Des weiteren können Giftpfeile auch durch Windspiele mit fünf Stäben abgelenkt werden, die Sie direkt über dem Haupteingang aufhängen. Verwenden Sie ein ausreichend großes Windspiel mit mindestens 30 cm langen Stäben. Ein Windspiel aus Holz (meist Bambus) ist in diesem Fall wirksamer als eines, das aus Metall gefertigt ist.

Jedes Objekt, das ein Hindernis zu symbolisieren scheint, beispielsweise ein großes Kreuz, gilt ebenfalls als Giftpfeil. Daher sollten Sie nicht direkt gegenüber einer Kirche oder einem öffentlichen Gebäude wohnen, dessen Vorderseite ein großes Kreuz aufweist. In Hongkong befindet sich das Bankgebäude der Bank of China. Seine großen Kreuze führten angeblich zu Feng-Shui-Problemen im Haus des Kolonialgouverneurs, da die Kreuze direkt auf das alte Herrscherhaus weisen. Zuweilen verursachen auch zwei sich überschneidende Aufzüge Schwierigkeiten für das Haus gegenüber. So verhielt es sich in einem der bekanntesten »Feng-Shui-Kriege« im Zentrum Kuala Lumpurs in Malaysia. Die Aufzüge eines Gebäudes bildeten ein großes X direkt vor einem Haus auf der anderen Straßenseite, wodurch der Umsatz der Firma, die in besagtem Haus untergebracht war, drastisch sank. Es wurde ein Feng-Shui-Meister beauftragt, der empfahl, eine antike Kanone aufzustellen und auf die Aufzüge (und somit auf das Gebäude gegenüber) zu richten. Der Umsatz stieg schnell wieder an, aber das Unternehmen der Bewohner des Gebäudes, in dem sich die Aufzüge befanden, litt danach an schlechtem Feng Shui.

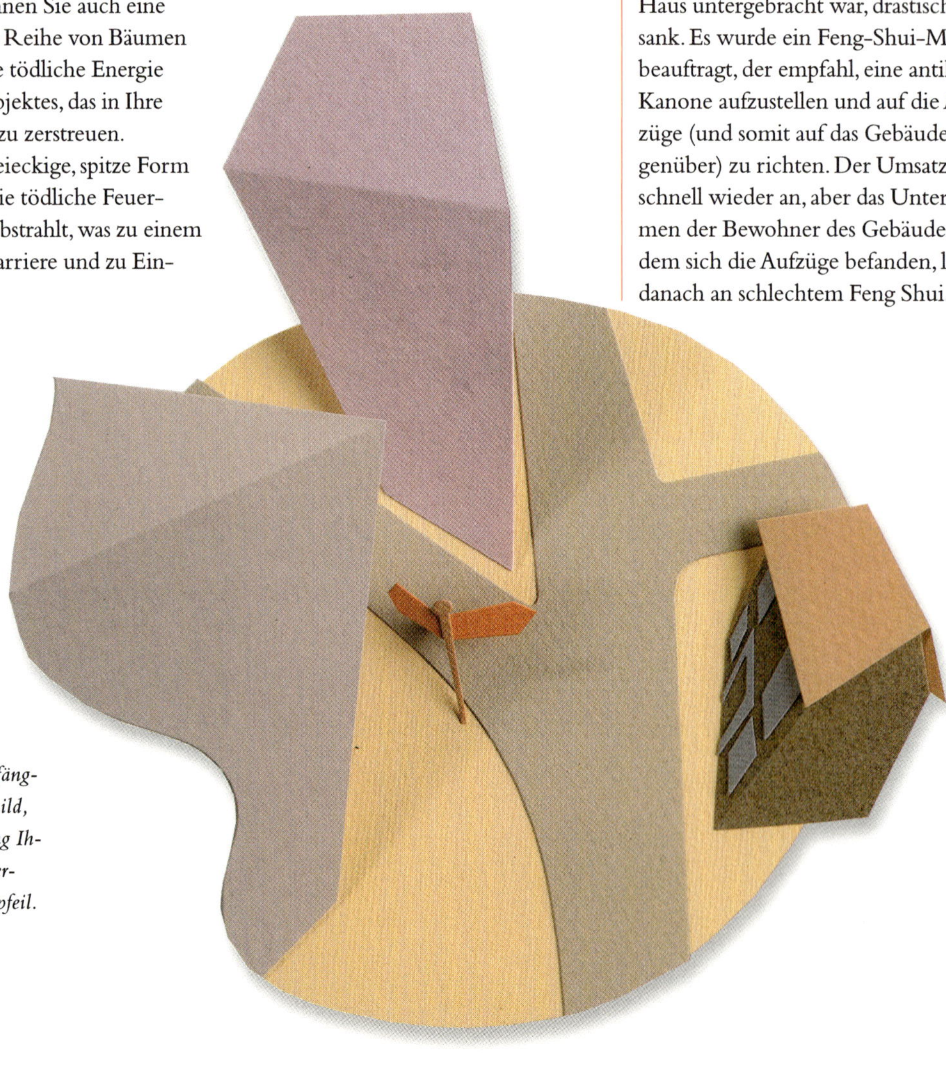

RECHTS *Ein unverfänglich wirkendes Schild, das in die Richtung Ihres Hauses zeigt, erweist sich als Giftpfeil.*

DIE VERWENDUNG VON KANONEN IM FENG SHUI

Als wirksames Heilmittel gegen große Giftpfeile eignet sich eine antike Kanone. Antike Kanonen, die im Krieg benutzt wurden, sollen die tödliche Energie, verursacht durch große, von Menschenhand geschaffene Strukturen, besonders erfolgreich bekämpfen können. Auch zwischen »männlichen« und »weiblichen« Kanonen bestehen Unterschiede hinsichtlich der Wirksamkeit. Die kürzeren, breiteren, weiblichen Kanonen gelten als mächtiger.

Kanonen sind das eindeutigste Symbol für tödliche Energie. Antike Kanonen, die »Blut geschmeckt« haben, sind absolut tödlich. Wenn eine derartige Kanone auf Ihren Eingang weist, werden Sie Verluste, Krankheit und schweres Unglück erleiden. Daher sollte diese Art von Kanone nur zu Verteidigungszwecken und als letzte Zuflucht dienen, da sie der Person, die unter ihrer starken Macht zu leiden hat, vermutlich Unglück bringen wird. Sollte sich direkt gegenüber Ihrem Haus eine Kanone befinden (z. B. wenn Sie gegenüber einem Verteidigungsministerium oder Kriegsmuseum leben, wo der Eingang üblicherweise mit Kanonen gesäumt ist), dann empfehle ich Ihnen, der äußerst tödlichen Energie dieser Kanonen durch Aufstellen einer eigenen Kanone entgegenzuwirken, einer männlichen Kanone zur Bekämpfung einer weiblichen und umgekehrt.

Ein feindliches und überwältigendes Objekt entspricht nicht nur einem, sondern einer ganzen Armee von Giftpfeilen. Dabei kann es sich um einen Schornstein der Industrie handeln, eine aggressiv aussehende Skulptur, einen Leitungsmasten oder auch nur um ein Gebäude mit scharfen Kanten. Lebt man in der Nähe solch überwältigender, von Menschenhand geschaffener Strukturen, so hat man mit gravierenden, kaum lösbaren Feng-Shui-Problemen zu kämpfen. Die negative Energie ist meist zu bedrohlich, um sie erfolgreich bekämpfen zu können. Am besten ziehen Sie schnellstens um. Ansonsten ändern Sie die Ausrichtung Ihres Heimes, damit die feindliche Struktur der Vorderseite Ihres Hauses nicht direkt gegenüberliegt. Verlegen Sie also den Eingang zu Ihrem Zuhause auf die entgegengesetzte Seite der feindlichen Struktur. So erzielen Sie einen wirkungsvollen Schutz. Ist dies nicht möglich, so suchen Sie nach einer anderen Tür, die als Vordereingang dienen könnte.

AUFFAHRTEN

Der Zugang zu Ihrem Haus kann sich ebenso als Giftpfeil erweisen. Im allgemeinen sollte er freundlich gestaltet sein. Auffahrten sollten stets breit, ebenmäßig und gewunden sein, keinesfalls aber gerade und bedrohlich. Auffahrten, die gerade zum Haus hin verlaufen, gelten als Giftpfeile. Sie sind um so schädlicher, je mehr sie sich zur Tür hin verjüngen, da sie dadurch einem Pfeil noch ähnlicher werden. Eine Auffahrt, die parallel zum Haus oder seitlich des Hauses verläuft, ist nicht schädlich. Im Feng Shui gelten kreisförmige Auffahrten als günstig. Ansonsten ist auch ein gewundener Zugang zu empfehlen.

Gerade Auffahrten können durch eine geschickte Landschaftsgestaltung wirkungsvoll aufgelockert werden. Eine einfache Möglichkeit bieten in solchen Fällen Pflanzen und blühende Büsche, die präzise, gerade Linien durchbrechen und kaschieren.

Auffahrten sollten nicht schräg (vom Haus zum Tor hin) abfallen. Dadurch entströmt das Chi und somit auch Geld und Glück. Auffahrten, die entweder zu schmal oder unverhältnismäßig breit sind, sind ebenso ungünstig. Als Richtlinie gilt: Entwerfen Sie eine Auffahrt, die den Abmessungen des Hauses entspricht und nicht unbeabsichtigt zu einem Giftpfeil wird.

Eine Auffahrt, die enger als die Haupteingangstür ist, gilt als ungünstig. Eine Auffahrt, die sich nach außen oder innen verjüngt, weist auf mangelnde, finanzielle Möglichkeiten hin und beeinträchtigt das Geschäft und die Karriere. Wenn Ihre Auffahrt so gestaltet ist, sollten Sie sie entweder regulieren oder an den verengten Stellen Lichter anbringen.

OBEN *Eine geometrisch präzise Auffahrt, die gerade zum Haus führt, ist schlecht.*

UNTEN *Gewunden Auffahrten eignen sich am besten.*

KAPITEL ACHTUNDZWANZIG: GIFTPFEILE IN DER UMGEBUNG

DER UMGANG MIT GIFTPFEILEN

OBEN *Kinder sind für Giftpfeile besonders anfällig, daher sollten Sie alles daran setzen, ihre Auswirkungen auf ein Minimum zu reduzieren.*

Die Verletzung durch Giftpfeile schlägt sich am unmittelbarsten in finanziellen Verlusten oder Krankheit nieder. Die Schwere eines solchen Unglücks hängt vom astrologischen Diagramm der jeweiligen Person ab. Meist ziehen sich Kleinkinder die durch Giftpfeile verursachten Krankheiten als erste zu. Wenn Sie also kürzlich in ein neues Heim gezogen sind und Ihre Kinder reihum krank werden oder die Hausbewohner den Krankheitserreger aufeinander übertragen, sollten Sie nach geheimen Giftpfeilen suchen.

Im allgemeinen sind die negativen Auswirkungen von Giftpfeilen außerhalb des Heimes gravierender als die innerhalb. Daher sollten Sie gegen diese Auswirkungen angehen, sobald Sie sie entdeckt haben. Im ungünstigsten Fall können Giftpfeile schwere Krankheiten und sogar den Tod herbeiführen. Eine bedrohliche, feindliche Struktur kann das Glück einer ganzen Familie auslöschen.

Mit Giftpfeilen kann man auf drei Arten umgehen:

- Schaffen Sie Strukturen, die die tödliche Energie blockieren und abwenden.
- Errichten Sie Barrieren, die die tödliche Energie zerstreuen.
- Bringen Sie eine feindliche Struktur an, die der tödlichen Energie entgegenwirkt.

RECHTS *Passen Sie Ihre Blockierungs- und Ablenkungsmethoden an die Richtung der Giftpfeile an.*

Giftpfeile lassen sich am besten mit massiven Barrieren und Spiegeln blockieren und abwenden. Dadurch wird der Giftpfeil visuell ausgeblendet und die tödliche Energie abgewehrt. Dies läßt sich mit einer Mauer oder einer Hecke erreichen. Die folgenden Maßnahmen verstärken die Wirksamkeit Ihres Heilmittels zusätzlich:

- Trifft Sie der Giftpfeil aus dem Süden, so errichten Sie eine Mauer, an der Wasser abläuft.
- Wenn der Giftpfeil aus dem Norden kommt, dann bauen Sie eine Ziegelsteinmauer.
- Bei einem Giftpfeil aus dem Osten oder Südosten empfiehlt sich die Verwendung von Metallgittern. Gold- oder chromfarben gestrichene Gitter sind noch wirksamer.
- Gegen einen Giftpfeil aus dem Westen oder Nordwesten errichten Sie eine Mauer, die Sie rot anstreichen.
- Gegen einen Giftpfeil aus dem Südwesten oder Nordosten hilft eine Dornenhecke.

Tödliche, auf das Haus zuströmende Energie zerstreut man am besten. Pflanzen Sie Bäume zwischen dem Giftpfeil und der Vorderseite des Hauses an. Die im Wind raschelnden Blätter lösen die Giftpfeile – besonders die aus Südwesten oder Nordosten – auf.

Eine weitere Möglichkeit ist ein helles, kräftiges Licht, das zwischen dem Eingang zum Haus und dem Giftpfeil installiert wird. Dies funktioniert am besten, wenn der Giftpfeil aus Westen oder Nordwesten kommt.

Die dritte Methode sieht ein großes Metall-Windspiel vor, das zwischen dem Giftpfeil und der Vorderseite des Hauses aufgehängt wird. Sie erweist sich als besonders wirksam, wenn der Giftpfeil aus Osten oder Südosten kommt.

Kommt die Bedrohung aus Norden, empfiehlt sich ein kleiner Steinhügel vor dem Haus, um den Giftpfeil zu zerstreuen. Bei einer Bedrohung aus Süden wäre ein Wasserelement mit ziemlich schnell fließendem Wasser – beispielsweise ein Springbrunnen – eine gute Lösung.

Eine aggressivere Art der Abwehr von Giftpfeilen ist die Verwendung von Spiegeln. Dadurch wird der Giftpfeil zurückgestrahlt und trifft die Quelle der negativen Energie. Sie können auch ein feindliches Objekt, etwa eine Kanone, verwenden. Der Einsatz solcher Mittel bedeutet Zurückschlagen, was in manchen Fällen unabdingbar ist. Dennoch ist es stets besser, Giftpfeilen mit Hilfe der ersten zwei Arten entgegenzuwirken.

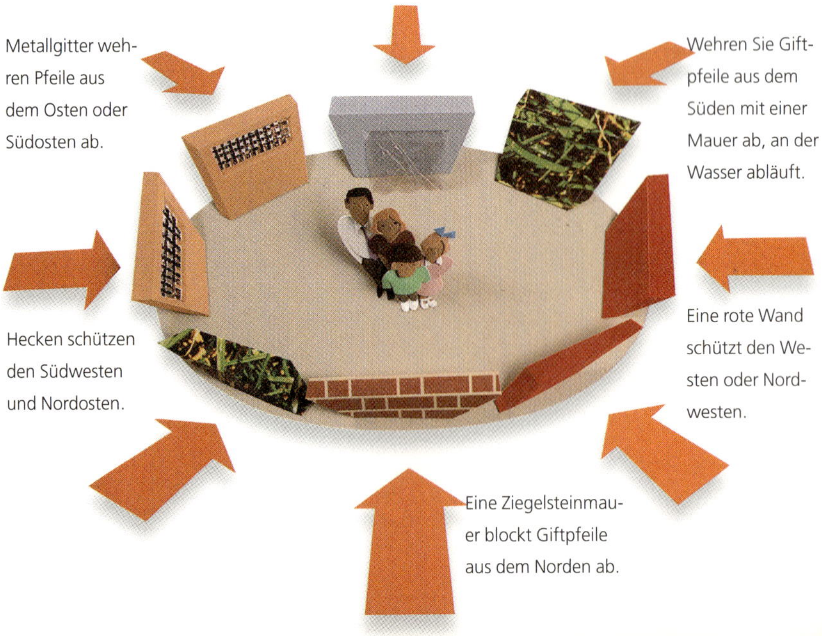

Metallgitter wehren Pfeile aus dem Osten oder Südosten ab.

Wehren Sie Giftpfeile aus dem Süden mit einer Mauer ab, an der Wasser abläuft.

Hecken schützen den Südwesten und Nordosten.

Eine rote Wand schützt den Westen oder Nordwesten.

Eine Ziegelsteinmauer blockt Giftpfeile aus dem Norden ab.

UNGÜNSTIGES DACH ZERSTÖRT FENG SHUI EINER TAIWANESISCHEN BANK

Am 18. Februar 1998 brachten die Nachrichten des BBC einen interessanten Bericht über den tragischen Tod eines taiwanesischen Bankdirektors, der sich an Bord eines Unglücksflugzeugs der Fluglinie China Airlines befand. Das Flugzeug war zwei Tage zuvor in der Nähe des internationalen Flughafens Chiang Kai-shek verunglückt. Der Direktor Sheu Yuan-dong und seine Angestellten waren unter den 200 Passagieren, die mit der China Airlines flogen. Er kehrte von einer Sitzung mit regionalen Mitgliedern des Zentralbankrats zurück, die in Bali, Indonesien, abgehalten worden war.

Der tragische Tod des Direktors und der vier Spitzenbeamten der Taiwanesischen Zentralbank bei diesem Flugzeugabsturz war offensichtlich der letzte einer Reihe von Unglücksfällen, in die die Institution verwickelt war. Laut der taiwanesischen Zeitung *Economic Daily News* wurde die Bank vom Unglück verfolgt, seit sie 1994 in die neuen Gebäude umgezogen war. Auch der ehemalige Bankdirektor Liang Kuo-shu und Chang Pao-hsi, der Leiter der Devisenabteilung, starben in der Zeit, in der sie für die Bank tätig waren.

Örtlichen Gerüchten zufolge waren diese Unglücksfälle mehr als nur eine unselige Verkettung von Zufällen. Viele führten die Probleme der Bank auf schlechtes Feng Shui zurück.

Das Nachrichtenblatt berichtete, daß die Bank bereits seit geraumer Zeit wegen ihres schlechten Feng-Shui-Konzeptes kritisiert worden sei. Der Bau des quadratisch geformten, mehrstöckigen Betongebäudes wurde – wie verlautet – durch eine Reihe von Rückschlägen behindert: Bankrott des Bauunternehmens, ein Feuer auf dem Dach und ein Arbeiter, der sich verletzte, als er vom Gebäude stürzte.

Laut dem Bericht liegt die Vorderseite der Zentralbank-Hauptgeschäftsstelle der Dachecke des Nationaltheaters direkt gegenüber. Feng-Shui-Gläubige meinen, die Dachecke des Theaters habe als ein Brennpunkt fungiert, negative Energien gesammelt und direkt auf die Bank gerichtet.

Praktiker hatten eine Reihe von Verbesserungen vorgeschlagen, um die Auswirkungen des schlechten Feng Shui zu bekämpfen. Gemäß der Zeitung wurden diese Vorschläge jedoch nicht befolgt.

DIE TÖDLICHEN KANTEN MEHRSTÖCKIGER GEBÄUDE SIND BESONDERS GEFÄHRLICH

Ein Giftpfeil, der durch die scharfe Kante eines sehr großen, eindrucksvollen Gebäudes verursacht wird, zählt wohl zu den Giftpfeilen, die am schwierigsten zu bekämpfen sind und die das folgenschwerste negative Feng Shui erzeugen. Beispiele hierzu sind in Städten zu finden, in denen Baugenehmigungen erteilt wurden, ohne dabei das Gleichgewicht und die Harmonie zu berücksichtigen. Wenn Gebäude nebeneinander errichtet werden und das Feng Shui dabei gänzlich außer acht gelassen wird, kann es durchaus vorkommen, daß ein Gebäude der Kante eines anderen direkt gegenüberliegt. Das wirkt sich nachteilig auf die Gewinne derjenigen aus, die das getroffene Haus bewohnen. In einem solchen Fall ist es am besten, den Eingang zum Gebäude zu ändern. Auch eine Drehtür kann Abhilfe schaffen, da sie die negative Energie verlangsamt und somit zerstreut. In Taiwan findet man viele Bürogebäude mit deutlich abgerundeten Kanten, da dadurch die benachbarten Bauten verschont bleiben. In New York ist durch die gitterartige Aufteilung der Wohnblöcke und Straßen gewährleistet, daß die Gebäude von der negativen Energie, verursacht durch die Kanten benachbarter Gebäude, kaum beeinträchtigt werden.

TÜREN WERDEN DURCH DREIECKIGE DACHKANTEN BEEINTRÄCHTIGT

Eines der gängigsten Anzeichen für Giftpfeile, die Wohnhäuser beeinträchtigen, ist das Vorhandensein einer dreieckigen Dachkante, die der Vordertür des eigenen Heimes direkt gegenüberliegt. Diese Art von Struktur verletzt ein Haus besonders, wenn sie aus dem Westen, Nordwesten, Osten oder Südosten kommt. Die durch ein solches Element symbolisierte, negative Feuer-Energie verursacht großes Unglück. Wenden Sie die Blockierungs-, Abwehr- oder Zerstreuungsmethoden an, um dieser Art von Giftpfeil entgegenzuwirken.

RECHTS *Scharfkantige, mehrstöckige Gebäude schießen Giftpfeile auf kleinere, benachbarte Häuser ab.*

KAPITEL ACHTUNDZWANZIG: GIFTPFEILE IN DER UMGEBUNG

BÄUME, LEITUNGSMASTEN UND STRUKTUREN

Giftpfeile treten nicht unbedingt als beeindruckende Strukturen in Erscheinung. Sie können nahezu überall erzeugt werden und nehmen verschiedene Formen an, wie die von Leitungsmasten, von Schildern mit der Aufschrift »Zu verkaufen«, Briefkästen und einzelnen Bäumen. Die Wirkung solcher Objekte ist meist nicht so gravierend wie die Wirkung von Giftpfeilen, die durch große Strukturen hervorgerufen werden. Hängen Sie einen kleinen Bagua-Spiegel auf, um das schädigende Element zu reflektieren, und schon ist die tödliche Energie abgewehrt.

Sie müssen nicht übertreiben, dennoch müssen Sie sich dieser kleinen Giftpfeile annehmen. Ein Baum gilt als feindlich, wenn sich sein mächtiger Stamm direkt vor Ihrer Türe befindet. Eine Reihe von Bäumen stellt kein Problem dar, nur ein einzelner Baumstamm. Oft genügt ein Metall-Windspiel, um das Problem zu beheben.

Was Leitungsmasten und ähnliches betrifft, so bringen Sie entweder einen Bagua-Spiegel oder ein sehr helles Licht vor Ihrer Vordertüre an.

LINKS *Wenn sich Vögel auf dem Draht eines Leitungsmasten, der Ihr Haus beeinträchtigt, zusammenscharen, so werden seine Auswirkungen zerstreut. Ansonsten blockieren Sie seine Energien mit einem Bagua-Spiegel.*

GANZ RECHTS *Pflanzen Sie einen mächtigen Baum mit dichtem Laubwerk und großen, runden Blättern an. Er wird negative Energien, die auf Ihr Heim abzielen, abwehren.*

GESCHICKTER EINSATZ VON BÄUMEN

Bäume sind untrennbar mit gutem Feng Shui verbunden. Die Blätter absorbieren die Gifte, die die Luft verschmutzen. Auf diese Weise tragen die Bäume zum Umweltschutz der Natur bei. Bäume bescheren jedem Heim viel Glück, wenn sie geschickt eingesetzt werden. Hier einige Hinweise:

- Pflanzen Sie einen Baum nie zu nahe am Haus an, andernfalls überwältigt er das Heim mit seiner ungeheuren Wachstumsenergie.
- Pflanzen Sie Bäume nie direkt vor der Haupteingangstür an, sonst kann das günstige Chi nicht problemlos hineinströmen.
- Beschneiden Sie stets die Bäume, so daß sie nicht unkontrolliert wachsen.
- Wählen Sie die Vielfalt der Bäume sorgfältig aus, damit ihr Gleichgewicht gewahrt bleibt.
- Bäume sollten vor allem hinter dem Haus und im Osten wachsen.

Bäume bilden einen Schutzwall zwischen einer verkehrsreichen Hauptstraße und einem Haus.

Bäume hinter einem Haus wehren Giftpfeile ab.

Bäume sollten in ausreichender Entfernung vom Haus wachsen.

Bäume auf beiden Seiten des Haupteingangs lassen das Chi ungehindert in das Haus strömen.

Befindet sich das Haus in der Nähe eines Berges, so bewahrt es ein Baum vor schädlichen Einflüssen.

Berge, Mauern oder Gebäude als Hindernis

Wenn Ihre Vordertür sich zu einer hohen Mauer hin öffnet oder wenn sich direkt vor Ihrem Haus ein hohes Gebäude befindet, so handelt es sich um eine ungünstige Anordnung. Dennoch kommt ein solches Element nicht unbedingt einem Giftpfeil gleich. Die Auswirkung ähnelt jedoch der, die durch einen Giftpfeil verursacht wird. Am besten ändern Sie diese ungünstige Anordnung, indem Sie das Haus neu ausrichten: Sie verlegen die Haupttür nach hinten, dadurch liegt die Mauer oder das Gebäude – d. h. der Berg – auf der Rückseite.

Ist dies nicht möglich, können Sie auch sehr helle Lichter vor dem Haus anbringen, die Sie nie ausschalten.

OBEN *Helles Licht zerstreut schlechte Auswirkungen hoher, gegenüberliegender Mauern.*

RECHTS *Verlegen Sie die Haupteingangstür, so daß sich das Hindernis hinter dem Haus befindet.*

Gefährliche Strukturen

Es gibt viele Strukturen, z. B. Hochspannungsmasten, vor denen Sie sich hüten sollten. Sie wirken nicht nur bedrohlich, auch die damit verbundenen Hochspannungsleitungen senden gefährlich starkes Chi aus, das jede andere Energie in der Umgebung überwältigen und auslöschen kann.

Wer in der Nähe solcher Hochspannungsmasten lebt, läuft Gefahr, schwer zu erkranken oder sogar an einer Krankheit zu sterben. Auch jedes andere Glück kann sich kaum entfalten. Eine derart mächtige Energie läßt sich schwerlich bekämpfen, daher ist es besser umzuziehen. Wenn Sie nicht wegziehen können, sollten Sie ein kleines Wasserbecken anlegen, um die ungezügelte Energie abzuwehren. Auf jeden Fall sollten Sie das Haus außen blau anstreichen. Die negativen Auswirkungen von Hochspannungsmasten können auch bekämpft werden, indem man die Masten mit großen Bäumen blockiert. Dieses Gegenmittel eignet sich bestenfalls als Übergangslösung, da das Holz-Element von Bäumen weder mit dem Metall des Mastes noch mit dem Feuer der Hochspannungsleitung mithalten kann. Das beste Heilmittel ist Wasser!

Je nach Größe und Form können auch Brücken problematisch sein. Breite Brücken aus Eisen oder Stahl sind oft Orte mit extrem hohem Energieniveau, die zu viel Yang und Kraft in sich bergen, sofern sie sich in der Nähe von Wohnhäusern befinden. Der typische Verkehr um solche Brücken erzeugt viel Bewegung und eine hohe Energiekonzentration. Häuser, die an einem Brückenende liegen, werden durch überschüssige Yang-Energie beeinträchtigt, und die Bewohner werden unruhig und unausgeglichen sein. Des weiteren werden Konfliktsituationen entstehen. Solche Orte eignen sich für die kommerzielle Nutzung wie Einkaufszentren, Bus- bzw. Bahnstationen oder Vergnügungsstätten.

OBEN *Wasser löst Probleme aus dem Süden.*

LINKS *Hochspannungsmasten gelten als sehr schädlich.*

SIEHE AUCH

❖ Yin- und Yang, *S. 28–29*
❖ Hauptstraßen, Überführungen, Bahnschienen, *S. 298*

YIN-GEBÄUDE

OBEN *Kirchtürme können tödliche Energie ausstrahlen, wenn Ihrer Eingangstür in diese Richtung zeigt.*

RECHTS *Kirchen sind hervorragende Energiequellen. Dennoch werden benachbarte Häuser durch sie erdrückt.*

Kultstätten

Kultstätten wie Tempel, Kirchen und Moscheen strahlen weder tödliche Energien aus noch schießen sie Giftpfeile ab. Dennoch wird im Feng Shui davor gewarnt, in der Nähe solcher Orte zu leben, da die Energie, von der sie umgeben sind, zu mächtig ist und jedes Heim erdrücken wird. Zudem tendiert die Energie meist mehr zu Yin als zu Yang, was für Wohnhäuser ungünstig ist.

Es ist auch nicht ratsam, in der Umgebung von Kirchtürmen und -kreuzen zu wohnen, da diese Strukturen tödliche Energie ausstrahlen können. Liegt Ihr Haupteingang einer solchen Struktur gegenüber, so sollten Sie eine Seitentür als Haupteingang benutzen, oder einen Baum zwischen Ihrer Tür und dem Kreuz anpflanzen.

Krankenhäuser und Gefängnisse

Gemäß der Formschule des Feng Shui sollten Sie nicht zu nahe an Orten leben, die von Krankheit, Tod und Unglück geprägt sind. In Krankenhäusern sammelt sich reichlich Yin-Energie an. Das kollektive Chi von Krankenhäusern neigt dazu, übermäßig viel negatives Chi zu erzeugen. Wenn Sie in der Nähe eines Krankenhauses wohnen, sollten Sie Ihr Haus gut beleuchten und mit Yang-Energie anreichern. Stellen Sie Musik an und verwenden Sie für Ihr Heim mehr Rot und helle, leuchtende Farben.

LINKS *Die Verbrechen der Insassen übertragen sich auf die Gefängnisse und beeinträchtigen die Umgebung negativ – kein guter Ort zum Leben.*

Denselben Ratschlag sollten Sie beherzigen, wenn Sie in der Umgebung von Polizeirevieren und Gefängnissen leben. Die von solchen Orten ausgehende negative Energie ist gewaltsamer Natur und womöglich mit Mord und Tod verbunden.

Es ist ratsam, Nachforschungen zu betreiben, bevor Sie sich ein Haus kaufen. So können Sie sichergehen, daß es nicht auf einem Stück Land erbaut wurde, auf dem ehemals Krankenhäuser, Gefängnisse, Polizeireviere oder ähnliche Yin-Stätten errichtet waren. Negatives Chi haftet solchen Orten meist an. Daher müssen Sie Methoden der Raumsäuberung und Reinigung anwenden, um das Gebäude bewohnbar oder sogar bis zu einem gewissen Grad günstig zu machen.

UNTEN *Um negativem Chi entgegenzuwirken, sollten Sie für die Inneneinrichtung Rot und viele helle Farben verwenden.*

KASUARINE VERURSACHT NEUN JAHRE LANG KINDERLOSIGKEIT

Bereits in den ersten Jahren unserer Ehe hatten wir den innigen Wunsch, eine Familie zu gründen – ein Wunsch, der sich neun Jahre lang nicht erfüllen sollte. Damals hatte Feng Shui für mich keine große Bedeutung. Meister Yap Cheng Hai führte mich bei unseren wöchentlichen Kung-Fu-Stunden in diese Praktik ein, dennoch nahm ich ihn lange nicht ernst. Eines Tages kam Meister Yap zu meinem Haus und äußerte unaufgefordert: »Kein Wunder, daß Sie kein Kind bekommen. Sehen Sie sich diesen Baum vor Ihrer Eingangstür an.« Er hatte tatsächlich recht. Die ansehnliche Kasuarine stand weniger als drei Meter vom Eingang entfernt – groß und eindrucksvoll. »Wenn Sie den Baum nicht beschneiden, wird sich Ihr Kinderwunsch nicht erfüllen, und auch Ihre Ehe wird scheitern«, so Meister Yap.

Das Haus, das wir bewohnten, gehörte uns nicht, daher konnten wir den Baum nicht fällen. Inzwischen kriselte es in unserer Ehe, und schließlich trennten wir uns. Ich flog in die Staaten, um meinen Magister in Betriebswirtschaftslehre zu machen – eine Art Flucht für mich. Während meiner Abwesenheit überwachte mein Ehemann den Bau unseres eigenen Hauses (wo wir heute noch wohnen). Meister Yap hatte bei der Gestaltung unseres Feng Shui freie Hand. Er entwarf das Haus so, daß es unser Glück bei den Nachkommen begünstigen würde. Für unser Schlafzimmer wurde die Nien-Yen-Ecke meines Ehemannes gewählt, und wir schliefen in seiner Sheng-Chi-Richtung. (Will man im Feng Shui etwas, das mit dem Familienglück zusammenhängt, energetisieren, so muß man der Richtung des Mannes folgen.)

Nachdem ich aus den Staaten zurückgekehrt war, zogen wir in unser neues Heim um, und sechs Monate später war ich mit unserer Tochter Jennifer schwanger. Auch wenn ich es damals noch nicht wußte: Dieses glückliche Ereignis sollte mir später den Anstoß geben, über die Wunder des Feng Shui zu schreiben.

FRAGEN UND ANTWORTEN

Frage: Wir sind eben umgezogen, und direkt vor dem Haus wachsen einige schöne Bäume. Bedeutet dies schlechtes Feng Shui?

Antwort: Bäume erzeugen wunderbare Yang-Energie, können sich jedoch als schädlich erweisen, wenn sie zu nahe am Haus stehen, da sie die Bewohner erdrücken. Bäume sollten am besten abseits des Hauses angepflanzt werden, wo sie einen schützenden Einfluß ausüben, indem sie negative Energien abwehren.

Frage: Wir leben in einem Einzelhaus nahe einer Kirche. Nach den Feng-Shui-Grundsätzen ist dies ungünstig, wie ich gehört habe. Ist dies zutreffend?

Antwort: Ja. Die Energie, die von den meisten Sakralbauten ausströmt, ist Yin-betont und verursacht ein Ungleichgewicht. Pflanzen Sie einen Baum zwischen Ihrem Haus und der Kirche an, um die Yang-Energie zu fördern.

Frage: Mein Badezimmer befindet sich oberhalb der Vordertür. Kann ich die negative Energie, die davon ausgeht, irgendwie verbessern?

Antwort: Am besten bringen Sie in Ihrer Eingangshalle ein Licht an, und zwar direkt unter dem Badezimmer. Eine Leuchte ist eine hervorragende Quelle der Yang-Energie und zerstreut schlechtes Chi.

Frage: Alle Mitglieder unserer Familie arbeiten tagsüber außer Haus. Wie kann ich dem Überschuß an Yin-Energie, der durch ein ruhiges, leeres Haus entsteht, entgegenwirken?

Antwort: Musik fördert den Chi-Fluß. Daher sollten Sie das Radio nicht ausschalten, wenn Sie zur Arbeit gehen, so daß das Chi zirkulieren kann. Dieselbe Wirkung ruft ein sprudelndes Aquarium voller gesunder Fische hervor. Des weiteren rate ich zu einer Klangschale. Diese schönen Objekte bringen wunderbare, reine Klänge hervor, die das Haus reinigen und Chi-Energie erzeugen.

木火土金水

木火土金水

TEIL ACHT

FENG-SHUI-GLOSSAR

A

ABWASSERKANÄLE Sie können ihre Wirkung bei der Schaffung von Reichtum mit der Wasserdrachenformel entfalten. Das einfache Monsun-Abflußrohr kann durch die Anwendung der Wasserdrachenformel so genutzt werden, daß es außerordentliches Glück bringt *(siehe auch Kapitel zum Wasser-Feng-Shui für Reichtum, S. 100–109)*. Die wichtigste Regel für Abflußrohre besteht darin, sie stets frei von Hindernissen zu halten: Blockierte Rohre bedeuten, daß all Ihre Unternehmungen auf Schwierigkeiten stoßen werden. Abwasserkanäle sollten auch regelmäßig gereinigt werden und vor Ihrem Haupteingang in der vorgeschriebenen Richtung fließen. Die Faustregel für die Fließrichtung hängt von der Ausrichtung des Haupteingangs ab. Sie läßt sich folgendermaßen zusammenfassen:

- Bei Häusern, deren Haupteingänge nach Norden, Süden, Osten oder Westen ausgerichtet sind, also in die Hauptrichtungen weisen (vom Inneren des Hauses aus gesehen), sollte der Abfluß vor der Haupteingangstür von links nach rechts angelegt sein, um seine günstige Wirkung zu entfalten.
- Bei Häusern, deren Haupteingänge in die Sekundärrichtungen, also nach Südosten, Südwesten, Nordosten oder Nordwesten weisen, sollte der Abfluß von rechts nach links angelegt sein, um seine günstige Wirkung zu entfalten.

ACHT KOSTBARE OBJEKTE Diese acht Schätze werden für außerordentlich günstig gehalten. Zusammen oder einzeln sehen Anhänger des Buddhismus sie als ungemein günstig und kostbar an. Um Glück für die Hausbewohner zu beschwören, hängen Anwender des Symbolischen Feng Shui normalerweise die Schätze als bestickte Tücher an den Türen auf, die in Schlafzimmer und andere wichtige Räume führen. Man bildet sie auch als Symbole auf Porzellan- oder ähnlichen Kunstgegenständen ab. Jedes Symbol kann auch mit einem roten Faden versehen und einzeln als Glücksbringer getragen werden. Das Doppelfisch-Symbol soll böse Absichten abwehren und wird oft als Amulett getragen. Plazieren Sie es in der Nähe Ihres Hauseingangs, um Ihnen schlechtgesonnene Personen fernzuhalten. Die Lotusblume bringt jegliche Art von Glück. Als Zimmerpflanze hat sie die Macht, Pech in Glück zu verwandeln. Die Trompetenschnecke (oder jede andere Meermuschel) zieht Reiseglück an. Bewahren Sie sie in Ihrem Wohnzimmer auf. Am Strand gesammelte Meermuscheln sollten gereinigt und vor der Verwendung mindestens einen Monat in Salzwasser eingelegt werden. Das Dharmarad (oder Rad des Gesetzes) steht für die Kraft der himmlischen Energie: Ein Bild oder eine Darstellung dieses Rades soll zu einer positiven, spirituellen Entwicklung führen. Die kostbare Vase (oder Urne) am Hauseingang zieht Chi an und verleitet es zum Bleiben und Ansammeln. Vasen vor dem Haus sollten leer sein, im Inneren dagegen stets gefüllt. Füllen Sie diese Vasen bis zum Rand mit sieben Arten von Halbedelsteinen. Wenn Sie möchten, können Sie sie in Reichtumsvasen verwandeln, indem Sie eine kleine Menge Erde hineingeben, die aus dem Heim eines reichen Mannes stammt. Der Sonnen- oder Regenschirm (oder Baldachin) ist ein hervorragendes Schutzsymbol. Es heißt, daß er Einbrecher abwehrt, wenn man ihn nahe der Vorderseite des Hauses oder in der Eingangshalle plaziert. Der mystische Knoten symbolisiert den unendlichen Kreislauf der Wiederkehr von Glück und Unglück. Buddhisten betrachten ihn auch als den nie endenden Zyklus von Geburt und Wiedergeburt. Im Feng Shui ist er ein beliebtes Symbol von unendlicher Zuneigung und Hingabe. Das Siegesbanner verheißt Erfolg bei allen Vorhaben. Es hat oft die Form einer langen Siegesfahne, ähnlich denen, die von den Armeen im alten China verwendet wurden. Das Siegesbanner sollten Sie als besonders günstiges Symbol einsetzen, wenn Sie in der Politik, der Armee oder in der Regierung tätig sind; es erhöht Ihre Aufstiegschancen.

ACHT TRIGRAMME Dies sind die Hauptsymbole der Feng-Shui-Analyse. Die acht Trigramme sind entlang der acht Seiten des Bagua angeordnet und bestehen aus dreizeiligen Kombinationen von durchgehenden und gebrochenen Linien. Die durchgehenden Linien gelten als Yang-Linien, während die gebrochenen als Yin-Linien bezeichnet werden. Die acht Trigramme heißen Chien, Kun, Kan, Li, Ken, Chen, Tui und Sun und bilden die Grundlage der 64 Hexagramme, die wiederum das I-Ging formen. Sobald man den Kern und die tiefere Bedeutung dieser Trigramme sowie ihrer Anordnung um das Bagua verstanden hat, offenbaren sich die Geheimnise des achtseitigen Bagua-Symbols.

ALMANACH So lautet die Bezeichnung für das chinesische Buch der günstigen Termine. Das Tong-shu (auch Tong Shu) oder der chinesische Almanach ist eines der ältesten Bücher der Welt. Es entstand vor über 4000 Jahren und enthält die größte Anzahl an Divinationssystemen, die je in einem einzigen Band vereint wurden. Das Herzstück des Buches bildet ein Kalender, der auf dem chinesischen Ganzhi- oder Mondsystem aufbaut und die Tage und Jahreszeiten berechnet. Das Tong-shu enthält Termine für eine Vielzahl alltäglicher Unternehmungen wie dem besten Tag für eine Firmengründung, dem Haarewaschen und -schneiden oder für die Durchführung von Ernte- und Pflanzritualen. Der chinesische Almanach ist einer der umfassendsten und ursprünglichsten Sammlungen bestehender chinesischer Traditionen und Praktiken. Das Tong-shu enthält Hinweise zur Feng-Shui-Praxis, die auf Berechnungen nach dem System des Fliegenden Sterns basieren und günstige sowie ungünstige Tage für eine Vielzahl häuslicher und geschäftlicher Aktivitäten liefern.

ALTAR Der Altar sollte der Tür direkt gegenüberstehen. Für die günstige Aufstellung eines Altars existieren bestimmte Grundregeln. Im allgemeinen erachten es die Chinesen für besonders empfehlenswert, wenn sich der Altar genau gegenüber der Eingangstür befindet, so daß man ihn beim Betreten des Heims sofort sieht. Aus Sicht der Feng-Shui-Praxis ist auch eine Errichtung des Altars im nordwestlichen Teil des Hauses oder Wohnraums anzuraten: Dieser Sektor repräsentiert das Trigramm Chien, das wiederum den Himmel und himmlische Gottheiten symbolisiert. Unabhängig davon, wo Sie den Altar plazieren, sollten Sie immer darauf achten, daß Ihr Buddha, Kwan Yin oder jede andere Gottheit einen erhöhten Platz erhält. Die nach den Feng-Shui-Maßen ideale Höhe dafür beträgt 150 cm. Der Altar sollte stets sauber gehalten werden. Ein ständig brennendes Licht symbolisiert ein günstiges Lichtopfer für die Gottheit und zieht darüber hinaus gute Chi-Energie an.

AMULETTE Chinesen tragen zur Schadensabwehr gegen herumirrende Geister häufig Amulette. Sie glauben, daß kleine Kinder in dieser Hinsicht besonders gefährdet sind, weswegen viele Eltern in den Tempeln oder bei taoistischen Priestern spezielle und eigens angefertigte Schutzsymbole erwerben. Ob diese Praxis Teil des Feng-Shui-Konzepts ist, bleibt fraglich. Die Autorin dieses Buches hat als Kind selbst Amulette getragen.

ANTIQUITÄTEN Diesen kann schädliche Restenergie anhaften. Die Gefahr beim Aufstellen von Antiquitäten im eigenen Heim liegt darin, daß Sie das Schicksal der vorherigen Möbelbesitzer oder die Qualität des Chi, die das Möbelstück noch enthält, nicht kennen. Es kann mit äußerst negativer Energie aufgeladen sein, die den neuen Besitzern Unglück bringt. Besonders riskant ist die häusliche Aufbewahrung von antiken Kanonen und Schußwaffen, weil sie – gerade wenn sie aus Clanhäusern stammen – wahrscheinlich bereits »Blut geleckt« haben.

AQUARIUM Dieses Wasserelement begünstigt gutes Feng Shui. Es ist ratsam, den Reichtumssektor des Büros (südöstliche Ecke) mit einem Wasserobjekt zu energetisieren. Ein Aquarium mit lebenden Fischen symbolisiert Wachstum und Aktivität. Sie können auch die südöstliche Ecke Ihres Heims mit einem Aquarium beleben. Plazieren Sie jedoch das Aquarium oder einen Fischteich nicht auf der rechten Seite der Eingangstür (von Innen aus gesehen), denn das verführt Ehemänner, sich nach anderen Frauen umzusehen.

ARBEITSZIMMER Wenn Sie zu Hause arbeiten, sollten Sie besonders auf ein gutes Feng Shui in Ihrem Büro achten, da das Ihren Lebensunterhalt und Ihr berufliches Ansehen beeinflußt. Statten Sie Ihr Büro mit all den relevanten Glückssymbolen aus, aber beachten Sie weiterhin sämtliche Tabus und Empfehlungen für Büro-Feng-Shui.

ARROWANA Mit seinen silbernen Schuppen und dem schmalen, schwertähnlichen Körper wird der Arrowana seit langem von chinesischen Geschäftsleuten in Malaysia, Singapur und Thailand als Glücksbringer betrachtet. Auch unter der Bezeichnung »Drachenfisch« bekannt, wird er am besten einzeln oder in Dreier- oder Fünfergruppen gehalten, niemals jedoch als Paar. Wenn der Arrowana gesund ist, schimmert er rosa oder golden; genau dieser Schimmer gilt als glückbringend. Wenn Sie Arrowanas halten möchten, sollten Sie auf gute Pflege und Fütterung achten. Nur starke, lebhafte Arrowanas haben die Kraft, Ihnen großen Wohlstand zu bescheren. Das Aquarium für diesen Fisch sollte nicht mit Wasserpflanzen oder Algen zugewachsen sein oder zu viel Sand enthalten. Ein großes, leeres Aquarium verstärkt noch die üppige Schönheit des Fisches. Das Aquarium stellt man am besten in der nördlichen Ecke auf, die als Wasserecke bekannt ist. Da Holz und Wasser gut miteinander harmonieren, kann das Aquarium auch im östlichen oder südöstlichen Teil stehen, die beide als Holzecken gelten. Es darf jedoch niemals in Ihrem Schlafzimmer plaziert sein.

ASTROLOGIE Die chinesische Astrologie oder die Wahrsagekunst wird oft mit der Feng-Shui-Methode verwechselt. Die Ursache dafür ist die Überschneidung grundlegender Konzepte wie die von Yin und Yang oder die Theorie der Fünf Elemente, die in beiden Praktiken Verwendung findet. Außerdem nehmen viele der Wahrsager, vor allem in Hongkong, Feng-Shui-Tips in ihre Ratschläge mit auf. Besonders häufig ist diese Praxis bei den Beratern zu beobachten, die zur Weissagung das Vier-Säulen-Verfahren einsetzen. Diese Methode ist auch unter der Bezeichnung Paht Chee oder Acht Schriftzeichen bekannt und basiert auf dem Element, das im jeweiligen astrologischen Diagramm offensichtlich fehlt. Der Wahrsager wird dazu raten, eine Haupttüre oder eine Schlafposition so auszurichten, daß sie das fehlende Element mit Energie versorgt. Diese Methode verwendet somit ausschließlich die Theorie der Fünf Elemente und basiert darüber hinaus auf dem subjektiven Urteil der Person, die die astrologische Interpretation erstellt. Eine weitere Methode der chinesischen Astrologie ist der Purpurstern, der gute und schlechte Zeiten im Leben eines Menschen ausgesprochen genau vorhersagen soll. Diese Praxis kommt der westlichen Astrologie am nächsten, wobei die zur Horoskoperstellung verwendeten »Sterne« jedoch imaginäre Sterne sind. Im Gegensatz zur westlichen Astrologie zeichnet die chinesische Astrologie nicht die Bewegungen der Planeten auf.

ATEM DES DRACHEN Das kosmische Chi. *Siehe auch* Chi.

AUSRICHTUNGEN Sie beziehen sich auf die Richtung der Türen sowie der Sitz- und Schlafpositionen und sind ein wichtiger Bestandteil korrekter Feng-Shui-Praxis. Oft ist es nötig, sich bei der richtigen Angabe der Maße und der Kompaßrichtungen große Mühe zu geben, so daß die Ausrichtung nach der Feng-Shui-Theorie aufs Genaueste durchgeführt wird. Mit Ausrichtung kann auch die korrekte Plazierung des Hauses gemeint sein, um von günstigen Merkmalen in der Umgebung zu profitieren wie beispielsweise von Flüssen, Seen, Hügeln und Feldern.

B

BÄCHE Langsam fließendes frisches Wasser steht für ausgezeichnetes Feng Shui. Wenn Sie auf ein derartiges Merkmal stoßen, versuchen Sie Ihr Haus so auszurichten, daß die Vordertür zum Bach hin weist; achten Sie ebenso auf die korrekte Fließrichtung. Bemühen Sie sich darum, dieses außerordentlich gute Feng Shui nicht zu verschwenden.

BADEZIMMER Badezimmer werden auf ähnliche Weise beurteilt wie Toiletten. Nach Feng-Shui-Kriterien sind sie im Haus nicht unbedingt förderlich. Versuchen Sie, Größe und Einrichtung Ihres Badezimmers auf ein Minimum zu reduzieren, und sorgen Sie dafür, daß die Badezimmertür immer geschlossen ist. Badezimmer sollten niemals übergroß sein.

BAGUA Dies ist das achtseitige Symbol, das bei der Interpretation von gutem und schlechtem Feng Shui zum Einsatz kommt. Es entspricht den vier Hauptrichtungen und den vier Sekundärrichtungen des Kompasses und bezieht seine Bedeutung aus den acht Trigrammen des I-Ging.

BAGUA-SPIEGEL So nennt man den Yin-Bagua, der für die Ablenkung von Giftpfeilen verwendet wird. Der Hintergrund ist normalerweise rot gestaltet, um Unmengen von vitaler Yang-Energie zu erzeugen. Die Trigramme sind um den Bagua in der vor-himmlischen oder ersten Reihenfolge angeordnet. In der Mitte befindet sich der Spiegel, der die auftreffende feindliche Energie immer zurückwirft.

BALKEN Vorspringende Deckenbalken bringen im Haus und im Büro Feng-Shui-Probleme mit sich. Um das negative Chi zu besänftigen, können Sie entweder ein fünfschnüriges Windspiel oder zwei hohle Bambusrohre aufhängen, die mit einem roten Faden zusammengebunden sind. Setzen Sie sich nicht direkt unter einen vorspringenden Deckenbalken, vor allem nicht unter einen Stützbalken.

BALKONE Sie sollten genau ausgerichtet sein, abhängig von der Lage des Eingangs. Balkone, die direkt gegenüber der Eingangstür liegen, sind nicht empfehlenswert. Dadurch entsteht ein ungünstiger Energiefluß.

BAMBUS Dieses Gewächs symbolisiert Langlebigkeit. Der Bambus ist auch ein äußerst nützliches Feng-Shui-Hilfsmittel. Bambusrohr kann mit hohlen Stäben oder Holzflöten wie ein Windspiel verwendet werden, um dem tödlichen Hauch eines Deckenbalkens entgegenzuwirken. Sie sollten paarweise und am oberen Ende einander zugeneigt aufgehängt werden, so daß das günstige Chi aufsteigen kann, um den Todeshauch abzuwehren, der vom Deckenbalken ausgeht. Da Bambusrohr keinen Klang erzeugt, der die notwendige Yang-Energie aufbaut, sollten die Bambusrohre mit einem Stück roter Schnur zusammengebunden werden, um das Chi in freundliche und günstige Energie zu verwandeln. Die Farbe Rot sorgt für die gewünschte Yang-Energie. Bambusrohre sind auch hervorragend zur Verlangsamung der Chi-Energie geeignet. Wenn Sie in Ihrer Wohnung lange Flure haben, leiden die Räume am Ende des Ganges unter Sha Chi, dem Todeshauch, der ungebremst auf sie zurauscht. Dieses schnell fließende Chi kann durch Bambusrohre, die (wie oben beschrieben) mit einem roten Faden zusammengebunden sind, verlangsamt werden. Die Hohlrohre verleiten das giftige Chi dazu, in ihnen aufzusteigen, wobei das Chi in freundliches Sheng Chi verwandelt wird. Am besten blockiert man den Raum am Ende eines langen Flures durch einen Paravent, Raumteiler oder ähnliches: Bambusrohre, Flöten und Windspiele stellen nur eine gewisse Hilfe dar. Wenn diese Feng-Shui-Heilmittel jedoch wesentlich kleiner als der Gang selbst sind, verwendet man am besten feststehende und hängende Trennelemente.

BANKGESCHÄFT Das Bankgeschäft gehört zum Element Wasser, weshalb das wirksamste Feng-Shui-Fördermittel für eine Bank das Wasser ist. Besonders empfehlenswert ist die Anlage von Wasserobjekten im Norden oder Südosten.

BÄUME Sie repräsentieren im allgemeinen hervorragendes Feng Shui. Dabei ist es jedoch wichtig, sie zurückzuschneiden und in Form zu stutzen. Breitblättrige Bäume stellen wirksame Heilmittel bei ernsthaften Feng-Shui-Problemen dar. Sie weisen nicht nur auf Sie gerichtete Giftpfeile ab, sondern bilden auch eine funktionierende, visuelle Mauer, die gleichzeitig auch als Rückenstütze für all die Häuser dienen kann, denen die vitale Unterstützung der Schwarzen Schildkröte fehlt. Bäume mit dichtem, grünem Blattwerk sind ausgezeichnete Feng-Shui-Energetisierer für die östliche und südöstliche Ecke. Stutzen Sie sie in regelmäßigen Abständen, so daß immer frische Triebe zu sehen sind. Das bedeutet ununterbrochenes Wachstum; das erzeugte Chi ist äußerst günstig. Vermeiden Sie Palmen, da ihre langen Stämme Feng-Shui-Probleme verursachen können. In Gruppen stehende Bäume führen nicht zu Schwierigkeiten; einzelne Bäume dagegen sind vergleichbar mit freistehenden Säulen und strahlen schädliche Todesenergie aus.

BERGE Berge in der umgebenden Landschaft sind grundlegend für gutes Feng Shui. Da auf völlig flachem Land ohne aus der Ebene herausragenden Landschaftsformen der Grüne Drachen nicht existieren kann, ist diese Umgebung ungünstig. In Ihrem Haus oder Büro können Sie das Vorhandensein eines Berges »simulieren«, indem Sie ein Bergbild aufhängen. Der Berg sollte stets hinter Ihnen sein und hilfreiche Unterstützung symbolisieren, um sich an ihm festzuhalten und zu verhindern, daß Sie vom Unglück mit fortgeschwemmt werden. In der Feng-Shui-Analyse werden Bergformen nach den Fünf Elementen unterteilt, Himmelsrichtungen klassifiziert man nach den vier himmlischen Tieren. In der heutigen Feng-Shui-Analyse werden große, hohe Gebäude (besonders in Städten) genauso beurteilt wie in früheren Zeiten die Berge.

BERGSTERN Es handelt sich um einen Prophezeiungsstern, der in den Feng-Shui-Formeln des Fliegenden Sterns verwendet wird. Der Bergstern ist einer von zwei Prophezeiungssternen, der in dieser Analyseform zum Einsatz kommt. Bergsterne zeigen Glück für jeden Sektor an, in den sie fliegen, wenn sie die Zahlen 1, 6 oder 8 tragen. Äußerst großes Unglück verheißen sie dagegen, wenn die Zahlen entweder 5 oder 2 sind. Feng Shui des Fliegenden Sterns ist wahrscheinlich eine der kompliziertesten Feng-Shui-Formeln, und seine Interpretation und korrekte Anwendung erfordern viele Jahre intensiven Studiums und lange Erfahrung. Der andere Stern, der in dieser Feng-Shui-Methode verwendet wird, ist der Wasserstern. Die Analyse der Tabellen des Fliegenden Sterns fordert normalerweise, daß Berg- und Wasserstern zusammen gedeutet werden. *Siehe auch* Feng Shui des Fliegenden Sterns.

BERUFSERFOLG Er kann durch Feng Shui energetisiert werden. Berufserfolg zeigt sich in einem Mehr an Möglichkeiten. Es geht dabei nicht um Erfolg im Handumdrehen. Wenn Sie Feng Shui einsetzen, um dem Glück im Arbeitsleben nachzuhelfen, seien Sie auf ein ansteigendes Arbeitsvolumen, auf größere Verantwortung und Aufstiegschancen gefaßt. Aktivieren Sie den nördlichen Teil Ihres Heims, Büros oder Arbeitsplatzes. Da der Norden dem Wasserelement entspricht, läßt sich diese Ecke gut mit einem Aquarium voller lebhafter Fische, beispielsweise Guppys, aufladen. Ihr energisches Umherschwimmen erzeugt die kostbare Yang-Energie, die Sie für einen Senkrechtstart im Job benötigen. Fortgeschrittene Anwender können die Formschule des Feng Shui zur Aktivierung des Glücks auf der Karriereleiter einsetzen. Eine gute Idee ist auch ein selbstgemachter, günstiger Arbeitstisch, dessen Maße mit einem Feng-Shui-Lineal festgelegt wurden.

BESEN Besen, Mops und Reinigungsutensilien sollten nie im Haus herumstehen. Bringen Sie sie unsichtbar unter. So wie sie Pech wegfegen können, können sie ebenso Glück hinauskehren. Besen sind besonders schädlich, wenn man sie im Eßzimmer herumstehen läßt: Das bedeutet, daß Ihre Reisschüssel und Ihr Lebensunterhalt hinweggefegt werden. Besen haben im Feng Shui eine andere Verwendung. Sie sind ein hilfreiches Werkzeug, um Diebe und Einbrecher vom Haus fernzuhalten, wenn man sie verkehrt herum gegen die Wand in Richtung auf die Eingangstür aufstellt, am besten außerhalb des Hauses. Lassen Sie einen Besen nur nachts im Freien, räumen Sie ihn tagsüber weg.

BETTEN Schlafen Sie in einem Bett mit Feng-Shui-Maßen. Ein Feng-Shui-Bett hat günstige Maße, und die Farben sind so abgestimmt, daß sie entweder mit dem Element der Ecke harmonieren, in der das Bett steht, oder mit dem Element Ihres Geburtsjahres. Am sichersten ist es, das Element der Ecke zu verwenden, so daß das Bett nicht nur für eine Person günstig ist, sondern z. B. auch für Ihren (Ehe-)Partner. Betten mit Kopfteil bieten eine Stütze und sind deshalb empfehlenswerter. Da ein Schlafzimmer ein Ruheraum ist, ist zu viel Yang-Energie schädlich, denn sie kann zu schlaflosen Nächten führen. Wollen Sie einen Rotton verwenden, ist ein dunkles Rot oder Rotbraun besser geeignet als ein leuchtendes Tomatenrot. Bettzeug sollte auch einfarbig sein. Vermeiden Sie abstrakte Muster mit Pfeilen und Dreiecken: Sie stehen für das Element Feuer, was für ein Schlafzimmer sehr schädlich ist. Es bedeutet auch, daß Sie im Schlaf von vielen Giftpfeilen getroffen werden.

BILDUNGSGLÜCK Auf einfache Art energetisiert man das Bildungsglück, indem man das Erd-Element in der Nordost-Ecke des Schlafzimmers aktiviert. Stellen Sie einen Globus oder einen Naturkristall auf, um das Element Erde dieser Ecke zu stärken.

BLATTFORMEN Die Analyse der Eignung von Bäumen für bestimmte Sektoren des Gartens sowie der Form ihrer Blätter kann das Glück der Pflanzen, die in Hausnähe angepflanzt sind, feststellen. Dornige und stachlige Blätter sollte man meiden. Runde, saftige Blätter werden als günstiger angesehen als lange, messerartige Blätter.

BLAUE BLUMEN Sie sind gut geeignet für den nördlichen, östlichen und südöstlichen Teil des Gartens. Farben sind mächtige Feng-Shui-Hilfsmittel. Das Spiel mit Farben ist eine kreative Art und Weise, um das Feng Shui Ihres Gartens zu perfektionieren. Blaue Blumen symbolisieren das Element Wasser. Wenn Sie sie im nördlichen, südöstlichen und/oder östlichen Teil des Gartens anpflanzen, werden sie folglich das Glück dieser Ecken aktivieren. Der nördliche Sektor steht für Glück im Beruf, der südöstliche für Reichtum und der östliche für Gesundheit.

BLAUE DÄCHER Dabei handelt es sich um eines der Gefahrenzeichen im Feng Shui. Versuchen Sie, ein blaues Dach zu vermeiden, da es Wasser über Ihrem Haus bedeutet. Tauschen Sie notfalls die Dachziegel aus.

BLUMEN Sie sind hervorragende Feng-Shui-Energetisierer für die Liebe und für das Wohlergehen der Töchter des Hauses. Frische Blumen sind am besten geeignet, aber wenn sie ihre volle Blüte überschritten haben, sollten sie weggeworfen werden, um ein Ansammeln von schädlicher Yin-Energie zu verhindern. Blumen mit Dornen erzeugen ebenfalls kein gutes Feng Shui: Entfernen Sie z. B. die Dornen von Rosen, bevor Sie sie in die Vase stellen. Im Schlafzimmer einer gesunden Person sind Blumen nicht empfehlenswert, sie erzeugen in einem zum Ruheraum bestimmtem Zimmer zu viel Yang-Energie. Für Kranke jedoch sind Blumen im Schlafraum (ebenso in einem Krankenhauszimmer) günstig, da sie die betreffende Person mit der dringend nötigen Yang-Energie versorgen. Im Feng Shui gelten künstliche Blumen als ebensogut wie richtige Pflanzen. Sie erzeugen auf hervorragende Weise frische Yang-Energie und sind besonders im Wohnzimmer wirksam. Getrocknete Blumen jedoch liefern Yin-Energie und sind im Haus nicht empfehlenswert. Vermeiden Sie auch haltbar gemachte oder gepreßte Blumen.

BLUMENBEETE Rechteckige oder quadratische Blumenbeete sind besser als runde. Durch runde Blumenbeete kombinieren Sie das Holz- mit dem Metall-Element, was recht ungünstig ist. Besser ist eine Kombination von Holz und Holz, weshalb Sie Ihre Blumen und Pflanzen in rechteckigen Beeten anpflanzen sollten. Neben anderen Objekten wird diese Anordnung das Feng Shui Ihres Gartens bestimmen.

BLUMENZWIEBELN Sie werden meist als Glückspflanzen angesehen und symbolisieren verborgenes Gold. In der Blütezeit stehen diese glückverheißenden Blumen tatsächlich für das Aufblühen verborgener Talente und Fähigkeiten. Die Chinesen pflanzen gerne Blumenzwiebeln um die Zeit des Mondneujahrs. Besonders beliebt sind hierbei die Narzissen, da man sie mit dem Frühlingsbeginn gleichsetzt.

BONSAI Obwohl hübsch anzusehen, sind Bonsaibäume doch künstlich in ihrem Wachstum gehemmt und erzeugen kein gutes Feng Shui. Sie sind besonders schädlich für Geschäfte und Handelsunternehmen, da sie den energetischen Wachstumsbedürfnissen direkt entgegenstehen. Falls Sie eine Leidenschaft für Bonsaibäume hegen und nicht auf sie verzichten können, dann stellen Sie sie nicht in die Holzecken (Ost und Südost) Ihres Hauses oder Gartens. Im Nordteil richten sie am wenigsten Schaden an.

BOGENFÖRMIGE DURCHGÄNGE In gemäßigter Form können sie günstig sein. Die geschwungene Form des Bogens ist vorteilhaft, weil es keine Winkel gibt, die schädliche Giftpfeile auf den umliegenden Wohnraum abschießen können. Ein Bogen ist dem harmonischen Feng Shui eher dienlich als rechteckige Durchgänge im Haus. Bögen erinnern auch an die Kreisform, die das Element Gold symbolisiert. Besonders glückbringend ist ein Standort im nordwestlichen und westlichen Teil des Hauses. Im östlichen und südöstlichen Teil sollten Bögen besser vermieden werden.

BRÜCKEN Brücken in der Nähe Ihres Hauses sind ein günstiges Zeichen, wenn sie drei, fünf oder neun Bögen haben. Es kann sich um gerade, geschwungene oder gewölbte Brücken handeln, um eine Hängebrücke, eine schwimmende Brücke oder eine Holzkonstruktion. Sie können in Form von Pavillons oder Korridoren errichtet sein und aus Stein oder Holz, ja sogar Rohr bestehen. In China werden Brücken, die das Feng Shui des Gartens verbessern sollen, gewöhnlich aus Stein gebaut, der entstehende Bogen hat meist die Form eines Halbkreises.

BRUNNEN Die Integration eines Brunnens in das Wassersystem Ihres Hauses ist eine nützliche Idee. Einer der wichtigsten Aspekte von gutem Wasserfluß ist die Kontrolle der Austrittsrichtungen der Wasserströme in Ihrem Haus. Sie können das auf einfache und wirksame Weise tun, indem Sie einen »Brunnen« bauen, der alle Abwässer des Hauses sammelt und sie dann in die Richtung abfließen läßt, die für Sie nach der Formel des Klassikers des Wasserdrachens am günstigsten ist.

BUCH DER WANDLUNGEN ODER I-GING Dieses Buch ist die Hauptquelle des Feng Shui, wahrscheinlich sogar das wichtigste Grundlagenbuch aller kulturellen Praktiken in China. Die gesammelte Weisheit aus Tausenden von Jahren ist im *I-Ging* vereint. Beide Zweige der chinesischen Philosophie, der Konfuzianismus und der Taoismus, haben ihre Wurzeln in diesem alten Klassiker, der auch unter dem Namen Buch der Wandlungen bekannt ist. Nur das *I-Ging* entging unter all den konfuzianischen Klassikern der großen Bücherverbrennung unter Kaiser Chin Shih Huang Ti im Jahre 213 v. Chr. Die Ursprünge des *I-Ging* als Orakelbuch und Buch der Weisheit reichen zurück in mythische Zeiten. Alle wichtigen und bedeutsamen Elemente der chinesischen Kulturgeschichte leiten sich vom *I-Ging* ab – Aspekte der vielen miteinander verbundenen Prinzipien und Symbole der chinesischen Wahrsagekunst, die Vorstellung der Trinität aus Himmel, Erde und Mensch, die Konzepte von Yin und Yang, Gleichgewicht und Harmonie, positiven und negativen Kräften, Glück und Unglück, all diese Vorstellungen beruhen auf der Interpretation der Texte und Ansichten der 64 Hexagramme des *I-Ging*.

BÜCHERREGALE Sie repräsentieren Messer, die Sie verletzen, und bedeuten somit ein schlechtes Feng Shui. Wenn Sie in Ihrem Büro oder Ihrem Arbeitszimmer offene Regale haben, sollten Sie sie durch die Anbringung von Türen in Schränke verwandeln. Sonst wirken die Bretter als tödliche Giftpfeile, die Verlust und Krankheit verursachen.

BUDDHASTATUEN Heilige Gegenstände müssen ein gutes Feng Shui haben. Buddhabilder und -statuen sollte man als heilige Gegenstände betrachten. Stellen Sie sie nicht unter ein Badezimmer, gegenüber oder daneben. Der beste Platz für Ihre antike Buddhastatue ist der nordwestliche Teil des Eingangsbereichs oder Wohnzimmers. *Siehe auch* Altar.

BÜRO-FENG-SHUI Für das Feng Shui am Arbeitsplatz gelten die gleichen Prinzipien wie für Feng Shui zu Hause. Allerdings wird man im Büro das größte Augenmerk auf die Energetisierung von Reichtums- und Harmonieglück legen, um zu erreichen, daß die Angestellten sich bei der Arbeit möglichst wohl fühlen. Die für alle Beschäftigten günstigen Richtungen werden mit dem Geburtsdatum des Generaldirektors oder der ältesten Person im Büro übereinstimmen. Um sicherzustellen, daß das Geschäft immer gut läuft, sollte die Wohlstandsecke im Südwesten des Büros stets durch eine gesunde, frische Pflanze energetisiert sein.

C

CHI Chi entspricht dem kosmischen Atem des Drachen und ist der Schlüssel zu gutem Feng Shui und Glück. Das Konzept des Chi ist grundlegend für das Verständnis und die Ausübung des Feng Shui. Das Wort Chi wird verwendet, um eine intrinsische Kraft zu beschreiben, die für das Auge unsichtbar, aber trotzdem spürbar und sehr machtvoll ist. Chi spielt in vielen traditionellen, chinesischen Praktiken, wie z. B. Akupunktur, Kampfsport, Malerei und Heilkunst, eine große Rolle. Die beste Übersetzung des Wortes ist Energie, wobei es sich um eine ganz besondere, innewohnende Energie handelt. Die Feng-Shui-Praxis beinhaltet die Anwesenheit und Anhäufung des günstigen Sheng Chi, auch wachsendes Chi genannt. Es gibt auch das negative Sha Chi, was mit Todeshauch übersetzt wird. Bei der Anwendung des Feng Shui geht es auch darum, sich vor Sha Chi zu schützen.

CHIEN-TRIGRAMM Dies ist das stärkste Yang-Trigramm, das den Patriarchen bezeichnet und im I-Ging an erster Stelle steht. Aus drei durchgehenden

Linien bestehend, liegt das Chien im nordwestlichen Quadranten des Yang-Bagua. Da dieses Trigramm den Patriarchen symbolisiert, gilt der Nordwesten als die Ecke des Hauses, die über das Glück des väterlichen Mannes herrscht.

CHI-KREISLÄUFE Es gibt den Hervorbringungs- und den Zerstörungszyklus sowie den Kontrollzyklus, die sich auf die Fünf Elemente beziehen. Die Feng-Shui-Praxis verlangt die Beachtung der interaktiven Zyklen der Fünf Elemente, um die Chi-Kreisläufe zu begreifen. Es gibt drei wichtige Kreisläufe, die in die Feng-Shui-Analyse einbezogen werden müssen. Der Hervorbringungs- oder produzierende Zyklus erklärt, wie ein Element das andere (oder eine Art von Chi) bei der Entfaltung seiner Qualität und Fähigkeiten unterstützt. Einige Meister beschreiben Wasser als »holzfördernd«. Wenn ein Baum gegossen wird, wächst er. Wenn man bei einem Feuer Holz nachlegt, brennt es. Im Zerstörungszyklus hilft das Holz dem Feuer beim Brennen und schwächt und verzehrt sich dabei selbst. Folglich enthält der produktive Zyklus bereits die schwächende Energie für ein Element. Der kontrollierende oder Zerstörungszyklus (einige Meister bevorzugen den ersten Ausdruck) verdeutlicht, wie ein Element ein anderes kontrollieren und unterdrücken kann. Es zerstört das andere Element nicht direkt, da Chi-Energie nicht wirklich vernichtet werden kann. Unter bestimmten Umständen kann ein Element ein anderes dominieren. Auf diese Weise schneidet ein Metallmesser ein Stück Holz, um es zu transformieren. Es kontrolliert die Form dieses Holzstücks.

COMPUTER Computer bewirken kein schlechtes Feng Shui. In einer westlichen oder nordwestlichen Ecke aufgestellt, können sie als Energiequellen dienen. Verwenden Sie glückbringende Bildschirmschoner mit Bildern, die der Ecke entsprechen, in der der Computer steht.

D

DÄCHER Auf ihnen sollten nie Wasserobjekte untergebracht sein. Wenn Sie einen Dachgarten haben und die nördliche Ecke durch ein kleines Fischglas energetisieren möchten, sollten Sie darauf achten, daß es nicht zu groß ist. Auf dem Dach dürfen Sie keinen Swimmingpool anlegen. Das Dach sollte auch nicht blau sein, da in symbolischer Hinsicht Wasser über einem Berg auf Gefahr hindeutet.

DECKEN Sie sollten weder zu niedrig sein noch feindselige Muster aufweisen. Eine Decke, die niedriger als 2,5 m ist, deutet darauf hin, daß Sie von Problemen niedergedrückt werden. Zwischen der Decke und der größten Person des Haushalts sollten mindestens 1,2 m liegen. Vermeiden Sie Winkel und eine bedrohliche, gemusterte Gestaltung. Auf Deckenbalken, besonders als Einzelbalken, sollte man verzichten, außer wenn sie integraler Bestandteil der ganzen Decke sind. Streichen Sie die Decke weiß oder in einer hellen Farbe, nie schwarz oder blau.

DESIGNMUSTER, FORMEN UND FARBEN Sie alle spielen im Feng Shui eine Rolle. Im Feng Shui gibt man vor der Art deco eher dem an rundere, geschwungenere Formen erinnernden Jugendstil den Vorzug. Bei der Gestaltung von Motiven und Dekorationselementen für den Innenraum ist es jedoch ratsam, verschiedene Motive für jedes der Fünf Elemente zu entwickeln und sie dann entsprechend der Richtungen zu verwenden, die jedes Element symbolisiert. Setzen Sie beispielsweise das Wassermotiv in Nordräumen des Hauses ein (Wasserecke), da diese Zimmer von der Förderung des Elements profitieren werden. Bestimmen Sie mit dieser Tabelle die passendsten Elementmotive:

Lage des Raums	Elementmotive und -symbole
Norden, Osten und Südosten	Wassermotive und -symbole
Süden, Südwesten und Nordosten	Feuermotive und -symbole
Westen und Nordwesten	Metallmotive
Südwesten und Nordosten	Erdmotive
Osten und Südosten	Holzmotive

DIMENSION DER ZEIT Die Zeit spielt eine wichtige Rolle in der Feng-Shui-Philosophie, die Zeitzyklen bestimmen den Wohlstand und das Wohlergehen eines Gebäudes. Durch das Zusammenspiel von Menschen und Umgebung wird der Wohlstand eines Gebäudes, egal ob Wohn- oder Geschäftshaus, letztlich die Bewohner oder Nutzer des Gebäudes sowie die darin stattfindenden Handlungen beeinflussen. Laut den Feng-Shui-Prinzipien wird die Zeit in Zyklen von 180 Jahren unterteilt. Diese Zyklen umfassen jeweils drei Zeitperioden von 60 Jahren, die untere, mittlere und obere Zeitperiode. Jede dieser Zeitperioden ist wiederum in Zeiträume von 20 Jahren Dauer unterteilt, so daß jeder 180-Jahr-Zyklus insgesamt neun dieser Zeiträume umfaßt.

DOPPELTES GLÜCK Es aktiviert das Glück in der Ehe. Die Anbringung des Doppelten-Glück-Symbols – das zweimal geschriebene, chinesische Wort für Glück – ist ein ausgesprochen gutes und beliebtes Feng Shui. Es aktiviert auch die Heiratschancen von Personen im heiratsfähigen Alter. Wenn Sie auf der Suche nach einer Romanze oder einem Partner sind, bringen Sie doch einmal das Doppelte-Glück-Symbol in der südwestlichen Ecke Ihres Hauses an oder stellen Sie einen großen Felsblock in der südwestlichen Ecke Ihres Gartens auf. Das vereint das Symbolische Feng Shui und das der Elemente.

DORNEN Blumen und Pflanzen mit Dornen (so wie Rosen und Kakteen) erzeugen kein gutes Feng Shui und verursachen eigentlich Giftpfeil-Energiestöße, die Sie angreifen. Stellen Sie derartige Pflanzen nicht zu nahe an Ihrem Arbeitsplatz auf. Mit der Zeit werden sie für eine Zunahme der Probleme und Schwierigkeiten sorgen.

DRACHE Er ist das wichtigste Symbol im Feng Shui und im chinesischen Volksglauben. Der himmlische Drache ist das höchste Glückssymbol in allen chinesischen Wahrsagekünsten und steht im Zentrum der Feng-Shui-Praxis. Der Osten ist die traditionell mit dem Drachen verbundene Richtung. Aus diesem Grund wird Ihnen ein Drachenbild auf der östlichen Seite Ihres Büros oder Hauses sehr viel Glück bringen. Gärten können ebenfalls mit dem Drachensymbol aktiviert werden, indem man östlich des Hauses durch ein sich schlängelndes Blumenbeet einen Drachen nachbildet. Es gibt jedoch beim Einsatz des Drachensymbols einige Tabus zu beachten: Stellen Sie nie einen Drachen im Schlafzimmer auf – das Symbol hat eine zu starke Yang-Energie für einen Ruheraum. Drachen aus Holz, Keramik oder Kristall sind in Ordnung, aber vermeiden Sie Drachen aus Gold, Cloisonné oder aus einem anderen Metall, da das Metallelement das Holzelement zerstört (das Element des Ostens). Die Arbeit an einem Schreibtisch mit Drachenabbildungen kann sehr glückbringend sein, aber nicht alle Menschen verfügen über die nötige Yang-Energie, um an solch einem Tisch zu sitzen. *Siehe auch* Chi.

DREIECK Es steht für das Element Feuer und ist ein aggressives Symbol, das ein Haus schädigen kann, wenn eine der drei Spitzen auf den Eingang des Hauses gerichtet ist. Das Dreieck wird oft als Schutzsymbol angesehen und gilt an einem südlichen Standort als besonders wirksam, da es das Sinnbild des Feuers ist.

DREI WASSER DER GEFÜHLE Dies ist die Ausrichtung des Wassers, die für Ihr Haus günstig ist. Der Klassiker des Wasserdrachen beschreibt drei empfehlenswerte Wasserrichtungen, die Reichtum und Erfolg herbeizaubern. Es gibt auch die sieben Wasser der Empfindungen, die Pech und Unglück über Sie bringen. Allgemein gesagt, gilt Wasser als günstig, wenn es in einer breiten Form auf Sie trifft und Sie in einer schmalen Form wieder verläßt. Oder wenn zwei oder drei Nebenflüsse sich in den Hauptstrom ergießen, der dann an Ihrem Haus vorbeifließt. Wenn das Wasser Ihr Haus wie ein Jadegürtel zu umarmen scheint, ist das als dritte günstige Fließrichtung anzusehen. Wasser sollte nie in Sichtweite der Vordertür von Ihrem Haus wegfließen. Das bedeutet immer, daß der Reichtum davonfließt. *Siehe auch* Jadegürtel.

E

ECKEN Vorspringende oder fehlende Ecken können Probleme verursachen. Vorspringende Ecken innerhalb des Hauses weisen vertikale, scharfe Kanten auf, die negative Energie ausstrahlen und somit verheerende Schäden anrichten können. Neutralisieren Sie diesen Effekt durch eine große, buschige Pflanze vor der Kante. Der zweite Typus von vorspringenden Kanten kommt in Räumen zustande, die aus einem Haus mit regelmäßigem Grundriß herausragen. Solche Hausanbauten können dem Gebäude Glück oder Unglück bringen, je nachdem wo der Haupteingang liegt. Dies bezieht sich auf das Feng Shui des ganzen Hauses und beeinflußt somit all seine Bewohner.

Lage des Haupteing.	Günstige Lage für Anbau	Ungünstige Lage für einen Anbau
Norden	Westen und Nordosten	Südwesten und Nordwesten
Süden	Osten und Südost	Norden
Osten	Norden	Westen und Nordwesten
Westen	Südwesten und Nordosten	Süden
Südosten	Norden	Westen und Nordwesten
Nordosten	Süden	Osten und Südosten
Südwesten	Süden	Osten und Südosten
Nordwesten	Südwesten und Nordosten	Süden

Fehlende Ecken können für ein Haus auch je nach Lage des Haupteingangs günstig oder ungünstig sein. Wenn die fehlende Ecke schädlich ist, können Sie das Problem vielleicht lösen, indem sie auf einer Seite der fehlenden Ecke eine Spiegelwand anbringen, aber nur wenn dabei nicht schädliche Gegenstände reflektiert werden (*siehe auch* Spiegel). Falls doch, installieren Sie ein helles Licht in der Ecke oder errichten Sie, wenn möglich, einen Anbau. Wenn die fehlende Ecke das Glück des Hauses nicht beeinträchtigt, brauchen Sie keine Maßnahmen zu ergreifen.

Lages des Haupteingangs	Schädliche fehlende Ecke, Gegenmittel nötig	Günstige fehlende Ecke, kein Gegenmittel nötig
Norden	Südwesten und Nordwesten	Westen und Nordwesten
Süden	Norden	Osten und Nordosten
Osten	Westen und Nordwesten	Norden
Westen	Süden	Südwesten und Nordosten
Südosten	Westen und Nordwesten	Norden
Nordosten	Osten und Südosten	Süden
Südwesten	Osten und Südosten	Süden
Nordwesten	Süden	Südwesten und Nordosten

Um den Auswirkungen fehlender Ecken auf das Glück einzelner Individuen auf die Spur zu kommen, wenden Sie die Formeln an, die die günstigen und ungünstigen Richtungen eines Individuums erforschen: entweder die Acht-Häuser- oder Bagua-Lo-Shu-Formel, die Ihre Kua-Zahl verwendet, um die Wirkung der Richtungen auf Ihr Glück zu bestimmen, oder das Vier-Säulen-Verfahren.

EINGÄNGE Sie sind im Feng Shui äußerst wichtig, wobei immer die Haupteingangstür, nicht das Tor, gemeint ist. Das günstige Chi strömt durch Eingänge hinein. Wenn Eingänge mit Feng-Shui-Problemen zu kämpfen haben, wird das einströmende Chi als ebenso belastet angesehen. Es gibt auch Feng-Shui-Formeln, die auf Geschlecht und Geburtsdatum basieren und einen Hinweis auf die Ausrichtung geben, die am glückverheißendsten ist. Wenn Sie in einer Wohnung leben, ist der Hauseingang ebensowichtig wie der Eingang zu Ihrer Wohnung. Zumindest einer von beiden sollte in die für Sie günstige Richtung weisen. Wenn Sie in einem Haus mit Garten leben und mehr als eine Eingangstür haben, so gilt die meistbenutzte Tür als Haupteingangstür.

EINHORN Das chinesische Einhorn, auch unter dem Namen Drachenpferd bekannt, gilt als ein Geschöpf mit gutem Omen. Es symbolisiert Langlebigkeit, Freude, Würde, berühmte Nachkommen und Weisheit. Man sagt, das Einhorn sei erfüllt von Sanftheit, Wohlwollen und Güte gegenüber allen Lebewesen. Es ist ein Tier der Trostes und erscheint nur, wenn ein äußerst gütiger Herrscher auf dem Thron sitzt oder wenn ein großer Weiser geboren wird.

ELEFANT Neben seiner Symbolkraft für Fruchtbarkeit und das Glück der Söhne ist der Elefant auch der Repräsentant von Stärke, Wagemut und Klugheit. Er ist eines der vier Tiere, die Kraft und Energie verkörpern, zu denen außer ihm noch der Tiger, der Leopard und der Löwe zählen. Der Elefant ist zudem einer der Sieben Kostbaren Schätze des Buddhismus; in Thailand wird er als äußerst wertvolles Geschöpf angesehen. Die Chinesen glauben, daß der Elefant für günstiges Chi der Nachkommen sorgt. Im Haus aufgestellt, kann er kinderlosen Paaren zu Nachwuchs verhelfen. Wer sich Söhne wünscht, die den Familiennamen weitertragen, sollte einen Stein auf den Rücken eines kostbaren Elefanten legen und ihn gut sichtbar im Schlafzimmer aufstellen, so daß die Geburt eines männlichen Kindes gesichert ist.

ELEMENTE (Wuxing) Die Theorie der Fünf Elemente umfaßt die Elemente Wasser, Holz, Feuer, Metall und Erde. Ihre Wechselwirkungen begründen die Wuxing-Theorie, die für das Verständnis der Feng-Shui-Praxis und der chinesischen Prophezeiungen eine zentrale Rolle spielt. *Siehe auch* Wuxing.

EMPFÄNGNIS Benutzen Sie die Nien-Yen-Richtung Ihres Ehemannes und hängen Sie ein Bild mit einem Kindermotiv in der Nähe des Ehebettes auf. Oder Sie stellen eine kleine Drachenfigur neben Ihr Bett, um die benötigte Yang-Energie zu simulieren.

ENERGIE Sie ist vergleichbar mit dem Atem des Drachen oder mit Chi. »Energie« ist wahrscheinlich die genaueste Übersetzung für das Wort Chi. Eine andere ist »Atem«, so wie bei dem Begriff »kosmischer Atem des Drachen«. Energie verkörpert die Essenz all der Dinge, die Chi im Positiven wie im Negativen bewirken kann.

ENTSTEHUNGSZYKLUS *Siehe* Hervorbringungszyklus.

ERDE Sie ist das Element, das am stärksten die Wirkung des Feng Shui symbolisiert. Feng Shui ist das Glück der Erde, das Element Erde stellt einen wichtigen Teil in der korrekten Anwendung des Feng Shui dar. Gleichzeitig ist Kun – dessen Element die Erde ist – das höchste Yin-Trigramm des Yin, das das Wesen der matriarchalen Energie verkörpert, die in einem Heim so bedeutsam ist. Der Mittelpunkt des Hauses wird auch als dem Element Erde zugehörig angesehen. Aus diesem Grund ist es wichtig, daß

Erd-Chi in ausreichender Menge vorhanden ist, um das Glück eines Hauses zu garantieren. Das wahrscheinlich wichtigste Erd-Symbol ist der Globus. In einer nordöstlichen Ecke hilft er bei der Vermehrung des Glücks für die Kinder. Im Südwesten und im Zentrum des Hauses vergrößert und verstärkt er das Glück der Familie. Im Westen und Nordwesten sorgt er oft für Wohlstand.

ERDENMUTTER Das Trigramm Kun (aus drei durchbrochenen Linien bestehend), das den Südwesten beherrscht, symbolisiert die »Erdenmutter« (also die große Erde). Es ist das höchste Yin-Trigramm und steht für die weibliche Seite in uns allen. Dieses Trigramm kann verwendet werden, um Beziehungsglück durch Verdoppelung zu verbessern, wodurch das Hexagramm Kun (sechs durchbrochene Linien) entsteht. Dieses sollte man im Südwesten des Hauses oder Zimmers aufhängen. Eine andere Art, um mit der Erdenmutter den Südwesten (die Ecke der Romantik) zu energetisieren, besteht darin, einen großen Globus aufzustellen oder eine Weltkarte als Bild der Mutter Erde aufzuhängen.

ESSTISCH Für Eßtische existieren vier günstige Formen – rund, quadratisch, rechteckig und die achtseitige Bagua-Form. Chinesische Familien bevorzugen die runde Form, weil sie den geregelten Ablauf aller Dinge symbolisiert. Die runde Form steht auch für Gold, also für Geld. Auf diese Weise sollen runde Tische den Erwerb von Reichtum und Wohlstand symbolisieren.

ESSZIMMER Es gehört im Feng Shui zu den wichtigsten Räumen. Hier kann das Essen auf dem Tisch der Familie durch direkt daneben angebrachte Spiegel symbolisch verdoppelt werden. Für die Familie ist es von Vorteil, wenn das Eßzimmer in der Mitte des Hauses liegt, da es somit die Anwesenheit der Familie im Herz des Heims symbolisiert. Das Eßzimmer sollte immer höher oder auf dem gleichen Niveau wie das Wohnzimmer liegen. Wenn Sie in einem mehrstöckigen Gebäude wohnen, sollten sie darauf achten, daß Ihre Familie im oberen Stockwerk ißt. Haben Sie mehr als ein Eßzimmer, so sollte das am häufigsten benutzte höher liegen. Das Eßzimmer sollte nicht direkt neben dem Schlafzimmer liegen: Dadurch entsteht in beiden Räumen zu viel irritierende Chi-Energie. Ebenso ungünstig ist eine Toilette in unmittelbarer Nähe des Eßzimmers: In diesem Fall sollte die Tür stets geschlossen sein. Vermeiden Sie ein Eßzimmer am Ende eines langen Flurs: Für die Familie sind Mahlzeiten in einem derart unheilvollem Raum äußerst ungünstig. Um den »Bauch« des Hauses noch stärker zu energetisieren, hängen Sie Bilder mit üppigen Blumen und reifen, saftigen Früchten auf.

F

FAMILIEN-FENG-SHUI Um die harmonischen Familienbeziehungen zu verbessern, sollten Sie den Mittelpunkt des Hauses stärken. Das können Sie erreichen, indem Sie das Fernseh- oder Eßzimmer in der Mitte des Hauses einrichten und dann ein helles Licht anbringen, um die Erdenmutter zu fördern und zu bestärken.

FAMILIENPORTRÄTS Eine wirksame Methode zur Stärkung der Familienbande ist das Aufhängen eines Familienbildes im Wohnzimmer oder Gemeinschaftsraum. Darauf sollten alle Familienmitglieder versammelt sein und als Symbol des Glücklichseins auch ein Lächeln zeigen. Ordnen Sie die Familie so an, daß die Form für den Vater (oder Patriarchen) der Familie am passendsten ist. Eine dreieckige Anordnung ist besonders wirksam, wenn der Vater in einem Feuer- oder Erd-Jahr geboren wurde. Achten Sie darauf, daß er die Spitze des Dreiecks darstellt. Diese Aufstellung erzeugt das Element Feuer und steht für die kostbare Yang-Energie. Eine wellenförmige Anordnung ist wirksam, wenn der Vater in einem Wasser- oder Holz-Jahr geboren wurde. So wird das Element Wasser erzeugt. Es ist eine Yin-Form, die sehr vorteilhaft ist, wenn überschüssige Yang-Energie im Haus versammelt ist, es also viele Söhne und keine Töchter gibt. Der Vater sollte in der Mitte stehen und zur Darstellung der Wellenform, die das Wasser symbolisiert, sollten die Köpfe der anderen Personen auf dem Foto auf unterschiedlicher Höhe sein. Die rechteckige Anordnung entspricht dem Element Holz und ist die üblichste. Alle Köpfe auf dem Foto befinden sich auf gleicher Höhe. Diese Anordnung entspricht einer ausgewogenen und regelmäßigen Form und ist passend, wenn der Vater in einem Holz- oder Feuer-Jahr geboren wurde. Eine quadratische Anordnung ähnelt der rechteckigen und paßt gut bei kleinen Familien. Diese Form entspricht dem Element Erde und ist für jedermann geeignet, da das Element Erde mit der Familie gleichzusetzen ist. Besonders günstig ist diese Form, wenn der Vater in einem Metall-Jahr geboren wurde, da die Erde im Kreislauf der Elemente das Metall hervorbringt.

FAMILIENRAUM Ein Familienraum in der Mitte des Hauses sorgt für Harmonie. Das Haus wird sich im Gleichgewicht befinden. Das Herz des Hauses ist das Zimmer, in dem die Familie die meiste Zeit miteinander verbringt.

FARBE Sie verstärkt die Elemente. Gute Farbkombinationen bringen Glück. Die Farbtherapie im Feng Shui steht in direkter Verbindung mit dem Konzept der Fünf Elemente, von denen ein jedes eine bestimmte oder mehrere Farben vertritt, die im folgenden aufgeführt werden:

Holz – Braun- und Grüntöne
Feuer – Rot- und Gelbtöne, Orange
Metall – Weiß, Gold, Silber, Bronze und Chrom
Erde – Ocker und Hellgelb
Wasser – Blautöne, Violett und Schwarz

Für sich allein ist eine Farbe weder gut noch schlecht. Es sind die Farbkombinationen, die Glück und Unglück bewirken. Diese Vorstellung basiert wiederum auf dem Hervorbringungs- und Zerstörungszyklus der Elemente.
Einige Spezialkombinationen, die für außerordentliches Glück stehen: Zinnoberrot und Gold; dunkles Purpur und Chrom oder Silber; Schwarz und Weiß. Gute Farbkombinationen sind auch: zwei Blautöne mit einem Grünton, zwei Brauntöne mit einem Rotton, zwei Rottöne mit einem Gelbton, zwei Gelbtöne mit einem Weißton, zwei Weißtöne mit einem Blauton. Ungünstige Farbkombinationen sind: zwei Blautöne mit einem Rotton, zwei Rottöne mit einem Weißton, zwei Weißtöne mit einem Grünton, zwei Grüntöne mit einem Gelbton, zwei Gelbtöne mit einem Blauton.

FEINDLICHE STRUKTUREN Dazu gehören Gebäude, Landschaftselemente, Hügel, Felsvorsprünge, Hochstraßen, Überführungen und große Betonstrukturen, die einschüchternden Atem auf Ihr Heim abgeben könnten. *Siehe auch* Giftpfeile sowie das Kapitel zu Giftpfeilen in der Umgebung *(S. 316–327)*.

FELS Ein Fels oder Stein im Badezimmer kann dessen schlechte Auswirkungen ausgleichen. Mit rotem Faden umwundene Steine sind ein wirksames Gegenmittel für Toiletten, die im Nordteil des Hauses liegen. Toiletten an dieser Stelle können große Probleme für die Karriere von Berufstätigen verursachen. Felsbrocken können auch verwendet werden, um das Glück in der nordöstlichen und südwestlichen Ecke des Gartens zu energetisieren. Ein kleiner Steingarten stimuliert an diesem Platz die Erd-Energie, was gute familiäre Beziehungen herbeiführt sowie Freundschaften günstig beeinflußt.

FENG SHUI Es läßt sich mit Wind und Wasser übersetzen und gehört zu den ältesten bekannten Praktiken. Die Bedeutung von Feng Shui für unser persönliches Wohlbefinden wird heute immer mehr anerkannt. Das wiederum zeugt von einem wachsenden Verständnis und größerer Wertschätzung der Praxis. Feng Shui ist die Wissenschaft, die sich mit der Ordnung des Lebensraumes mit Hilfe korrekter Ausrichtungen und der Erzeugung harmonischer Beziehungen zwischen allen die Umwelt formenden Objekten beschäftigt. Feng Shui erzeugt harmonisches Chi, die grundlegende Lebenskraft, und entfaltet seine wohltuende Wirkung, wenn das Haus und seine landschaftliche Umgebung günstig angeordnet sind. Das ermöglicht Wohlbefinden, Reichtum, Gesundheit und Langlebigkeit. Der Schlüssel zu Feng Shui ist das Gleichgewicht, die Koordinierung von Zeit, Anordnung, Raum und Energie in höchster Wirksamkeit, basierend auf dem Wechselspiel zwischen Menschen und ihrem Universum. Obwohl die physikalische Welt jedoch vielfältige Erfahrungen bietet und die Anordnung der Objekte in ihr den Energiefluß ändern kann, ist die Selbstprüfung doch der wichtigste Aspekt. Wir dürfen nie vergessen, wie wichtig es ist, auch das Glück der ganzen Menschheit zu vergrößern.

FENG SHUI DES FLIEGENDEN STERNS Das Feng Shui des fliegenden Sterns ist eine mächtige Kompaß-Formel. Es behandelt die Zeitdimensionen im Feng Shui, wo die Bedeutung wechselnder Kräfte in verschiedenen Zeitperioden berücksichtigt wird. Diese Schule des Feng Shui bedient sich des unbestimmbaren Einflusses von Zahlen, zusammen mit dem Muster der Lo-Shu-Zahlen, die sich in einem Zeitzyklus im Mondkalender bewegen. Diese Formel kann Ihnen die Sektoren Ihres Hauses nennen, die zu einer bestimmten Zeitperiode günstig sind und Sie vor anderen Sektoren warnen, die ungünstig sind. Sie sollten die meiste Zeit in Räumen verbringen, die in der angegebenen Zeit »glücklich« sind, und sich so weit wie möglich von den unheilvollen Sektoren fernhalten. Wenn Sie beispielsweise ein Aquarium im nördlichen Teil stehen haben (der normalerweise ein guter Sektor für ein Aquarium ist) und dieser Sektor zu einer bestimmten Zeit besonders schädlich ist, dann ist es besser, das Aquarium in einen anderen Sektor des Hauses oder in eine andere Ecke des Raumes zu stellen. Mit dem Fliegenden Stern kann der Wohlstand und das Glück eines jeden Wohn- oder Geschäftshauses untersucht und bestimmt werden. Die führenden Zahlen in jeder Zeitperiode entsprechen dem Zahlenwert jeder seiner Zeitalter. In der Niedrigeren Zeitperiode sind zum Beispiel die führenden Zahlen 7, 8 und 9. Diese Zahlen stammen vom Lo-Shu-Gitter, ihre Bedeutung steht mit den Trigrammen in Verbindung. Sie sind auch mit den Fünf Elementen verknüpft, von denen jedes einen eigenen Namen und feste Bedeutung hat. Die Bezeichnung »Fliegender Stern« geht zurück auf die Sterne, die von Zimmer zu Zimmer fliegen. Es wurden detaillierte Tabellen erstellt, die die unterschiedlichen Sternendiagramme von Häusern mit verschiedenen Türausrichtungen zeigen. Diese erlauben es auch dem Feng-Shui-Anfänger, die je nach Zeitraum wechselnden guten und schlechten Sektoren eines jeden Hauses herauszufinden. Die Diagramme werden an anderer Stelle in diesem Buch vorgestellt, und zwar im Kapitel Kompaßformel-Feng-Shui *(siehe S. 66–79)*.

FENG SHUI DER RAUMGESTALTUNG Darunter versteht man die Anordnung von Möbeln zur Schaffung günstiger Schwingungen. Das bezieht sich auf den Grundriß des Hauses und die Verteilung der Räume gemäß den Feng-Shui-Richtlinien. Ebenso meint man damit die Auswahl von Vorhängen und Teppichen sowie von Polstermöbeln. Das ideale Feng-Shui-Heim erzeugt eine warme Atmosphäre, wo die Yang-Energie und das günstige Chi frei von Raum zu Raum strömen.

FENG SHUI IN DER GESCHÄFTSWELT Diese Art des Feng Shui konzentriert sich auf Reichtum und Wohlstand. Im westlichen Geschäftsleben wird Feng Shui an Bedeutung zunehmen, da immer mehr erfolgsorientierte Menschen und Unternehmer die Stärke und Wirksamkeit von Feng Shui bei der Verbesserung des Umsatzes und des Saldos erkennen. Der Einzelhandel kann von einfachen Feng-Shui-Hilfsmitteln in hohem Maße profitieren.

FENSTER Häuser ohne Fenster haben keine Öffnungen, durch die das gute Feng Shui hereinströmen kann. Ein Haus sollte jedoch auch nicht zu viele Fenster aufweisen. Das ideale Verhältnis von Fenstern zu Türen ist 3:1. Fenster, die sich nach außen öffnen, sind besser als Schiebefenster, aber machen Sie sich keine allzugroßen Sorgen, falls Sie doch Schiebefenster haben. Die Wand direkt gegenüber der Eingangstür sollte keine Fenster aufweisen. Am besten ist eine Lage links oder rechts der Eingangstür. Das ist wiederum nur die ideale Lösung und Sie sollten keine Bedenken haben, wenn Ihre Fenster anders verteilt sind. Fenster direkt gegenüber dem Eingang erlauben dem Chi wieder aus dem Fenster zu strömen. Unter solchen Umständen wird es Ihnen schwerfallen, Geld zu sparen.

FEUER Es ist eines der Fünf Elemente und steht für die Richtung Süden. In der nach-himmlischen Reihenfolge des Bagua wird das Feuer im Süden plaziert, weil das der Ort des Trigramms Li ist, das dem Feuer entspricht. Um das Glück für Gelegenheiten und Anerkennung zu energetisieren, installieren Sie ein helles Licht im Süden. Das verstärkt nicht nur die Feuer-Energie, sondern lockt auch die Yang-Kraft herbei, die für das Erfolgsglück so wichtig ist.

FIRMENLOGOS *Siehe* Logos.

FISCHBECKEN Sie sind als hervorragende Wasserobjekte anzusehen. Fischbecken sind nicht nur aufgrund der symbolischen Bedeutung der Fische günstig, die sich von chinesischen Sagen ableitet, sondern weil Fische zudem äußerst wirksam sind, wenn man die Ecken energetisieren möchte. Besonders wohltuend sind Fische im Norden (Wasser), Südosten oder Osten (Holz), da sie ein Teil des Wassers sind und das Wasser sowohl mit Wasser als auch mit Holz (das es nährt) kompatibel ist. Fische erzeugen auch Yang-Energie, was das Chi zum Zirkulieren anregt und einen Ort zum Leben erweckt.

FISCHE Man glaubt, daß Fische im Haus gutes Feng Shui erzeugen. Fische stehen für Erfolg. Falls Sie ein Aquarium haben, sollte es am besten in der Nähe des Vordereingangs oder im Wohnzimmer aufgestellt werden. Der Arrowana-Fisch ist besonders glückbringend. Wenn Sie keine lebenden Fische halten können, ist das Symbol oder Bild eines Fisches auf einer Vase oder einem Gemälde genauso gut geeignet. *Siehe auch* Arrowanas.

FLÜSSE Ein langsam fließender Fluß, der von Ihrem Haus aus sichtbar ist, gilt als günstiges Feng-Shui-Objekt. Flüsse werden als Lieferanten des guten Chi angesehen, besonders wenn das Wasser sauber ist, langsam fließt und mäandert. Verschmutzte Flüsse sind meist von giftigem Atem geschädigt. Wenn Ihr Grundstück in Flußnähe liegt, sollten Sie Ihr Haus gegenüber dem Fluß errichten. Je nachdem in welche Richtung der Fluß vor Ihrer Vordertür fließt, sollten Sie Ihre Tür so ausrichten, daß das gute Chi des Flusses auf wirksame Weise eingefangen wird. Beachten Sie dabei die Richtlinien zur Wasserfließrichtung, die aus dem Klassiker des Wasserdrachen stammt.

- Wenn Ihre Tür in eine der Hauptrichtungen weist – Norden, Süden, Osten oder Westen – sollte der Fluß vor der Tür von links nach rechts vorbeifließen. Diese Richtung gilt bei dem Blick aus dem Haus heraus auf den Fluß.
- Wenn Ihre Tür in eine der Sekundärrichtungen weist – Südosten, Südwesten, Nordosten oder Nordwesten – sollte der Fluß vor der Tür von rechts nach links vorbeifließen.

FORMEL-FENG-SHUI Es handelt sich um eine Methode, die Genauigkeit in der Anwendung verlangt. Formel-Feng-Shui umfaßt eine Reihe von unterschiedlichen Methoden, die die Kompaßschule von Feng Shui bilden. Das Formel-Feng-Shui verdrängt die subjektive Note des Feng Shui, und es funktioniert immer, wenn die Maßangaben korrekt sind und die Kompaßrichtungen genau abgelesen wurden.

FORMSCHULE Diese Schule ist Teil der Landschaftsmethode, die Formen und Konturen der Landschaft näher betrachtet. Formschule des Feng Shui ist eine andere Bezeichnung für Landschafts-Feng-Shui. Darin werden die Lage des Landes, seine Form, die Erhebungen und das Aussehen von Strukturen, der Fluß des Wassers, die Konturen des Landes und des Terrains begutachtet. Die Formschule wird oft zu Recht als klassisches Feng Shui angesehen, da es sich direkt auf das Glück der Richtungen und den Einfluß von Wind und Wasser bezieht.

FOYERS Diese sollten hell erleuchtet sein, um gutes Feng Shui anzuziehen und das Chi zu vermehren. Wenn Sie kein Foyer haben, sollten Sie darauf achten, daß sich die Türen zu freiem Gelände hin öffnen und daß der Eingangsbereich nicht zu beengt ist.

FRÖSCHE Die Chinesen betrachten Frösche und Kröten als glückbringende Tiere. Es heißt, daß eine Froschfamilie in Ihrem Hinterhof Sie vor Unglück bewahren kann. Der dreibeinige Frosch ist besonders günstig und wird meist mit drei Goldmünzen im Maul dargestellt, was bedeuten soll, daß er Gold ins Haus bringt. Setzen Sie den Frosch schräg gegenüber der Eingangstür ans andere Ende des Raumes mit Blick auf die Wand. Steht er andersherum, läßt er das Gold wieder aus dem Haus heraus. Stellen Sie keine Frösche in der Küche, dem Badezimmer, der Toilette oder dem Schlafzimmer auf, damit sich kein schlechtes Chi ansammeln kann.

FRÜHLING Dies ist die Saison des Holz-Elements und die Zeit des Jahres, die Wachstum und Neuanfang symbolisiert. Aus Feng-Shui-Perspektive ist der Frühling auch eine gute Zeit, um eine Firma zu gründen, ein neues Produkt auf den Markt zu bringen oder einfach ein neues Geschäftsprojekt oder -vorhaben zu beginnen. Das genaue Datum für eine Neueinführung sollte jedoch unbedingt mit den Regeln des Tong-shu abgestimmt sein. *Siehe auch* Almanach.

FU-HUNDE Diese Hunde sind wichtige Wachhunde, die für schützendes Feng Shui sorgen. Fu-Hunde (auch als chinesisches Einhorn bekannt) werden von den Chinesen seit alters her als Schutz vor Unglück eingesetzt und sind in beinahe jedem chinesischem Haushalt zu finden. Die Größe ist nicht von Bedeutung, aber ihre Proportionen sollten mit der Größe des Hauses, das sie bewachen, harmonieren. Stellen Sie sie hoch beiderseits des Eingangstores auf oder auf Tischhöhe, im Idealfall auf ein Podest. Stellen Sie Ihren Fu-Hund in Einklang mit dem Element des Standplatzes auf. Wenn Sie ihn auf dem Tor aufstellen und die Ecke des Tores Osten ist, wird ein Paar Metall-Fu-Hunde am wirksamsten sein. Gold kontrolliert das Holz-Element des Ostens.

FUK LUK SAU So heißen die drei Hauptgötter für Gesundheit, Reichtum und Glück. Sie werden nicht angebetet, sondern nur aufgestellt. Da sie Gesundheit, Reichtum und Wohlstand bedeuten, sind sie ausgesprochen beliebt. Nur in wenigen chinesischen Häusern sind diese Hauptgötter nicht zu finden. Am besten stellt man sie im Eßzimmer an erhöhter Stelle auf. Plazieren Sie sie nicht niedriger als die Menschen, die sich in dem Zimmer aufhalten. Stellen Sie sie nicht im Schlafzimmer auf. *Siehe auch* Götter des Reichtums.

G

GANZHI- (ODER GHANXI-)SYSTEM Auf diesem System basiert die chinesische Astrologie. Es steckt voller Kreislaufsymbole, die mit den chinesischen Tierkreiszeichen und den Elementen in Verbindung stehen. Ganzhi besteht aus 22 Symbolen, die in zwei Gruppen unterteilt sind. Zehn davon gehören zu den himmlischen (oder göttlichen) Stämmen und zwölf zu den irdischen (oder Erd-) Ästen. Die Stämme beziehen sich auf die Fünf Elemente, wobei jedes davon einen harten (Yang) und einen weichen (Yin) himmlischen Aspekt aufweist. Die Elemente sind Erde, Wasser, Holz, Feuer und Metall. Es gibt sowohl einen Hervorbringungs- als auch einen Zerstörungszyklus. Die Äste verweisen auf irdische Kräfte und werden vertreten von den zwölf Zeichen des chinesischen Tierkreises – Ratte, Ochse, Tiger, Kaninchen, Drache, Schlange, Ziege, Pferd, Affe, Hahn, Hund und Eber. Die Tiere bestimmen die Stunde, den Tag, den Monat und das Jahr und repräsentieren jeweils einen Zeitraum davon. Man kann also an einem Tigertag in einem Rattenmonat in einer Schlangenstunde in einem Ochsenjahr geboren werden. Die Kombinationsmöglichkeiten entsprechen den Acht Schriftzeichen, von denen man glaubt, daß sie das Schicksal eines jeden Menschen bestimmen. Jedes der zwölf Jahre wird noch weiter entsprechend den Fünf Elementen kategorisiert (12x5), so daß sich Sechzig-Jahres-Zyklen ergeben, die sich wiederholen. Die Chinesen sind der Ansicht, daß die Wechselwirkungen zwischen den Zwölf irdischen Ästen und den Zehn himmlischen Stämmen das gesamte Schicksal des Menschen bestimmen und die Basis der chinesischen Astrologie bilden. Sie glauben sogar, daß diese Interaktionen das gesamte Universum beherrschen. Durch jahrelange Beobachtungen haben die Chinesen Beziehungen zwischen Umweltveränderungen und Mondrhythmen, Jahreszeiten und Sonnenperioden in jedem der Sechzig-Jahres-Kreisläufe festgestellt. Das ist die Grundlage des chinesischen Almanachs oder Tong-shu, worin günstige Tage für eine Vielzahl von Tätigkeiten festgelegt werden (zum Beispiel für eine Heirat, eine Geschäftseröffnung oder einen Umzug). *Siehe auch* Almanach.

GARTENLAUBEN Wenn sie richtig gebaut sind, können sie das Chi des Haupteingangs stärken. Lauben werden als Anbau im Garten betrachtet. Je nach Lage der Gartenlaube kann sie das Feng Shui des Hauses vermehren oder verringern, was vor allem von ihrer Position zum Haupteingang abhängt, dessen Chi sie entweder stärken oder schwächen kann. *Siehe auch* Gewächshäuser.

Lage des Haupteingangs	Geeignet für Gartenlaube/ Gewächshaus	Ungeeignet für Gartenlaube/ Gewächshaus
Osten oder Südosten	Norden	Westen oder Nordwesten
Westen oder Nordwesten	Südwesten oder Nordosten	Süden
Norden	Westen oder Nordwesten	Südwesten oder Nordosten
Süden	Osten oder Südosten	Norden
Südwesten o. Nordosten	Süden	Südosten oder Osten

GEBURTSTABELLEN Sie ermöglichen eine Feng-Shui-Analyse, die auf dem Feng Shui des Fliegenden Sterns basiert. Sie ergeben sich aus speziellen Berechnungen, die detailliert das Glück aller acht Sektoren eines jeden Hauses angeben. Bei der dabei verwendeten Methode handelt es sich um Feng Shui des Fliegenden Sterns, die die Zeit in Zeitabschnitte unterteilt und die Geburtstabellen von Gebäuden berechnet, wobei sie sich entweder auf deren Fertigstellungsdatum bezieht oder auf den Zeitpunkt, zu dem sie als letztes grundlegend renoviert wurden.

GELB Gelb gilt als günstige Farbe und als so Yanghaltig wie Rot. Weil Gelb einst die Kaiserliche Farbe war und normale Bürger es nicht für ihre Kleidung oder ihr Heim verwenden durften, wurde Rot so beliebt und gilt als Glückssymbol. Wenn jedoch derartige Tabus nicht existieren, möchten Sie vielleicht die günstige Seite des Gelb energetisieren. So gelten gelbe Blumensträuße als sehr glückbringend, ebenso gelbe Geldpäckchen, Vorhänge und Einrichtungsgegenstände.

GELDGLÜCK Man erlangt es durch symbolisches oder Wasser-Feng-Shui. In der symbolischen Feng-Shui-Praxis und in der Praxis des Klassikers des Wasserdrachen werden spezielle Maßnahmen empfohlen, die besonders auf die Schaffung von Reichtums- und Wohlstandsglück abzielen. Zu den Geldsymbolen zählen Münzen und die Reichtumsgottheiten, welche im Haus aufgestellt werden können, um Wohlstand schaffendes Chi anzuziehen. Auch das Energetisieren des südöstlichen Sektors des Hauses durch üppige, gesunde Pflanzen oder ein Wasserobjekt gehört zu den beliebten Methoden, das Geldglück zu aktivieren.

GELDPFLANZE Dies ist eine Kletterpflanze, die die erfolgreiche Einkommenssteigerung symbolisiert. Die Geldpflanze wächst im allgemeinen in den Tropen. Sie hat gelbgrüne, herzförmige Blüten. Die Geldpflanze darf man nicht mit der Jadepflanze verwechseln. *Siehe auch* Jadepflanze.

GESUNDHEITSGLÜCK Es sorgt für ein kraftvolles, widerstandsfähiges und langes Leben. Die Verwendung bestimmter Teile der Acht-Häuser-Formel kann Gesundheitsglück aktivieren. Wenn Sie Tien Yi einsetzen und Ihr Kopf in die entsprechende Richtung weist, können Sie damit Ihre Gesundheit und Ihr physisches Wohlbefinden verbessern. *Siehe auch* Tien Yi.

GEWÄCHSHÄUSER Ebenso wie Gartenlauben können Gewächshäuser das Feng Shui Ihrer Türe stärken. Gewächshäuser stellen einen Haus-Anbau dar, der je nach Lage der Haupteingangstür Glück oder Unglück bewirken kann.

GEWELLTE LINIEN Ein Designmotiv wird mit einer gewellten Linie zu einem Wasser-Element-Design, das für den Norden, den Osten oder Südosten Ihres Hauses oder Ihres Zimmers geeignet ist.

GIFTPFEILE So heißen die schädlichen und feindlichen Strukturen in der Umgebung, die tödliche Energie auf Ihr Haus abstrahlen. Lernen Sie, diese Pfeile zu erkennen und sie abzulenken. Giftpfeile besitzen die Macht, sogar Häuser mit bestem Feng Shui zu zerstören. Stellen Sie immer sicher, daß die Vordertüre nicht durch den giftigen Atem eines Pfeils geschädigt wird.

GLOBUS Er ist ein mächtiges Symbol des Elements Erde. Besonders wenn er aus einem Halbedelstein wie Lapislazuli, Quarz oder Jaspis angefertigt wurde, sind die Erdkugeln ein hervorragender Energiespender für Bildungsglück, sofern man sie in der Nordost-Ecke des Raumes eines jungen Collegestudenten aufstellt.

GLÜCK Dabei handelt es sich um eine spezielle Art von Glück in bestimmten Lebensbereichen. Glück ist ein abstrakter Begriff und bezeichnet im Feng Shui das Erreichen oder den Besitz von speziellen Kategorien eines wohlwollenden Schicksals – Reichtum, Gesundheit, Familie und menschliche Beziehungen, Kinder, ein guter Name, eine befriedigende Berufskarriere, ordentliche Bildung und das Wohlwollen mächtiger Leute. Chinesische Divinationslehren definieren Glück als unterschiedliche Typen und Abstufungen von Glück in jeder dieser acht Kategorien. Glück im Bereich Geld und Reichtum wird unterteilt in Glück bei einer Erbschaft, Glück im Spiel und bei Spekulationsgeschäften sowie Glück bei Geschäftserfolgen. In der Sprache des Feng Shui hat das Wort Glück also eine Vielzahl von Bedeutungen.

GLÜCKSZAHLEN Sie sollten Glückszahlen sichtbar anbringen, wenn Ihre Hausnummer eine günstige Zahl ist. Als günstige und glückbringene Zahlen gelten diejenigen, die auf 1, 6, 7, 8 oder 9 enden. Dabei ist die 8 bei Chinesen besonders beliebt, da sie phonetisch wie »phat« klingt, was auf Chinesisch »reiches Wachstum« bedeutet. Die meisten Feng-Shui-Meister betrachten die 9 als die erste Zahl, weil sie die Fülle von Himmel und Erde symbolisiert. Die Zahlen 1, 6 und 9 gelten zusammen in jeder Form als die glücklichste Kombination. Die Zahl 7 ist glückbringend, weil sie die momentane Zeitperiode repräsentiert. Ab dem Jahr 2003 wird sie nicht mehr als glücklich gelten, weil die Zahl 8 die Zahl der kommenden Zeitperiode sein wird (Jahr 2003–2023). Die Zahl 8 wird als glücklich angesehen, weil sie dem momentanen und zukünftigen Wohlstand repräsentiert. Die meisten Leute können sich ihre Hausnummer, ihre Telefonnummer oder ihr Kfz-Kennzeichen nicht aussuchen. Falls Sie doch die Gelegenheit dazu haben, sollten Sie eine Nummer mit einer glückbringenden Kombination wählen. Eine andere Möglichkeit, um unglückbringende Nummern abzuschwächen, ist, sie in verkleinerter Form anzubringen. Eine gute Zahl dagegen sollte man deutlich sichtbar vorzeigen. Einige Zahlen sind unglücklich. Die 4 gilt als Todeszahl, weil sie phonetisch wie »sey«, also auf chinesisch »sterben«, klingt. Vielen Leuten hat die 4 jedoch immenses Glück gebracht! Die Kombination von Zweiern und Dreiern wird als äußerst ungünstig angesehen: Sie führt zu Mißverständnissen, Streitereien und anderen Problemen. Die schlechteste Zahl ist die 5. Im Feng Shui bringt diese Zahl nur Probleme und Schwierigkeiten.

GOLDFISCHE Wenn Sie Goldfische halten möchten (sie bringen Glück), setzen sie neun Stück in ein Aquarium oder ein Goldfischglas. Acht von den neun Fischen sollten farbig sein, einer schwarz. Goldfische sind hervorragend zur Verbesserung des Feng Shui in Haus und Büro geeignet. Am wirksamsten sind sie an einem Stellplatz im Norden, Osten oder Südosten des Hauses. Plazieren Sie sie nie in einem Schlafzimmer.

GOTT DER LANGLEBIGKEIT Sau Seng Kong ist das höchste Sinnbild für Langlebigkeit. Der Gott der Langlebigkeit ist als Symbolfigur für jedes Heim geeignet, nur wenige Chinesen besitzen keine Figur: Er garantiert gute Gesundheit und ein langes Leben. Er wird immer mit einem Pfirsich in der Hand dargestellt, in seiner Begleitung finden sich ein Kranich und ein Hirsch, die ebenfalls für ein langes Leben stehen. Gewöhnlich trägt er einen Stab, an dem eine Kürbisflasche mit Götternektar hängt. Sau Seng Kong erkennt man auch an seiner hohen Stirn und seinem gewölbtem Kopf, die seine große Weisheit verraten. Er kann als Motiv auf Gemälden oder auf chinesischer Keramik und Kunstgegenständen abgebildet sein.

GÖTTER DES REICHTUMS Es gibt einige Gottheiten, die im Haus speziell aufgestellt werden, um Reichtumsglück zu erringen. Die Chinesen kennen eine Reihe von Gottheiten, die als Götter des Reichtums angesehen werden. Einer der mächtigsten davon ist Tsai Shen Yeh, der oft auf einem Tiger sitzend dargestellt wird, um seine Macht über dieses Tier zu demonstrieren. Im Mondjahr des Tigers ist es besonders günstig, den Gott des Reichtums aufzustellen. Man muß diese Gottheit nicht anbeten, laden Sie sie mit einer symbolischen Geste einfach in Ihr Haus ein. Man kann auch eine mit rotem Faden zusammengebundene Gruppe von neun chinesischen Münzen aufhängen, um die Reichtumseigenschaften der Münzen zu aktivieren. Der beste Platz für einen Gott des Reichtums ist ein Tisch mit einer Höhe von 76 bis 84 cm, der direkt auf die Türe zeigt. So fällt Ihr Blick beim Betreten des Hauses als allererstes auf den Reichtumsgott, wodurch das Chi zum Hereinströmen aufgefordert wird. Es wird dadurch in gesunde, wohlhabende Energie verwandelt, die dann durch das restliche Haus strömt. Wenn sich an dieser Stelle bereits der Familienaltar befindet, stellen Sie den Reichtumsgott schräg gegenüber der Vordertür auf, mit dem Gesicht zur Tür gerichtet. Stellen Sie Ihren Reichtumsgott nicht im Eßzimmer oder Schlafzimmer auf. Eine andere beliebte, chinesische Gottheit ist Kwan Kung, der gewöhnlich als Reichtumsbringer betrachtet wird.

GRABSTÄTTEN Die Ausübung von Yin-Feng-Shui wirkt sich bei Grabstätten äußerst günstig aus. Die korrekte Ausrichtung von Grabstätten bildet einen Teil der Yin-Feng-Shui-Praxis, einem schwierigen und sehr mächtigen Zweig des Feng Shui.

GRANATAPFEL Er symbolisiert das Glück vieler Nachkommen, die ihren Eltern den gehörigen Respekt erweisen und eine erfolgreiche Zukunft vor sich haben. Die vielen Samenkerne des Granatapfels lassen ihn als Symbol der Nachwelt erscheinen. Viele Eltern raten ihrem frischverheiratetem Nachwuchs, ein Bild oder eine Skulptur eines Granatapfels in ihrem Schlafzimmer aufzustellen, um für reichen und gesunden Kindersegen zu sorgen.

GRAS Auf einem leeren Grundstück, das direkt vor Ihrer Eingangstür liegt, erzeugt Gras den günstigen Effekt des Hellen Saals.

GRÜNER DRACHE Der Grüne Drache des Feng Shui wird als Erd-Drachen angesehen. Es gibt insgesamt neun Drachen – die anderen heißen Wind-, See-, Wasser-, Himmels-, Feuer-, Gold-, Bergdrache und göttlicher Drache. Man geht davon aus, daß jeder von ihnen einen Aspekt der Elemente des Universums kontrolliert. *Siehe auch* Drache.

GÜNSTIGES SCHICKSAL Es umfaßt gute Gesundheit, eine glückliche Familie und Wohlstand. Ein günstiges Schicksal bedeutet die Erfüllung aller Lebenswünsche, besonders Gesundheit und Langlebigkeit, Reichtum und Wohlstand, Glück in der Familie und mit den Nachkommen sowie ein guter Ruf. Feng Shui verspricht all diese Dinge, wenn Sie in Harmonie mit Ihrer Umgebung leben.

H

HÄNGENDE OBJEKTE Zu diesen Feng-Shui-Heilmitteln zählen Windspiele, Glocken, Flöten, Bambusrohre usw. Solche Objekte kann man von Balken oder Decken hängen, um ungünstigen Feng-Shui-Details entgegenzuwirken. Sie sollten dezent wirken und so unaufdringlich wie möglich aufgehängt werden.

HANGGRUNDSTÜCKE UND HÜGELKONTUREN Sie haben im Feng Shui große Bedeutung. Auf halber Höhe eines Hanges zu wohnen, ist immer empfehlenswerter als auf dem Gipfel oder am Fuß des Hügels. Dabei sollte das Haus auf drei Seiten von Hügelketten umgeben sein und die Rückseite sollte durch den Hang gestärkt werden. Auf dem Gipfel der Anhöhe ist das Haus Wind und Wetter ausgesetzt, am Fuß des Hügels wird das günstige Chi »absinken«.

HARMONIE Im Feng Shui bezieht sich dieser Begriff auf die harmonischen Wechselwirkungen der Elemente im Lebensraum. Im Feng Shui können alle Dinge im Universum einem der Fünf Elemente zugeordnet werden – Holz, Feuer, Wasser, Erde oder Metall. Um deren Harmonie zu garantieren, sollten sich die Elemente in jedem Teil des Lebensraumes gegenseitig stärken, anstatt sich zu zerstören. *Siehe auch* Elemente.

HAUS Im Feng Shui wird jeder Ort, an dem Sie essen und schlafen und der Ihnen Schutz bietet, als Ihr Haus angesehen. Unabhängig von der Dauer Ihres Aufenthalts wird Ihnen ein Haus mit gutem Feng Shui von Vorteil sein. Auf der anderen Seite kann auch schlechtes Feng Shui an einem vorübergehenden Aufenthaltsort zu Schwierigkeiten führen.

HECKEN Sie verhindern den Abzug von Energie und blockieren negative Ausblicke. Die Anpflanzung einer Hecke zur Verdeckung häßlicher Strukturen ist sehr wirksam, wenn diese Strukturen in südwestlicher und nordöstlicher Richtung liegen. Die Höhe der Hecke ist dabei nebensächlich, doch sie sollte nicht zu nahe am Haus stehen, um nicht bedrohlich zu wirken.

HEIM Hier liegt der wichtigste Ort für Feng Shui. Wohnraum-Feng-Shui beeinflußt das gesamte Glück einer Person. Sogar wenn Ihr Arbeits-Feng-Shui nicht sehr gut ist, wird Ihr allgemeines Feng Shui recht günstig sein – wenn Sie nur ein Haus oder ein Zimmer mit gutem Feng Shui haben. Wohnraum-Feng-Shui ist besonders bedeutsam für das Wohlergehen von Familien. Die drei primären Aspekte eines Hauses, die aus der Feng-Shui-Perspektive wirklich beachtet werden sollten, sind die Haupteingangstür, das Schlafzimmer und die Küche.

HEIRAT Das zugehörige Feng Shui beschäftigt sich mit der Aktivierung des Erd-Elements im Südwesten. So wie schlechtes Feng Shui in der Ehe großen Schaden anrichten kann, ist gutes Feng Shui in der Lage, Eheglück und familiäre Harmonie zu erzeugen. Um Glück in der Ehe zu energetisieren, sollten Sie auf den Ort der Matriarchin achten: Dies ist der Platz des Kun-Trigramms – der Südwesten. Das bestimmende Element dieser Ecke ist die große Erde. Deshalb gelten Objekte, die dieses Element simulieren oder produzieren, als besonders günstig für die Aktivierung des Eheglücks. Lichter und Kristalle sind folglich hervorragende Energetisierer.

HERVORBRINGUNGSZYKLUS Der Hervorbringungszyklus der Fünf Elemente erzeugt eine harmonische Vermischung des Chi im Wohnraum, was zu gutem Feng Shui führt. Dieser Zyklus besagt, daß Holz Feuer, Feuer Erde, Erde Metall, Metall Wasser und Wasser Holz erzeugt. Mit Hilfe dieses Kreislaufs kann man feststellen, wie die Elemente zusammenpassen; somit kann man die Objekte im Wohnraum gemäß dieser Harmonie zwischen den Elementen anordnen. *Siehe auch* Wuxing.

HILFSMITTEL Es handelt sich um Glückssymbole, die an der richtigen Stelle gutes Feng Shui erzeugen können. Es gibt viele verschiedene Glückssymbole, die zur Verbesserung der Feng-Shui-Ecken und -Räume verwendet werden können. Die meisten Feng-Shui-Techniken bedienen sich auch der Element-Methodologie: Man fördert die verschiedenen Ecken, um unterschiedliche Arten von Glück zu energetisieren.

HIMMELSGLÜCK Dies ist das Glück, mit dem Sie geboren werden und auf das Sie keinerlei Einfluß haben. Das Himmelsglück (oder Schicksal) übt Macht über das Leben einer Person aus. Sie können Ihr Schicksal verbessern, indem Sie sich die Kräfte Ihres Erdenglücks zunutze machen. Genau darin besteht im Grunde die Feng-Shui-Praxis. Menschenglück wird erzeugt durch Handlungen, Entscheidungen und Verhalten – unabhängig davon, ob man ein tugendhaftes Leben führt. Himmels-, Erden- und Menschenglück werden gemeinsam als die Trinität des Glücks bezeichnet.

HOHE STRUKTUREN Ihre Wirkung auf Türen sollte untersucht werden. Wenn derartige Strukturen, wie beispielsweise hohe Gebäude oder Überführungen, zu nahe an Ihrer Eingangstür stehen, können sie möglicherweise ernsten Feng-Shui-Schaden für das Haus anrichten. Verdecken Sie solche Strukturen mit Bäumen.

HOLZ Es ist eines der Fünf Elemente, aber das einzige mit innewohnender Lebensenergie. Folglich steht das Element Holz für Wachstum und ist bestens für alle Ecken des Hauses geeignet. Lebensenergie bedeutet Yang-Energie, die zu günstigem Feng Shui führt. Die dem Holz-Element entsprechenden Richtungen sind Osten und Südosten, die dazugehörigen Trigramme Chen beziehungsweise Sun.

HSIA-KALENDER Er wird auch als chinesischer Mondkalender bezeichnet. Man verwendet ihn im Feng Shui und für Weissagungen. Alle Formen der Wahrsagekunst und die Feng-Shui-Berechnungen, die ein persönliches Geburtsdatum verwenden, basieren auf dem Hsia-Kalender. Im Feng Shui existieren mehrere Methoden, die die genauen Umstände der Geburt einer bestimmten Person berücksichtigen, um ihre günstigsten Sektoren und Richtungen herauszufinden. Zu den Wahrsagemethoden zählen die Vier Säulen des Schicksals, die den Charakter, die Persönlichkeit und das zukünftige Schicksal enthüllen. Diese Methode arbeitet intensiv mit Schriftzeichen aus dem chinesischen Hsia-Kalender.

HUFEISEN Im Landschafts-Feng-Shui gilt es als die ideale Landschaftsform. Ein Haus, das von drei Hügelketten in Form eines Hufeisens umgeben ist und einen Ausblick auf flaches Land besitzt, soll mindestens fünf Generationen lang ausgezeichnetes Feng Shui haben.

HÜGEL Sie stellen die natürliche Rundung der Landschaft dar, in der Drachen leben, und sind ein sicheres Anzeichen für ein mächtiges, gutes Feng Shui. Der Grüne Drache lebt in den Hügeln und erzeugt dort günstigen Atem und gute Energie. Hügel sollten eher sanft gewölbt sein und gemächlich abfallende Flanken haben als scharfkantige, zerklüftete Klippen. Wo die Vegetation üppig und grün ist und ein gutes Gleichgewicht von Sonnenschein und Schatten herrscht, sollen sich auch Drachen und Tiger gerne aufhalten. Es gibt fünf Arten von Hügelformen, von denen jede auf den Fünf Elementen Feuer, Holz, Erde, Metall und Wasser basiert. Für eine Feng-Shui-Analyse ist es hilfreich, die Fähigkeit zur Unterscheidung dieser Abweichungen zu entwickeln, die einen Hinweis auf ihre Eignung für jede einzelne Person geben. Das Verständnis der Elementkonnotationen von Hügel(kuppen-)formen ermöglicht es Feng-Shui-Praktikern auch, die Qualität einer Hügelkette zu beurteilen.

I

I-GING ODER BUCH DER WANDLUNGEN
Siehe Buch der Wandlungen.

IMMOBILIEN Dieser Geschäftszweig wird vom Erd-Element verkörpert. Jegliche Art von Geschäften, die mit Immobilien zu tun hat, wird von der Energetisierung des Elements Erde im Firmengebäude profitieren. Kristalle, Urnen, Terrakottagefäße und dekorative Steine können als Glückssymbole verwendet werden. Integrieren Sie diese in die Büro- oder Ladeneinrichtung, wobei sie im Erdsektor, also im Südwesten oder Nordwesten, aufgestellt werden müssen.

J

JADEGÜRTEL So bezeichnet man jeden Fluß und Wasserweg, der an Ihrer Haupteingangstür vorbeifließt und Ihr Haus zu »umarmen« scheint, wodurch er Glück bringt. Wenn sich hinter Ihrem Haus auch noch Hügel erheben, wird diese Zusammenstellung als exzellentes Feng Shui angesehen. Fördern Sie den positiven Effekt des Wassers in diesem Fall, indem Sie darauf achten, daß es vor Ihrem Haupteingang in der korrekten Richtung vorbeiströmt. Folgen Sie diesen Richtlinien:

- Wenn das Wasser von rechts nach links fließt (vom Inneren des Hauses aus gesehen), sollte Ihre Hauptеingangstüre in eine der vier Sekundärrichtungen zeigen, also nach Nordosten, Nordwesten, Südwesten oder Südosten.
- Wenn das Wasser von links nach rechts fließt, sollte Ihre Haupteingangstüre in eine der vier Haupthimmelsrichtungen weisen, also nach Norden, Süden, Osten oder Westen.

JADEPFLANZE Dieses günstige Gewächs wird als Reichtumspflanze angesehen. Das bezieht sich auf eine ganze Reihe von Pflanzen mit fleischigen, dunkelgrünen Blättern, die an einen kostbaren Jadestein erinnern. Diese Pflanzen sind besonders günstig in einer südöstlichen Ecke oder in Schaufenstern, wo sie Kunden in den Laden locken werden.

JAHRESZEITEN Jeder Jahreszeit entspricht ein bestimmtes Element. Der Winter gehört zum Element Wasser, das Holz zum Frühling, das Feuer zum Sommer und das Metall zum Herbst. Die Erde ist das Element für die Übergangszeiträume.

JÄHRLICHE ÜBERBLICKSTABELLEN Sie werden erstellt, um gute und schlechte Tage erkennen zu können. *Siehe auch* Almanach.

JAPANISCHER GARTEN Er ist eher für Meditationszwecke als für Feng Shui geeignet. Die Anlage und Gestaltung japanischer Gärten orientiert sich mehr an Zen-Prinzipien, die hervorragend zur Meditation und Kontemplation geeignet sind, als an Methoden zur Anziehung von glückbringendem Chi. Japanische Gärten bieten jedoch viele kreative Anregungen, wenn es um den Gebrauch von Steinen und Kieseln geht. Diese können wiederum in einem Feng-Shui-Garten eingesetzt werden, der nach Südwesten oder Nordosten ausgerichtet ist.

K

KAN-TRIGRAMM Es liegt im Norden und steht für Wasser und Winter. Das Zeichen besteht aus einer einzelnen starken Yang-Linie, die wie in einem Sandwich zwischen zwei Yin-Linien eingeklemmt ist. Kan bedeutet oft Gefahr insofern, als es davor warnt, daß Wasser eine zweischneidige Sache ist: Es kann außer Kontrolle geraten, wenn es über die Ufer tritt und dann eine Überschwemmung verursacht. Kan repräsentiert auch den nördlichen Sektor eines jeden Hauses.

KEN-TRIGRAMM Es liegt im Nordosten und steht für den Berg oder das Element Erde. Seine Bedeutung entspricht dem Schweigen. Es repräsentiert die Geduld und eine Zeit der Vorbereitung. Um die Chi-Essenz des Ken zu aktivieren, müssen Sie ein Objekt des Erd-Elements (also einen Kristall, einen Globus, einen Fels oder Sand) in den Nordosten stellen. Das ist besonders für Studenten hilfreich.

KHENG HUA Das ist eine seltene weiße Blume, deren Erblühen außerordentliches Glück verheißt. Sie gehört zu einer Sukkulentenart, die um Mitternacht blüht. Die große Blume hat weiße Blütenblätter mit gelben Staubgefäßen und verströmt einen süßen Duft. Da die Kheng Hua nur unregelmäßig blüht, hält man diese seltenen Ereignisse für ein Zeichen, daß die Nachkommen beruflichen und materiellen Erfolg haben und zu Ruhm und Ehre gelangen werden.

KIEFERN Die Kiefer ist ein robustes Symbol für Langlebigkeit und Stärke in der Not. Es ist empfehlenswert, mindestens eine Kiefer im Garten zu haben. Die Kiefernnadeln sollen auch hervorragend dafür geeignet sein, das Haus von schlechten Energien zu reinigen. Sie sind folglich ein hilfreiches Mittel zur Raumsäuberung und Reinigung.

KLASSIKER DES YANG-WOHNENS Dies ist einer der ältesten Texte und Klassiker, der eine umfassende Abhandlung zur Praxis des Landschafts-Feng-Shui beinhaltet.

KLEINES WASSER Im Feng Shui bezieht sich diese Bezeichnung meist auf künstlich angelegte Wasserobjekte. Man beurteilt z. B. die Fließrichtung des Wassers in Abflußrohren, die kein Teil der natürlichen Landschaft sind.

KORRIDORE Lange, gerade Gänge werden zu Giftpfeilen. Sie symbolisieren Pfeile, die Sha Chi durch das Büro oder Haus strömen lassen und Zwist in zwischenmenschlichen Beziehungen verursachen. Wenn Ihr Raum ungünstig an einem Gang liegt, stoppen Sie den Flug des Giftpfeils, indem sie Pflanzen aufstellen und Windspiele anbringen, um das negative Einwirken des Pfeils zu reduzieren.

KOSMISCHER ATEM *Siehe Chi.*

KRANICHE Diese Vögel gehören in China zu den beliebtesten Symbolen für ein langes Leben. Sie sind ein häufiges Motiv in der chinesischen Kunst oder werden zusammen mit Sau, dem Gott der Langlebigkeit, dargestellt. Skulpturen oder andere Kranichdarstellungen sollten im südlichen oder westlichen Teil Ihres Gartens aufgestellt werden.

KRANKHEIT Auf diese Weise zeigt sich schlechtes Feng Shui häufig zuerst. Wenn Bewohner desselben Hauses abwechselnd krank werden oder Kinder immer wieder von Krankheiten geplagt werden, ist das ein Hinweis dafür, daß das Feng Shui des Hauses verbesserungsbedürftig ist. Überprüfen Sie, ob irgendwelche Giftpfeile direkt auf Ihr Haus zeigen und es schädigen. Stellen Sie dann fest, ob einer der Abflüsse in der Nähe des Hauses oder des Gebäudes verstopft ist. Achten Sie auch auf die Durchlässigkeit der Leitungsrohre und des häuslichen Abwassersystems. Manchmal ist es ganz einfach, die Blockaden zu beseitigen, die den Fluß des Chi behindern und damit ein Unglück herbeiführen.

KREUZE Direkt gegenüber von Haus oder Büro bringt ein Kreuz Unglück. Kreuze sind ungünstige Zeichen, die Sha Chi auf Ihr Haus abstrahlen – unabhängig davon, ob es sich um eine Kirchturmspitze oder um ein Strukturelement handelt. Nutzen Sie eine Tür, die nicht auf ein Kreuz gerichtet ist, als Ihren Haupteingang. Sollte das nicht möglich sein, so hängen Sie einen Bagua-Spiegel auf.

KRISTALLE Sie sind ein hervorragender Feng-Shui-Energiespender, besonders in der südwestlichen Ecke. Natürliche Quarzkristalle gehören zu den besten Symbolen der Erdenmutter und sind außerordentlich wirksam, wenn man mit ihnen die südwestliche Ecke energetisiert (die Ecke der großen Erde). Der Südwesten herrscht über das Glück in romantischen Dingen und in der Liebe sowie über das Familienglück. Das gilt unabhängig von Ihrer speziellen Kua-Zahl. Wenn Sie die südwestliche Ecke Ihres Wohnzimmers mit Energie versorgen, werden alle Hausbewohner davon profitieren. Bevor man den Kristall verwendet, sollte er sieben Tage und Nächte in (Meer-)Salzwasser eingeweicht werden, um die darin möglicherweise noch enthaltene, negative Energie herauszulösen.

KUA-ZAHLEN Sie leiten sich von der Acht-Häuser-Formel für Feng-Shui-Richtungen ab. Um Ihre persönlichen günstigen und ungünstigen Richtungen festzulegen, sollten Sie zuerst Ihre persönliche Kua-Zahl herausfinden. Für diese Berechnung benötigen Sie Ihr Geburtsjahr und Ihr Geschlecht. Das Geburtsjahr muß erst in das entsprechende Jahr des Mondkalenders umgerechnet werden. Dazu müssen Sie feststellen, ob Sie vor oder nach dem Mondneujahr Ihres Geburtsjahres geboren wurden. Wie Sie Ihre Kua-Zahl berechnen, erfahren Sie im Kapitel zum Kompaß-Feng-Shui *(S. 66–79).*

KÜCHE Dies ist der Teil des Hauses, der schweres Unglück abwenden kann. Die Lage und Ausrichtung der Küche ist außerordentlich wichtig für das Feng Shui eines jeden Hauses. Küchen (und besonders der Herd oder Ofen) sollten sich nie im nordwestlichen Teil des Hauses befinden: Eine derartige Lage bezeichnet man als »Feuer an der Himmelspforte«. Am besten ist die Küche tief im Inneren des Hauses untergebracht, näher am hinteren als am vorderen Teil. Auch liegt sie besser rechts der Eingangstür (beim Eintritt in das Haus) als links davon. Wenn Sie die Kompaßformel der Kua-Zahlen einsetzen, ist es empfehlenswert, die Küche in Ihrer laut Kua-Zahl schlechtesten Ecke (also Ihrer Chueh Ming oder kompletter Verlust) unterzubringen. Richten Sie die Küche nicht in einer Ihrer persönlichen, günstigen Sektoren ein, da das schwer auf Ihrem Glück lastet.

KÜHLSCHRÄNKE Stellen Sie einen Kühlschrank in der Küche nie direkt neben den Herd. Denn das würde zu einem Zusammenstoß von zwei Elementen führen – von Wasser (repräsentiert von Kühlschrank, Spülmaschine und Spülbecken) und Feuer (der Herd). Sie sollten einander auch nicht gegenüber stehen. Diese zwei Anordnungen bedeuten schlechtes Feng Shui.

KUN-TRIGRAMM Dies ist das höchste Yin-Trigramm, das den Platz der Matriarchin oder der mütterlichen Frau innehat. Kun bedeutet das Empfängliche und setzt sich aus drei gebrochenen Linien zusammen. Es verkörpert das Dunkle, Nachgiebige, die Urkraft des Yin. Sein Bild ist die große Erde. Es steht auch für Fruchtbarkeit. Das Anbringen dieses Trigramms in der Kinderecke kann Paaren helfen, Nachwuchs zu bekommen. Als höchstes Yin-Trigramm kann es auch dazu verwendet werden, überschüssige Yang-Energie auszugleichen: Scheint die Nachmittagssonne beispielsweise zu stark auf das Haus, kann ein Kun-Trigramm vielleicht Abhilfe schaffen und die ungünstigen Auswirkungen der Sonne lindern. Kun ist auch ein wichtiges Symbol der Erdenmutter: Die Aktivierung des Kun-Ortes, also des Südwestens, bringt Glück in jenen Bereichen, die mit Liebe, Privatleben, Familie und allgemeinen Beziehungen zu anderen Menschen zusammenhängen.

L

LAMPEN Sie werden zur Simulation der kostbaren Yang-Energie verwendet und erzeugen gewöhnlich an allen Standorten ein hervorragendes Feng Shui. Sogar in der nördlichen, dem Wasser zugeschriebenen Ecke behindert eine Lampe die Feng-Shui-Energie nicht, da die Yang-Energie Wasser in Dampf verwandelt und dadurch das Symbol der Macht erzeugt: Sie können glückbringende Leuchten im ganzen Haus verteilen. Gedämpftes, warmes Licht ist jedoch immer besser als grelles, weißes Licht.

LANDSCHAFTS-FENG-SHUI Diese Methode basiert auf der Form, der Topographie und der Struktur. Landschafts-Feng-Shui gilt als klassisches Feng Shui. Vor dem Einsatz anderer Feng-Shui-Ansätze muß jeder Anwender diese Methode verwenden, wenn er den Standort eines Hauses in Augenschein nimmt. Landschafts-Feng-Shui ist auch unter der Bezeichnung Formschule bekannt, die – wie der Name schon sagt – Strukturen, Formen, topographische Gegebenheiten und Höhenlinien der Landschaft begutachtet, um die Qualität der Luft und des Chi festzustellen. Man glaubt, daß die Umwelt von Chi erfüllt ist: Ob dieses Chi günstig ist oder nicht, hängt zu einem großen Teil davon ab, wie Wind und Wasser die Landschaft im Laufe der Zeit geformt haben. Die Feng-Shui-Praxis konzentriert sich darauf, ein Haus in einer bestimmten Landschaft zu positionieren und auszurichten, so daß die Annahme der imaginären, vier himmlischen Tiere wohltuend und günstig wird statt feindlich und ungünstig. Weitere Erläuterungen im Kapitel zum Landschafts-Feng-Shui *(S. 54–65).*

LANDSCHAFTSFORMEN Die Topographie und die Konturen der Landschaft sowie ihre Bedeutung bilden einen wichtigen Teil der Feng-Shui-Analyse bestimmter Standorte. Völlig flaches Land wird im allgemeinen als ungünstig angesehen und kann aus Feng-Shui-Sicht nur bewohnbar gemacht werden, wenn man sich bemüht, durch Gebäude Höhenunterschiede herzustellen, um einen günstigen Chi-Fluß anzuziehen. Ein Berg im Rücken, der das Haus stützt, ergibt ein gutes Feng Shui. Die Feng-Shui-Technik besteht darin, ein Haus so auszurichten, daß es die größtmögliche Menge an Chi einfängt, die durch die vorhandenen Höhenunterschiede erzeugt wird. *Siehe auch* Landschafts-Feng-Shui.

LANDSCHILDKRÖTEN Ebenso wie die Wasserschildkröten gelten Landschildkröten bei den Chinesen als äußerst günstig. Sie bringen dem Haushalt Glück und beschützen ihn vor Unglück. Wie die Wasserschildkröte sind sie mit dem Nordsektor und mit der Zahl 1 verbunden. Wenn Sie eine Schildkröte halten möchten, sollten Sie sich besser ein Einzeltier zulegen. Die Tiere benötigen kaum Pflege. Falls Sie sich keine lebendige Schildkröte kaufen können, wird eine Schildkrötennachbildung in der Nordecke in wirkungsvoller Weise die Schildkrötenenergie verkörpern.

LANGLEBIGKEIT Wie auch gute Gesundheit gehört der wichtige chinesische Lebenswunsch der Langlebigkeit zu den bedeutendsten Bausteinen eines glücklichen Lebens. Damit ist auch das Glück verbunden, den Erfolg der eigenen Nachkommen miterleben zu dürfen, die dem Familiennamen alle Ehre machen. Es bedeutet auch ein Leben voller Gesundheit. Im symbolischen Feng Shui gibt es eine Vielzahl von Langlebigkeitssymbolen, wobei das wichtigste Sinnbild der Gott der Langlebigkeit, Sau Seng Kong, ist. Andere Embleme sind die Kiefer, der Bambus, der Pfirsich, der Hirsch und die Schildkröte. Man glaubt, daß jedes dieser Symbole, wenn es im Haus ausgestellt wird, sehr großes Glück bringt. *Siehe auch* Gott der Langlebigkeit.

LÄRM Lärm wird im allgemeinen als eine Manifestation intensiver, lauter Yang-Energie und gleichzeitig als ein Weg, sie zu simulieren, betrachtet. Zum Frühlingsbeginn oder zum Beginn des Mondneujahrs pflegten die Leute, Krach zu machen, indem sie Feuerwerkskörper anzündeten, von denen man glaubte, daß sie die herumirrenden, bösen Geister des vergangenen Jahres vertreiben würden. Manchmal kann das Aufhängen einer Chinaböllerattrappe im Haus an die Stelle des tatsächlichen Anzündens treten und kann so eventuell die Erzeugung kostbarer Yang-Energie simulieren. Im Feng Shui jedoch wird allein das Aufhängen dieses Symbols als ausreichend für die Simulation der wertvollen Yang-Energie erachtet.

LICHTER Sie sind hervorragend zur Energetisierung guten Chis und zur Auflösung schlechten Chis geeignet. Lichter gehören zu den vielseitigsten Werkzeugen der Feng-Shui-Praxis. Sie korrigieren viele Feng-Shui-Probleme nicht nur, weil sie ein Quelle kostbarer Yang-Energie darstellen, sondern auch, weil sie die Chi-Energie zum Aufsteigen anregen. Sie können Schwierigkeiten bei fehlenden Ecken, zu stark Yin-belasteten Ecken und bei zu niedrigem Gelände beheben. Lichter ziehen auch gutes Sheng Chi an und locken so Gäste in Restaurants und das Glück in Firmengebäude, deren Vordereingänge hell erleuchtet sind. An einem südlichen Standort sind sie besonders günstig. In Kombination mit einem Kristall wird ihre Macht noch um einiges gesteigert.

LIEBE In der chinesischen Ordnung der Dinge wird dieser Begriff in bezug auf Ehe- und Familienglück verwendet. In der Sprache des Feng Shui wird Liebe als die Glücksart definiert, die zur Heirat führt und für Frauen besonders zur ersten Heirat. Für Männer bedeutet Liebe, eine Frau zu finden, die die Rolle der Erdenmutter einnehmen und Kinder bekommen sowie den Haushalt führen kann. Diese wenig romantische Sicht der Liebe stimmt sicher nicht mit der Einschätzung von heute überein ...

LIEBESGLÜCK Dieses Glück kann im Schlafzimmer oder in der Südwestecke aktiviert werden. Feng Shui rät, daß durch die Energetisierung des Glücks der mütterlichen Frau, z. B. in der Südwestecke, das Liebes- und Eheglück stimuliert werden. Das kann durch eine Reihe von Symbolen geschehen, die für Romantik, Liebe und Zusammengehörigkeit stehen. Ein Mandarinentenpaar, das Doppelte Glückssymbol und Kristalle gehören zu den Objekten, die man für diesen Zweck verwenden kann.

LILIEN Gelbe Lilien stehen für lebendige Yang-Energie und sind günstig. Es ist wesentlich günstiger, einen Strauß gelber Lilien zu verschenken, als einen mit roten, dornigen Rosen. Weiße Lilien sind ebenfalls ein glückbringendes Geschenk und besonders gut für Genesende geeignet. Sie enthalten die reine und heilende Energie des Westens.

LIMONENBAUM Dieser günstige Baum sollte während des Mondneujahrs aufgestellt werden. Ein Limonenbaum voll reifender Früchte symbolisiert das Gedeihen des Glücks und des Wohlstands. Diese Pflanzen sieht man gewöhnlich an den Eingängen chinesischer Häuser während der 15 Tage des Mondneujahrs. Es bedeutet einen wohlhabenden Start in das Neue Jahr. *Siehe auch* Orangenbaum.

LI-TRIGRAMM Es liegt im Süden und symbolisiert das Feuer. Li bedeutet das Haftende. Es setzt sich aus einer schwachen, gebrochenen Linie zwischen zwei starken, durchgehenden Yang-Linien zusammen. Li steht für Feuer, Sonne, Helligkeit, Blitz, Hitze und Wärme. Da der Süden die Ecke des Feuers ist, aktivieren Sie das Ruhmesglück, das der Südsektor mit sich bringen kann, indem Sie das Li-Trigramm im Süden anbringen.

LOGOS Ungünstige Logos können eine Firma in den Ruin treiben. Ein Firmenlogo sollte immer mit Rücksicht auf seine Feng-Shui-Bedeutung gestaltet werden. Unternehmen haben von günstigen Logos profitiert, andere dagegen sind in Konkurs gegangen, weil sie sehr ungünstige Logos hatten. Weitere Hinweise finden Sie im Kapitel zu Feng Shui für Unternehmen *(S. 292–301)*.

LOTUSSAMEN Sie symbolisieren Glück bei den Nachkommen. Das Samenkorn der Lotusblume ist ein starkes Sinnbild für das Glück der Kinder. Lotussamen im Haus sollen die Ankunft von Enkeln fördern und beschleunigen. Buddhisten schätzen aus Lotussamen hergestellte Gebetsperlen.

LOTUSTEICH Die Lotusblume ist ein Glückssymbol, das als Zeichen der Erleuchtung angesehen wird. Ein Lotusteich gilt stets als ein äußerst günstiges Gartendetail – wenn auch nicht unbedingt in materieller Hinsicht. Lotusteiche symbolisieren ein tiefes Gefühl für Frieden und geistige Transformation. Des weiteren heißt es, daß sie die spirituelle Entwicklung fördern.

LÖWEN Ein Löwenpaar vor dem Tor oder dem Eingang ist ein hervorragendes Schutzsymbol vor schlechtem Chi und vor Menschen mit bösen Absichten. Die Löwen müssen nicht besonders groß sein, ihre Ausmaße sollten in einem angemessenen Verhältnis zur Größe Ihrer Türe stehen. Löwen sind eine ausgezeichnete Alternative zu Fu-Hunden. *Siehe auch* Fu-Hunde.

LUO PAN Er enthält normalerweise geheime Codes und Formeln. Der Luo Pan oder auch chinesischer Geomanten-Kompaß ist ein höchst kompliziertes Instrument, das aus konzentrischen Ringen besteht, die um einen magnetischen Kompaß angeordnet sind. Die inneren Ringe des Kompasses zeigen die acht Trigramme und Himmelsrichtungen. Der folgende Ring zeigt die himmlischen (oder göttlichen) Stämme und die irdischen (oder Erd-) Äste. Diese Begriffe entstammen dem Ganzhi-System. Für den Laien kann die Verwendung des Luo Pan verwirrend sein, man benötigt außerordentliche Kenntnisse im Bereich der vielen Permutationen zwischen Trigrammen, Stämmen und Ästen und ihren logischen Folgen, den Wechselwirkungen zwischen Element und Horoskopeinflüssen. Deshalb ist es wesentlich einfacher, mit vorgefertigten Tabellen zu arbeiten, die von den Meistern bereits vereinfacht wurden, und außerdem einen einfachen Kompaß nach westlicher Machart zu verwenden. *Siehe auch* Almanach und Ganzhi-System.

M

MAGISCHES LO-SHU-QUADRAT Hier handelt es sich um ein wichtiges Analysewerkzeug, das aus einem Gitter mit neun Feldern besteht. Dieses Quadrat ist wahrscheinlich das bedeutsamste Symbol des Kompaß-Feng-Shui. Es heißt, das Lo-Shu-Gitter sei dem Herzog von Chu auf dem Rücken einer Schildkröte aufgefallen, die aus dem Lo-Fluß auftauchte. Die Bedeutung des Gitters liegt in der Anordnung der Zahlen in neun Feldern, wobei die Summe von jeweils drei Zahlen in jeder beliebigen Richtung 15 ergibt, also die Anzahl von Tagen, die zwischen Neumond und Vollmond liegen. Aufgrund dieser Verbindung soll das Lo-Shu-Gitter Hinweise auf das Schicksal von Menschen und ihren Häusern innerhalb eines bestimmten Zeitraums geben. Deshalb ist es das Hauptwerkzeug der Methode des Fliegenden Sterns im Formel-Feng-Shui.

MAGNOLIE Sie ist ein kostbares Symbol weiblicher Süße und Schönheit. Besonders gut geeignet ist diese Blühpflanze für den westlichen Teil Ihres Hauses oder für einen westlich ausgerichteten Garten.

MANDARINENTEN Sie sind wunderbare Symbole für Eheglück und sollten deshalb aufgestellt werden. Ein Paar Mandarinenten gelten als Sinnbild eines verliebten, jungen Paares. Nach dem Symbolischen Feng Shui zieht ein Entenpaar in der südwestlichen Ecke das Liebesglück an. Holzenten sind nicht so wirksam wie Jaspisenten.

MATRATZEN Eine einzige große Matratze ist im Ehebett wesentlich empfehlenswerter als zwei getrennte Matratzen. Diese könnten eine Spaltung von Ehemann und Ehefrau verursachen, da sie auf symbolische Weise ein trennendes Element darstellen. Besser als ein Bett mit zwei Matratzen sind zwei getrennte Betten oder gar getrennte Räume.

MENSCHENGLÜCK Dieses Glück ist der Teil der Trinität des Glücks, den Sie selbst beeinflussen können. Die Trinität des Glücks umfaßt Tien, das Himmelsglück, Ti, das Erdenglück sowie Ren, das Menschenglück. Von diesen drei Glücksarten können wir das Erden- und Menschenglück selbst kontrollieren. Das Erdenglück ist Feng Shui und das Menschenglück beinhaltet alles, was wir selbst erschaffen. *Siehe auch* Tien Ti Ren.

MENTORENGLÜCK Eine derartige Unterstützung von einflußreichen Leuten erlangt man, indem man den Nordwesten aktiviert. Die nordwestliche Richtung ist wichtig und trägt eine große Bedeutung, da das zugehörige Trigramm Chien ist, das den Führer und himmlischen Segen symbolisiert. Wer Mentorenglück und die Unterstützung der Mächtigen nötig hat, sollte den Chi-Fluß in diesem Teil des Hauses aktivieren. Das kann beispielsweise durch ein sechsschnüriges Windspiel geschehen, da es die Essenz der Metallenergie erzeugt.

METALL Dieses Feng-Shui-Element wird vom Westen und Nordwesten repräsentiert. Metall wird auch als Gold angesehen, im Chinesischen werden beide Wörter durch dasselbe Schriftzeichen dargestellt. Das Metall-Element gilt als günstig, sobald Erde anwesend ist, da die Erde Gold produziert. Folglich bringt es Ihnen Erfolg und Reichtum, wenn Sie ein symbolisches Erd-Element-Objekt wie einen Globus in der Metallecke Ihres Hauses aufstellen. Metall wird durch das Feuer-Element zerstört. Das weist darauf hin, daß beispielsweise das Anbringen heller Lampen in den Metallecken verheerende Folgen für das Glück dieser Ecke hätte.

MÖBELSTÜCKE Sie können gemäß wichtiger Feng-Shui-Richtlinien angefertigt werden. Von Feng Shui geprägte Möbelstücke können äußerst angenehm sein, weil sie kaum negativen Kräfte ausstrahlen. In solche Möbel sollte man nie Nägel schlagen, die Einzelteile sollten so angefertigt sein, daß sie in Schwalbenschwanztechnik verbunden werden können. Antike Ming-Stühle beispielsweise sind außerordentlich kostbar und teuer, weil sie ganz ohne Nägel zusammengesetzt wurden. Außerdem sind die Stühle immer schön geschwungen und weisen keine scharfen Kanten oder Ecken auf. Moderne Möbel können das Konzept und das Wesentliche dieser Art von Möbelstücken nachahmen. Sofas sollten genügend große Rückenlehnen und Armstützen haben. Achten Sie bei Tischen und Schränken auf runde Ecken. Bei Bücherregalen sind Türen wichtig, um die tödliche Energie der Messerklingen ähnelnden Bretter zurückzuhalten, die Giftpfeile in den Raum schießen. Vermeiden Sie Metallmöbel, die Disharmonie ausstrahlen, ebenso wie Möbel mit scharfen, spitzen Ecken oder Möbel in Dreiecksform.

MONDKALENDER Der chinesische Mondkalender ist in zwölf Monate zu je 29 Tagen unterteilt. Alle zweieinhalb Jahre wird ein Extramonat eingeschoben, um den Kalender auszugleichen. Dieser Extramonat wird der Reihe nach zwischen dem zweiten und dem elften Monat des Mondjahres eingesetzt. Ein Glückstag des Mondjahres ist der »erste Tag des Frühlings«, der allgemein als »lap chun« bezeichnet wird. Einige Jahre haben doppelte lap chuns (und gelten somit als günstige Jahre) und andere Jahre dafür gar kein lap chun (diese Jahre gelten als ungünstig für Geburten und Hochzeiten). Im Mondkalender beginnt der Tag um 23 Uhr und die 24-Stunden-Tage sind in zwölf Segmente zu je zwei Stunden unterteilt, wobei jedes von einem der zwölf Tiere beherrscht wird. Für Divinationszwecke muß man die Tiersymbole kennen, die die Geburtsstunde und das Geburtsjahr bestimmen. Ebenso wichtig ist es, die Elemente zu kennen, die die Vier Säulen einer Person beherrschen, und gleichzeitig die Bedeutung der Tiere, Elemente und Yin/Yang-Konnotationen zu verstehen. Der Unterschied zwischen Glück und Pech liegt in der Kombination dieser Symbole, und die chinesische Wahrsagekunst beinhaltet die Interpretation dieser Bedeutungen.

MONDTOR Ein kreisförmiger Eingang wird als Symbol für die günstige Balance von Yin- und Yang-Energie angesehen und war in früheren Zeiten beliebt. Die runde Form erinnert an das Element Gold.

MOU-TAN-BLUME *Siehe* Pfingstrose (Päonie).

MÜNZEN Sie gehören zu den wirksamen, symbolischen Feng-Shui-Mitteln. Als Repräsentanten des Reichtums sind sie bestens dafür geeignet, um das Feng Shui für Wohlstand zu aktivieren. Echte alte, chinesische Münzen können als Feng-Shui-Münzen verwendet werden. Das quadratische Loch in der Mitte hat eine Bedeutung im Feng Shui. Der Kreis und das Quadrat symbolisieren Himmel und Erde. Man sollte drei Münzen mit einer roten Schnur zusammenbinden und sie an der Innenseite der Eingangstür aufhängen, um das im Haus vorhandene Geld zu repräsentieren. *Siehe auch* Registrierkasse.

N

NACH-HIMMLISCHE REIHENFOLGE So bezeichnet man die Folge von Trigrammen um das Bagua, die man in der Feng-Shui-Analyse für den Wohnsitz der Lebenden anwendet. Die nach-himmlische Reihenfolge ist auch unter dem Namen »Innere-Welt«-Reihenfolge bekannt, wobei die Trigramme aus ihrer Anordnung in Gegensatzpaare herausgenommen und statt dessen in einer kreisförmigen, zeitlich fortschreitenden Reihenfolge angeordnet werden, die ihrer Bedeutung im physisch-irdischen Reich entsprechen. Auf diese Weise entstehen die Jahreszyklen mit vier verschiedenen Jahreszeiten, die Tageszyklen mit dem Wechsel von Tag und Nacht usw. In dieser neuen Reihenfolge sind die Himmelsrichtungen und die Jahreszeiten deshalb enger verbunden. Diese Anordnung der Trigramme unterscheidet sich deshalb stark von der vor-himmlischen Reihenfolge.

NARZISSE *Siehe* Blumenzwiebeln.

NATÜRLICHE KONTUREN Dies bezieht sich auf die Hügel und Berge der Landschaft, besonders auf diejenigen, die den Drachen und Tiger simulieren. Landschafts-Feng-Shui beurteilt die natürlichen Landschaftsformen und Erhebungen. Vom Menschen erbaute Gebäude beeinflussen jedoch ebenso das Feng Shui eines Standortes und werden gleichfalls berücksichtigt.

NIEN YEN Dies ist die persönliche Richtung, die man aktivieren oder energetisieren muß, um viel Glück in der Familie, der Liebe und der Ehe zu erlangen. Sie ist eine der vier günstigen Richtungen, die jeder Kua-Zahl in der Acht-Häuser-Formel zugewiesen wird.

NORDEN Er ist mit dem Wasser-Element verbunden und ist gleichzeitig der Ort der Schildkröte. Der Nordteil Ihres Hauses sollte durch ein Wasser-Objekt energetisiert werden. Wenn Sie kein echtes Wasser-Objekt aufstellen können, hängen Sie eine Wasserabbildung auf: Das reicht aus, um die Energien der Elemente harmonischer zu gestalten.

NORDOSTEN Dies ist der Ort des Erd-Elements, er steht auch für Bildung und Gelehrsamkeit. Das Aufstellen von diesem Element zugehörigen Objekten sorgt für eine harmonische Element-Energie.

NORDWESTEN Der Nordwesten ist der Ort des Patriarchen und wird vom Trigramm Chien symbolisiert. Dies ist wahrscheinlich die wichtigste Ecke eines jeden Hauses, da sie mit dem Patriarchen oder dem Familienernährer verbunden ist. Achten Sie stets darauf, daß die Energieströme im Nordwesten lebendig und günstig sind. Der Nordwesten ist auch der Ort des großen Metalls: Deshalb sollten Sie Erd- oder Metallobjekte hier plazieren. Stellen Sie keine Feuerobjekte, wie z. B. Lampen oder Lichter, in dieser Zone auf – im Zyklus zerstört Feuer das Metall.

O

OFFENE REGALBRETTER Sie gleichen Klingen, die Sie schneiden und unerhörten Schaden anrichten können. Ihre scharfen Kanten strahlen Sha Chi ab, den Todeshauch, und damit Krankheit, Einkommensverlust oder gar einen dramatischen Vermögensrückgang. Versuchen Sie, die abgeschossenen Giftpfeile abzulenken, indem Sie Regale durch Türen in Schränke verwandeln. Wenn das nicht möglich ist, stellen Sie Bücher oder Aktenordner so auf, daß sie mit der Brettkante abschließen und so die Regale verschwinden lassen. Bei verzierten Brettern sollten Sie die scharfen Kanten mit Sandpapier abschleifen. Glasbretter sind im Norden schädlich, Holzbretter im Südwesten, Nordosten und in der Mitte des Raumes. Plastikbretter sind überall am wenigsten schädlich. *Siehe auch* Schlafzimmer.

ORANGENBAUM Ein Orangenbaum ist äußerst günstig und bringt der Familie Reichtum und Wohlstand. Das liegt daran, daß das chinesische Wort für Orange, »Kum«, phonetisch wie das Wort für Gold klingt. Es gilt als sehr glückbringend, fruchtbehangene Orangenbäume während des Mondneujahrs zu Hause aufzustellen, da sie ein Neues Jahr voll Wohlstand symbolisieren. Aufgrund seiner guten Eignung für die Energetisierung des Reichtumsglücks sollten Sie einen Orangenbaum, falls Sie ihn im Garten pflanzen möchten, am besten in der südöstlichen Ecke (der Wohlstandsecke) unterbringen.

ORCHIDEE Die Orchidee ist ein hervorragendes Symbol für Stärke und Tapferkeit. Wenn Sie Pflanzen für den Garten auswählen und das Klima Ihres Wohnortes es zuläßt, können Sie mit dem Anbau von Orchideen Stärke und Mut unterstützen sowie für eine umfassende Karriere in Ihrer Branche sorgen. Orchideenblüten halten sehr lange und bringen gutes, gesundes Chi ins Haus.

OSTEN Hier liegt der Ort des Drachen und des Holzelements. Der Osten verkörpert den Kern der Wachstumsenergie. Das Element Holz trägt diese Bedeutung, weil alles, was aufstrebende Energie benötigt, von einer Lage im Osten profitieren wird. In früheren Zeiten war dieser Ort für die Erben der Dynastien reserviert. Ebenso besagt Feng Shui, daß das Leben in einem östlichen Raum für die Söhne der Familie nutzbringend ist. Da der Osten dem Element Holz entspricht, sind auch üppige Grünpflanzen und jegliche Wasserobjekte vorteilhaft für ihn. Achten Sie im Osten stets auf eine ausreichende Versorgung mit Yang-Energie und verhindern Sie die Ansammlung und Vermehrung von verbrauchter Energie, da sie besonders schädlich ist.

OST-GRUPPE Sie ist ein Teil der Bagua-Lo-Shu-Formel der Acht Häuser. Nach der Kompaß-Formel gehören Sie der Ost-Gruppe an, wenn Ihre Kua-Zahl 1, 3, 4 oder 9 ist. Die günstigen Richtungen für die Personen der Ost-Gruppe sind Norden, Süden, Osten und Südosten.

OST-HAUS Diese Bezeichnung richtet sich nach der Ausrichtung der Haupttüre. Als Ost-Haus bezeichnet man ein Gebäude, dessen Haupteingang nach Westen und Nordwesten zeigt. Die Vorstellung beruht auf der Acht-Häuser-Formel für die Ausrichtung. Diese spezielle Richtlinie kann zu Anwendungsschwierigkeiten führen, wenn Sie die Ausrichtung des Haupteingangs auf Westen oder Nordwesten festlegen wollen, aber dabei in einem West-Haus leben.

P

PARK Ein Park oder ein parkähnliches Gelände vor Ihrem Haupteingang symbolisiert den günstigen Hellen Saal. Er bewirkt äußerst gutes Feng Shui, da man glaubt, das Chi könne sich dort sammeln, bevor es ins Haus strömt.

PAVILLONS Diese Strukturen können den Haupteingang entweder stärken oder schwächen. *Siehe auch* Gartenlauben.

PERGOLEN Diese Gartengestaltungselemente sind eine hervorragende Lösung für fehlende Ecken. Sie sorgen für Abwechslung in einem weitläufigen Garten. Achten Sie jedoch genau darauf, ob Sie das Feng Shui Ihres Hauses dadurch vermehren oder vermindern. *Siehe auch* Gartenlauben.

PERLENVORHÄNGE Sie stellen ein Feng-Shui-Heilmittel für belastete Eingänge dar. Die Anordnung der Türen in einem Haus spielt im Feng Shui eine wichtige Rolle. Zwei Türen, die auf einem Flur einander direkt gegenüberliegen, sollten Sie unbedingt vermeiden. Diese Konfrontationsposition führt zu Streitereien und Mißverständnissen zwischen den Haushaltsmitgliedern und besonders zwischen den zwei Personen, deren Türen einander konfrontieren. Da Sie die Position der Türen nicht einfach ändern können, sollten Sie die negative Wirkung dieser Anordnung abmildern, indem Sie einen Perlenvorhang vor den Eingang hängen. Auf diese Weise scheint die Tür stets geschlossen zu sein. Noch schwieriger ist jedoch die Situation, wenn eine Tür nur einem Teil einer anderen Tür gegenüberliegt. In einer derartigen Lage ist es ratsam, etwas zwischen die beiden Türen zu stellen, beispielsweise eine Pflanze, die als Raumteiler fungiert. Perlenvorhänge sind in diesem Fall keine akzeptable Lösung.

PFAU Der Pfau verkörpert Würde und Schönheit. Jahrhundertelang machten ihre schönen Farben die Pfauenfedern zu einem beliebten Symbol eines hohen Ranges. Fächer aus Pfauenfedern werden oft in chinesischen Häusern aufgehängt. Der Pfau kann auch als Ersatzsinnbild für den Roten Phönix stehen. *Siehe auch* Phönix.

PFEILE Sie stehen für tödliche Energie. Zu den meistgefürchteten Feng-Shui-Tabus gehören geheime Giftpfeile, die durch feindliche Strukturen in der Landschaft entstehen. *Siehe auch* Giftpfeile.

PFERD Dieses Tier des Südens kann außerordentlich viel Yang-Energie erzeugen. Das Pferd ist ein Symbol für Mut, Schnelligkeit und Ausdauer und zählt zu den Schätzen des Buddhismus. Es ist günstig, ein Pferdebild oder -foto im Südteil des Wohnzimmers aufzuhängen, weil das Element des Pferdes das Feuer ist, was mit der südlichen Ausrichtung übereinstimmt. Pferdefiguren im Südwesten sollen das Glück beim sozialen Aufstieg begünstigen, im Nordwesten helfen sie dafür bei Prüfungen.

PFLASTERSTEINE Ein gewundener, mit Pflastersteinen belegter Weg ist ein hervorragendes Gestaltungselement für die Erd-Ecke Ihres Gartens.

PFINGSTROSE (PÄONIE) Sie gilt als Königin der Blumen und wirkt als Liebeszauber. Die Pfingstrose assoziiert man mit schönen und begehrenswerten Frauen. Die legendäre Yang Kuei Fei, eine der schönsten Frauen der chinesischen Geschichte und Konkubine des Kaisers, schmückte ihr Schlafgemach das ganze Jahr über mit Päonien. Der Kaiser, der ihr keine Bitte abschlagen konnte, ließ ihr diese Blumen aus dem Süden liefern. Eltern, die sich für ihre Tochter eine gute Partie wünschen, sollten ein großes Gemälde mit vielen Pfingstrosen im Wohnzimmer aufhängen. Je üppiger die Blumen, desto größer das Vermögen. Pfingstrosenbilder oder Seidenpäonien können auch im Schlafzimmer eingesetzt werden. Wenn Sie bereits verheiratet sind, wird ein im Schlafzimmer aufgehängtes Pfingstrosenbild Ihren Ehemann zu stärkerer Liebesglut veranlassen, vielleicht jedoch auch mit einer anderen Person. Pfingstrosen sind deshalb nicht geeignet, das Feuer der Liebe in einer Ehe neu zu entfachen.

PFIRSICH Der Pfirsich ist die Frucht der Langlebigkeit. Ein Pfirsichzweig aus Jade in der Mitte Ihres Hauses wird Langlebigkeitsglück anziehen.

PFIRSICHBAUM Viele Legenden ranken sich um den Pfirsichbaum, der jedem, der seine Früchte verspeist, Unsterblichkeit verspricht. Nach dem Glauben der Chinesen wächst er im Westlichen Paradies und trägt nur alle 3000 Jahre Früchte.

PFLANZEN Sie stehen immer für gutes Feng Shui und sind passende Hilfsmittel für die Holzecke eines Hauses oder Büros. Pflanzen erinnern immer an den Wachstumskern des Holz-Elements. Wenn Sie Pflanzen rund um Ihr Haus anpflanzen, besonders im Osten und Südosten, so wird das Ihr Feng Shui in enormem Maße verbessern. Halten Sie die Pflanzen in Form, indem Sie sie regelmäßig zurückschneiden. Sterbende Pflanzen sollten Sie sofort entfernen.

PFLAUMENBLÜTE Hängen Sie für ein glückliches, langes Leben ein Bild mit Pflaumenblütenmotiv auf. Zusammen mit der Pfingstrose, der Lotusblume und der Chrysantheme gehört die Pflaumenblüte zu den vier günstigen Blumen. Gemeinsam symbolisieren sie auch die vier Jahreszeiten, wobei die Pflaume den Winter verkörpert. Die Pflaume wird allgemein als Symbol eines glücklichen und langen Lebens betrachtet, weil die Blüten auf den blattlosen und scheinbar toten Zweigen des Baumes bis ins hohe Alter hinein austreiben.

PHÖNIX Dies ist der Vogel des Südens, der großartige Gelegenheiten bietet und in der chinesischen Mythologie oft als Gefährte des himmlischen Drachen dargestellt wird. Er kann als Feng-Shui-Symbol verwendet werden, um das Glück für günstige Gelegenheiten zu aktivieren. Für Heiratsglück symbolisieren der Phönix und der Drache zusammen außerordentliche Harmonie in der Ehe; die Chinesen setzen das Drachen-Phönix-Symbol oft bei Hochzeitstafeln ein. Plazieren Sie ein Drachen-Phönix-Motiv im Südwesten, um das Eheglück zu aktivieren. Um dem Berufserfolg auf die Sprünge zu helfen, ist ein Bild vom Phönix ohne den Drachen besser geeignet, weil es die Energie des Phönix befreit. Mit dem Drachen ist der Phönix ein Yin-Geschöpf. Ohne den Drachen wird er zu einem Yang-Geschöpf, das finanziellen Erfolg und Wohlstand garantiert. Im Landschafts-Feng-Shui wird der Phönix von einem kleinen Hügel oder leicht erhöhtem Gelände im Süden oder vor Ihrem Haus repräsentiert. Wenn nicht bereits ein kleiner Hügel vor Ihrem Haupteingang existiert, könnte ein künstlich angelegter das Glück des Sektors energetisieren. Als ein Geschöpf des Südens wirkt der Phönix am besten im südlichen Sektor oder der südlichen Ecke des Hauses oder Büros. Wenn Sie keine passende Phönixfigur finden können, sind auch andere Vögel mit feinem Gefieder wie Hahn oder Pfau durchaus geeignet.

PRIVATLEBEN Es kann durch bestimmte Feng-Shui-Techniken verbessert werden: Der beste Weg zur Erzeugung des Glücks, das ein aktives Privatleben mit sich bringt, ist die Verwendung von hellen Lichtern, um der Yang-Energie in der südwestlichen Ecke Ihres Gartens Auftrieb zu verleihen. Das ist der Ort der großen Erde, die große Mengen an Energie erzeugt. Wenn Sie keine südwestliche Gartenecke haben oder wenn Sie in einer Wohnung ohne Garten leben, können Sie ein ebenso wirksames Licht aufstellen, wenn Sie zumindest einen Balkon oder eine Terrasse im Südwesten haben. Idealerweise verwenden Sie zwei Lichter: 2 ist die Zahl des Südwestens. Wer in einer kleinen Wohnung ohne Terrasse lebt, kann auch das Wohnzimmer durch Installieren einer hellen Lampe in der südwestlichen Ecke energetisieren. Eine rote Lampe wird die Symbolkraft der Yang-Energie stärken. Die verwendete Lampe sollte nicht zu groß oder zu klein sein und mindestens auf einer Höhe von 1,5 m angebracht sein, also eine Stehlampe, eine Tischlampe oder Hängelampe. Beachten Sie, daß diese Vorgehensweise für das Schlafzimmer nicht empfehlenswert ist.

PURPUR Dies ist eine günstige Farbe. Sie symbolisiert Wasser und ist wesentlich wichtiger als Blau. Purpur ist glückbringend in Kombination mit Chrom und Silber.

PURPURROTER PHÖNIX Er ist das himmlische Tier des Südens. Als »König aller gefiederten Geschöpfe des Universums« erscheint der Phönix, wie man sagt, alle 1000 Jahre einmal, wenn die Zeiten günstig sind und ein guter Herrscher auf dem Thron sitzt. Phönixe sollen großartige Gelegenheiten bieten, um einen guten Namen, Reichtum und Wohlstand für die Familie zu erringen.

Q

QUARZKRISTALL Diese Energetisierer werden im Südwesten eingesetzt, um für Liebesglück zu sorgen. Natürliche Quarzkristalle sind ein hervorragendes

Symbol des Erd-Elements und deshalb als Energetisierer für den Südwesten und Nordosten sehr geeignet. Diese zwei Ecken sind für die jüngere Generation interessant, da der Südwesten die Liebe und das Privatleben verkörpert und der Nordosten für Bildungsglück steht.

QI GONG (AUCH CHI KUNG) Es handelt sich um eine Form der Kampfkunst, die es einem erlaubt, »das eigene Chi zu fühlen«. Seine langsamen Bewegungsübungen sollen die Ausübenden dazu befähigen, die Chi-Energie in ihrem Körper tatsächlich zu lenken. Mit derartigen Übungen glaubt man, schwere Krankheiten leichter überwinden zu können.

R

RECHTECKIGE FORM Sie steht für das Element Holz, dessen symbolische Bedeutung im Wachstum liegt. So glaubt man, daß die rechteckige Form ebenfalls für Wachstum steht, weshalb sie auch als glückbringend angesehen wird.

REICHTUMSGLÜCK Dies ist eine der acht Hauptglücksarten, die durch Feng Shui hervorgerufen werden können. Reichtumsglück ist eine der eher offensichtlichen und willkommenen Manifestationen korrekter Feng-Shui-Anwendung. Einfache, reichtumsfördernde Techniken verwenden das symbolische Feng Shui. So soll das Aufstellen einer dreibeinigen Kröte oder das Befestigen chinesischer Münzen an geeigneter Stelle das Geld-Chi anziehen. Es ist auch möglich, mit Pflanzen den Südosten zu energetisieren oder ein Wasserobjekt im Norden zu errichten. Das wahrscheinlich dauerhafteste Feng-Shui-Reichtumsobjekt ist der Wasserdrachen. Wenn möglich, sollten Sie einen bauen.

REGISTRIERKASSE Im Einzelhandel können Registrierkassen mit Münzen und Bambus energetisiert werden. Steigern Sie den Verkauf, indem Sie drei alte, chinesische Münzen, die mit einem roten Faden zusammengebunden sind, auf die Seite Ihrer Kasse kleben, wobei die Yang-Seite nach außen zeigen soll. Auf der Yang-Seite stehen vier chinesische Wörter, auf der Yin-Seite zwei. Wichtige Akten können auf die gleiche Weise aktiviert werden, um das Feng Shui am Arbeitsplatz zu verbessern. Oder Sie hängen hohle Bambusrohre über die Registrierkasse, die ebenfalls mit einem roten Faden befestigt werden. Das Bambusrohr sorgt dafür, daß Sie lange im Geschäft bleiben. Lassen Sie die Rohre senkrecht hängen, mit den oberen Enden leicht einander zugeneigt.

REICHTUMSVASE Eine persönliche Reichtumsvase ist eine hervorragende Methode, um Reichtums-Feng-Shui anzuziehen. Ihre Reichtumsvase kann aus Erd- oder Metall-Elementen hergestellt sein. Erd-Element-Vasen könnten aus Porzellan oder Kristall bestehen, während Metall-Element-Vasen aus Kupfer, Messing, Silber oder Gold sein können. Je kostbarer das Material der Vase ist, desto günstiger wird sie sein. Die Vase kann mit Halbedelsteinen gefüllt werden wie z. B. mit Kristall, Malachit, Amethyst oder Zitrin. Sie können auch Ihren Schmuck in der Vase aufbewahren. Ihre Reichtumsvase sollte in einem Schrank im Schlafzimmer versteckt sein und nie auf Ihre Vordertüre weisen: Das würde das Verschwinden Ihres Reichtums bedeuten.

REISURNE Für die Chinesen symbolisiert die Reisurne (ein urnenförmiges Vorratsgefäß) den Aufstieg und Fall des Familienreichtums. Chinesen, die Wert auf Traditionen legen, achten genau darauf, daß die Reisurne immer sicher aufbewahrt wird. Als Hauptnahrungsmittel verkörpert der Reis für die Chinesen den Lebensunterhalt der Familie. Wohlhabende, chinesische Matriarchinnen der alten Schule sollen die kostbare Familienreisurne jeweils der Familie des ältesten Sohnes vermacht haben. Manche Familien in China verwenden noch immer Reisurnen, die seit Generationen im Familienbesitz sind. Eine gut erhaltene Reisurne, die von Generation zu Generation weitergegeben wird, garantiert, daß die Familie selbst in schlechten Zeiten wohlhabend bleibt. Die Familienreisurne sollte ebenso wie die symbolische Reichtumsvase in einem Vorratsraum weggepackt werden. Dies bedeutet, daß der Familienreichtum sicher versteckt ist. Unter dem Reis befindet sich normalerweise ein sorgfältig eingewickeltes, rotes Päckchen mit Goldmünzen, die Geld symbolisieren. Dieses Geld wird jedes Mondneujahr erneuert, um für anhaltendes Glück zu sorgen. Wenn das vergangene Jahr gut war, wird normalerweise eine alte Münze behalten und neue Geldstücke werden hinzugefügt. Das bewahrt das Glück, das die Familie genossen hat, auch im kommenden Jahr. Die Reisurne sollte immer geschlossen sein. Bewahren Sie Ihren Reis in einer stabile Urne auf.

ROT Dies ist die beliebteste und günstigste Farbe, die gleichzeitig die höchste Yang-Farbe darstellt. Sie verkörpert das Trigramm Li und repräsentiert das Element Feuer. Rot wirkt überall stärkend und energetisierend, besonders im Winter, wenn die Yang-Energie nachläßt. Rot wird zu allen freudigen Anlässen getragen. Wenn Sie zu Hause eine günstige Kalligraphie aufhängen, verwenden Sie Rot als Hintergrundfarbe, um die Kalligraphie lebendiger wirken zu lassen. Zu viel Rot kann jedoch auch zu Problemen führen. Wenn ein Feuer nicht beaufsichtigt wird, kann es verbrennen und zerstören. Deshalb müssen Sie es kontrollieren und nach Ihren Vorstellungen einsetzen.

ROTER FADEN Der Faden kann an günstige Symbole gebunden werden, um Yang-Energie zu energetisieren. Die meisten ausgestellten Glückssymbole profitieren von dem roten Faden. Mit ihm lädt man das Objekt mit kostbarer Yang-Energie auf und erweckt es so zum Leben. Wenn Sie also Münzen, Steine, dreibeinige Kröten und andere Glückssymbole einsetzen, sollten Sie sie mit einem roten Faden umwickeln, um das Yang-Chi zu beleben.

RUHEZONEN Das Schlafzimmer des Hauses sollte eher ein Ort der Ruhe und des Friedens sein, wo man Yin-Chi bevorzugt anstelle von zu viel Yang-Chi. Wenn jedoch das gesamte Haus zu ruhig ist, stagniert das Glück.

RUHMESGLÜCK Es kann durch Verbesserung des Feng Shui im Süden energetisiert werden, der das Glück der Anerkennung und des Respekts bestimmt. Um dieses Glück zu energetisieren, sollten Sie helle Lampen im südlichen Teil Ihres Hauses installieren. Einige Feng-Shui-Schulen halten auch einen Südeingang für günstig bei der Erlangung eines guten Namens.

RUND Da die Kreisform dem Element Metall entspricht, kann sie auch für Gold stehen. Runde Formen sind besonders passend im Westen, Nordwesten und Norden. Sie können in Strukturen und in Gestaltungselemente, die in diesen Ecken des Hauses oder Gartens verwendet werden, integriert werden.

S

SÄULEN In einem Haus können frei stehende ebenso wie direkt vor einer Tür gelegene Pfeiler und Säulen große Feng-Shui-Probleme verursachen. Quadratische Säulen sind schädlicher als runde. Ihre scharfen Kanten können den giftigen Todeshauch verströmen, der durch um die Säule stehende Pflanzen abgelenkt und zerstreut werden sollte. Sie können als Alternative auch rundum Spiegel an der Säule anbringen. Zwei runde Säulen, die eine Tür flankieren, bedeuten gutes Feng Shui. Säulen sollten nie gegenüber der Eingangstür stehen, weder innen noch außen, wo sie schlechtes Feng Shui verursachen können. In solch einem Fall sollte entweder der Standort der Türe oder der Säule verändert werden.

SCHARFE KANTEN Die scharfen Kanten von Mauerecken oder Gebäuden erzeugen eine der schlimmsten Formen von Sha Chi. Wenn der Eingang zu Ihrem Haus oder Ihrem Grundstück von der scharfen Kante eines gegenüberliegenden Gebäudes getroffen wird, sollten Sie versuchen, die Sicht darauf zu verdecken. Oder Sie verwenden einen Yin-Bagua-Spiegel, um die tödliche Energie abzuwehren. *Siehe auch* Bagua-Spiegel.

SCHATTEN Er ist ebensowichtig wie das Sonnenlicht und trägt zum Gleichgewicht zwischen Yin und Yang bei. Deswegen muß er in jeder Umgebung, jedem Garten und jedem Raum vorhanden sein. Zu viel Schatten statt Sonnenschein erzeugt jedoch überschüssige Yin-Energie.

SCHIRM Dieses Schutzsymbol sollte nach Ansicht der Chinesen nie im Inneren des Hauses geöffnet werden. Der moderne Regenschirm als Gegenstück zum altmodischen Sonnenschirm ist eine annehmbare Variation des Symbols.

SCHLAFRICHTUNGEN Die Kompaßschule des Feng Shui teilt jeder Person eine Kua-Zahl zu, die dann die vier besten und vier schlechtesten Schlafrichtungen eines jeden Individuums bestimmt. Es ist ratsam, mit dem Kopf in Richtung einer der guten Richtungen zu schlafen. Weitere Informationen dazu bietet das Kapitel Feng Shui im Schlafzimmer *(S. 160–171). Siehe auch* Kua-Zahlen.

SCHLAFZIMMER Es handelt sich um wichtige Räume, die stets von gutem Feng Shui erfüllt sein sollten. Man sollte dabei nie vergessen, daß das Schlafzimmer ein Ort der Ruhe und Entspannung ist. Die im Schlafzimmer vorherrschenden Energien sollten deshalb mehr von Yin bestimmt sein als von Yang, da ein Schlafzimmer mit zu viel Yang den darin Lebenden zu aktiv macht, was zu Schlafstörungen führen kann. Aus diesem Grund raten viele Feng-Shui-Meister davon ab, das Schlafzimmer mit zu vielen Glückssymbolen zu aktivieren. Derartige Symbole, die in anderen Teilen des Hauses durchaus ihren Sinn haben, können sich im Schlafzimmer gegen Sie richten. Wasserobjekte sind im allgemeinen günstig, im Schlafzimmer dagegen richten sie eher Schaden an. Wenn Sie mit Wasser hinter sich schlafen, kann das dazu führen, daß Sie ausgeraubt werden oder einen finanziellen Verlust erleiden. Beachten Sie, daß sich Wasser nicht nur auf Aquarien, Brunnen und Goldfischgläser bezieht. Auch bildlich dargestelltes Wasser sollten Sie aus Ihrem Schlafzimmer verbannen. Es ist allerdings akzeptabel, wenn Sie Ihr Schlafzimmer in Blau, einer entspannenden und beruhigenden Farbe, dekorieren. Schwarz symbolisiert Wasser und sollte deshalb bei der farblichen Gestaltung Ihres Schlafzimmers keine große Rolle spielen. Das Anbringen von Spiegeln gehört zu den häufigsten Fehlern im modernen Schlafzimmerdesign. Spiegel werden oft eingesetzt, um den Eindruck von Weite entstehen zu lassen. Egal, ob die Spiegel an Schlafzimmerschränken angebracht sind oder an der Decke: Die reflektierenden Kanten der Spiegel strahlen Sha Chi auf das schlafende Paar ab. Das ist die Ursache für Streitereien und Mißverständnisse und ebenso für schlechte Gesundheit. Spiegel bringen auch noch eine dritte Partie mit ins Spiel, wenn sie das schlafende Ehepaar reflektieren, und lassen so die Ehemänner und/oder Ehefrauen untreu werden. Beachten Sie, daß alle Objekte mit einer reflektierenden Oberfläche, selbst Fernseher, die an einen Spiegel erinnern, im Schlafzimmer nichts zu suchen haben. Falls Sie Spiegel haben, die nicht abmontiert werden können, verhüllen Sie sie mit einem Vorhang. Ebenso sollte man Fernseher jede Nacht mit einem Tuch abdecken, bevor man schlafen geht. Offene Regale sollten im ganzen Haus generell abgedeckt werden, nicht nur im Schlafzimmer, wo sie am schädlichsten sind. Sind derartige Regalbretter direkt gegenüber dem Bett angebracht, in dem Sie schlafen, so schießen die Bretter die ganze Nacht lang kleine Giftpfeile auf Sie ab. Es wird nicht lange dauern, bis Sie krank werden. Wenn Sie die Regale nicht mit Türen verkleiden können, gibt es noch die Möglichkeit, die Bretter mit Büchern zu füllen, deren Rücken mit der Kante der Regalbretter abschließen und so die Bretter neutralisieren. Blumen und Pflanzen, besonders noch im Wachstum befindliche Pflanzen, sind mächtige Yang-Symbole und aus diesem Grund nicht für Schlafzimmer geeignet. Wenn Sie Pflanzen in ein Mädchenschlafzimmer stellen, wird sie das in Liebesdingen negativ beeinflussen. Pflanzen im Schlafzimmer eines Paares sorgen für häufigen Streit. Die einzige Situation, in der Blumen und Pflanzen im Schlafzimmer erlaubt sind, ist bei Personen, die sich gerade von einer Krankheit erholen und dazu Yang-Energie benötigen. Ihrer Schlafrichtung sollten Sie besondere Aufmerksamkeit widmen, wenn Sie von gutem Feng Shui profitieren wollen. Deshalb ist es äußerst wichtig, daß Ihr Kopf in einer Ihrer vier guten Richtungen liegt, während Sie schlafen. Überprüfen Sie Ihre guten und schlechten Richtungen im Kapitel Kompaßformel-Feng-Shui *(siehe S. 66–79)*. Diese Formel basiert auf der individuellen Kua-Zahl. *Siehe* unter Kua-Zahlen.

SCHLECHTES FENG SHUI Es steht für das genaue Gegenteil von Glück. Durch Feng Shui verursachte Mißgeschicke ereignen sich oft kurz hintereinander und in einer Häufigkeit und Intensität, daß es Ihnen sicher nicht schwer fallen wird, bald ein Muster dahinter zu entdecken. Wenn also beispielsweise bei Ihnen zu Hause einer nach dem anderen krank wird, Verluste oder Unfälle erleidet und Schwierigkeiten in der Arbeit bekommt, sollten Sie in Erwägung ziehen, ob nicht irgendeine Struktur oder Ausrichtung Ihr Heim in Mitleidenschaft zieht. Beinahe jede Art von negativem Feng Shui kann bis zu einem gewissen Punkt zerstreut werden. Der Umgang mit einigen Konfigurationen und Anordnungen ist möglicherweise schwieriger als mit anderen, aber alle negativen Anordnungen können letzten Endes verbessert werden.

SCHMUCK Er dient dem Schutz und der Erlangung von persönlichem Glück. Heute tragen die Menschen Schmuckstücke, um glückbringendes Chi anzuziehen und schützende, physikalische Energien zu erzeugen, auf dieselbe Weise wie unsere Ahnen Amulette oder einen Talisman zu tragen pflegten. Mit günstigen Symbolen verzierte Schmuckstücke ziehen das Glück an. Aus diesem Grund führen Verlobungs- und Hochzeitsringe mit dem Doppelten Glückssymbol zu außerordentlichem Eheglück. Münzschmuck zieht Reichtumsenergie an. Echter Schmuck ist immer besser als Modeschmuck – Diamanten sind kraftvoller als Kristalle, und Gold oder Platin ist ein wirkungsvollerer Reichtumsenergetisierer als Stahl oder Katzengold.

SCHREIBTISCHE Sie können energetisiert werden, um hervorragendes Glück in der Arbeit anzuziehen. Der Schreibtisch ist für die Feng-Shui-Energetisierung sehr gut geeignet. Wenn Sie passende, günstige Maße für die Positionierung oder die Herstellung eines Schreibtischs prüfen, schlagen Sie im Kapitel zum Feng-Shui-Lineal nach. Energetisieren Sie Ihre Schreibtischoberfläche mit Objekten, die die Fünf Elemente repräsentieren. Legen Sie auf Ihrer Schreibtischoberfläche die Grenzen eines Lo-Shu-Gitters fest und bestimmen Sie dann mit Hilfe eines Kompasses die entsprechenden Kompaßrichtungen eines jeden Gitterteils. Energetisieren Sie Ihren Schreibtisch entsprechend der Lo-Shu-Gitter-Richtungen auf dem Tisch. Stellen Sie die Objekte wie folgt auf:

Osten	Eine Schale frischer Blumen
Südosten	Eine kleine Grünpflanze
Westen	Ihr Telefon
Nordwesten	Ihr Computer
Norden	Ihre Kaffeetasse
Süden	Eine Lampe oder etwas Rotes
Südwesten	Ein Lapislazuliglobus
Nordosten	Ein Briefbeschwerer aus Kristall

Prüfen Sie darüber hinaus Ihre Kua-Zahl und finden Sie Ihre beste Sitzrichtung heraus. Legen Sie mit Hilfe eines Kompasses die Sitzrichtung fest, die Ihnen Glück bringen soll. Sitzen Sie so oft wie möglich in dieser Ausrichtung. Schließlich sollten Sie von Ihrem Schreibtisch aus einen freien Blick genießen, der nicht von unwichtigen Büroutensilien abgelenkt oder verstellt wird.

SCHWARZE SCHILDKRÖTEN Diese Tiere sind himmlische Tiere, die großes Glück bringen. Die Schwarze Schildkröte gilt als eines von vier himmlischen Tieren, das Glück, Gesundheit und Schutz garantiert. Die Anordnung der Nummern auf dem Lo-Shu-Quadrat, einem der wichtigsten Rechensymbole der Formschule des Feng Shui, stammt angeblich vom Rücken einer Schwarzen Schildkröte, die aus dem Lo-Fluß auftauchte. Man sagt, die Anordnung der Ziffern eins bis neun in dem Quadrat basiere auf den Markierungen dieser Schildkröte aus grauer Vorzeit. Wie auch immer man die Nummern addiert, diagonal oder gerade, die Summe ergibt immer neun. Die Schwarze Schildkröte ist eines der vier Tiere, die die günstige »Sesselformation« im Landschafts-Feng-Shui (Formschule des Feng Shui) bilden. Der Sessel besteht aus dem Grünen Drachen auf der linken, dem Weißen Tiger auf der rechten Seite, der Schwarzen Schildkröte im Rücken (als Stütze) und dem Phönix auf der Vorderseite (als Fußschemel). Errichtet man ein Haus inmitten dieser vier Tiere, so wird dadurch kostbares Chi angezogen und erzeugt, was den Bewohnern des Hauses viel Glück bringt. Die Schwarze Schildkröte ist ein beliebtes Glückssymbol für das Haus. Wenn Sie ein Schildkrötenbild oder eine -figur aufstellen oder sie als Haustier oder Teichschildkröte halten, ist das entstehende symbolische Feng Shui ausgesprochen günstig. Diese kleineren Verwandten der Wasserschildkröte sollen ebensoviel Glück bringen wie ihre großen Vettern. Wenn Sie eine (Sumpf-)Schildkröte halten möchten, bringen Sie sie im nördlichen Teil des Hauses unter. Machen Sie sich keine Sorgen, daß sich Ihr Haustier einsam fühlen könnte ohne Partner: Sumpfschildkröten sind geborene Einzelgänger.

SEE Seen zählen zu den großen Wasserflächen vor dem Haus, was glückverheißend ist. Das Feng Shui gilt als außerordentlich günstig, besonders wenn das Wasser des Sees sauber und nicht verschmutzt ist und von Leben nur so wimmelt. Unter solchen Umständen wird der See zu einer Quelle des wertvollen Sheng Chi. Um das Glück des Sees vollständig zu nutzen, sollten Sie die Prinzipien der Fünf Elemente anwenden. So ist ein See nördlich Ihrer Eingangstür besser als ein See im Süden. Diese Anordnung erreichen Sie durch die entsprechende Ausrichtung Ihres Hauses. Achten Sie auf einen Seeblick vom Wohnzimmer aus und bauen Sie Ihr Haus keinesfalls so, daß der See dahinter liegt.

SEGELSCHIFFE Ein mit Katzengold gefülltes Modellsegelschiff gehört zu den wirksamsten Feng-Shui-Energetisierern und -Symbolen für das Haus. Es ist besonders hilfreich bei der Erlangung von Glück im Geschäftsleben.

SESSEL Dies ist eine Formation des Landschafts-Feng-Shui. Die »Sesselformation« ist eine anschauliche Beschreibung des perfekten Hausstandorts im Landschafts-Feng-Shui. Ihre Symbolik entstammt der formalen Schule. Die Sesselformation schlägt für das Heim idealerweise einen Hang im Rücken vor (was als Schwarze Schildkröte bezeichnet wird), der wie die Rückenlehne eines Sessels Halt bietet. Das Gelände auf der linken Seite des Hauses sollte höher sein, weil es als die Seite des Grünen Drachens betrachtet wird. Das Land auf der rechten Seite ist der Ort des Weißen Tigers und sollte niedriger liegen als der Drache. Wenn das Land auf der rechten Seite höher ist als auf der linken, erhält der Tiger das Übergewicht und wird gefährlich. Vor dem Haus befindet sich der Ort des Roten Phönix, der als »Fußschemel« dient. Idealerweise sollte direkt vor Ihrem Haus ein kleiner Hügel liegen.

SHA CHI So bezeichnet man die tödliche Energie oder den Todeshauch, der durch Giftpfeile und ein Ungleichgewicht von Yin und Yang verursacht wird. Sha Chi ist das Gegenteil von Sheng Chi; Feng Shui bietet diverse Heilmittel an, um ihm zu begegnen.

SHENG CHI Der kosmische Atem des Drachens, der Energie und Wachstum bringt. Wenn Sie Sheng Chi berühren, können Sie damit rechnen, Gesundheit, Wohlstand und Frieden zu genießen.

SILBER In Kombination mit Purpur ist diese Farbe sehr günstig. Auf Chinesisch lautet das Wort für Silber »ngan«. Kombiniert mit Purpur – also »chee« – wird daraus »ngan chee«, was wörtlich Geld bedeutet. Im Feng Shui gehört Silber zu den Metall-Elementen und steht symbolisch für den Westen und Nordwesten.

SKULPTUREN Sie sind wirksame Feng-Shui-Hilfsmittel, die in den Erdecken des Gartens Glück bringen. Skulpturen aus Stein, Granit oder Marmor sind ebenso wie Keramikfiguren für den Südwesten oder Nordosten geeignet. Vermeiden Sie Skulpturen mit scharfen Spitzen oder Kanten.

SONNENLICHT AUS DEM WESTEN Dies bedeutet normalerweise ein Zuviel an Yang. Sie sollten die Intensität der Nachmittagssonne verringern, indem Sie kleine, facettierte Kristalle aufhängen, die das Sonnenlicht in einen Regenbogen brechen können. Das besänftigt nicht nur die Schärfe intensiver Yang-Energie, sondern stellt das kosmische Gleichgewicht wieder her. Die Erzeugung von Regenbögen im Hausinneren wird für Familienglück sorgen.

SONNENSCHEIN Der Sonnenschein bringt reine Yang-Energie in Ihr Haus. Soweit möglich, sollten Fenster und Türen so ausgerichtet sein, daß sie das Sonnenlicht einfangen.

SOUTERRAINWOHNUNGEN Sie sind normalerweise nicht günstig. Feng Shui rät vom Wohnen unter Straßenniveau ab. Wenn Sie keine Wahl haben, können Sie das Chi verbessern, indem Sie am Eingang helle Lampen anbringen. Das sollte den Energiespiegel anheben und das Chi anregen, in das Apartment zu strömen. Öffnet sich die Souterrainwohnung auf der Rückseite zu einem Garten, so wird das Feng Shui beträchtlich verbessert.

SPIEGEL Spiegel gehören zu den wesentlichen Feng-Shui-Hilfsmitteln und haben vielfältige Einsatzmöglichkeiten. Sie können verwendet werden, um die Form eines Raumes auszugleichen. Wenn es z. B. fehlende Ecken gibt, erweitert ein Wandspiegel die Wand in visueller Weise nach außen; somit füllt er die fehlende Ecke auf und stellt das Gleichgewicht des Raumes wieder her. Spiegel können auch frei stehende Säulen im Raum eliminieren. Wenn Sie eine Stützsäule in der Mitte des Raumes haben, die Sie nicht entfernen können, sollten Sie sie mit Spiegeln bedecken, um sie zum »Verschwinden« zu bringen. Eine Säule in der Mitte des Hauses ist besonders schädlich, da sie ein Messer symbolisiert, das ins Herz Ihres Hauses gestoßen wurde. Wenn Sie die Säule nicht völlig mit Spiegeln verkleiden möchten, stellen Sie statt dessen (Kletter-)Pflanzen auf. Ein Spiegel in Ihrem Eßzimmer symbolisiert die Verdoppelung des Essens auf dem Tisch. Für die Chinesen war das Essen immer ein wichtiges Merkmal dafür, wie gut es einer Familie geht: Unmengen von Gerichten stehen deshalb immer für sehr gutes Feng Shui. In ähnlicher Weise wird ein Spiegel neben der Registrierkasse einer Einzelhandelsniederlassung den Umsatz verdoppeln. Spiegel können dazu verwendet werden, das Sha Chi oder den Todeshauch zu reflektieren, der durch Giftpfeile auf Ihr Haus oder Büro trifft. Solche Giftpfeile können auch durch ein Bagua oder eine Kanone abgewehrt werden oder indem Sie einfach Ihre Vordertüre neu ausrichten. Ein Spiegel ist eine nicht ganz so feindselige Art, auf die gegen Sie gerichteten Giftpfeile anderer Leute zu reagieren. Diese Methode sollte angewandt werden, wenn es ausreicht, das Sha Chi zu zerstreuen.

SPRINGBRUNNEN Springbrunnen sind ein beliebtes Hilfsmittel zur Wasserenergetisierung, die aber eher für öffentliche Plätze geeignet sind. Für Firmenvorstandsräume sind sie unpassend, da die Fließrichtung des Wassers nach unten entweder zum Gebäude hin fließendes Wasser symbolisieren kann (was ausgezeichnet ist) oder aber vom Gebäude weg fließendes Wasser (was schädlich ist).

STATUEN Statuen des Patriarchen sollten im Nordwesten aufgestellt werden, während Statuen anderer Familienmitglieder in die für sie jeweils günstige Richtung weisen sollten. Statuen erzeugen auch hervorragendes Feng Shui, wenn man sie im Südwesten oder Nordosten aufstellt.

STEINE Sie stehen für die Erdenergie und sind ein hervorragendes Feng-Shui-Mittel. Mit einer roten Schnur umwunden, ist ein größerer Stein ein wirksames Gegenmittel für ein Badezimmer, das sich in der Wohnung am falschen Platz befindet.

STRASSEN Die umliegenden Straßen können gutes oder schlechtes Feng Shui haben, abhängig von der Höhe des Straßenniveaus und von der Richtung. Straßen, die direkt auf Ihr Haus zuzulaufen scheinen, erzeugen im allgemeinen schlechtes Feng Shui, dem Sie mit einem Bagua, einem Spiegel oder dem Verhüllen der Aussicht begegnen sollten. Man sollte auch vorsichtig mit Häusern an Straßenkreuzungen sein.

STUFEN Die Kombination von verschiedenen Ebenen im Garten sollte dem Landschafts-Feng-Shui folgen, wonach Ebenen, die durch Stufen verbunden sind, in korrekter Weise angelegt sein müssen. Die Ebenen, die sich an der Rückseite des Hauses befinden, sollten höher liegen als die Ebenen an der Vorderseite, das Gelände links des Hauses hö-her als das Gelände auf der rechten Seite. Wenn Ihr Haus über dem Straßenniveau liegt und Stufen hinauf zur Haupteingangstüre führen, wird das von manchen Leuten als äußerst günstiges Feng Shui angesehen.

SÜDEN Dies ist der Ort des Phönix und des Sommers. Der Süden repräsentiert den Ruhm. Er gilt generell als eine der glückbringendsten Himmelsrichtungen. Nach dem Klassiker des Yang-Wohnens wird Ihnen eine südliche Ausrichtung Ihres Hauses außerordentlich gutes Feng Shui bringen. Sorgen Sie für gute Beleuchtung im südlichen Teil Ihres Wohnzimmers. Auch das Aufstellen eines roten Objekts in dieser Ecke ist sehr günstig. *Siehe auch* Phönix.

SÜDLICHE HEMISPHÄRE Länder auf der Südhalbkugel sollten auf keinen Fall die Kompaßrichtungen ändern, wenn sie die Kompaßschul-Formeln anwenden und einsetzen. In den vergangenen Jahren haben einige westliche Autoren versucht, rationale naturwissenschaftliche Methoden auf Feng-Shui-Ratschläge anzuwenden: Sie orientieren sich an diversen westlichen Wissenschaftskonzepten, wonach die Kompaßrichtungen vertauscht werden müßten, wenn man Feng Shui in Ländern südlich des Äquators anwendet wie z. B. in Australien. Ihrer Ansicht nach sind die Winde aus dem Norden auf der Südhalbkugel »heiß«, da der Äquator im Norden liegt. Daraus schließen sie, daß das Element für die Kompaßrichtung Nord das Feuer sein muß. Entsprechend soll das Element für den Süden das Wasser sein und nicht das Feuer. Eine einzige Änderung hat Auswirkungen auf sämtliche Formeln, was auch das System der Chinesischen Astrologie und Wahrsagekunst beeinflußt. Echte chinesische Feng-Shui-Meister widersprechen dieser Auslegung. Sie verweisen auf die Anordnung der Trigramme um das Bagua, das über die Elementzuordnung einer jeden Kompaßrichtung gebietet. So liegt im Norden entsprechend der nachhimmlischen Reihenfolge das Trigramm Kan, das für Wasser steht, weswegen der Norden traditionell mit dem Wasser assoziiert wird. Im Süden liegt das Trigramm Li, das das Feuer symbolisiert. Das entsprechende Element ist hier folglich das Feuer. Die Repräsentationen der Trigramme verleihen jeder Kompaßrichtung ihre unterschiedliche Bedeutung und haben nichts mit den sogenannten »Nordwinden« zu tun, die über Peking hinwegwehen. Dies ist nur eine Vermutung über die Ursprünge der allgemeinen Feng-Shui-Richtlinien, die auf Ratschlägen aus dem Klassiker des Yang-Wohnens basieren: Demzufolge sollte die Vorderseite des Hauses nach Süden und die Rückseite nach Norden weisen. Spätere Anwender haben auf der Suche nach den Grundlagen dieser Hinweise versucht, sie mit Hilfe der Windtemperaturen zu erklären. Feng Shui geht wesentlich mehr in die Tiefe. Deshalb ist es wichtig, daß die Kompaßrichtungen nicht vertauscht werden, so daß der Norden zum Süden wird und umgekehrt. Das stellt eine absurde Interpretation dar, die furchtbare Anwendungsfehler zur Folge haben kann.

SÜDOSTEN Diese Ecke müssen Sie energetisieren, wenn Sie Ihr Einkommen verbessern wollen. Verwenden Sie Pflanzen und Wasser, um Einkünfte in diese Ecke zu locken. Stellen Sie die genaue Lage dieser Ecke mit einem Kompaß fest.

SÜDWESTEN Als Ecke des höchsten Yin und der guten Yin-Energie ist der Südwesten eine sehr wichtige Richtung, die dem weiblichen Familienoberhaupt von Nutzen ist. Wenn die Matriarchin im Haus eine herausragende Rolle spielt, sollten Sie darauf achten, daß diese Richtung nicht durch eine benachbarte Toilette oder eine Küche geschädigt wird. Eine schädlichen Einflüssen unterliegende Südwestecke beeinträchtigt auch die Heiratschancen der Kinder.

SUKKULENTEN Jede Sukkulentenpflanze oder -frucht wird als günstig angesehen, da ihr Vorhandensein und ihr gutes Gedeihen auf reichliche Wasservorräte schließen läßt. Sukkulentenkakteen eignen sich bestens als Jadeersatz.

SUMPFSCHILDKRÖTEN An einem Nordplatz bringen diese als Haustier gehaltenen Schildkröten Glück. Es gilt als exzellentes Feng Shui, eine oder sechs Sumpfschildkröten im Nordsektor des Heims zu halten, sei es im Garten oder in einem Innenhof des Hauses. Falls Sie talentiert sind, können Sie einen kleinen Wasserfall installieren, der in ein kreisförmiges Becken mit einem maximalem Durchmesser von etwa 1 m plätschert. Halten Sie die Sumpfschildkröten in diesem Becken und füttern Sie sie mit Spezialfutter oder frischem, grünen Blattgemüse. Die Sumpfschildkröten können recht groß werden. Behandeln Sie sie als Familienmitglieder, dann werden sie bald handzahm werden. Sie versorgen Ihr Haus mit sehr günstigem Chi, garantieren dem Patriarchen damit ein langes Leben und vorzügliche Kinder, die der Familie alle Ehre machen. Sie bringen auch Reichtum und Wohlstand ins Haus und beschützen es. Sollten Sie in Zoogeschäften keine Sumpfschildkröten finden, nehmen Sie statt dessen Landschildkröten. Wie der Name schon sagt, leben sie an Land und sollten nicht im Teich gehalten werden. Falls Sie sich nicht in der Lage fühlen, einen Teich oder ein Wasserbecken zu bauen, können Sie immer noch eine Keramikschildkröte kaufen. Sie symbolisiert die gleiche Art von Energie und gilt als ebenso wirksam, besonders wenn es sich um eine naturgetreue Nachbildung handelt.

SWIMMINGPOOLS Ihr Standort muß gut ausgewählt sein, ansonsten können sie Probleme verursachen. Die Hauptregel besagt, sie links der Eingangstüre (von innen aus gesehen) zu plazieren, da anderenfalls die Ehe mit einer Trennung oder sogar Scheidung enden könnte. Idealerweise sollten

Schwimmbecken nicht quadratisch oder rechteckig geformt sein. Statt dessen sind abgerundete Ecken empfehlenswert, die das Haus nicht schädigen. Schwimmbecken sollten das Haus nie überwältigen, ihre Größe sollte kein Ungleichgewicht verursachen. Denken Sie daran, daß zu viel Wasser ein Gefahrenzeichen ist: Wenn das Wasser über die Ufer tritt, führt es ein außerordentliches Unglück herbei. Das gleiche gilt für natürliche Gewässer auf dem Gelände. Wenn die Wasserfläche groß ist, ist es besser, etwas Abstand zu wahren, so daß das auf Ihr Haus zuströmende Chi ausgewogen und günstig ist.

SYMBOLE Feng Shui ist voller unterschiedlicher Symbole, die als Glücksbringer gelten. Die Kunst, sie korrekt zu plazieren und sie in den richtigen Sektoren des Hauses aufzustellen, stellt einen Teil des symbolischen Feng Shui dar.

T

TAI Chi Dies ist eine Bewegungsübung, die auf der Energetisierung der Chi-Ströme innerhalb des Körpers basiert. Die Bewegungen sind langsam, aber werden sehr akkurat ausgeführt. Obwohl es ursprünglich aus China stammt, hat Tai Chi inzwischen weltweit Millionen begeisterter Anhänger gefunden.

TERRASSE Mit einer Terrasse kann man auf ausgezeichnete Weise eine fehlende Ecke ausgleichen. Je nach Ausrichtung der Terrasse können Sie sie auch durch Element-Therapie verstärken. So wird beispielsweise eine Nordterrasse in hohem Maße von einem Wasser-Objekt profitieren, während eine Südterrasse als Barbecueecke genutzt werden kann.

TIEN TI REN Dieser Begriff umfaßt das Himmels-, Erden- und Menschenglück, also die drei Glücksarten, die als Trinität des Glücks bezeichnet werden. Das ist der Ausgangspunkt des Feng-Shui-Glücks, des Glücks der Erde. Man wird mit Himmelsglück geboren, das Menschenglück dagegen ist selbst erschaffen. Diese drei Glücksarten tragen in gleichem Maße zu der Art von Erfolg und Glückseligkeit bei, die uns in unserem Leben zuteil wird. Viele Feng-Shui-Meister glauben, daß Sie, wenn Sie hervorragendes Himmelsglück mitbringen und ein tugendhaftes Leben führen, automatisch gutes Feng Shui haben, ohne daß es Ihnen je bewußt würde. Sie werden Ihre Richtungen korrekt festlegen, und Sie werden alle richtigen Glückssymbole aufstellen.

TIEN YI Dies ist die individuelle Richtung, um gute Gesundheit herbeizuführen; sie wird auch Richtung des »himmlischen Doktors« genannt. Diese Richtung gilt allgemein als die Quelle guter Gesundheit. Es handelt sich um eine individuelle Richtung, die auf der Acht-Häuser-Kua-Formel basiert.

TIGERHÜGEL So bezeichnet man die Hügelkette rechts Ihres Hauses. Nach dem Formel-Feng-Shui repräsentiert das Gelände auf der rechten Seite des Hauses (aus dem Inneren Ihres Hauses gesehen) die Drachenhügel, unabhängig von der tatsächlichen Kompaßrichtung. Nach der Kompaßschule repräsentiert jedoch die Seite westlich Ihres Hauses die Tigerhügel. Die Autorin verwendet in ihrer eigenen Feng-Shui-Praxis normalerweise die Formschule.

TOILETTEN Sie gelten immer als schädliches Feng Shui. Gestalten sie das Badezimmer nicht mit teuren Armaturen, Blumen und netten Dekogegenständen. Eine Verschönerung verbessert es aus Feng-Shui-Perspektive nicht. So vergrößern Sie das Unglück nur. Badezimmer sollten so klein wie möglich sein. Die Badezimmertür sollte stets geschlossen bleiben, und günstige Gegenstände dürfen nicht in der Nähe stehen. Wenn Sie beispielsweise ein Pfingstrosenbild in Ihre Romantikecke hängen, wo sich zufällig auch Ihre Toilette befindet, finden Sie vielleicht eine Liebe, die Ihnen großen Schmerz zufügen wird.

TÖDLICHER ATEM Er wird auch als Sha Chi bezeichnet und bringt großes Unglück. Der tödliche Atem ist das Gegenstück zum guten, günstigen Chi. Er richtet verheerenden Schaden in Ihrem Leben und Ihrem Glück an, weswegen Sie sich bemühen sollten, den angreifenden Todeshauch zu zerstreuen, zu zerstören oder abzulenken. *Siehe auch* Giftpfeile.

TORE Das Aussehen und die Ausrichtung von Toren kann verwendet werden, um gutes Chi anzuziehen. Tore sollten am besten zweiflüglig sein und sich nach innen statt nach außen öffnen. Besonders günstig ist ein Tor, dessen Mittelteil höher ist als die Seiten, was das Erreichen eines Ziels symbolisiert. Wenn die Mitte niedriger ist als die Seitenteile, bedeutet das Pech in der beruflichen Karriere. Denken Sie daran, daß das Vordertor nicht der Haupteingangstür entspricht. Wenn Sie also günstige Richtungen für Ihr Haus auswählen, sollten Sie das Hauptaugenmerk auf Ihre Vordertüre richten anstatt auf das Tor am Grundstückseingang.

TRIGRAMME Die Trigramme bestehen jeweils aus drei Linien und bilden die Grundlage der Hexagramme des I-Ging (das Buch der Wandlungen), auf dem die meisten chinesischen Divinations-Wissenschaften basieren. Jedes Trigramm hat seine eigene spezielle Bedeutung. Die vorhersagende Kraft des I-Ging wird durch die Bildung der Hexagramme nutzbar gemacht, die normalerweise erzeugt oder geformt werden, indem man drei chinesische Münzen wirft. Jedes Hexagramm besteht aus zwei Trigrammen. So wie sie für Weissagungen verwendet werden können, kann man Trigramm-Symbole auch als Feng-Shui-Hilfsmittel im Haus einsetzen.

TUI-TRIGRAMM Dies ist das Trigramm, das Freude verbreitet. Es beschreibt auch die junge Frau, die Glückseligkeit ausstrahlt. Der Westen gilt als Ort der jungen Tochter, weil dieses Trigramm auch für einen See steht. Wenn westlich von Ihrem Haus ein See liegt, verzaubert er Ihr Haus mit dem Feng Shui der Glückseligkeit.

TÜREN Sie spielen in der Feng-Shui-Analyse eine besonders große Rolle. Sowohl die Größe und die Anzahl als auch ihre Position zueinander haben im Feng Shui eine Bedeutung. Die Ausrichtung des Haupteingangs ist außerordentlich wichtig: Achten Sie darauf, daß er nicht von feindlichen Strukturen der Umgebung verletzt wird.

U

UMGEBUNGS-FENG-SHUI Das Feng Shui der Außenwelt, also das der Sie umgebenden Landschaft, darf Ihr Haus nicht beeinträchtigen. Aus diesem Grund ist Garten-Feng-Shui ein bedeutsamer und wichtiger Teil der Feng-Shui-Praxis, da die Landschaft und die Umgebung Ihres Hauses sein Feng Shui bestimmen. Wenn das Umgebungs-Feng-Shui schädlich ist, wird jegliche Tätigkeit innerhalb des Hauses davon beeinflußt. Gutes Feng Shui beginnt deshalb außerhalb des Hauses.

UNGLÜCKSFÄLLE Diejenigen, die auf schlechtes Feng Shui zurückzuführen sind, treten oft wiederholt auf: Wenn Sie spüren, daß eine Pechsträhne ihre Ursache in schlechtem Feng Shui hat, sollten Sie auf die Regelmäßigkeit derartiger Vorfälle achten. Als Feng-Shui-Anwender sollten Sie nicht alle guten oder schlechten Dinge, die Ihnen begegnen, allein einem guten oder schlechten Feng Shui zurechnen.

URNEN Es handelt sich um symbolische Gefäße mit Feng-Shui-Bedeutung. Am richtigen Platz können Urnen wunderbares Glück bringen, da sie den Beginn großen Reichtums bedeuten können. Reiche Chinesen stellen oft ein Paar großer Urnen beiderseits ihrer Eingangstür im Inneren des Hauses auf. Die Urnen haben einen langen Hals und bleiben leer, um ein Vakuum zu symbolisieren, das darauf wartet, mit Schätzen aufgefüllt zu werden. Andere bevorzugen die Urnenform mit der breiteren Basis, die sie entweder mit Reiskörnern oder »Katzengold« füllen. Mit Halbedelsteinen gefüllte Urnen werden zu Reichtumsurnen, die Wohlstand symbolisieren und anziehen. Urnen können auf jeder Seite Ihres Hauses aufgestellt werden, um Lärm abzufangen und störende Einflüsse abzuhalten.

V

VASEN Sie können in Reichtumsgefässe verwandelt werden, um Glück anzuziehen. *Siehe auch* Reichtumsvase.

VERANDEN Bei der Durchführung einer Feng-Shui-Analyse werden alle Veranden als Teil des Hauses gezählt. Da niemand in diesen Teilen des Hauses tatsächlich lebt oder arbeitet, könnte man sagen, daß die günstigen Teile der Veranda völlig verschwendet sind. Sie sind jedoch gut für Windspiele geeignet. Die zauberhaften Klänge der Windspiele im Nordwesten und Westen leiten hervorragendes Chi in das Haus.

VERDOPPELUNG Das Konzept der Reichtumsverdoppelung gehört zu den Feng-Shui-Verstärkungen. Etwas zu verdoppeln führt zu einem günstigeren Ergebnis. Folglich sollte ein Wandspiegel das Essen auf dem Eßtisch verdoppeln, um günstigen Reichtum zu symbolisieren. Die täglichen Einnahmen des Geschäfts sollten durch einen Wandspiegel verdoppelt werden, der die Registrierkasse reflektiert.

VERKEHRSFLUSS In der Stadt werden Straßen heutzutage genauso gedeutet wie früher Flußläufe. Folglich beurteilt man den Verkehrsfluß ähnlich dem Wasserfluß. Schnell fließender Verkehr erzeugt Sha Chi, während langsam fließender Verkehr Sheng Chi erzeugt und wesentlich günstiger ist. Ampeln und verkehrsberuhigende Maßnahmen in der Nähe Ihres Büros oder Heims sind deshalb sehr günstig, da sie den Verkehr verlangsamen. Verkehrsstaus bedeuten jedoch schlechtes Feng Shui, da sie für eine Blockierung des ungehinderten Flusses stehen.

VIER HIMMLISCHE TIERE Dazu gehören der Drache (Osten), der Tiger (Westen), der Phönix (Süden) und die Schildkröte (Norden). Die vier himmlischen Tiere des Feng Shui bringen jeweils eine unterschiedliche Art von Glück für das Haus, das sie gemeinsam umarmen. Der Drachen sorgt für Reichtum und Wohlstand, die Schildkröte für Förderung und Unterstützung, der Phönix bringt günstige Gelegenheiten und Anerkennung und der Tiger verleiht Schutz gegen dunkle Mächte. Wenn sie exakt einander gegenüber angeordnet sind, symbolisieren die himmlischen Tiere gemeinsam ein perfektes Feng Shui.

VÖGEL Sie repräsentieren den günstigen Phönix, besonders wenn sie im südlichen Teil Ihres Hauses aufgestellt werden. Folglich bringen jegliche Vogelskulpturen in Ihrem Südgarten oder im südlichen Teil Ihres Wohnzimmers Glück in Form von günstigen Gelegenheiten. Lebende Vögel in Gefangenschaft verursachen jedoch schlechtes Feng Shui, da die Gefangenschaft symbolisch für gehemmtes Wachstum steht, was gut zu einer Verschlechterung der beruflichen Aufstiegschancen führen kann.

VOGELTRÄNKEN Sie sind als hervorragendes Wasserobjekt für den Norden, Osten und Südosten Ihres Gartens geeignet. Sorgen Sie dafür, daß das Wasser jederzeit sauber ist und erneuern Sie es gegebenenfalls täglich. Je mehr Vögel Ihre Vogeltränke besuchen, um so besser ist die Energie, die von diesem Wasserobjekt erzeugt wird.

VORDERTÜREN Sie spielen im Feng Shui eine bedeutende Rolle. Dabei geht es vor allem um die vordere Haupteingangstüre, deren Feng Shui in hohem Maße das Feng Shui des ganzen Hauses bestimmt. Folglich ist ein günstiges Haupteingangs-Feng-Shui unerläßlich.

VORHÄNGE Als wirksame Hilfsmittel erfüllen Vorhänge im Feng Shui zwei unterschiedliche Funktionen: Einerseits filtern sie zu starkes Sonnenlicht und andererseits verdecken sie die Sicht auf schädliche Strukturen in der Umgebung. Was man nicht sehen kann, gilt im Feng Shui als »verschwunden«. Mit Vorhängen können Sie das Feng Shui Ihres Lebensraumes verbessern, sowohl im Büro als auch zu Hause. Achten Sie wenn möglich darauf, je nach Ecke des Raumes die nach der Kompaßrichtung passende Farbe auszuwählen. Die Farben entsprechen den jeweiligen Elementen der Himmelsrichtungen. Hängen Sie beispielsweise einen dunkelblauen Vorhang im Norden, Osten oder Südosten auf. Blau ist das Synonym für Wasser, dem geeigneten Element für diese drei Richtungen – der Norden, weil er dem Element Wasser entspricht, der Osten und der Südosten, weil diese Holzecken vom Wasserelement des Vorhangs profitieren. Auf gleiche Weise sind etwa rote, gelbe und rosafarbene Vorhänge hervorragend für den Süden, Südwesten und Nordosten geeignet; Grün macht sich gut im Osten, Südosten und Süden, Weiß und die Metallfarben Gold und Silber sind günstig für den Westen, Nordwesten und Norden. Im Osten und Südosten ist Braun empfehlenswert, Purpur und Lila dagegen im Norden, Osten und Südosten.

VOR-HIMMLISCHE REIHENFOLGE Dieser Begriff bezieht sich auf die Anordnung der acht Trigramme um ein sogenanntes Yin-Bagua. Diese Folge von Trigrammen wird auf schützenden Baguas angebracht, die den giftigen Atem schädlicher, scharfer Strukturen der Umgebung ablenken.

VORSPRINGENDE ECKEN *Siehe* Säulen.

W

WÄNDE Die Innenwände Ihres Hauses können in Farben gestrichen sein, die das Element Ihrer Richtung verbessern. Oder Sie hängen Bilder auf und stellen spezielle Objekte auf, um besondere Arten von Glück zu energetisieren. *Siehe auch* Farbe.

WASSER Es steht für Reichtum; die richtige Art von Wasser bringt enormen Wohlstand. Wasser spielt in den Feng-Shui-Ratschlägen eine sehr bedeutende Rolle. Obwohl das Wasser als Element laut dem I-Ging auch Gefahren mit sich bringen kann und deshalb mit Respekt behandelt werden sollte, ist es auch das Element mit dem größten Potential, Sie reich zu machen. Bis zum Jahr 2043 ist ein Wasserstandort im Norden, Osten, Südosten und auch im Südwesten günstig. Der Norden und der Osten sind die am besten geeigneten Richtungen für Wasserobjekte in Ihrem Garten oder im Inneren des Hauses.

WASSERBECKEN Dieses Wasserobjekt sollten Sie am besten im Norden, Südosten oder Osten unterbringen. Kleine Becken sind in diesen Richtungen außerordentlich günstig. Sorgen Sie durch bewegtes oder fließendes Wasser für gute Luftzufuhr. Um gutes Chi ins Haus zu locken, sollten Sie Fische oder Schildkröten in dem Becken halten.

WASSERDRACHEN So bezeichnet man die beste Konfiguration des Wasserflusses nach der Wasserformel. Im Klassiker des Wasserdrachen existieren spezielle Anweisungen, wie man einen Wasserdrachen baut. Dies ist ein Teil der Kompaßschule des Feng Shui über Wasserströme und Wasseraustrittsrichtungen.

WASSERLILIEN Die Wasserlilien, die Reinheit symbolisieren, sind ein hervorragender Ersatz für die Lotusblume. Wenn die Fische in Ihrem Teich oder in einem anderen Wasserobjekt von Vögeln belästigt werden, sollten Sie zu ihrem Schutz Wasserlilien pflanzen.

WASSERFÄLLE Wenn Sie das passende Gelände haben, ist der Bau eines kleinen Wasserfalls an der Nordseite Ihres Grundstücks eine hervorragende Idee. Achten Sie darauf, daß der Wasserfall in seinen Proportionen Ihrem Haus entspricht und daß das Wasser nicht von Ihnen wegzufließen scheint. Richten Sie das Wasserauffangbecken vor einem Fenster oder einer Tür ein. Dies bedeutet, daß das Glück in Ihr Haus kommt und ein günstiges Schicksal für Sie bereithält. Sorgen Sie auch dafür, daß der Klang des Wassers sanft, rhythmisch und freundlich ist und nicht zu laut. Wenn Sie eine Pumpe verwenden, nehmen Sie besser diejenige mit dem geringeren Volumen. Denken Sie daran, daß langsam fließendes Wasser besser als schnell fließendes ist.

WEGE Gewundene Pfade erzeugen besseres Feng Shui als gerade Wege. Jeder (Zufahrts-)Weg und jeder Korridor wird weniger schädlich, wenn er nicht gerade und langgezogen ist. Im Garten ist ein gewundener Weg am besten, da er das Chi zum Mäandern anregt, wodurch es verlangsamt wird und sich ansammeln kann.

WESTEN Wenn Sie in Ihrem Haus Glück bei den Nachkommen erzeugen wollen, das den Kindern (oder der nächsten Generation) zugute kommt, sollten Sie das Metall-Chi des westlichen Hausteils energetisieren. Verwenden Sie dazu weiße Farben, stellen Sie Dinge aus Metall auf und Objekte wie Glocken und Klangschalen. Einer der wirksamsten Methoden zur Nutzung der Metall-Energie des Westens ist die Verwendung einer echten Klangschale, um den klaren Ton zu erzeugen, der günstiges Chi anzieht. Schlagen Sie die Schale drei Mal mit einem speziellen Holzhammer.

WEISSER TIGER Dies ist das himmlische Geschöpf des Westens, das den Grünen Drachen ergänzt. Der Weiße Tiger ist vor allem ein Tier, das den Wohnsitz beschützt. Ohne den Tiger gilt der Drachen nicht als wahrer Drache. Der Tiger ist die wutentbrannte Seite des Feng Shui. Halten Sie den Tiger immer unter Kontrolle, indem Sie dafür sorgen, daß der Westen nicht dominierend wird. Achten Sie z. B. darauf, daß die Westseite eines Hauses, die Tigerseite, nie höher oder größer ist als die Ostseite. Sorgen Sie dafür, daß der Drache die Oberhand behält, indem Sie helle Lichter verwenden, um den Tiger zu kontrollieren. Verzichten Sie auf Tigerbilder im Haus: Nur wenige Häuser werden mit der Energie fertig, die solche Bilder ausstrahlen.

WINDSPIELE Windspiele zählen zu den vergnüglichsten und einfachsten Arten, um in einem Haus eine Wohlfühl-Atmosphäre zu erzeugen. Ihr Klingeln zieht hervorragendes Sheng Chi an. Hängen Sie keine Metall-Windspiele im Osten oder Südosten auf – dies sind die Holzecken. Verwenden Sie in diesen Ecken statt dessen Bambus-Windspiele. Metall-Windspiele sollte man im Westen und Nordwesten einsetzen, während Keramik-Windspiele für den Südwesten und Nordosten geeignet sind. Windspiele sorgen für Energie und korrigieren schlechte Schwingungen. Wenn Sie ein Windspiel aufhängen, um Unglück abzuwenden oder von einem Giftpfeil ausgehende, tödliche Energie abzulenken, sollten Sie ein hohles, fünfschnüriges Metall-Windspiel verwenden. Falls möglich, sollten Sie Windspiele in Pagodenform kaufen: Sie symbolisieren das Einfangen von tödlicher Energie und böswilligen Geister.

WIND Von vielen Landschaftsformen sagt man, sie seien vom Wind geformt worden. Vermeiden Sie ausgesprochen windige Orte wie Berggipfel oder Meeresstrände. Wenn Winde zu heftig werden, verwandeln sie sich in ein bösartiges Element und wehen tödliches Chi heran.

WINTERGARTEN Im richtigen Sektor des Hauses angelegt, bringt ein Wintergarten außerordentlich viel Glück. Wenn Sie die Umwelt in Form eines Wintergartens oder eines landschaftsähnlichen Innenraums hereinlassen möchten, sollten Sie diesen Anbau im östlichen, südöstlichen oder südlichen Sektor des Hauses unterbringen. Wenn Sie dem Ratschlag folgen, können Sie eine harmonische Übereinstimmung mit den Elementen, die Ihren Lebensraum bestimmen, erreichen. Plazieren Sie Ihren Wintergarten nicht im südwestlichen oder nordöstlichen Sektor, denn die dadurch verursachten Störungen können Ihr Familienleben und auch Ihre Ehe negativ beeinflussen.

WOHNZIMMER Dies ist der beste Platz im Haus zur Anbringung Feng-Shui-fördernder und energetisierender Symbole. Das Feng Shui des Wohnzimmers und die Anordnung der Möbel in diesem Raum strahlen auf das gesamte Feng Shui des ganzen Hauses aus. Der günstigste Teil des Wohnzimmers ist die Ecke schräg gegenüber dem Eingang, am anderen Ende des Zimmers. Wenn Sie etwas Wichtiges dort aufstellen, beispielsweise einen Lieblingsstuhl, erhalten Sie eine der glücklichsten Ecken. Das ist auch ein guter Platz, um einen dreibeinigen Frosch oder einen Drachen aufzustellen. Wohnzimmer sollten immer auf einer niedrigeren Ebene liegen als Schlafzimmer oder Eßzimmer.

WUXING Die chinesische Bezeichnung für die Fünf Elemente: »Wu« bedeutet »fünf«, und »xing« ist die Kurzform von »fünf Arten von Chi, die zu unterschiedlichen Zeiten vorherrschen«. Das wiederum wurde verkürzt auf »Elemente«. Wasser dominiert im Winter, Holz im Frühling, Feuer im Sommer und Metall im Herbst. Beim Zusammentreffen zweier Jahreszeiten wird die Übergangszeit von der Erde dominiert. Wasser, Holz, Feuer, Metall und Erde beziehen sich auf Substanzen, deren Eigenschaften dem entsprechenden Chi ähneln und uns die verschiedenen Merkmale der fünf Chi-Arten erklären. Sie lassen sich folgendermaßen zusammenfassen: Wasser läuft nach unten; es besteht immer Überflutungsgefahr. Holz wächst nach oben: ein hervorragendes Symbol für Leben und Wachstum. Feuer breitet sich in alle Richtungen aus – strahlend, heiß und kann außer Kontrolle geraten. Metall ist zustechend: scharf, spitz und kann tödlich und machtvoll sein. Erde bedeutet Anziehungskraft und Nahrhaftigkeit: stabil, fürsorglich und beschützend.

Y

YANG-ENERGIE Sie ist die natürliche Kraft, die der Lebensenergie innewohnt. Sie steht für Helligkeit, Tageslicht, Sonne und ist im Grunde die lebendige Hälfte des Yin und Yang-Konzepts. Yang-Energie wird symbolisiert durch Aktivität, helles Licht und die Stunden des Tageslichts. Yang-Energie ist unabdingbar für gutes Feng Shui in den Häusern der Lebenden. Es sollte aber nie in so großen Mengen vorhanden sein, daß das Yin völlig ausgelöscht wird. Wenn das Yin völlig verschwunden ist, hört das Yang auf zu existieren.

YANG-BAGUA Das Bagua wird verwendet, um Richtlinien zu analysieren, nach denen die Ecken des Kompasses energetisiert werden können, um ihre Qualitäten zu verbessern. Die ganze Feng-Shui-Praxis richtet sich nach dieser Anordnung des Bagua. Diejenigen, die dazu raten, die Kompaßrichtungen für Länder der Südhalbkugel zu ändern, wollen die Bagua-Reihenfolge der Trigramme neu festlegen.
Es wird all ihre Feng-Shui-Ratschläge fehlerhaft machen und sogar schädliche Auswirkungen haben.

YAP CHENG HAI Dies ist der Feng-Shui-Mentor der Autorin. Yap Chen Hai entstammt einer bedeutenden und lange zurückreichenden Feng-Shui-

Tradition. Als Gelehrter der chinesischen Klassiker kennt er sich bestens in chinesischer Überlieferung und Traditionen aus, seine Kenntnisse hat er in sechs Jahrzehnten gesammelt. Er hat bei vielen anderen, jetzt verstorbenen Feng-Shui-Meistern gelernt und kennt Feng-Shui-Schulen in Hongkong, Taiwan und Singapur. Er hat sich mit Yin-Feng-Shui auseinandergesetzt und zu diesem Zweck unzählige, chinesische Friedhöfe besucht, um alte Grabstätten zu analysieren. Die Chinesen glauben, daß die Ausrichtung alter Gräber einen Einfluß auf das Glück der Nachkommen ausübt. Das Studium des echten Yin-Feng-Shui ist wesentlich komplexer und schwieriger als Yang-Feng-Shui. Meister Yap ist äußerst geübt in Praxis und Interpretation des Parc Chai (Acht-Häuser-Schule), San Yuan (Fliegender-Stern-Schule) und besonders berühmt für den Klassiker des Wasserdrachen (Wasser-Feng-Shui). Das Hauptversprechen des Wasser-Feng-Shui ist die Vermehrung des Reichtums. Meister Yaps Arbeit und sein Erfolg auf diesem Spezialgebiet haben ihm internationales Ansehen verliehen.

YIN-ENERGIE Sie steht für Todesenergie, Stille, Dunkelheit und den Mond. Yin-Energie ist das genaue Gegenteil der Yang-Energie, aber die beiden Energieformen geraten miteinander nicht in Konflikt, sondern ergänzen sich eher. Anders gesagt: eine folgt der anderen, und die eine Energie bringt die andere hervor. Yin-Energien sind passender für Totenhäuser, Begräbnisstätten, Grabfelder und Friedhöfe. Yin verkörpert Dunkelheit und totale Stille, aber sie ist auch eine hervorragende Energieform für Ruhestätten wie das Schlafzimmer.

YIN-BAGUA Dies ist das Bagua, von dem Feng-Shui-Meister glauben, daß es »himmlische Eigenschaften« besitzt und so die Mächte des Himmels heraufbeschwört, um den feindlichen Todeshauch aufzulösen, abzulenken und zurückzuwerfen. Diese Anordnung findet sich auf Bagua-Spiegeln, die außen über Türen angebracht werden, um (T-)Kreuzungen und dreieckige Dachkanten sowie andere Giftpfeile abzuwehren. Das Yin-Bagua sollte nie im Haus aufgehängt werden.

YIN- UND YANG-SYMBOL Dies beschreibt auf ausgesprochen deutliche Weise das Gleichgewicht der zwei gegensätzlichen und gleichzeitig sich ergänzenden Energien. Es zeigt das Kommen und Gehen der Energie und macht auch deutlich, daß in Yin und in Yang immer auch ein klein wenig der anderen Energie enthalten ist. Yin führt immer zu Yang und umgekehrt. Man sagt, das ganze Tao sei erreicht, wenn sie sich in absolutem Gleichgewicht befinden.

Z

ZAHLEN Die Zahlen von 1 bis 9 beinhalten eine Unmenge an gutem und schlechtem Feng Shui. Laut dem Feng Shui haben Zahlen Konnotationen von Glück und Pech. Die Hauptregel besteht darin, sich am Klang der Zahl zu orientieren. So läßt sich aus dem phonetischen Klang der Zahlen 1 bis 9 schließen, daß 3 und 8 hervorragende Zahlen sind, während die Zahl 4 vermieden werden sollte. Nach der Fliegender-Stern-Analyse sind die Zahlen 5 und 2 die Übeltäter, während die Zahlen 1, 6 und 8 als ausgezeichnet angesehen werden. Die Zahl 9 wird allgemein für sehr günstig erachtet.

ZEHN-KAISER-MÜNZEN Dieses Symbol repräsentiert den Reichtum von zehn Herrschaftsperioden. Dieses Objekt wird sehr gerne in Büros aufgehängt, strategisch günstig entweder hinter Ihrem Stuhl oder links davon als Simulation des Drachens: Man verwendet dazu Münzen aus jeder der zehn Herrschaftsperioden der Kaiser und bindet sie mit einem roten Faden zusammen. Die verwendeten Münzen können entweder antike Münzen aus den zehn Herrschaftsperioden sein oder aber Kopien. Im Feng Shui spielt es nicht wirklich eine Rolle, ob Sie echte oder nachgemachte Münzen verwenden. Allerdings glauben manche Leute, daß echt antike Münzen das Chi ihrer Herkunftszeit in sich tragen.

ZEITPERIODE DER ACHT Der nächste Zeitraum, die Zeitperiode der Acht (2004–2023), wird zum dritten Sohn gehören, dem jungen Mann, den wir aufgezogen haben, der jetzt die Gefühlsseite seiner Natur begreift und uns den Weg weisen will. Dieses Zeitalter wird vom Berg symbolisiert (Ken). Es wird eine Zeit sein, in der Partnerschaften und Unternehmungen, die die erste Zeit überdauert haben, zu einem Ende kommen werden oder sich verändern. Dabei werden möglicherweise neue Richtungen zum Vorschein kommen, die eine Herausforderung darstellen und die Beziehung auf eine neue Basis stellen. In der Zeitperiode der Acht wird natürlich die Zahl 8 doppeltes Glück bringen.

ZEITPERIODE DER SIEBEN Derzeit befinden wir uns in der Zeitperiode der Sieben, die 1984 begann und bis zum Jahre 2003 andauert. Die Zahl 7 gilt als die Freudige oder Tui-Periode, was sowohl Mund als auch See bedeutet. Sie verkörpert Glückseligkeit, Harmonie, Ruhe, Genuß, Verwöhnung, Herbstmitte und ein junges Mädchen. Als Nachfolgerin all der Verantwortlichkeiten und ehrgeizigen Neigungen des Zeitalters der Sechs ist diese Zeitperiode auch eine Zeit des Lachens, der Entspannung und des Genießens. Diese Zeit gilt im Feng Shui als die »Zeitperiode der Verständigung«. Während dieses Zeitraums gilt die Zahl 7 als günstig. Aber wenn diese Zeit endet, wird die Zahl 7 unglückbringend.

ZERSTÖRUNGSZYKLEN Sie beziehen sich auf den negativen Zyklus der Fünf Elemente. Die Theorie von Wuxing oder Fünf Elemente bildet eine der wichtigsten Grundlagen der Feng-Shui-Praxis. Nach dieser Theorie können alle Dinge des Universums einem dieser Fünf Elemente zugeordnet werden – Holz, Feuer, Erde, Wasser und Metall. Es gibt einen Hervorbringungs- und einen Zerstörungszyklus der Elemente.

ZIEGELSTEINMAUERN Sie bilden ein Feng-Shui-Mittel, um ungünstige Aussichten zu blockieren, speziell diejenigen Strukturen, die einen schädlichen Todeshauch gegen das Haus verströmen.

ZIMMER Verschiedene Zimmer in unterschiedlichen Teilen des Hauses können gemäß ihrer Ausrichtung verteilt werden. Eine einfache Art und Weise, um Räume auf die Familienmitglieder zu verteilen, besteht darin, das Schlafzimmer des Patriarchen im Nordwesten unterzubringen und das der Matriarchin im Südwesten. Junge Söhne sollten im Osten ihr Zimmer haben und junge Töchter im Westen. Verwenden Sie die Bagua-Reihenfolge der Trigramme, um einen Anhaltspunkt für die Verteilung der Räume Ihrer Kinder zu haben.

ZITRONENBAUM Wenn er voller Früchte hängt, gilt er als ein Glückszeichen. Wenn Sie ihn im Frühling vor Ihr Haus stellen, deutet das auf das Reifen des Glücks hin. *Siehe auch* Limonenbaum.

ZUFAHRTEN Das Feng Shui von Zufahrten hängt davon ab, in welcher Gestalt sie auf das Haus zulaufen. Langgestreckte, gerade Zufahrten, die in Pfeilform direkt auf die Vordertür weisen, verursachen schlechtes Feng Shui. Um die Wirkung zu neutralisieren, sollte die Zufahrt möglichst kurvenförmig oder annähernd verlaufen. Eine kreisförmige Zufahrt wird als äußerst günstig erachtet, da die runde Form Gold symbolisiert.

WEITERFÜHRENDE LITERATUR

Bartlett, Sarah, *Feng Shui der Liebe,*
Wilhelm Heyne, München, 1988

Chen, Chao-Hsui, *Feng Shui von A–Z,*
Wilhelm Heyne, München, 2000

Fröhling, Thomas und Martin, Katrin,
Feng Shui für Beruf und Karriere,
Mosaik Verlag, München, 1998

Gerstung, Wilhelm und Mehlhase, Jens,
Das große Feng-Shui-Gesundheitsbuch,
Windpferd Verlag, Aitrang, 1998

Kislinger, Elisabeth, *Feng Shui im Garten,*
Mosaik Verlag, München, 1999

Lim, Jes T.Y., *Feng Shui und Gesundheit,*
Joy Verlag, Sulzberg, 1997

Lim, Jes T.Y., *Feng Shui für Büro und Business,*
Ludwig Verlag, München, 2000

Ortmann, Peter, *Mit Feng Shui erotisch wohnen,*
Falken-Verlag, Niederhausen, 1999

Pohle, Rita, *Lebensräume gestalten mit Feng Shui,*
Heinrich Hugendubel Verlag, München, 2000

Prinz, Joachim und Ute, *Das Feng-Shui-Kochbuch,*
Wilhelm Heyne, München, 1999

Rossbach, Sarah und Yun, Lin, *Feng-Shui-Gestaltung,* Droemer Knaur, München, 1998

Rossbach, Sarah, *Feng Shui,*
Droemer Knaur, München, 2000

Sator, Günther, *Feng Shui – Die Kraft der Wohnung entdecken und nutzen,*
Gräfe und Unzer, München, 1998

Sator, Günther, *Feng Shui for Love,*
Gräfe und Unzer, München, 1999

Sator, Günther, *Feng Shui für Kinder,*
Gräfe und Unzer, München, 2000

Shurety, Sarah, *Feng Shui,*
Dumont Buchverlag, Köln, 1997

Too, Lillian, *Die Grundlagen des Feng Shui,*
Droemer Knaur, München, 1998

Too, Lillian, *Feng Shui konkret,*
Droemer Knaur, München, 1999

Too, Lillian, *Schlüssel zum Glück mit Feng Shui,*
Droemer Knaur, München, 1999

Too, Lillian, *Der Feng-Shui-Garten,*
Droemer Knaur, München, 1999

Waldmann, Werner und Allin, Pat,
Feng Shui für das Büro,
Urania, Berlin, 1998

Waldmann, Werner und Lee, David Gilberto Chong, *Feng Shui Atlas,* Ludwig Verlag, München, 2000

Weidner, Christoph A., *Die Gesetze des Feng Shui,*
Droemer Knaur, München, 2000

In der Könemann Verlagsgesellschaft mbH sind erschienen:
Hwang, Sonya, *Alte Weisheiten: Feng Shui,* 1999
Too, Lillian, *Das kleine Buch Feng Shui,* 1999
Too, Lillian, *Feng Shui am Arbeitsplatz,* 2000

NÜTZLICHE ADRESSEN

Internationales Forum: Feng Shui e.V.
Am Wapelsberg 32
51469 Bergisch Gladbach
www.feng-shui-forum.de
Tel: 01805-24 08 88
Fax: 01805-24 08 88

Phönix Feng Shui Beratung
Torstraße 70
10119 Berlin
www.phoenix-fengshui.de
Tel: 030-28 38 99 91
Fax: 030-28 38 99 89

CHI Agentur für Feng Shui
Lauenburger Straße 82
21502 Geesthacht
www.feng-shui-berater.de
Tel: 04152-823 07
Fax: 04152-823 06

Feng Shui Agentur Hellwig
Am Steinberg 21
36124 Kerzell/Fulda
www.fengshui-deutschland.de
Tel: 06659-91 87 05
Fax: 06659-91 87 91

Feng Shui Team
Hohenbergstraße 38
41239 Mönchenglabach
www.fengshui-team.de
Tel: 02166-39 14 53
Fax: 02166-39 14 53

Feng Shui 4 You Institut
Brüsseler Straße 54
50674 Köln
www.fengshui4you.de
Tel: 0221-41 57 52
Fax: 0221-562 68 99

Feng Shui und Geomantie Verband e.V.
Wilhelminenstraße 25
65193 Wiesbaden
www.fengshuishop.de
Tel: 0611-951 83 27
Fax: 0611-59 71 56

Zentrum für Wohn- und Lebensqualität
Ringstraße 40c
86911 Riederau a. Ammersee
www.fengshuionline.de
Tel: 08807-88 58
Fax: 08807-88 73

Feng Shui Vision
Waldgasse 21
A-8501 Lieboch
www.fengshuivision.at
Tel: +43-664-102 89 89

Feng Shui for Business
Optingenstraße 54
CH-3013 Bern
www.feng-shui.ch
Tel: +41-31-335 10 14
Fax: +41-31-335 10 19

Lillian Too im Internet:

http://www.lillian-too.com
http://www.worldoffengshui.com
http://www.lilliantoojewellery.com

A

Abgrenzung der Wohnfläche 126–127
Abstellräume 188
Abwasserkanäle 104, 106, 108, 330
Acht-Häuser-Formel 69, 72–75, 131, 184, 185
  Heirat 205
  Reisen 226
Acht kostbare Objekte 88, 330
Acht Unsterbliche 210
Almanach (Tong Shu) 77, 82, 315, 330
Amulette 313, 315, 330
Appartements 142–145
Aquarium *siehe* Fisch
Arbeitszimmer 169, 170–171, 331
Arrowana 89, 95, 253, 330
Atmender-Drache-Übung 215
Auftragsbücher 283

B

Badezimmer *siehe* Toiletten
Bagua 17, 22, 31, 68–69, 157, 347, 331
  siehe auch Vor-himmlische Reihenfolge; Nach-himmlische Reihenfolge
  Benachbarte Gebäude 295
  Giftpfeile 318
  I-Ging 34
  Krankheiten 212
  Schlafzimmer 166
  Spiritualismus 133
  Symbole 93
  Wohnzimmer 176
Bagua-Lo-Shu-Formel *siehe* Acht-Häuser-Formel
Balken 164, 186, 331
  Appartements 142
  Oberste Führungskraft 301
  Schlafzimmer 165, 206
  Wohnzimmer 180
Balkone 240, 331
Bambus 43, 97, 196, 213, 229, 232, 244, 246, 331
Bank 283, 332
Bäume 43, 239, 246, 332
  als Giftpfeile 324, 327
  als Kübelpflanzen 240
  Giftpfeilblockaden 309, 322
  hinter Häusern 58
  in der Nähe von Fenstern 159
  Kinderschlafzimmer 168
Baynes, Cary F. 35
Begräbnisse 230, 231
Berge 16, 27, 48–50, 55–64, 197, 325, 332
  Eingangstüren 289
  Formationen 62
  Formen 60
  Gebäude als Ersatz 64
  Geschäftsleben 282–283
  Kombinationen 61
  Kun 204
  Nordwesten 195
  Richtungen 63
Betten 332
  Appartements 144
  Ausrichtungen 75, 163, 167, 216, 217, 331
  Heirat 206
  Kinder 168
  Schüler-/Studentenschlafzimmer 169
Beziehungen 24
  siehe auch Liebe; Heirat
  Symbole 88, 98
  Toiletten 187
Blumen 332–333
Blumenkästen 249
Blumenzwiebeln 245, 334
Bonsai 43, 247, 333
Brücken 325, 333
Brunnen 42, 106–107, 238, 256, 270, 295, 333
Bücher 199
Bungalows 140
Büros 333
  siehe auch Geschäftswelt
  Fehlende Ecken 223
  Gebäude 294
  Oberste Führungskraft 301
  Sitzrichtung 75

C

Chai 118
Chen 39, 117, 212–213
Cheng Lung Pak Fu 59
Chi 8, 31–33, 150–151, 335
Chi Lin 87
Chieh 119
Chien 39, 115, 117, 194, 195, 333
China 17–18, 19, 20
Chinesisches Einhorn *siehe* Drachenpferd
Chor-Sin-Sterne 77
Chou, Herzog von 36
Choy San 85
Chrysantheme 244, 245
Chu Yuan Chuan 18, 19
Chueh Ming 73
Cottages 140

D

Dächer 89, 143, 240, 319, 320, 323, 332, 334
Decken 180, 186, 312, 334
Deng Xiao Ping 18
Doppelhäuser 141
Doppeltes Glückszeichen 98, 165, 334
Drache 16, 17, 32, 48–50, 59, 99, 170, 334, 340
  siehe auch Klassiker des Wasserdrachen; Wasserdrachen-Formel
  Gärten 239
  Geschäftserfolg 279
  Logos 299
  Ostecke 197
  Singapur 22
Drachenfisch *siehe* Arrowana
Drachenpferd 87, 210
Drachentor 220
Drehbare Objekte 312
Drei Freunde des Alters 244

E

Ecken 335, 348
  siehe auch Fehlende Ecken
  Bestimmung 130
  Pflanzen 213
  Schlafzimmer 164, 206
  Wohnzimmer 180
Eingang zur Hölle 155
Eingänge 149, 151, 152–155, 335
  Einzelhandelsunternehmen 290–291
  Glocken 289
  Goldberg 289
  Spiegel 178
  Toiletten 153, 155, 187
  Treppen 188
  Wasser 105, 106
Eingänge 149, 335
  siehe auch Türen
  Einzelhandelsunternehmen 286
  Unternehmen 296
Einhorn 87, 99, 335
Einzelhandelsunternehmen 285–291
Eisenbahnschienen 298
Elefant 335
Elemente 17, 31, 40–45, 70, 213, 338, 354
  siehe auch Erde; Feuer; Metall; Wasser; Holz
  Energetisierung von Symbolen 92–93
  Erfolg in Schule und Studium 170
  Fliegende Sterne 78
  Gärten 238
  Gebäude 45
  Haupteingang 290–291
  Reisen 228, 231
  Symbole 132
  Trigramme 117
Elternschlafzimmer 162–163
Energetisieren von Symbolen 92–93
Energie 335
Entspannter-Drache-Übung 215
Entstehungszyklus 41, 61, 78, 213, 335
Erde 31, 44, 335–336
  Berge 60, 61
  Gärten 239
  Gebäude 45
  Glück 23
  Kristalle 311
  Lampen 273
  Reisen 229, 231
  Südwesten 204
Erfolg 75, 88, 94–95
Essen 178, 181
Eßtische 181, 336
Eßzimmer 151, 163, 180, 181, 336
Exporte 227

F

Familien-Feng-Shui 193–199, 339
Farben 336, 338–339, 346, 347, 354
  Appartements 145
  Blumen 248
  Energetisierung von Glückssymbolen 92
  Nordwesten 195
  Schlafzimmer 165
  Südwesten 205
  Toilettentüren 184
  Trigramme 117
  Unternehmen 300
  Wasser 42
Farn 249
Faule Susanne 181
Fehlende Ecken 63, 194, 196, 223
  Beleuchtung 223, 268
  Bungalows 140
  Geschäftsgebäude 294
  Patios 262
  Spiegel 310
  Wohnzimmer 175
Feng Shui des Fliegenden Sterns 69, 76–79, 89, 131, 337
  Appartements 144, 145
  Küchen 184
  Wohnzimmer 174
Fenster 153, 159, 337
  Gärten 240
  Oberste Führungskraft 301
  Osten 213
  Schlafzimmer 164
  Wohnzimmer 176

Fernseher 206
Feuer 31, 41, 337
Berge 60, 61
Gärten 238, 239
Gebäude 45
Grillparties 263
Lampen 268, 273
Nordwesten 195
Südwesten 196, 204, 205
Fey Sin Feng Shui *siehe* Feng Shui des Fliegenden Sterns
Fisch 42, 181, 308, 331, 337, 339
Gärten 238, 253
Reichtum 85, 89
Schlafzimmer 85, 165
Symbole 95
Wohnzimmer 174, 179
Fischbecken 106, 107, 253, 337
Fledermaus 95
Fliegender-Phönix-Übung 215
Flügel 181
Flüsse 48, 349–350
siehe auch Wasser
Straßen als 27, 64, 65, 296–297
Formel-Feng-Shui 337–338
Formschule *siehe* Landschafts-Feng-Shui
Foyers 152, 338
Freie Räume 49, 143, 163, 188
Friedhöfe 29
Fu Hsi 36, 87
Fu-Hunde 87, 99, 272, 313, 338
Fuk 97, 181, 338
Fünf Gelb 148, 184
Fu Wei 73, 169, 221
Fußbodengestaltung 180

G

Ganzhi-System 17, 338
Garagen 165, 188
Gärten 235–273
Gärten an Hängen 262–263
Gärten, von Mauern umgeben 240–241
Geburtsdaten 41, 43, 45
Geburtstabellen 77, 78, 338
Gefängnisse 29, 326
Geldpflanze 244, 339
Geschäftsleute 277–283
Geschäftswelt 24, 75, 275–301, 337
Drache 50
Reisen 232
Gesundheit 75, 206, 209–217
Drachenpferd 87
Glück 339
Symbole 96–97
Todesposition 164
Toiletten 187
Getrocknete Blumen 205
Giftpfeile 51, 57, 309, 318–327, 330, 339
Anordnung der Räume 151
Beleuchtung 268
Benachbarte Gebäude 295
Drehbare Objekte 312
Eingänge 152–153
Einzelhandelsunternehmen 286
Fenster 159
Fisch 89
Flure 156
Gärten 241
Schlafzimmer 171
Symbole 93
Wasser 103
Wohnzimmer 180
Zufahrten 139
Gleichgewicht 35, 41, 107
siehe auch Yin und Yang
Glocken 229, 232, 289
Glücklicher-Phönix-Übung 215
Glückszahlen 339
Goldfisch *siehe* Fisch
Götter 181
der Langlebigkeit 96–97, 210, 214, 339
des Reichtums 85, 339–340
Grabstätten 18, 28, 340
Granatapfel 340
Gras 263, 340
Grenzen 128–129
Grillparties 263
Großes Wasser 104–105
Großherzog Jupiter 148
Grüner Drache 16, 48–49, 50, 59, 279, 340

H

Hai 119
Hängekörbe 240, 249
Hängende Objekte 340
Harmonie 35, 40, 340
Hausbreite 140
Hecken 322, 340
Heirat 98, 187, 201–207, 231, 340
Heller Saal 58, 138, 152, 249, 291
Herd 183, 184, 185, 195, 340
Herrenhäuser 138–139
Hervorbringungszyklus 340
Hexagramme 34, 36, 38, 112
Himmelsglück 23, 51, 340
Himmlische Richtungen der Gesundheit 216
Himmlische Tiere *siehe* Drache; Phoenix; Tiger; Schildkröte
Himmlische-Tiere-Übung 215
Hinterhöfe 240–241
Hirsch 96, 214
Hochspannungsmasten 325
Ho Hai 73
Hohe Strukturen 340
Holz 31, 43, 198, 340–341
Berge 60, 61
Gärten 239
Gebäude 45
Gesundheit 213
Norden/Nordosten 197
Reisen 229
Hongkong 18–19, 20, 103, 107
Hongkong-Bank 21
Hsia-Kalender 341
Hsi Wang Mu 214
Huang Ti 210

I

I-Ging 16, 34–37, 59, 82, 113, 115, 116, 133, 143, 341
Innenarchitektur-Feng-Shui 147–159

J

Jadepflanze 244, 341
Japanische Gärten 47, 273, 341

K

Kaiserlicher Drache 50
Kaktus 43, 247
Kamin 41
Kan 39, 78, 117, 341
Kanonen 320, 321, 322
Karriere 24, 75
Drachenpferd 87
Glück 219–223
Toiletten 187
Wasser 42
Ken 39, 116, 117, 155, 170, 341
Kerzen 165, 205, 229, 231, 232
Kheng Hua 341
Kiefer 43, 96, 244, 246, 341
Kinder
Auswirkungen von Toiletten 187
Himmelsrichtungen 197–199
Schlafzimmer 166, 168–171, 199
Kinderlosigkeit 205, 327
King Wen 36
Kirchen 326
Klänge 308
Klangschalen 175, 195, 229, 232, 308
Klassiker des Wasserdrachen 103, 104, 109
Klassiker des Yang-Wohnens 155, 341
Kleines Wasser 104, 106–107
Koi 89, 107, 238
Kompaß lesen 124–127
Kompaßschule 16–17, 24, 63, 67–79, 117, 165, 170
Beziehung der Elemente 40
Eingänge 291
Heirat 205
Taiwan 20
Trigramme 38
Wasserstandort-Formel 254–255
Konfuzius 34, 36, 87
Korridore 151, 156, 217, 342
Kou 152
Kranich 96, 214, 342
Kranich-Übung 215
Krankenhäuser 29, 326
Krankheiten 211–213, 313, 322, 342
Kreuze 320, 342
Kristalle 44, 170, 197, 204–205, 229, 311, 342, 346–347
Kristallüster 204
Kröte, dreibeinig 95, 179
Kuan Kung 85, 313
Kuan Ti 85
Kua-Zahl 72–75, 184, 342
Ausrichtung des Bettes 75, 167, 216
Haupteingang 290
Heirat 205, 206
Himmlische Richtungen der Gesundheit 216
Karriereerfolg 221, 222
Oberste Führungskraft 301
Reisen 226, 227, 228
Küchen 151, 183–185, 342
Auswirkung auf Schlafzimmer 163, 165
Nordwesten 195
Spiegel 178
Südwesten 196
Kühlschränke 184, 185, 342
Kultstätten 326
Kun 39, 115, 117, 204, 273, 336, 342
Kunst 154, 157, 175, 181
Kwan 118

L

Lachender Buddha 181
Landschafts-Feng-Shui 16, 17, 24, 48–50, 55–65, 338, 342
Beleuchtung 271
Flüsse 103

Gräber 28
Heutige Landschaft 26–27
Landsitze 138–139
Langlebigkeit 88, 96–97, 210, 214, 343
Lao Nai-Tsuan 35
Lee, Bruce 21
Lee Kuan Yew 22
Li 39, 117, 119, 343
Lichter 91, 141, 187, 307, 322, 343
Einzelhandelsunternehmen 291
Fehlende Ecken 223, 268
Gärten 267–273
Schlafzimmer 165
Südwesten 196, 205, 269
Türen 152
Liebe 88, 201–207, 343
Liebesknoten 205
Lilie 245, 343
Limonenbaum 343
Lineal 118–121
Lin Yun 70
Lippo-Gebäude 103
Logos 50, 299, 343
Lo-Shu-Quadrat 17, 68–69, 116–117, 344
Abgrenzung der Wohnfläche 126–127
Anwendung 130
Chi-Fluß 150
Feng Shui des Fliegenden Sterns 76–77, 78–79
I-Ging 34
Lotus 245, 343
Löwe 343
Lui Sha 73
Luk 97, 181, 338
Luo Pan 69, 70, 111–113, 343–344

M
Magnolie 244, 245, 344
Malaysia 28, 107
Mandarinente 98, 165, 344
Mantras 231
Mao Tse Tung 18, 19
Maße 118–121
Matratzen 344
Meditation 210
Meer 105
Menschenglück 23, 51, 344
Mentorenglück 344
Meridiane 210
Metall 31, 45, 344
Berge 60, 61
Gärten 239
Gebäude 45
Nordwesten 195
Möbelstücke 69, 344
Gärten 241
Wohnzimmer 174, 175, 176–177
Mondkalender 344
Münzen 45, 91, 94, 154, 278, 281, 283, 288, 344, 354
Musik 308
Mutter, Himmelsrichtung 196

N
Nach-himmlische Reihenfolge 28, 38, 69, 115, 194, 212, 344
Nien Yen 73, 173, 345
Norden 197, 345
Berge 61
Gärten 238
Reisen 229, 231, 232
Schlafzimmer 170
Toiletten 187
Trigramme 117
Wasser 42
Nordosten 116, 197, 345
Berge 61
Erfolg in Schule und Studium 170
Gärten 239
Grillparties 263
Kristalle 44
Reisen 229, 232
Schlafzimmer 170
Toiletten 187
Tor zur Hölle 155
Trigramme 117
Zahlen 91
Nordwesten 194–195, 345
Berge 61
Gärten 239
Küchen 184
Metall 45
Reisen 229, 232
Schlafzimmer 170, 195
Toiletten 187, 195
Trigramme 117
Windspiele 180
Zahlen 91

O
Oberste Führungskraft 301
Orangenbaum 246, 345
Orchidee 244, 345
Osten 197, 345
Berge 61
Energetisierung 213
Gärten 239
Gesundheit 212–213
Holz 43
Reisen 229, 231, 232
Schlafzimmer 170
Toiletten 187, 197
Trigramme 117

P
Patios 241, 262
Patio-Türen 156
Patten, Chris 21
Pavillons 260–261, 345
Pergolen 241, 345
Pfade 261
Pfingstrose (Päonie) 98, 165, 244, 245, 346
Pfirsich 96, 214, 246, 346
Pflanzen 43, 140, 141, 154, 170, 243–249, 346
siehe auch Gärten
Getrocknete 205
Osten 213
Säulen 301
Schlafzimmer 165, 206
Südosten 280
Toiletten 187
Wohnzimmer 174, 180
Pflastersteine 346
Pflaume 244, 245, 346
Phönix 32, 48–49, 50, 99, 138, 336, 346
Pi 118–119
Pi Kan 85
Portraits 175, 336
Porzellan 44, 262, 264–265
Prudential Asia 107
Pun 118

R
Rechnungsbücher 283, 288
Regale 157, 165, 169, 171
Registrierkassen 287, 288, 347
Reichtum 75
Drachenpferd 87
Fisch 107
Glück 353
Götter des 85
Grüne Drachen 279
Heller-Saal-Effekt 138
Schale 278
Symbolismus 88, 94–95
Unternehmer 277–283
Vasen 94–95, 179, 352
Wasser-Feng-Shui 101–109
Reihenhäuser 141
Reisen 225–233
Ren 15, 23, 351
Renovierungen 148
Rinpoche, Zopa 228, 231
Rolltreppen 320
Romantik 88, 98
Rote Fledermaus 95
Roter Phönix 48–49, 50
Ruhmesglück 337

S
Saturnsiegel 117, 133
Sau 96–97, 181, 210, 214, 338
Säulen 180, 241, 301, 310, 347
Schiffe 94, 179, 279
Schildkröte 32, 48–49, 63, 99, 170, 214, 253, 349
Schildkröten 49, 117, 170, 197, 214, 349
Schlafzimmer 75, 151, 161–171, 348
Drache 50
Fisch 85, 165
Gesundheit 216, 217
Nordwesten 170, 195
Tabus 164–165
Toiletten 164, 165, 170, 199, 206–207
Treppen 163
Türen 155, 164, 206
Wasser 164, 169, 197, 199
Schmuck 348
Schüler-/Studentenschlafzimmer 169
Schutz, Symbolismus 88
Schwarze Schildkröte 48–49
Schwimmingpools 107, 143, 257, 351
Sha Chi 58, 103, 349
Shaolin 215
Sheng Chi 17, 33, 73, 75, 106
Silberkrone 244
Singapur 22
Singlewohnungen 144
Sitzrichtung 75
Skulpturen 241, 264–265, 349
Sofas 176
Söhne, Himmelsrichtung 197
Souterrain 240, 350
Spiegel 310, 349–350
Einzelhandelsunternehmen 287
Eßzimmer 181
Fehlende Ecken 223
Foyers 152
Schlafzimmer 162, 163, 164, 165, 206
Südwesten 196
Toiletten 178, 181, 310
Wohnzimmer 174, 178, 180
Stadthäuser 141

Statuen 93, 350
Steine 312, 350
Steingärten 263
Steinplatten 261, 269, 270, 281
Straßen 27, 64, 65, 318, 350, 352
  Geschäfte 286, 296–298
  Hinter Häusern 65, 140
  Unternehmen 296
Stufen 263, 296, 350
Süden 350
  Berge 61
  Eingänge 155
  Feuer 41
  Gärten 238–239
  Grillparties 263
  Lampen 269
  Neun 91
  Schlafzimmer 170
  Töchtern zugeordnete Himmelsrichtungen 198
  Toiletten 187
  Reisen 229, 231, 232
  Trigramme 117
Südosten 350
  Berge 61
  Gärten 239
  Holz 43
  Pflanzen 280
  Reisen 229, 232
  Töchtern zugeordnete Himmelsrichtungen 198
  Toiletten 187
  Trigramme 117
Südwesten 196, 350
  Berge 61
  Erde 44
  Gärten 238, 239, 273
  Grillparties 263
  Lampen 196, 205, 269
  Liebe 204–205
  Reisen 229, 232
  Schlafzimmer 170
  Toiletten 187, 196
  Trigramme 117
Sumpfschildkröte 49, 214, 253, 350
Sun 39, 117
Sun Yat Sen 18
Symbolik des Hauses 86
Symbolisches Feng Shui 17, 81–99, 132
  Gärten 264–265
  Langlebigkeit 214
  Reisen 228
  Schutz 313
  Wohnzimmer 174, 179

T

Tai Chi 215, 351
Taiwan 18, 20, 28
Taoismus 34, 117
Tapeten 145
Teiche 106, 107, 253, 270, 340, 343
Terrassen 262
Ti 15, 23, 351
Tibetische Schwarze-Hut-Sekte 70
Tibetisches Feng Shui 230–231
Tiefe des Hauses 140, 141, 181
Tien 15, 23, 351
Tien Yi 73, 75, 216, 351
Tiere 29, 230, 231, 308
Tiger 16, 32, 48–49, 50, 59, 351, 353
  Angst vor 99
  Lampen 269
  Träume 230
Tische 181, 199, 337
  Arbeitsrichtung 223
  Kinderschlafzimmer 168, 170–171
  Oberste Führungskraft 301
  Schüler-/Studentenzimmer 169
Töchter, Himmelsrichtung 198
Todesposition 164
Toiletten 141, 183, 187, 351
  Eingänge 153, 155, 187
  Herdstandort 184
  Kinderschlafzimmer 170
  Lampen 307
  Nordwesten 187, 195
  Osten 187, 197
  Schlafzimmer 164, 165, 199, 206–207
  Spiegel 178, 181, 310
  Standort des Eßzimmers 181
  Südwesten 187, 196
Tong Shu (Almanach) 77, 82, 315, 330
Torbögen 164, 351
Tore 260, 351
Treppen 139, 141, 163, 178, 188, 199, 307
Trigramme 16–17, 34–36, 38–39, 113–117, 133, 338, 351
Trophäen 170
Tsai Shen Yen 85
Tui 39, 117, 351
Tung, C. H. 20, 21
Türen 351
  siehe auch Haupteingang
  Bungalows 140
  Giftpfeile 325
  Götter 313
  Innenarchitektur 156–158
  Karriereerfolg 222
  Oberste Führungskraft 301
  Schlafzimmer 155, 164, 206
  Treppen 141

U

Überführungen 298
Übungen 215
Umgebungs-Feng-Shui 351
Unsterblichkeit 96, 210
Unternehmen 293–301

V

Vater, Himmelsrichtung 194–195
Verbotene Stadt 18, 155, 166, 197
Vier himmlische Tiere 352
Vorderseite des Hauses 149
Vorhänge 159, 332, 345–346, 352
Vor-himmlische Reihenfolge 28, 38, 114, 194, 352

W

Wahrsage-Formeln 34
Wände 140, 149, 260, 309, 322, 325, 352, 354
Waschbecken 184, 185
Wasser 31, 42, 43, 47, 101–109, 131, 352, 353
  Berge 60, 61
  Dächer 143, 240
  Gärten 238, 251–257
  Gebäude 45
  Kompaßformel 69
  Küchen 184, 185
  Lampen 270
  Landschafts-Feng-Shui 48, 56
  Nordwesten 195
  Reisen 229, 232
  Schlafzimmer 164, 197, 199
  Schüler-/Studentenschlafzimmer 169
  Standort-Formel 254
  Treppen 199
  Wohnzimmer 174
Wasserdrachen-Formel 105, 106, 108, 138, 139, 252, 353
Wasserfälle 42, 106, 138–139, 256, 280–281, 353
Wege 261, 281
Weißer Tiger 16, 48–49, 50, 59, 353
Westen 353
  Berge 61
  Gärten 239
  Lampen 269
  Metall 45
  Reisen 229, 231, 232
  Schlafzimmer 170
  Töchtern zugeordnete Himmelsrichtungen 198
  Toiletten 187
  Trigramme 117
  Windspiele 180
  Zahlen 90, 91
Wilhelm, Richard 35, 36, 133
Wind, Landschafts-Feng-Shui 56
Windspiele 93, 148, 180, 353
  Arten 314
  Balken 165
  Erfolg in Schule und Studium 170
  Gärten 239
  Giftpfeile 320, 322, 324
  Nordwesten 195
  Reisen 229
  Schlafzimmer 164
  Toiletten 197
Wohlstand, Symbole 94–95
Wohnebenen 180
Wohnungen 105, 142–143, 181
Wohnzimmer 85, 89, 173–181, 353
Wu Kwei 73
Wuxing *siehe* Elemente

X

Xia Yu 109

Y

Yang Yun Sang 16
Yap Cheng Hai 20, 354
Yi 118
Yin und Yang 8, 17, 28–29, 46–47, 56–57, 354
  Bagua 114–115
  Krankheiten 211
  Pflanzen 248–249
  Romantik 203
  Schlafzimmer 162, 165
  Symbolismus 84

Z

Zahlen 62, 76–78, 90–91, 116–117, 354
Zäune 260
Zehn-Kaiser-Münzen 354
Zeitdimension 17, 76–78
Zeitperiode der Acht 77, 354
Zeitperiode der Sieben 77, 90, 354
Zerstörungszyklus 41, 61, 78, 213, 354
Zikade 97
Zitronenbaum 354
Zufahrten 139, 321, 354

BILDNACHWEIS

AKG, London: 166l; 210.

Art Directors & Trip: /P. Rauter 230u.

The Bridgeman Art Library, London/New York: /Bibliothèque Nationale, Paris, France 37m; /British Library, London, England 96ol, 220; /British Museum, London, England 282or; /Fitzwilliam Museum, Cambridge, England 282l; /Freer Library, Philadelphia 164or; /Privatsammlung, England 82o, 108u, 205ur, 208-209; /Royal Botanical Gardens, Kew, England 96ur; /The Victoria & Albert Museum, London, England 34or, 84ol.

John-Loup Charmet: 14–15; 30–31.

Goh Seng Chong: 50o; 59u,or; 80–81; 83; 85ul,or,u; 87; 92o; 97; 99ul,uml,umr,ur; 102ul; 112; 138o; 139o,ul; 172–173; 181m,u; 214; 231o,r; 246or; 252; 254o; 265ul,um, ur; 272ur; 281or; 297o; 304–305; 314um; 318o; 327o; 314r.

The Bruce Coleman Collection: /Jane Burton 95or; /Jules Cowan 242–243; /Gerald S.Cubitt 96or; /Liz Eddison 262; /M.P.L. Fogden 248ur; /Fritz Prenzel 99om; /Kevin Rushby 246ul; /Kim Taylor 249u.

Corbis Images: 321; /Macduff Everton 21u; /Jack Fields 22o; /Dave G. Houser 28ol.

Dulux Paints: 162–163.

Liz Eddison: 43u; 96m; 106o; 273u; 280o; 281ol; /Gavin Landscaping 272o; /Natural & Oriental Water Gardens 238u, 239u, 250–251, 256o, 258–259.

ET Archive: /British Museum 203; /The Freer Gallery of Art 38, 64o; /RHS Reeves Collection 98or; /Rockhill Nelson Gallery, Kansas 97or; /Victoria & Albert Museum 154or.

The Garden Picture Library: /Linda Barnes 240ul; /Lynne Brotchie 122–123; /Brian Carter 107u, 249o; /Eric Crichton 100–101; /Vaughan Fleming 152u; /Nigel Francis 236–237; /John Glover 239o, 260–261u; /Michael Howes 257l; /Rowan Isaac 240ur, 269u; /Lamontage 264–265m; /Joanne Pavia 263; /Gary Rogers 266–267; /J. S. Sira 261or; /Ron Sutherland 42u, 47u, 257o, 268ol; /Juliette Wade 257u; /Paul Windsor 244o.

The Image Bank: 16u; /Chinese Tourism Press 33o; /Anthony Edwards 141or; /John P. Kelly 142u;/Tom Knibbs 27o, 139ur; /Cesar Lucas 142l; /Mahaux Photo 86u; /Pat McConville 182–183; /Andrea Pistolesi 159u; /Kevin Rose 46u; /Gary Russ 145; /Jeff Spielman 312or; /Dan Sundberg 184ul; /Simon Wilkinson 282–283u.

Images Colour Library: 34ol; 37o; 66–67; 70o; 110-111; 292–293; /Fotostock 325; /Charles Walker 212.

The Kobal Collection: 21or.

The Harry Smith Collection: 244u.

South China Morning Post: 20ol.

The Stock Market: 11or; 32u; 104ol; 119; 141ol; /Richard Berenholtz 309u; /Firefly Productions 318; /Craig Hammell 54–55; /B. Harrington 159u; /Chris Savage 216or.

Tony Stone Images: 61; 230o; /Theo Allofs 63; /Doug Armand 294l, 297o; /Bruce Ayres 24u, 221; /Christopher Bissell 311ul; /Rob Boudreau 46or; /Ernest Braun 32o; /Rex Butcher 88or; /John Callahan 19o; /Laurie Campbell 324; /S. Carter 218–219; /Stewart Cohen 308m; /Connie Coleman 149u; /Cosmo Condina 238or; /Phillip Condit 270u; /Peter Correz 192–193, 200–201; /Daniel Cox 168ur; /P. Crowther 218–219; /Chris Ehlers 104ur, 136–137; /David Epperson 326or; /Robert Everts 105or; /Alain Le Garsmeur 138u; /Margaret Gowan 109o; /Sara Gray 64u; /William S. Helsel 185o; /R. van der Hilst 19u; /Jason Hawkes 43o; /Claire Hayden 41; /John Lamb 47o; /Peter Langone 75ur; /Yann Layma 18u; /Mark Lewis 323ur; /D. C. Lowe 60; /Laurence Monneret 24ol; / Pat O'Hara 42o; /Ben Osborne 230m; /Lee Page 284–285; /Greg Pease 228o; /Andre Perlstein 322; /Joseph Pobereskip 316–317; /Ed Pritchard 22u; /Mervyn Rees 228ul; /Jon Riley 18o, 202; /David Schultz 44u; /Pete Seaward 298u; /Mark Segal 26–27u, 276–277; /Hugh Sitton 20or, 326ol; /Chad Slattery 46ol; /Bob Thomas 98ur; /Marc Wagner 224-225;/Randy Wells 103o; /Gary Yeowell 58.

The Wellcome Institute: 16ol.

The Werner Forman Archive: 9o; 26or; 36; 196um; 313ur.

Elizabeth Whiting Associates: 106u; 141ml; 142r; 143; 144r; 146–147; 149o; 166m; 168or; 171ur; 176mr; 276o; 287o; 289o; 291u.

MODELS UND AUSSTATTUNG

Besonderer Dank geht an
Carla Carrington, R. Chappell, Rukshana Chenoy, Lucianne Lassalle, R. J. Manby-Clarke, Caron Riley, Vincent Riley, Francesca Selkirk, Doug Streeter
für ihre Mitarbeit bei den Fotos

Vielen Dank an
Adaptatrap Percussion, Brighton
Bright Ideas, Lewes
Days Gone Bye, Brighton
Dockerills, Brighton
Evolution, Brighton
Graffiti Two, Brighton
Heavenly Realms, Eastbourne
W. D. Hunt, Worthing
Ashley Lawrence Upholstery, Worthing
Elizabeth Simmons (Privatsammlung), Lewes
Spellbound and Spirit, Lewes
Tizz's Accessories, Lewes
Welcome Home, Worthing
Winfalcon's Healing Centre, Brighton
für die freundliche Überlassung von Ausstattungsstücken